Georg Schmidt

Wandel durch Vernunft

Georg Schmidt

Wandel durch Vernunft

Deutsche Geschichte im 18. Jahrhundert

C. H. Beck

Mit zwei Karten

© Verlag C. H. Beck oHG, München 2009
Satz: Janß GmbH, Pfungstadt
Druck und Bindung: Druckerei C. H. Beck, Nördlingen
Gedruckt auf säurefreiem, alterungsbeständigem Papier
(hergestellt aus chlorfrei gebleichtem Zellstoff)
Printed in Germany
ISBN 978 3 406 59226 3

www.beck.de

Inhalt

Einleitung: Das 18. Jahrhundert und die deutsche Geschichte

«Verachte nur Vernunft und Wissenschaft,
Des Menschen allerhöchste Kraft,
Laß nur in Blend- und Zauberwerken
Dich von dem Lügengeist bestärken,
So hab ich dich schon unbedingt [...]»[1]

Mephistopheles spricht es aus. Der «Wandel durch Vernunft» endet dort, wo der übersinnliche Zauber die Sinne betört, wo die Kritik das Gewand des Geheimnisses trägt und wo der Verstand als Regulativ versagt. Johann Wolfgang von Goethe wusste, wie sehr die reine Vernunft im Sinne Descartes' den Menschen bei seinen täglichen Geschäften überforderte, als Freimaurer und Illuminat kannte er aber auch das angeblich Geheimnisvolle und war bitter enttäuscht. Öffentlichkeit und Kritik, Verstand und Wissenschaft hatten seines Erachtens dafür zu sorgen, dass der Mensch bei den notwendigen Grenzüberschreitungen nicht das einbüßte, was ihn als Menschen auszeichnete: die rationale Gestaltungskraft und der Wille zu Freiheit und Vervollkommnung. Der autonome Mensch weist die Handlungsanweisungen anderer oder höherer Wesen zurück. Er gibt sich seine Regeln selbst, kann dies aber nicht völlig frei tun, weil er an die Vergesellschaftung gebunden bleibt und sich mit seinen Mitmenschen verständigen muss. Ohne Zwang und ohne Autonomieverlust können die Ziele des Einzelnen und das Gemeinwohl nur befördert werden, wenn sich alle Akteure rational verhalten und die als überindividuell angenommene Vernunft walten lassen. Dies ist mit unterschiedlichen Prioritätensetzungen und erheblich variierenden Vernunftdefinitionen das Credo der Aufklärer und letztlich der Moderne – soweit sie von der westlichen Zivilisation durchdrungen ist.

Das 18. ist das Jahrhundert eines solchen «Wandels durch Vernunft». Die Aufklärer wollten Licht in die Welt bringen und kämpften mit ihrer Kritik gegen Irrtümer aller Art: Gegen Unwissenheit und Unmündigkeit, Abhängigkeit und Bevormundung, Aberglaube und Vorurteile. Es war ein langer Weg von den empirisch-rationalen und religionskritischen Anfängen in den 1670er Jahren, der über die radikale Kritik am Hergebrachten sowie die Gemeinnutz und Effizienz betonenden Reformen führte und um 1800 in den Angriffen auf die bloße Verstandeskultur mündete. Eine kleine Schar europäischer Gelehrter wie Locke, Voltaire,

Rousseau oder Kant und reformbereiter Herrscher wie Friedrich II. von Preußen, Katharina II. von Russland oder Kaiser Joseph II. bestimmt bis heute das Bild der Aufklärung. Die systematischen Beobachtungen der Natur und die Kritik an unreflektiertem Verhalten hatten zu der Erkenntnis geführt, dass der Mensch Gegenwart und Zukunft selbst gestalten müsse. Um die Welt von fragwürdigen Hierarchien und dogmatischen Engstirnigkeiten zu befreien, unterwarfen die Aufklärer das hergebrachte Wissen dem methodischen Prinzip des Zweifels, der Kritik und der Autorität der Vernunft. Sie propagierten Fortschritt und innerweltliches Glück als Ergebnis menschlichen Denkens und Handelns, und sie forcierten Rationalität und Effizienz, Erziehung, (Selbst-)Bildung und Sinnlichkeit. Vernunft und Moral traten an die Stelle von Glauben und Religion, von Offenbarung, Sündenfall und Apokalypse. Die Welt und ihre Ordnungsgefüge verloren ihre vorgängige Einheit und Eindeutigkeit. Teilweise wurden Vielfalt und Unsicherheit sogar als bereichernd empfunden, weil nur die Pluralisierung[2] Dynamik und Fortentwicklung zu garantieren schien.

Die von den Gelehrten beeinflussten «Aufklärer auf den Thronen» versuchten, rationale Vorstellungen in praktische Politik umzusetzen. Sie dekretierten Kartoffel- oder Kleeanbau, die Abschaffung der Folter und der Leibeigenschaft, Toleranz und rechtliche Gleichstellung. Fürsten wie Karl Friedrich von Baden, Franz von Anhalt-Dessau oder Carl August von Sachsen-Weimar schufen kulturelle Mittelpunkte abseits der Zentren Wien und Berlin, Dresden oder München. Dieses Nebeneinander von Mächtigen und Mindermächtigen unter einem Kaiser, der seine Politik nicht anordnen, sondern mit den Reichsständen aushandeln musste, war ein gewichtiges Prinzip der Reichsverfassung, das die absolute Herrschermacht und vor allem den sprichwörtlichen Despotismus der sogenannten Duodezfürsten blockierte. In den dadurch ermöglichten Freiräumen entstanden die experimentellen rationalen, pietistischen, klassischen, romantischen und idealistischen Entwürfe, die das westliche Zivilisationsmodell ebenso prägen wie die Ideen der englischen Naturforscher, der französischen Enzyklopädisten, der niederländischen Freidenker oder der schottischen Moralphilosophen. Ein der europäischen Aufklärung vergleichbarer geistiger Aufbruch konnte für andere Kulturkreise bisher nicht schlüssig nachgewiesen werden. Dies schließt angesichts der bestehenden Verflechtungen natürlich nicht aus, dass auch außereuropäische Zentren einen Beitrag zum Durchbruch der Moderne leisteten.[3]

Als die offenbarte göttliche Ordnung ihr Monopol legitimer Welterklärung einbüßte, begann der «Wandel durch Vernunft», der alle europäischen Gesellschaften in seinen Bann zog. Der aus der Schöpfungsordnung freigesetzte Mensch strebte jedoch nach Mehr und Höherem als einer bloß verstandesmäßigen Durchdringung der Natur und einer effizienten Lebensgestaltung. Sein Experimentieren mit immer neuen Reagenzien führte zu mehr Freiheit und Gleichheit, aber auch zu intensiven Bemühungen, mit neuen Mustern die alte Einheit zu stabilisieren oder eine neue herzustellen. Auch die Freiheit bedurfte einer anerkannten Ordnung, die neue Zwänge und Abhängigkeiten provozierte. Der «Wandel durch Vernunft», der Gott nur nach Maßgabe der zu entschlüsselnden Naturgesetze anerkannte, korrigierte die Bibel und verwandelte die Alchimistenküche der Goldmacher in ein chemisches Labor, in dem die Luft oder die Farben in ihre Bestandteile zerlegt wurden. Er hinterließ jedoch zum einen die von Goethe thematisierte Leerstelle des Mythos', des Geheimnisses und des Zaubers, welche die Gefühle und Empfindungen der Menschen beflügeln. Gerade die Elite der Vernunft, die Gott und Religion dem Verstand unterordnete, begann auf der Suche nach Halt und neuen Bindungen, Geheimnisse zu erforschen und selbst zu kreieren. Die Vorstellung eines «Steins der Weisen» und einer «blauen Blume», Geisterseherei und der Glaube an die Seelenwanderung widersprechen jedem pragmatischen Vernunftbegriff, auch wenn Rationalität und Irrationalität im 18. Jahrhundert nicht immer exakt zu trennen sind. Die Pluralisierung rief aber auch ein praktisches Bedürfnis nach Ordnung hervor, das beispielsweise die angeblich am Gemeinwohl orientierten absolutistischen Reformen aufgriffen.[4] Die Dialektik des Strebens nach Autonomie und des Wunsches nach neuen Gewissheiten in der uneindeutig gewordenen Mannigfaltigkeit wird zum Signum des 18. Jahrhunderts. Das Maß an Ordnung in der Freiheit und an Freiheit in der Ordnung sowie die Reichweite der Vernunft bleiben strittig.

Die «Rationalisten» nannten schließlich auch diejenigen «Gegenaufklärer», die wie die (Früh-)Romantiker eine allzu einseitige Verstandesherrschaft angriffen. Sie aber sind integraler Bestandteil einer selbstreflexiv gewordenen Aufklärung, die den «Verstand» spätestens dann nicht mehr eindimensional favorisierte, als der Terror der Französischen Revolution den aufklärerischen Fortschrittsoptimismus bis ins Mark erschütterte. Die Franzosen zeigten, dass die Menschen für die Freiheit scheinbar noch nicht reif waren. Viele Rationalisten betrachteten deshalb das Geschehen in Frankreich kulturkritisch als den Sündenfall, der nur noch die Wahl zwischen Despotismus und Anarchie ließ.

Der «große Plan» der Aufklärer, die Umformung und Verbesserung des Menschen zum sich selbst «vernünftig» bestimmenden Wesen, blendete lange Gefühle und Empfindungen aus. Er scheiterte nicht zuletzt an der Unsicherheit, die er selbst mit der Pluralisierung herbeigeführt hatte. Weder die Herrschaft eines «guten», das Gemeinwohl fördernden Despoten noch die politische Partizipation von Eigentümern und Gebildeten, weder die Selbstverpflichtung des tugendsamen Bürgers noch der

Norm- und Wertewandel vom «Gemeinnutz» zum «sittlich» gehegten «Eigennutz» vermochten die sozio-kulturellen Abhängigkeiten, die alles bezwingende Neugier und die daraus folgende «Verführbarkeit» des Menschen zu überwinden. Selbst das Ziel einer individualistisch-bürgerlichen Gesellschaft blieb umstritten.[5] Die Diskurse und Reformen des 18. Jahrhunderts lockerten gleichwohl traditionale wie korporative Bindungen und unterhöhlten die alte Ordnung. Die Erosion der ständisch-feudalen Abhängigkeiten zeigt sich beispielsweise an neuen Produktionsverhältnissen oder an der Dynamisierung und Beschleunigung aller Lebensbereiche. Das alte Schlagwort «Freiheit» wurde nun eng an Gleichheitsforderungen gebunden und stand für die angestrebte Transformation von der ständischen zur bürgerlichen Gesellschaft.

Die Kritik am «Wandel durch Vernunft» benannte zwar Risiken wie den drohenden Rückfall in die Barbarei, die Entfremdung des Menschen oder das Aufbrauchen der lebensnotwendigen Ressourcen, doch sie schürte keine Zukunftsängste. Selbst das Vertrauen auf Gott gewann eine neue Dimension: Es beglaubigte die zuversichtliche Hoffnung, dass der Mensch vernünftig handeln und seinen Verstand gebrauchen werde, um Probleme zu lösen und allen Gefahren zu widerstehen. Aufklärung meinte im 18. Jahrhundert einen fortschrittsoptimistischen Prozess, der Wirtschaft und Gesellschaft, Politik und Kultur unauflöslich miteinander verzahnte, um die Welt zu verbessern. Die Bemühungen, den «Wandel durch Vernunft» zu erzwingen, die Unwissenheit zu überwinden und den Wahrheiten zum Sieg zu verhelfen, verliefen von Beginn an alles andere als geradlinig. In einer veränderbar gewordenen Welt konnte und kann die verabsolutierte Vernunft, die ohne moralische Bindungen agiert, für fast alles verantwortlich gemacht werden: Für die Überwindung von Dogmatismen und Fundamentalismen aller Art, aber auch für die Privilegierung des Rationalismus als einem extremen Individualismus, der jeden Gemeinsinn vermissen und sich auch für gegenemanzipatorische Zwecke in Dienst nehmen lässt.[6] Deshalb müssen die aufklärerischen Ideen zeitlich und räumlich, rhetorisch und sozioökonomisch kontextualisiert werden. Nur so lässt sich zeigen, dass Barbarei keine deformierte Frucht, sondern der Feind jeder Aufklärung ist – und dies von Anfang an auch war.[7]

Die häufig beschworene Verbindung von Vernunft und Barbarei verweist im 18. Jahrhundert auf den Terror der Französischen Revolution und im 20. auf die europäischen Totalitarismen, vor allem auf das Nazi-Regime und den Holocaust «als antimoderne[n] Endpunkt einer verhängnisvollen Sonderentwicklung».[8] Die beißende Kritik, die «ausgerechnet die Vernunft für alle Übel in der Welt verantwortlich machte»[9], fand in Friedrich Nietzsche ihren wohl profiliertesten Vertreter. Die Nationalsozialisten instrumentalisierten den Verstand für ihren rassistisch begründeten Völkermord. Diese unfassbare Schuld zwingt dazu, sowohl das Gestaltungs- als auch das Zerstörungspotential von «Aufklärung» und «Vernunft» immer wieder neu zu bestimmen. Max Horkheimer und Theodor W. Adorno sprachen von der «Dialektik der Aufklärung» und hielten nach dem Holocaust die Vorgabe von emanzipatorischen Werten wie Freiheit oder Gerechtigkeit als Ziele der Geschichte für «zynisch».[10] Sie reduzierten die Aufklärung allerdings auf die Liquidation von Werten, eine bloß noch instrumentelle Vernunft und einen Zweckrationalismus ohne moralische Bindungen. Dagegen bezichtigte Georg Lukács die moderne Philosophie des deutschen Idealismus der «Zerstörung der Vernunft» und machte sie für Irrationalismus und Faschismus verantwortlich.[11] In diesem Punkt war er sich mit gewichtigen liberalen Denkern der zweiten Hälfte des 20. Jahrhunderts einig. Auch sie betonten den Bruch zwischen der rationalen, individualistischen und freiheitlichen Aufklärung des Westens einerseits und der antirationalen, kommunitaristischen und konservativen deutschen Romantik anderseits.[12]

Seitdem ist es das Anliegen von nunmehr drei Forschergenerationen, die Degenerierung der Vernunft in dem Lande zu erklären, das sich selbst dasjenige der Dichter und Denker nannte. Der rhetorisch zwar immer wieder zurückgewiesene «deutsche Sonderweg» – die Auffassung, dass sich die Brüche und falschen Weichenstellungen in der deutschen Geschichte zu einem verhängnisvollen Abweichen vom normalen (europäischen) Pfad addieren – ist darüber zur deutschen Meistererzählung geworden. Sie beginnt mit dem angeblichen Machtverlust von Kaiser und Reich, mit der von Luther ausgelösten kulturell-konfessionellen Spaltung oder mit dem Westfälischen Frieden, der die deutsche Zersplitterung und Machtlosigkeit besiegelt und den deutschen Nationalstaat verhindert habe. Um ihn dennoch «verspätet» zu realisieren, seien große Kraftanstrengungen nötig gewesen. Darunter habe die Ausbildung liberaler und demokratischer Traditionen gelitten. Entstanden sei jedoch ein ganz besonderes Vertrauen der Deutschen in ihre Obrigkeit, das sich als mangelnde Zivilität auf den 1871 angeblich «zu spät» gegründeten und deswegen umso aggressiveren deutschen Nationalstaat übertragen habe. Dieser suchte angeblich seinen eigenen Weg und hinkte der freiheitlich-demokratischen Entwicklung des Westens hinterher. Den Wendepunkt zum Besseren markierte das Jahr «1945». «Der lange Weg nach Westen» scheint seitdem erfolgreich absolviert. Dank Heinrich August Winkler besitzt der deutsche Sonderweg nunmehr zwei Fluchtpunkte: denjenigen der Verfehlung 1933, und denjenigen der erfolgreichen Westintegration 1990.[13]

Dieses Erzählschema beherrscht den deutschen Dialog mit der Vergangenheit und blockiert die Auseinandersetzung der älteren Geschichte mit der Gegenwart des 21. Jahrhunderts. Die Doppelfunktion von Nazi-

Herrschaft und Holocaust als dem «heiligen Kern» deutscher Geschichte – Erklärung des Unerklärbaren und Bruch mit ihm einerseits, didaktisches Lehrstück für die Menschheit andererseits –, lässt es nach wie vor «heikel» erscheinen, «abseits des ‹deutschen Sonderweges› nach Kontinuitätslinien über diese Moralgrenze hinweg zu fragen».[14] Doch wer glaubt, «1945» und «1989» erklärten hinreichend den Erfolg der deutschen Demokratie, wird nicht fragen, ob es ältere Linien und Traditionsbestände gab, an die unter den veränderten Bedingungen angeknüpft wurde. Auch in Deutschland muss aber der Brückenschlag zwischen der Gegenwart des 21. Jahrhunderts und einer mehr oder weniger fernen Vergangenheit gewagt werden, was hier am Beispiel des 18. Jahrhunderts geschieht: Das Potential der Aufklärungsära wird unter dieser Perspektive neu ausgelotet und der Gegenwart als Fundament sowie als Erfahrungs- und Diskurshorizont zur Verfügung gestellt. Die Teleologie des «deutschen Sonderwegs» wird verlassen, um dem 18. Jahrhundert seine Eigenlogik zurückzugeben – als «Unmittelbarkeit» zu Gott im Sinne Leopold von Rankes[15] und zur «heutigen Weltverfassung» in der Diktion Friedrich Schillers.[16]

Im Folgenden soll gezeigt werden, dass dies sinnvoll und europaverträglich möglich ist, ohne sich dem alten Vorwurf auszusetzen, die dunklen Seiten der deutschen Geschichte relativieren oder gar ignorieren zu wollen. Diese Neuinterpretation basiert auf der Beobachtung, dass der souveräne und allmächtige «Nationalstaat» als zentraler Akteur und Fluchtpunkt der Geschichte unglaubwürdig geworden ist. Der Staat stirbt nicht ab, erscheint jedoch in einer entwicklungsoffen und pluralistisch-multikulturell verstandenen Gegenwart nur noch als eine, wenn auch besonders wichtige Gestaltungsmacht unter anderen. Hier zeigt sich die Verbindung des 21. mit dem 18. Jahrhundert. Rückblickend lassen sich drei Phasen der mit der Aufklärung beginnenden Moderne unterscheiden.[17] Die vielen «Post-Diskurse» des späteren 20. Jahrhunderts belegen zwar weder das «Ende» der Aufklärung noch der Geschichte, wohl aber dasjenige einer nationalstaatlich eingehegten Moderne, die in Deutschland von den 1830er bis in die 1970er Jahre reichte. Davor und danach finden sich Modernen, die den geschlossenen Nationalstaat mit seinen Eindeutigkeit und Gewissheit zumindest anstrebenden Normierungen noch nicht kannten oder hinter sich gelassen haben. Zu diesen Zeiten gilt das Prinzip des Aushandelns vor demjenigen autoritativer Entscheidungen. Das Andere und Fremde wird auch als bereichernd verstanden, und die Zeitgenossen erleben Formen der Uneindeutigkeit und Pluralisierung, die sie an den transformativen Charakter ihrer Gegenwart erinnern. All dies verbindet die erste mit der dritten Moderne und trennt sie zugleich von der zweiten, der «nationalstaatlichen» und «formierten» Moderne, die inzwischen historisch geworden ist, obwohl ihre

Werte, Vorstellungen und Kategorien des «Eindeutig-Machens» nach wie vor die historiographischen und zeitdiagnostischen Deutungen dominieren.

Eine solche Auffächerung der Moderne in drei Phasen liegt quer zu den gängigen Periodisierungen und Epochengrenzen. Die reizvolle Zwitterstellung einer deutschen Geschichte des 18. Jahrhunderts resultiert aus ihrer institutionellen Zuordnung zur Frühen Neuzeit, die oft als «Inkubationszeit» oder «Musterbuch» der Moderne bezeichnet wird. Dies ist mit Blick auf die sozialen, rechtlichen und ökonomischen Verhältnisse unbestritten: Die ständisch-feudale Ordnung Alteuropas existierte bis tief ins 19. Jahrhundert. Kultur- und ideengeschichtlich ist das 18. Jahrhundert jedoch insofern «modern», als zu dieser Zeit die Entwürfe gedacht und erprobt wurden, die das westliche Zivilisationsmodell bis heute prägen. Daraus ergibt sich eine Eigenständigkeit, der in England und in den Niederlanden mit der Vorstellung eines «langen» 18. Jahrhunderts Rechnung getragen wird.[18] Die deutsche Epocheneinteilung zementiert hingegen die Zäsur um 1800 und lässt die Moderne in Deutschland mit dem 19. Jahrhundert beginnen. Damit werden Entwicklungen zerschnitten, die in der Perspektive einer europäischen Moderne ganz offensichtlich zusammengehören.

Das Unbehagen an der gängigen Periodisierung veranlasste Reinhart Koselleck, mit der «Sattelzeit» zwischen 1750 und 1850 eine neue Epoche zwischen Früher Neuzeit und Neuerer Geschichte zu platzieren[19] und damit die Phase des Übergangs von der ständischen zur bürgerlichen Gesellschaft zu charakterisieren. Diese Zwischenzeit, in der die Welt ihre von der Schöpfungsordnung vorgegebene Eindeutigkeit verlor und für den Menschen gestaltbar wurde, entspricht inhaltlich dem «Zeitalter der Aufklärung». Die «deutsche» Sattelzeit muss jedoch in ein langes 18. Jahrhundert überführt werden, weil auch in Deutschland die Veränderungen früher einsetzten und nur so die Vergleichbarkeit mit den Entwicklungen in anderen europäischen Ländern möglich ist. Es sollte vom ausgehenden 17. Jahrhundert bis in die 1830er Jahre reichen und die Übergangsepoche erfassen, in der auch in Deutschland der vielgestaltige Aufbruch in die Moderne erfolgte. Diese Phase endete, als das Experimentieren im Zeichen von Kritik und Vernunft in die Gewissheit normierende gesellschaftliche, industrielle und nationalstaatliche Entwicklung mündete.

Die Moderne bahnte sich demnach auch in Deutschland ihren Weg ohne die spektakulären «Anfänge», wie sie mit «Napoleon», «keine Revolution» oder «dem Reich» wirkungsmächtig in Szene gesetzt wurden.[20] Thomas Nipperdey, Hans-Ulrich Wehler und Heinrich August Winkler präsentierten in ihren markanten ersten Sätzen einen Identität verbürgenden Beginn der deutschen Geschichte, vertieften aber zugleich mit ihrem nationalstaatlichen Erzählstrang die Zäsur um 1800 zu einer fast unüberwindlichen Schlucht. Zudem bestätigen sie die «romantische» Version des «deutschen Sonderweges», an der fast alle neueren Darstellungen festhalten. Sie unterstellt eine «individualistisch-liberale» und demokratische europäische Aufklärung, die ihren Höhepunkt in den Ideen, nicht in der Praxis der Französischen Revolution gefunden habe, und unterscheidet davon die deutsche Entwicklung. Diese sei wegen der politischen Kleinräumigkeit auf begrenzte Reformen durch absolutistische Herrscher, kosmopolitische Ideen und einen romantisch-nationalkulturellen Weg konzentriert gewesen, der nicht zum Nationalstaat, sondern zur Universalgemeinschaft führen sollte. Das brisante Gemisch aus unbedingtem Vertrauen in die Obrigkeit und in weltverbessernde Ideen habe die Deutschen anfällig gemacht für autoritäre Ideologien und Strukturen.[21] Peter Gay, dem die Aufklärungsforschung sehr viel zu verdanken hat, fällte 1966 ein geradezu vernichtendes Urteil: «The German Aufklärer were isolated, impotent, and almost wholly unpolitical.»[22]

Mit dieser dichotomisch kontextualisierten Aufklärung, die im Westen liberal-demokratische Traditionen ermöglicht, in Deutschland aber von Anfang an nur eine instrumentalisierte, staats- und herrscherbezogene Vernunft hervorgebracht habe, wird davon ausgegangen, dass der deutsche Sonderweg, auch wenn er nicht im 18. Jahrhundert begann, hier doch seine angeblich entscheidenden Weichenstellungen erfuhr. Richtig ist, dass sich das europäische Phänomen Aufklärung in politisch gestalteten Räumen mit nationalkulturellen Rahmungen konkretisierte und differenzierte. Richtig ist auch, dass die zahllosen Quellen, die «deutsch» als Zuordnungs- oder Abgrenzungsmerkmal nutzen, auf eine erwünschte, inszenierte oder gelebte Haltung verweisen, die offensichtlich die Menschen bewegte. Fragwürdig ist es hingegen, die offene und multiple Aufklärung in Deutschland als von einer wertneutralen Rationalität bzw. Irrationalität geprägt zu verstehen.

Auch in Deutschland geriet die *ratio* im späten 18. Jahrhundert auf den Prüfstand der Kritik. Als die «Herrschaft des Verstandes» und der «Zwangsstaat» mit neuartigen Ganzheitsvorstellungen überwunden werden sollten, um die Menschheit vor Barbarei und Entfremdung zu schützen, gewann gerade in Deutschland der Vernunftbegriff eine neue Dimension: Das «Schluß- und Räsoniervermögen» wurde «zu einer [...] schauenden Vernunft bzw. zum Reflexionsvermögen und damit zum höheren und umfassenden Erkenntnisvermögen».[23] Die «Romantiker» werteten zwar die bloße Verstandesherrschaft ab, blieben aber Aufklärer, insofern sie Antworten auf die gleichen Probleme suchten und ohne die Verstandeslogik nicht auskamen. Das Zusammenspiel von Gefühl und Intellekt konturierte den «Wandel durch Vernunft» seit den 1770er Jahren bis weit ins 19. Jahrhundert. Der Durchbruch der Moderne erfolgte auch in Deutschland nicht ohne selbstreflexive Kritik, das «Streben nach Emanzipation aus den Strukturen überlieferter Autoritäten» sowie die Ablehnung aller Formierungen, die selbst autoritär werden könnten.[24]

Eine deutsche Geschichte hat sich mit den verschiedenen Spielarten der Aufklärung auseinanderzusetzen und ist eine von vielen Möglichkeiten, den «Wandel durch Vernunft» in all seinen Facetten und mit Blick auf die Gegenwart zu erzählen, ohne den Rahmen zu verlassen, den die Zeitgenossen füllen wollten. Wer freilich die Frage, ob es «überhaupt eine deutsche Geschichte» gibt[25], verneint[26], wird diese Argumentation zurückweisen. Er müsste jedoch den Nationalstaat bzw. die Nation abschaffen, denn solange es diese gibt und solange sie für die Masse der Menschen einen «lebensgeschichtlichen Bezugsrahmen und Loyalitätspol» bilden[27], sind darauf bezogene Geschichtserzählungen nicht nur legitim und berechtigt, sondern notwendig. Dies gilt natürlich auch für die «Neue Deutsche Geschichte», deren Bandeinteilung zwar politischen Zäsuren folgt, diese aber so wählt, dass die sozio-kulturellen Entwicklungen des 18. Jahrhunderts nachgezeichnet werden können.

Kategorien wie «Staat», «Nation», «Freiheit» oder «Toleranz» sind Verständnisbrücken, um das vergangene Geschehen plausibel als Reservoir menschlicher Erwartungen und Erfahrungen erzählen zu können. Sie bestimmen die heutigen Diskurse und sind zentrale Quellenbegriffe des 18. Jahrhunderts. Letzteres gilt auch für Termini wie «Gemeiner Nutz», «Glückseligkeit» oder «Patriotismus», die wichtige Zielsetzungen der Aufklärer und bis heute fortwirkende Haltungen verkörpern, obwohl die Begriffe selbst nur noch selten verwandt werden. Schon das Kategoriensystem zeigt, dass Bemühungen, sich dem eigenen Kulturkreis verfremdend und dekonstruierend als «Missionar im Ruderboot» nähern zu wollen[28], zum Scheitern verurteilt sind, denn niemand kann dem eigenen Vorverständnis entfliehen. Das Jahrhundert der Aufklärung ist als Ausgangspunkt der Moderne nicht das Fremde und Andere, sondern – wie die vielen Inanspruchnahmen zeigen – eine Art Laboratorium oder Referenzraum für die Gegenwart.

Die sich nach dem Zweiten Weltkrieg auch in Deutschland etablierende moderne Soziologie griff – ohne den deutschen Sonderweg in Frage zu stellen – auf das Aufklärungsprojekt zurück. Ralf Dahrendorfs «angewandte Aufklärung»[29] oder die Luhmann-Habermas-Kontroverse[30] versuchten, den «Wandel durch Vernunft» neu zu fassen und für die gegenwärtige Gesellschaft fruchtbar zu machen. Rainer Piepmeier erinnerte 1979 daran, dass die «Beschleunigung soziokultureller Wandlungen die Identitätsbewahrung von Individuen und Gruppen» gefährde, so dass «kritische Reflexion heute eher kritische Erinnerung von Traditionen» sein müsse.[31] Wichtige westliche Theoretiker wie Foucault, Lyotard, Bourdieu, Postman oder Beck verwiesen seit den siebziger Jahren, wenn sie nach Lösungsstrategien für drängende Probleme der Gegenwart suchten, auf die Aufklärung als einer zurückzugewinnenden Haltung.

Dagegen sprachen Skeptiker immer wieder vom Ende der Moderne, der Geschichte oder der Aufklärung, deren Leitmuster erschöpft seien und der globalisierten Welt keine angemessene Basis mehr bieten könnten.[32] War also das Aufklärungsprojekt deswegen zum Scheitern verurteilt, weil die Diskrepanz zwischen den auf theistischen Traditionen beruhenden Annahmen über die Natur des Menschen und den Projektionen, wie dieser sein sollte, nie überbrückt wurde? Das teleologische Schema von zukünftiger Freiheit und Glückseligkeit funktioniert nach Ansicht Alasdair MacIntyres nur, so lange wie die verbindlichen rationalen Regeln und Tugenden nicht verletzt werden. Mit der Säkularisierung der göttlichen Moralgesetze habe sich die Aufklärung dieser Basis jedoch selbst beraubt.[33] Damit geraten aber nicht nur gewichtige Errungenschaften der Aufklärung wie Toleranz, rechtliche Gleichheit oder persönliche Freiheit aus dem Blick. Zudem wird vergessen, dass der «aufgeklärte» Mensch zwar die Vorgaben in Frage stellt, aber erkannt hat, nicht Gott zu sein, der von außen auf die Dinge schauen kann. Der Mensch ist stets mittendrin und gezwungen, sich zu entscheiden, und er findet die Maßstäbe dafür nur in seiner Welt. Seit dem 18. Jahrhundert «existiert eine Vielfalt konkurrierender Zwecke, in deren Dienst Rationalität nur gestellt wird […]. Auch die Aufklärung hat ihre Werte entworfen, aber sie entsprechen einer Werthaltung, die aus der Relativierung von Geltungsansprüchen entstanden ist.»[34] Der Mensch ist auf Lernprozesse aus historischer Erfahrung angewiesen, um dies zu erkennen.

In diesem Sinne bilden Wandel und Beharrung im geistigen, politischen, ökonomischen und sozialen Leben sowie die Konflikte zwischen Macht und Ohnmacht, Individuum und Staat, kulturellen Mustern und gesellschaftlichen Strukturen die Eckpunkte der in drei Großkapitel gegliederten Geschichtserzählung «Wandel durch Vernunft. Deutschland 1715–1806». Sie beginnt mit der Konstellation nach 1700: den sozialen und ökonomischen Strukturen, den politischen Voraussetzungen und dem neuen Denken in den Bahnen von Kritik und Vernunft. Das zweite Kapitel gilt den Haupt- und Staatsaktionen sowie der politischen Kultur des Alten Reiches und der deutschen Nation. Eingebettet in das europäische Geschehen wird über Krieg und Frieden, diplomatische Winkelzüge und gescheiterte Ambitionen berichtet und gezeigt, wie der komplementäre Reichs-Staat nach dem Siebenjährigen Krieg dem deutschen Dualismus und schließlich Napoleon erlag. Parallel dazu wurden jedoch Nationalgeist und Patriotismus forciert, um die deutsche Nation als föderative Einheit zu stärken und zu bewahren. Vor dieser Folie berichtet das dritte Kapitel über das spätere 18. Jahrhundert und den einsetzenden Wandel von der ständischen zur bürgerlichen Gesellschaft, über dessen Bedingungen und Agenten, über Transformationskonflikte und die national-kulturellen Neujustierungen. Das abschließende Fazit betont noch einmal die Bedeutung des 18. Jahrhunderts und der Aufklärung für die Gegenwart.

I. Deutschland am Beginn des 18. Jahrhunderts

Das 18. Jahrhundert war in Deutschland kein Jahrhundert der «Kriege und Krisen» und auch keines, das den Nationalstaat realisierte. Obwohl der herrschaftliche Despotismus oder Absolutismus die vielgestaltigen politischen Systeme dominierte, bildet das Jahrhundert die erste Phase der Moderne. Diese quer zu den üblichen Zäsuren der deutschen Geschichte liegende Zuordnung ergibt sich zwangsläufig, wenn man den Blick von heute zurücklenkt und nach dem Gemeinsamen und Trennenden fragt. Die Zeitdiagnose nennt Pluralisierung, neue Unsicherheiten und Uneindeutigkeiten als dominierende Merkmale der Gegenwart. Eine ähnliche Zustandsbeschreibung lässt sich für das 18. Jahrhundert plausibel machen: Die alten sozio-kulturellen Strukturen mussten, angegriffen von Kritik und Vernunftforderungen, ebenso modifiziert werden wie die politisch-rechtlichen Ordnungsmuster. Wissen wurde ungewiss, Wahrheit verhandelbar und die neuen Gestaltungsspielräume zwangen zu risikoreichen Entscheidungen. Der Durchbruch des Absolutismus, die Popularität aufgeklärter Herrschaft und der autoritative Umgang mit dem Uneindeutigen reflektieren «einen allgemeinen Zustand der Destabilisierung».[1]

Selbst das scheinbar Konstante unterlag im 18. Jahrhundert dem schleichenden Wandel. Die Bevölkerung wuchs stetig und über die bisher als Maximum erachtete Größe hinaus, die ständische Gesellschaft wurde durchlässiger und die gebundene Wirtschaftsweise mit mehr Markt und Wettbewerb konfrontiert. Das Heilige Römische Reich deutscher Nation überlebte das Jahrhundert zwar um sechs Jahre, doch der sogenannte deutsche Dualismus, das Herauswachsen Brandenburg-Preußens und Österreichs aus der komplementär zusammengesetzten Staatlichkeit, führte dazu, dass der imperiale Gestaltungswillen Napoleons auf keinen einheitlichen Widerstand stieß. Das Ende des Reichs hatte sich mit langem Siechtum angekündigt, kam dann aber doch überraschend.

Die «Neue Deutsche Geschichte» setzt diesem Band mit den begrenzenden Jahreszahlen 1715 und 1806 einen an der Logik der Mächtepolitik orientierten Rahmen, der das vergangene Geschehen sinnvoll ordnet. 1715 waren auch für Deutschland die Hegemonialkriege König Ludwigs XIV. von Frankreich beendet. Die dynastische Legitimität, die zu vielen Erbfolgekriegen geführt hatte, wurde mit der Idee einer europäischen Staatenbalance zum «Westfälischen System» ergänzt und relativiert. Dieser Rationalisierungsschub wirkte auf den Reichs-Staat zurück und trug die internationalen Beziehungen, bis Napoleon 1806 Deutschland und Europa eine neue Ordnung diktierte. Die Souveränität war zwar noch nicht das einzige Prinzip, das legitime Herrschaft signalisierte und die internationalen Beziehungen monopolisierte, akzentuierte jedoch das Ungleichgewicht zwischen den Reichsständen und provozierte den Dualismus, der dann die zweite Hälfte des 18. Jahrhunderts in Deutschland politisch prägte.

Die um 1500 zur offiziösen Reichstitulatur hinzugekommene Erläuterung «deutscher Nation» formulierte den Anspruch der Deutschen auf das Kaisertum, diente aber primär der Verständigung über ein nun räumlich und strukturell konzentriertes deutsches Reich. Die halbamtliche Titulatur, die in vielen Varianten Reich und deutsche Nation verknüpfte, sollte ein «Reich im Reich» begrifflich fassen, das aus der mittelalterlichen Tradition herausgewachsen war. Ohne die antike Herleitung, die universalen Ansprüche und die lehnsrechtliche Basis in Frage zu stellen, bildete sich zunächst ein oberdeutscher Reichs-Staat, der sich im 16. Jahrhundert auf das Gebiet zwischen Alpen und Meer erstreckte.[2] Der Kaiser belehnte zwar auch weiterhin die Reichsstände und besaß gewisse Aufsichtsrechte über die Reichslehen, durfte daraus im politisch «verdichteten» Restreich[3] aber weder Herrschaftsbefugnisse ableiten noch Lehnsdienste fordern. Das zeremonielle und hierarchisierte Lehensreich[4] verwies in der Frühen Neuzeit vor allem auf alte vermeintlich glorreiche Tage und beeindruckte mit dem Pomp von Krönungen und Belehnungen die Zeitgenossen, war aber machtpolitisch belanglos, denn der Kaiser besaß als oberster Lehensherr kein Erzwingungspotential. Er musste entweder seine eigene Hausmacht mobilisieren, was er in Oberitalien auch häufiger tat, oder einen Konsens mit den deutschen Reichsständen suchen, wenn er unbotmäßige Reichsglieder wie die Wittelsbacher Kurfürsten im Spanischen Erbfolgekrieg oder König Friedrich II. von Preußen 1756/57 zur Räson bringen wollte. Der Kaiser teilte die Macht mit den Reichsständen – nicht wegen der lehnsrechtlichen Verpflichtungen zur Gegenseitigkeit, sondern aus konstitutionellen Gründen: aufgrund von Fundamentalgesetzen, ausgehandelten Einungen, Verträgen und Reichsabschieden.

Es sind politisch-räumliche und zeitliche Koordinaten, die festlegen, was zu einer deutschen Geschichte des 18. Jahrhunderts gehört und was nicht. Erst solche Definitionen und Zuordnungen erlauben es der Erzählung, die übergreifenden Strukturen und Bedingungen zu benennen, die nach 1700 das Mit- und Gegeneinander von Natur, Mensch und Kultur bestimmten. Vorgestellt werden daher (1.) so unterschiedliche Dinge wie die natürlichen Ressourcen und die Bevölkerungsentwicklung, die ständische Ordnung und das häusliche Leben einschließlich der Stellung von Mann und Frau, die landwirtschaftliche und die gewerbliche Güterproduktion. Es folgt (2.) eine Beschreibung der reichspolitischen Situation und der deutschen Nation um 1700 mit dem Westfälischen Frieden und der «deutschen Freiheit» als prägenden Grundkonstanten. Abschließend (3.) ist auf das neue Denken der frühen Aufklärung einzugehen, das Religion und Glauben im Zeichen von Rationalität und Überprüfbarkeit den Regeln der Vernunft unterwerfen will. Der Blick richtet sich dabei primär auf die Toleranzdebatte und die Praxis des politischen Gestaltens.

1. Alte Strukturen

a) Bevölkerung, Bodenschätze, Klima und Infrastruktur

Der Mensch ist die wichtigste Ressource jeder Gesellschaft. Obwohl sein generatives Verhalten und die demographischen Trends längst erforscht sind, ist die genaue Anzahl der Menschen, die im 18. Jahrhundert in bestimmten politisch oder geographisch abgegrenzten Großräumen lebten, kaum zu ermitteln. Alle Angaben beruhen auf Schätzungen, die von Einzelzählungen, Steuer- oder Bürgerverzeichnissen hochgerechnet sind. Dies gilt auch für das Heilige Römische Reich deutscher Nation, bei dem erschwerend hinzukommt, dass die Demographen dessen Gebiet unterschiedlich groß definieren – je nachdem, ob sie vom Reichsgebiet im Jahr 1871 ausgehen, Österreich, Böhmen, Schlesien, Ostpreußen etc. hinzuzählen oder nicht. Unter dieser Voraussetzung und mit dem Hinweis einer möglichen Abweichung von einem Viertel und mehr lässt sich sagen, dass Deutschland (in den Grenzen von 1871) zu Beginn des 18. Jahrhunderts etwa 15 Millionen Einwohner besessen haben könnte, und damit wohl noch immer weniger als die vielleicht 17 Millionen vor dem Dreißigjährigen Krieg. Im Unterschied zu den meisten westeuropäischen Ländern war wenigstens in bestimmten Gebieten des Reiches noch «Platz» und die staatliche Peuplierungspolitik förderte nicht nur die Einwanderung der Hugenotten, Waldenser oder Schweizer, so dass um 1700 von einem sehr hohen Bevölkerungswachstum von knapp einem Prozent jährlich auszugehen ist.[5]

Selbstverständlich sind dies hochgerechnete Zahlen, die nicht für alle Regionen Deutschlands gelten. Die Unterschiede zu anderen Ländern, die sich auch in den agrarischen Konjunkturzyklen zeigen, wurden schon von den Zeitgenossen beobachtet. Die regional stark differierenden Bevölkerungsverluste während des Dreißigjährigen Krieges dürften auf ganz Deutschland bezogen etwa 35 bis 40 Prozent betragen haben. Sie ermöglichten die von den Nachbarländern abweichenden Wachstumsraten im 18. Jahrhundert. Die nur am Oberrhein hohen Verluste durch die Kriege Ludwigs XIV. beeinflussten diesen Trend nur geringfügig. Deutschland erreichte wohl erst nach drei bis vier Generationen, Anfang der 1740er

Jahre, den Bevölkerungsstand von 1618. Der demographische Optimismus zeigte sich zwischenzeitlich vor allem im Heiratsverhalten, dem wichtigsten Parameter jeder vormodernen Population.

In der Frühen Neuzeit war ohne kirchliche Trauung keine Familiengründung und normalerweise auch keine selbständige wirtschaftliche Existenz möglich. Ob ein Paar heiraten durfte, darüber entschieden nicht nur es selbst und die Eltern, sondern auch die Landesordnungen und die Gemeinden. Sie erteilten die Erlaubnis nur, wenn sichergestellt schien, dass die künftige Familie über ein Haus oder einen Betrieb, also über genügend Einkommen verfügte, um nicht der Gemeinde zur Last zu fallen. Aufgrund dieser in Mittel- und Nordeuropa üblichen Bindung der Ehe an einen eigenen Hausstand, Eigentum und Besitz spricht die Forschung von einem europäischen Heiratsmuster, das sich zum einen durch ein mit 25 Jahren und mehr recht hohes Alter und zum anderen dadurch auszeichnete, dass etwa 10 bis 20 Prozent eines Jahrgangs ganz auf die Ehe verzichten mussten. Diese demographische Reservearmee durfte nur nach Kriegen, Teuerungen oder Epidemien auf eine Heirat hoffen.

Die frühneuzeitlichen Vitalstatistiken weisen solche Krisen sehr präzise aus, ebenso saisonale Erkrankungen wie Pocken, Typhus oder Ruhr. Sie zeigen jedoch auch, dass kurzfristige Mortalitätsmaxima binnen weniger Jahre ausgeglichen wurden, weil nach jeder demographischen Krise die Zahl der Eheschließungen und Geburten überproportional anstieg. Mehrheitlich starben Junge und Alte, d. h. diejenigen, die ohnehin das größte Mortalitätsrisiko trugen und die statistisch gesehen bald gestorben wären. Deswegen sank nach größeren demographischen Einbrüchen die Todesrate, während die Zahl der Eheschließungen und Geburten zunahm: Der Tod der Erblasser gab den Besitz vorzeitig für die neue Generation frei.

Kriege und Epidemien bedeuteten insofern nicht nur großes Leid, sondern auch Chancen für die Überlebenden. Darüber hinaus nahmen die Zweit- und Drittehen zu. Witwer gingen, insbesondere wenn unmündige Kinder zu versorgen waren, schnell eine neue Ehe ein, Witwen hielten sich dagegen meist an die weit verbreitete Sitte des Trauer- und Witwenjahres.[6] Im Laufe des 17. Jahrhunderts setzte fast in ganz Deutschland die Verzeichnung aller Geburten (Taufen), Heiraten und Todesfälle in Kirchenbüchern ein, deren vitalstatistische Auswertung viele Details des generativen Verhaltens offenbart. Das gesellschaftlich gewollte hohe Heiratsalter verkürzte die Fertilitätsphase der Frauen, was einer kollektiven Geburtenplanung gleichkam. Dies gilt auch für die üblichen langen Stillzeiten, die unter den frühneuzeitlichen Ernährungsbedingungen zu einer verminderten Fruchtbarkeit bis hin zu einer temporären Sterilität führten.

Das Bevölkerungswachstum wurde bis ins 18. Jahrhundert in erster Linie durch den vorzeitigen Tod gebremst. Um 1700 erreichten die Menschen ein statistisch errechnetes Durchschnittsalter von etwa 35 Jahren, das in den Städten meist noch geringer war. Dies besagt allerdings wenig über den Todeszeitpunkt. Auszugehen ist – mit einer aus religiösen und sittlichen Gründen recht hohen Dunkelziffer – von etwa 5 Prozent Totgeburten bzw. direkt nach der Geburt Verstorbenen. Hinzu kam eine exorbitant hohe Säuglingssterblichkeit, der mindestens jedes zehnte, im Extremfall jedes dritte Kind zum Opfer fiel. Nach 20 Jahren, also mit Beginn des Erwachsenenalters, lebte allenfalls noch die Hälfte eines Jahrganges – in städtischen Populationen wiederum deutlich weniger. Wer hingegen das Erwachsenenalter erreichte, durfte damit rechnen, 60 Jahre und älter zu werden, wenn auch für Frauen das Kindbett und für Männer der Kriegsdienst das Todesrisiko noch einmal beträchtlich erhöhten.

Diese Strukturen sorgten für eine ausgeglichene Bevölkerungsbilanz. Das geringfügige Wachstum wurde in jeder Krise aufgebraucht. Wenn nur die Hälfte der Mädchen zum Zeitpunkt ihrer Geschlechtsreife noch lebte und von diesen noch einmal 10 bis 15 Prozent unverheiratet blieben, dann hatte der Rest wenigstens fünf Kinder zu gebären, um die Gesellschaft vor dem langsamen Aussterben zu bewahren. Da die Frauen erst mit 25 Jahren heirateten, die Menopause aber im Alter von 40 oder knapp darüber eintrat und die Geburtsintervalle aus vielen Gründen selten kleiner als zwei Jahre waren, musste diese eheliche Fertilitätsphase genutzt werden. Manche Frauen brachten es zwar auf 15 Geburten, doch selbst in solchen Familien saßen statistisch selten mehr als fünf Kinder am Tisch, denn die hohe Kindersterblichkeit und der Beginn des Arbeitslebens mit 12 bis 14 Jahren dezimierten die häusliche Kinderschar. Wenn in diesen Ehen die jüngsten Kinder geboren wurden, hatten die älteren das Haus längst verlassen. In der Frühen Neuzeit lebten durchschnittlich etwa 4,75 Menschen in einem Haushalt.[7]

Die übergroße Mehrheit der deutschen Bevölkerung lebte auf dem Land. Dazu sind demographisch auch die Bewohner der fast 4000 Klein- und Mittelstädte zu rechnen, von denen die meisten weniger als 1000 Einwohner zählten. Mehr als 10 000 Einwohner besaßen um 1700 im Alten Reich einschließlich Böhmen nur 34 Kommunen, in Frankreich waren es 55, in Italien 51, in England hingegen nur 11 und in den Niederlanden 20.[8] Als Großstädte durften zu dieser Zeit in Deutschland nur Wien mit mehr als 100 000 sowie Hamburg und Berlin gelten, die es auf über 60 000 Einwohner brachten und dennoch im Vergleich mit London, Paris, Neapel oder Konstantinopel, die jeweils mehr als 400 000 Bewohner zählten, merklich abfielen.[9] Bevölkerungstechnisch war diese Verteilung kein Nachteil, denn je

größer die Städte, desto höher die Sterblichkeit. Dafür gab es viele
Gründe. Die Abwasserregelungen und die Entsorgung der Fäkalien von
so vielen Menschen waren zu Beginn des 18. Jahrhunderts noch nicht befriedigend gelöst. Schmutz und Gestank gehörten zum Stadtbild: Fließ-
wasser-Aborte waren zwar bekannt, doch Wasser war kostbar und ihre
generelle Einführung hätte jeden Bach und jeden Fluss schnell zur
Kloake werden lassen. Die immer tieferen Latrinen entsorgten zwar den
Abfall, verseuchten jedoch das Trinkwasser. Die dem Dung der Äcker
und Gärten dienenden Misthaufen der Dörfer und Kleinstädte waren unter hygienischen, aber auch unter ökologischen wie ökonomischen Ge-
sichtspunkten den großstädtischen Latrinen eindeutig vorzuziehen.

Im Unterschied zum generativen Verhalten, dessen Wirkmechanismen
den Menschen zumindest ansatzweise vertraut waren, waren Wetter und
Bodenschätze nicht, die Landschaft und Bodenqualität nur in bescheide-
nem Umfang zu beeinflussen. Der Mensch musste sich einerseits anpassen,
um das von der Natur zur Verfügung gestellte Umfeld und alle damit verbundenen Ressourcen zu nutzen. Andererseits musste er verändernd wirken, und er machte aus der Natur- die Kulturlandschaft. Doch auch dieser
Aneignungsprozess erfolgte nicht voraussetzungslos, sondern war wenigstens bis zu einem gewissen Grade von den politischen und sozialen Umständen abhängig. Ob Moore und Sumpfgebiete trockengelegt, Straßen
und Kanäle gebaut, der Wald gerodet oder gepflegt, Bodenschätze abgebaut und Städte gegründet, die extensive Dreifelderwirtschaft oder die intensive Fruchtwechselwirtschaft betrieben wurden, war oft von politisch-
herrschaftlichen Vorgaben abhängig, die ihre Spuren in die Landschaft
eingegraben haben. «Es lag [auch, G. S.] in der Natur der Herrschaft, wie
weit die Herrschaft der Natur reichte.»[10]

Zu den gewinnträchtigsten Bodenschätzen gehörte das Salz. Es wurde
in der Frühen Neuzeit vor allem als Konservierungsmittel benötigt und als
Quell- oder Steinsalz beispielsweise in Lüneburg, Halle, Gmunden, Hal-
lein und Reichenhall gewonnen. Man fand in Deutschland die Erze Gold,
Silber, Kupfer, Eisen und auch Blei. Teile des Bergbaus waren seit dem späten Mittelalter kapitalisiert und großbetrieblich organisiert. Er gab vielen
Menschen Arbeit und die Kapitaleigner – Bürger und Fürsten – konnten
große Gewinne erzielen. Wichtige Zentren des Erzabbaus waren die
Alpen, das Erzgebirge, der Thüringer Wald und das Fichtelgebirge sowie
der Harz, die Eifel und das Siegerland, außerdem die Landschaften an
Saar, Rhein und Ruhr. Der deutsche Eisenerzbergbau war zu Beginn des
18. Jahrhunderts noch vor dem schwedischen der größte in Europa. Die
ständigen Wassereinbrüche in den Bergwerken bereiteten allerdings große
Probleme. Bergknechte mussten oft Eimer um Eimer weiterreichen, um
die Schächte trocken zu legen, denn auch die meist mit Muskelkraft betrie-
benen mechanischen Wasserhebeanlagen waren wenig effektiv.

Das Erz wurde in mit Holzkohle befeuerten Hochöfen verhüttet. Dies hatte gravierende Folgen für den Wald und die Umwelt. Etwa 12 Tonnen Holzkohle waren nötig, um eine Tonne Eisenerz zu gewinnen. Die Herstellung einer Tonne Schmiedeeisen verbrauchte bis zu 30 Tonnen Holz. Um die gleiche Menge an Glas zu gewinnen, benötigte man sogar 2400 Tonnen. Technische Innovationen wie die Gradierwerke reduzierten den Holzverbrauch bei der Salzherstellung immerhin um über die Hälfte.[11] Den Zeitgenossen blieb nicht verborgen, dass bei solchen Verbrauchsmengen auch ein nachwachsender Energieträger hoffnungslos überfordert war. Die Alternativen waren aber begrenzt oder wurden in ihrem Wert noch nicht erkannt. Der Umstieg auf die wesentlich ergiebigere Steinkohle begann an der Saar bereits 1714. Doch weil es an Kapital und technischem Fachwissen mangelte, konnte dieser später so wichtige Rohstoff vorerst nur punktuell eingesetzt werden. Deutschland, das noch im 16. Jahrhundert zu den technisch führenden Nationen gehört hatte, fiel in dieser Hinsicht gegenüber England deutlich zurück.[12]

Wetter und Klima gehörten nach frühneuzeitlichem Kenntnisstand zu den vom Menschen wenig zu beeinflussenden Wirtschaftsfaktoren. Über ihr «gemäßigtes Klima» haben sich die Deutschen nicht beklagt, obwohl die «Kleine Eiszeit» zwischen der zweiten Hälfte des 16. Jahrhunderts und etwa 1860 die Wachstumsvoraussetzungen spürbar verringerte.[13] Diese Periode und insbesondere die Jahre zwischen 1675 und 1715 zeichneten sich – wie die Auswertung der systematischen Aufzeichnungen über den Beginn der Weinlese, die Getreidepreise, das Vordringen der Gletscher oder die Analyse der Baumringe belegen – nicht so sehr durch kältere Winter oder heißere Sommer als durch eine das Wachstum negativ beinflussende ungünstige Witterung im Herbst und Frühjahr aus. Die Temperaturen sanken in den 1690er Jahren im Frühjahr um 1,5 und im Herbst um 0,5 Grad. Die Vegetationsdauer verkürzte sich dadurch an vielen Orten um einen ganzen Monat.[14] In den Grenzertragslagen der Mittelgebirge musste der Getreideanbau eingestellt, in anderen Gebieten der anspruchsvolle und weniger winterharte Weizen durch Hafer oder Roggen ersetzt werden. Weinanbau war in Ost- und Norddeutschland praktisch nicht mehr möglich. Der schwere Winter 1708/09 ließ die Themse, Teile der Adria oder die Bucht von Marseille zufrieren, Vögel fielen angeblich ohnmächtig vom Himmel und Bäume platzten auf, was bei Minustemperaturen von 25 bis 30 Grad möglich ist.[15] In den ersten beiden Dezennien des 18. Jahrhunderts drangen auch die Alpengletscher weit vor. Der Weihnachtsspringflut, die 1717 über die deutsche, dänische und niederländische Küste hereinbrach, fielen 18 000 Menschen und 35 000 Stück Vieh zum Opfer. Weite Teile des Hinterlandes erlitten ebenfalls große Schäden.[16] Die Menschen waren Katastrophen dieser Größenordnung mehr oder weniger hilflos ausgeliefert, auch wenn sie

längst gelernt hatten, sich gegen die Naturgewalten zu wehren: Deiche
und Dämme schützten vor Überflutungen, Abwässerkanäle machten aus
Sumpfgebieten Wiesen und Ackerland, Verbote der Waldweide verbesserten die Qualität des Holzes, die Verlagerung bestimmter Produk-
tionsstätten und Friedhöfe diejenige von Luft und Wasser.

Warum es zur Kleinen Eiszeit kam, ist ebenso umstritten wie die Ursachen der vielen mittel- und kurzfristigen Temperaturschwankungen
während dieser Periode: Hypothesen verweisen auf das Verschwinden
der Sonnenflecken und die dadurch reduzierte Strahlungsintensität oder
auf außergewöhnliche Vulkanausbrüche, die große Partikelmengen in
die Erdatmosphäre schleuderten und so die Sonneneinstrahlung behinderten. Einige Klimahistoriker erklären die Schwankungen auch mit der
Zunahme der Polareiskappen, die zu Verlagerungen im Jetstream geführt
habe, so dass im Winter die Hochs und im Sommer die Islandtiefs orts-
fester als üblich gewesen seien.[17]

Zum Wetter, dem niemand entkam, gehörten auch die vielen kleinen
Katastrophen: Feuer durch Blitzschlag, Hagel, lokale Überschwemmun-
gen etc. Die Menschen wussten um diese Gefahren und beteten, dass
Gott sie davor behüten möge. Das Wetter war in jeder Hinsicht für die
Erträge der bäuerlichen Wirtschaft ausschlaggebend. Genaue Vorher-
sagen entschieden darüber, ob die Ernte bestmöglich eingebracht werden
konnte. Die alten Bauernregeln wie diejenige, dass einem verregneten
Siebenschläfer (= 27. Juni) sieben nasse Wochen folgten, entsprachen
langjährigen Erfahrungswerten, die von der heutigen Klimaforschung in
vielen Fällen bestätigt werden. Ende Juni bildet sich in Mitteleuropa die
für das Sommerwetter maßgebliche Großwetterlage.

Die Veränderungen von einer Natur- zur Kulturlandschaft zeigen sich
auch und vor allem am Ausbau der Infrastruktur, dem «Gradmesser der
Zivilisation».[18] In Deutschland beschäftigten sich die einzelnen Fürsten,
die Reichskreise und der Reichstag mit dem Bau und der Instandhaltung
von Straßen- und Wasserwegen. Doch auch ihre Bemühungen konnten das
vor der Eisenbahn gültige Prinzip nicht außer Kraft setzen: Wasser verband, Land trennte. Der Transport auf dem Landweg blieb ausgesprochen
teuer, weil sich Ladekapazitäten und Geschwindigkeiten nur wenig steigern ließen. Mit einem einachsigen Lastkarren konnte bis zu einer, mit
einem zweiachsigen Wagen bis zu zwei Tonnen Fracht je nach Straßenzu-
stand etwa 30 bis 50 Kilometer am Tag transportiert werden.[19] Die Kosten
dafür fielen bei Luxusgütern wie Gewürzen oder Edelmetallen kaum ins
Gewicht, waren bei der Beförderung von schweren und sperrigen Massen-
gütern wie Getreide oder Holz aber kaum aufzubringen. Solche Produkte
wurden über große Entfernungen meist auf dem Wasser transportiert, so
dass Getreide aus Ostpreußen eher auf dem Markt in Amsterdam als in
Berlin oder Leipzig angeboten wurde. Die großen und kleinen deutschen

Flüsse waren dicht befahren. Die Schifffahrt war ein wichtiges Gewerbe, denn sie benötigte für die Bergauffahrten gepflegte Treidelpfade und reichlich Vorspann. Gleiches galt für die Kanäle, die auch in Deutschland gebaut wurden. Der im letzten Viertel des 17. Jahrhunderts befahrbare Müllrosekanal verband beispielsweise die Oder mit der Spree und damit Breslau und Berlin mit der prosperierenden Hafenstadt Hamburg.[20] Die Wasserwege waren vor allem in Krisenzeiten für die Versorgung der größer werdenden Städte enorm wichtig.

Obwohl Deutschland am Meer lag, wurden die Deutschen keine große Seefahrernation. Ihre Handelsschiffe spielten aber zumindest auf den europäischen Meeren eine wichtige Rolle. Das Gebiet des Heiligen Römischen Reiches deutscher Nation war von der Thurn- und Taxis'schen Reichspost sowie einer Reihe von Landesposten kommunikationstechnisch sehr gut erschlossen. Daher kam der deutsche Fern- und Einzelhandel nach dem Dreißigjährigen Krieg relativ schnell wieder in Gang. 1714 gab es in Deutschland bereits mehr als 600 Poststationen.[21] Reisende und Händler hätten sich jedoch ein besser ausgebautes Straßen- und Wasserwegenetz gewünscht. Die meisten Landstraßen waren unbefestigt, und die Fürsten hatten 1671 durch ein Reichsgesetz an die Ausbesserung und Instandhaltung der Straßen erinnert werden müssen.[22] Dennoch rückte Deutschland immer enger zusammen. Dauerte die Briefpost von Hamburg nach Augsburg 1642 noch neun, so 1695 nur noch sechs und um 1800 lediglich fünf Tage.[23] Diese Beschleunigung ging in erster Linie auf Betriebsrationalisierungen und den Ausbau des Straßennetzes zurück.

Um 1700 wurde die fahrplanmäßige Personenbeförderung auf den Hauptrouten zwar gewährleistet, doch die Reisegeschwindigkeiten betrugen durchschnittlich nur drei bis acht Kilometer pro Stunde (hochgerechnet für alle angebotenen Strecken).[24] Ein geübter Fußgänger bewältigte immerhin etwa 40 Kilometer am Tag, ein Reiter unter günstigen Umständen bis zu 200. Attraktiv wurde die Personenbeförderung auf dem Landweg durch die Gepäckmitnahme und die weitere Beschleunigung im Laufe des 18. Jahrhunderts. Das Postwesen rationalisierte darüber hinaus den Umgang mit der Zeit – die Post agierte fahrplanmäßig und möglichst pünktlich. Sie ignorierte auch alle Unterschiede der Konfession oder des Standes. Wer eine gültige Fahrkarte besaß, wurde mitgenommen. Diese Beförderungsgarantie galt auch dann, wenn ein hochgestellter Aristokrat sich vordrängen wollte.[25] Auf dem Wasser war die Geschwindigkeit meist langsamer, die Reise aber bequemer. Seit 1696 befuhren Linienschiffe regelmäßig die Strecke von Regensburg, seit 1712 von Ulm nach Wien.[26]

b) Die ständische Gesellschaft und ihre Gliederung

Die frühneuzeitliche Gesellschaft war konfessionell und ständisch gegliedert. Die Religion bestimmte auch im 18. Jahrhundert unangefochten die Weltsicht der Menschen, verschiedene Formen der Frömmigkeit lassen sich jedoch nicht eindeutig sozial zurückbinden. Die von der Vernunftreligion unterschiedene Volksfrömmigkeit war immer eine Zuschreibung der Elite, die zuvor die vielen neuen Heiligen und Wallfahrten geschaffen hatte, von denen sie sich nun absetzte.[27] Niemand stellte in Deutschland den christlichen Glauben ernsthaft in Frage – nicht einmal atheistische Denker oder areligiöse Herrscher. Die Kirchen prägten das gesellschaftliche Zusammenleben und die staatliche Politik. Reformation und konfessionelles Zeitalter hatten in Deutschland zu drei christlichen Kulturen geführt, die vordergründig nur noch wenig miteinander verband. Das Werte- und Normensystem der Konfessionen unterschied sich in vielen dogmatischen Fragen und Zeremonien. Die seit 1648 fixierten Landeskonfessionen sorgten dafür, dass sich fast überall die jeweils zwei anderen Konfessionen in einer absoluten Minderheitenposition befanden, wenn sich überhaupt Menschen zu ihnen bekannten. Zu Beginn des 18. Jahrhunderts existierten daher vor allem in den ländlichen Gebieten abgeschlossene Gruppierungen gleicher Konfession, Herkunft und gleichen Lebenszuschnittes. Die wenigen paritätischen Reichsstädte oder das Fürstbistum Osnabrück sind die Ausnahmen, die diese Regel bestätigen. Begegnungen zwischen Katholiken und Protestanten waren nicht alltäglich, aber auch nicht außergewöhnlich. Die Ordnungen des Reichs und der Territorien regelten die rechtliche Ausgestaltung des Nebeneinanders. Der Dekalog, das Karitas- und das Gehorsamsgebot des Neuen Testaments zwangen die Christen aller Konfessionen als Untertanen und Bürger zu ähnlichen Verhaltensmustern.

Bei diesen Gemeinsamkeiten setzten die Aufklärer mit ihren Vorstellungen einer Vernunftreligion an. Diese sollte weder den Naturgesetzen oder den als gesichert geltenden historischen Erkenntnissen widersprechen noch sollte sie das als natürlich bzw. als göttlich gewollt akzeptierte Prinzip ständischer Ungleichheit überwinden. Die gängigen Triaden wie «Wehr-, Lehr- und Nährstand», «Adel, Geistlichkeit und Dritter Stand» oder «Adel, Bürger und Bauern» versinnbildlichten, dass der einzelne Mensch, ob «arm» oder «reich», nur eingebunden in seinen Stand als Verbindungsglied zwischen der vergangenen und der künftigen Generation bedeutsam war. Die drei-ständische «Berufs- und Lebensordnung»[28] – kämpfender Adel, betende Geistliche sowie arbeitende Bürger und Bauern – wurde freilich schon zu Beginn des 18. Jahrhunderts nur noch bedingt der sich differenzierenden gesellschaftlichen Wirklichkeit gerecht. Keine dieser Klassifizierungen erfasste die Gesamtbevölkerung, denn sie berücksichtigten die Unterschichten, die Fremden und die im eigenen Land fremd Gebliebenen wie die Juden nicht, aber auch nicht diejenigen, die diese Ordnung transzendierten, etwa das funktionale Bürgertum der Verleger, Manufakturisten oder Beamten. Kleider-, Luxus- oder Sitzordnungen konstituierten den Stand, festigten ihn gegenüber anderen und markierten die soziale Distanz. Sie verloren jedoch angesichts des raschen Wechsels der Moden, des anwachsenden «bürgerlichen» Reichtums oder der naturrechtlichen Gleichheitsdebatten ihre unbedingte Verbindlichkeit. Eine soziale Stratifikation der deutschen Bevölkerung erscheint daher fast unmöglich, zumal alle Zählungen und Statistiken stets nur deren sesshafte Teile erfassten.

Bürger und Bauern gehörten verschiedenen Ständen an: Sie waren Untertanen, Hausväter, Weltliche etc. Ende des 17. Jahrhunderts zeichnete sich deswegen eine Neujustierung des Standeskonzepts ab. Der Kameralist Johann Joachim Becher gliederte die produktiv tätigen Menschen in drei Stände: Bauern, Handwerker und Kaufleute.[29] Er näherte sich damit Vorstellungen, die von einer neuen Großgruppe des bürgerlich-bäuerlichen Steuerzahlers ausgingen. Diese theoretischen Aufweichungen der ständischen Ordnung dürfen nicht überbewertet werden, da sie oft auf ganz bestimmte Konstellationen reagierten und geringe Auswirkungen auf die Lebenspraxis der Masse besaßen. Leibniz sprach jedoch schon 1717 hellsichtig vom mittleren Stand der Gelehrten und Bildungswilligen, den er als Basis einer nationalen Erneuerung den «Frantz-Gesinnte(n), (die, G. S.) viele Jahre über Teutschland regieret», gegenüberstellte.[30]

Der einzelne Mensch galt um 1700 noch wenig. Aufstieg durch Leistung blieb meist auf den eigenen Stand bezogen. Gleichwohl darf die soziale wie räumliche Mobilität nicht unterschätzt werden: Der Wechsel vom Land in die Stadt lohnte, weil deren Bewohner «frei» außerhalb des feudalen Pflichtensystems lebten. Nach 1648 wurde Deutschland aufgrund der Peuplierungspolitik für einige Jahrzehnte zum Einwanderungsland. Die Neusiedler kamen vor allem aus der Schweiz, aus Böhmen, aus Savoyen sowie in Gestalt der etwa 44000 Hugenotten aus Frankreich.[31] Zumindest für Letztere war Deutschland nicht sonderlich attraktiv. Es erschien ihnen ökonomisch und wohl auch politisch rückständig. Die Hugenotten wollten eigentlich in die Niederlande oder nach England auswandern, daher mussten die deutschen Fürsten ihnen viele Vorrechte zusichern, um sie nach Ostpreußen, Berlin oder Hessen zu locken. Etwa parallel zum Versiegen dieser Einwanderungen begann mit der Gründung von Germantown (heute ein Teil von Philadelphia) 1683 die Auswanderung Deutscher in ferne Länder.[32] Vor allem Angehörige von Sekten wie Mennoniten oder Quäker wollten so den religiösen, aber auch den ökonomischen und gesellschaftlichen Zwängen entfliehen.

Die vertikale Mobilität, der soziale Abstieg durch den Verlust von

Eigentum oder Ehre, aber auch der Aufstieg über Bildung, Ämter, den Eintritt in ein Kloster oder durch Heirat, veränderte zwar vielfach den individuellen Status, führte aber insgesamt nicht zur Lockerung der Standesgrenzen. Spektakuläre Aufstiege blieben selten: Im Kirchendienst konnte es ein leibeigener Bauernsohn bis zum Reichsfürsten, im Kriegsdienst bis zum General und damit verbunden jeweils zu großem Reichtum bringen. Diese Aufsteiger blieben in ihrer neuen Umgebung jedoch *homines novi*, jeder Gunstverlust oder der Tod des Patrons führten unweigerlich zum sozialen Abstieg. Die Nachkommen hatten meist größte Schwierigkeiten, ihre ererbte Stellung zu behaupten.

Unter Berücksichtigung normativer Vorgaben und der bestehenden Verhältnisse lässt sich die deutsche Gesellschaft zu Beginn des 18. Jahrhunderts damit in sechs Großgruppen gliedern: Adel, Geistliche, Bürger, Bauern, Unterschichten sowie Vaganten.

1.) «Adel» bezeichnete in fast allen Kulturen eine abgeschlossene Elite, die an der Spitze der sozialen Pyramide stand und sich von der Masse des Volkes durch Rechtsstellung, Habitus und Lebensstil unterschied. Adlige galten prinzipiell als herrschaftsberechtigt, ihnen unterstanden Land und Leute, auch wenn etliche von ihnen als Fürstendiener oder Höflinge in den Residenzstädten, andere in eher ärmlichen Verhältnissen auf dem Lande unter ihren Bauern lebten. Zum Adel gehörten in Mitteleuropa ein bis zwei, in Polen hingegen etwa sechs bis acht Prozent der Bevölkerung. Titel, Anrede, besondere Kleidung, Wappen, Kirchenpatronat, Jagdrechte, Kutsche und Diener, reservierte Plätze in der Kirche, im Theater und bei öffentlichen Veranstaltungen, weitgehende Steuerfreiheit, Zugang zu den Höfen, zu hochrangigen lukrativen Ämtern und Pfründen sowie eine Sondergerichtsbarkeit zählten zu den adligen Vorrechten. Adel bedeutete nicht unbedingt Reichtum, wohl aber Exklusivität, Ehre und Prestige. Entscheidend war die Familie: Die Tugenden und Verdienste der Ahnen legitimierten die eigene Vorrangstellung, der man sich allerdings durch konventionelles Verhalten und einen angemessenen Lebensstil würdig erweisen musste.[33]

Den reichen englischen Lord, den galanten Edelmann am Hof Ludwigs XIV., den bitterarmen polnischen Kleinadligen, den mächtigen Reichsfürsten und dessen landsässigen Vasallen verband nur eine letztlich imaginäre Standeszugehörigkeit als gemeinsames Abgrenzungsmerkmal gegenüber allen Anderen. Die häufig beschworene europäische Adelsgesellschaft hat es als erfahrbare Einheit ebenso wenig gegeben wie eine nationale. Europäisch und nicht nur regional-grenzüberschreitend verwandt waren lediglich Angehörige der kleinen Gruppe des regierenden Hochadels einschließlich einiger deutscher Fürstenhäuser sowie diejenigen Adligen samt ihren Familien, die an fremden Höfen oder in fremden Armeen reüssiert hatten und damit in mehr als einer Adelskultur heimisch waren. Auch wenn es diesen Typus in allen adligen Schichten gegeben hat und ganze Familien dem Leitbild folgten, überschritt die Masse ihrer Standeskollegen den eigenen begrenzten Handlungsraum meist nur im Gefolge hochadeliger Patrone oder im Kirchen- und Militärdienst.

An der Spitze der deutschen Adelsgesellschaft stand der Kaiser, den neben seiner herrschaftlichen Stellung das Vorrecht auszeichnete, Rang- und Standeserhöhungen gewähren zu können. Der Wiener Hof bildete daher das Zentrum der höfischen Kultur in Deutschland. Hier regierte eine strenge Etikette, die den Zugang strikt reglementierte und jedem seinen Rang zuwies.[34] Nur der Herrscher selbst durfte sich darüber hinwegsetzen und mit individuellen Gunstbeweisen und Bevorzugungen – an der fürstlichen Tafel, bei der Audienz oder im Theater – das starre Zeremoniell durchbrechen. Der Wiener Hof war eine adlige Lebensform, die sich aus den Bedürfnissen des Kaisers und der von ihm bzw. von seiner Umgebung für notwendig erachteten Repräsentation von Herrschaft bestimmte.[35] Er wirkte vorbildhaft, auch wenn nicht alle anderen Höfe politisch auf ihn ausgerichtet waren. Der Gedanke einer Einheit in der Vielheit prägte auch die höfischen Gesellschaften, die überall der Repräsentation, der Unterhaltung und der Zentrierung dienten und mit ihren Bedürfnissen auf ihre Umgebung ökonomisch und kulturell ausstrahlten.[36]

Ähnlich dem Wiener Kaiser unterhielt jeder regierende Kurfürst, Fürst oder Graf, jeder Erzbischof oder Bischof einen mehr oder weniger großen Hof. Dies führte zu einer beeindruckenden Residenzendichte in den kleinteiligen Regionen des Reiches, in Franken, Schwaben, Thüringen oder dem Mittelrheingebiet. Hier prägte die höfische Kultur das Land im wahrsten Sinne des Wortes und sorgte für kulturelle, auch für ökonomische oder soziale Errungenschaften in Gebieten, die aus anderer Sicht als tiefste Provinz zu gelten hatten. Für den niederen und, mit Ausnahme der Reichsritter, nicht regierenden Adel hielt sich der repräsentative Aufwand dagegen in überschaubaren Grenzen, denn sein Gutshof war keine Residenz und musste es auch nicht sein.

Der deutsche Hochadel – Fürsten und Grafen – besaß in Europa eine herausgehobene Stellung, weil er nicht nur im Auftrag von «Kaiser und Reich», sondern, so der Anspruch, kraft eigenen Rechts und göttlicher Legitimierung herrschte. Dies machte ihn theoretisch königsgleich und ermöglichte ihm das Konnubium mit führenden Dynastien. Doch solch bedeutende Verbindungen gelangen längst nicht allen Fürsten- oder Grafenhäusern. Innerhalb des Hochadels hatten die Kurfürstendynastien als Kaiserwähler Vorrang vor den Reichsfürsten, die sich wiederum in alte Häuser wie Württemberg, Mecklenburg oder Hessen sowie in neue wie Liechtenstein oder Schwarzburg teilten. Eine Stufe niedriger rangierten die Reichsgrafen, die auf dem Reichstag keine Viril-, sondern seit 1648

vier Kuriatstimmen führten. Der niedere Adel untergliederte sich, das
weist das Konnubium sehr genau aus, in vier Gruppen: die nur dem Kaiser unterstehenden Reichsritter, die alten landsässigen und die davon
strikt geschiedenen neu geadelten Familien sowie den sogenannten Be-
amtenadel.[37]

2.) Den geistlichen Stand bildeten im frühneuzeitlichen Deutschland
eigentlich nur noch die 60 katholischen Bischöfe, Äbte und Kleriker mit
ihren Kapiteln sowie den von ihnen abhängigen Zölibatären. Sie waren
durch ihre adlige Abkunft einschließlich der beispielsweise in Mainz verlangten 16 adligen Vorfahren für diese Ämter qualifiziert und übten neben der geistlichen auch weltliche Herrschaft aus. Diese Doppelfunktion
wurde von fast allen Seiten bis hin zum Papst beargwöhnt und als eine
anachronistische Besonderheit der Reichsverfassung empfunden.

Die nach 1648 der mittelalterlichen Reichskirche verbliebenen etwa
1500 Pfründen waren allerdings sehr attraktiv, denn sie erlaubten es, die
eigene Familie im großen Stil zu protegieren. Der Aufstieg der Schön-
borns vom mittelrheinischen Niederadel zu einer der einflussreichsten
Fürstenfamilien des Reiches ist dafür ein beredtes Beispiel.[38] Der Lebensstil der unverheirateten Inhaber geistlicher Pfründen unterschied
sich im Übrigen wenig von demjenigen ihrer weltlichen Standesgenossen:
Höfische Vergnügungen, der Bau barocker Residenzen und die Jagd
standen auch bei ihnen im Mittelpunkt. Bezeichnenderweise hatten die
Bischöfe eher Recht, ihre Weihbischöfe Theologie studiert.[39] Viele der le-
digen katholischen Adelsfrauen wurden in ähnlicher Weise in den Da-
menstiften versorgt. Solche Einrichtungen gab es selbst im evangelischen
Bereich, um drängende Versorgungsprobleme zu lösen.

Alle anderen Geistlichen, die evangelischen Pfarrer, Superintendenten
und Bischöfe sowie der gesamte niedere katholische Klerus gehörten
ebenso wie die Professoren der aus dem geistlichen Stand hervorgegange-
nen Universitäten oder die Lehrer an höheren Schulen und Juristen oder
Ärzte zu dem Teil der bürgerlichen Eliten, der im 18. Jahrhundert die
kulturelle Hegemonie erreichte und die politische anstrebte.

3.) «Bürger» war, wer durch Geburt, Heirat oder Neuaufnahme Mitglied einer städtischen Schwurgemeinschaft wurde. Dazu mussten die
«gesicherte Nahrung» und ein gewisser Besitz nachgewiesen werden.[40]
Persönlich «frei», lebten die Bürger meist in einem durch Mauern ge-
schützten Raum und partizipierten potentiell an der städtischen Herrschaft. Jede Kommune war letztlich eine kleine Welt für sich. Die
halbadligen Patrizier, die anderen Geschlechter und Honoratioren, die
meist nicht mehr als 5 Prozent der städtischen Bevölkerung ausmachten,
bildeten die bürgerliche Oberschicht und dominierten die Magistrate.
Darunter lag eine breite Mittelschicht, der etwa ein Drittel aller Familien
angehörten. Zu ihr zählten Großhändler, Wirte und Kaufleute, Ärzte

sowie Handwerksmeister. Die verheirateten Gesellen oder Arbeiter rangierten hingegen unter den Beisassen, die zwar Schutz-, aber keine Partizipationsrechte in den Kommunen besaßen.

Die weitaus meisten Bürger waren in Zünften oder Gewerben organisiert. Das Zunftwesen gab ihnen soziale Sicherheit sowie politische und wirtschaftliche Gestaltungsmöglichkeiten. Die «Zwangskorporation» Zunft besaß im lokalen Rahmen ein Monopol, das sich gegen die Angebote unzünftiger Handwerker, aber auch gegen Konkurrenten aus anderen Kommunen richtete. Außerhalb der Zunft lebten die Bürger mit einem mehr oder weniger abgegrenzten eigenen Rechtsstatus wie Professoren, Lehrer, Anwälte, Ärzte, Apotheker, Beamte oder Pfarrer. Die Gelehrten, Doktoren und Magister, nannten sich selbst «Adel des Geistes». Alle Versuche, dem Geblütsadel wenigstens annähernd gleichrangig zu werden, waren jedoch fehlgeschlagen. In den Kleiderordnungen des Reichs werden im 16. Jahrhundert Doktoren und Ritter noch gemeinsam genannt, Seit dem 17. Jahrhundert wurden die höheren Beamten einfach geadelt. Dies entwertete den Doktortitel, an dessen Stelle häufig das Neuadelsdiplom für den juristisch Ausgebildeten trat.[41] Wer die Standeserhöhung nicht oder noch nicht erfahren hatte, blieb Bürger. Auf diesem Substrat basierte das sich im 18. Jahrhundert herausbildende funktionale oder gebildete Bürgertum[42] – eine überständische Formation, die sich als Pendant zur höfischen Gesellschaft verstand und ganz wesentlich den Aufklärungsprozess prägte.

4.) Die Bauern bildeten den zahlenmäßig größten und wirtschaftlich bei weitem wichtigsten Stand vormoderner Gesellschaften. Im westelbischen Deutschland waren sie meist persönlich frei, obwohl beispielsweise die mentalen Rückwirkungen der südwestdeutschen Leibeigenschaft nicht unterschätzt werden dürfen.[43] Die Bauern bewirtschafteten das ihnen gehörende nichtadlige Land selbständig und auf eigenes Risiko, waren aber abgaben- und dienstpflichtig gegenüber ihren Grund-, Gerichts- und Landesherren.[44] Sie konnten ihren Besitz vererben, auch frei verkaufen, doch sie blieben in das Zwangssystem der Grundherrschaft und des Dorfes eingebunden. Die bäuerliche Gemeinde war ein funktionaler, sich selbst verwaltender, sozial, politisch, rechtlich und wirtschaftlich privilegierter Rechtsbereich, der zwar von der Herrschaft abhängig blieb, dieser jedoch in Konfliktfällen als Korporation auch gegenübertreten konnte.[45]

Freiheit war im 18. Jahrhundert eine relative Kategorie. Rechtlichen Mobilitätsbeschränkungen unterlagen nur die leibeigenen Bauern, praktisch verließ jedoch niemand freiwillig seinen Besitz. In Deutschland konnte man nach dem Westfälischen Frieden nur noch nach einer Verurteilung durch ein ordentliches Gericht oder wenn man sich nicht der Landeskonfession anschließen wollte dazu gezwungen werden. Die deutschen Bauern entwickelten aufgrund ihrer besitzrechtlichen Sicherheit eine Kleineigentümermentalität, die so unter den andersartigen agrarischen Verhältnissen in Frankreich oder England nicht entstand. Konflikte zwischen den Bauern und ihren Herren wurden in Deutschland deswegen höchst selten gewalttätig ausgetragen. Wer Eigentum besitzt und verlieren kann, verhält sich auch in Konfliktsituationen anders als ein abhängiger Lohnarbeiter.

Die Gerichts- und Grundherrschaft hatte sich überdies um 1700 im Großen und Ganzen zu einer Rentengrundherrschaft entwickelt, d. h. die Dienste waren in Natural- und vor allem in Geldabgaben umgewandelt worden. Dort, wo wie im Allgäu oder in Ostelbien weiterhin die Leibeigenschaft galt, blieben die dennoch eigentumsfähigen Bauern mit ihrer Person an den Leibherrn gebunden und mussten bestimmte Abgaben entrichten. Diese persönliche Bindung engte die Mobilität und damit auch die wirtschaftliche Handlungsfreiheit der Bauern drastisch ein.

In den ostelbischen Gebieten der Gutsherrschaft, wo die Grund-, Leib- und Gerichtsherrschaft in der Hand des Gutsherrn zusammenfielen, war im Zuge der sogenannten zweiten Leibeigenschaft seit dem 16. Jahrhundert die Freiheit der Person und des Eigentums der Bauern extrem beschränkt worden: Sie durften den Gutsbezirk nicht ohne Erlaubnis ihres Herrn verlassen. Die Bauern unterlagen einer allgemeinen Arbeits- und Dienstpflicht, und der bäuerliche Besitz blieb Teil der Gutsherrschaft, denn das «Lassrecht» garantierte nur ein persönliches Nutzungsrecht, kein Untereigentum.

Die Last der bäuerlichen Abgaben und Dienste reichte von vergleichsweise geringen Forderungen im Gebiet der mittel- und südwestdeutschen Grundherrschaft bis zu unbeschränkten Arbeiten auf den großen ostelbischen Junkergütern, die fünf und mehr Tage in der Woche beanspruchen konnten. Manche Bauern mussten dafür eigens einen Knecht beschäftigen oder für die Fronfuhren ein zusätzliches Gespann unterhalten, was natürlich nur großen Bauernhöfen möglich war. Die Gutsherren brauchten die Bauern als billige Arbeitskräfte, und die Landesherren verhinderten deren Abwanderung durch Verbote und Rechtskonstruktionen wie Schollenpflichtigkeit oder Erbuntertänigkeit.

Es gab auch sehr wohlhabende Bauern, die leibeigen waren. Der Rechtsstatus besagt wenig über den Lebensstil. Zudem wurde der Begriff des Bauern ähnlich demjenigen des Bürgers im Laufe der Zeit von der Gruppe der Vollbauern auf mehr oder weniger alle Landbewohner ausgedehnt.

5.) Zu den unterständischen Schichten zählten um 1700 die Familien, die zur Miete wohnten, von der Armenfürsorge abhängig waren sowie – mit stark zunehmender Tendenz – Arbeiter, Heimgewerbetreibende, Dienstboten, Gesellen, Soldaten, Tagelöhner etc. Der untere Stand umfasste demnach alle städtischen und ländlichen Gruppen, die keine Aussichten auf eine selbständige und anerkannte Familienexistenz hatten.[46] Absteiger aus dem Bauern- und Bürgerstand verstärkten die Unterschichten permanent: Aus Kotsassen und Seldern wurden Gärtner, Hüttner oder Brinksitzer genannte «arme» Kleinbauern oder landlose Heimarbeiter, Arbeiterinnen und Arbeiter in Manufakturen und Verlagen, die mehr oder weniger regelmäßig einer Erwerbsarbeit nachgingen, aber nicht selbständig produzierten. Unbeschadet dessen partizipierten die unterständischen Schichten an der *societas civilis*, den Normen, Sitten und Gebräuchen der ständischen Gesellschaft. Sie konnten geachtete Mitglieder des Kirchenvorstandes sein, kamen jedoch für politische Ämter kaum in Frage. Die Übergänge zur selbständigen mittelständischen Existenz in Stadt und Land waren gerade in diesem Milieu fließend.

Neu war die Gruppe der stationierten, schlecht besoldeten Soldaten, die sesshaft und diszipliniert, unselbständig und unterwürfig das geringe Ansehen nur noch mit den gefürchteten und stolzen Landsknechten des 16. Jahrhunderts teilten.[47] Um 1700 gab es in Deutschland acht stehende Armeen mit jeweils 10–20.000 Mann. Alle anderen Reichsstände unterhielten deutlich weniger Soldaten. Am Ende des Spanischen Erbfolgekrieges standen in Mitteleuropa mehr als 340000 Mann unter Waffen, davon etwa die Hälfte im Sold der kleineren und mittleren Reichsstände.[48] Kasernen waren noch fast unbekannt, daher lebten die Soldaten in angemieteten Häusern, bei Bürgern oder Bauern, die auch für deren Unterhalt verantwortlich waren. Hieraus ergaben sich zahlreiche Konflikte und eine große Abneigung der Bevölkerung, zumal bis zu einem Drittel der Soldaten trotz aller Heiratsverbote Frau und Kinder besaßen, die sie mehr schlecht als recht ernähren konnten.[49] Militär- und Zivilgesellschaft durchdrangen und beeinflussten sich. Neben der älteren, auf Preußen bezogenen These von der «Militarisierung der Gesellschaft»[50] wird inzwischen von einer «Verbürgerlichung» der Soldaten oder einer «Urbanisierung des Militärs» gesprochen.[51] Welche Rolle die Berufssoldaten bei der Formierung der frühneuzeitlichen Gesellschaft und für den Rationalisierungsprozess sowie für die Sozialdisziplinierung gespielt haben, kann an dieser Stelle nicht eingehend erörtert werden. Angesichts der Rekrutierungsbasis, die viele Straftäter einschloss, sowie der primären Einübung in Gehorsam und Gewaltanwendung, die etwa auch die Effizienz von Räuberbanden erhöhte[52], sollten die Soldaten jedoch nicht zu eng mit der bürgerlichen Erfolgsgeschichte in Verbindung gebracht werden.

Das Hauptkennzeichen der Unterschichten war in der Frühen Neuzeit die Armut derjenigen, die über keine Ressourcen für den Notfall verfügten, und derjenigen, die permanent befürchten mussten, am nächsten Tag nichts mehr zu essen zu haben. Insgesamt geht man davon aus, dass etwa die Hälfte der Bevölkerung ständig an oder unterhalb der Ar-

mutsgrenze lebte. Unterschicht lässt sich daher am besten negativ ab-
grenzen als «Mangel an Möglichkeiten zur rechtlichen, politischen und
wirtschaftlichen Teilhabe [...], an Vermögen [...], an Einkommen und
Ausbildung, an Selbständigkeit der wirtschaftlichen [...] Existenz» und
als ein Zuwenig an sozialer Ehre, Prestige etc.[53]

6.) Als Randgruppen gelten in der Frühen Neuzeit die «Unehrlichen»,
die in Deutschland etwa 4 Prozent der Bevölkerung, im 18. Jahrhundert
also etwas weniger als eine Million Menschen ausgemacht haben dürften[54] – andere Schätzungen sprechen allerdings von bis zu 10 Prozent.
Dazu gehörten diejenigen, die außerhalb der ständischen Ordnung lebten oder von der Mehrheit marginalisiert und ausgegrenzt wurden, ob sie
nun Gesetze gebrochen hatten, verurteilt waren oder nicht: Bettler, Kri-
minelle, Schauspieler, Gaukler, Zahnbrecher, Scherenschleifer, Söldner
ohne Dienstherrn sowie alle in sogenannten unehrlichen Berufen Tätige
und natürlich die Prostituierten. Letztere wurden stets bekämpft, letztlich aber doch geduldet, weil sie angesichts eines großen Prozentsatzes
dauerhaft Lediger wohl als Ventil benötigt wurden. Henker, Abdecker
und Hurenwirte, vielerorts auch Müller und Zöllner, zählten ebenfalls
zu den «Unehrlichen». Im Unterschied zu den als Gruppe kriminalisier-
ten historischen Roma (Zigeunern), denen vielfach schon aufgrund ihres
bloßen Aufenthalts der Galgen drohte[55], standen die Juden zwar außerhalb der christlichen Gesellschaft, nicht aber außerhalb der politischen
Ordnung. Kaiser und Landesherren, die auch ihre Schutzgelder nicht gefährden wollten, banden sie in das Rechtsgefüge des Reichs-Staates ein
und sorgten im Großen und Ganzen wenigstens dafür, dass Vertreibun-
gen und Pogrome vergleichsweise unblutig verliefen. Trotz einiger reicher Hoffaktoren lebten die meisten Juden eher schlecht vom Land- und
Hausiererhandel sowie – davon kaum zu trennen – von der Bettelei.[56]
Alle Familienoberhäupter eines Territoriums waren in der sogenannten
Landjudenschaft organisiert, die ihre Rabbiner und Vorsteher wählte
und die Steuerlast verteilte. Größere Judengemeinden gab es nur in
Frankfurt am Main und Worms, im 18. Jahrhundert auch in Hamburg,
Berlin, Mannheim, Hanau und Fürth.[57]

Die gesellschaftlichen Randgruppen waren in sich höchst differenziert: Selbst für Bettler bedeutete Heimat im Sinne von Ansässigkeit ein
Privileg, weil es ihnen die Möglichkeit gab, eine Bettellizenz zu erwerben. In den protestantischen Gebieten wurde letztlich erfolglos versucht,
die Bettelei grundsätzlich zu unterbinden und stattdessen die wirklich
Bedürftigen aus der Armenkasse zu versorgen. Diese Gelder reichten selten aus, daher sollte das fahrende Volk wie die herumziehenden Bettler,
Straßenmusiker und Schauspieler, Kesselflicker und Quacksalber, Seil-
tänzer, Gauner und Kleinkriminelle, fahrende Weiber und Marketende-
rinnen nicht daran partizipieren.

c) Das Haus und die Stellung der Geschlechter

Die Begriffe «Haus» oder «Familie» bezeichneten im 18. Jahrhundert unterschiedlich zusammengesetzte Personengruppen, die von der Kernfamilie aus Eltern und Kindern, über den Drei-Generationen-Haushalt bis zum Verbund derjenigen Menschen reichten, die zusammen in einem Haus lebten. Das Haus war eine Lebensform, der auch das Gebäude Rechnung zu tragen hatte: Ein Teil war als «offene» Diele, als Kontor, Werkstatt oder einfach als Hauptraum dem Erwerb und der Öffentlichkeit gewidmet. Die rückwärtigen Gebäudeteile oder das Obergeschoss galten hingegen als weniger zugängliche Rückzugsgebiete und boten der Kernfamilie die Möglichkeit, sich vom Gesinde oder von den Alten abzugrenzen. Es gab also bereits um 1700 ein von den wohlhabenden Gruppen ausgehendes Bedürfnis nach Privatheit, unbeschadet der sonstigen nachbarschaftlichen Hilfen und Kontrollen in allen Lebenslagen von der Wiege bis zum Tod.[58]

Der Hausvater vertrat die Familie nach außen und band sie über die Zunft- oder die Gemeindeversammlung in das Gemeinwesen ein. Er besaß eine weitreichende Gebotsgewalt über seine Schutzbefohlenen einschließlich eines gewissen Züchtigungsrechts zur Garantie von Hausfrieden und Hausehre. Allerdings forderten viele Dorfrechte, dass der Hausvater Weib, Kinder und Gesinde mit Bescheidenheit regiere. Sie sollten ihm willig gehorchen, denn bloßer Zwang ruiniere jede Hauswirtschaft. Von außen und auf den ersten Blick entsprach das gut eingerichtete Haus dem Patriarchalismus, der die alteuropäische Gesellschaft auf fast allen Ebenen prägte.[59] Die Familie wurde nicht zufällig analog zur Ordnung des monarchisch regierten Staates gedacht und als dessen Keimzelle und Spiegelbild verklärt. «Er [der Fürst, G. S.] ist nicht geartet/so/wie ein eigenwilliger Hauß-Würth sein Gesinde/die Unterthanen zu regieren/und solche als Sclaven zu tractiren/die mit Leib/Gut und Blut ihrem Herrn eigenthümlich unterworfen sind/sondern er regieret sie wie ein Vatter seine Kinder regieret/zu ihrer Leibes und Seelen Wohlfahrt».[60] Haus- und Landesvater sind parallele Konstruktionen, deren Ausfüllung in beiden Fällen tyrannisch sein konnte. Zunächst schützte davor lediglich die Ableitung der Gewalt von Gott, denn als deren Verwalter mussten Haus- und Landesvater spätestens nach dem Tode Rechenschaft ablegen.[61]

Der Hausvater war auf die Hilfe der Hausmutter angewiesen, um im Nachbarschaftsverband, in der Zunft oder der Gemeinde und gegenüber den herrschaftlichen Vertretern nicht negativ aufzufallen. Der Zedler, das «Universal-Lexicon» des 18. Jahrhunderts, definiert: «Das Recht aber, der Familie oder dem Hauswesen vorzustehen, kommt dem Haus-Vater principaliter und Hauptsächlich zu, als welcher gleichsam ein Kö-

nig und Fürst in seinem Hause ist; Secundario aber, und weil die Frau, als
Hauß-Mutter, dem Haußwesen gleichfalls mit vorstehen, und selbiges
verwalten helffen soll, kann ihr einiges Recht zugeschrieben werden.»[62]
Christian Thomasius erinnerte den Mann daran, dass er eine Hausfrau
angenommen habe, die zusammen mit ihm «das Hauß-Wesen regieren»
solle.[63] Männer und Frauen werden normativ als Tugend-Vorbild insbesondere für die jüngere Generation in die Pflicht genommen. Die arbeits-
teilige Partnerschaft wies der Ehefrau die Kindererziehung, die Nah-
rungs- und Kleidungsfrage, die Anleitung der Mägde sowie häufig auch
den Verkauf der produzierten Waren zu.

In den durchschnittlichen Bauern- und Handwerkerhaushalten wurden vor allem Suppen, Mehlbreie und Brot verzehrt. Die Kartoffel war
um 1700 als Speise noch praktisch unbekannt, Fleisch und Fisch kamen
selten auf den Tisch, Schweinebraten war ein Festtagsessen.[64] Darüber
hinaus wurde gegessen, was Garten, Flur und Wald boten: Obst, Gemüse, Pilze, Honig etc. Der aus Kostengründen nachlassende Konsum
von Fleisch, Eiern und Milchprodukten führte zu Eiweißmangel. Dieser
ließ die Menschen kleiner werden, so dass im 17. Jahrhundert die durchschnittliche Körpergröße die niedrigste des gesamten Jahrtausends war.

Auch das Wasser barg Gefahren. Es wurde Flüssen, Seen oder Brunnen entnommen, in denen sich das Oberflächenwasser sammelte, das
durch die vielen Abwässer und Latrinen in hohem Maße verunreinigt
war. Wer es sich leisten konnte, griff daher zu anderen, auch alkoholhal-
tigen Getränken. Während der Süden zunächst Wein und der Norden
Bier trank, ließ die Kleine Eiszeit das Bier nach Süden vordringen: Der
Weinanbau war in vielen Gegenden nicht mehr möglich und der Export
aus Italien und Frankreich aufgrund der Frachtkosten zu teuer. Bier aus
Norddeutschland wurde nun zum wichtigen Exportartikel.[65] Dünnbier
und der durch Gewürze geschönte saure Landwein galten darüber hinaus als billige Kalorienspender auch für Kinder, weniger als Genussmittel. Dennoch war der «Saufteufel» weit verbreitet. Er wurde bei Bedarf um andere, ebenso «verteufelte» Genussmittel wie Tabak, Tee und
Kaffee ergänzt.

Nicht nur die Bauern, sondern auch die meisten Handwerker in den
Ackerbürgerstädten produzierten den größten Teil ihrer Nahrung selbst.
Es ist allerdings eine Legende, das ganze Haus sei prinzipiell auf Selbst-
versorgung angelegt gewesen. Jeder bäuerliche Betrieb hatte eine gewisse
Marktquote, um Steuern und Abgaben bezahlen sowie Waren kaufen zu
können. Eine wirtschaftliche Autarkie des ganzen Hauses – wie die
Lehre von der geschlossenen Hauswirtschaft nahe legt – gab es nicht:
Der Markt war längst ein Bindeglied zwischen den einzelnen Familien,
zwischen Bauernhof und Handwerksbetrieb.[66] Dennoch spielte die
Selbstversorgung der Haushalte mit Nahrungsmitteln, aber auch mit

einfachen Produkten des täglichen Bedarfs nicht nur auf dem Lande bis ins 20. Jahrhundert eine wichtige Rolle. Dabei beutete das Haus seine Bewohner oftmals aus. Die benötigten Produkte wurden auch dann selbst hergestellt, wenn der fiktive Lohn weit unter den üblichen Arbeitslöhnen lag. Das Ganze lohnte sich, da es im Winter auf dem bäuerlichen Betrieb wenig zu tun gab und es an anderer bezahlter Arbeit fehlte.

Auch die Kleidung wurde deswegen weitgehend selbst hergestellt: In der kalten Jahreszeit und an Regentagen wurde das Bauernhaus zur Spinn-, Näh- und Strickstube. Alles was schmückte und sich aus dem Einerlei von Leinen, Wolle und Filz heraushob, etwa Knöpfe, Borten und Lederwaren, musste freilich zugekauft werden. Den Bau der Häuser, Ställe und Scheunen übernahmen Zimmerer und Maurer. Sie benutzten dazu die Materialien, die in der Umgebung günstig zu bekommen waren, meist eine Kombination von Steinen, Holz und Lehm. Die Dächer wurden mit Schilf, Stroh, manchmal sogar mit Holz- oder Schieferschindeln gedeckt. Grundriss und Bauformen variierten: Nur große Bauernhöfe besaßen eigene Stall- und Scheunengebäude. Menschen und Tiere waren sonst durch die Diele oder – wenn Letztere im Keller untergebracht waren – durch eine Decke getrennt. Die Wärme der Tiere heizte dann den Wohnraum der Menschen. Mittelpunkt des Wohnbereiches war die Küche, die zugleich der von dem Herd beheizte Hauptraum war. Hinzu kamen, je nach Wohlstand und Größe, eine oder mehrere Kammern. Die wenigen Einrichtungsgegenstände – Tisch, Bänke und Truhen – wurden von Handwerkern produziert. Küchen- und Essgeräte waren aus Ton oder Holz, selten aus Zinn, was bereits auf einen gewissen Wohlstand hindeutete.

Die Ehefrau besaß im Haus eine eigenständige Anordnungsgewalt gegenüber Kindern und Abhängigen. Nur sie konnte Töchter und Mägde anleiten und beaufsichtigen, bis hin zu deren Sexualverhalten. Dieser Bereich war jedoch schwer zu überwachen, solange es nicht zu Schwangerschaften kam, denn Knechte und Mägde mussten nicht selten in einer Kammer schlafen. Das Triebverhalten der Menschen ließ sich kaum kontrollieren. Sexuelle Libertät scheint daher eines jener Ventile gewesen zu sein, das in der alteuropäischen Gesellschaft des Mangels fortbestand, obwohl Kirche und Staat rigide Normen setzten. Die zahllosen Gesinde-, Kleider-, Luxus-, Heirats- oder Feierordnungen zeigen, auf welche Weise versucht wurde, auch in den Familien die Lebensverhältnisse zu reglementieren.

Obwohl das Haus der herrschaftlichen, geistlichen und kommunalen Aufsicht unterworfen und nie ein privater Raum war, blieb es weitgehend unbehelligt, wenn das Arbeitspaar[67] eng kooperierte und die Hausehre nicht gefährdet schien. Konflikte mit dem Gesinde, den Gesellen oder den heranwachsenden Kindern, die sich an angeblich schlechtem Essen, ungerechter Behandlung, übermäßigem Arbeitsdruck und vielem mehr entzünden konnten, durften deshalb nicht öffentlich werden. Verletzten jedoch der Hausvater oder die Hausmutter für andere sichtbar ihre Pflichten, wurden sie von den Nachbarn gerügt. Meist wurde die Frau als schlechte Haushälterin und der Mann als der Spiel- und Trunksucht verfallen bloß gestellt. Ein despotischer Hausvater, der durch exzessive Nutzung seiner Zwangsgewalt oder durch sonstige Vergehen den Hausfrieden gefährdete, konnte nicht nur von den Konsistorien oder den gemeindlichen, sondern auch von herrschaftlichen Gerichten bestraft werden.[68]

Dasselbe galt für die Hausmutter, deren Bestrafung in der Praxis jedoch viel weniger häufig vorkam. Die Stellung der Frau war in der ständischen Gesellschaft Alteuropas von ihrer Rolle in Haus und Familie geprägt. Im Regelfall besaß sie keinen darüber hinausgehenden Wirkungskreis und konnte damit in der Öffentlichkeit auch nur selten auffällig werden. Frauen wurden über die Familie ihres Mannes oder ihres Vaters definiert und unterlagen deren Schutzherrschaft. «Frau, oder Weib ist eine verehelichte Person, so ihres Mannes Willen und Befehl unterworfen, die Haußhaltung führt, und in selbiger ihrem Gesinde vorgesetzt ist.»[69] Die Diskrepanz der Rolle einer gehorsamen Ehefrau und derjenigen einer mit beträchtlichen Rechten ausgestatteten Hauswirtin und Mutter nutzten die Frauen, um ihre Spielräume zu erweitern. Allerdings blieben sie bei allen Rechtsgeschäften von ihren Vätern, Ehemännern oder Söhnen abhängig, die sie als Vormund vor Gericht vertreten mussten. Diese Vormundschafts- oder Anwaltspflicht machte die Frauen aber nicht rechtlos. Sie konnten jederzeit ihr Eigentum (Erbe, Vermögen), ihren Besitz oder ihren Arbeitsverdienst einklagen. Das Erbrecht sicherte ihre wirtschaftliche Selbständigkeit. In vielen Gegenden galten strafmildernd wirkende Frauenrechte, die als weibliche Rechtswohltaten insbesondere dem Eigentumsschutz dienten.[70] Zudem garantierte der Westfälische Frieden auch Ehefrauen das Recht, ihren Glauben selbst zu bestimmen.

Der öffentliche Raum blieb den Frauen zu Beginn des 18. Jahrhunderts weitgehend versperrt. Ihre verminderte Straffähigkeit führte jedoch dazu, dass sie sich häufig bei tumultuarischem oder gewaltsamem Protest hervortaten. Darüber hinaus besetzten Frauen exklusiv bestimmte Ämter und Berufe wie Hebamme oder Mädchenerzieherinnen. Pfarr- oder Amtfrauen partizipierten an den Herrschaftsrechten und am Prestige ihrer Männer.[71] Waren Frauen unverheiratet, gehörten keiner geistlichen Korporation an und konnten als Witwen nicht für sich selbst sorgen, hatten sie eine spürbar schlechtere Position als Männer: Sie unterstanden als Mägde oder billige Arbeitskräfte einem strengen Regiment, als von allen Seiten beargwöhnte Bettlerinnen oder Prostituierte waren sie nahezu rechtlos.

Die Selbstentfaltungsmöglichkeiten der Frauen stiegen parallel zum gesellschaftlichen Rang des Vaters oder Ehemanns. Mit der «Querelle des femmes», der breiten Debatte um die Rolle der Frauen, standen bereits alle scholastischen Positionen über deren vermeintliche Minderwertigkeit zur Disposition: Waren die Geschlechtscharaktere nicht angeboren, mussten sie kulturell bedingt und durch entsprechende Erziehung auszugleichen sein. Im Wettstreit der Nationen wurden nun gelehrte und tugendsame Frauen zum wichtigen Argument – und davon gab es in Deutschland angeblich mehr als in allen anderen Ländern.

Neben der Frau gehörten zum alteuropäischen Haus auch Gesellen, Lehrlinge, Knechte und Mägde sowie Kinder, bevor sie mit 12 bis 14 Jahren Schule und Elternhaus verließen, um eine Lehre zu beginnen oder in fremde Dienste zu gehen.[72] Diese Mobilitätsforderung galt nicht nur in den Handwerker- und ärmeren Bauernfamilien, sondern auch auf den großen Bauernhöfen: Der potentielle Erbe sollte andernorts Kenntnisse und Erfahrungen sammeln.[73] Die aus dem Elternhaus in eine neue Familie unter einem anderen Hausvater wechselnden Heranwachsenden organisierten sich in Burschenschaften oder Jugendbünden und sammelten in Spinnstuben oder auf ländlichen Festen erste Erfahrungen mit dem anderen Geschlecht.[74] Da die Geschlechtsreife damals erst mit 17 oder 18 Jahren einsetzte, waren die jungen Menschen wohl nicht vor dem 20. Lebensjahr ausgewachsen.

Auch die Alten waren der Gewalt des Hausvaters und den Spielregeln des ganzen Hauses unterstellt.[75] Sie mussten sich aufs «Altenteil» begeben, sobald der Sohn oder Schwiegersohn den Betrieb übernommen hatte. Absprachen regelten die ökonomischen Bedingungen ihres Daseins: ein kleines Stück Land, bestimmte Naturalleistungen wie Getreide, Milch und Butter sowie Brennholz. Solange die Alten noch dazu in der Lage waren, blieben sie in die Arbeit eingebunden. Dies galt ebenso für alt gewordene Knechte oder Mägde. Gesellschaftliche Konventionen, die Angst vor dem Verlust der Hausehre und die Kontrolle der Nachbarn verhinderten, dass sie einfach vor die Tür gesetzt wurden.

Beim Tode des Hausvaters übernahm normalerweise der Sohn, notfalls die Ehefrau bis zu ihrer Wiederverheiratung oder zur Volljährigkeit des Erben das Regiment. Letztere besaß aber auch dann keine korporativen Rechte, d. h. sie musste sich in den Zunft- oder Gemeindeversammlungen von einem Mann vertreten lassen. Etwas anders verhielt es sich bei den hochadligen Regentinnen, die durchaus politisch agieren konnten. «Weiberregimente» waren jedoch von vornherein befristet, und die Mutter lief stets Gefahr, für ihr Verhalten vom volljährig gewordenen Sohn, dem neuen Hausvater bzw. Regenten, zur Rechenschaft gezogen zu werden.

Das alteuropäische Sozialmodell «Haus» bzw. «Familie» bot und bietet sich wegen der Analogien zur Monarchie und der scheinbaren Andersartigkeit gegenüber heutigen Verhältnissen als Objekt der Stilisierung und Verklärung an. Mit dem Namen des Historikers Otto Brunner ist das Forschungskonzept des «ganzen Hauses» als Herrschafts- und Wirtschaftseinheit verbunden.[76] Er konstruierte diesen Sozialtyp aufgrund einiger von Wilhelm Heinrich Riehl im 19. Jahrhundert formulierter Texte und der Auswertung der frühneuzeitlichen Hausväterliteratur. Das ganze Haus soll die Gesamtheit der menschlichen Beziehungen und Tätigkeiten in einer Hausgemeinschaft charakterisieren: das Zusammenspiel von Moral und Wirtschaft, patriarchalischer Herrschaft und Schutz, Bindung und Autonomie. Es sei die Einheit aller dort lebenden Personen. Damit erfüllt das Konstrukt die Sehnsucht nach Geborgensein, denn die für moderne Gesellschaften typische Entfremdung durch die Trennung von Arbeit und Familie kannte es angeblich nicht. Das ganze Haus Brunnerscher Prägung erscheint als eine auf Selbstversorgung angelegte Freiung. Die *oeconomia*, «das gemeinsame Wirtschaften und die Herrschaft des Hausherrn»[77], verkörperte demnach die Einheit von Haushalt und Betrieb, von Herrschaft, Gefühlen, Konsumtion und Produktion auf dem Bauernhof, in der Werkstatt, im kleinen Laden, im großen Kontor und im herrschaftlichen Schloss. Das Modell ist an den Vorgaben antiker Autoren und an einem Idealtyp adliger Herrschaft orientiert, wie ihn die Hausväterliteratur seit dem 16. Jahrhundert als tendenziell autarke Einheit von Herrschaft, agrarischer Subsistenz- und Hauswirtschaft propagierte. Diese Ratgeber boten jedoch modellhafte Informationen für den Adel und die «Einbettung» seiner *oeconomia* in die «soziale und natürliche Umwelt».[78] Angesichts ihres Adressatenkreises favorisierten sie naturgemäß die patriarchalische Ordnung und verurteilten im Unterschied zu den Erwerbsgrundsätzen des bürgerlichen Kaufmanns das Gewinnstreben. Der adlige Hausvater sollte lediglich verantwortungsvoll mit der familiären Existenzgrundlage umgehen und für Notzeiten einen Vorrat anlegen. Brunner dient dieser ideale adlige Gutshof nicht nur als Beschreibungsmuster, sondern auch als statisches, Raum-Zeit-unabhängiges Konzept, das er in das Milieu von Bauern, Handwerksmeistern und Kaufleuten überträgt. Doch ist diese Analogie berechtigt? Galten für den gemeinen Mann in Stadt und Land die gleichen Normen wie für das adlige Gut?[79]

Die historische Demographie hat die herrschende Lehre von der Mehrgenerationenfamilie «unter einem Dach» erschüttert, denn dieser widerspricht die hohe Sterblichkeit. In Mitteleuropa war wohl nur jede siebte eine Drei-Generationen-Familie.[80] Die meisten Familien bestanden aus Eltern und Kindern, obwohl sich der auf dieser Konstellation basierende moderne Familienbegriff erst im 18. Jahrhundert bildete. Auf vielen Bauernhöfen war zudem schon um 1700 Gesinde nur zeitlich befristet anwesend, um die Arbeitskraft der Kinder zu ersetzen.[81] Der Ausgleich zwischen Angebot und Bedarf an Arbeitskräften wurde mit Hilfe des Gesindes geregelt.[82] Auch waren nicht alle Bewohner eines Hauses vom Hausherrn wirtschaftlich abhängig, nicht selten besaßen Mieter einen eigenen Betrieb oder standen woanders in einem Lohnverhältnis. Die verwandtschaftlichen Bindungen konnten in einem Haus trotz erbberechtigter Kinder gering sein. Bei Dritt- und Viertehen der Partner mussten die Kinder aus der Erstehe mit dem aktuellen Arbeitspaar nicht mehr blutsverwandt sein. In diesem Fall boten sowohl die Landes- und Dorfordnungen als auch die Sitten und Gebräuche im Nachbarschaftsverband einen wichtigen Schutzraum gegen ihre Abdrängung.[83]

Bisher fehlen mit Ausnahme der Familienrekonstruktion Untersuchungen zur empirischen Wirklichkeit des «ganzen Hauses». Der Bauernhof gilt als klassische Ausprägung dieser Idee, weil hier die *familia* gemeinsam arbeitete, um den wirtschaftlichen Erfolg sicherzustellen. Dennoch verfolgten auch in einem solchen Verbund die einzelnen Mitglieder eigene Interessen. Das Gesinde, dem der Hausvater gerne Faulheit, Genusssucht und Verweigerung unterstellte, musste auf Honorierung seiner Leistungen achten: durch ausreichendes und gutes Essen, arbeitsfreie Zeiten, Versorgung im Krankheits- und Altersfall etc. Die Kinder wiederum waren nicht nur billige Arbeitskräfte, sondern hatten Ansprüche auf Erbe oder Mitgift, die nicht zugunsten des Hoferben geschmälert werden durften. Konflikte waren unvermeidlich, und sie wurden oft mit Hilfe der Zwangsgewalt des Hausvaters oder vor Gericht geregelt. Zwar gab es in den Polizeiordnungen keine den Hausfrieden normierenden Passagen, doch er gehörte zu den Leitbegriffen des christlichen Miteinanders und akzentuierte die Verbindung zwischen dem besonderen Friedensbereich des Hauses und den allgemeinen Friedensgeboten. Der Hausvater verlor seine Regelungsgewalt, sobald diese außerhalb seines Hauses nicht mehr anerkannt wurde.[84]

Auch die Interessen des regierenden Ehepaars differierten, wenn sich etwa der Hausvater als Tyrann gebärdete, seine Frau, Kinder und das Gesinde übermäßig drangsalierte und den Besitz nicht zusammenhielt. Die Interessen der Ehepartner und ihrer Kinder mussten nicht einmal auf Erhalt und Zugewinn ausgerichtet sein.[85] In Anerbengebieten, wo der Hof geschlossen und normalerweise an den ältesten oder jüngsten Sohn übergeben wurde, galt dies eigentlich nur für die Eltern und den künftigen Erben. Die anderen Geschwister achteten vielmehr darauf, nicht übervorteilt zu werden, denn die Mitgift war ihre einzige Möglichkeit, auf dem dörflichen Heiratsmarkt einen adäquaten Partner zu finden und nicht als Knecht oder Magd auf dem Hof des Bruders zu enden. Die Verhältnisse komplizierten sich, wenn das regierende Paar nicht die leiblichen Eltern des potentiellen Erben waren. Die Beziehungen zwischen

Hausvater und Stiefsohn können nicht konfliktfrei gewesen sein. Da der Stiefvater zumindest erahnen konnte, was ihn «auf dem Auszug» erwartete, wird er die Hofübergabe möglichst lange hinausgezögert haben. Der Nachbarschaftsverband und die Verwandten achteten allerdings auch in solchen Fällen argwöhnisch darauf, dass das Herkommen nicht verletzt, die Rechte und Ansprüche des Stiefsohns in dieser Zeit bestehen blieben.

Höchst kompliziert stellten sich die Verhältnisse in Realerbteilungsgebieten dar.[86] Hier war jedes Kind entsprechend den von seinen leiblichen Eltern in den Hof eingebrachten Anteilen erbberechtigt. Dies beschleunigte Auf- und Abstiegsprozesse ungemein, denn die vielleicht sieben Kinder eines Großbauern konnten plötzlich adäquate Heiratspartner nur in den beiden Kindern eines Kleinbauern finden, die wie sie zwei Hektar Land mitbrachten. Von Harmonie im ganzen Haus kann unter solchen Bedingungen vor allem dann keine Rede sein, wenn der Vater in hohem Alter noch einmal heiratete, Kinder zeugte und damit den Erbanteil der älteren Geschwister schmälerte. Kann für solche Konstellationen das am Idealbild einer adligen Grundherrschaft gewonnene Muster ein sinnvolles Modell sein?[87]

Wie andere Erklärungen der alteuropäischen Geschichte, die im Umfeld des Nationalsozialismus entstanden und nach 1945 zur Basis der deutschen Sozialgeschichte wurden, steht das «ganze Haus» unter hohem Ideologieverdacht. Brunner war tief in den braunen Sumpf verstrickt und hat zudem mit seinem Buch «Land und Herrschaft» ein der Ideologie der Nationalsozialisten durchaus kompatibles Bild vom Mittelalter geliefert. Sein 1958 publiziertes Modell vom «ganzen Haus» harmonisiert die Konflikte und fügt sich nahtlos ein in eine Sicht, die Alteuropa vorrangig in den Kontext von Herrschaft, sozialer Sicherheit und Geborgenheit stellt. Haus und Familie repräsentierten mit ihren hierarchisch-paternalistischen Ordnungsvorstellungen jedoch nicht Harmonie, sondern Zwang und Unterdrückung.

Selbst unter normalen Verhältnissen beuteten Hausvater und Hausmutter alle anderen Familienmitglieder aus. «Gesindelöhne werden zurückgehalten, Kredite, die Inwohner dem Hausvater gewährt hatten, nicht zurückgezahlt, Mitgifte für nichterbende Geschwister hinausgezögert oder deren Heirat verhindert, um ihre Arbeitskraft zu behalten.»[88] Die väterliche Zwangsgewalt und der ökonomische Druck des Marktes hielten das ganze Haus zusammen. Entscheidend war demnach, wie weit diese reichten, ohne dass sich die Betroffenen zur Wehr setzen durften – beispielsweise durch Geschrei, also das Erzählen im Dorf mit der Absicht des «In-Verruf-Bringens» oder durch Klagen an den zuständigen Gerichten. Die Herrschaft stützte im Interesse politischer Stabilität ganz offensichtlich die Hausväter, die für Sicherheit und die Subsistenzgrundlage verantwortlich waren. Doch welche Sicherheit konnte sie bei Feuer, Naturkatastrophen oder auch bei Angriffen von außen bieten? Liegt nicht hier sowie in der Unterschätzung von Markteinbindung, innerfamiliärem Konfliktpotential und der an vielen Orten längst begonnenen Trennung von Arbeiten und Wohnen der Konstruktionsfehler des universalisierten adligen Hauses?

Das Haus zeigte sich Kritik und Widerstand gegenüber «offener» als das absolutistisch regierte Gemeinwesen. Nicht das Vorbild des adligen Herrschaftsmittelpunktes, sondern die obrigkeitlichen Normen, die hergebrachten Gewohnheiten, Sitten und Gebräuche sowie die Kontrolle der Gemeinde sorgten dafür, dass die geduldeten Abweichungen in den einzelnen Familien gering blieben. Paten und Verwandte intervenierten, wenn Kinder oder das Gesinde übervorteilt wurden. Die soziale Ächtung, öffentliche Kirchenbußen und Verfahren vor den weltlichen Gerichten bildeten Disziplinierungsmittel, die fast jeden Haustyrannen und auch dessen Frau zur Räson brachten.

Das «ganze Haus» ist als Konzept ein anregender Idealtypus, der bestimmte ökonomische, soziale und kulturelle Verhältnisse wie die Verbindung von Familie und Produktion unter der Leitung des Ehepaares stimmig zu erklären mag. Es bietet jedoch keineswegs *den* Schlüssel zum Verständnis alteuropäischer Gesellschaften. Dazu verschleiert es als Modell eines harmonischen Miteinanders und der Analogisierung von ganzem Haus und Staat zu sehr die Wirklichkeit von Herrschaft, Zwang und Abhängigkeit.

d) Agrarische und gewerbliche Produktion

Die Folgen des Dreißigjährigen Krieges spürte die deutsche Wirtschaft bis tief ins 18. Jahrhundert. Um 1700 waren längst noch nicht alle Häuser und Höfe wiederaufgebaut, nicht alle Felder rekultiviert. Der Ressourcenverlust hatte das Land zurückgeworfen, auch wenn er die in einzelnen Branchen notwendigen Anpassungen beschleunigte. Es fehlte an Kapital, Arbeitskräften und Nachfrage. Bis etwa zur Mitte des 18. Jahrhunderts herrschte Depression.[89] Da die Preise stagnierten und die Löhne vorerst nicht fielen, litt angeblich auch die Arbeitsmoral.[90] Sicher ist, dass viele Gläubiger nach dem Krieg auf ihre Forderungen verzichten mussten. Der Fernhandel hatte sich an den Atlantik verlagert, in die Niederlande, nach England und Frankreich. Das Zentrum des «modernen Weltsystems»[91] lag im Nordwesten Europas. Hier wurden Rohstoffe und Lebensmittel billig ein-, Fertigprodukte teuer ausgeführt. An dieser Ausbeutung der Welt beteiligte sich auch Deutschland, unter anderem im Transithandel. Insbesondere die Hafenstädte Hamburg und Bremen, die Messestädte Frankfurt und Leipzig sowie alle Kaufleute, die Kolonialwaren nach

Ost- und Südosteuropa, Rohstoffe, Pelze und Getreide nach Westeuropa vermittelten, wurden reich. Dagegen kamen die deutschen «Kolonialbemühungen» nie über ihre Anfänge hinaus. Die kurbrandenburgische Gründung «Groß-Friedrichsburg» an der westafrikanischen Küste wurde 1721 just zu dem Zeitpunkt verkauft, als Kaiser Karl VI. mit der Ostendischen Kompanie versuchte, Österreich als Kolonialmacht zu etablieren, damit aber am geschlossenen Widerstand der Seemächte scheiterte. An der europäischen Expansion haben die Deutschen praktisch nicht teilgenommen. Kolonien und Sklavenhandel, das völkerrechtliche Problem des freien Zugangs zu den Meeren oder der Status indigener Bevölkerungen beschäftigten die Deutschen nur theoretisch – ein gewichtiger Unterschied zu England und Frankreich, den Niederlanden, Spanien oder Portugal.

Die deutsche Exportquote dürfte auch nach 1700 die Zehnprozentmarke kaum überschritten haben.[92] Der Binnenhandel wurde seinerseits von vielen Zöllen, unterschiedlichen Münzsystemen und Infrastrukturdefiziten wie den unbefestigten Straßen und fehlenden Kanälen erschwert. Er litt darüber hinaus unter der vordringenden Wirtschaftsdoktrin des Merkantilismus und der verstärkten Neigung, ökonomischen Problemen mit Ein- und Ausfuhrverboten, Monopolerteilungen oder Marktregulierungen kleinräumig zu begegnen. Insgesamt erholte sich der Handel dennoch erstaunlich rasch, verlagerte sich freilich aus den Freien und Reichsstädten in die Residenzstädte, wo Import- und Luxuswaren stärker nachgefragt wurden.[93] Die Messen in Frankfurt und Leipzig behielten ihre zentralen Verteilungsfunktionen für Waren- und Geldströme, obwohl sich beide Standorte um 1700 einen erbitterten Konkurrenzkampf lieferten. Allerdings konnte sich Leipzig aufgrund seiner großen Bedeutung für den Buchhandel und den Warenaustausch mit Polen und Russland problemlos behaupten. Von den dortigen Messen profitierten Bremen und insbesondere Hamburg, wo phasenweise mehr Waren als in Amsterdam umgesetzt wurden.

Stimulierend auf die Wirtschaft wirkte auch die Versorgung der stehenden Heere mit großen Mengen gleichartiger Ausrüstungsgegenstände wie Gewehren, Uniformen oder Stiefeln – nicht nur, weil sie ausländisches Geld in Form von Subsidien nach Deutschland brachten. Der Armeebedarf schuf neue Erwerbsmöglichkeiten ebenso wie die Bautätigkeiten der vielen großen und kleinen Höfe. In der zweiten Hälfte des 17. Jahrhunderts begann der Neu- oder Umbau zahlreicher Schlossanlagen und Kirchen im modernen Barockstil.[94]

Den wirtschaftlichen Schlüsselsektor bildete jedoch weiterhin die Landwirtschaft, die etwa zwei Drittel der Wertschöpfung in Deutschland hervorbrachte.[95] Der säkulare Wechsel von der Agrardepression des 17. zum Aufschwung des 18. Jahrhunderts fiel in die 1690er Jahre.[96] Es dauerte aber noch geraume Zeit, bevor die Masse der bäuerlichen Betriebe wieder einen Reinertrag erwirtschaftete. Die Überschuldung der Bauernhöfe hatte zu einem dramatischen Preisverfall geführt. Adelsgüter und Bauernhöfe wurden um 1700 nur mit der Hälfte ihres Vorkriegswertes gehandelt und Interessenten sogar kostenlos überlassen, wenn sie sich zur Leistung der Abgaben und Dienste verpflichteten. Unbebautes Land ließ die Einkünfte des Adels sinken. Zudem verschlangen die stehenden Heere und der Ausbau der Fürstenstaaten große Summen, die auch von den Bauern durch zusätzliche Steuern erwirtschaftet werden mussten.

Hinderlich für moderne Formen des Ackerbaus und der Viehzucht, die um 1700 vor allem in England erprobt wurden, waren die zahlreichen genossenschaftlichen Traditionen: die Dreifelderwirtschaft mit ihrem rigorosen Flurzwang oder die Allmenden. Dieser Gemeinbesitz wurde von allen Bauern genutzt und deswegen wenig gepflegt. Er diente dem Vieh zwar als zusätzliche Weideflächen, bot aber wenig hochwertige Nahrung.[97] Seit etwa 1720 wurde über die Aufteilung der Allmenden und die «Besömmerung» der Brachflächen mit Grünpflanzen diskutiert, um den Boden zusätzlich mit Mineralien und Stickstoff zu versorgen und mehr Viehfutter zu erhalten.[98] Ziel waren Ertragssteigerungen durch (1.) die Neuverteilung des gesamten Ackerlandes, so dass jeder Bauer selbst über den Anbau entscheiden konnte, (2.) die Aussaat von Futterkräutern wie Klee, Luzerne, Erbsen oder Lupinen, die dem Boden außerdem Stickstoff zuführten, und (3.) die Stallfütterung, um mehr Mist zum Düngen zu haben. Großbauern profitierten von solchen Reformen, Kleinbauern und unterbäuerliche Schichten protestierten jedoch, weil sie einen Großteil ihrer schmalen Subsistenzgrundlage verloren. Prinzipielle Agrarreformen ließen aber auch deswegen auf sich warten, weil zum einen die patriarchalisch-fürsorglich denkenden Fürsten im Gemeinwohl nicht primär wirtschaftliche Effizienz, sondern für jeden Bauer und Handwerker auskömmliche Nahrung sahen, und zum anderen der Agrarbereich durch die Kultivierung bisher unbebauter Flächen noch genügend Reserven mobilisieren konnte.[99] Die Produktivität war von Ort zu Ort verschieden, fiel jedoch tendenziell nach Osten ab: Der landwirtschaftliche Großbetrieb blieb unter frühneuzeitlichen Bedingungen der bäuerlichen Eigenwirtschaft unterlegen.

Der Adel konnte seine wirtschaftliche Position dort behaupten und ausbauen, wo er über die Stände maßgeblichen politischen Einfluss ausübte – in Schleswig-Holstein, Mecklenburg oder Pommern[100] –, damit blieb die Gutsherrschaft als eine besonders intensive Form der Grundherrschaft östlich und nördlich der Elbe unangefochten. Freilich wollten auch die Gutsherren ihre Erträge steigern: Die beiden nahe liegenden Optionen – Ausdehnung und Verbilligung der Produktion oder der Weg in die Grundherrschaft – erwiesen sich jedoch als nicht gangbar: Die

Hufner, also die Bauern, die selbständig ihr Land bewirtschafteten, konnten nicht noch höher belastet werden, weil dies nur zu Flucht oder Sabotage, den üblichen Protestformen, geführt hätte. Auch die Reduktion der Eigenwirtschaft durch Parzellierung und Verkauf des Bodens an die Hintersassen mit der Verpflichtung zu Geld- und Naturalabgaben wäre nur möglich gewesen, wenn die Bauern durch den Verkauf ihrer Produkte genügend Geldmittel hätten erwerben können. In den dünn besiedelten Gebieten Ostelbiens gab es jedoch zu wenige nahe gelegene Märkte. Damit alles beim Alten blieb, band der ostelbische Adel die Bauern über Gesinde- und Kinderzwangsdienste noch stärker als bisher an das System der Gutsherrschaft.

Neben dieser persönlichen Bindung scheinen auch die Dienste und Abgaben in den ostelbischen Gebieten der Gutsherrschaft, wo die Bauern nur einen geringen Teil des Bodens in eigener Regie bebauten, mit etwa einem Drittel der Roherträge[101] höher gewesen zu sein als im westlichen Deutschland. Nach einschlägigen Berechnungen verfügten die dem Landesherrn unterstehenden Bauern in Ostpreußen über ein jährliches Einkommen von 54 bis 96 Talern, diejenigen des Adels über 20 bis 61 Taler.[102] «In der westdeutschen Grundherrschaft (Rheinland, südliches Westfalen) hatten Adel, Kirche und Bürger ihre großen Höfe gewöhnlich verpachtet, während das übrige Land von den Bauern als Eigentum oder in Erbzinsrecht genutzt wurde. In der nordwestdeutschen Grundherrschaft (im heutigen Niedersachsen) setzte sich dagegen das Meierrecht durch, das sich in der Frühen Neuzeit zu einem erblichen Nutzungsrecht entwickelte. Im deutschen Südwesten herrschte dagegen das bäuerliche Erblehen vor, wogegen in Bayern mindere Besitzrechte verbreitet waren, de facto aber dennoch die erbliche Nutzung gegeben war. Bei allen Grundherrschaftstypen dominierten Geld- und Naturalabgaben.»[103] Hier lagen die errechneten Einkommen höher: im kurhannoverschen Gebiet zwischen 120 und 200 Talern.[104]

Unterschiedliche Modellrechnungen zeigen, dass auch die Grundherrschaft für die Bauern drückend sein konnte. Demnach betrugen Abgaben und Steuern, also Zehnte, Fronden und alle anderen Leistungen zusammen, etwa 20 bis 40 Prozent des Rohertrags. Davon erhielten im Durchschnitt der Landesherr 60, Kirche und Schule 10 und der Grundherr 30 Prozent.[105] Bei solchen Schätzwerten ist nicht nur von extremen Unterschieden im Einzelnen, sondern von starken Schwankungen in den Ernteerträgen auszugehen, auch wenn diese selten das Drei- bis Sechsfache der Aussaat überstiegen. Doch für Wohlstand oder Armut konnte es entscheidend sein, ob ein Bauer ein Fünftel oder ein Drittel der Ernte für das Saatgut zurücklegen musste. Die Bauernfamilie lebte im ungünstigen Fall von einem Viertel, aber wohl selten von mehr als der Hälfte des Rohertrages. Proportional waren die kleinen Bauernstellen, die sich in den

Gebieten der Realerbteilung entwickelten, am höchsten belastet. Hier mussten ganze Dörfer durch Heimarbeit ihre Einkünfte aufbessern.

In den Hungerjahren um 1710 wurden Bauern, die normalerweise eine Marktquote von bis zu 20 Prozent erreichten, selbst zu Käufern. «In weiten Teilen der deutschen Lande» stand «die Masse der Bauern, die hochbelastet, auf mittleren und kleineren Höfen saß, [...] näher den Städtern, die in Teuerungsjahren Not litten, als den Guts- und Grundherrn, die auch bei geringen Verkaufsmengen aus den hohen Preisen noch wachsende Gewinne ziehen konnten».[106] In Bayern, Hessen, Thüringen und Schleswig-Holstein gab es allerdings auch reiche Landwirte, die kleinere Adlige an Wohlstand übertrafen, und Betriebe, die von ihren Erträgen gut leben konnten. Insgesamt wird die Abgabenquote auch hier auf etwa 30 Prozent der Bruttoproduktion[107] geschätzt, die große Höfe offensichtlich problemlos verkrafteten.

Wie die Land- erfuhr auch die Forstwirtschaft seit dem späten 17. Jahrhundert größere Beachtung. Die fürstlichen und adligen Waldbesitzer waren bis dahin vor allem an der Jagd, die gemeindlichen an der agrarischen Nutzung interessiert gewesen. Ansonsten hatte man das Wachsen des Bau- und Brennholzes mehr oder weniger sich selbst überlassen. Nun begann die Phase einer planmäßigen Hege und Pflege, um die drohende Entwaldung Mitteleuropas abzuwenden. Diese ökonomische Katastrophe musste verhindert werden, denn Holz war zum Bauen von Häusern, Wegen, Dämmen und Schiffen unentbehrlich. Zudem konnte auf den Rohstoff als Energieträger oder bei der Herstellung von Gebrauchsgegenständen sowie der Gewinnung von Pech, Teer und vielem mehr nicht verzichtet werden. Die bereits umstrittene Waldnutzung, die zu vielen Konflikten zwischen Bauern und Herren geführt hatte, wurde rigoros eingeschränkt. Die Bauern sahen sich aus dem Wald ausgesperrt, der damit – abgesehen von den wenigen gemeindeeigenen Wäldern – zum Monopol des Adels zu werden drohte.

Die landwirtschaftliche Nutzung hatte sicherlich ihren Teil zur Zerstörung des Hochwaldes beigetragen, doch der Raubbau, beispielsweise in den Waldgebieten der heutigen Heidelandschaft um Lüneburg, darf nicht nur den Bauern zur Last gelegt werden.[108] Der Autor des Artikels «Wald» im Zedler klagte Mitte des 18. Jahrhunderts, dass sich überall in den Gebirgen Holzarmut zeige, und die Wälder die Einwohner bei Gott verklagten, «wie übel sie hausgehalten».[109] Wenn der Wald in Mitteleuropa flächendeckend überlebte und es hier nicht zu ähnlich großflächigen Verkarstungen wie im Süden kam, ist dies vor allem dem Markt bzw. den steigenden Holzpreisen und weniger dem ökologischen Bewusstsein zu danken. Das gilt allerdings auch umgekehrt. Die Verkarstung erfolgte nämlich in erster Linie dort, wo der Mensch kultivierte Flächen nicht mehr bewirtschaftete.

Die Verödungen hielten sich in Mitteleuropa auch deswegen in Grenzen, weil es angesichts der steigenden Bevölkerungszahlen und trotz des stetig zunehmenden Energiebedarfes kaum wüst- oder brachliegende Flächen gab. In der gewerblichen Wirtschaft, im Handwerk, Heimgewerbe, in Verlag und Manufaktur arbeiteten zu Beginn des 17. Jahrhunderts etwa 10 Prozent der Bevölkerung und somit ein Fünftel aller Beschäftigten. Wer in einer Stadt produzierte und keine Ausnahmegenehmigungen besaß, musste einer Zunft, Gilde, Einung oder Gaffel angehören.[110] Zwar gab es auf dem Land, wo viele Bauernfamilien im Heimgewerbe spannen und webten, eine außerzünftische Warenproduktion, doch auf den städtischen Märkten behaupteten die Handwerkerkorporationen ihre monopolartige Stellung. Die Handwerksmeister arbeiteten entweder, wie Maurer oder Zimmerer, aber auch manche Schneider, gegen Entgelt bei dem Kunden oder in ihrem eigenen Betrieb, um Waren wie Brot, Wurst, Schuhe etc. herzustellen und in den angeschlossenen Läden zu verkaufen. Eine dritte Form war der Lohnwerker, der meist von einem Verleger Rohstoffe erhielt, um daraus Leinen, Barchent, ein aus Leinen und Baumwolle bestehendes Mischgewebe, oder Kleidung herzustellen. Diese Handwerker blieben zwar Eigentümer ihrer Produktionsmittel, büßten aber ihre ökonomische Unabhängigkeit ein. In der Manufaktur wurden alle Produkte arbeitsteilig und auf Lohnbasis hergestellt.[111]

Neben den Goldschmieden und einigen Luxusgewerben (Perückenmacher, Bildervergolder etc.) erzielten insbesondere die etwa 15 Prozent der im Nahrungsgewerbe tätigen Meister hohe Gewinne. Die größte Gewerbegruppe bildeten mit mehr als 40 Prozent die allerdings meist kleinen Betriebe, die Textil und Leder herstellten oder verarbeiteten. Bei Schneidern und Schuhmachern war nicht nur der Kapitalbedarf gering, sondern auch der Verdienst. Etwas mehr als 10 Prozent der Meister arbeiteten im Baugewerbe.[112] Die restlichen 35 Prozent verteilten sich auf alle anderen Handwerke. Die Betriebsdichte nahm vom Südwesten zum Nordosten Deutschlands merklich ab. Während im Südwesten im Schnitt drei von vier Meistern allein arbeiteten, hatte im Osten jeder zweite einen Gehilfen angestellt.[113]

Meister und Gesellen fertigten die herzustellenden Waren vom ersten bis zum letzten Handgriff. Eine Arbeitsteilung erfolgte nur zwischen den Zünften. Beispielsweise durfte kein Wagner den Eisenreifen auf das von ihm hergestellte Rad ziehen, weil hierfür ein Schmied zuständig war. Es gab unzählige Gewerbe, weil das Handwerk mit innerer Differenzierung auf neue Technologien und veränderte Marktanforderungen reagierte. Die Zünfte blieben so Herren der gewerblichen Produktion. Auf diese Weise konnten sie den Gewerbetreibenden ökonomische und soziale Sicherheit – verarmte Meister wurden unterstützt, Witwen versorgt – sowie politische Gestaltungs- und Mitwirkungsmöglichkeiten garantieren. Die Korporationen hatten darüber hinaus Jurisdiktionsgewalt, sie entsandten Vertreter in den städtischen Rat und waren für die militärische Sicherheit der Kommunen mitverantwortlich: Die Zünfte hatten jeweils einen Abschnitt der Stadtmauer in Stand zu halten und notfalls zu verteidigen. Sie bestimmten jedoch vor allem über die herzustellenden Waren, die Betriebsgröße und die Produktionsbedingungen, setzten Preise und Qualitätsstandards fest und kontrollierten deren Einhaltung. Die Zünfte entschieden, wer ein Handwerk erlernen oder sich der Meisterprüfung unterziehen durfte. Da in vielen Städten die Meisterstellen limitiert waren, konnte jemand nur dann selbständig produzieren, wenn er einen Betrieb erbte oder in einen solchen einheiratete. Diese rigide Kontrolle eines exklusiven Wirtschaftsbereiches sollte die innerzünftische Konkurrenz soweit minimieren, dass jeder selbständige Meister sein Auskommen fand. Den offenen oder verdeckten Wettbewerb konnten sie allerdings nie verhindern. In Magdeburg verbuk beispielsweise ein Meister 1728/29 mehr als das Fünfzigfache der Getreidemenge, die zwei ärmere Kollegen verbrauchten.[114]

Die Vertretung der Zünfte in den städtischen Räten half, übergreifende Regelungen auch dort durchzusetzen, wo ihre eigene Macht versagte. Dies war immer dann der Fall, wenn der städtische Markt von fremden und billigeren Produkten überschwemmt wurde. Ein instruktives Beispiel bieten die bereits im 16. Jahrhundert erfundenen Bandwebstühle, die mittels mehrerer Weberschiffchen gleichzeitig etliche Bänder und Borten woben. Die Arbeitsproduktivität wurde so deutlich erhöht. Doch viele Meister drohten brotlos zu werden, da mit keiner wesentlichen größeren Nachfrage dieses zum Ausschmücken der Kleidung vorgesehenen Endproduktes zu rechnen war. Seit 1678 war der Reichstag mit dem Versuch des Posamentierergewerbes befasst, ein Verbot der mechanischen Webstühle durchzusetzen. 1719 untersagte der Kaiser schließlich den Gebrauch der Bandwebstühle[115], obwohl diese beispielsweise in Frankfurt seit 1583 ausdrücklich erlaubt waren. Die Posamentier boten ihre Bänder in den meisten Kommunen wie bisher an, daher änderte sich auf den lokalen Märkten wenig, lediglich der Fernabsatz war nicht mehr konkurrenzfähig.

Im Unterschied zu den Arbeitsplätze bedrohenden Innovationen wurden diejenigen, die «nur» die Arbeit erleichterten oder neue Produkte herzustellen erlaubten, von den Zünften akzeptiert. Oft entbrannte jedoch Streit darüber, wer die neuen Waren herstellen durfte. Die Zünfte gerieten auch wegen diesem kleinlich anmutenden Gerangel im 18. Jahrhundert massiv in die Kritik. Sie trafen nun auf den verstärkten Widerstand der Fürstenstaaten, die in Verlagen oder Manufakturen hergestellte Waren förderten und dies immer häufiger mit einem Votum für den freien Handel verbanden. Die Verlage begünstigten das ländliche Heimgewerbe zu Lasten der städtischen Weber und brachten der exportorientierten Heimindustrie in Sachsen, Brandenburg oder Württemberg einen ungeahnten Aufschwung. Ähnliches galt für viele Manufakturen. Hier stellten in der Regel zehn oder deutlich mehr Personen immer noch in Handarbeit, aber arbeitsteilig Massen- oder Luxuswaren her. Die Zerlegung von Arbeitsgängen war zwar lange bekannt, dennoch galten seit dem ausgehenden 17. Jahrhundert Manufakturen auch deshalb als zukunftsträchtig, weil sie «rational» an den Zünften vorbei produzierten. Insbesondere die Tuchmanufakturen belasteten wie die Verlage das traditionelle Leinengewerbe erheblich, zumal sich auch in Deutschland die billigeren und leichteren Stoffe – die der Begriff «Zeug» bezeichnete – durchsetzten. Die Calwer Zeughandelscompagnie verdankte dieser Mode ihren rasanten Aufstieg. Berühmt wurde die 1710 gegründete kursächsische Porzellanmanufaktur in Meißen, die auf der Nacherfindung des bisher nur in China erzeugten weißen Hartporzellans durch den Mathematiker Ehrenfried Walther von Tschirnhaus sowie den «Goldmacher» Johann Friedrich Böttger beruhte[116], und die trotz aller Versuche der Geheimhaltung im 18. Jahrhundert viele Nachahmer fand.

Insgesamt hatte Deutschland um 1700 zwar im Vergleich zu England oder den Niederlanden ökonomisch weiter an Boden verloren, gegenüber dem alten Rivalen Frankreich jedoch aufgeholt. Heinrich Christoph Hochmann von Hochenau, Nürnberger Gesandter in Wien, übergab im Januar 1703 eine «Gründliche Vorstellung» gegen die von Kaiser Leopold I. im Zuge des spanischen Erbfolgekrieges geplanten Handelsbeschränkungen. Er verwies auf die positive Handelsbilanz mit vielen Ländern wie Spanien oder Italien. Zudem flössen seit Jahren aus Frankreich weit größere Geldsummen nach Deutschland, als «für französische Waren hinein gebracht wird».[117] Ingomar Bog hat die 30 Jahre zwischen dem ersten Reichsedikt, das 1676 die Einfuhr französischer Waren verbot, und der dritten kaiserlichen Kommerzienordnung von 1705 als die Epoche des Reichsmerkantilismus bezeichnet. Zu dieser Zeit sieht er im Reich ein Bewusstsein, nicht nur ein politisches Corpus, sondern auch ein «Wirtschaftskörper» zu sein, weil mit den Reichsgesetzen die «einheimische Wirtschaft» gefördert werden sollte. In dieser Phase hätten «die deutschen Länder und Städte unter den Wirtschaftsgesetzen des Reiches gelebt [...] für diese Einheit heischende Politik».[118]

2. Koordinaten des Politischen

a) Das Heilige Römische Reich deutscher Nation

Der Begriff «Heiliges Römisches Reich deutscher Nation» entstand um die Wende vom Mittelalter zur Neuzeit und markiert seitdem zwei politische Sachverhalte: den Reichslehnsverband, dem weite Gebiete Oberitaliens, der burgundische Kreis mit den südlichen Niederlanden und – je nach Sichtweise – Böhmen mit seinen Nebenlanden angehörten, sowie den auf die «deutschen» Lande begrenzten «Reichs-Staat». Während der Kaiser in Deutschland die Macht mit den Reichsständen teilen musste, waren gegenüber den italienischen Vasallen, die sich an den Lasten des Reichs-Staates nicht beteiligten und somit auch dessen Schutz nicht genossen, die «reichslehnsrechtlichen Strukturen [...] weitgehend intakt» geblieben.[119] Wer jedoch in der Frühen Neuzeit vom «Reich» sprach, meinte die verfasste und auf Deutschland beschränkte Ordnung eines zusammengesetzten Reichs-Staates. Dort, wo Kaiser und Reich(sstände) gemeinsam als politischer Akteur auftraten, spielte das Lehnsreich keine bzw. eine auf das Zeremoniell beschränkte marginale Rolle.[120] Das, was der Zedler als «Teutsche Staats-Verfassung, Teutsche Regierungs-Art, Teutsches Staats-Systema, Teutsche Regiments-Forme, Teutscher Reichs-Staat, oder Staats-Verfassung des Heil. Röm. Reichs Teutscher Nation, Lat. *Teutonici Imperii Status*, oder *Imperii Germanici forma*, oder auch *Sacri Romani Imperii Teutonicae Nationis Systema Status*» bezeichnet[121], integrierte hingegen das frühneuzeitliche Deutschland einschließlich Österreich.

Dieser «teutsche Reichs-Staat» präsentierte sich etwa bei den Krönungen in Frankfurt oder den Reichsversammlungen direkt bzw. symbolisch als Einheit und war im Bild des Doppeladlers flächendeckend sichtbar.[122] Die Masse der Bevölkerung nahm ihn aber primär in Form der normativen Regelungen wahr, denen man sich gewohnheitsmäßig unterwarf. «Kaiser und Reich» verlangten Steuern, Soldaten und Gehorsam; sie boten dafür Sicherheit und Identität. Nur weil der Reichs-Staat als eine papierene Ordnung akzeptiert wurde, konnte er bei feierlichen Anlässen sinnenfällig dargestellt werden. Aus der These, dass die «Repräsentation des Reiches [...] auf Identität, nicht auf Stellvertretung» beruht habe[123], folgt notwendig, dass diese ihre Funktion einbüßte, sobald Kaiser, Kurfürsten und Fürsten nicht mehr persönlich vor Ort erschienen. Doch der Rationalisierungsprozess machte vor dem Reich nicht Halt: Steuern wurden eingezogen und Reichsordnungen in Kraft gesetzt, ohne dass sie augenfällig vom Kaiser zusammen mit den Fürsten verkündet wurden. Den notwendigen Konsens beglaubigte ein unterzeichnetes Papier.

Das dem 1709 veröffentlichten zweiten Teil des Buchs «Teutscher Reichs-Staat» vorangestellte Titelkupfer zeigt deshalb eine auf Deutschland beschränkte Ordnung. Es illustriert den für Krieg und Frieden «verfassten» deutschen Reichs-Staat, der, wie es im Text heißt, «heutige[n] Tages zu Grentzen gegen Abend Franckreich und die Niederlande/gegen Mitternacht die Nord- und Ost-See/gegen Morgen Polen und Ungarn/und gegen Mittag Italien samt der Schweitz» hat.[124] Der Reichs-Staat war zu Beginn des 18. Jahrhunderts eine verfasste und handlungsfähige Ordnung, die seine Interessen verfolgte und sich gegen seine Feinde verteidigte.[125] Es unterscheidet ihn nicht von anderen Staaten wie England, den Niederlanden oder auch Schweden, dass sich Kaiser und Reichsstände verständigen mussten. Ganz in diesem Sinne stellte der Reichsjurist Johann Jacob Moser 1772 fest: «Teutschland, oder das teutsche Reich, ist einer derjenigen freyen und von allen Anderen unabhängigen Staaten, aus welchen Europa bestehet. Daran zweifelt niemand, und die tägliche Erfahrung belehrt es.»[126]

Der Zedlersche Universallexikon definiert 1742: «Reich, wird ins besondere und mit einem gewissen Vorzuge bei uns das Römische Reich Deutscher Nation [...] genennet [...] Es wird ein Reich genennet, weil es den grössesten Königreichen an Umfang und Macht nicht weichet, indem es sich von den Alpen bis an die Ost-See, und von jenseits des Rheins bis über die Oder erstrecket.» In dem Artikel wird eine Neueinteilung des «verfallenen Reiches» gefordert, die dieser Realität Rechnung tragen soll: «Denn wie viel Verwirrung daher entstehe, daß man den Burgundischen Kreiß, nebst vielen andern Provintzen und Reichs-Städten, die schon längst in fremden Händen sind, dennoch in gewissen Dingen noch immer zu dem Reiche rechnet, das liegt am Tage.» Die anderen Teile des Lehnsreiches – insbesondere Oberitalien und Burgund – firmieren in diesem Zedler-Artikel als nicht aufgegebene «Prätensionen».[127] Als Grenzen des «Deutschen Reiches» nennt der preußische Statistiker Adolph Friedrich Randel 1792: die Nordsee, die Eider und die Ostsee, Preußen, Polen (Schlesien), Ungarn und Kroatien, das Adriatische Meer, Italien und Helvetien, Frankreich und die vereinigten Niederlande.[128]

Im Vergleich zu den Nationalstaaten des 19. und 20. Jahrhunderts fehlten dem auf Deutschland beschränkten Reichs-Staat eine einheitliche und hierarchisch strukturierte administrative Ordnung, die an einem Punkt konzentrierte Souveränität sowie die Möglichkeit, jederzeit Macht nach innen und außen zu mobilisieren. Als politischer Akteur beruhte der Reichs-Staat auf dem einvernehmlichen Zusammenwirken des Kaisers mit den ihre Herrschaft weithin autonom ausübenden Reichsständen, die untereinander ein kompliziertes Verhältnis von korporativer Einheit und Konkurrenz, Patronage und Klientel auszeichnete. Die ungeheure Vielfalt reduzierte sich dadurch auf eine überschaubare Anzahl ständischer, konfessioneller oder hegemonialer Konstellationskreise. Dieses auf dem Reichstag repräsentierte Gesamtgefüge musste die Verteidigung des Reichs und eine höchste Gerichtsbarkeit gewährleisten sowie Rahmenordnungen und andere übergreifende Normierungen wie Reichssteuern beschließen. Es wurde weder durch das Lehnsband noch durch verwandtschaftliche Beziehungen, sondern durch die Konstitution und durch gemeinsame Interessen zusammengehalten. Zwar gab es keinen Reichs-Staats-Zwang im engeren Sinne, dennoch war das Reich ein föderativ-zusammengesetzter Staat und kein Bündnis, das man verlassen konnte.

Die gängige Darstellung des Heiligen Römischen Reiches deutscher Nation als «zersplittert», «zerfallend» und unfähig, sich zum Nationalstaat fortzuentwickeln, entstand im 19. Jahrhundert. Doch das Bild des Staates hat sich in jüngster Zeit entschieden pluralisiert, dem alten Ideal entspricht keine erfahrbare Wirklichkeit mehr. Nicht das Reich war anachronistisch[129], sondern der mit dem Jellinekschen Modell – ein Staatsvolk, ein Staatsgebiet und eine Staatsregierung[130] – zu umschreibende nationalstaatliche Maßstab ist es im späten 20. Jahrhundert geworden. Er basierte auf der Staatsvorstellung, die im Großdiskurs des deutschen Idealismus auf der Grundlage Hegelschen Gedankengutes entwickelt wurde. Dieser Staat war immer ahistorisch, da er nicht als Produkt der jeweiligen Gesellschaft, sondern als idealtypische Vorgabe gedacht wurde. Paradigmatisch nannte Leopold von Ranke Staaten nicht nur «geistige Wesenheiten», sondern auch «Gedanken Gottes».[131] Gegen solche Überhöhungen hat es selbst die politische Wirklichkeit schwer, das Alte Reich ganz besonders. Es war kein souveräner Nationalstaat und konnte es aus guten Gründen nicht werden. Das Reich darf deshalb nicht länger an diesem Staatsmodell gemessen werden. Stattdessen gilt es, die neuen, von den systematischen Sozialwissenschaften zur Beschreibung der heutigen pluralen und offenen Staatlichkeit angebotenen Analysekategorien zu nutzen, die den Verhältnissen des Alten Reiches weit mehr entsprechen.

Dieser Paradigmenwechsel steht allerdings quer zur Deutung der älteren deutschen Geschichte als Sonderweg[132], und er scheint der Erfahrung zu widersprechen, die das einprägsame Muster historischer Karten noch immer bietet: Der sprichwörtliche bunte «Flickenteppich» im Zentrum Europas setzt sich augenfällig von der benachbarten «einfarbigen» Großräumigkeit Frankreichs, Polens oder der Niederlande ab. Die relativierenden Hinweise, dass das Königreich Polen-Litauen nie und Frankreich nicht zu allen Zeiten ein zentral regierter Einheitsstaat, in Großbritannien vom Anstaltsstaat kontinentaler Prägung wenig zu spüren war und die Souveränität in der niederländischen oder der Schweizer Republik eher bei den Provinzen und Kantonen gelegen habe, ändern nichts an der Vorstellung, nur Deutschland sei zersplittert gewesen. Doch der Schein trügt. Das Kartenbild hat eine Deutung der Vormoderne in das kultu-

relle Gedächtnis der Deutschen eingebrannt, die erst in der zweiten
Hälfte des 19. Jahrhunderts entstand[133], als das Reich längst marginalisiert und zum politischen Argument im Kampf um den deutschen Nationalstaat geworden war. In der Frühen Neuzeit wären die heutigen
Karten auf Unverständnis gestoßen, denn die zeitgenössischen zeigen ein
«Deutschland» oder eine «Germania»[134] und im späten 18. Jahrhundert
ein «deutsches Reich». Wenn sie überhaupt Binnengrenzen wiedergeben,
bieten sie vorrangig diejenigen der heute fast vergessenen Reichskreise.

Die Vorstellung der staatlichen Einheit in der Vielheit ersetzt im Folgenden das alte Muster politischer Zersplitterung. Mit neuen Analysekategorien wie «politisches System», «strukturelle Nichtangriffsfähigkeit», «Verrechtlichung», «komplementäre Staatlichkeit» oder «kollektive
Freiheitsvorstellungen» hat die Reichsforschung in den letzten 30 Jahren
die ehemals lange Liste scheinbarer staatlicher Defizite wenigstens partiell gelichtet und die Deutung des Alten Reiches relativiert. «Staaten» sind
keine anthropologischen Grundkonstanten, sondern historisch gewachsene Formen großräumiger Herrschaft und Vergesellschaftung. Die
übergroße Mehrheit der frühneuzeitlichen Soziallehren geht davon aus,
dass die Menschen auf Gemeinschaft angewiesen sind bzw. in einer solchen leben wollen, aber Herrschaft benötigen, um die Regeln einzu-
halten, die ein friedliches Nebeneinander ermöglichen. Normalerweise
regierten daher vertraglich mehr oder weniger eingeschränkte Fürsten in
territorial abgegrenzten Räumen. Angeblich waren die Erb- oder Wahl-
monarchien erfunden worden, damit der Tod eines Herrschers die Menschen nicht in den Naturzustand zurückwarf. In der Frühen Neuzeit
zeigte sich jedoch, dass gerade der Tod eines Regenten ohne legitimen
Nachfolger häufig Erbfolgekriege auslöste. Folglich erhielten im 18. Jahrhundert die bestehenden Herrschaftskonglomerate oder Staaten einen
verbesserten systemischen Bestandsschutz. Sie wurden zum Garanten
einer positiven Rechtsordnung, die politisches Handeln rationalisieren,
transparent und berechenbar machen sollte.

Mit der Staatswerdung des bis ins 15. Jahrhundert von wechselnden
Fürstenhäusern regierten Wahlreiches etablierten sich die Habsburger
als Kaiserdynastie. Doch auch ihnen gelang es nicht, ihr Herrschaftszen-
trum zur Hauptstadt des Reichs-Staates zu machen.[135] Die Goldene Bulle
hatte Frankfurt als Wahl- und Aachen als Krönungsort des römischen
Königs bestimmt. Seit 1562 konzentrierte sich dieses Geschehen in der
Messestadt, ohne dass Frankfurt zum wirklichen Mittelpunkt des
Reichs-Staates geworden wäre. Dies gelang nur während des kurzzeiti-
gen Kaiserintermezzos Karls VII., als die Stadt zwischen 1742 und 1745
das Reichsoberhaupt und den Reichstag beherbergte. Das konzentrierte
Restreich des Wittelsbachers war jedoch politisch isoliert, die Zentralisierung ein Zeichen seiner eklatanten Schwäche.

Der Kaiserhof bildete dennoch das wichtigste Zentrum des Reichs-Staates, ohne dass das topographisch am südöstlichen Rand gelegene Wien im engeren Sinne die Reichshauptstadt gewesen wäre. Daran war allerdings weniger die periphere Lage schuld als die bewusste funktionale Dezentralisierung des komplementären Reichs-Staates. Die Stände lehnten beispielsweise die Versammlung des Reichstags im Machtbereich der Habsburger ab. Regensburg, Sitz des Immerwährenden Reichstags, war als eine in der Nähe gelegene Stadt ein für die Reichspolitik typischer Kompromiss. Ähnlich verhielt es sich mit dem 1495 institutionalisierten Reichskammergericht, das nicht in Abhängigkeit vom Kaiserhof, sondern ortsfest für Recht und Gerechtigkeit sorgen sollte. Ohne Funktionsäquivalenzen unterstellen zu wollen: Das heute als klassisch geltende Dreieck der Gewaltenteilung – Exekutive, Legislative und Judikative – war in Deutschland zu Beginn des 18. Jahrhunderts mit dem Wiener Kaiserhof, dem Immerwährenden Reichstag in Regensburg und dem Wetzlarer Reichskammergericht dezentral organisiert. Integrierend wirkte der Mainzer Kurfürst, der als Erzkanzler für das Funktionieren der Reichsorgane verantwortlich zeichnete und dem neben der Wiener Reichs(hof)kanzlei auch in Regensburg und Wetzlar ein kleiner Beamtenapparat unterstand. Die Reichssteuern wurden meist in den Finanz- und Wirtschaftszentren Leipzig und Frankfurt eingesammelt. Insgesamt privilegierte die dezentrale Verteilung der «reichs-staatlichen» Institutionen den Süden und die Mitte Deutschlands.

Alle Reichsstände konnten am Aushandeln des reichspolitischen Konsenses teilnehmen, so dass auch deren Residenzen sowie die Freien und Reichsstädte reichspolitische Zentren bildeten. Einen kleinen Teil der reichs-staatlichen Souveränität beanspruchten demnach beispielsweise auch Köstritz, Laubach oder Bopfingen, der Einfluss Berlins, Münchens oder Dresdens war natürlich ungleich größer. Aufgrund der Personalunionen deutscher Fürsten wurde darüber hinaus zu Beginn des 18. Jahrhunderts in London, Stockholm, Warschau und Kopenhagen über die inneren Belange des Reichs-Staates mitentschieden. Auch dort brauchte man eine qualifizierte und möglichst gut vernetzte, reichsrechtlich versierte Funktionselite. An den kleineren Höfen bestand diese, anders als in Wien, Berlin, Hannover oder München, oft nur aus dem Fürsten selbst und einem oder zwei Räten. Doch aufgrund der vor allem im Süden und in der Mitte großen Residenzendichte erfasste das Ringen um politische Neuigkeiten und das Wissen um die «große Politik» ganz Deutschland. Es gab ein auch räumlich weitgefächertes Bedürfnis nach politischen Informationen und ein entsprechendes Angebot, von dem das interessierte Publikum profitierte.

Die staatliche Grundbedingung deutscher Geschichte – die berühmte

Einheit in der Vielheit – hat Pufendorf als «monstro simile» mehr kari-
kiert als charakterisiert. Sein von ihm selbst später zurückgenommenes
Diktum hat das Reich in Verruf gebracht, weil es weder den aristote-
lischen Kategorien noch einfachen staatsrechtlichen Zuordnungen entsprach. In dem netzartigen Gefüge von Staatlichkeit waren Formen des
Mehrebenenregierens ebenso selbstverständlich wie plurale und verschachtelte Rechts- oder Konfessionsverhältnisse. Darin korrespondiert
der komplementäre Reichs-Staat mit heutigen Überlegungen und Model-
len, die aktuelle Formen eines Staates abzubilden versuchen, der nicht
mehr autoritativ entscheidet, sondern zur Durchsetzung seiner Ziele
permanent auf verschiedenen Ebenen mit unterschiedlich legitimierten
Partnern verhandeln muss. Kategorien wie «offene», «zerfasernde» oder
«Mehrebenen»-Staatlichkeit beschreiben ein nach «oben» und «unten»
offenes Gemeinwesen, das dennoch ein Staat bleibt. Er ist allerdings vielfältig gegliedert, in unterschiedliche, groß- und kleinräumige Bezugssys-
teme verwoben und hat die Kapazität eingebüßt, seine Vorstellungen
ohne Rückkopplung mit den Betroffenen oder inter- und supranatio-
nalen Akteuren durchzusetzen.[136]

Jean Bodins Idee der an einem Punkt konzentrierten, unteilbaren
höchsten Gewalt, die im 18. Jahrhundert das Denken über das Staatensystem prägte, widerspricht der heutigen Realität sub- und suprastaat-
licher Entscheidungsfindung. Die neueren Souveränitätstheorien unterscheiden deshalb zwischen positiver und negativer, pragmatischer,
zusammengelegter oder individueller, aber auch zwischen Macht- und
Spät-Souveränität.[137] Sie gehen nicht mehr von Abschottung und Autonomie, sondern von der Teilhabe an internationalen Organisationen
und übergreifenden Regelungen als zentralen Merkmalen der Souveränität aus.[138] Anne Marie Slaughter spricht sogar von einer disaggregier-
ten Souveränität: «If sovereignty is relational rather than insular, in the
sense that it describes a capacity to engage rather than a right to resist,
then its devolution onto ministers, legislators, and judges is not so dif-
ficult to imagine.»[139] An die Stelle des einheitlich gedachten Akteurs
«Staat» treten im internationalen Rahmen Repräsentanten, die, zu
Netzwerken verwoben, übergreifend Politik mit verbindlichem Anspruch gestalten. Souveränität besteht nun aus der Teilhabe an funktionierenden Kooperationssystemen, um dort die eigenen Vorstellungen
einzubringen. Erst sekundär ist darüber zu entscheiden, wie die internationalen Rechtsvorgaben dem eigenen staatlichen Rechtssystem zu
implementieren sind. Zu Souveränitätsträgern werden diejenigen, die in
einem oder für ein Gemeinwesen letztinstanzlich entscheiden bzw. sich
im Rahmen eines überstaatlich organisierten Ganzen einmischen können. So hat Michael W. Hebeisen vorgeschlagen, «Souveränität als Katalysator» verschiedener Konzepte staatlicher Einheit zu verstehen.[140]

Die neuen Deutungsmuster von Staat, Souveränität und überstaat-
licher Zusammenarbeit scheinen geeignet, die frühneuzeitlichen Verhältnisse besser abzubilden als das alte nationalstaatliche Instrumentarium.
Auch im Reichs-Staat war «Souveränität» nie an einem Punkt konzentriert, und sie wirkte als Monopol staatlicher Gewaltanwendung nur flächendeckend, wenn alle partizipationsberechtigten Akteure zugestimmt
hatten oder hätten zustimmen können. Staatliche Politik bestand damals
wie heute im Zwang zum Aushandeln und zur Verständigung über diver-
gierende Interessen. Auf dem Reichstag entschieden Kaiser und Stände
über Steuern, Krieg und Frieden. Sie handelten Rahmenordnungen sowie
Gesetze aus und regelten die übergreifenden Justiz-, Exekutions-, Poli-
zei- und Wirtschaftsfragen. Funktionsfähig war der komplementäre
Reichs-Staat nur, wenn sich alle Beteiligten auf einen Konsens verständigten und zusammenarbeiteten. Die mit dem Westfälischen Friedensvertrag vorangetriebene Verrechtlichung des Politischen sicherte den
Status quo.

b) Der Westfälische Frieden als Reichsgrundgesetz

Für die innere Ausgestaltung des Reichs-Staates erfolgte der Durchbruch
der Vernunft bereits 1648: Auf dem Westfälischen Friedenskongress wurde
die Verfassungsordnung festgeschrieben, die sich im späteren 16. Jahrhundert durchgesetzt hatte. Sie überdauerte mehr als anderthalb Jahrhunderte
und galt damit länger als jede nachfolgende Konstitution – wenigstens bis
heute. Das Grundgesetz Westfälischer Frieden akzentuierte die zusammengesetzte und komplementäre Staatlichkeit des Heiligen Römischen
Reiches deutscher Nation. Es regelte die Herrschaftsausübung sowie die
Partizipations- und Kontrollbefugnisse der Reichsstände auf der Basis
einer allgemeinen Amnestie und weitgehender Restitutionen. Es band die
Reichsstände an das Reich und garantierte ihnen eine weitreichende Autonomie in allen Angelegenheiten ihrer Herrschaftsbereiche. Die offene und
plurale Verfassung hat das Alte Reich nicht zerstört, wie man unter dem
Eindruck des alles beherrschenden souveränen Nationalstaats im 19. und
20. Jahrhundert glaubte, sondern bildete eine starke Barriere gegen alle
sezessionistischen Tendenzen.

Der «teutsche Frieden» entstand als «ewiges» Reichsgrundgesetz in
schwierigen und langwierigen Verhandlungen zwischen den kaiserlichen, den ständischen sowie den schwedischen und französischen Deputierten. Den Reichsständen wurde zwar die Landeshoheit (*ius territoriale, ius superioritas*) und Bündnisfähigkeit (*ius belli ac pacis*) zugestanden,
doch sie durften beides nicht gegen den Frieden oder die Interessen von
Kaiser und Reich nutzen.[141] Damit erhielten sie die alten Mitwirkungsrechte zurück, die ihnen der Prager Frieden 1635 genommen hatte: Sie

konnten nun wieder Bündnisse unter sich und mit anderen schließen, um das Verfassungsgleichgewicht zu bewahren, den Kaiser nachdrücklich an seine Pflichten zu erinnern oder dessen monarchische Ambitionen zu blockieren.[142]

Der Westfälische Frieden etablierte somit eine Verfassungsordnung, die einer Quadratur des Kreises gleichkam. Er bestätigte einerseits den fürstlichen Anspruch freier und eigenständiger Herrschaft, ließ andererseits jedoch die kaiserlichen Prärogativen unangetastet, denn ohne oder gegen diesen war der Reichs-Staat nicht handlungsfähig. Diese Unentschiedenheit war gewollt, denn sie unterband die Umwandlung der reichsständischen Landeshoheit in eine Souveränität im Sinne Bodins. Der Kaiserhof hatte während der Verhandlungen den von Frankreich lancierten Souveränitätsbegriff vehement zurückgewiesen, und die Stände waren ihm gefolgt. Wenn ihr Status später mit dem französischen Wort «souveraineté» umschrieben wurde, so verstand man darunter «Obrigkeit» oder «Landeshoheit»[143] – eine Form selbständiger Herrschaftsausübung nach Maßgabe der Grundgesetze und Rahmenregelungen des Reichs-Staates. Die 1648 verfassungsrechtlich unterbundene kaiserliche Alleinherrschaft beruhigte auf Dauer die inneren Auseinandersetzungen und war zugleich die wichtigste europäische Dimension des Westfälischen Friedens: Ohne «absolutes Dominat» über Deutschland schien eine europäische Universalmonarchie undenkbar. Insofern entsprachen sowohl der gegen die Habsburger gerichtete erste Rheinbund von 1657 als auch die Koalitionskriege gegen König Ludwig XIV. von Frankreich der Logik des Westfälischen Friedens.

Die negativen Erfahrungen mit den monarchischen Bestrebungen Kaiser Ferdinands II. prägten den Friedensvertrag von 1648 in ähnlicher Form, wie drei Jahrhunderte später der Untergang der Weimarer Republik und das Nazi-Regime das Grundgesetz der Bundesrepublik Deutschland. Dagegen findet sich in den Verträgen wenig, was auf die «Westfälische Souveränität» als neuer Basis einer säkularen Staatenordnung hindeuten könnte[144], oder die Abschließung und Gestaltungsfreiheit nach innen mit der Akzeptanz gleichberechtigten Nebeneinanders verbindet. Der erwartete Protest des Papstes oder anderer Mächte wurde vorab zurückgewiesen, Basel und die eidgenössischen Kantone erhielten die völlige Unabhängigkeit vom Reich, und die Übergabe der habsburgischen Gebiete an Frankreich erfolgte ohne Rechtsvorbehalte. Bereits im Mai 1648 hatte Spanien die Unabhängigkeit der Republik der Niederlande garantiert, so dass auch sie im Herbst am Friedensschluss beteiligt war. All dies lässt sich zwar als politisch-staatliche Autonomie gegen ältere universale Ansprüche und als gleichberechtigte Akzeptanz nicht dynastisch regierter Staaten deuten, doch die Verhandlungspartner verstanden das Prinzip des *rex imperator in regno suo* nach wie vor eher personal und ‹dynastisch›. Dementsprechend nennt der Vertrag die Herrscher und weicht davon nur bei den Republiken ab.[145]

Die Entschädigungsregelungen veränderten Deutschland 1648 nur geringfügig. Sie mündeten jedoch in verheerende Kriege mit Frankreich am Oberrhein, weil nun zwei unterschiedliche Herrschaftsauffassungen aufeinander prallten. Der habsburgische Besitz im Elsass und im Sundgau, die Festung Breisach sowie Metz, Toul und Verdun waren Frankreich 1648 als souveräner Besitz übergeben worden. König Ludwig XIV. betrachtete die damit erworbenen Obervogteien und Lehnsansprüche als Souveränitätsrechte, während die Verfassungsordnung des Reichs eine selbständige Herrschaftsausübung der Unterworfenen oder Vasallen zumindest nicht ausschloss. Eine Flugschrift erläuterte daher schon 1675, «daß der character des Monarchischen Scepters von Franckreich mit der Hoheit und eminentz Teutscher Fürsten und Stände keines wegs compatibel» sei.[146] Kaiser und Reich konnten Frankreich weder die vollständige Einverleibung des Elsass noch später des «Pufferherzogtums» Lothringen verwehren, die angestrebte Rheingrenze realisierte aber erst Napoleon. Die mentalen Folgen der verheerenden ludovizianischen Kriege erfuhren die französischen Reichstagsgesandten nach dem Spanischen Erbfolgekrieg. Sie waren in Regensburg isoliert und gesellschaftlich geradezu geächtet, und sie zeigten sich in ihren Berichten überrascht, wie betroffen noch immer auch jene Deputierten auf die französischen Eroberungen reagierten, deren Herren keine Gebietsverluste zu beklagen hatten. Ein solcher Reichspatriotismus passte zu der in Frankreich gehegten Vorstellung vom Reich als losem Zweckverband nicht.[147]

Mit der Odermündung, Vorpommern und Wismar sowie den beiden Bistümern Bremen und Verden hatte Schweden 1648 weit größere territoriale Gewinne realisiert. Sie verblieben jedoch im Reichs-Staat, so dass der schwedische König im Unterschied zum französischen fortan Sitz und Stimme auf dem Reichstag besaß. Er regierte nun wie der dänische König Reichsgebiete als Annex eines fremden Staates. Dies schien zunächst belanglos, hatte langfristig aber Folgen für den politischen Akteur Reich, d. h. den deutschen Staat unter europäischen Staaten. Im Norden sollte Brandenburg ein Gegengewicht zu Schweden bilden und erreichte deswegen 1648 beträchtliche Gebietserweiterungen. Ansonsten orientierten sich die territorialen Veränderungen mehr oder weniger am Vorkriegszustand. Die alte Pfälzer Kurwürde und die Oberpfalz verblieben allerdings den bayerischen Wittelsbachern, so dass für die mit der Kurpfalz restituierten Pfalzgrafen eine achte Kurwürde geschaffen werden musste. Die langen Verhandlungen in Osnabrück und Münster hatten sich gelohnt: Der Frieden war erfolgreich, weil er praktisch keine Revisionsansprüche provozierte.

Dies galt auch für die richtungweisenden Religionsregelungen. Katholiken, Lutheraner und Calvinisten wurden prinzipiell gleichberechtigt, die Landeskonfessionen gemäß den Verhältnissen am 1. Januar 1624 festgelegt. Angehörige der beiden anderen Bekenntnisse durften wegen ihres Glaubens nicht diskriminiert, nicht aus Gesellschaften wie Zünften, Erbengemeinschaften, Spitälern oder auch von öffentlichen Begräbnissen ausgeschlossen werden. Wer sich zu einer Konfession bekannte, die es 1624 in diesem Gebiet nicht gegeben hatte, konnte zwar drei Jahre nach der ersten Ankündigung ausgewiesen, durfte jedoch nicht kriminalisiert werden. Ihm mussten Zeugnisse der Geburt und Abkunft, des Berufes und unbescholtenen Lebenswandels ausgestellt werden. Die Betroffenen konnten ihren Besitz veräußern oder durch Verwalter bewirtschaften lassen. Zur Aufsicht über ihr Vermögen, zur Führung von Prozessen oder zur Eintreibung von Schulden durften sie jederzeit und ohne besondere Erlaubnis in ihre Heimat zurückkehren.[148] Sonderregelungen sorgten 1648 dafür, dass das *ius reformandi* in den habsburgischen Ländern weiter galt und der Kurfürst von der Pfalz den calvinistischen Glauben restituieren konnte. Bei Streitigkeiten beriefen sich später auch Frauen auf die 1648 garantierte individuelle Glaubensfreiheit, um ihr Recht der freien Religionsausübung und Kindererziehung vor Gericht durchzusetzen. Sie konnten «unter Berufung auf ihr religiöses Gewissen, auf einen Ehevertrag und auf die im Westfälischen Frieden verbriefte Glaubensfreiheit die hausväterliche Gewalt ihres Ehemannes unterlaufen».[149]

Zugunsten der «vollständigen und gegenseitigen Gleichheit» der Bekenntnisse sollte sich der Reichstag bei Konflikten mit konfessionellem Hintergrund in zwei Corpora teilen. Somit musste man bis zur Einigung weiter verhandeln oder den Punkt vertagen, denn niemand durfte überstimmt werden. Am Reichskammergericht galt nach 1648 eine Fastparität, und selbst im Wiener Reichshofrat nahmen Protestanten Platz. Als besondere Kuriosität dürfen die paritätischen Reichsstädte Augsburg, Dinkelsbühl, Biberach und Ravensburg sowie das Bistum Osnabrück gelten, wo ein katholischer Bischof mit einem evangelischen Welfenprinzen alternierte. Obwohl es weiterhin schwere, weil politisch instrumentalisierte Religionskonflikte gab, wiesen die Religionsartikel von 1648 den Weg zum konfessionellen Nebeneinander und zur Toleranz einer auch kulturell pluralen Gesellschaft. Der Reichs-Staat hatte sich seit dem Passauer Vertrag von 1552 um eine politische Einhegung des religiösen Fundamentalkonsenses bemüht, wobei das Ziel der individuellen Gewissensfreiheit mit den scheinbaren Erfordernissen eines einheitlichen Untertanenverbandes in Einklang gebracht werden musste. Alle Versuche, die 1648 normierte Duldung Andersgläubiger durch Repressionen oder Ausweisungen zu unterlaufen, führten jedenfalls im 18. Jahrhundert zu reichsweiten Protesten.

Der Westfälische Friede hatte in Deutschland eine auch den Aufklärern vernünftig und ausbaufähig erscheinende, auf Frieden, Freiheit und Rechtssicherheit basierende plurale Wertehierarchie festgeschrieben. Die Regelungen wirkten auf Dauer homogenisierend, ohne die ständischen, konfessionellen und regionalen Unterschiede einzuebnen. Als deutscher Friede wahrgenommen und seit 1650 alljährlich gefeiert, blieb er bis 1806 die positiv bewertete verfassungsrechtliche Basis des Reichs-Staates.[150] Johann Gottfried von Meiern, der zwischen 1734 und 1736 erstmals die Kongressakten publizierte, forderte «jeden patriotisch gesinnten Deutschen» sowie das «gesamte Deutsche Reich und das Vaterland» auf, dafür zu sorgen, dass gegen dieses «heiligste Gesetz» auf keinen Fall verstoßen werde.[151] Friedrich Schiller bewertete den Frieden 1792 als «das interessanteste und charaktervollste Werk der menschlichen Weisheit und Leidenschaft».[152] Während der Frieden im 18. Jahrhundert als Basis einer ausgleichenden und integrierenden Reichsverfassung galt, erhielt er zwischen der Mitte des 19. und des 20. Jahrhunderts sein ausgesprochen negatives Image als Diktat fremder Mächte, Zerstückelung Deutschlands, Begräbnis des Reiches, Unglück für das deutsche Volk. Der im Jubiläumsjahr 1998 gefeierte «europäische Friede» hat das öffentlich wirksame Geschichtsbild nicht verändert, weil die aktuellen politischen Ambitionen das vergangene Geschehen zu eindeutig dominierten.

Trotz der zeitgenössischen Hochschätzung des Reichsgrundgesetzes Westfälischer Friede, wurde der zweite Regensburger Reichstag, der die 1648 zurückgestellten Fragen lösen sollte, darüber zum Immerwährenden. Er ist als Ort ausgleichender Verhandlungen sowie als Nachrichten- und Kommunikationszentrale lange unterschätzt worden. In Regensburg wurden Pamphlete, gedruckte Eingaben oder Akteneditionen zusammen mit den neuesten politischen Journalen verkauft oder kostenlos verteilt und von den Delegierten mit oder ohne erläuternde Kommentare an die jeweiligen Regierungen gesandt. Die hoch professionalisierte Funktionselite der Reichstagsgesandten sorgte mit ihrem gewaltigen Steuerungspotential dafür, dass der Reichs-Staat weiterhin funktionierte. Die meist den Vorurteilen der Beobachter geschuldeten Berichte über die Regensburger Müßiggänger, die langatmig, detail- und zeremonieverliebt alles zerredeten[153] und jede Gelegenheit nutzten, um Ferien zu machen, darf nicht darüber hinwegtäuschen, wie effektiv dieses Gremium letztlich arbeitete und wie oft es einen Konsens erreichte.[154] Die Reichstagsgesandten waren die Repräsentanten der reichs-staatlichen Souveränität.

Für die Masse der kleineren Reichsstände, die sich an einem Hegemon orientieren musste[155], bot die Übernahme der Reichsordnungen die Möglichkeit, sich der Vormacht ein wenig zu entziehen und dennoch dasjenige zu substituieren, was man alleine nicht zu leisten vermochte: die Garantie der äußeren und inneren Sicherheit sowie übergreifende Regelungen für die Wirtschaft, die Infrastruktur und das Polizeiwesen. Im wohlverstandenen Eigeninteresse implementierten Fürsten, Grafen und Städte in ihren Herrschaftsbereichen die Reichsgesetze, an deren Ausarbeitung sie auf dem Reichstag mitgewirkt hatten oder hätten können.[156] Das Gefüge komplementärer Staatlichkeit spielte sich in der zweiten Hälfte des 17. Jahrhunderts ein, weil Leopold I. gelernt hatte, «nicht willkührlich [zu] regieren» und die «National-Freyheit» zu achten.[157]

Das meinungsbildende Schrifttum empfahl nach dem langen Krieg die außenpolitische Nichteinmischung. Kaiser und Reich sollten auf die eigene (deutsche) Staatsräson achten und sich prinzipiell nur verteidigen. Allein gegen die Türken wurde eine europäische Koalition gefordert, nicht weil sie der Erbfeind Europas, sondern eine Gefahr für Deutschland seien.[158] Das Bild einer von kriegerischen Machtstaaten umzingelten deutschen Nation stand auch Pufendorf vor Augen, als er 1667 die eigene militärische Schwäche zur Sicherheitsgarantie für Deutschland erklärte.[159] Leibniz wollte 1670 in seiner Schrift zur äußeren und inneren Sicherheit nichts von einem dem Kaiser zu unterstellenden Reichsheer wissen, denn dadurch werde dieser «perpetuus dictator oder ein absoluter monarch». Da sich Deutschland aber wehren müsse, sei eine «neue Alliance teütscher stände» zu bilden, die jedoch nur das Reich verteidigen dürfe.[160]

Das Bewusstsein einer strukturellen Nichtangriffsfähigkeit des Reichs-Staates zählte zu den festen Bestandteilen der zeitgenössischen politischen Kultur. Sie war wie die Freiheitsvorstellungen oder die föderative Organisation politischer Herrschaft und Loyalität ein gewichtiger Schutz vor der Idee und Praxis des zentralisierten Machtstaates. Die Publizisten profilierten Deutschland als ausgleichendes Zentrum Europas, das sich in keine fremden Kriege einmischen dürfe, um nicht einer Universalmonarchie Vorschub zu leisten. Ihre Pamphlete deuten die Reichskriege als Verteidigung der eigenen politischen Grundwerte, insbesondere der deutschen Freiheit und Ehre. Ihre patriotische Rhetorik, das Kaisertum von allen abendländischen Aufgaben zu entlasten und nur an die Räson eines deutschen Reichs-Staates zu binden, hat den Wiederaufstieg des Kaisertums unter Leopold I. und den Zusammenhalt der Nation fraglos befördert.[161]

c) Reichsständische Minderstaaten

Der komplementäre Reichs-Staat verteilte die politischen Funktionen, die in Frankreich oder England am Beginn des 18. Jahrhunderts in der Hand einer Zentralgewalt lagen, auf unterschiedliche Ebenen. Kaiser und Reich waren traditionell für die unumgänglichen normativen Vereinheitlichungen sowie für die äußere und innere Sicherheit zuständig, während die administrative und steuertechnische Durchdringung des

Raumes, die Disziplinierung und Zivilisierung, aber auch die soziale und kulturelle Versorgung der Untertanen-Bürger in die Zuständigkeit der Reichsstände fielen. Die größeren von ihnen griffen allerdings nach 1648 direkt in die europäische Politik ein. Ihre stehenden Heere markierten um 1700 die eigentliche Scheidelinie, da sie die deutschen Fürstenstaaten in zwei Klassen teilten, in armierte und nicht armierte Stände.[162] Letztlich konnte sich zwar niemand die vergleichsweise riesigen Armeen leisten, doch ausländische, insbesondere französische Subsidien stopften ebenso die gewaltigen Finanzlöcher wie die Vermietung von Truppen an kriegführende europäische Mächte.

Diese Polarisierung verstärkte sich im 18. Jahrhundert, bevor sie nach 1740 in den lähmenden deutschen Dualismus Österreichs und Preußens mündete. Während die Habsburger als Kaiserdynastie für das Reich agierten, dennoch den eigenen Vorteil suchten und in großem Umfang auch realisieren konnten, taten sich die als Herzöge von Preußen ebenfalls souveränen Hohenzollern sehr viel schwerer damit, ihre Kriegsgewinne auf den europäischen Friedenskongressen dauerhaft zu sichern. Der 1701 erreichte Königstitel zahlte sich in dieser Hinsicht aus. Nach öffentlicher Proklamation und der Erhebung Preußens zum Königtum am 15. Januar 1701 setzte sich drei Tage später in Königsberg der Kurfürst selbst die Königskrone aufs Haupt.[163] Mit diesem Titel war König Friedrich I. in die exklusive Riege der souveränen europäischen Monarchen aufgestiegen. Die Krone und der am gleichen Tage gestiftete «Schwarze Adlerorden» wurden zu den Symbolen einer noch zu verwirklichenden Staatseinheit.

Wie Brandenburg-Preußen waren letzlich aber alle Reichsstände bemüht, ihre Herrschaftsbereiche auch gegenüber Kaiser und Reich abzuschotten. Als Vorbild diente vielen deutschen Fürsten das absolutistische Regierungssystem König Ludwigs XIV. von Frankreich.[164] Doch der Reichs-Staat hemmte die angestrebte Entwicklung zu souveränen fürstlichen Akteuren oder Gesetzgebern. Die großen weltlichen Kurfürstentümer mussten zwar weniger Rücksichten auf Kaiser und Reich nehmen, doch das vollständige Ausscheren aus der reichischen Loyalität hatte sich nicht einmal Friedrich Wilhelm I., der «Große Kurfürst» und die herausragende Gründergestalt des brandenburgischen Staatswesens, erlauben können.[165] Als die Wittelsbacher Kurfürsten von Bayern und Köln im Spanischen Erbfolgekrieg die Partei des französischen Kriegsgegners ergriffen, gerieten sie in die Reichsacht und verloren ihre Länder, wurden später allerdings restituiert.

Wie groß war also die Gestaltungsfreiheit deutscher Kurfürsten, Fürsten, Grafen, Ritter oder Freien und Reichsstädte zu Beginn des 18. Jahrhunderts? Das zusammengesetzte Staatswesen Brandenburg-Preußen, das neben dem kompakten Kern der Mark Brandenburg Besitz am Niederrhein, in Westfalen sowie Ostpreußen vereinte, gilt gemeinhin als Modellfall absolutistischer Staatsbildung: Friedrich Wilhelm I. hatte die Regierungsgewalt zentralisiert und regierte gestützt auf einen Kreis vertrauter Räte, Statthalter, Gesandter und Minister. Der Durchbruch einer absolutistisch-despotischen Regierungsform gelang in Brandenburg-Preußen, weil der Große Kurfürst den Partikularismus der Landstände beendete. Der Adel wurde mit autonomen Gutsherrschaften für den Verlust ständischer Mitwirkungsrechte entschädigt.[166]

In erster Linie mussten höhere und regelmäßige Steuern durchgesetzt werden, um das stehende Heer zu finanzieren. Der Große Kurfürst wollte deshalb den Untertanen neue Einnahmen erschließen und setzte auf eine gezielte Wirtschaftsförderung, die er als vorrangige staatliche Aufgabe begriff: «Ein Land ohne Manufacturen ist ein menschlicher Körper sonder Leben, ergo ein totes Land, das beständig power und elendig ist.»[167] Die wenigen Unternehmer ließen sich ihr Engagement vom preußischen Staat rückversichern, der merkantilistischen Prinzipien huldigte.[168] Ihre zunftfreien Großbetriebe produzierten für den Luxus- und Heeres-, nicht für den sonstigen Massenbedarf. Dennoch konnte der Große Kurfürst die Staatseinnahmen im Laufe seiner Regierungszeit auf jährlich 3,4 Millionen Taler verdreifachen, wovon die Hälfte für das stehende Heer gebraucht wurde.[169] Brandenburg-Preußen hatte nach dem Dreißigjährigen Krieg Kurfürstentümer wie Sachsen oder Bayern überholt. Zu Beginn des 18. Jahrhunderts ähnelte dieses von einer neuen Krone zusammengehaltene Staatswesen strukturell der Habsburgermonarchie. «Aber es zeigte sich, daß die größere Kraftanspannung und die anderen geistigen Grundlagen des brandenburg-preußischen Staates schließlich zu einer effektiveren Durchdringung führten, da sich das ärmere preußische Junkertum stärker für administrative und militärische Zielsetzungen des Staates einspannen ließ als die reiche Hocharistokratie des Wiener Hofes.»[170]

Um 1700 erwarben auch andere Kurfürsten und Fürsten in Personalunion Königskronen, so dass deutsche Dynastien in London, Warschau, Kopenhagen oder Stockholm regierten. Die anderen Fürsten, die ihren Reichsterritorien verhaftet blieben, versuchten jedoch ebenfalls, die Vorstellung des christlichen Landesvaters, der das ihm von Gott anvertraute Amt mit Hingabe versieht, in Richtung absolutistischer Regierungsformen fortzuentwickeln. Den neuen Repräsentationsbedürfnissen entsprechend gestalteten sie die barocke Residenzenlandschaft zwischen Schönbrunn und Herrenhausen, Brühl und Hubertusburg.

Als Steigerung der Landesherrschaft und als eine eigenständige Form war nach 1648 der «Fürsten-Staat» entstanden.[171] Das persönliche Regiment des Fürsten schloss die Treue zu Kaiser und Reich ebenso wie die Beachtung traditioneller Rechte von Ständen und Untertanen ein. Dennoch führte der Glaube an die beinahe unbegrenzte Regulierungskraft des Staates zu einer Art Normierungszwang. Die guten Ordnungen sollten, wenn sie nur genügend kontrolliert wurden, einen besseren Zustand des Gemeinwesens herbeiführen. Der Geheime Rat wurde nun fast überall zum zentralen Regierungs- und Verwaltungsgremium. Veit Ludwig von Seckendorffs «Teutscher Fürsten-Staat»[172], verfasst vor dem Hintergrund seiner Erfahrungen als Rat in Gotha, erscheint rückblickend als eine Art Handbuch für Klein- und Mittelstaaten. Alles sollte geregelt sein: die Ausübung von Handwerk und Gewerbe, Kirchgang und religiöse Erziehung, das Zusammentreten des Landtags und die Arbeitsstunden der fürstlichen Diener, die Abgaben und das Gerichtswesen. Die Grenzen fürstlicher Gesetzgebung lagen nur bei Gott, den alten Verträgen, aus dem Naturrecht abzuleitenden Rechten der Untertanen, Privilegien der Stände sowie der Abhängigkeit von und der Gehorsamspflicht gegenüber Kaiser und Reich.

Der deutsche Fürstenstaat war ein sonderbares Gebilde, denn unter diesem Begriff werden veritable Flächenstaaten wie das Herzogtum Württemberg oder die Landgrafschaft Hessen-Kassel mit solchen Staatsgebilden wie Reuß-Köstritz, Sachsen-Jena oder Solms-Lich zusammengefasst. Während in den großen Fürstentümern längst die Primogenitur galt, teilten die kleineren munter weiter. Doch waren all die offiziell selbständigen reichsunmittelbaren Herrschaften Staaten? Die Behauptung, es habe etwa in Thüringen zeitweise «siebenundzwanzig selbständige Staaten, regiert von siebenundzwanzig fürstlichen oder gräflichen Familien» gegeben, «die alle miteinander, dem Zug der Zeit folgend, danach strebten, das Ideal des absoluten Staates zu verkörpern, ein nach großen Vorbildern ausgerichtetes Hofleben zu führen und ihren Residenzen durch kostspielige Bauten Glanz und Ansehen zu verleihen»[173], gehört zu den verhängnisvollen Mythen deutscher Geschichte. Gemessen an den Vorgaben Brandenburg-Preußens gelang es den kleineren Fürsten nie, eine flächendeckende zentralisierte Verwaltung aufzubauen, was natürlich in einem kleinen Fürstentum oder einer Grafschaft auch kein sinnvoll anzustrebendes Ziel war. Hier griff der Herrscher direkt auf seine Untertanen zu, und er musste dabei vor allem beachten, dass der Konsens zwischen allen Beteiligten und die wohl erworbenen Rechte der Untertanen oder Bediensteten bewahrt wurden. Warum sollten diese Herrschaftsgefüge stärker auf den Herrscher zugeschnitten werden? Die Veränderungen vollzogen sich hier langsam und vorsichtig, denn die Landstände konnten nicht einfach abgeschafft, sie mussten schleichend entmachtet werden – meist mit negativen Folgen für den herrschaftlichen Kredit. Einen geregelten «Staatsetat» erhielten die meisten deutschen Fürstenstaaten erst im 19. Jahrhundert.

Scheinbar haben die in den kleinteiligen Gebieten Deutschlands häufigen Herrschaftswechsel den Untertanen wenig Sorgen bereitet: Zum einen wurde das Amt als ihr «herrschaftlich-staatlicher» Erfahrungsraum selten geteilt, so dass die Verwaltungsvorgänge nahezu unverändert blieben. Zum anderen gehörte der neue Landesherr meist zur gleichen Dynastie und Konfession wie der alte. Von tief greifenden Loyalitätsbrüchen kann somit keine Rede sein: Die Untertanen lebten weiterhin in ihrer Gemeinde, ihrem Kirchspiel und ihrem Amt, unter der gleichen Dynastie, im gleichen Reichskreis und im Reich deutscher Nation. Siegrid Westphal spricht daher für Thüringen nicht länger von einer Kleinstaaten- oder Kulturlandschaft, sondern orientiert sich bei der Suche nach «Gemeinsamkeiten und Identitätsmustern» von vornherein an den Dynastien.[174] Hinzu kam, dass prinzipielle Abweichungen vom geltenden Reichsrecht gerade in den kleinteiligen Gebieten selten blieben. Die mindermächtigen Reichsstände sorgten dafür, dass ihre Regelungen, etwa die Festsetzung bestimmter Höchstpreise oder Maximallöhne, denjenigen in den Nachbargebieten entsprachen. Dies war in politisch kleinteiligen Regionen unumgänglich, weil ansonsten Gesinde und Arbeiter dorthin wechselten, wo die Bedingungen günstiger waren.

Die Duodezfürsten spürten die Grenzen ihrer Gestaltungsmöglichkeiten immer dann, wenn die Ausgaben nicht mehr der Finanzkraft ihrer Territorien entsprachen. Kaiserliche Debitkommissionen oder gar Fürstenabsetzungen drohten, wenn in solchen Fällen die Stände nicht einsprangen.[175] Der deutsche Kleinstaat war nicht autonom. Druck «von unten» und Prozesse an den Reichsgerichten, transterritoriale Institutionen wie gemeinsame Landtage, Reichstagsstimme, Universitäten oder Hofgerichte sowie die Vorgaben der Reichskreise, des Reichstags und des Kaiserhofes sorgten für Vereinheitlichungen, die von der Vorstellung einer absoluten Herrschaft im Geiste Versailles wenig übrig ließen. Dennoch versuchten auch diese Fürsten, ihre Regierung besser, die Verwaltung effektiver, die Kontrolle umfassender und die Abschöpfung der Ressourcen konsequenter zu machen.

Generell mussten sich die mindermächtigen Reichsstände jedoch stärker an den reichischen Vorgaben orientieren als etwa Kursachsen oder Brandenburg-Preußen. Vor allem die kleineren selbständigen Glieder profitierten davon, dass Kaiser und Reich das bestehende Gefüge komplementärer Staatlichkeit garantierten. Sie mussten sich aber profilieren, um als eigenständig wahrgenommen zu werden: Stehende Heere, eine engagierte Reichs- und Außenpolitik oder spektakuläre dynastische Verbindungen kamen für sie nicht in Frage, daher blieben eigentlich nur der Hof und die Jagd als Refugien hochadligen Gestaltungswillens. Der Hof[176] verband als fürstliche Haushaltung und Regierung Repräsentations- und Unterhaltungsaufgaben: Der Neubau einer Residenz bedeutete zusätzliche Belastungen für die Untertanen, aber auch kulturelles

Mäzenatentum und ökonomische Förderung, denn die Höfe waren die größten Arbeitgeber, Abnehmer des bürgerlichen Gewerbefleißes und Anreger bzw. Finanziers technischer Innovationen oder Infrastrukturverbesserungen.[177] Die spezifischen Bedürfnisse der höfischen Gesellschaften, der Klöster und freien Reichsstädte sowie die Universitäten sorgten für eine «kulturelle Ausstattung», die in Deutschland weit über das hinausging, was andere Staaten fernab der Hauptstadt an Architektur oder Kunst, Musik-, Theater- oder Bibliothekenkultur besaßen. Der kulturelle Wettbewerb war flächendeckend, seine Ausprägungen abhängig von den spezifischen Interessen der Zentralpersonen. Die großen Höfe dominierten das Spiel um Macht und Einfluss, Pracht und Prestige. Die «kulturell-künstlerische» Ausstattung der Residenzen diente neben höfischen Festen der Repräsentation eigener Herrlichkeit und wurde zum wichtigen Integrationspunkt. Prunk, Pomp und zeremonielle Distanzierung sorgten nicht nur für Unterhaltung, Kontrolle und Rangordnung einer in bürgerlichen Augen gelangweilten und unnützen Hofgesellschaft, sondern wirkten weit über den Rahmen der Beteiligten hinaus Identität stiftend. Im Prinzip galt dies für alle deutschen Höfe, nur war die glanzvolle Repräsentation von Herrschaft in einem großen Kurfürstenstaat ungleich wichtiger als in einer kleinen Grafschaft. Nach Versailler Vorbild, aber mit den Mitteln, die den politischen Gegebenheiten in Deutschland entsprachen, wurden auch die deutschen Residenzen zu den wichtigsten Bezugspunkten für den Adel des eigenen Landes und für den Teil der Aristokratie, der sich aus welchen Gründen auch immer auf diesen Herrschaftsmittelpunkt hin orientierte.

Die neuere Hofforschung unterscheidet zwischen dem zeremoniellen Hof, der das Prestige des Fürsten durch Pracht und Aufwand repräsentierte, dem hausväterlichen Hof, der sich durch Sparsamkeit und vertraulichen Umgang mit den Untertanen auszeichnete, dem geselligen Hof, der einen gleichsam privaten Kreis um den Herrscher versammelte und nicht auf Außenwirkung angelegt war, sowie dem Musenhof. Das Mäzenatentum diente hier dazu, in der regionalen und überregionalen Prestigekonkurrenz vergleichbarer Höfe Vorteile gelten zu machen, die man wegen fehlender Ressourcen auf anderen Feldern nicht besaß.[178] Eine besondere Affinität zwischen einem Typus und einer Region gab es offensichtlich nicht. Beispielsweise finden sich im thüringischen Raum fast alle Hoftypen[179], der zeremonielle allerdings nur in rudimentären Formen wie etwa in Römhild, Sondershausen, Eisenberg und Hildburghausen. Ende des 17. Jahrhunderts setzte Herzog Heinrich von Sachsen-Römhild in seiner Residenz auf «sich stets üppiger entfaltende Festarchitekturen [...] als Kompensation seines minderen politischen Status» und als Unterscheidungsmerkmal zu den Höfen seiner Brüder. Trotz penibler Rechnungsführung überforderte er selbstredend seine schmalen Ressourcen.[180] Um deutschlandweit zu beeindrucken, veröffentlichte er 1698 unter dem Titel «Fürstliche Bau-Lust» seine Architekturen in Wort und Bild.[181] Das Medium Buch sollte den dauerhaften Glanz verbreiten[182], der mit den oft ephemeren Bauten den Untertanen nicht oder nur wenigen zu vermitteln war. Die unzähligen Beschreibungen der Schlösser, ihrer Ausstattung und der höfischen Feste sind auch unter diesem Blickwinkel zu analysieren. Die schriftlich fixierte Form sollte das «reale» höfische Geschehen nicht abbilden, sondern überhöhen. Das auf dem Papier gezeichnete Bild der Bauten und Feste bot allen Adressaten, eigenen Untertanen, Nachbarfürsten und «Kaiser und Reich», den Glanz, den das Geschehen selbst niemals vermitteln konnte. Der Zweck bestimmte die Form. Oft war der erwünschten Überhöhung der eigenen Person, des Festes, des Hofes, des Schlosses und seiner Gartenanlagen besser mit einer leicht zu verbreitenden, gedruckten Inszenierung als mit jedem noch so aufwändigen, aber vergänglichen Spiel der Musen gedient, das in seiner performativen Form zudem immer nur einem eng begrenzten Publikum zugänglich sein konnte.

Die Freien und Reichsstädte fielen hinter die Fürstenstaaten deutlich zurück, die ihre im Westfälischen Frieden gestärkte Position weiter ausbauten. Die Zeiten, zu denen sie nicht nur die Wirtschaft dominiert, sondern auch erfolgreich gegen Fürsten Krieg geführt hatten, lagen lange zurück. Die großen landsässigen Handels- und Residenzstädte wie Wien, Leipzig oder München hatten ökonomisch die meisten selbständigen Städte überholt. Kommunen wie Hamburg, Bremen, Frankfurt und Augsburg, darüber hinaus noch Lübeck, Köln und Ulm konnten ihre alte politische und wirtschaftliche Stellung nach dem Dreißigjährigen Krieg wenigstens annähernd behaupten. Alle anderen waren auf gutes Einvernehmen mit den benachbarten Fürsten angewiesen. Aus politisch unabhängigen Kommunen wie Erfurt, Braunschweig oder Magdeburg, die nur nominell einem Fürsten unterstanden, wurden in der zweiten Hälfte des 17. Jahrhunderts wirkliche Landstädte.[183] König Ludwig XIV. hatte das ganze Elsass einschließlich Straßburg und der anderen dortigen Reichsstädte unter seine Kontrolle gebracht, der Dänenkönig blickte begehrlich auf Lübeck und Hamburg.

Auf dem Reichstag blieb das den Städten 1648 zugestandene *votum decisivum* ein Muster ohne Wert, weil die beiden höheren Kurien sie nur selten in die Beratungen einbezogen. Moser sah in der Städtekurie ein «der Würde nach nidrigeres Collegium».[184] Eine wirkungsvolle Vertretung städtischer oder gar stadtbürgerlicher Belange gab es nicht. Meist erschienen zu den Beratungen ohnehin nur das Regensburger Direktorium und noch vier oder fünf Städteboten.[185] Selbst die führenden Reichsstädte kehrten dem Regensburger Geschehen mehr oder weniger desillusioniert den Rücken. Es erschien ihnen sinnvoller, die städtischen

Ressourcen unmittelbar am Kaiserhof einzusetzen, um unliebsame Beschlüsse mittels der notwendigen kaiserlichen Gegenzeichnung abzuwenden. Im Herbst 1706 diskutierten die Städte jedoch offen über die Gefahr, wegen mangelhafter Präsenz ganz vom Reichstag ausgeschlossen zu werden. Nach 1648 bedeutete städtischer Einfluss auf die Reichspolitik die Mobilisierung des Kaisers sowie Absprachen im Rahmen der Klientelverbände und der Kreistage.[186]

d) Vaterland, Volk und Nation

Die komplementäre Staatlichkeit machte das Reich nördlich der Alpen zum deutschen Staat, zur Nation und zum Vaterland – in dieser Hinsicht sind die Quellen eindeutig. Doch sie bezeichnen auch Mecklenburg, Hessen oder Esslingen als Vaterland[187], rechnen die Deutsch(sprachig)en außerhalb des Reichs-Staates zu Volk und Nation und nennen am Ende des 18. Jahrhunderts dezidiert die bayerische oder die sächsische Nation. Die identitätsbildende Trias aus Vaterland, Volk und Nation war in Mitteleuropa alles andere als eindeutig, so dass es stets auf den Kontext ankam, ob die klein- oder großräumige *patria* gemeint war, ob *natio* die Abstammungsgemeinschaft, die Bürger mit politischen Rechten oder ein mit Volk synonym gebrauchtes Konstrukt bezeichnete. Ernst Moritz Arndts bekannte Frage – «Was ist des Deutschen Vaterland?»[188] – diente 1813 der Vergewisserung über die Verbindung von «Deutschen» und «Vaterland» in einem zeitbedingt großdeutschen Kontext. Für den Bauern oder Handwerker waren jedoch auch sein Dorf, Kirchspiel oder Amt, seine Heimatstadt oder der Landstrich, in dem er lebte, sein Vaterland. Der aufgeklärte Kosmopolit bezeichnete die ganze Welt als seine *patria* und der gläubige Christ fügte das himmlische Vaterland hinzu. Dazwischen rangierten irgendwo das Reich und die deutsche Nation. In den Quellen finden sich unzählige Nachweise, dass die Deutschen im 18. Jahrhundert nicht nur im Milieu ihres Standes, ihrer Konfession, ihres Geschlechtes und ihrer Heimat, sondern auch in einem als «deutsch» empfundenen Kontext dachten, fühlten und handelten.

Während nationale Zuordnungs- und Abgrenzungskriterien im Mittelalter nur vereinzelt genutzt wurden, um das eigene Umfeld zum Fremden und Anderen in Beziehung zu setzen und Unterschiede zu reflektieren, finden diese sich in der Neuzeit immer häufiger. Zuschreibungen wie «französisch», «englisch» oder auch «deutsch» begannen, Erinnerungsgemeinschaften zu formen.[189] «Die Konstruktion von nationalen Identitäten scheint undenkbar ohne die Konstruktion anderer nationaler Identitäten, von denen die eigene abgesetzt werden kann.»[190] Freilich bedeutete der Vergleich auch immer, dass das Andere wahrgenommen, taxiert, abgelehnt oder nachgeahmt wurde. Er diente nicht nur der Bestätigung und Abschließung des Eigenen, sondern auch der Öffnung, des Lernens und der Übernahme des als vorteilhaft Erkannten. In den Quellen bezeichnet «deutsch» eine trennende oder einende Zuschreibung, die sich primär ethnisch-kulturell uneindeutig auf die Bewohner des Alten Reiches nördlich der Alpen, sekundär jedoch auch auf all diejenigen bezieht, die sich der deutschen Sprache und Kultur zuordneten. Erst im 19. Jahrhundert überlagerte diese angeborene Eigenschaft alle anderen Formen nationaler Vereinnahmung und Identitätsbildung.[191]

Die deutschen Humanisten hatten an der Wende vom Mittelalter zur Neuzeit nicht nur die Germanen zu Vorfahren der Deutschen gemacht, sondern auch die Vaterlandsliebe als «moralisch-politische Haltung» gefordert, um das Handeln im Sinne des Gemeinwohls zu forcieren.[192] Dazu formten sie die aus der Antike überlieferten, in den spätmittelalterlichen norditalienischen Stadtrepubliken revitalisierten patriotischen Werte und Tugenden zu spezifisch deutschen und beglaubigten ihr Vorgehen mit historischen Exempla. Ihr Lob des Vaterlandes betonte die Leistungen seiner Bewohner und entwickelte daraus die Vorstellung einer auch ethnisch und kulturell begründeten deutschen Gemeinschaft. Diese zeichnete sich angeblich vor anderen Nationen durch so unterschiedliche Dinge und Errungenschaften wie Tapferkeit, Erfindungsgeist – meist belegt mit Buchdruck und Schwarzpulver – oder Redlichkeit und Freiheitsliebe aus, aber auch durch das Kaisertum, die Reformation und gelehrte Leistungen. Darauf sollte jeder stolz sein und dafür das deutsche Vaterland lieben.

Die reichisch-deutsche *patria* wurde in der Frühen Neuzeit immer dann aktualisiert und medial beschworen, wenn die sozio-politische Ordnung gefährdet schien. Die Reichsnation aktualisierte den reichisch-staatlichen, von Kaiser und Ständen repräsentierten föderativen Zusammenhang und war eine permanente Aufforderung, die konfessionellen Streitigkeiten zugunsten gemeinsamer «nationaler» Interessen zu überbrücken. Der Appell ans Vaterland sollte dazu mobilisieren, äußere Feinde abzuwehren oder innere Gegensätze wie die Religionsfrage oder den politischen Dualismus zu neutralisieren und zu überbrücken. In der politischen Rede forderte das deutsche Vaterland, die Germania oder die «Teutschine» Untertanen und Bürger auf, wenigstens einen Teil der «aufgelaufenen» Schuld gegenüber der *patria* durch aktiven Einsatz für deren Freiheit zu begleichen: «Ich bin eure Mutter/dann in Teutschland seyd ihr erzeugt: in Teutschland seyd ihr auferzogen! [...] die Teutsche [...] Freyheit/muß durchs Schwerd erhalten seyn/drum auf/alle redliche Teutsche Patrioten/auf/auf/eure Freyheit stehet auf dem Spiel/lasset euch/solche zu erhalten/keine Gefahr abschrecken.»[193] Das Individuum konnte durch eigene Leistungen zum Ruhme des Vaterlandes beitragen. Seine Liebe hatte dem reichisch-deutschen Gemeinwesen zu gelten, wenn dieses vom Papst, den Türken, Spaniern, Franzosen oder von wem auch immer angegriffen bzw. durch Religions- und Machtkonflikte bedroht wurde.

Während das Vaterland der Reichsnation für den Einzelnen meist als Pflichtengemeinschaft erfahrbar wurde, bot ihm die Heimat als Vaterland Zugehörigkeit, Schutz und Sicherheit, in der Not auch Unterstützung. Das kleinräumige Vaterland war kein bloß emotionaler Bezugspunkt, sondern ein rechtlich geschützter Erwerbsraum. Wer seine Produkte oder Dienste andernorts anbot, stieß dort auf die privilegierte Konkurrenz der Einheimischen. Wer als Bauer zur Gemeindeversammlung oder als Handwerker zur Zunft gehörte, partizipierte an der Gestaltung seines Lebens- und Wirtschaftsraumes, indem er über die dörflichen oder städtischen Angelegenheiten mitbestimmte. Schon im Nachbardorf war er dazu nicht berechtigt, musste sich ein- und unterordnen.

Überall wurde der Fremde taxiert: männlich oder weiblich, reich oder arm, Freund oder Feind, gut oder böse. Diese Einschätzungen konnten beträchtlich voneinander abweichen. Begrüßte die preußische Regierung die Hugenotten aus bevölkerungs- und wirtschaftspolitischen Gründen, stießen sie bei den lutherischen Bauern und Handwerkern auf merkliche Ressentiments. Diese fragten sich, warum man ihnen die Franzosen mit Steuererlassen, Selbstverwaltung und Sprachprivilegien vorziehe. Eine Antwort formulierte Julius Bernhard von Rohr 1718: «Man siehet ja an unterschiedenen Orten in Teutschland, dass wo man allerhand geschickte Künstler und fremde Manufacturiers in das Land gelocket, derselben Städte und Flecken an Nahrung ein sehr grosses zu gewachsen.»[194] Doch war sein Blickwinkel der Vernunft derjenige, der den gemeinen Mann überzeugte und dessen Haltung veränderte?

«Fremd-Sein» bzw. «Einheimisch-Sein» sind relative Kategorien, die je nach Bezugspunkt variieren. Der Bauer oder Tagelöhner fühlte sich möglicherweise schon in der eigenen Residenzstadt «fremd», obwohl der Dialekt ähnlich, die Herrschaft und die Landeskonfession gleich waren. In einem benachbarten Fürstenstaat fehlte ihm noch mehr des seine Identität bildenden «Vertrauten»: ein unbekannter Herrscher, ein fremder Glaube, andere Sitten und Gebräuche. Kam ein Handwerksgeselle auf der Wanderschaft aus einer Hansestadt nach Bayern, musste er sich vollends als Fremder fühlen, obwohl die Leute um ihn herum noch immer einen deutschen, für ihn aber wohl unverständlichen Dialekt sprachen, sich aus den gleichen Journalen oder Flugschriften informierten, für denselben Kaiser und gegen die gleichen Erbfeinde beteten. Das wirklich Andere, das weder Heimat noch großräumiges Vaterland war, begann erst dort, wo fast alles fremd war: Sprache, Religion, die politische Verfassung, Sitten und Gebräuche. Hier erkannten sich Bayern, Sachsen oder Hanseaten als Landsleute und schlossen sich zur «deutschen Nation» zusammen. Dies gilt selbst für diejenigen, die sich nicht wie die besagten Handwerksgesellen, Studenten, Kaufleute oder Adligen nur zeitweise in der Fremde aufhielten, um dort zu lernen, sondern eine neue Heimat suchten.

Die pauschale Behauptung, für den Bauern, den Bäcker oder die Frau eines Tagelöhners sei Deutschland kein reflektierter Erfahrungsraum und deswegen kein Vaterland gewesen, unterschätzt die Wirkungsmacht elitärer Denkmuster, die zu kulturellen Selbstverständlichkeiten gerinnen können. Sie sind das Mittel, mit denen sich die Menschen ihren Handlungsraum erschließen und aneignen. Der deutschen Sprache und dem deutschen Kulturkreis konnten die Bewohner des Reichs nördlich der Alpen ebenso wenig entrinnen wie den Reichssteuern, den Kirchengebeten für Kaiser und Reich oder dem Doppeladler als einem beinahe allgegenwärtigen Symbol. Untertanen und Bürger übergaben dem Kaiser oder den Reichstagen massenhaft Suppliken[195], und sie klagten vor den Reichsgerichten auch gegen ihre eigene Herrschaft. In einem ersten Zugriff lässt sich das deutsche Vaterland als das Gebiet definieren, das politisch vom Reichs-Staat zusammengehalten wurde und in dem dessen Gesetze galten.

Der Reichs-Staat ist demnach der Raum, in dem sich die deutsche Nation formte. Moderne Nationsdefinitionen unterscheiden mit Anthony D. Smith zwischen einem «civic model», das von einem historisch gewordenen Territorium und einer demokratischen Verfassungsordnung ausgeht, und einer «ethnic conception», die vor allem die Abstammungsgemeinschaft betont. Zwischen beiden idealtypisch zu denkenden Entwürfen gibt es zahllose Mischformen und Varianten. Allen gemeinsam sind jedoch: (1.) ein historisches Territorium, (2.) Mythen und Erinnerungen, (3.) eine verbindende (Massen)Kultur sowie (4.) gleiche Rechte und Pflichten für alle Mitglieder.[196] Die moderne Nation ist – basierend auf den voluntaristischen Definitionen der Amerikanischen und der Französischen Revolution – eine *societas civilis,* eine Gemeinschaft von Bürgern, die einen Staat konstituiert oder auf diesen hin orientiert ist. Angeborene Eigenschaften wie die Muttersprache oder ethnisch-kulturelle Zugehörigkeiten wie Abstammung oder Religion werden als nachrangig angesehen. Die vielen neueren Definitionen ändern jedoch nichts daran, dass Nation ist oder werden kann, was sich selbst als solche versteht, von außen entsprechend wahrgenommen wird und in dieser Konstellation zusammenbleiben will.

Wenn die Nation mit der berühmten Definition Ernest Renans von 1882 ein tägliches Plebiszit ist[197], wer stimmte in der Frühen Neuzeit darüber ab? Die einschlägigen Texte hantieren etwa mit der Erbfeindmetapher, um die deutsche Nation gegen Türken und Franzosen in Stellung zu bringen. Sie definieren die deutsche Freiheit als einen gegen Angriffe

von innen und außen zu verteidigenden kollektiven Besitz und sehen im
Kaiser den höchsten Repräsentanten einer überständisch, überkonfessio-
nell und überregional gedachten Nation. Wer aber ist ihr Adressat, wer
verbirgt sich jeweils hinter dem Kollektivsingular «deutsche Nation», der
am Ende des Mittelalters zum festen Bestandteil der Quellensprache
wurde? Zu Beginn des 18. Jahrhunderts ging es nicht mehr nur um die
Adels-, Stände- oder Elitennation. Eingebunden wurde auch der gemeine
Mann, der diese Texte ebenfalls las oder hörte und der Stellung beziehen
musste, wenn er mit französischen, spanischen und schwedischen Soldaten konfrontiert war oder die Türkensteuern zu bezahlen hatte. Reinhart
Koselleck hat zwischen der «Nation» als vorstaatlichem Abstammungs-
zusammenhang und dem «Volk» als primär politischem Begriff scharf
getrennt.[198] Ist also das auf den Reichs-Staat hin orientierte Volk die
übergreifende deutsche Nation?

Das Zedlersche Lexikon definiert «Nation» als «eine vereinigte Anzahl Bürger, die einerley Gewohnheiten, Sitten und Gesetze haben». Es
scheint selbstverständlich, dass damit nur ein politisch-verfassungsrecht-
licher Rahmen gemeint sein kann, was aber mit der ausdrücklichen Ablehnung des Territorialitätsprinzips relativiert wird. Die von Deutschen
umgebenen Wenden gehören demnach nicht zur deutschen Nation, denn
verschiedene, in einer Provinz lebende Nationen seien «eigentlich ein
Volck (populus)». Freilich würden inzwischen auch Völker als Nationen
bezeichnet.[199] Dieser Sprachgebrauch, der schon im 18. Jahrhundert die
beiden Begriffe zu Synonymen werden ließ, wird nur beiläufig im Artikel «Volk» aufgegriffen, der die Konstituierung als entscheidendes Merkmal herausarbeitet: Eine Menge will zur Beförderung ihrer Wohlfahrt
zusammenbleiben und gibt sich dazu eine bestimmte Ordnung. Diese
«republikanische» Konstituierung, die Vorbilder der Könige, der Kulturtransfer, das Klima, aber auch die durch die Geburt vermittelten Anlagen sowie die Erziehung prägen den Charakter eines Volkes. Es besitzt
demnach bestimmte Rechte und kann darüber frei verfügen. Dies gelte
aber selbstverständlich nicht, so der die Realität einholende Schluss des
Artikels, wenn es einem anderen Volk oder einem Oberhaupt unterworfen sei. Dann müsse es gehorchen.[200]

Der Befund scheint eindeutig: Abgesehen von der negativen Bedeutung als Masse (Pöbel), die aus Sicht der Eliten nicht gebildet, nicht zivilisiert ist, bezeichnet «Volk» eine verfasste Gemeinschaft, die allerdings
ihre Konstituierungsrechte an einen Herrscher oder an ein anderes Volk
verloren haben kann. Hier ist beispielsweise auch an die im Reichs-Staat
lebenden Juden zu denken. Die zu leistenden Schutzgelder legten die Interpretation nahe, die Juden hätten sich freiwillig dem Kaiser oder einer
anderen Obrigkeit unterworfen, die ihnen dafür zumindest eine gewisse
Sicherheit boten. Obwohl die Obrigkeiten Judenpogrome und Vertrei-

bungen nicht verhindern konnten, sorgten sie dafür, dass das Verbot der Gewaltanwendung auch gegenüber Juden nicht ungestraft durchbrochen wurde. Das «Königsbündnis» schützte die Juden, ermöglichte die Selbstverwaltung ihrer Gemeinden und unter bestimmten Voraussetzungen auch den sozialen Aufstieg.[201] Die Juden zählten demnach vor der von beiden Seiten forcierten Annäherung im späten 18. Jahrhundert nicht zur kulturell geformten deutschen Nation, waren aber über die Bündnisse mit den Herrschern politisch eingebunden. Diese Erfahrung teilten sie mit anderen «nationalen» Minderheiten. Die Grenzen blieben zwar fließend, doch jede Nation definierte sich um einen festgefügten Kernbestand, ohne dabei eindeutig in- und exkludierend zu sein.

Wenn Friedrich Carl von Moser erklärte, die Deutschen seien «Ein Volk»[202], Gotthold Ephraim Lessing davon ausging, sie seien noch keine «Nation», und Joachim Heinrich Campe glaubte, dass Deutschland kein gemeinsames «Volk» kenne, sondern aus «Völkerschaften» bestehe, so machten sie nicht nur auf das Problem der Trennung, sondern auch auf die unausgetragenen Spannungen zwischen der ständischen Gesellschaft des Reichs-Staates und den neuen nationalkulturellen Entwürfen aufmerksam. Koselleck vereindeutigt freilich eine höchst komplexe Realität, wenn er behauptet, es sei im späten 18. Jahrhundert darum gegangen, die «verschiedenen Staatsvölker des zerfallenen Reiches zum ‹Volk› zu einen». Er fährt dann fort: «Der Begriff bezieht seine Emphase aus dem Anspruch, ‹das deutsche Volk› zu meinen und zu generieren, so wie ‹Deutschtum› und ‹Volkstum› parallele Begriffsbildungen sind, die sich gegenseitig erläutern. ‹Volk› wird gleichsam ein spezifisch deutscher Kompensationsbegriff, der einlösen sollte, was der französische Nachbar mit ‹nation› nicht nur auf den Begriff gebracht hatte, sondern auch verwirklicht zu haben schien.»[203]

Sowohl Volk als auch Nation und Vaterland sind dynamische Kategorien, die sich schon im 18. Jahrhundert starren Definitionen entzogen. Kein Weg führt an der Einsicht vorbei, dass beide Begriffe mehr oder weniger synonym verwendet wurden und sich nur aus dem jeweiligen Kontext eine bestimmte Bedeutung erschließt. Friedrich Meinecke hat vielleicht auch deshalb in seinem Buch «Weltbürgertum und Nationalstaat»[204] auf den schillernden Volksbegriff verzichtet und zwischen Staats- und Kulturnationen unterschieden. Er sah die deutsche nicht als eine politische, also durch einen Staat bestimmte Nation, sondern als eine erst um 1800 in den Köpfen der Elite geformte Kulturnation. Er begründete die Vorstellungen des Wilhelminischen Kaiserreiches von einer der westlichen Zivilisation überlegenen deutschen Kultur, die nicht auf den Raum des zweiten Kaiserreiches beschränkt werden durfte. Dagegen hat Aira Kemiläinen schon Mitte des letzten Jahrhunderts den Erfahrungshintergrund des Reiches geltend gemacht: In der von diesem geformten Interessen- und Erinnerungsgemeinschaft habe lange vor 1800 das «deutsche Gemeinschaftsgefühl auch staatlich» existiert.[205] Entsprechend wandte sich etwa Christoph Friedrich Sangerhausen 1794 an die «Völker der Deutschen!», um ihnen zu erklären, welches Glück es für sie sei, «treue Unterthanen ruhiger Staaten» zu sein.[206]

Es gibt viele Beispiele eines undifferenzierten Sprachgebrauches, um die im Reich vereinigten Deutschen zu bezeichnen. Lieder und Erzählungen, die von «deutscher Größe», von Erfindungsgeist, Redlichkeit sowie Kampfesmut berichteten, forderten zur Nachahmung auf und sorgten dafür, dass auch die «Deutschen» lange vor 1800 stolz auf das Handeln und Verhalten ihrer Ahnen waren. Trotz aller Unterschiede der Dialekte, Sitten, Traditionen und Lebensstile hatten sich übergreifende Gemeinsamkeiten wie die (Schrift)Sprache, Mythen und Helden, geteilte Wertvorstellungen und Feindbilder entwickelt. Deutscher war demnach, wer im Reich lebte und für sich ganz oder partiell die Aneignungsprozesse des 16. Jahrhunderts als Identität stiftend betrachtete: das Reich als ein solches der deutschen Nation, die Germanen als Vorfahren der Deutschen, Arminius als nationaler Freiheitsheld, die deutsche Freiheit als gegen den türkischen und französischen Erbfeind zu verteidigende Errungenschaft, die Gemeinsamkeit einer (hoch)deutschen Schriftsprache, eine darauf beruhende Kultur und vieles mehr. Die prinzipielle Pluralität der deutschen Nation kannte Grenzen und verbindliche Zuschreibungen.

Zur deutschen Nation zählten sich jedoch nicht nur die Bewohner des Reichs nördlich der Alpen, sondern auch viele deutschsprachige Einwohner Danzigs und Berns, Breslaus und Königsbergs, des Baltikums oder Siebenbürgens, des Elsass oder Böhmens. Sie lebten nicht im Reichs-Staat, sondern in anderen Gemeinwesen oder Staaten, denen ihre politische Loyalität galt. Dies konnte ein gewichtiger Unterschied sein, wie das Wirken Kants in Königsberg, Herders in Riga oder Goethes im Elsass verdeutlicht. Es schiene absurd, sie bzw. ihr dortiges Wirken aus der nationalen Erinnerungsgemeinschaft[207] verbannen zu wollen. Um angesichts dieser Konstellationen nicht zu unsinnigen Ergebnissen zu kommen – Riga als Teil Deutschlands, Kant als nicht-deutscher Philosoph –, sind vermittelnde und pragmatische Lösungen unumgänglich.

Die multiple Identität bereitete einem Europa, das keine fest gefügten Nationalstaaten kannte, wenige Probleme. Die schlesischen Dichterzirkel, die Königsberger Universität, die in Riga, Straßburg, Zürich und Basel lebenden Deutschsprechenden zählten sich selbst zur Abstammungs- und Sprachgemeinschaft, nicht aber zum politisch bestimmten Staatsvolk, der Reichsnation. Für Schlesien mögen solche Zuschreibungen wenig eindeutig sein, für die Bürger Zürichs oder Rigas waren sie es offensichtlich schon. Von den zum Lehensreich gehörenden Bewohnern

Mailands oder Genuas, Brüssels oder Amsterdams sind Zuordnungen zur deutschen Nation oder zum deutschen (Reichs-)Volk jedenfalls nicht bekannt.

Den Zeitgenossen waren diese Unterschiede selbstverständlich. Sie wussten, dass das Reich als staatlich verfasstes Gemeinwesen die Grenzen des deutschen Sprach- und Kulturraumes mit den Bistümern Trient und Lüttich, mit Mömpelgard, den Lausitzen und dem Herzogtum Krain nur geringfügig überschritt.[208] Es störte die Appelle an das Vaterland deutscher Nation nicht, dass die Menschen dort auch auf eine andere Kultur hin orientiert waren. Ihre In- und Exklusion regelte sich dem jeweiligen Status quo entsprechend, und die Nation zeigte sich ansonsten «offen» für Übernahmen und Anverwandlungen aller Art – nicht nur aus dem deutschen Sprachraum.

Die von der Reichsverfassung geformte, politisch bestimmte Nation (Volk), die natürlich nicht auf die «Partizipation aller Staatsbürger» angelegt war[209], und deren Gesetze nicht für alle in gleicher Weise galten, bildete einen jederzeit definierbaren, wenn auch durchlässigen Rahmen. Sie forderte keine absolute Hingabe und ließ auch andere Identitäten und Loyalitäten gelten. Somit konnten sich selbst die Untertanen, die direkt wenig in die deutsche Nation eingebunden waren, notfalls auf sie berufen.

Die Reichsnation und das konstituierte deutsche Volk integrierten zu Beginn des 18. Jahrhunderts viele andere Zuordnungen wie etwa die drei Konfessionen, unzählige Sprachvarietäten und zahllose Vaterländer. Die Volks- oder Nationswerdung war in Deutschland nicht an eine Konfession gebunden und nie auf ein Zentrum ausgerichtet. Keine Nationalakademie versuchte, dem Land einen bestimmten Stil oder Geschmack aufzuzwingen. Eintracht und Einigkeit bedeuteten in Deutschland Inklusion, Duldung und Toleranz. Die Einheit in der Vielheit führte zu zahllosen politischen, sozialen und kulturellen Fronten, die sich deshalb nie zu einer einzigen Konfrontation überlagerten. *Den* Glaubenskrieg oder *den* Konflikt zwischen Peripherie und Zentrum, zwischen Land und Hof hat es in Deutschland nicht gegeben. Selbst in den inneren Kriegen ging es sowohl um die Freiheit des Glaubens als auch um diejenige der Nation. Beendet wurden die «teutschen Kriege» allenfalls temporär mit dem Sieg einer Partei. Dauerhaften Frieden gab es nur, wenn Verträge die Kriterien ausgehandelter Kompromisse erfüllten.[210]

Der Reichs-Staat formte daher mit seinen regulativen, Konsens stiftenden Ordnungen eine föderative, politisch-territorial bestimmte Identität, die Einheit ohne eine flächendeckende kulturelle Homogenisierung ermöglichte. Das Reich war kein zentralisierter Machtstaat, sondern ein komplementär-zusammengesetztes Staatswesen mit weitgehend autonom handelnden Zwischengewalten, so dass seine Loyalitätsforderung nie eine exklusive sein konnte. Sie war geteilt zwischen dem heimatlichen Lebensraum, dem Fürstenstaat und dem Reichs-Staat, um nur die wichtigsten Bezugsgrößen anzuführen. Im Unterschied zu der meist auf ein Zentrum ausgerichteten nationalen Selbstdeutung in Westeuropa, besaßen die Deutschen viele Mittelpunkte und multiple Identitäten. Die zahllosen Appelle an die deutsche Nation sollten dieses scheinbare Defizit überwinden und die konfessionellen und kulturellen Grenzen im Inneren zumindest rhetorisch überwölben.

«Vaterland», «Volk», und «Nation» sind wie Identität(en) kulturelle Konstruktionen, die schon in den frühneuzeitlichen Quellen dazu dienten, Individuen und Gruppen zu identifizieren und sie gleichzeitig ein- oder auszugrenzen. Die Reichsnation wurde als emotionalisierender Integrationspunkt bemüht, wenn Reichsfeinde abgewehrt oder «deutsche» Interessen verteidigt werden sollten. Beides betraf die Deutschsprachigen außerhalb des Reichs nicht. Doch die Übergänge blieben fließend: Die deutsche Freiheit wurde zwar auch in Königsberg oder Breslau postuliert, offensichtlich aber nicht in Bern oder Brüssel. Der deutsche föderative Nationsentwurf der Frühen Neuzeit bezieht sich einerseits auf den Reichs-Staat, andererseits auf die Abstammungs- und die Sprachgemeinschaft und zeichnet sich durch dieses Neben- und Miteinander aus. Differenzen wurden in der Frühen Neuzeit nicht als Bedrohung empfunden, weil niemand aus ihnen machtpolitische Ansprüche ableitete.

e) Die «deutsche Freiheit»

Das Gefüge komplementärer Staatlichkeit hatte sich im 16. Jahrhundert eingespielt. Es basierte auf den tatsächlichen Machtverhältnissen, die das reichsständische Mitregiment 1495 festgeschrieben und verwirklicht hatte, aber auch auf der ideologischen Leitvorstellung einer deutschen Freiheit. Das Bedürfnis der deutschen Humanisten, dem Reich eine lange, mit den romanischen Ländern vergleichbare Tradition zu stiften, hatte sie auf die von Tacitus überlieferte *Libertas Germanorum* aufmerksam werden lassen. In der Folgezeit wirkte dieses Muster als mobilisierender Wert, auf den sich zugunsten des inneren Zusammenhaltes gegen äußere Bedrohungen und jede Form des monarchischen Regierens berufen wurde. Bereits die Humanisten deuteten die «deutsche Freiheit» als nie verlorene nationale Unabhängigkeit und Ausdruck eines traditionsreichen Freiheitsstrebens gegen romanische Bevormundung und Überheblichkeit. Auf dieser Basis mobilisierte Martin Luther die Deutschen gegen Rom. Protestantische Fürsten nutzten die konstitutionellen Aspekte der deutschen Freiheit, um diese als Partizipationsrechte gegen die universalmonarchischen Absichten Karls V. ins Feld zu führen. Sie gingen davon aus, dass der von den Kurfürsten gewählte Kaiser kein wirklicher Monarch, sondern ein an die Zustimmung der Reichsstände gebundenes Oberhaupt sei. Als Erbfürsten beanspruchten sie eigenständige Herrschaftsrechte und als Stände das Mitregiment in Reichsangelegenheiten, das ihnen seit dem Wormser Reichstag von 1495 vertraglich zugesichert war.

Kurfürst Johann Friedrich von Sachsen und Landgraf Philipp von Hessen erklärten die deutsche Freiheit zum Verfassungsprinzip, als sie 1539 beiläufig feststellten: «Die teutsche Nation ist ein frey Reich und billich das freyeste auf der Welt, das wird sich in solch Dinstbarkeit ungerne begeben».[211] Sie verstanden den komplementären Reichs-Staat im zeitgenössischen Sinne als *res publica*, als ein Gemeinwesen mit freiem Willen und pluraler Machtverteilung. Dessen patriotische Bürger, gemeint waren nur die Reichsstände, gaben sich ihre Gesetze selbst, erkannten außer Gott keine absolute Obrigkeit an und widersetzten sich allen Formen monarchischer Alleinherrschaft. Wenn sie entsprechende Tendenzen witterten, beriefen sie sich auch auf die alte, Freiheit sichernde Verfassung des Reiches, das sich selbst regiere und weder einer anderen Nation noch dem eigenen Kaiser, sondern allein den selbst gegebenen Gesetzen unterworfen sei.

Mit dem Schlagwort vom Kampf der «deutschen Freiheit» gegen die «hispanische servitut» machten die Flugschriften den nichtmonarchischen Reichsentwurf in den 1540er Jahren zum Leitwert der politischen Kultur – hauptsächlich im evangelischen Deutschland.[212] Zu Beginn des Dreißigjährigen Krieges galt die deutsche Freiheit als Basis einer «alten» Verfassung – eines bindenden Regelwerks aus *leges fundamentales* wie der Goldenen Bulle (1356), dem Ewigen Landfrieden (1495) oder den kaiserlichen Wahlkapitulationen, den Reichsabschieden und dem alten Herkommen. Verstieß der Kaiser gegen diesen Ordnungsrahmen, missachtete er die Freiheit und wurde zum Tyrannen, gegen den Widerstand zu leisten die Pflicht der Stände war.

Der Erfolg des Verfassungskonzeptes, das Herrschaft durch Herrschaft kontrollierte und limitierte, begründete auch die politische Einhegung des Religionskonflikts: «Kaiser und Reich» verzichteten auf eine inhaltliche Entscheidung der Glaubensfrage, setzten aber mit dem Augsburger Religionsfrieden (1555) und dem Westfälischen Frieden (1648) verbindliche Rahmenregelungen. Diese schrieben individuelle Rechte fest, die wie die Gewissens- und Eigentumsfreiheit auch mit der deutschen Freiheit assoziiert wurden. Auf dieser Basis entstand eine komplexe multikonfessionelle Gesellschaft, die trotz vieler und schwerer Glaubenskriege den Umgang mit unterschiedlichen Konfessionen lernte. Einige protestantische Publizisten und Juristen hatten schon im Umfeld des Schmalkaldischen und dann wieder vor dem Dreißigjährigen Krieg versucht, den fundamentalen Glaubensgegensatz mit nationalen Argumenten zu überwölben. Die Katholiken besetzten im Reichs-Staat alle Schaltstellen der Macht, daher verbot sich ihre Exklusion aus dem nationalen Freiheitsdiskurs. Die «deutsche Freiheit» sollte ihnen eine Brücke zu nationaler Loyalität bauen: Ohne ihre Konfession preiszugeben, waren sie als «Deutsche» und Liebhaber von Freiheit und Vaterland geradezu verpflichtet, gemeinsam mit den Protestanten die Übergriffe des Papstes und der fremden (katholischen) Potentaten abzuwehren. Von katholischen Publizisten wurde dies zwar als durchsichtige konfessionelle Propaganda zurückgewiesen[213], doch im Unterschied zur national konnotierten Freiheit in England oder den Niederlanden war die deutsche Freiheit nie exklusiv an ein Bekenntnis gebunden. Sie konnte deshalb integrierend wirken und hat dies machtpolitisch auch getan, wenn etwa Bayern zusammen mit protestantischen Ständen gegen den Kaiser opponierte.

Obwohl es auch noch nach 1648 schwere, weil politisch instrumentalisierte Konfessionskonflikte gab[214], wirkten die Religionsbestimmungen befriedend. Der Reichs-Staat hatte sich seit dem Passauer Vertrag von 1552 nicht nur um die politische Einhegung des religiösen Fundamentaldissenses bemüht, sondern auch Regelungen gesucht, welche die individuelle Gewissensfreiheit und Toleranz mit den Erfordernissen eines einheitlichen Untertanenverbandes in Einklang bringen konnten. Diesem Ziel kam man 1648 sehr nahe, da die weitreichende Gewissens- und Eigentumsfreiheit den gemeinen Mann auch als Kleineigentümer zufriedenstellte. Die Religionsregelungen entsprachen einer Entscheidung des Reichskammergerichts, das bereits im 16. Jahrhundert die medial propagierte Vorstellung einer spezifischen Eigentumssicherheit in Deutschland aufgegriffen hatte. Massenausweisungen von Protestanten wurden verboten, weil die Betroffenen angesichts des plötzlich übergroßen Angebots beim Verkauf ihrer Güter keinen angemessenen Preis erzielen könnten.[215] Diese höchstgerichtliche Eigentumsgarantie machte den vom Schrifttum akzentuierten Gegensatz zwischen der deutschen Eigentumssicherheit und der «willkürlichen» Steuerpolitik der französischen Könige glaubhaft: «Frantzösische gerechtigkeit ist ein stets wärender will, jederman deß seinigen zu berauben.»[216] Das dortige monarchische Herrschaftssystem mache aus «Armen noch ärmere Leute», während es «die Reichen aber mit mehreren Reichtümern» überschütte.[217]

Solche antifranzösischen Texte zielten auf die Mentalität deutscher Kleineigentümer. Staatsrechtler wie Veit Ludwig von Seckendorff zählten den Eigentumsanspruch auf Hab und Gut zu den homogenisierenden Grundrechten, die auch der Landesherr nicht entwerten dürfe.[218] Die deutschen Bauern und Bürger vertrauten auf berechenbare Regelungen und auf den Rechtsweg, selten griffen sie zur Gewalt. Die Reichsgerichte nahmen ihre Klagen ernst. Um 1700 begannen diese, bereits beim Verdacht despotischer Herrschaftsausübung tätig zu werden.

Der gemeine Mann kannte die Reichsverfassung und seine Rechte. Jeder Bericht über ein Urteil zu seinen Gunsten beglaubigte die Einschätzung, fürstlicher Willkür nicht schutzlos ausgeliefert zu sein. Doch wo begann obrigkeitliche Tyrannei? Nach altständisch-republikanischer Rhetorik war der Vorwurf des Despotismus nicht von tyrannischem Handeln, sondern vom Fehlen politischer Kontrollinstanzen und Mitsprachemöglichkeiten abhängig. Johann Georg Walch sprach 1724 zeitgemäßer von einem «despotischen Reich», wenn der König die völlige Gewalt auch über die Güter seiner Untertanen besitze.[219] Der Zedler ging nur dann von einer «gantz und gar unumschränckt[en]» Gewalt des Monarchen aus, wenn dieser «seine Handlungen nach keiner anderen Richtschnur als nach seinem eigenen Willen einrichten darf».[220]

Die mächtigeren Reichsstände hatten ihre relative Herrschaftsautonomie um 1700 zu einer absolutistisch-despotischen Gewalt ausgebaut oder waren auf dem Wege dahin: Sie besaßen Appellationsprivilegien, die es ihren Untertanen verboten, sich an die Reichsgerichte zu wenden; sie hatten die Landstände systematisch entmachtet und sie entzogen sich zunehmend der Kontrolle von Kaiser und Reich. Die Untertanen konnten sich in diesen Gebieten nur schwer zur Wehr setzen. In Folge der vielfältigen Bemühungen um eine effektivere Regierung und die Durchsetzung zeitgemäßer Reformen wandelte sich im 18. Jahrhundert die doppelte Freiheitsgarantie der Reichsverfassung gegen den Despotismus von Kaiser und Fürsten zugunsten der absolutistisch regierenden Fürsten. Insbesondere quasi-souveräne Monarchen wie der König von Preußen oder der Kaiser als habsburgischer Landesherr herrschten nun «absolut» über ihre Untertanen, in der alten Sprache der Freiheit waren sie zu «Despoten» geworden.

Dagegen mussten die kleineren Landesherren weiterhin Kaiser und Reich als Kontrollinstanz im Streit mit ihren Untertanen fürchten. Ihre Macht und Kompetenz blieb vom Konsens der Landstände und von der Konformität mit dem Reichsrecht abhängig, die gegebenenfalls Kaiser, Reichstag oder Reichsgerichte feststellten. Bei Streitigkeiten verhielten sich die Untertanen politisch und wählten Strategien des Widerstandes, die das obrigkeitliche Repressaliensystem aushebelten. In Prozessen an den Reichsgerichten erzwangen sie ihre Beteiligung an den sie tangierenden Entscheidungen.

Die deutsche Freiheit war zwar als Recht nicht unmittelbar einklagbar, doch sie transportierte emanzipatorische Vorstellungen, für die dann eine Basis im alten Recht oder im uralten Herkommen gefunden oder konstruiert werden konnte. Den Bauern und Bürgern ging es um ihren Status und ihre konkreten Lebensverhältnisse. Gottfried Wilhelm Leibniz widersprach allen, die meinten, «die Teutsche freyheit beruhe nur in wenigen, denen die übrigen dienen müßten und betreffe also die unterthanen nicht».[221] 1661 hatten die Wittenberger Juristen das traditionsreiche Gesindezwangsrecht mit der Begründung verworfen, dies sei eine Form der Leibeigenschaft – eine Servitut, die im Kurfürstentum nicht bestehe und der «angeborenen teutschen Freyheit, und zum Theil libertati et aequitati naturalis, und dem iure emigrandi» widerspreche.[222] Die deutsche Freiheit bewährte sich als despotische Gewalt limitierendes Verfassungsprinzip. Publizisten nutzen die Formel, um zum Widerstand gegen die sogenannten Erb- oder Erzfeinde – Türken, Franzosen, Spanier – oder den eigenen Kaiser aufzurufen: Der Reichs-Staat dürfe nicht unterjocht und die freien Deutschen nicht zu «Sklaven» gemacht werden. In den Kriegen gegen Ludwig XIV. wurden immer wieder die gleichen rhetorischen Muster bemüht, um die Freiheit in Deutschland, England oder den Niederlanden von der Unfreiheit im monarchisch regierten Frankreich abzusetzen. Die absolute Monarchie war der zu bekämpfende Störfall, weil diese das System freiheitlicher Gemeinwesen in Europa bedrohte: «Sollte endlich der König in Franckreich/nach eurem verkehrten Willen/in Teutschland den Meister spielen (welches doch der gerechte Gott nicht zulassen wird) meinet ihr dann/hernach die jenigen zu seyn/die ihr jetzo unter dem Kayser seyd? das dürfft ihr euch nicht einbilden/sondern müsset wissen/daß Franckreich nicht gewohnt ist/freye Leuth unter seinem Domino zu haben.»[223]

Die öffentliche Debatte um einen die eigene Freiheit bedrohenden Kaiser popularisierte die nichtmonarchische Regierung des «Teutschen Reichs-Staates» auch in den Milieus, die weder direkt noch indirekt politische Partizipationsrechte besaßen. Die Mehrheit der Deutschen verband mit König Ludwig XIV. kein blühendes Wirtschafts- oder Herrschaftssystem, das die bürgerliche Handlungsfreiheit schützte, wie es die französische Propaganda suggerierte, sondern das Joch einer Universalmonarchie, Bündnisse mit den Türken, Despotie und «Sklaverei». Vor dieser Alternative erschienen die bisher in vielen Gegenden als Feinde der Freiheit beargwöhnten kaiserlichen Truppen als Teil einer notwendigen nationalen Mobilisierung. Hinzu kam der Stolz auf eine nun auch erfolgreiche Armee und einen Kaiser, der als doppelter Sieger über Türken und Franzosen gefeiert werden konnte. Damit aber hatte das bisher oft gegen den Kaiser inszenierte Reich der Freiheit, der freien Deutschen oder der deutschen Freiheit sein markantes Feindbild eingebüßt. Unter Leopold I. mutierte das Bild des Kaisers vom Feind zum Retter der deutschen Freiheit. Seine Macht wirkte weit weniger bedrohlich als diejenige des Königs von Frankreich.

3. Neues Denken

a) Vernunft und Offenbarung

Die Elite träumte von einer rational gestalteten Welt. Sie richtete um 1700 ihre Hoffnungen auf «Effizienz- und Ertragssteigerung[en]»[224] durch wissenschaftliche Erkenntnisse und politisches Gestalten. Mit der systematischen Beobachtung der Natur sowie den Bemühungen, deren Phänomene widerspruchsfrei zu erklären und in mathematische Formeln zu fassen, befreite sich die Wissenschaft von ihren theologischen Fesseln und entschlüsselte viele Naturgesetze. Die empirische Durchdringung und rationale Aneignung der Welt zeigte, dass der Mensch den Schicksalsmächten nicht hilflos ausgeliefert war. René Descartes machte mit seiner noch spekulativen, aber systematischen Kritik als methodischem Zweifel Furore. Er nahm an, die Vorgänge in der Natur ließen sich aus wenigen Prinzipien ableiten und vollständig mathematisch erfassen, und schloss erkenntnistheoretisch jeglichen Einfluss von Geistwesen wie Gott, Engel oder Dämonen auf die materielle Welt aus. Sein Rationalismus, der Empirismus eines John Locke sowie die Gravitationstheorie Isaac Newtons und dessen Behauptung, dass alles, was sich beobachten auch berechnen lasse, markieren den Aufbruch in die neue Form induktiver Wissensgenerierung: Genaue Beobachtungen mit Hilfe von Instrumenten wie dem Teleskop oder dem Mikroskop, exakte Messverfahren, empirische Überprüfbarkeit sowie wiederholbare Experimente traten an die Stelle deduktiv aus einer stimmigen Erklärung der Welt abgeleiteter Lehrsätze. Die religiöse und die übersinnliche Welt wurden für die Begründung natürlicher Vorgänge nicht mehr beansprucht, Alchimisten und Astrologen zunehmend weniger gebraucht. Die Theologen büßten in vielen Fragen ihre Diskurshoheit ein. Doch auch diese erklär- und berechenbar gewordene Welt konnte und wollte nicht auf «Gott» als Kreator und Ordnungsmacht verzichten: Sein Wirken durfte den Naturgesetzen nicht widersprechen, daher musste er selbst korrigierend eingreifen, wenn Beobachtungen und Berechnungen nicht zueinander fanden.[225] Selbst Newton räumte diesem anregenden und ausgleichenden Gott einen festen Platz in seinem Lehrgebäude ein, was dem schnellen Durchbruch seiner Theorien sicher nicht geschadet hat.

Obwohl die Aufklärer weite Teile Europas in ihren Bann zogen und vielfach grenzüberschreitend wirkten, sind die europäische Aufklärung und selbst die Aufklärung in Europa retrospektive Konstrukte. Die einschlägigen zeitgenössischen Enzyklopädien und Lexika kennen «Europa» – wenn sie das Stichwort überhaupt aufnehmen – als geographischen Begriff mit unklaren Grenzen sowie als den Erdteil, der durch die

Geschicklichkeit und Tapferkeit seiner Menschen die Welt beherrscht.[226]
«Ihr Witz erhellet aus ihren Wercken: ihre Klugheit aus ihrer Regierung:
ihre Stärcke und macht aus ihren Armeen: ihre gute Conduite aus ihrem
Handel und Wandel: und endlich ihre Pracht und Herrlichkeit aus ihren
Städten und Gebäuden.»[227] Der Zedler bringt das Verbindende unter den
Europäern als Überlegenheitsgefühl auf den Punkt. Darüber hinaus
berichtet er vor allem von Unterschieden zwischen den einzelnen Nationen. Die aufklärerischen Eliten verstanden sich als Vormünder des Volkes und erhoben zumindest als regulative Idee den Anspruch, die
Menschheit vervollkommnen zu wollen. Sie wussten, dass der anvisierte
autonome Mensch, der seine Zukunft in Frieden und Freiheit selbst gestaltete, unter den konkreten Raum-Zeit-Bedingungen des 18. Jahrhunderts geformt werden musste. Ihre Kritik leiteten sie daher aus den vielen
unreflektierten Gewohnheiten und Verhaltensmustern ihrer Umgebung
ab. Selbst der Kosmopolit gehörte einem Gemeinwesen an, dessen Sitten
und Gesetzen er unterworfen blieb.

Demgegenüber empfahl Voltaire ganz Europa den französischen
Sprachstil und Zivilisationsstand.[228] Er überzeugte König Friedrich II.
von Preußen, während die deutschen Denker eher der Meinung waren,
dass die radikale Kritik am katholischen Glauben oder auch am System
der absolutistischen Herrschaft den eigenen Problemen nicht gerecht
werde. In Deutschland schien angesichts einer Vielzahl politischer und
kultureller Zentren, dreier legitimierter Konfessionen, der komplementären und zusammengesetzten Staatlichkeit sowie des föderativ organisierten nationalkulturellen Verbundes weniger die Freiheit als die Einheit
gefährdet. Die aufgeklärte Elite setzte daher auf eine effektive Staatsgewalt, um den Wandel durch Vernunft in Gestalt sozio-kultureller Reformen durchführen zu können. Gleichzeitig verstärkten die frühen aufklärerischen Netzwerke aus Zeitschriften, Briefwechseln und Sozietäten die
föderative Einheit in der heterogenen Vielfalt über alle territorialen, konfessionellen und ständischen Grenzen hinweg. Die aufgeklärten Reformen akzentuierten später zwar Differenzen, stellten die nationalkulturelle Einheit aber selten zur Disposition und konterkarierten die an den
Höfen nach wie vor dominierende französische Sprache und Kultur. Die
Darstellung dieser Zusammenhänge spielt gerade nicht die europäische
Aufklärung gegen ihre regionalen oder nationalen Varianten aus.

Das neue, an Kritik, Empirie und Erfahrung orientierte Denken war
im späten 17. Jahrhundert in Konflikt mit den Axiomen der Offenba-
rungsreligionen und Teilen der antiken Überlieferung geraten. Dieses
Grundmuster begegnete in den einzelnen Ländern ganz unterschiedlichen Konstellationen, so dass die Aufklärung unterschiedliche Schwerpunkte setzte und einen jeweils eigenen Verlauf nahm:[229] Die anregende
Atmosphäre einer Exulantengemeinschaft in der weltoffenen Republik

der Niederlande oder die Debatten im Umfeld der englischen Glorious Revolution (1688) kontrastieren mit dem herrscherzentrierten französischen Absolutismus unter Ludwig XIV. oder einem deutschen Reich, das mit Leopold I. ein integrierendes Kaisertum zurückgewonnen hatte und sich nach mehr Einheit in der Vielheit sehnte. Die deutschen Aufklärer gingen davon aus, mit ihren Konzepten und Reformvorstellungen die bestehenden sozio-politischen Verhältnisse fortentwickeln und verbessern zu können, und setzten daher von Beginn an auf das Zusammenspiel von Theorie und Praxis. Im Unterschied zu den französischen Philosophen waren sie davon überzeugt, dass die eigene absolutistische Herrschafts- und ständische Gesellschaftsordnung nicht verrottet sei. Sie kämpften deshalb für konkrete Reformen, denn sie sahen auch noch nicht wie manche Aufklärer in England und in den Niederlanden das angestrebte Ziel direkt vor Augen. Ihres Erachtens war noch viel mehr zu tun, als nur die letzten Barrieren des Aberglaubens und der Unvernunft einzureißen, um ins gelobte Land der Vernunft zu schreiten. Diese auf den Staat bezogene Mittellage ist eine Besonderheit der deutschen Aufklärung. Sie entstand in Auseinandersetzung mit den auch in Deutschland bereits um 1700 vorhandenen radikalen philosophischen Ansätzen, die keineswegs nur eine späte Reaktion auf die Vorgänge in Amerika oder in Frankreich waren.[230] Die deutschen Aufklärer wiesen zwar alle Formen der Intoleranz, Fremdenfeindlichkeit, Orthodoxie und des Gruppenchauvinismus zurück, gingen aber nicht davon aus, dass alle nationalen und anderen Differenzen zwischen den Völkern und Religionen überwunden werden könnten.[231]

Kritisches Denken, systematisches Beobachten und rationales Verknüpfen förderten überall neue «Wahrheiten» zu Tage, die sich mit den offenbarten Religionen nicht mehr in Einklang bringen ließen. Solche Diskrepanzen hatte es zwar auch früher schon gegeben, doch bisher war es den Kirchen gelungen, diejenigen als Ketzer zu brandmarken, die beispielsweise die Sonne in den Mittelpunkt der Welt gerückt oder die Erde zur Kugel erklärt hatten. Im späten 17. Jahrhundert funktionierte das Verdrängen und Unterdrücken nicht mehr, denn das Abendland hatte seit der Reformation die Glaubenseinheit verloren, das Gebot der Toleranz schützte in einigen Ländern selbst agnostische Denker vor kirchlicher Disziplinierung und die Widersprüche und Ungereimtheiten des Wunder- oder Hexenglaubens, aber auch der biblischen Erzählung erschienen im Lichte der Vernunft allzu offensichtlich. Die Verhältnisse drehten sich um: Die Theologen waren nun in Auseinandersetzung mit dem wissenschaftlich-empirischen Bild der Welt gezwungen, ihre dogmatischen Positionen, den personal gedachten Gott, die Erbsünde, die Apokalypse oder die gesamte christliche Überlieferung, zu verteidigen. Sie mussten die Energien bremsen, die darauf abzielten, alle «natürlichen» Gesetze der sozialen Welt und des menschlichen Zusammenlebens zu entdecken und auch gegen die ‹unvernünftigen› Vorstellungen der Bibel durchzusetzen.

Das aufklärerische Grundvertrauen in Verbesserungen durch Kritik sowie das Postulat menschlicher Mündigkeit waren *die* Herausforderungen für den christlichen Glauben. Die historisch-kritische und die philologische Analyse der Bibel offenbarten eklatante Schwächen dieser großen Erzählung: Ihre Geschichte der Menschheit stimmte mit anderen Quellen nicht überein und musste einer konsequenten Traditionskritik unterzogen werden, um Orts- und Zeitgebundenes sowie später Hinzugefügtes zu identifizieren und alles zu eliminieren, was mit dem Verstand nicht zu erklären war.[232] Das Wort Gottes sollte von Entstellungen und historischem Beiwerk getrennt werden. Die Geschichte wurde zum zentralen Opponenten und zum Testfall für die biblische Überlieferung.[233]

Martin Luther hatte die Bibel noch zum absoluten Maßstab seiner Reform des Glaubens erklärt. Er bezweifelte weder deren Inhalt noch die personale Existenz Gottes. Beides erfolgte im späten 17. Jahrhundert, und es waren nicht nur Freidenker, die nun den Absolutheitsanspruch der Bibel relativierten. Hier erst beginnt die Geschichte der Aufklärung und nicht schon mit der Idee des freien, sich selbst verantwortlichen Individuums, die gleichwohl seit dem Zeitalter der Renaissance, des Humanismus und der Reformation das christliche Abendland sukzessive verändert hatte. Die protestantischen Aufklärer beriefen sich jedoch legitimierend auf Luthers Kampf für Glaubensfreiheit, gegen Engstirnigkeit und Dogmatismus. Die ihnen so wichtige Lichtmetapher findet sich bereits in Flugschriften aus der Mitte des 16. Jahrhunderts: Seit der Reformation sei es die Aufgabe der Deutschen, das Licht der Erkenntnis in die Welt zu bringen.[234] Diese Vorstellung war in Deutschland präsent geblieben, doch sie verwies auf die Bibel und nicht über diese hinaus.

Der Staat hatte die Konfessionskirchen gefördert[235], weil sie ihm bei der Disziplinierung der Untertanen und der Durchsetzung des Absolutismus wertvolle Dienste leisteten. Diese symbiotische Beziehung blieb zwar auch im 18. Jahrhundert bestehen, bekam aber Risse, da viele Aufklärer die Trennung von politischer und geistlicher Gewalt forderten. Innerhalb der Kirchen entwickelten sich nun mächtige Bewegungen, die nicht nur die weltliche Macht der Geistlichen in Frage stellten, sondern im Zeichen einer neuen Frömmigkeit dem fürstlichen Absolutheitsanspruch widerstrebten. Ernst Troeltsch hat nicht zuletzt deswegen in Auseinandersetzung mit dem Kirchenhistoriker Adolf von Harnack die Kontinuität zwischen Reformation und Aufklärung entschieden bestritten. Seines Erachtens lag die scharfe Zäsur um 1700, als die eigentliche Aufklärungsepoche einsetzte. Sie habe eine Gesamtumwälzung der Kultur bewirkt und eine immanente Erklärung der Welt geboten, so dass mit ihr die Moderne in Europa beginne.[236]

Während sich das neue Denken in England oder den Niederlanden, später auch in Frankreich als intellektueller Kampf gegen religiösen Dogmatismus und kirchliche Bevormundung verstand, verband sich in Deutschland die Kritik am Offenbarungsglauben und an den alten Konfessionskirchen, die das göttliche Recht gegeneinander gebraucht und parteiisch gemacht hatten, mit der Forderung nach einer strukturellen Reform von Kirche und Theologie. Der aufklärerische Impuls harmonierte nur auf den ersten Blick mit der göttlichen Botschaft: «Ich bin das Licht, die Wahrheit und das Leben.»[237] Der Mensch ist frei, Gott gütig und alles strebt in seinem Auftrag nach Erkenntnisfortschritten. Dieser Ansatz ließ das Böse in der Welt zum drängenden Problem werden: Warum schaffte ein guter und allmächtiger Gott es nicht einfach ab, und wie ließ sich sein Verhalten «vernünftig» rechtfertigen? Der göttliche Heilsplan und die Ereignisse des Ersten Buches Moses, die den Menschen mit der Erbsünde befleckten, da er auf seinem eigenen Willen beharrte, anstatt sich Gott unterzuordnen, widersprachen diametral der philosophisch-anthropologischen Vorstellung, dass der Mensch seine Zukunft vernünftig und unabhängig vom göttlichen Weltgericht selbst gestalten könne.

Leibniz löste das Problem scholastisch. Gegen die von Pierre Bayle 1697 publizierte Vorstellung eines Widerspruchs zwischen dem christlichen und dem rationalen Wahrheitsbegriff beharrte er in seiner 1710 publizierten «Theodizee», der Lehre vom höchsten göttlichen Weltprinzip, auf deren Übereinstimmung. Glauben und Wissen beruhten seines Erachtens nur auf unterschiedlichen Prämissen, erfassten aber die gleiche Wahrheit. Für ihn gebot die Vernunft, dass Gott nicht irgendeine, sondern die beste aller möglichen Welten erschaffen hatte. Diese sei freilich unvollkommen, notwendig begrenzt. Das Übel diene dazu, das Gute zu erkennen. Der Mensch nutze die ihm von Gott gegebene Freiheit, um die Welt zu verbessern.[238] Auf dieser Basis versuchten im 18. Jahrhundert viele Denker, die Existenz Gottes zu beweisen, d. h. «das Dasein Gottes aus der Ordnung und Zweckmäßigkeit der geschöpflichen Welt herzuleiten».[239]

Die Hallenser Philosophen Christian Thomasius und Christian Wolff, die zumindest in Deutschland die Diskussionen nach 1700 prägten, wollten Verstand und Religion harmonisieren. Beide vertraten die Unterordnung der Kirche unter den Staat. Glauben und Religion sollten nicht mehr die politische Form des Gemeinwesens diktieren, sondern helfen, es nach den menschlichen Vorgaben der Vernunft zu gestalten.[240] Thomasius wollte den Fürsten in Glaubensdingen keine Autorität zugestehen, denn dies sei ein Relikt aus der katholischen Vergangenheit.[241] Er plädierte für Toleranz: «Die Pflicht eines Fürsten als Fürsten bestehet darinnen, dass er den äusserlichen Frieden in seinem Staate erhalte. Sie fordert nicht, dass, wenn seine Unterthanen einer falschen Religion zugethan seyn, er dieselbe zu der wahren seligmachenden bringe und führe.»[242] Über diese Lehrsätze kam es zum Streit mit dem Pietisten Hermann August Francke, dem dritten Zentralgestirn der Hallenser Professoren zu Beginn des 18. Jahrhunderts. Er lehrte seit 1698 an der dortigen Universität und vereinte die fromme Erweckung mit der alten Idee einer Reformation des Lebens.

Der Pietismus war seit dem späten 17. Jahrhundert eine neue kontemplative Spielart christlicher Innerlichkeit mit klarer Stoßrichtung gegen die lutherische Orthodoxie. Dessen Anhänger versuchten, eine das Subjekt und die persönliche Erweckung emphatisch betonende Frömmigkeit mit praktischer Rationalität zu einem christlichen Lebensentwurf zu vereinen, der sich in der diesseitigen Welt bewähren musste. Im Gegensatz zu den Calvinisten, mit denen die Pietisten im Bereich des Arbeits- und Pflichtenethos manches verband, spielte bei ihnen die Prädestinationslehre keine Rolle. Somit ging es ihnen weniger um persönliches Gewinnstreben als um die Überwindung politischer oder sozialer Gegensätze durch die Reform des Gemeinwesens. Individuelles religiöses Erleben sollte den Menschen verändern und Energien freisetzen, die praktisches Handeln bewirkten. Philipp Jakob Speners «Pia desideria oder herzliches Verlangen nach gottgefälliger Verbesserung der wahren evangelischen Kirche» von 1675 war so etwas wie eine Programmschrift. Die Forderung «einer christlichen Lebensführung in strenger Sittlichkeit und innerer Einkehr» erreichte nicht nur Handwerker und Bauern, sondern auch die hochadligen Führungsschichten Mitteldeutschlands.[243] Spener selbst forderte statt dogmatischer Theorie eine fromme Praxis, die er selbst lebte. Bald verlor er sich aber in Konventikelbildungen, die zwar die tätige Nächstenliebe praktizierten, aber auch die bestehenden Kirchenstrukturen unterhöhlten und deswegen vor allem in Brandenburg-Preußen abgelehnt wurden.

Der Pietismus kritisierte wie die frühe Aufklärung die lutherische Orthodoxie und stärkte den Menschen als Subjekt. Er forderte Selbstreflexion, um «die eigenen Gefühle mit der pietistischen Vorgabe und Tradition in Übereinstimmung zu bringen». Diese «Spiritualisierung des Alltags»[244] trennte die Pietisten von ihrem protestantischen Umfeld und zwang sie, Bestätigung in ihren eigenen Zirkeln zu suchen. Neben diesen «mehr gefühlsbetonten, schwärmerischen, subjektivistischen und weltflüchtig-kontemplativen Richtungen» Speners und seiner Nachfolger, die später für die literarische Bewegung der «Empfindsamkeit» Bedeutung gewannen, bestimmte vor allem die stärker «realistische und aktive» Hallenser Variante das weitere Geschehen.[245] Die «Franckeschen Anstalten» – ein Großunternehmen mit Waisenhaus, Schulen, Verlag und Handel[246] – zeigten, was praktische Frömmigkeit und rationale Organisation erreichen konnten. Theologisch vertrat Francke einen einfachen durchschaubaren Glauben, der den «vernünftigen» Gehalt der Bibel mit Bezug auf das Leben lehrte. Jeder Mensch sollte die Welt im christlichen Sinne durchdringen und verändern. Die Betonung der Erziehung sowie der Verbindung von subjektiver Vervollkommnung und aktiver Weltgestaltung boten ein «große[s] Eingangstor der deutschen Aufklärung».[247]

Hier kann unerörtert bleiben, ob die Pietismuskontroversen die kritische Öffentlichkeit in Deutschland etablierten.[248] Das Hallische Zweckbündnis zwischen Pietisten und aufgeklärten Reformern scheiterte schließlich daran, dass für Erstere das Christentum keine bloße Vernunft- und die Bibel keine ethische Tugendlehre, sondern das Leben selbst war, nach dessen Vorbild die Welt eingerichtet werden sollte. Für den Publizisten Julius Bernhard von Rohr stand deswegen fest, «dass der Pietismus leider! eine Secte sey, so vor ein dreyßig Jahren in Teutschland sich entsponnen». Die Fürsten sollten ihn verbieten.[249] Luise Adelgunde Viktorie Gottsched warf den Pietisten in ihrer Komödie «Die Pietisterey im Fischbeinrocke» Obskurantismus, Heuchelei und Seelenverführung vor.[250] Der christliche Rationalist Wolff, der bei der Übersetzung von Leibniz' kompliziertem Gedankengebäude versuchte, Gott und die Unsterblichkeit der Seele zu beweisen, bekam die «gesetzliche Seelenaufsicht»[251] und den pietistischen Zorn zu spüren. Sein System akzeptierte zwar den Schöpfergott, forderte aber den Primat des natürlichen Rechts vor der christlichen Moral. Wolff wurde bei König Friedrich Wilhelm I. als Religionsfeind denunziert, weil er mit der chinesischen eine nicht-christliche Kultur als Basis eines sittlich integeren Staates bezeichnet hatte. Er musste Halle unter schmählichen Bedingungen 1723 verlassen und konnte erst 1740 zurückkehren.[252]

Nachdem sich der Jenaer Professor Johann Franz Buddeus 1717 in seinen «Theses theologicae de atheismo et superstitione» mit den Lehren der englischen Deisten auseinandergesetzt hatte[253], fand diese Richtung unter den protestantischen Theologen in Deutschland Anhänger. Für sie waren die Wundererzählungen der Bibel unglaubwürdig, weil Gott, der Schöpfer der zu entschlüsselnden natürlichen Ordnung, sich ansonsten selbst widersprochen hätte. Während die Katholiken ihren Traditionsbestand zäh verteidigten, forderten evangelische Denker, dass niemand gezwungen werden dürfe, etwas zu glauben, was der Vernunft widerspreche.[254] Sie versuchten, die Bibel und die christliche Überlieferung von allem zu reinigen, was sich nicht natürlich und rational erklären ließ. Am weitesten ging dabei der Buddeus-Schüler Johann Lorenz Schmidt, der die fünf Bücher Moses «vernunftgemäß» übersetzte. Diese «Wertheimer Bibel» erschien 1735, stieß aber auf massive Kritik. Nur wenige der 120 bekannten Streitschriften unterstützten Schmidt. Er wurde am Reichshofrat angeklagt, der 1737 den weiteren Verkauf seiner Übersetzung verbot. Diese begann mit dem Satz: «Alle Weltkörper und unsere Erde selbst sind anfangs von Gott erschaffen worden.»[255] Der personalisiert gedachte Gott blieb als Kreator der Welt unangefochten. Die Aufklärung vollzog sich in Deutschland nicht «gegen Theologie und Kirche, sondern mit ihr und durch sie».[256] Wenn jedoch die Erforschung der Natur ein göttlicher Auftrag war und die neuen Ordnungsschemata Gottes Allmacht und Weisheit belegten, stellte sich die eine Frage drängender denn je: Hatte Gott die Welt nur erschaffen und sich dann aus der Verantwortung für sie zurückgezogen? Diese Ansicht vertrat der englische Philosoph John Toland, der zudem für eine gemeinsame natürliche Religion vor aller Offenbarung plädierte.[257] In Deutschland galten solche Gedanken als «freigeistig» und «ketzerisch».[258] Gotthold Ephraim Lessing erregte einen Sturm der Entrüstung, als er in den 1770er Jahren die Manuskripte von Hermann Samuel Reimarus veröffentlichte, der lange vor Kant Vernunft und Offenbarungsglauben für unvereinbar erklärte. Reimarus hielt die wahre Religion für nicht nur durch das Studium des Katechismus, sondern auch durch dasjenige des Herzens oder der Natur erlernbar.[259] Um 1750 hatte demgegenüber Johannes Joachim Spalding behauptet, es sei eine «unläugbare Erfahrung, dass die natürliche Religion da immer am besten erkannt und gelehret wird, wo das Licht des Evangeliums die Geister aufgeklärt hat». Seine Theologie markierte Grundanliegen der Aufklärung in einem übergreifenden christlichen Horizont: Ausbildung und Förderung der eigenen Anlagen und aktives Einbringen in die Gesellschaft. Diese Form einer innerhalb der Kirche gelehrten «natürlichen» Moral- und Vernunftreligion, die den deistischen Schöpfergott mit der Offenbarung versöhnte und den Gläubigen ein plausibles Christentum in einer einfachen Sprache verkündete, beherrschte im späten 18. Jahrhundert als «Neologie» die theologische Ausbildung an den protestantischen Universitäten.[260] Weg und Ziel einer zeitgemäß-vernünftigen Religion und Kirche waren umstritten. Die deutschen Denker postulierten im Unterschied zu Voltaire oder anderen französischen Philosophen nie einen Gegensatz zwischen Vernunft und Offenbarung, sondern versuchten, beides in Einklang zu bringen.[261] Philosophie und Religion sollten in der Aufklärung verschmelzen, denn Philosophie ohne Religion führe zu «Freydenkerey», Religion ohne Philosophie zu «Aberglauben».[262] Die Anhänger einer Vernunftreligion wanderten jedoch auf einem schmalen Grat – vor allem, wenn sich ihr Denken radikalisierte und auf die «selbständige eklektische Auswahl ohne autoritative Vorgaben, eine strenge historische und philologische Kritik und eine Analyse der politischen Funktion von offiziellen Lehren» zielte.[263] An dieser Stelle endete dann sehr schnell die offizielle oder stillschweigende Duldung unkonformer Glaubensvorstellungen. Dennoch bleibt festzuhalten, dass die frühe Aufklärung in Deutschland vor der Mitte des Jahrhunderts viele Impulse aus dem Bereich der protestantischen Theologie bezog.

b) Religiöse Toleranz und nationale Identität

Seit der Reformation hatten die Menschen gelernt, mit unterschiedlichen Bekenntnissen umzugehen. Die Duldung Andersgläubiger war ein Gebot der Praxis[264] und beruhte meist auf Nützlichkeitserwägungen. Es wurde diskutiert, ob der Landesherr nur denjenigen Toleranz gewähren solle, die das Gemeinwohl förderten, oder ob er prinzipiell die Untertanen nicht tyrannisieren dürfe.[265] Pufendorf hatte der Obrigkeit jede Macht über Glauben und Meinungen abgesprochen, forderte aber unmissverständlich, Atheisten und Verkünder unsittlicher Lehren zu verfolgen.[266] Wolff schloss sich an, denn bei diesen handele es sich um gemeine Verführer, welche die auf Gottesfurcht gründende menschliche Gesellschaft gefährdeten.[267] Johann Christoph Gottsched verband 1725 die Duldung aller christlichen Konfessionen mit der menschlichen Glückseligkeit: «Warum ist doch Deutschland so volkreich? Warum hat es solch einen Ueberfluß an großen und mittelmäßigen Städten, Flecken und weitläuftigen Dorfschaften; als darum, weil alle drey Parteyen der christlichen Religion darin ihrer Freyheit genießen können?»[268]

England oder die Niederlande schienen eindeutig zu belegen, dass religiöse Duldung zu wirtschaftlicher Prosperität führte. Die meisten Staaten strebten zwar weiterhin ein einheitliches Bekenntnis ihrer Untertanen an, gaben sich in der Praxis aber mit einer dominierenden Glaubensvariante zufrieden. Ausweisungen aus religiösen Gründen wurden im Laufe des 18. Jahrhunderts seltener. Die Erfahrung lehre, so das Zedlersche Lexikon, dass Menschen trotz unterschiedlicher religiöser Optionen friedlich miteinander leben könnten.[269] Der Westfälische Frieden hatte alle Obrigkeiten verpflichtet, die bestehenden Konfessionskulturen anzuerkennen und Katholiken, Lutheraner sowie Calvinisten zu dulden.[270] Damit wurden 1648 zwar keine modernen Menschen- oder Bürgerrechte konstituiert, doch die Angehörigen dieser Bekenntnisse durften sich fortan vergleichsweise sicher wähnen und konnten ihre Rechte vor Kaiser und Reich einklagen.[271] Johann Jacob Moser sprach von einer «umschränkte[n] und gemäßigte[n] Gewissensfreiheit»[272], die für alle gelte, die einer Konfession angehörten und sich ansonsten nichts hätten zuschulden kommen lassen.

Die alltäglich praktizierten Formen von Duldung und Toleranz, die für die deutschen Religionskritiker Wirklichkeit waren, konnten viele Aufklärer außerhalb Deutschlands lediglich fordern. Während Lockes «Letter Concerning Toleration» 1690 verlangte, niemandem wegen seines Glaubens die bürgerlichen Rechte abzusprechen, war dies in Deutschland für die Mitglieder der drei großen Konfessionen seit dem Westfälischen Frieden geltendes Recht, wenn auch nicht unbedingt gängige Praxis. Die der komplementären Staatlichkeit zu verdankende deutsche Erfolgsgeschichte hatte allerdings Grenzen: Sie schloss Atheisten oder «Sektierer» aus, obwohl auch sie vielerorts toleriert wurden. Die Integration der Hugenotten zeigt allerdings, dass Mitgefühl und Toleranz keine Selbstverständlichkeiten waren. Diese Fremden kamen während der erbitterten Kriege mit dem Frankreich Ludwigs XIV. Sie wurden häufig nicht als neue Mitglieder der deutschen Nation akzeptiert, nicht einmal als Opfer des französischen Königs bemitleidet, sondern als potentielle Spione und lästige ökonomische Konkurrenten beargwöhnt. Gegen spontane Ausbrüche von Fremdenfeindlichkeit stießen alle obrigkeitlichen Mandate ins Leere.[273] Der «Europäische Mercurius», eine Flugschrift in Fortsetzungen, berichtete 1690 über ein Wirtshausgespräch. Dabei habe ein Bürger erklärt, er sähe es gar nicht so ungern, wenn die ihm Konkurrenz machenden Franzosen in ihre Heimat zurückkehrten, zumal hier «aller Orten solche Frantzösische Butten-Jubilirer / Hecheln-Krämer/Mausfallenmacher/Scher-Schlip/und dergleichen sich einnisteln/ja alle Dörffer und Hecken/wie von Mayen-Käfern/darvon angefüllet seyn».[274]

Mit der Aufklärung – so ist vielfach zu lesen – begann in Deutschland die nationale Bewusstwerdung als verspätete Nachahmung der in Westeuropa kreierten Muster und Entwicklungen. Bei dieser Deutung bleibt unberücksichtigt, dass die deutsche Nation als Identifikationsgröße und Vaterland zu diesem Zeitpunkt bereits eine lange Geschichte besaß. Der «à la mode»-Kritik und den Sprachgesellschaften des 17. Jahrhunderts ging es um nichts anderes als um eine distinkte deutsche Kultur.[275] Den Deutschen wurde, neben ihrem übermäßigen Trinken, die Begierde nach fremden Ländern, Moden, Sitten und Gebräuchen vorgeworfen. Diese Tradition setzt Leibniz fort mit seiner «Ermahnung an die Deutschen, ihren Verstand und ihre Sprache besser zu üben, samt beigefügtem Vorschlag einer deutschgesinnten Gesellschaft». Thomasius hielt nun deutschsprachige Vorlesungen und Gottsched gründete eine «Deutsche Gesellschaft». Wie bei den älteren Sprachsozietäten waren systematische Spracharbeit, Grammatik und Wortkunde auch im 18. Jahrhundert nicht Selbstzweck, sondern dienten dem Kampf gegen die französische Sprache und Kultur: «Wer aber das Glück hat, in Deutschland gebohren zu seyn, der sollte sich ja schämen, durch die Verachtung seiner wortreichen, männlichen, und wohlklingenden Muttersprache seinen groben Unverstand zu verrathen.»[276]

Die deutsche Aufklärung organisierte sich in Sozietäten, die vor allem die jugendlichen Bildungsschichten anzogen. Deutsche Gesellschaften bildeten sich nach Leipziger Vorbild in Jena (1730), Göttingen (1738), Greifswald (1740), Königsberg (1741), Helmstedt (1742), Altdorf (1756), Erlangen (1756) und Bremen (1762) – vorwiegend in evangelischen Universitätsstädten. Ziel der Gesellschaften war die Pflege der eigenen Hochsprache und die Achtung der deutschen Nation.[277] Gottsched behauptete, in Westeuropa sei die identitätsstiftende Kraft der Sprache früher entdeckt worden, weil die kulturelle Vielfalt in Deutschland der Sprachnormierung entgegengewirkt habe. Deswegen bestünde ein großer Nachholbedarf. Die Klage über den Mangel an sprachlicher Selbstachtung hatte bereits die Traktate von Leibniz durchzogen. Er wollte «unsere Haupt- und Helden-Sprache» retten, weil die «Annehmung einer fremden Sprache gemeiniglich den Verlust der Freiheit und ein fremdes Joch» bedeute. Der Staat habe die Pflicht, Sprache und Ehre des «geliebten Vaterlandes Teutscher Nation» zu fördern[278], um für den Kulturkampf mit anderen Nationen gerüstet zu sein. Spracharbeit schien ihm ein durch und durch politisches Geschäft. Die Forderung staatlichen Schutzes für die sprachlichen und kulturellen Belange der eigenen Nation erfolgte analog zu den westeuropäischen Nationalgeistdebatten. Nach Leibniz sollte vor allem der gelehrte bzw. bildungswillige mittlere Stand die nationale Erneuerung bewirken. Diese Ausprägungen einer national argumentierenden Aufklärung dürfen nicht unterschätzt werden.[279]

Leibniz antizipierte hier das sogenannte Bildungsbürgertum, das im Laufe des 18. Jahrhunderts die deutsche Nation nach den eigenen Vorstellungen formte. Die Äußerungen Leibniz', Thomasius', Wolffs oder Gottscheds belegen jedoch, dass bereits in der ersten Jahrhunderthälfte die «à la mode»-Kritik wirkte. Die deutschen Gelehrten begannen, sich sowohl von der lateinischen Sprache als auch vom Paradigma französischer Vorbildhaftigkeit zu lösen. Erleichternd kam hinzu, dass auch die französischen Denker am Zustand des postludovizianischen Frankreich zweifelten. Sie hielten ihr Vaterland für ein korruptes und repressives politisches System, das durch ihre radikale Kritik erst wieder auf das Gemeinwohl verpflichtet werden müsse. Diese Klagen haben die Akzeptanz der weiterhin als vorbildhaft empfundenen französischen Sprache ebenso beeinträchtigt wie die oben geschilderte kulturelle Selbstgewissheit der französischen Denker.[280]

c) Theorie und Praxis politischen Gestaltens

Aufklärung war, ob als erhellende Kritik, als Forderung nach Toleranz, Effektivität und Autonomie, immer auch ein Kampf um die politische Ordnung des Gemeinwesens. Im Zeichen der Vernunft wurde der alte Streit um die beste Staats- und Regierungsform – Monarchie, Oligarchie, Demokratie oder gemischte Verfassung – neu entfacht und öffentlich geführt. Bereits im späten 17. Jahrhundert konkurrierten im deutschen

Sprachraum etwa 60 regelmäßig erscheinende Zeitungen[281] – mehr als in allen anderen Sprachen zusammen. Zu dieser Zeit boten Universitäten Zeitungskollegs an, und in den Kaffee-, Tee- oder Wirtshäusern wurden die gedruckten Neuigkeiten vorgelesen und diskutiert.[282] Das deutsche Gefüge komplementärer Staatlichkeit provozierte hitzige Debatten, weil es unterschiedliche Formen politischer Herrschaft erfahrbar machte. Die vielen politischen und kulturellen Zentren ließen hier weniger die Freiheit als die gemeinsame politische Handlungsfähigkeit gefährdet scheinen. Die aufgeklärte Elite setzte generell auf eine stärkere und effektivere Staatsgewalt, auf den «guten» Herrscher, der das Volk anleitete und den Wandel durch Vernunft mit sozialen, wirtschaftlichen und kulturellen Reformen vorantrieb.

Den deutschen Aufklärern ging es typischerweise um die Praxis. Die Umsetzung aufklärerischer Gedanken hatten schon Pufendorf und Leibniz eingeklagt. Thomasius vollzog sie besonders markant, indem er den 1687 in Leipzig begonnenen Wechsel von der lateinischen zur deutschen Wissenschaftssprache in Halle effektiv inszenierte. Er wollte weniger auf ein breites Publikum wirken als über die eigene Sprache und über neue Begriffe dem Wandel durch Vernunft in den Wissenschaften zum Durchbruch verhelfen. Sowohl die antiken Autoritäten als auch die lateinischen Lehrschriften ließen sich hierdurch am ehesten überwinden.[283] Dieser Sprachwechsel, der im Bereich der Wissenschaften auch gegen das Französische, das etwa der Berliner Akademie seit 1745 als Verkehrssprache diente, durchgesetzt werden musste, war für den langfristigen Aufstieg der deutschen Wissenschaften entscheidend. Thomasius vertrat ein eklektisches, vorurteils- und autoritätskritisches, sich auf das eigene Urteil berufendes Wissenschaftskonzept. Wie Leibniz rückte er die Erziehung zum «natürlichen» Geschmack und zur «politischen» Klugheit praxisgerecht in den Mittelpunkt. Er wollte die Studenten zu Persönlichkeiten bilden, die mit ihren Kenntnissen in den höfischen und bürgerlichen Kreisen reüssierten. Daher empfahl Thomasius, wenn auch in deutscher Sprache, eine angemessene Nachahmung, nicht die Nachäffung des französischen Stils.[284] Ihm ging es angesichts des häufig festgestellten Nachholbedarfes der Deutschen im imaginären Wettkampf der Nationen um «eine ständeübergreifende, nicht national differenzierte Kultur».[285]

Wenn es für die unterschiedlichen politischen Zielvorstellungen der frühen deutschen Aufklärung ein Vorbild gab, dann waren es die Niederlande. Mit der «Freiheit von Tyrannei, religiöse[m] Pluralismus und Toleranz, Wohlstand, eine[r] (relativ) friedfertige[n] Außenpolitik» belegten sie scheinbar, dass sich die «Vernunft» auch in einem großen Gemeinwesen realisieren ließ.[286] Das Denken, etwa im Umkreis von Baruch de Spinoza, setzte eine republikanische Ausgestaltung des Gemeinwesens voraus. Dieser «Freistaat» zielte auf Mitbestimmungs- und Kontrollmöglichkeiten.

Die Rede vom Freistaat wird von J. G. A. Pocock als neo-aristotelische
«Sprache der Tugend», von Quentin Skinner als neo-römische «Theorie
der Freiheit» gedeutet, jedoch nicht im Sinne einer die bürgerlichen Freiheitsrechte sichernden modernen Republik.[287] Als die niederländische Republik im 18. Jahrhundert zunehmend verfiel, erklärten die deutschen
Aufklärer nicht Frankreich, sondern England zum «gelobten» Land. Hier
hatten Bacon, Newton und Locke die Grundlagen der Wissenschaften
umgepflügt und mit der Glorious Revolution war vieles Realität geworden, was in Frankreich und andernorts erst noch verwirklicht werden
sollte. Charles de Secondat Montesquieu fand in England die Anregungen
für seinen bahnbrechenden Entwurf des Zusammenspiels von Freiheit,
Repräsentation und Machtkontrolle. Eine solche ausbalancierte freiheitliche Verfassung bedurfte keiner religiösen Legitimation. Das Konzept
ging seiner Meinung nach auf die Germanen zurück und hatte sich zudem
dort entwickelt, wo diese als Eroberer aufgetreten waren. Obwohl Montesquieu die Republik wegen ihrer zur Tugend erziehenden politischen
Freiheit positiv bewertete, plädierte er doch für die konstitutionelle Monarchie als die bewährte Staatsform, der seines Erachtens die Zukunft gehörte.[288]

Der Kontinent verfiel im 18. Jahrhundert der Anglophilie.[289] Voltaire
schwärmte in seinen «Lettres philosophiques» von der Freiheit, dem Kul-
turfortschritt und den wissenschaftlichen Erfolgen in Großbritannien.
Hier schien nicht nur die Gewaltenteilung zwischen dem König und
einem «gewählten» repräsentativen Parlament zu funktionieren, sondern
auch die Freiheit und das Eigentum der Bürger gesichert. Der englische
Gentleman wurde zum Leitbild der überall projektierten neuen Staats-
elite aus altem Adel, Bildungs- und Kaufmannsbürgertum und zum Ideal
des sittlichen, tugendhaften und geselligen Patrioten, der das Gemeinwohl fördert, ohne seine eigenen Interessen zu vernachlässigen.

Thomasius und Wolff beklagten den Wandel nicht, der Regenten mehr
oder weniger ohne institutionalisierte Kontrolle handeln ließ. Sie sahen
darin nicht den Verlust alter ständischer, republikanischer oder gar der
deutschen Freiheit, sondern einen Zugewinn an positiven Gestaltungsmöglichkeiten. Die Obrigkeit durfte im Zuge der Auflösung des Gottesgnadentums nicht geschwächt werden. Eine starke, der Vernunft und
dem Gemeinwohl verpflichtete Herrschaft schien nicht nur ihnen die
einzige Möglichkeit, «von oben» den inneren Frieden und die Glückseligkeit der Untertanen zu befördern, die ihrerseits nicht an der höchsten Staatsgewalt partizipieren sollten. Politische Freiheit war nicht vorge-
sehen: «Der Untertan soll glückselig sein, d. h. er soll in friedlichen
Verhältnissen ein gedeihliches Leben führen können.»[290] Der Regent
musste über den Parteien stehen und unangreifbar sein, nur dann konnte
er die für den Fortschritt notwendigen Entscheidungen treffen. Vorbild

hierfür war Kurfürst Friedrich III. von Brandenburg, seit 1701 König Friedrich I. in Preußen, der 1700 nicht nur die Berliner Akademie gegründet und Leibniz zu ihrem Präsidenten gemacht hatte, sondern 1694 mit der Universität Halle der deutschen Frühaufklärung ein überragendes Forum schuf. Hier erblickten im anregenden Dialog herausragender Gelehrter neue Ideen das Licht der Welt.

Die Juristen übernahmen in Halle von den Theologen die Rolle der Leitwissenschaft. Sie und in ihrem Gefolge die Göttinger Reichsstaatsrechtslehrer verbanden Theorie und Praxis und modernisierten im 18. Jahrhundert das deutsche Staatsrecht. Es vereinigte tendenziell die Tradition des Reichs- mit den Prinzipien des Vernunftrechts als einem umgeschmolzenen, seiner religiösen Fundierung beraubten Naturrecht.[291] Dies war nur über Formelkompromisse möglich, denn das öffentliche Recht des Reichs-Staates konstituierte Kontrolle und Mitbestimmung, wohingegen das Natur- bzw. Vernunftrecht eher den absoluten Gesetzgeber begünstigte.[292] Die Juristen faszinierte die Möglichkeit der gesetzgeberischen Gestaltung von Staat und Gesellschaft. Sie waren sich darin einig, dass es einen das Gemeine Beste fördernden Willen geben müsse, der die vom menschlichen Gesetzgeber geschaffenen Normen verkörpere. Diese sollten absolute Gültigkeit besitzen. Um konkurrierende Verfügungen zu vermeiden, wurde das Verhältnis von Reichs- und Landesgesetzgebung zugunsten der absolutistischen Herrschergewalt verschoben, so dass das Reichsrecht nicht mehr unbedingten Vorrang genoss. Das Naturrecht und die neue Vorstellung eines effektiven politischen Willens überwanden in den mächtigen Fürstenstaaten die ausgehandelte und konsensgestützte Reichsgesetzgebung[293] und legitimierten das alleinige «staatliche Rechtssetzungsmonopol» der Fürsten.[294]

Die deutschen Staatsaufklärer wollten reformieren, nicht umstürzen. Nur wenige von ihnen lehnten in der Sprache des «alten» Republikanismus die Alleinherrschaft als Tyrannei und Despotismus ab. Die Mehrheit favorisierte mit Thomasius monarchische Formen und bezog sich dabei auf die Lehre vom Gesellschaftsvertrag.[295] Mit Thomas Hobbes und Samuel von Pufendorf wurde unterstellt, dass sich die Bürger freiwillig einem Souverän unterworfen hatten, damit dieser den Naturzustand sowie den Krieg aller gegen alle beende und für den inneren Frieden und das Gemeinwohl sorge. Die Bürger wurden so zu Untertanen, deren «Restfreiheit» keine Mitbestimmungsrechte beinhaltete. Der Staat bzw. der Monarch musste hingegen mit allen Vollmachten ausgestattet sein. Dieser «Leviathan» durfte nur denjenigen Einschränkungen unterworfen sein, die sich aus dem Staatszweck sowie aus den natürlichen, moralischen und göttlichen Gesetzen ergaben. Umstritten war, ob er bei der Durchsetzung vernünftiger und notwendiger Reformen über den selbst gegebenen Gesetzen stand oder nicht. Etliche Staatsrechtslehrer gingen so weit, diese Erfordernisse nicht nur theoretisch anzuerkennen, sondern den deutschen Fürsten zu Lasten der Landstände und des Reichs-Staates die volle Souveränität zuzubilligen.[296] Die Reichspublizisten verteidigten dagegen das alte Leitmuster der deutschen Freiheit und der komplementären Staatlichkeit gegen den neuen Despotismus, der sich vor allem in den großen Fürstentümern Bahn brach.

Die Zurückdrängung des Reichsrechts und die Dominanz des Naturrechts machten den Fürsten zum wahren Leviathan, der bei Thomasius oder Wolff selbstredend ein Agent der Vernunft war. Insbesondere Thomasius setzte auf eine wissenschaftliche Politikberatung, auf die «Allianz von Hof und Universität».[297] Aus preußischem Blickwinkel kann man, zumal in der Regierungszeit König Friedrich Wilhelms I., die Kaserne und den Pietismus als weitere Partner hinzufügen. Die Schüler der Franckeschen Anstalten und der Universität Halle verbreiteten ein strenges Pflichten- und Arbeitsethos. Als aufgeklärte Reformbewegung erzog der preußische Pietismus dem Staat gehorsame Untertanen, arbeitswillige Bürger und effektive Beamten.

Wolff mahnte Obrigkeiten wie Untertanen, die aus dem Herrschaftsvertrag resultierenden Pflichten zu erfüllen. Sein Entwurf eines für fast alle Belange des menschlichen Lebens zuständigen Interventionsstaates ließ sich ohne den Konsens der Betroffenen kaum verwirklichen. Ein solches Staatskonzept sah etwa freie medizinische Vorsorge, feste und gerechte Löhne und Arbeitszeiten sowie Schule und Ausbildung für alle vor. Geregelt waren hier aber auch das Anlegen von Gärten und breiten Straßen in Universitätsstädten, um die Studenten vom exzessiven Trinken und von anderen Ausschweifungen abzuhalten.[298] Der Anwendungsbereich von Wolffs Naturrecht ging so weit, dass sein Kollege Schmauss spotten konnte, es bereite ihm keine Schwierigkeiten, naturrechtlich zu begründen, dass der Schneider die Hosen nicht zu weit machen oder man beim Essen das Maul nicht zu sehr aufreißen dürfe.[299] Wolff machte den Philosophen zum Ratgeber eines Herrschers, der als wahrer Despot nur Gott Rechenschaft schuldig und lediglich moralisch zur Selbstbeschränkung verpflichtet war. Deshalb habe «die Obrigkeit Freiheit den Unterthanen zu befehlen, was sie tun und lassen sollen, und die Unterthanen müssen der Obrigkeit gehorchen».[300]

Wolff war alles andere als ein Demokrat, darüber dürfen die vereinzelten Hinweise in seinem Werk auf Volkssouveränität, freie Republik oder Mehrheitsprinzip nicht hinwegtäuschen.[301] Sie stehen noch in der Tradition des altständischen Republikanismus – einer Regierungsform, der sich der Reichs-Staat angenähert hatte, die aber mit dem von Wolff favorisierten Herrscherabsolutismus nur schwer vereinbar war. Damit ist das zentrale Problem der frühen politischen Aufklärung in Deutschland benannt: Die Suche nach dem Gemeinen Besten führte die Aufklärer zu

Lösungen, die einseitig den Fürsten bzw. den Fürstenstaat stärkten und die im Gefüge des Reichs-Staates bereits vorhandenen Kontroll- und Partizipationsmöglichkeiten zurücknahmen. Dagegen wandten sich primär die Reichspublizisten, die mit den traditionellen Verfassungsverhältnissen auch die kollektive politische Freiheit verteidigten, um diese nicht der Willkür eines Einzelnen auszuliefern.

II. Politisches Handeln und politische Kultur

Auch im 18. Jahrhundert bestimmten Fürsten und Regierungen das politische Geschehen – freilich unter veränderten Rahmenbedingungen. Sie erklärten sich nun *der* Vernunft und *dem* Gemeinwohl verpflichtet, und sie leiteten ihre Herrschergewalt nicht mehr direkt «von Gottes Gnaden» ab. Die freiwillige Selbstbindung rationalisierte ihre Herrschaft, zumal die öffentliche Meinung diesen Maßstab übernahm. Um den Gemeinnutz zu fördern, benötigten die Regierungen Informationen, die ihnen die Statistik, die Wissenschaft vom Staat, liefern sollte. Daher sammelten und verknüpften ihre Vertreter Daten über Gesellschaft, Wirtschaft und Kultur.[1]

Gottfried Achenwall benutzte den Begriff «Staat» für alles, was sich in einer «bürgerlichen Gesellschaft und ihrem Gebiet findet». Unter Verweis auf das Naturrecht sah er in der bürgerlichen Gesellschaft eine Vereinigung von Familien, die zur Republik (*res publica*) werde, wenn sie sich einer Person unterwerfe. Der dabei geschlossene Vertrag bzw. die Verfassung (*status rerum*) bestimme die Struktur des gemeinen Wesens und damit des Staates.[2] Dies war an sich nichts Neues: In der Frühen Neuzeit meinte *status* den «verfassten» Zustand, der sich sowohl auf die Ordnung eines Hofes als auch auf diejenige eines großräumigen, möglichst unabhängigen und im Kern auf Dauer angelegten Gemeinwesen beziehen konnte. Der «Staat» bot Schutz und Sicherheit, weil er den inneren und äußeren Frieden sowie eine gewisse Fürsorge garantierte.

Es wurde kaum bezweifelt, dass das Alte Reich diese Staatsanforderungen erfüllte. Der Göttinger Staatsrechtler Johann Stephan Pütter charakterisierte das Heilige Römische Reich deutscher Nation 1754 als «zusammengesetzten Staat»: Es bestehe «aus mehrern besonderen, jedoch einer gemeinsamen höhern Gewalt noch untergeordneten Staaten».[3] Nach Ansicht des Statistikers Johann Adolf Friedrich Randel gehörten die «Deutschen Regenten und Staaten zwar in die Classe wahrer Europäischer Staaten. Sie existiren aber nicht nach eben dem freyen Natur- und Völkerrecht, wie andere Mächte: sondern sind, in Folge der conföderierten Einheit des Deutschen Staatskörpers, der höhern Reichsgewalt untergeordnet, oder von der Reichs-Majestät abhängig.»[4] Die Erklärungsmodelle, die sich auf die doppelte Staatlichkeit konzentrieren, reduzieren eine komplexe Wirklichkeit auf ihre beiden wichtigsten Grundelemente: das Reich und die Fürstentümer.[5] Sie ignorieren vor allem die Vielfalt korporativer Staatlichkeit wie Einungen oder Reichskreise, die sich zwischen den Fürsten-Staaten und dem Reichs-Staat etabliert hatten. Gerade in den kleinteiligen Gebieten regelten sie dasjenige, was weder von «Kaiser und Reich» noch von den einzelnen Reichsständen sinnvoll zu normieren war. Die den Reichs-Staat regional untergliedernden Kreise dienten primär der inneren Sicherheit, denn sie kümmerten sich um die Exekution der reichsgerichtlichen Urteile und um das Polizeiwesen. Zudem sorgten sie für grenzüberschreitende infrastrukturelle Maßnahmen, etwa für den Ausbau von Verkehrswegen oder für übergreifende Münz- und Wirtschaftsordnungen. Die überständischen Einungen, die in der Frühen Neuzeit vor allem die Landfriedenssicherung garantierten, traten hingegen erst am Ende des 18. Jahrhunderts neuerlich in Erscheinung – ein sicheres Zeichen dafür, dass diese Frage zwischenzeitlich als gelöst betrachtet wurde bzw. auf die Ebene der Reichskorporationen verlagert worden war. Diese Einungen gingen von der Reichsverfassung aus oder waren auf diese bezogen. Sie fassten Reichsstände aus politischen Gründen zusammen, beispielsweise im Städtecorpus, den Grafen-, Prälaten- und Rittercorpora bzw. den Kurfürsten- und Fürstenkurien. Daneben vereinigten sich Reichsstände aus konfessionellen Gründen im *Corpus evangelicorum* und im *Corpus catholicorum*.

Die unterste Ebene der komplementären Staatlichkeit bildeten die reichsständischen Einheiten. Sie waren für den Einzug von Steuern und Abgaben, für eine möglichst fürsorgliche, am Gemeinwohl orientierte Regierung sowie für die Disziplinierung und Zivilisierung der Untertanen und Bürger verantwortlich. Dieses reichische Mehrebenenregieren, bei dem Herrschaft durch Herrschaft kontrolliert wurde, erschien um 1800 als modellhafte Alternative zu der französischen Entwicklung. Ein Anonymus behauptete noch 1803: «Teutschland hat die Idee der Staatsverfassung durch Trennung der höchsten Gewalt – einzelne Staatsvereine, Reichsstände, Landesregierung – und Unterordnung derselben unter eine gemeine Gewalt – Reichsregierung, Reichsgewalt – bisher zu realisieren gesucht; oder mit andern Worten: Trennung in der Einheit, oder der Charakter eines einfach zusammengesetzten Staates bezeichnet das Wesen unserer Constitution.»[6] Das plurale Gefüge sich ergänzender Staatlichkeit verteilte die Souveränität auf mehrere Träger, unter denen der gemeinsame politische Wille ausgehandelt werden musste. Diese immer wieder neu herzustellende Einheit in der Vielheit schien im Unterschied zu eindeutigen Staatsformen fähig, auf jede Veränderung flexibel zu reagieren und sich neue Formen und Ideen zu einem funktionierenden Ganzen «anzuverwandeln».

Der Reichs-Staat ließ sich jedenfalls als eine *societas civilis sive res publica* verstehen, eine freie Reichsstadt als *civitas sive societas civilis*, die nicht konstituierten Fürstenstaaten als Monarchien. Er entsprach einem frühneuzeitlichen «Freistaat» bzw. einer «Republik», also einem Gemeinwesen mit einem freien Willen und pluraler Machtverteilung. Dessen tugendhaft-patriotische Bürger, in diesem Fall die Reichsstände, gaben sich ihre Gesetze selbst, erkannten außer Gott keine Herrschaft über sich an und widersetzten sich monarchischen Ansätzen.[7] In der Theorie war die auf Grundgesetzen, Reichsabschieden und altem Herkommen basierende Reichsverfassung eine perfekte Ordnung. Herrschaftlichen Despotismus konnte sie allerdings nicht immer unterbinden. Zwar bot der Reichs-Staat vielfältige Klage-, Kontroll- und Eingriffsmöglichkeiten, diese blieben aber gegenüber Machtstaaten wie Österreich und Preußen beinahe wirkungslos. Gestützt auf ihre stehenden Heere agierten Friedrich II. oder Joseph II. nach innen und nach außen wie souveräne Monarchen. Ihr dem Geist der Reichsverfassung widersprechendes Verhalten wurde toleriert, so lange es dem Interesse von Kaiser und Reich nicht direkt entgegenstand.

Die Vorstellungen passten immer weniger zusammen: Einerseits empfanden viele Aufklärer das Reich als konservatives Hindernis, das vernünftige Reformen verhinderte, andererseits sahen sie in ihm den Freiheitsgaranten, der die absolute Fürstenherrschaft brechen oder zügeln konnte. Die monarchische Alleinherrschaft war für die einen – Reichspatrioten und Reichspublizisten – nichts anderes als Willkür, weil sie jederzeit in Tyrannei umschlagen konnte. Die anderen sahen in ihr hingegen die einzige Möglichkeit, die traditionalen Verhältnisse aufzubrechen und Modernität zu erzwingen. Als «aufgeklärt» geltende Herrscher gewährten den Untertanen zwar gewisse Freiräume und die Sicherheit einer den Staat ausgrenzenden (Privat-)Sphäre, engten aber die politische (Mitbestimmungs-)Freiheit ein. Damit stellte sich die Frage, ob eine Alleinherrschaft überhaupt individuelle Freiräume sichern konnte oder ob die gewährte Freiheit ein jederzeit widerrufbares Privileg darstellte.

Französische Aufklärer wie Pierre Paul François Le Mercier de la Rivière oder Denis Diderot verlangten von den Regenten, sich selbst überflüssig zu machen. Der Fürst sollte in Form eines gesetzmäßigen oder eines gerechten und aufgeklärten Despotismus die Fundamentalgesetze des Gemeinwesens beachten, Ordnung und Sicherheit in der Phase des Übergangs garantieren, um dann abzutreten.[8] Kant vertrat gegen Ende des Jahrhunderts ähnliche Auffassungen.[9] Für diese Aufgabe benötigte der Regent alle Vollmachten, so dass er außerhalb der «Ratio der Aufklärung» stand.[10]

Die folgende Erzählung der politischen Geschichte Deutschlands im 18. Jahrhundert konzentriert sich auf den komplementären Reichs-Staat und auf die von ihm ausgehende Formation einer föderativen «politischen» Nation.[11] Um deren Grundlagen und möglichen Identifikationsmustern auf die Spur zu kommen, werden meinungsbildende Flugschriften und Journale herangezogen. Diese sorgten über territoriale und

konfessionelle Grenzen hinweg für die Vereinheitlichung der politisch
relevanten Weltbilder und erzeugten somit «kollektiv geteiltes Wissen».[12]
Zusammen mit Gesetzen und Dekreten, Sitten und Gebräuchen, visuel-
len Angeboten und Zeremonien formten die Druckmedien eine gemeinsame politische Kultur. Sie brachten den Menschen «Grundannahmen
über die politische Welt» nahe, die sich «als politisches Sinnangebot für
den einzelnen und als Legitimationsmuster für das politische System»
nur langsam ändern. Dieses «Regelsystem» entscheidet, was und wie
man, ohne Sanktionen fürchten zu müssen, politisch handeln, reden und
denken kann.[13] Indem die Medien das gedeutete Wissen deutschlandweit
verfügbar machten, legten sie letztlich fest, was als «richtig» oder
«falsch», «gut» oder «böse» zu gelten hatte bzw. wie in bestimmten
Situationen geredet oder gehandelt werden durfte und wie nicht.

Nachgezeichnet wird der Weg eines erstaunlich stabilen Reichs-Staates, dessen innere Konflikte erst in dem Moment nicht mehr kanalisiert
werden konnten, als Napoleon I. Bonaparte intervenierte. Das letzte
Jahrhundert des Alten Reiches hat deswegen an politischem Handeln
weit mehr zu bieten als den Zerfall seiner Gesamtstaatlichkeit. Der Gedanke einer reichischen Einheit in der territorialen und kulturellen Trennung faszinierte bis zuletzt. Obwohl der Reichs-Staat nicht mehr direkt
auf der neuen Bühne souveräner europäischer Machtstaaten agierte,
stärkte (1.) die Vernetzung seiner Kurfürsten-Könige die Sicherheit des
Reiches, so dass es alle Versuche der Rekonfessionalisierung und selbst
die schwere dynastische Krise der Habsburger überstand. Als (2.) König
Friedrich II. Deutschland mit Kriegen überzog, wandten sich Kaiser und
Reich sowie weite Teile Europas gegen ihn und verhinderten die drohende Sezession. Berlin und Wien bewirkten jedoch (3.), dass der deutsche Dualismus zweier sich belauernder europäischer Machtzentren jede
Reichsreform blockierte. Als (4.) der Reichs-Staat in den 1790er Jahren
tatsächlich auseinanderbrach, gab es zwar territoriale Staatskonzepte,
aber keine integrierende Staatsidee für Deutschland.

1. Der Reichs-Staat im europäischen Mächtesystem (1715–1740)

a) Die Kurfürsten-Könige und ihre europäische Vernetzung

Der Westfälische Frieden war bis 1806 das Ordnungsmuster, das im
Reich sowohl die Herrschaftspraxis als auch den politischen Diskurs be-
stimmte. Die fast fünfzigjährige Regierungszeit Leopolds I. stabilisierte
Kaisertum und Reich, stellte aber auch die Weichen für die europäischen
Königstitel deutscher Kurfürsten.[14] Diese Personalunionen überlagerten
im 18. Jahrhundert das Gefüge komplementärer Staatlichkeit und dräng-

ten den Reichs-Staat «als handelndes politisches Gebilde eigener Art» in den Hintergrund.[15] Trotzdem wurde er weiterhin als übergreifende Ordnung der föderativ organisierten deutschen Einheit, zur Abwehr fürstlichen Despotismus und als flexibles Zentrum des europäischen Staatensystems gebraucht.

In dem halben Jahrhundert nach dem Westfälischen Frieden litt Mitteleuropa schwer unter der doppelten Bedrohung durch Türken und Franzosen. Im Sommer 1683 belagerten die Osmanen Wien, wurden aber im September in der Schlacht am Kahlenberg vernichtend geschlagen. Dieser Sieg einer polnisch-deutschen Armee bedeutete den Beginn der epochalen Wende in den Auseinandersetzungen mit den Türken, die im 18. Jahrhundert den Reichs-Staat nicht mehr unmittelbar bedrohten und auf dem Balkan zurückgedrängt wurden. Während der Kampf gegen die Türken als Erbfeinde der abendländischen Christenheit phasenweise gemeinsam geführt wurde, war die aggressive Expansionspolitik König Ludwigs XIV. ein schwerer zu lösendes innereuropäisches Problem. Zwar hatte der Westfälische Friedenskongress Regularien für das Nebeneinander großer und kleiner Staaten auf der Basis der Souveränität entwickelt, aber diese mündeten erst im 18. Jahrhundert in ein mehr oder weniger funktionierendes europäisches Gleichgewichtssystem. Dessen Inkubationszeit nach 1648 brachte Europa noch einmal zahllose Kriege. Insbesondere auf den Friedenskongressen von Nijmegen (1678/79) und Rijswijk (1697) suchte auch der Reichs-Staat seinen Platz in einem sich formierenden Staaten-Europa, doch er musste nun nicht mehr nur mit anderen Mächten, sondern auch mit einigen seiner größeren Mitglieder wie Österreich, Kurbrandenburg-Preußen oder Kurbayern konkurrieren.

Dem Westfälischen Frieden lag zwar die gegen die Habsburger gerichtete endgültige Abkehr von der Idee einer Universalmonarchie zugrunde[16], doch das, was heute unter der sogenannten «Westfälischen Souveränität» verstanden wird[17], die territoriale Integrität, die Undurchdringlichkeit des Staates und der Ausschluss fremder Akteure von dessen innerem Herrschaftsgefüge, entwickelte sich erst im 18. Jahrhundert. In den Friedensverträgen von Münster und Osnabrück findet sich erstaunlich wenig, was auf eine Nichteinmischungssouveränität hindeutet: Der erwartete Protest des Papstes oder aller anderen Mächte wird vorab zurückgewiesen, Basel und die eidgenössischen Kantone erhalten die völlige Unabhängigkeit vom Reich und die Übergabe der Gebiete an Frankreich erfolgt ohne Rechtsvorbehalte. Im Frieden von Münster hatte zuvor schon Spanien die Unabhängigkeit der Republik der Niederlande anerkannt, so dass auch sie unter den Beteiligten des Westfälischen Friedens erscheint.[18] Dies alles lässt sich zwar als politisch-staatliche Autonomie gegenüber älteren universalen Ansprüchen und als gleichberechtigte Akzeptanz nicht dynastisch regierter Staaten deuten, doch der Friedensvertrag nennt die Herrscher unter den beteiligten Mächten und weicht davon nur bei den Republiken ab.[19] Die Heraushebung der drei Garantiemächte – der Kaiser sowie die Kronen von Frankreich und Schweden – verweist 1648 eher auf den Gedanken einer gemeinsam ausgeübten Hegemonie als auf ein sich selbst regulierendes Balancesystem.

Auch wenn gerade diese Garantie in propagandistischer Absicht in der Folgezeit immer wieder einmal aufgegriffen wurde, spielte sie praktisch bis zum Ende des Alten Reiches keine Rolle. Ludwig XIV. fand jedenfalls stets andere Gründe, um die Niederlande oder das Reich anzugreifen. Alle Sicherheitskonzepte der zweiten Hälfte des 17. Jahrhunderts verband daher die Auffassung, dass Frieden in Europa nur entstehen könne, wenn sich Expansionsabsichten nicht mehr lohnten. Dem Aggressor musste stets eine übermächtige Allianz gegenüberstehen, die er nicht besiegen konnte. Im Kampf gegen Ludwig XIV. wurde Europa in der zweiten Hälfte des 17. Jahrhunderts langsam zu einer Gemeinschaft von Staaten. Wenn etwa in den Flugschriften von Europa die Rede war, dann nicht im Sinne eines Zusammengehörigkeitsgefühls, sondern als Pflicht, die französischen Hegemonialbestrebungen zu bekämpfen. Das europäische Staatensystem entstand nicht als Einheit, sondern als eine sich gegenseitig beargwöhnende Vielheit. Darauf beruhte letztlich auch das von Hegemonialmächten gesteuerte, auf staatlicher Integrität und Souveränität, aber auch auf dem Konvenienzprinzip beruhende Balancesystem, das nach dem Spanischen Erbfolgekrieg und dem parallel dazu geführten Nordischen Krieg sukzessive etabliert wurde.

Die Verteilung des gewaltigen spanischen Erbes nach dem Tod des letzten Habsburger Königs Karl II. war ein lange vorhersehbarer Konfliktpunkt, der auch in Rijswijk 1697 nicht bereinigt werden konnte. Als Karl am 1. November 1700 starb, konkurrierten die Erbansprüche der Habsburger und der Bourbonen miteinander. Kaiser Leopold konnte auf die Einheit des Hauses Habsburg und auf seine erste Ehe mit einer Schwester des Verstorbenen verweisen, Ludwig XIV. auf seine Ehe mit einer anderen Schwester. Hätte einer von beiden das spanische Erbe übernommen, wäre eine neue Hegemonialmacht entstanden. Kurz vor seinem Tode hatte Karl II. Philipp von Anjou zu seinem Universalerben erklärt, und dieser trat 1700 als König Philipp V. von Spanien die Regierung an. Als jedoch Ludwig XIV. 1701 auch noch Philipps Erbrechte auf die französische Krone bestätigte, war es um den europäischen Frieden geschehen, denn genau diese Vereinigung der beiden Kronen hatte das Testament Karls II. ausgeschlossen. Schon im September 1701 fand sich in Den Haag die «Große Allianz» gegen Frankreich zusammen. England und Holland beteiligten sich aus Sorge um das europäische Gleichgewicht, der Kaiser wegen seiner spanischen und italienischen Interessen. Mit Unterstützung der Großen Allianz wurde Erzherzog Karl, der

zweite Sohn des Kaisers, im September 1703 zum spanischen König aus-
gerufen. Er verzichtete feierlich auf die Nachfolge in Wien sowie auf
Mailand und Mantua aus dem spanischen Erbe, das er seinem Bruder
Josef überließ. Karl III. regierte seit 1705 von Barcelona aus, konnte aber
Philipp V. nicht verdrängen.

Der Krieg um Mailand eröffnete 1701 die Kampfhandlungen, und im
Herbst 1702 erklärte der Regensburger Reichstag Frankreich den Reichskrieg. Außer den beiden mit Ludwig XIV. verbündeten Wittelsbacher
Kurfürsten in München und Köln sowie dem über die Kurwürde für die
andere Linie verärgerten Herzog Anton Ulrich von Braunschweig-Wolfenbüttel stand der Reichs-Staat im Krieg mit Frankreich.²⁰ Die beiden
Wittelsbacher Kurfürsten wurden Ende April 1706 in die Reichsacht erklärt. Doch auch andere Reichsstände waren dem Kaiser nicht bedin-
gungslos in einen Krieg gefolgt, der offensichtlich vor allem habsburgischen Interessen galt. Friedrich III. von Brandenburg versprach Kaiser
Leopold I. seine Hilfe nur gegen die Erlaubnis, sich 1701 in Königsberg
zum «König in Preußen» krönen zu dürfen.²¹ Der sächsische Kurfürst
und polnische König August der Starke engagierte sich zur gleichen Zeit
im sogenannten Nordischen Krieg, der um den russischen Ostseezugang
geführt wurde und der Deutschland im Grunde nicht tangierte²², den er
aber ins Reichsgebiet zog. Auch die anderen Stände unterstützten die
kaiserliche und alliierte Kriegsführung eher zögerlich, weil sie sahen,
dass die drei während des Spanischen Erbfolgekriegs regierenden Kaiser
der Habsburgermonarchie und nicht dem Reich die höchste Priorität
einräumten. Dem 1711 als Nachfolger seines Bruders Joseph I. gewählten
Karl VI. schwebte zudem eine neuerliche Verbindung der Reichs- mit der
spanischen Königskrone vor. Er arrondierte das eigene Herrschaftskonglomerat auf dem Balkan und in Italien, wo die spanische Konkursmasse
neu verteilt wurde.²³ Der Wiener Hof nutzte dabei unter starker «reichs-
patriotischer Rhetorik»²⁴ die kaiserlichen Lehensrechte zum eigenen
Vorteil. Die Reichshofkanzlei hatte bereits unter Joseph I. die wichtigsten Rechte an die österreichische Staatskanzlei abtreten müssen, wo
fortan alle Fäden der Wiener Politik zusammenliefen. Der Nürnberger
Verleger Johann Christoph Homann publizierte um 1725 eine Karte, in
der die *Monarchia Austriaca* zwischen den südlichen Niederlanden und
Sizilien als Einheit dargestellt und mit der habsburgischen Kaiserreihe
von Rudolf I. bis Karl VI. verbunden wurde.²⁵

Die 1697 mit Hilfe der Habsburger erlangte polnische Königskrone
des Kurfürsten Friedrich August I. von Sachsen und die Übernahme des
englischen Thrones durch Herzog Georg Ludwig von Braunschweig-
Lüneburg 1714 beeinträchtigten die Hegemonialstellung Brandenburg-
Preußens in Nord- und Mitteldeutschland. Der lutherische Kurfürst von
Sachsen war zum katholischen Glauben konvertiert, um in Polen gekrönt

zu werden. Aus Berliner Sicht stand Dresden damit endgültig im kaiserlichen Lager.[26] Hinzu kam, dass Leopold I. den künftigen englischen König 1692 zum Kurfürsten von Hannover gemacht hatte, weil er diese Dynastie an sich binden sowie zwischen der Hauptmacht und den westlichen Besitzungen Brandenburg-Preußens ein starkes Kurfürstentum etablieren wollte.[27] Während die beiden Kurfürsten-Könige Wien dankbar sein mussten, erfuhr Kurfürst Friedrich III. von Brandenburg-Preußen die Rangerhöhung seiner norddeutschen Rivalen als eine von den Habsburgern geförderte Relativierung seiner Macht.

Zwischen alle Fronten war unterdessen der notorisch unruhige, weil eine Königskrone anstrebende Kurfürst Maximilian II. Emanuel von Bayern geraten. Unter ihm und seinem Sohn Karl Albrecht wurde der katholische Münchner Hof zum Kristallisationskern antihabsburgischer Ambitionen. Dabei konnten sich die bayerischen Wittelsbacher auf ihre Verankerung im Reichskirchensystem verlassen. Kurköln war seit dem 16. Jahrhundert eine Art bayerische Sekundogenitur und zusammen mit der Pfalz verfügten die Wittelsbacher 1730 über vier Kurstimmen. Doch gegenüber den rivalisierenden Kurfürstendynastien der Hohenzollern, Welfen und Wettiner fehlte ihnen die Prestige mehrende Königskrone, die überdies den direkten Zugang zum europäischen Staatensystem eröffnete. In dieser Hinsicht blieb Bayern auf den französischen König angewiesen.[28]

Alle Kurfürsten, ob mit oder ohne Königstitel, standen freilich im Schatten des Habsburger Kaisers – auch er ein Kurfürsten-König. Eine mit Wien vergleichbare Ausstrahlung und Klientelbildung gelang den anderen Höfen nur phasenweise und in Ansätzen. Das Ungleichgewicht innerhalb des Reichs-Staates wurde gerade im beginnenden 18. Jahrhundert von den Kurfürsten mittels Soldaten, barocken Residenzen und vielen glanzvollen höfischen Festen augenfällig inszeniert. Die Rangfolge blieb unangetastet: den Habsburgern folgten mit deutlichem Abstand Brandenburg-Preußen, Kursachsen und Kurhannover sowie Kurbayern. Innerhalb des Reichs-Staates war es zweitrangig, dass die welfische Königskrone auf europäischer Ebene deutlich mehr wog als diejenige der Hohenzollern und Wettiner. Obwohl weder Welfen noch Wettiner versuchten, ihre Territorien aus dem Reichs-Staat herauszulösen, veränderte sich dessen Gestalt im 18. Jahrhundert grundlegend. Zwar war der dynastische Eigennutz dem reichischen Gemeinnutz stets vorangestellt worden, doch die Idee eines europäischen Gleichgewichts souveräner Staaten stärkte auch in Deutschland den neuen Götzen «Staatsräson».

Die mächtigen Herrscher sahen sich mit jeweils anderen Problemen konfrontiert: Karl VI. musste nicht nur die eigene Machterweiterung, sondern auch sein Erbe im Auge behalten, weil ihm ein Sohn und Nachfolger fehlte. Friedrich Wilhelm I. konzentrierte sich auf den Aufbau seines Heeres und auf seine Hegemonie über das protestantische (Nord-) Deutschland; Georg II. konnte vom Parlament gezwungen werden, die englische Weltmacht auch zu Lasten seiner welfischen Stammlande zu regieren; August der Starke merkte rasch, dass Polen keine europäische Großmacht war, und Karl Albrecht von Bayern strebte nach der Kaiserkrone, weil sich kein Königtum fand. Sie alle versuchten, den Reichs-Staat für sich zu instrumentalisieren. Sachsen, Hannover und Bayern fanden angesichts ihrer europäischen Verpflichtungen nur noch selten zu einer gemeinsamen Haltung. Somit fehlte ein starkes vermittelndes Zentrum, das die Interessen des Reichs-Staates auch gegen den Kaiser wirkungsvoll zur Geltung hätte bringen können. Für eine Außenpolitik des Reiches, die es als Zusammenspiel von Kaiser und Ständen in den Kriegen gegen Ludwig XIV. noch gegeben hatte, interessierten sich nun allenfalls noch kleinere Reichsstände, deren Meinung jedoch wenig zählte.

Die Formulierung einer «Reichsaußenpolitik» war empfindlich gestört, als sich das europäische Staatensystem auf der Basis von Souveränität und Gleichrangigkeit neu formierte und die Pluralisierung als Ordnungsmuster entdeckte. Österreich, Frankreich und Großbritannien waren als Führungsmächte unstrittig. Mit Russland und Preußen erhoben nun jedoch zwei Staaten Anspruch, in vorderster Front an der Gestaltung Europas mitzuwirken, die bisher am Rande gestanden hatten. Kurbayern und Polen-Sachsen zählten nicht zum Kreis der führenden Mächte. Im Gegensatz zum Reichs-Staat, der im neuen europäischen Staatensystem zwar ein Fremdkörper war, dessen territorialer Bestand jedoch erst am Ende des Jahrhunderts von außen angefochten wurde, bildeten Polen und Italien neben den ehemals türkischen Gebieten machtpolitisch offene und entsprechend umkämpfte Regionen. Im Utrechter Frieden von 1713, der den Spanischen Erbfolgekrieg in Westeuropa beendete, war erstmals die Formel des «europäischen Gleichgewichts» offiziell proklamiert worden, mit der Großbritannien seinen Führungsanspruch und Frankreich seine weiterhin starke Stellung auf dem Kontinent deutlich machten.[29] Als regulative Idee blockierte diese Formel universalmonarchische Ansätze, diente jedoch immer wieder als Vorwand für Expansionen. Nikolaus Hieronymus Gundling, Jurist und Historiker in Halle, zählte schon 1714 den Erhalt des Gleichgewichts zu den legitimen Kriegsgründen.[30]

Nachdem Frankreich, England, die niederländische Republik, Savoyen, Portugal und Brandenburg-Preußen am 11. April 1713 den für Kaiser und Reich so enttäuschenden Utrechter Frieden unterzeichnet hatten, stimmte selbst der sonst friedfertige Reichstag einer Fortführung des Krieges gegen Frankreich zu. Das Reichsgutachten vom 31. Mai 1713 bezeichnete die französischen Vorschläge als «der ganzen teutschen Nation gar zu schimpflich», weil aus ihnen unvermeidlich «Sklavereien» folgten.[31] Das militärische Patt dauerte jedoch an, so dass auch Kaiser und Reich Anfang 1714 den Frieden mit Frankreich suchten. Der vom Prinzen Eugen ausgehandelte Rastatter Vertrag verteilte die Vorteile einseitig: Karl VI. erhielt mit Ausnahme Siziliens, das an den zum König erhobenen Herzog von Savoyen fiel, den ehemals spanischen Besitz in Italien mit dem Königreich Neapel, während die Reichsstände sich damit abfinden sollten, dass das Elsass französisch blieb und die Rheingrenze nicht durch eine Reichsbarriere gesichert wurde. Der Rastatter Friede galt zwar nur für Österreich, doch der Reichs-Staat musste sich zu der Einsicht bequemen, ohne den Kaiser keinen Krieg führen zu können.

Zu den neuerlichen Friedensverhandlungen im eidgenössischen Baden sandte der Reichstag im Herbst 1714 keine eigene Delegation. Er bevollmächtigte wiederum den Kaiser bzw. dessen legendären Heerführer, den Prinzen Eugen. Die evangelischen Reichsstände behielten sich lediglich die Entsendung einer eigenen Vertretung vor, die vor allem die Zurücknahme der ihres Erachtens dem Westfälischen Frieden widersprechenden Rijswijker Klausel fordern sollte. Mit dieser Klausel waren die von Ludwig XIV. zwischen 1688 und 1697 vorgenommenen Rekatholisierungen in den an das Reich zurückgegebenen Gebieten festgeschrieben worden. Die Regelung hatte im protestantischen Deutschland für größten Unmut gesorgt, Prinz Eugen sprach sie jedoch auf Weisung Wiens nicht einmal an. Es gelang auch später nie, diese «unerschöpfliche Haderquelle»[32] zu Fall zu bringen. Die französische Delegation erklärte, dass die von der Klausel betroffenen Orte zwischenzeitlich ein Teil Frankreichs gewesen seien, so dass für sie das Reichsgrundgesetz Westfälischer Frieden nicht gelte.

Aus Sicht des Reichs war das Ergebnis der doppelten Nachverhandlungen niederschmetternd. Die Habsburger konnten hingegen zufrieden sein: Sie waren zur italienischen Vormacht aufgestiegen und hatten mit den spanischen Niederlanden eine Position erlangt, die es ihnen theoretisch ermöglichte, den deutschen Nordwesten zu kontrollieren. Diese Parallele zu Karl V., in dessen Tradition sich Karl VI. wähnte, wurde jedoch in Wien nicht gezogen, weil man die dem eigenen Machtbereich weit entlegene Exklave vor allem als Tauschobjekt betrachtete. Wichtigster Interessent war der Kurfürst von Bayern, dem ausdrücklich gestattet worden war, einige seiner Länder auszutauschen.

Der Badener Frieden hatte die strukturellen Mängel des Reichs-Staates schonungslos aufgedeckt: An der Spitze stand ein mächtiger Kaiser, der seinen erbländischen Interessen eindeutig den Vorrang einräumte. Da auch die preußische Staatsräson nicht am Oberrhein verteidigt wurde, zeigte König Friedrich I. wenig Engagement. Sein Sohn, der seit 1713 regierende Friedrich Wilhelm I., stilisierte sich als biederer Soldatenkönig:[33] Der Aufbau einer riesigen Armee und einer effizienten Verwaltung stärkten seine Position, der symbolträchtige Wechsel von der

Allongeperücke zum schlichten Zopf machte ihn populär: Das von Halle
ausgehende Pflichten- und Arbeitsethos des Pietismus und die buchstäb-
liche Uniformierung des ganzen Volkes durch das Kantonalsystem ergänzten sich kongenial. Mit dem Soldatenkönig begannen das preußische
Bündnis von Thron und Altar sowie eine Politik, die Vernunft nicht im
Sinne der Glückseligkeit, sondern als Staatsräson buchstabierte. Friedrich Wilhelm I. setzte sich zwar für die Einheit des Reichs-Staates und
der deutschen Nation ein, verstand sich jedoch auch als Gegenmacht zum
Kaiser. Diese vom europäischen Staatensystem erzwungene und in den
deutschen Dualismus mündende, aus preußischer Sicht verständliche
Rolle unterminierte die auf Konsens angelegte komplementäre Staatlichkeit des Reiches.

Kurz nach dem Badener Frieden entwickelte sich darüber hinaus der
Nordische Krieg zugunsten Brandenburg-Preußens und Kurhannovers,
der beiden kaiserlichen Gegenspieler. Karl VI. stand bald unter großem
Druck, ohne dass sich der Reichs-Staat für seine Probleme sonderlich interessiert hätte. Die Türken bedrohten die gerade eroberten Gebiete auf
dem Balkan und in Italien gerieten die Dinge außer Kontrolle: König
Philipp V. von Spanien hatte die Erbtochter Elisabeth Farnese geheiratet,
die Ansprüche auf Parma und Piacenza erhob.[34] Er selbst stellte seinen
Verzicht auf den französischen Thron in Frage. Entlastung für den Kaiser brachte noch einmal Prinz Eugen, der im August 1717 Belgrad eroberte. Mit dem im Juli 1718 geschlossenen Frieden von Passarowitz
dehnte sich die Habsburgermonarchie auf das Banat, die kleine Walachei
sowie die nördlichen Gebiete Serbiens und Bosniens aus. Im gleichen
Jahr trat Karl VI. der von Frankreich und Großbritannien initiierten
«Quadrupelallianz» bei, um das Gleichgewicht und den Frieden auf dem
Balkan, in Italien und im Ostseeraum zu sichern. Der Name der Allianz
verweist auf den erwarteten Anschluss der Niederlande, der aber nicht
erfolgte.[35] Das Bündnis war ein letzter Versuch, König Philipp V. von
Spanien zum Einlenken zu bewegen sowie Russland und Preußen in
Schach zu halten. Der kurze Krieg gegen Spanien brachte Karl VI. 1720
Sizilien gegen die Abtretung Sardiniens an Savoyen und seine Anerken-
nung durch Philipp V. ein. Damit schienen die aus dem Spanischen Erbfolgekrieg rührenden Probleme gelöst. Philipp V. schloss sich der Quadrupelallianz an, und Karl VI. stand als Oberhaupt der arrondierten
Habsburgermonarchie auf dem Höhepunkt seiner Macht.

Innerhalb des Reichs-Staates war davon allerdings wenig zu spüren.
Den Reichstag legten zunächst der sogenannte Erzamtstreit zwischen
Kurpfalz, Kurbayern und Kurhannover um die neu geschaffenen Wür-
den des Erzschatzmeisters und des Erzbannerträgers und anschließend
erbittert geführte Religionskonflikte lahm.[36] Im Nordischen Krieg blieb
Karl VI. Beobachter, obwohl er sich 1719 mit England-Hannover und

Sachsen-Polen verbündete. August II. von Polen-Sachsen hatte sich Zar Peter dem Großen angeschlossen, wurde aber 1704 von Karl XII. von Schweden als polnischer König abgesetzt. Die Schweden eroberten zudem zwei Jahre später Sachsen und zwangen August zum Verlustfrieden von Altranstädt. Der Schwedenkönig verstand sich wie einst Gustav II. Adolf als Beschützer der deutschen Lutheraner und rang dem Kaiser auch Zugeständnisse für die schlesischen Protestanten ab: 1709 wurden ihnen mit dem Exekutionsrezess von Breslau 125 Kirchen übergeben. Joseph I. bewilligte zusätzlich den Bau von sechs weiteren Gnadenkirchen.[37] Der Sieg des Zaren bei Poltawa über den tief in dessen Herrschaftsgebiet eingedrungenen Karl XII. brachte 1709 die Wende. Brandenburg-Preußen und England-Hannover verstärkten seit 1715 die antischwedische Allianz. Im Unterschied zu seinem Vater griff der Soldatenkönig, wenn auch mit vergleichsweise kleinen Verbänden, direkt in das Kriegsgeschehen ein. Um seine große Armee einzusetzen, hätte er Subsidien benötigt, die niemand bezahlen wollte. England kämpfte seit 1715 an beiden Fronten, ohne ernsthaft zu den Waffen zu greifen: König Georg I. und Kurhannover unterstützten Russland, um die schwedischen Gebiete an der Nordseeküste und so die Landbrücke nach England zu gewinnen. Das englische Parlament wollte hingegen wie Kaiser Karl VI. das russische Vordringen in den Ostseeraum verhindern. Der Zar schloss jedoch im Frühjahr 1716 einen Vertrag mit Herzog Karl Leopold von Mecklenburg: Russland erhielt dadurch einen Stützpunkt, der Herzog Hilfe im Kampf gegen seine Landstände.

Während Österreich, Brandenburg-Preußen sowie Hannover ihre Kriege im Norden und Süden mehr oder weniger siegreich gestalteten, Kursachsen seinen Bestand behauptete und selbst die Wittelsbacher Kurfürsten nach dem Spanischen Erbfolgekrieg restituiert worden waren, hatten die kleineren Reichsstände Südwestdeutschlands zwar erfolgreich gegen den scheinbar übermächtigen Ludwig XIV. von Frankreich gekämpft, konnten ihre Kriegsziele aber nicht realisieren: Weder die Rückgabe des Elsass noch das Ende der Rijswijker Klausel oder die gewünschte «Reichsbarriere» wurden erreicht. Die gewaltigen Sicherheitsdefizite der Mindermächtigen blieben bestehen, während Österreich und Brandenburg-Preußen die Nichtangriffsfähigkeit des Reichs-Staates überwanden und, wenn auch außerhalb des Reichsgebietes, mit militärischen Mitteln expandierten.

Das neue Staatengleichgewicht rund um die Ostsee wirkte freilich auf Deutschland zurück. Der Zar spielte fortan auch aufgrund seiner verwandtschaftlichen Verbindungen einen wichtigen Part in der Reichspolitik, dessen drohende Übermacht sollte der preußische König im Norden ausbalancieren. Die englische Angst vor Russland machte Brandenburg-

Preußen zum Kriegsgewinner, wie ihm schon 1648 die Sorge vor einer schwedischen Dominanz großflächige Gebietsgewinne beschert hatte.[38] Diese neue Rolle Berlins ging eindeutig zu Lasten des hannoveranischen Handlungsspielraums und relativierte zudem das englische Bündnis mit den Habsburgern. Da Preußen seine norddeutsche Hegemonie stabilisieren konnte, überlagerte langfristig der deutsche Dualismus die reichische Pentarchie.

Ob sich Karl VI. bewusst aus dem Nordischen Krieg heraushielt[39] oder aufgrund anderer kriegerischer Verwicklungen nicht eingreifen konnte, ist nur für die Frage bedeutsam, welcher Einfluss ihm im Norden des Reichs-Staates noch verblieb. Der vom Kaiser 1714 angeregte Braunschweiger Kongress, dem mit Preußen, Kurhannover und Schweden die wichtigsten Mächte ohnehin fernblieben[40], diente Wien primär als Informationsbörse mit dem Ziel, Preußen und Hannover gegeneinander auszuspielen. Karl VI. erteilte auch deswegen 1717 Hannover den Exekutionsauftrag gegen den despotisch regierenden, vom Zaren gestützten Karl Leopold von Mecklenburg.[41] Nachdem die russischen Truppen das Land verlassen hatten, vertrieb die welfische Armee 1719 den Herzog gegen den erklärten Willen des preußischen Königs. Die folgenden Verstimmungen hätte der Kaiser ausnutzen können, wäre er denn wirklich am deutschen Norden interessiert gewesen.

Der Spanische Erbfolgekrieg, der Nordische Krieg und der Türkenkrieg hatten Deutschland nur an ihren Peripherien berührt, das dadurch vor noch größeren Zerstörungen verschont geblieben war. Die Aufteilung des spanischen Reiches und des schwedischen Besitzes in Deutschland und im Baltikum schuf ein neues Gleichgewicht. Diese Machtverschiebungen bildeten allerdings nur die Spitze der vielfach erwogenen und wieder verworfenen Tauschprojekte. Der bayerische Kurfürst wurde 1713/14 virtuell durch ganz Europa gehetzt – statt der Oberpfalz Sardinien, statt Bayern die spanischen Niederlande. Er fand sich schließlich in seinem alten Kurfürstentum wieder. Ambitionierte Vorhaben wie die Wittelsbacher Königskrone oder ein habsburgisches Bayern sorgten während des gesamten 18. Jahrhunderts für Aufregung. Dabei überlagerten sich die Interessen einzelner Dynastien mit einer abstrakten Staatsräson, die vom neuen Prinzip des systemischen Bestandsschutzes für existierende Staaten angefacht wurde, das eigentlich dazu dienen sollte, das Gleichgewicht zu stabilisieren und die Zahl der Erbfolgekriege zu reduzieren.[42]

Das infolge der Friedensverträge zwischen 1713 und 1721 entstandene europäische Balancegefüge war aus deutscher Sicht vorteilhaft, weil es Frankreich im Zaum hielt. Dessen bisherige Bündnispartner, das osmanische und das schwedische Reich, hatten viel von ihrer Macht eingebüßt. Auch aus englischer Sicht musste nicht mehr Frankreichs, sondern

Russlands weiteres Vordringen gestoppt werden. Dies sollten Österreich und Preußen erreichen, die nun aber gemeinsam mit Russland Polen-Litauen «beherrschten». Solange sie sich daran nicht selbst bereicherten, kam diese Politik in erster Linie den Wettinern zugute, die wegen der französischen Ambitionen das Pufferkönigtum bis zum Ende des Siebenjährigen Krieges regierten.

Für die Reichsstände waren solche Verhältnisse und wechselseitige Abhängigkeiten nichts Neues. Doch auch ihnen gelang es zunehmend weniger, gegen die Souveränitätsbestrebungen der mächtigen Glieder einen gemeinsamen Willen auszuhandeln. Auf dem Regensburger Reichstag dominierten die Gesandten der mächtigen Kurfürsten, so dass hier seit 1720 die dem Reichs-Staat benachbarten Königreiche mehr oder weniger mit am Tisch saßen. Die politischen Interessen Großbritanniens, Polen-Litauens, Ungarns und Böhmens sowie Ostpreußens, aber auch diejenigen Schwedens und Dänemarks waren direkt vertreten. Frankreich konnte sich auf Kurbayern verlassen. Von den Nachbarn fehlten damit nur die Republiken der Eidgenossen und der Niederlande auf dem Reichstag.

Diese enge Vernetzung zwischen reichischen und europäischen Positionen ließ die Reichsversammlung zur idealen Bühne des Konvenienzprinzips werden, d. h. zu dem Forum, das beiläufig über territoriale Veränderungen und entsprechende Kompensationen verhandeln konnte. Daran waren dann aber längst nicht alle Reichsstände beteiligt. Die Europäisierung der deutschen Angelegenheiten führte zu einer neuen Ungleichheit: Sie degradierte die Masse der Fürsten, Grafen und Freien Reichsstädte zu Statisten und machte ihre Delegierten fast schon zum Publikum der Machtspiele.[43] Diese Polarisierung wurde durch die Stimmenverteilung weiter verstärkt. Die Delegierten der Kurfürsten führten auch die Voten der von diesen mediatisierten Stände, daher spielte etwa Kurbrandenburg im Fürstenrat eine dominierende Rolle. Dieser Kumulationseffekt steigerte sich, denn die Reichstagsgesandten vertraten neben ihren direkten Auftraggebern weitere Stände in den drei Kurien. Durch ihren Wissensvorsprung konnten sie in regelmäßigen Berichten die Instruktionen ihrer Auftraggeber beeinflussen. Die allenfalls formale Gleichheit der Stimmen in den Reichstagskurien wurde zur Farce. Ein kleiner Kreis untereinander eng vernetzter Reichstagsgesandter gestaltete den ständischen Teil der reichs-staatlichen Souveränität.

Die dynastische Verflechtung mit fast allen Nachbarn diente jedoch der Sicherheit des Reichs-Staates, der zwischen dem Ende des Nordischen Krieges und der Französischen Revolution von außen wenig bedroht war: Das Reichsgutachten zum Einstieg in den polnischen Thronfolgekrieg sprach 1734 davon, dass «Glorie, Rum und Freyheit der teutschen Nation» verteidigt werden müsse[44] –, am Türkenkrieg Karls VI.

Ende der 1730er Jahre war der Reichs-Staat nicht beteiligt. Ihm fehlte im 18. Jahrhundert der äußere Druck, der in den Jahrhunderten zuvor ein Katalysator des Zusammenhaltes gewesen war. Die europäische Vernetzung der mächtigsten Reichsstände hatte das Risiko eines Angriffs auf den Reichs-Staat für jeden Aggressor erheblich vergrößert, ihn selbst jedoch als außenpolitischen Akteur entbehrlich gemacht. Die neuen Strukturen des Staatensystems – Souveränität, Gleichgewicht und Konvenienz, die gegenseitige Anerkennung staatlicher Macht und die Nichteinmischung – standen quer zu der Vielebenenstaatlichkeit des Reichs.

Die europäischen Kronen der Kurfürsten bedeuteten für den Reichs-Staat keinen Verlust an Souveränität, sondern einen Gewinn an Sicherheit. Österreich und Brandenburg-Preußen wurden durch das Einmischungs- und Eingriffspotential der anderen europäischen Mächte daran gehindert, ihre Übermacht zu territorialen Arrondierungen zu nutzen. Der Reichs-Staat widersprach allerdings der Logik des europäischen Balancesystems, das sich auf der Basis staatlicher Souveränität und Eindeutigkeit neu zu organisieren begann.

b) Einheit in der Mannigfaltigkeit

Der Türkenkrieg hatte 1683 noch ganz Deutschland zum Entsatz Wiens mobilisiert, der epochale Sieg des Prinzen Eugen bei Zenta 1697 war wenigstens noch freudig begrüßt worden. Danach kämpfte die werdende Habsburgermonarchie allein um die Macht auf dem Balkan. Der Reichs-Staat interessierte sich für diese Türkenkriege nur noch marginal. Auch im Nordosten hatten Brandenburg-Preußen und Kurhannover die schwedische Großmacht ohne erkennbare Hilfe von Kaiser und Reich zurückgedrängt. Einen ‹Reichs-Staats-Zwang› gab es für mächtige Reichsstände längst nicht mehr. Sie konnten ungehindert Krieg führen, solange sie nicht Kaiser und Reich direkt angriffen oder Deutschland in Geiselhaft nahmen. Die Achterklärung der beiden Wittelsbacher Kurfürsten im Spanischen Erbfolgekrieg verdeutlichte allerdings das Risiko: Selbst ein armierter Stand durfte «deutsche» Loyalitäten nicht auf Dauer missachten.

Die Friedensschlüsse Schwedens mit Kurhannover und Preußen in Stockholm, mit Dänemark in Frederiksborg und mit Russland in Nystad (1719–21) hatten den Krieg und die schwedische Großmachtstellung beendet. Die Russen gewannen fast das gesamte Baltikum, die Welfen die Herzogtümer Bremen und Verden, die Hohenzollern Stettin und Pommern bis zur Peene. Der langwierige Streit um die kaiserliche Belehnung änderte nichts an den neuen Besitzverhältnissen, illustriert aber, dass Karl VI. das Reich noch immer als ein Ganzes betrachtete. Wenn es eine Pentarchie Großbritanniens, Frankreichs, Österreichs, Russlands und

Preußens über Europa gegeben hat, denn wurde sie mit den Friedens-
schlüssen zwischen Utrecht und Nystad konstituiert. Der in Altdorf leh-
rende Johann David Köhler nannte vier Mächte, die Europa dominierten:
Frankreich, England, Spanien und Deutschland.[45] Er setzte noch 1728
den habsburgischen Kaiser mit Deutschland in eins und blendete den
Aufstieg Russlands und Preußens aus.

Selbst in der barocken Ausgestaltung der Residenzen zeigte sich die
Auseinanderentwicklung bzw. Dreiteilung des Reichs-Staates. Fraglos
bildete der Wiener Kaiserhof die repräsentative Spitze der mitteleuropäischen Höfe. «Er erwies sich als das auf Territorial-, Lehens-, [und] Klientelbeziehungen gegründete Zentrum des Regierens, als Mittel der Integration, als Stätte des Interessenausgleichs zwischen Stadt und Land.»[46]
Hier traf sich die multiethnische und multikulturelle Adelselite aus vielen Teilen Europas, wobei Italiener und Spanier neben den Deutschen,
Ungarn und Böhmen dominierten. Der Wiener Hof war das Zentrum für
die Länder der werdenden Habsburgermonarchie, aber auch für die kleineren süd- und mitteldeutschen Reichsstände. Die im Kern mittelalterliche Hofburg befriedigte moderne Repräsentationsbedürfnisse nur noch
bedingt und wurde daher seit dem späten 17. Jahrhundert behutsam renoviert. Darüber hinaus begann noch unter Kaiser Leopold I. ein Bauprogramm, das Wien barockisieren und dem Niveau anderer europäischer Residenzstädte anpassen sollte. Leopold I. sowie seinen Söhnen
Joseph I. und Karl VI. ging es weniger um einen attraktiven Mittelpunkt
für den Reichs-Staat oder das Lehensreich. Sie wollten das Habsburger
Herrschaftskonglomerat auf Wien konzentrieren, um es zu einer Einheit
zu formen. Prinz Eugen, populärer Türkensieger und die wohl wichtigste
Integrationsfigur des Habsburgerreiches, formulierte 1726 das Ziel: Es
gelte, aus den habsburgischen Herrschaften «ein Totum» zu machen.[47]
Die siegreiche Armee, eine forcierte Marienfrömmigkeit und der Kaisertitel bildeten drei wichtige Klammern, die erste Ansätze einer österreichischen Donaumonarchie ermöglichten. Darunter konnte man seit der
1684 von Philipp Wilhelm von Hörnigk publizierten wirtschaftspolitischen Programmschrift «Österreich über alles, wenn es nur will» alle
von Wien aus beherrschten Länder verstehen.

Wien war der Mittelpunkt der habsburgischen Macht und zugleich die
Stadt des Kaisers und des Reiches, die als politisches Zentrum bis an die
Nord- und Ostseeküste ausstrahlte. Die Wiener Hofgesellschaft wirkte
als katholisch dominierter europäischer Mikrokosmos auch im evangeli-
schen Deutschland vorbildhaft. Karl VI. ließ die Stadt von Bernhard
Fischer von Erlach und Johann Lukas Hildebrand umgestalten. Das um-
fangreiche, ausgeklügelte und repräsentative Bauprogramm diente dem
Kaiser zur Propagierung seiner selbst und der Größe der Habsburger:
Am Ende stand eine renovierte Hofburg sowie die prächtige Karlskirche,

die in vielen sichtbaren Details den weltumspannenden Anspruch der
Habsburger zum Ausdruck brachte, während die barocke Sommerresi-
denz Schönbrunn mit ihren bis zum Horizont reichenden Gartenanlagen
erst von Maria Theresia fertiggestellt wurde. Darüber hinaus entstanden
in Wien zahllose Adelspalais, unter denen das Belvedere, die Schlossan-
lage Prinz Eugens, noch einmal herausragte. Das barocke Wien wurde so
auch zum integrierenden architektonischen Schnittpunkt der Habsburgermonarchie. Karl VI. nutzte die Aura des Kaisertums und die Symbole
des Reiches, um die «österreichische Gegenwart in dessen universalis-
tischer Tradition zu verankern».[48]

Umstritten ist, ob mit dem barockisierten Wien ein Reichs- oder wenigstens ein Kaiserstil kreiert wurde, der italienischen Barock und französische Klassik in einer neuen Ästhetik zusammenführte. Hans Sedlmayr sprach 1938 nicht nur von einem Reichsstil, sondern verband damit
auch die These, dass dieser durch «politische Wandlung mit hervorge-
rufen» worden sei.[49] Dies wurde von Hellmut Lorenz als Wunschvorstellung einer bestimmten Epoche zurückgewiesen. Meinrad von Engelberg hat der Debatte eine verblüffende Wende gegeben. Seines Erachtens
markieren die Karlskirche und das dem Escorial nachempfundene
Klosterneuburg in Stil und Aussage universalistische Tendenzen, die in
Deutschland nirgends sonst nachgeahmt werden konnten: Der Kaiserstil
sei insofern ein Alleinstellungsmerkmal[50] und spiegele «die Größe des
Kaisertums der Habsburger».[51] Dagegen lasse sich das in ganz Deutschland anzutreffende Kopieren und Kombinieren als Stilgemeinsamkeit der
barocken Fürsten- und Klosterresidenzen begreifen und als ästhetische
Autonomie bewerten. Die augenscheinliche Ähnlichkeit unterschiedlicher Bauwerke belege diese These. Der böhmische Magnat Karl Eusebius von Liechtenstein hatte schon im 17. Jahrhundert ganz im Stile der
zeitgenössischen «à la mode»-Kritik über angemessenes fürstliches
Bauen wie folgt geurteilt: Der Deutsche besäße im Gegensatz zu anderen
Nationen keine eigenen Sitten und Arten: «Er aber ist disfahls der Weis-
lichste, thuet nach und erwehlet, was von dehnen andern Nationen das
Beste ist, und also sein Manier und Ahrt zu leben, auch die allerbeste
werden kann [...]. Destwegen der Deutsche in vilem zu loben ob dises
Imitierends willen.»[52] Es verbindet den Fürsten Liechtenstein mit den
gut hundert Jahre später schreibenden Vertretern der deutschen Klassik,
dass er das Nachahmen nicht abwertet, sondern als produktiv lobt.

Der «Reichsstil» oder der «deutsche Barock» wäre demnach eine
Kombination des Besten aus anderen Architekturstilen. Er zeigt sich in
vielen Bauten dieser Zeit: in München und Dresden, in Salzburg und
Würzburg, in Bruchsal oder Münster. Die Gartenanlagen im württembergischen Ludwigsburg und im hannoverschen Herrenhausen zählen
damit ebenso zum deutschen Barock wie der von Matthäus Daniel Pöp-

pelmann errichtete Dresdener Zwinger. Dabei handelt es sich um eine
reine Prestigearchitektur, die einen großen Festplatz umspannt, welcher
der Stadt zusammen mit der katholischen Hofkirche und der von Georg
Bähr erbauten evangelischen Frauenkirche, dem vorsichtig umgestalteten
Renaissanceschloss und etlichen Adelspalais ihren barocken Charme
verleiht.

In München wurde die Residenz mit den «Reichen Zimmern» umge-
baut. Es entstanden Nymphenburg mit der Amalienburg und Schleiß-
heim, auch wenn diese Anlagen unvollendet blieben.[53] Zu den Bauten des
frühen 18. Jahrhunderts zählen neben den bereits genannten unter vielen
anderen die Neue Residenz und St. Michael in Bamberg, der Dom in
Fulda, das Bruchsaler Schloss oder die Würzburger Residenz. Auch in
Berlin, wo man sich anschickte, nicht nur politisch zur zweiten Macht in
Deutschland aufzusteigen, förderte König Friedrich I. vor allem die Baukunst, um seine neu erworbene Königskrone zu repräsentieren. Das
Stadtschloss wurde von Andreas Schlüter zu einer hochmodernen Residenz ausgestaltet, es entstand das Zeughaus, die Reiterstatue des Großen
Kurfürsten und das nach seiner Gemahlin benannte Schloss Charlotten-
burg.[54]

Bei aller Vielgestaltigkeit gab es offensichtlich eine deutsche «Arth
und Weise», die es erlaubt, «ein deutsches von einem französischen, englischen, russischen oder italienischen Schloss zu unterscheiden».[55] Das
auf die politische Kultur bezogene Postulat der Einheit in der Mannigfaltigkeit prägte demnach auch den deutschen Barock als dominierenden
Baustil des beginnenden 18. Jahrhunderts: «Keine hauptstädtische Akademie, keine zentrale Residenz legte fest, was als ‹verbindliche deutsche
Architektur› zu gelten habe.»[56]

Der Barock zeigte überall in Europa seine geometrischen Formen und
war die ideale Verkörperung eines zeremoniellen Zeitalters, das jedem
seinen Platz zuwies. Die deutschen Residenzen prägte dieser Baustil in
drei ästhetisch eigenständigen Varianten: (1.) dem imperialen Wiener
Kaiserstil, (2.) dem deutschen Barock als bauliche Verkörperung des
königlich-hegemonialen Anspruchs der vier «großen» Kurfürsten in
Berlin, Dresden, Hannover und München sowie (3.) den unzähligen barocken Residenzen, Kirchen und Gartenanlagen der anderen Reichsstände, die sich den europäischen Stil offensichtlich auf eine deutsche Art
anverwandelten. Die strukturierte Ungleichheit des Reichs war nicht nur
ein politisches Phänomen, die Vielfältigkeit ist auch architektonisch
sichtbar, ohne dass die gemeinsamen Schnittmengen verlorengingen.

c) Die gescheiterte Rekonfessionalisierung

Während die machtpolitische Konstellation klare Konturen zeigte und dem Kaiser einen vergleichsweise großen Handlungsspielraum eröffnete, blieb die konfessionelle Situation unübersichtlich und angespannt. In traditionell evangelischen Territorien wie Kursachsen oder der Kurpfalz regierten inzwischen katholische Kurfürsten. Das reformierte preußische Königshaus herrschte über eine mehrheitlich lutherische Bevölkerung und sah sich in einigen Provinzen mit Katholiken oder brisanten Konfessionsverhältnissen konfrontiert. Selbst in geistlichen Staaten lebten Protestanten. Im Fürstbistum Osnabrück und in vier Reichsstädten war die konfessionelle Parität reichsrechtlich festgeschrieben. Darüber hinaus gab es unzählige Varianten praktizierten Nebeneinanders: In Wetzlar wurde der Dom von beiden Konfessionen genutzt, im preußischen Halberstadt sicherten sechs Klöster mit etwa 100 Mönchen und 35 Nonnen die Unterweisung einer katholischen Minorität von 750 Einwohnern. Eine solche Vielfalt gab es sonst nirgends in Europa.[57]

Die Deutschen hatten den Umgang mit den verschiedenen Konfessionen gelernt, dennoch blieben Reibereien im täglichen Zusammenleben nicht aus.[58] Kleinste konfessionelle Veränderungen konnten zu heftigen Auseinandersetzungen führen. Das Nebeneinander war selbst in einer «weltoffenen» Stadt wie Hamburg von unzähligen Konflikten um die private Religionsausübung gekennzeichnet.[59] Konfessionell bedingte Differenzen legten das Reichskammergericht und den Regensburger Reichstag auch noch im 18. Jahrhundert auf Jahre hinaus lahm. Diese negativen Folgen sind allerdings weit bekannter als die tägliche multikonfessionelle Praxis, das gegenseitige Verständnis und Vertrauen. Freilich waren die Grenzen der Belastbarkeit schnell erreicht – im Alltag vor Ort und in der großen Politik. Reichsweites Aufsehen erregten die Konflikte in der Kurpfalz, wo 1685 die katholische Neuburger Linie die Regierung übernommen und ihr Bekenntnis zu Lasten der reformierten Landeskonfession gefördert hatte. Kurfürst Johann Wilhelm berief sich dabei unter anderem auf die Rijswijker Klausel. Der 1705 von Kurbrandenburg vermittelte Pfälzer Religionsvergleich privilegierte zudem die Reformierten und Katholiken gegenüber den Lutheranern.[60]

Die vielen Konversionen evangelischer Fürsten, die konfessionellen Verhärtungen in der Kurpfalz und die Rijswijker Klausel provozierten die Protestanten. Sie nutzten die ihnen 1648 zur Verfügung gestellten verfassungsrechtlichen Möglichkeiten gegen die Übermacht des Kaisers und der katholischen Stände. Das *Corpus evangelicorum*, die Vereinigung aller evangelischen Reichsstände auf dem Reichstag, beanspruchte fortan, im Sinne der Reichsverfassung selbständig tätig werden zu können, wenn die anderen Reichsorgane aus konfessionellen Gründen versagten.

Es vergiftete das konfessionspolitische Klima, dass Prinz Eugen 1714 bei den Badener Friedensverhandlungen die Rijswijker Klausel nicht einmal angesprochen hatte. Zudem zwangen Kurmainz und Speyer evangelischen Dörfern das Simultaneum auf, deren Kirchen somit auch von Katholiken genutzt werden durften. Den Protestanten schien plötzlich die alte These eines vom Papst, den Jesuiten und dem Kaiserhof initiierten katholischen Komplotts wieder glaubhaft. Ihre Religionsbeschwerden stiegen nicht nur sprunghaft an, sondern wurden auch zu Prestigefragen hochgespielt. Das *Corpus evangelicorum* sah sich zum Eingreifen berechtigt, weil die Reichsinstitutionen – Kaiserhof, Reichstag und Reichskammergericht – nicht oder verspätet reagierten. Es konstituierte sich als Reichskorporation[61], um die tatsächlichen oder vermeintlichen Rechte der Protestanten einzuklagen. Das *Corpus catholicorum* beschritt diesen Weg nicht, denn der katholische Glaube dominierte ohnehin in allen Institutionen und Gremien des Reichs-Staates. Während die Protestanten eine Art «Waffengleichheit» anstrebten, warfen ihnen der Kaiser und die katholische Ständemehrheit Verrat und die Aushöhlung der Reichsverfassung vor. Die Reichstagsdelegierten der großen evangelischen Mächte schürten unterdessen die Konflikte. Sie ermahnten von Regensburg aus ihre eher zögerlichen Auftraggeber zu konfessioneller Solidarität und steuerten das Corpus in eine scharfe Konfrontation mit den Katholiken.

Anlässe für die Glaubensstreitigkeiten gab es allerdings reichlich: die katholische Offensive des Pfälzer Kurfürsten, der Konfessionsproporz in der Reichsarmee und an den beiden Reichsgerichten, einige für die Protestanten ungünstige Urteile des Reichshofrats, der Druck auf die Protestanten in den habsburgischen Erblanden, im Erzstift Salzburg und in der Fürstpropstei Berchtesgaden sowie die leidigen Fürstenkonversionen. So wichtig dies alles auch war, auf dem Reichstag ging es letztlich weniger um die konfessionellen Dinge als um die paritätische Regelung der offenen Macht- und Verfassungsfragen. Um die Führung und die Politik des *Corpus evangelicorum* wurde heftig gestritten, weil es sich effektiv gegen den Kaiser in Stellung bringen ließ. Nach der Konversion Augusts des Starken hatte die Sekundogenitur Sachsen-Weißenfels das Direktorium geführt. Als jedoch 1717 bekannt wurde, dass auch der sächsische Kurprinz katholisch geworden war, stellten Kurbrandenburg und Kurhannover offen die Führungsfrage.[62] Dresden erklärte die Konversion zur Privatsache, weil Kurstimme und Direktorium am Territorium hafteten und die lutherische Landeskonfession hinreichend gesichert sei. Diese aus der Not geborene Rationalisierung entsprach der generellen Tendenz des Zeitalters: von der dynastischen zur staatlichen Legitimität.

Der preußische König Friedrich Wilhelm I. strebte mit aller Macht an die Spitze des *Corpus evangelicorum*, um dieses gegen den Kaiser und das katholische Übergewicht in den Reichsgremien einzusetzen. Er unterstrich seine entschlossene Haltung, als er schon 1715 Repressalien gegen die katholischen Klöster Minden, Halberstadt und Magdeburg androhte. König Georg I. von England unterstützte ihn in dieser Frage, trotz aller sonstigen Differenzen. Sein Reichstagsgesandter Rudolf Johann von Wrisberg wurde zum eigentlichen Führer der Protestanten in Regensburg. Als die Gegenseite nicht reagierte, sperrten Preußen und Hannover 1719 die katholische Kirche in Celle, den Dom in Minden und das Kloster Hammersleben. Religions- und Mächtepolitik überschnitten sich in der Endphase des Nordischen Krieges. Die Hofburg warf dem Soldatenkönig im Februar 1719 vor, die «forma Regiminis in dem deutschen Vaterlande» verdreht zu haben und im Reich «statum in statu» formieren zu wollen.[63]

König Friedrich Wilhelm I. und seinen Mitstreitern ging es wohl nicht nur um Frieden und Freiheit für den evangelischen Glauben, als sie die Religionsfrage auf dem Reichstag hochspielten. Im Mittelpunkt standen Machtfragen. Die Instrumentalisierung konfessioneller Differenzen zwang die anderen protestantischen Stände zur Solidarität, um die *itio in partes*, die gleichberechtigten Verhandlungen der beiden Konfessionscorpora ohne Möglichkeit der Überstimmung, in Gang zu bringen. Der reformierte Friedrich Wilhelm I. und der Anglikaner Georg I. litten aus Sicht der meisten Stände jedoch unter einem großen Manko: Sie waren keine Lutheraner. Dies machte sich die kursächsische Politik ebenso zunutze wie den Streit zwischen den beiden Herausforderern um die Führung des Corpus. Dabei wurde Sachsen vom Kaiser und den Schweden unterstützt, die Brandenburg und Hannover nicht weiter aufgewertet sehen wollten.

Der erfahrene preußische Reichstagsgesandte Ernst von Metternich warnte Berlin daher schon 1718 vor möglichen Prestigeverlusten, falls man den Streit um die Führung des Corpus zu sehr forciere. Die Mehrheit teile die kursächsische Auffassung, dass Votum und Direktorium zum Land gehörten. Die Folgen eines preußischen Alleingangs seien daher unkalkulierbar, zumal sich dieser direkt gegen Kaiser und Reich richten müsse.[64] Als 1719 bereits offen von einem neuen Religionskrieg gesprochen wurde, brachte Karl III. Philipp von der Pfalz das Fass zum Überlaufen: Nachdem er 1718 seine Residenz von Düsseldorf nach Heidelberg verlegt hatte, erklärte er im April 1719, die bisher paritätisch genutzte Heidelberger Heilig-Geist-Kirche zu seiner, dem katholischen Gottesdienst vorbehaltenen Hofkirche. Darüber hinaus verbot er den reformierten Heidelberger Katechismus, weil dieser die Hostienverehrung als Abgötterei bezeichne.[65] Der Kurpfalzgraf verstieß damit nicht nur gegen den Westfälischen Frieden, sondern auch gegen den 1705 verab-

redeten Pfälzer Religionsvertrag. Der reformierte Heidelberger Kirchen-
rat appellierte an das *Corpus evangelicorum*, das die sofortige Rückkehr
zu den 1648 festgelegten Konfessionsverhältnissen forderte, da die Rijswijker Klausel im Reich keinen Verfassungsrang habe.

Für die Berliner und die Hannoveraner Reichstagsgesandtschaft bot
dieser offensichtliche und symbolträchtige Verstoß gegen den Religionsfrieden den Anlass, sich selbst als entschlossene Führer des evangelischen
Reichsteils zu profilieren. In Karls VI. Weigerung, die Maßnahmen des
Pfälzer Kurfürsten sofort zu verbieten, sahen sie einen weiteren Beleg für
dessen Parteilichkeit. Der Hannoveraner Vertreter berichtete ganz im Stil
des konfessionellen Zeitalters nach London, die Pfälzer Vorkommnisse
seien Teil eines großen Komplotts des Papstes und der Jesuiten gegen die
evangelische Lehre. Auch Journale und Flugschriften verbreiteten solche
Einschätzungen, so dass sich in England und in den protestantischen Milieus Deutschlands die Meinung festigte, der hispanophile Kaiser Karl VI.
wolle im Zusammenspiel mit den katholischen Reichsständen den Religionsfrieden zu Fall bringen.

1719 eskalierte der Konflikt auch deswegen, weil die Menschen nach
den Feiern des 200-jährigen Reformationsjubiläums für konfessionelle
Fragen sensibilisiert waren. Die Katholiken fühlten sich von der medialen Kritik provoziert und warfen den Protestanten vor, das Reich zu
spalten. Wie im 16. Jahrhundert formierten die Konfessionen reichsweit
ihre jeweiligen Wertegemeinschaften. Die Angehörigen des anderen
Glaubens wurden neuerlich beschuldigt, den nationalen Konsens zu gefährden, indem sie diesen mit ihren konfessionellen Vorstellungen
überfrachteten. Karl VI. und seine Berater beriefen sich auf die vorgeb-
lich neutrale Reichsverfassung. Sie geißelten das selbständige Handeln
und offensive Vorgehen des *Corpus evangelicorum* als illegal und als
eines jener seit 1648 verbotenen, gegen Kaiser und Reich gerichteten
Bündnisse. Tatsächlich hatte das Corpus im Herbst 1719 Kurhannover,
Kurbrandenburg und Hessen-Kassel beauftragt, die Heidelberger Religionsbeschwerden zu regeln. Württemberg und Hessen-Kassel sollten
1720 den evangelischen Bürgern im Bistum Speyer zu Hilfe kommen,
wurden aber vom Kaiser daran gehindert. Im Kriegsfall sollte Preußen
das pfälzische Herzogtum Jülich, Hannover das mainzische Eichsfeld
und Sachsen das ebenfalls mainzische Erfurt besetzen. Kurbrandenburg und Kurhannover verständigten sich darüber hinaus im Januar
1720 auf die alternierende Führung des Corpus.[66]

Der Pfälzer Kurfürst Karl III. Philipp lenkte im Frühjahr 1720 nach
einer englischen Intervention in Wien auf Geheiß Karls VI. ein. Er gab
das Schiff der Heilig-Geist-Kirche den Reformierten zurück, ließ deren
Katechismus wieder zu und verlegte seine Residenz nach Mannheim.
Das Corpus sandte daraufhin einen kurhannoverschen Sekretär nach

Heidelberg, der die Beseitigung der von evangelischer Seite bemängelten Missstände überwachen sollte. Trotz aller Kritik hatte das Corpus sich als Appellationsinstanz bewährt. In London wollte man aus Rücksicht auf Wien den Vertrag mit Brandenburg-Preußen vom Januar nicht umsetzen. Kursachsen konnte somit sein Direktorium behaupten, zumal das allzu forsche Vorgehen Friedrich Wilhelms I. die gemäßigten kleineren evangelischen Reichsstände verschreckt und die Angst vor einem preußischen Dominat geschürt hatte. Ein kursächsisches Memorial betonte dementsprechend, das von Kurhannover und Kurbrandenburg angestrebte «Praedominat» bedrohe «die gemeinsamen Juribus und der Teutschen Freyheit, als derer auch schwächern Stände edelsten Kleinode». Sollte sich die Lage zuspitzen, müsse Kursachsen mit den anderen evangelischen Ständen «eine dritte Parthey formieren».[67] Die Dresdener Räte fühlten sich mit ihrem katholischen Hof und der lutherischen Bevölkerung mehr denn je als Anwälte einer überkonfessionellen Politik. Sie setzten weniger auf Konfrontation als auf Kontakte und Verhandlungen mit dem Kaiserhof. Nachdem Kurprinz Friedrich August 1719 Maria Josepha, die älteste Tochter Kaiser Josephs I., geheiratet hatte, waren die Wettiner zudem verwandtschaftlich mit dem Kaiserhof verbunden. Seit Frühjahr 1720 fanden die Sitzungen des Corpus wieder im kursächsischen Quartier statt. Alle weiteren Versuche Preußens, Sachsen das Direktorium streitig zu machen, verliefen im Sande.

Karl VI. verbat sich am 12. April in einem Kommissionsdekret das «freche Vorgehen» des *Corpus evangelicorum*, das er als eine illegale Vereinigung bezeichnete.[68] Über dessen reichspolitische Rolle musste neu nachgedacht werden, wodurch sich die Antwort lange verzögerte. Die evangelischen Gesandten reagierten schließlich offensiv. Sie verteidigten ihr Verhalten in einem Promemoria und erklärten ihr Corpus bei verweigerter Rechtshilfe zur Reichsinstitution: Die Religionsgebote des Kurpfalzgrafen hätten den Reichsgrundgesetzen widersprochen, so dass «denen Evangelischen Unterthanen aller Effect des Instrumenti Pacis und Vertheidigungs-Mittel mit einem Mahl benommen würde/wann ihnen nicht erlaubt seyn solte/uber dasjenige/worinnen sie gegen das Instrumentum Pacis graviret worden/bey Ihro kayserl. Majestät/oder denen Hochsten Reichs-Gerichten/oder bey denen Evangelischen Ständen/Klage und Beschwerde zu führen/und respective Schutz/Vorspruch und Hülffe zu suchen; worzu ihnen durch Verbietung aller Communication der Weg völlig abgeschnitten würde.»[69] Die gereizte Stimmung spiegelt sich in der Zeitschrift «Europäische Fama», die 1719 über die konfessionellen Streitigkeiten in der Kurpfalz berichtete: Einige Katholiken hielten es für «ein Reichsherkommen und eine löbliche Gewohnheit, die denen anderen Religionen zugetanen Glaubensgenossen auf allerhand Art zu verfolgen und ihnen dasjenige zu nehmen, was die allerverbind-

lichsten Friedensschlüsse und Reichsfundamentalgesetze, ja die Rechte der Natur ihnen verstattet und versichert haben».[70]
Welche Folgen die Konfessionskonflikte für das Verhalten der Bevölkerung haben konnten, zeigen zwei Zahlen: Im Pfälzer Oppenheim lebten im 18. Jahrhundert Bürger dreier Konfessionen. Das Konnubium, also die Ehen zwischen Katholiken und Protestanten, kam hier angesichts der ständigen Querelen nicht über magere 3 Prozent hinaus.[71] In einigen Gebieten des Fürstbistums Osnabrück, das von größeren Konflikten verschont blieb, lag die Quote der Mischehen hingegen bei über 20 Prozent.[72]

Nach der Demonstration eigener Stärke löste sich die Einheit der evangelischen Stände auf dem Reichstag rasch auf. Die Forderung nach einer paritätischen Besetzung der Kammergerichtskanzlei führte nur noch zu einer kurzen Unterbrechung der Unterhaltszahlungen für dieses höchste Reichsgericht. Der Konfrontationskurs, den Kurbrandenburg und Kurhannover bis an den Rand eines Religionskrieges vorangetrieben hatten, missfiel den lutherischen Fürsten, die auf einen ihnen gewogenen Kaiser angewiesen waren. Kurhannover und Kurbrandenburg verfolgten 1719/20 vor allem machtpolitische Zwecke, so dass von einer Instrumentalisierung der Glaubensfrage und damit auch von einer «Rekonfessionalisierung» der Reichspolitik gesprochen werden kann. Das Corpus, das nicht überstimmt werden durfte, schien eine ideale Möglichkeit, das angestrebte Machtgleichgewicht in den Reichsorganen zu verankern. Kurbrandenburg und Kurhannover zielten nicht auf «die Zerstörung des Reiches»[73], nutzten aber alle erlaubten Mittel, um ihre Vorstellungen zu verwirklichen. Der Abschluss eines Religionsbündnisses – etwa nach Art des Schmalkaldischen Bundes – spielte in der ganzen Diskussion offensichtlich keine Rolle. Die Protestanten bedienten sich der Mittel, die ihnen die Reichsverfassung zur Verfügung stellte.

Das Kaisertum war jedoch seit der zweiten Hälfte des 17. Jahrhunderts so gefestigt, dass die Angst vor einer monarchischen Reichsregierung wiederum instrumentalisiert werden konnte. Nur mit der Begründung, das Verfassungsgleichgewicht, die deutsche oder ständische Libertät und die Religionsfreiheit zu bewahren, hatten Berlin und Hannover das Corpus überhaupt gegen das Reichsoberhaupt in Stellung bringen können. Für die weiterreichenden Ziele eines dualistischen Reiches oder gar eines preußischen Gegenkaisertums stand die Mehrheit der lutherischen Stände nicht zur Verfügung. In der konkreten Streitsache musste der Kurpfalzgraf einlenken, und das *Corpus evangelicorum* konnte sich als reichspolitische Interessenvertretung etablieren, ohne sich für die politischen Ziele Berlins vereinnahmen zu lassen. Obwohl der Kaiser im Februar 1721 noch einmal den Protestanten vorwarf, «Teutschland gegen Teutschland [zu] armiren»[74], und der Religionskrieg weiterhin rhetorisch beschworen wurde, fehlte den Protagonisten die Gefolgschaft.

Auch Karl VI. hatte erkannt, wie leicht sich die Religionsfrage für ganz andere Zwecke instrumentalisieren ließ. Er wollte den loyalen Kurfürsten von Sachsen als Führer der Protestanten stärken, indem er versuchte, den Preußenkönig zu isolieren und das strukturell kaisertreue Kurhannover wieder enger an sich zu binden. Diese Strategie entlastete auch König Georg I., der vor schwierigen Abstimmungsproblemen stand, wenn er im europäischen Rahmen mit dem Kaiser gegen Frankreich, im Reich hingegen gemeinsam mit Brandenburg-Preußen gegen Karl VI. agierte. Selbst aus Sicht der Hannoveraner Räte blieb die konfessionspolitische Allianz mit Berlin ein begrenztes Zweckbündnis. Die Aufnahme Hannovers in die gegen das Vordringen Russlands gerichtete englisch-preußische Defensivallianz 1723 konnte daher nicht mehr als eine vertrauensbildende Maßnahme sein. Georg I. wollte nicht länger den Soldatenkönig unterstützen und gleichzeitig fürchten müssen, dass dieser seine Stammlande besetzte. Im September 1725 wurde Hannover aus diesem Grund in die Herrenhausener Allianz zwischen England, Frankreich und Preußen einbezogen, der später auch die Niederlande, Dänemark und Schweden beitraten.[75] Das Kabinett der Geheimen Räte in Hannover und die deutsche Kanzlei in London versuchten unterdessen, in Norddeutschland ein Gegengewicht zu Brandenburg-Preußen zu bilden.[76] Kurhannover verbündete sich mit Wolfenbüttel und Hessen-Kassel, und es intervenierte im kaiserlichen Auftrag 1728 abermals und gegen den erklärten Willen des Soldatenkönigs in Mecklenburg. Friedrich Wilhelm I. revanchierte sich mit provozierenden Soldatenwerbungen. Diese Vorgänge zeigen, dass es um 1730 kein protestantisch-norddeutsches Gegenreich gab.

Die aggressive Konfessionspolitik zahlte sich für den preußischen König nicht aus. Gegen die Strategie der Konfliktverschärfung hatte Kursachsen erfolgreich auf Abwarten und die Formierung einer «Neutralitätspartei» gesetzt. Die protestantischen Aktivisten wurden isoliert. Zu Beginn der 1730er Jahre zeigte sich überdies, dass man aus den vergangenen Religionskonflikten gelernt hatte. Als der Salzburger Erzbischof Leopold Anton Graf von Firmian seine Rekatholisierungspolitik auf die Spitze trieb und mehr als ein Fünftel seiner Untertanen zum Verlassen ihrer Heimat zwang, sprach niemand von einem neuen Religionskrieg.[77] Das rabiate Vorgehen des Erzbischofs, nicht sein unbestrittenes Recht zur Ausweisung der Protestanten binnen dreier Jahre, hätte keiner ernsthaften reichsrechtlichen Prüfung Stand gehalten. Das *Corpus evangelicorum* war nun jedoch als Interessenvertretung anerkannt und protestierte Anfang des Jahres 1730 auf Bitte der Salzburger Protestanten gegen die erzbischöflichen Maßnahmen. Im Sommer 1731 ging dann eine von

19 000 Bewohnern des Erzstifts unterzeichnete Bittschrift in Regensburg ein. Sie berichtete von wirtschaftlichem Druck und der Unmöglichkeit, länger unter «solch unerhörtem Gewissens-Zwang» zu leben.[78] Man wolle entweder evangelische Lehrer einstellen oder seine Güter verkaufen und auswandern.

Als im Erzstift Deputierte der evangelischen Untertanen über das weitere Vorgehen berieten, wertete der Erzbischof dies als Rebellion und verbot weitere Zusammenkünfte. Die Protestanten boykottierten daraufhin den katholischen Gottesdienst, tauften ihre Kinder selbst und beerdigten die Toten in den Hausgärten. Die konfessionelle Polarisierung erreichte ihren Höhepunkt: Protestanten versuchten, die katholische Messe in ihrem Sinne umzufunktionieren, der Erzbischof forcierte die Marienfrömmigkeit und vor allem die Jesuitenmission. Zahllose Denunziationen sorgten dafür, dass in einem Klima der Angst niemand dem anderen mehr traute.[79] Nachdem eine Deputation der Protestanten zum Reichstag abgefangen worden war, verhielt sich die Salzburger Regierung wie alle Obrigkeiten bei drohendem Aufruhr: Sie quartierte Soldaten in der Krisenregion ein – in diesem Fall kamen sie aus Österreich. Die Anführer wurden verhaftet, die Landesdefensionstruppen zur Musterung gerufen und von den regulären Soldaten entwaffnet.[80]

Während das *Corpus evangelicorum* eine harsche Beschwerde an Karl VI. schickte, publizierte die Salzburger Regierung das Emigrationspatent, das auf den 31. Oktober 1731 datiert war, den Reformationstag. Es schilderte die «Vergehen» der Protestanten, die «eine ganz unbeschränkte Freiheit einführen, unter sich einen neuen Staat einrichten, mithin Herren für sich selbst sein» wollten.[81] Nicht wegen ihres Glaubens, sondern wegen Rebellion habe man die Rädelsführer verhaften müssen: Sie hätten die Wohltaten des Westfälischen Friedens verwirkt.[82] Allen evangelischen Untertanen werde die Emigration gestattet, weil diese Unruhe «nunmehr gäntzlich und von der Wurtzel aus» ausgerottet werden solle.[83] Wer sich zum lutherischen oder calvinischen Glauben bekannte, musste das Erzbistum verlassen. Personen ohne Immobilienbesitz sollten mitten im Winter binnen acht Tagen, Bauern und Bürger, gestaffelt nach ihrem Vermögen, bis spätestens zum 24. April 1732 abziehen. Alle Protestanten, die sich ansonsten nichts zuschulden hatten kommen lassen, erhielten aber Zeugnisse ihrer Geburt, ihres Gewerbes und ihres sittlichen Lebenswandels. Insgesamt 20 678 Salzburger zogen vorwiegend nach Preußisch-Litauen und Ostpreußen, aber auch in die Niederlande und nach Amerika, um dort eine neue Heimat zu finden.[84]

Nicht alle Bestimmungen des Westfälischen Friedens wurden bei der Ausweisung beachtet. Die Salzburger Regierung begründete dies mit dem Wunsch der Protestanten nach einem möglichst schnellen Abzug. Allerdings musste der Erzbischof auf Drängen Kaiser Karls VI. zahlreiche Zugeständnisse machen. Damit wurde eine halbwegs geregelte Emigration möglich, die von den brandenburgischen und Salzburger Reichstagsgesandten vorbereitet worden war. Sie hatten die Modalitäten des Abzugs ausgehandelt, der Soldatenkönig sagte mit dem Einladungspatent vom 2. Februar die Aufnahme der Flüchtlinge zu.[85] Friedrich Wilhelm I. konnte sich so als politischer Führer der Protestanten in Szene setzen, seine eigenen merkantilen und bevölkerungspolitischen Ziele verfolgen und dem Kaiser weitere Peinlichkeiten ersparen. Die sofortige Ausweisung aus Glaubensgründen war ein unter Abwägung der unterschiedlichen Interessen ausgehandelter Kompromiss. Komplizierte Vermögensfragen wie der Verkauf von nicht weniger als 1774 Bauerngütern wurden in einem eigenen Vertrag zwischen Salzburg und Preußen geregelt.[86] Wohl auf Druck Wiens gestand Erzbischof Firmian den Emigranten eine weitere Begünstigung des Westfälischen Friedens zu: Sie durften noch einmal in ihre Heimat zurückkehren, um ihre Vermögensfragen abschließend zu klären. Die Bestimmungen von 1648 hatten weder die Aufenthaltsdauer noch die Zahl der Einreisen beschränkt, doch auch dieses Grundgesetz war – wie so vieles im komplementären Reichs-Staat – verhandelbar.

Das protestantische Deutschland, allen voran der preußische König, der mehr als zwei Drittel der Emigranten aufnahm, nutzte den Salzburger Gewaltakt zur Demonstration eigener Überlegenheit. Die zeitgenössische Publizistik inszenierte die Vertreibung als «Triumphzug evangelischer Glaubensstärke».[87] Bilder und Berichte über die ihrer Heimat verwiesenen Salzburger Protestanten erschienen massenhaft und sorgten für eine ungeahnte Welle der Spenden- und Hilfsbereitschaft. Mehr als 300 Schriften, die 1732/33 an 67 verschiedenen Druckorten erschienen, berichteten über diese Vertreibung.[88] Die Salzburger Protestanten wurden mit den protestantischen Märtyrern des 16. Jahrhunderts verglichen. Noch im gleichen Jahr wiederholten sich die Vorgänge im benachbarten Berchtesgaden. Am 26. Oktober 1732 wurde hier ein Emigrationspatent publiziert, woraufhin im April 1733 etwa 700 Protestanten die Fürstpropstei verließen.[89] Auch Kaiser Karl VI. ging in den 1730er Jahren massiv gegen die Protestanten im Salzkammergut, in der Obersteiermark und in Kärnten vor. Gestützt auf die Sonderbestimmungen des Westfälischen Friedens wurden sie nach Siebenbürgen umgesiedelt.[90] Brandenburg-Preußen, Kurhannover oder andere Mitglieder des Corpus evangelicorum nahmen diese Maßnahmen aber nicht zum Anlass, nach Sanktionen zu rufen oder die politische Zusammenarbeit auf dem Reichstag aufzukündigen.

Die rationale Abwicklung dieser Konfessionskonflikte zeigt, dass niemand an einer Verschärfung interessiert war. Das Corpus evangelicorum wurde als Appellationsinstanz benötigt und als Reichskorporation aner-

kannt. Kaiser Karl VI. sorgte dafür, dass der Salzburger Erzbischof die
Bestimmungen des Westfälischen Friedens wenigstens annähernd beachtete. Preußen dachte an seine Peuplierungspolitik und verhandelte im
Geheimen. Zum Skandal wurde das Ganze durch die Medienberichte,
die aus dem Leid der Salzburger Emigranten einen großen moralischen
Sieg der Protestanten über die Katholiken machten. Dies war der Preis,
den Kaiser Karl VI. und die Katholiken für ihr unzeitgemäßes Handeln
zu zahlen hatten.

d) Die Sicherung der Habsburgermonarchie

Der preußische König wurde in den 1720er Jahren aufgrund der partiellen Schwäche seiner Rivalen in Hannover und Dresden zur zweiten,
wenn auch dem Kaiser deutlich nachgeordneten Macht im Reich. Als
Gegner der Habsburger war Frankreich sein Verbündeter, gegen Russland unterstützten ihn Großbritannien und die Niederlande, gegen die
Katholiken normalerweise die protestantischen Reichsstände. Obwohl
der Soldatenkönig seine Handlungsspielräume nutzte, waren territoriale
Arrondierungen und die machtpolitische Äquivalenz zum Kaiser mit
diesen Partnern unerreichbar. Friedrich Wilhelm I. näherte sich daher
aus wohlüberlegtem Eigeninteresse der Wiener Hofburg an. Dort kam
diese unerwartete Unterstützung gerade recht, denn nachdem Karl VI.
1722 die Schutzherrschaft über die 1719 gegründete «Ostindische Kom-
merzien-Kompanie zu Ostende» übernommen hatte, zeigten sich England und die Niederlande ausgesprochen feindselig. In den folgenden
öffentlich und diplomatisch geführten Auseinandersetzungen ging es
unter anderem darum, ob der burgundische Kreis überhaupt zum Reich
gehöre, also um die Frage, ob Karl VI. als Kaiser oder «nur» als Erzherzog von Österreich gehandelt habe.[91] Dies war den Seemächten letztlich
gleichgültig: Die Gesellschaft tangierte ihre Interessen, weil sie Handels-
gewinne erzielen und Kolonien gründen sollte.

England-Hannover hatte im September 1725 mit Preußen und Frankreich die Herrenhausener Allianz geschlossen, um den Kaiser zu isolieren. Den beteiligten Reichsfürsten wurde gestattet, im Falle eines Reichskrieges ihre Reichskontingente zu stellen.[92] Im Extremfall hätten sie
dann gegen sich selber Krieg führen müssen. Das Bündnis wird allerdings überschätzt, wenn in diesem Kontext von der Gefahr einer Auflösung des Reiches in einzelne größere Staaten die Rede ist.[93] Daran
dachte in den 1720er Jahren niemand.

Der nur widerwillig vom Kaiser besuchte und erst 1724 begonnene
Kongress von Cambrai sollte unter Vermittlung Frankreichs und Eng-
lands einen Ausgleich zwischen Österreich und Spanien herbeiführen.
Er wurde im Mai 1725 abgebrochen, nachdem sich die beiden Kontrahen-

ten auf den ersten Wiener Frieden verständigt hatten. Karl VI. verzichtete auf seine Ansprüche in Spanien, Philipp V. auf Mailand, Neapel, Sizilien sowie die Niederlande. Darüber hinaus erkannte der Kaiser die Erbansprüche des spanischen Infanten Don Carlos auf Toskana und Parma an. Man vereinbarte gegenseitige Militärhilfe, und Spanien bot Handelsprivilegien für die Ostendische Kompanie. Damit schien 1725 auch deren Zukunft gesichert. Karl VI. wurde unabhängig von England, zumal im Sommer 1726 Russland und die 1724 gegründete Wittelsbacher Hausunion der Kurfürsten von Bayern, Pfalz, Köln und Trier auf seine Seite traten. Letztere sollte die Rivalität der beiden Hauptlinien beenden und die eigenen Interessen bündeln, um das zwischen Mannheim und München umstrittene Reichsvikariat gemeinsam führen und sich als Kaiserdynastie empfehlen zu können. Dem söhnelosen Karl VI. erwuchs mit Kurfürst Karl Albrecht nun ein ernsthafter Konkurrent, der München zielstrebig zu einer modernen Residenzstadt umgestaltete und den umliegenden Adel an sich zog.

Das politische Gewicht der Wittelsbacher Hausunion relativierte der Kaiser jedoch durch seine Defensivallianz mit Russland und den im Oktober 1726 mit Preußen geschlossenen Geheimvertrag von Wusterhausen, der 1728 in ein offizielles Bündnis überführt wurde. Gegen die Zusicherung, den Soldatenkönig im Jülich-Bergschen Erbfolgestreit zu unterstützen, zog Karl VI. nach dem spanischen König binnen kürzester Zeit einen zweiten Widersacher auf seine Seite. Schwieriger gestalteten sich die folgenden Verhandlungen mit den Vorderen Reichskreisen. Die kleineren und mittleren Reichsstände des oberrheinischen, fränkischen und schwäbischen Reichskreises hatten sich in sogenannten Kreisassoziationen zusammengeschlossen, um die französischen Übergriffe gemeinsam zu bekämpfen. Besonders erfolgreich agierte die 1702 gegründete Nördlinger Assoziation, der auch der österreichische Reichskreis mit dem habsburgischen Streubesitz im deutschen Südwesten angehörte. Die anderen Mitglieder zeigten sich nun aber darüber verärgert, dass Wien seit 1714 seinen Verpflichtungen nicht mehr nachgekommen war. Dennoch kam am 26. Juni 1727 in Frankfurt eine neue Kreisassoziation zustande, denn England und Frankreich drohten, das Reich für die starre Politik seines Kaisers büßen zu lassen, Der äußere Druck einte erneut die mittleren und kleineren Stände hinter dem Kaiser. Als sich die Kriegsgefahr mit dem Kongress von Soissons 1728 legte, ließ Wien in gewohnter Manier die Reichsangelegenheiten schleifen. 1730 berief sich der Kaiser infolge des im Jahr zuvor geschlossenen Bündnisses zwischen Spanien, England, Frankreich und den Niederlanden doch noch einmal auf den Reichs-Staat, der noch immer dessen europäische Politik unterstützte. Ein kursächsischer Neutralitätsvorschlag setzte sich 1730 ebenso wenig durch wie derjenige, den Kurfürst Karl Albrecht von Bayern bereits 1727 vorgelegt hatte. In beiden Fällen sollte das Reich von der österreichischen Großmachtpolitik getrennt werden.

Ein Gutachten des französischen Außenministeriums vertrat 1729 die aufschlussreiche Ansicht, dass der Kaiser keine Gefahr mehr darstelle, weil er nicht die Macht besitze, sich als absoluter Herrscher das Reich zu unterwerfen. Gefährlicher seien die Protestanten, sollten diese sich vereinigen, zumal sie von England und den Niederlanden unterstützt würden. Es stehe daher zu befürchten, dass Deutschland in absehbarer Zeit in mehrere, vollkommen unabhängige Königreiche geteilt werde.[94] Dies war eine französische Wunschvorstellung. Die Wiener Diplomatie hatte jedoch ihre Handlungsspielräume optimal genutzt und der Soldatenkönig erkannt, dass das Bündnis mit den Habsburgern seine Hegemonie im Norden des Reiches absicherte. Nach diesem Interessenausgleich lenkte Wien, zermürbt durch den ständigen Kaperkrieg gegen seine Schiffe, im Streit mit den Seemächten ein, um nicht von der preußischen Militärmacht abhängig zu werden: Auf französische Vermittlung erklärte sich Karl VI. 1727 zunächst bereit, die Ostende-Kompanie für sieben Jahre zu suspendieren[95], und gab das Prestigeprojekt dann 1731 endgültig auf.

Die hektische Bündnispolitik der 1720er Jahre verdeutlicht, dass das europäische Gleichgewicht immer wieder neu justiert werden musste, um auch diejenigen einzubinden, die sich den englisch-französischen Vorstellungen verweigerten. Dies waren vor allem Spanien und Österreich, deren kurzzeitige Verbindung gegen die beiden westlichen Vormächte auf Dauer allerdings keinen Bestand haben konnte. Karl VI. gab seine spanischen Ambitionen nie auf, und Elisabeth Farnese, die eigentliche Leiterin der spanischen Politik, suchte für ihre Kinder italienische Sekundogenituren bzw. Heiratspartner – beides zu Lasten der Habsburger.[96]

Unterdessen rückte die Nachfolgefrage die nationale und internationale Anerkennung der Pragmatischen Sanktion ins Zentrum der Wiener Politik. Auf einen männlichen Erben war nicht mehr zu hoffen. Das noch unter Leopold I. 1703 geschlossene «Pactum mutuae successionis» hatte die Erbfolge angesichts zweier habsburgischer Linien in Österreich und Spanien geregelt. Die Primogenitur und der Vorrang des ältesten Mitglieds der überlebenden Linie waren unstrittig, und auch die weibliche Erbfolge beim Aussterben des Mannesstammes schien keine sonderlich bedrohliche Perspektive, denn die beiden Söhne des Kaisers waren zu diesem Zeitpunkt im besten Mannesalter. Zehn Jahre später sah die Sache ganz anders aus: 1712 hatte der kroatische Landtag die Neuregelung des Erbvertrages angemahnt, um nach dem Tode Karls VI. von der gleichen Linie wie Innerösterreich regiert zu werden. Als damals letzter und kinderloser männlicher Habsburger änderte Karl VI. am 19. April 1713, acht Tage nach dem Utrechter Frieden, den Erbvertrag und legte in der Prag-

matischen Sanktion die Einheit und Unteilbarkeit der habsburgischen
Länder sowie den Vorrang aller männlichen Erben, also seiner potentiel-
len Söhne, vor seinen eigenen und den Töchtern Josephs I. fest.[97] Diese
Regelung erfolgte ganz im Sinne der Kaiserwitwe Amalie Wilhelmine,
deren Töchter damit vor den Schwestern des Kaisers rangierten. Wie üb-
lich mussten die beiden Töchter Josephs I. vor ihren Vermählungen mit
Friedrich August II. von Sachsen (1719) und Karl Albrecht von Bayern
(1722) auf alle Erbansprüche verzichten. Seit diesem Zeitpunkt war Maria
Theresia, die älteste Tochter Karls VI., die potentielle Alleinerbin. Die
Bevorzugung der jüngeren Linie und die Umkehrung der weiblichen
Eventualerbfolge hatten die Erbfolge an die mit der Kaiserwahl Karls VI.
veränderte Situation angepasst und waren zunächst wenig umstritten.

Als der einzige Sohn des Kaisers in seinem ersten Lebensjahr verstarb,
wurde eine weibliche Erbfolge wahrscheinlich. Karl VI. ließ 1720 den österreichischen und den böhmischen Landtag die Pragmatische Sanktion
bestätigen. 1722 folgte das Königreich Ungarn.[98] In Mailand, Mantua
und in den Niederlanden wurde die neue Erbfolge per Dekret verordnet.
Spanien, Russland und Brandenburg-Preußen garantierten die Pragmatische Sanktion im Zuge ihrer Bündnisse mit den Habsburgern. Die
größten Probleme bereiteten die Reichsstände. Sie fürchteten einerseits,
in Erbauseinandersetzungen verwickelt zu werden, und sie wollten andererseits nicht die Nachfolge im Kaisertum zugunsten des Schwieger-
sohns Karls VI. präjudizieren. Der Soldatenkönig hatte diesem, falls es
ein Deutscher sein werde, bereits im Dezember 1728 mit der Garantie der
weiblichen Erbfolge seine Kurstimme bei der Kaiserwahl zugesichert. In
einer Randglosse heißt es: «Keinen Spanier, keinen Franzosen, einen
Deutschen wollen wir.»[99]

Friedrich Wilhelm I. inszenierte sich als deutscher Patriot, formulierte
jedoch nur eine Forderung, die ohnehin bei jeder Kaiserwahl auftauchte,
die aber den Kreis der Heiratskandidaten für die älteste Kaisertochter
ganz erheblich einengte. Das Kaisertum und die Habsburgermonarchie
durften mit keiner anderen europäischen Großmacht verbunden werden.
Da wegen der Erbstreitigkeiten sächsische und bayerische Kurprinzen
nicht in Frage kamen, blieben nur mindermächtige katholische Fürsten,
die weder für die preußische Stellung im Reichs-Staat noch für das europäische Staatengleichgewicht gefährlich waren. Für die preußische Anerkennung der Pragmatischen Sanktion sprachen daher viele gute Gründe:
Unter den gegebenen Bedingungen entstand keine neue europäische Vormacht, und es drohte weder ein Erbfolgekrieg noch die Aufteilung des
habsburgischen Länderkonglomerats unter den Töchtern Josephs I. und
Karls VI. Die mit Teilen der habsburgischen Länder arrondierten Kurfürstentümer Bayern und Sachsen konnten nicht zu übermächtigen Konkurrenten Brandenburg-Preußens aufsteigen. Falls der Kurfürstenkönig

von Sachsen-Polen Schlesien und Böhmen hinzugewonnen hätte, wäre die preußische Hegemonie im Norden Deutschlands unter großen Druck geraten. Mit dem fernen Wiener Kaiser hatte man in Berlin zu leben gelernt, mit einer nahen Großmacht Sachsen-Polen, die Brandenburg-Preußen vom Reichs-Staat abriegelte, oder mit einem bayerischen Kaiser, der zusätzlich die österreichischen Erblande beherrschte, schien dies weitaus schwieriger: Der preußische König wäre nicht mehr der erste Gegenspieler des Kaisers gewesen und zur dritten Kraft in einem Reich herabgesunken, dessen neue Machtachse zwischen Dresden und München verlaufen wäre. Der Soldatenkönig kooperierte mit Karl VI. in Abwägung seiner begrenzten Alternativen. Brandenburg-Preußen war auf einen Kaiser angewiesen, der im deutschen Norden wenig Einfluss hatte. Friedrich Wilhelm I. wollte die für ihn letztlich vorteilhafte Konstellation und die darauf basierende Idee des deutschen Machtgleichgewichts nicht durch die dynastischen Probleme der Habsburger gefährden. Er warb daher bei den Reichsständen für die Anerkennung der Pragmatischen Sanktion mit dem schlagenden Argument, nur ein starkes Österreich könne das Reich schützen, und appellierte ungeniert an patriotische Gefühle: Er hoffe, dass jeder «teutschpatriotisch gesinnte Fürst, welcher es mit sich selbst, wie auch mit des Teutschen Reiches Wohlfahrt, Conservation und Sicherheit treu und redlich meint, nicht anders tun könne und werde, als zu oberwähnter Garantie zu stimmen».[100] Wer sich verweigerte, wie der bayerische und der sächsische Kurfürst, verstieß aus seiner Sicht gegen die Pflicht zu nationaler Loyalität und Solidarität und gefährdete zudem die Position Brandenburg-Preußens. Darüber darf nicht vergessen werden, dass August der Starke versuchte, sich selbst im Reich als Alternative zum Kaiser aufzubauen. Der Soldatenkönig reagierte hierauf Ende 1730 ausgesprochen unwirsch: «Wollen wir den Kaiser bei Seite setzen, gut; wer soll aber das Haupt sein? Wollen sie mir zu machen? Gut. Aber das wird Saxen, Hannover, Bayern nicht. Ergo wer das Haupt sein? Saxen? Da aber lasse mir lieber mein Land brennen.»[101]

Als eine schnelle Reichstagsentscheidung durch die Beschwerden der evangelischen Salzburger Untertanen verhindert wurde, galt die größte Sorge des Soldatenkönigs einem Zusammenspiel zwischen Dresden und Versailles. Für diesen Fall bot er Karl VI. an, Sachsen binnen 24 Stunden zu entwaffnen. Anfang des Jahres 1732 bat Friedrich Wilhelm I. in Wien vertraulich um eine Liste der Stände, die es mit dem Kaiser hielten. Die Hofburg wusste, wie wichtig der preußische Verbündete war und sah ihm fast alle Exzesse bei Soldatenrekrutierungen in anderen Reichsterritorien nach. Wien wollte den Soldatenkönig sogar mit dem neuen englischen König Georg II. aussöhnen. Die Habsburger schienen um 1730 gegenüber England in einer vorteilhaften Situation, denn Hannover hatte sich 1728 erbittert dagegen gewehrt, Kurbrandenburg an der Exekution gegen Mecklenburg zu beteiligen, und versuchte nun, sich selbst in den Besitz des Herzogtums zu bringen. Der englisch-preußische Konflikt geriet Ende der 1720er Jahre an den Rand eines Krieges. Im Juni 1730 erschien ein englischer Gesandter in Wien, der die Auflösung der Ostendischen Kompanie und die Belehnung mit Bremen und Verden erreichte. Dafür garantierte England unter der Bedingung, dass dadurch das europäische Gleichgewicht nicht gefährdet werde, im Wiener Vertrag vom März 1731 die Pragmatische Sanktion. Die Generalstaaten, Dänemark und Spanien schlossen sich an[102], Sachsen-Polen folgte mit Beginn des polnischen Thronfolgekrieges 1733. Damit war Frankreich isoliert. Doch die neue Verbindung zwischen London und Wien war nur ein Zweckbündnis: Es gab viele Missverständnisse, und die Hofburg sah in Whitehall einen höchst unzuverlässigen Partner, während man dort der Konfessionspolitik der Habsburger mit größtem Unverständnis begegnete.

Unterdessen ließ Karl Albrecht von Bayern auf dem Reichstag die Folgen der habsburgischen Erbregelung für die deutsche Freiheit und das kurfürstliche Wahlrecht in düsteren Farben schildern. Er war entschlossen, die alten bayerischen Anrechte auf Österreich geltend zu machen. Die Argumente überzeugten aber nicht einmal seinen Bruder, den Kölner Erzbischof Clemens August, den der Wiener Hof mit 100 000 Gulden jährlicher Pension gewonnen hatte. Auch andere Kurfürsten und Fürsten erhielten regelmäßig kaiserliche Zuwendungen. Das Dresdener Gutachten bezeichnete die vom Reich verlangte Garantie als größten «Staatsstreich des Hauses Oesterreich». Das «Teutsche Reich» verkomme zum Heiratsgut.[103] Die beiden Kurfürsten blieben jedoch isoliert, obwohl sie mit Flugschriften öffentlich für ihre Position warben. Am 11. Januar 1732 garantierte der Reichstag die weibliche Erbfolge der Habsburger. Das Reichsgutachten hob besonders hervor, dass das Erzhaus und seine Königreiche eine «Vormauer der Christenheit» und zudem sowohl für die «Waagschaale in Europa» als auch die «Freyheit des teutschen Vaterlands» von größter Bedeutung seien.[104] Der Kaiser ratifizierte den «teutsch patriotischen Schluß» und bedankte sich für den «teutsch gemutheten Eyfer» der Stände, weil er «gemeiner Wohlfahrt des teutschen werthen Vaterlands» diene.[105] Dieser erste Vertrag zwischen dem Reichs-Staat und der Habsburgermonarchie ersparte Deutschland und Europa einen Erbverteilungskrieg.

Die Allianz von Kurbayern und Kursachsen konnte der Phalanx von Vertragsbefürwortern nichts entgegensetzen: Nur wenn die Erblande weder geteilt noch mit einer anderen Großmacht verbunden wurden, ließen sich der Friede und die europäische Staatenordnung bewahren. Die meisten Akteure hatten schnell erkannt, dass sie den habsburgischen Besitz nicht zerschlagen durften. Das Mächtesystem brauchte Stabilität, um dynastischen Wechselfällen zu entgehen. Anerkannte Hausgesetze und Erbfolgeordnungen waren nötig, die nicht mehr vorrangig dynastische Ansprüche, sondern transpersonal die bestehenden Staaten schützten. Dies entsprach den im 18. Jahrhundert so ambitioniert propagierten «vernünftigen Regelungen», insofern ein potentieller Störfaktor entfiel und die internationalen Beziehungen wenigstens etwas kalkulierbarer wurden. Dass die Reichstagsgarantie den Lehensrechten widersprach, interessierte nun nur noch die beiden Schwiegersöhne Kaiser Josephs I. Die Verstaatung dynastischer Herrschaftskonglomerate genoss fortan höchste politische Priorität.

Herrscherwechsel bargen jedoch auch weiterhin ein hohes Kriegsrisiko.[106] So löste der Tod des polnischen Königs August II. 1733 einen weiteren Thronfolgekrieg aus. Das Reich wurde dabei in einen militärischen Konflikt verwickelt, der seine Interessen eigentlich nicht berührte: Kardinal Fleury, der Leiter der französischen Politik, fürchtete die Reintegration des Herzogtums Lothringen in den Reichs-Staat mit der bevorstehenden Heirat Maria Theresias und Franz Stephans von Lothringen. Russland, Preußen und Österreich hatten sich 1732 zudem im «Traktat der drei schwarzen Adler» verständigt, Frankreich keinen Einfluss auf die polnische Nachfolgeregelung zu gewähren. Die Mehrheit des Adels wählte dennoch Stanislaus Leszczynsky, den Schwiegervater König Ludwigs XV. Dieser hatte das Land zwischen 1704 und 1709 schon einmal regiert und sollte aus französischer Sicht Polen zu einer Barriere gegen Russland machen. Russische Truppen, die in Schlesien aufmarschierte österreichische Armee sowie die Neutralitätserklärung Englands sorgten dafür, dass der Wettiner Königssohn Friedrich August II. von Sachsen in einem neuen Wahlgang am 5. Oktober doch noch zum polnischen König gewählt wurde. Nachdem Frankreich fünf Tage später dem Kaiser den Krieg erklärt hatte, beschlossen die Kreisassoziation und schließlich auch der Reichstag am 26. Februar 1734 gegen die Stimmen der drei Wittelsbacher Kurfürsten – Kurbayern, Kurpfalz und Kurköln – den Reichskrieg.[107] Die Stände unterstützten wie selbstverständlich ihren Kaiser gegen Frankreich, obwohl der Krieg nicht dem Reich erklärt worden war. Hier wirkten ältere Erfahrungen fort: Französischer Druck einte das Reich. Frankreich war für fast alle kleineren Stände ein Feind und nicht wie für die Hohenzollern, die Wittelsbacher und bald auch für die Habsburger ein Bündnispartner.

Während der in die Jahre gekommene Prinz Eugen als «Herkules» oder «Mars der Teutschen» besungen und aufgefordert wurde, «die Hahnen zu verjagen»[108], eroberten französische Truppen am 18. Juli 1734 die rechtsrheinische Festung Philippsburg und verheerten die Rheinlande. Prinz Eugen blieb untätig und verwies auf die angeblich drohende Vereinigung bayerischer und französischer Truppen. Da auch London Wien trotz bestehender Verträge wieder einmal im Stich ließ, hätte allein die preußische Militärmacht dem Krieg eine Wende geben können. Doch Karl VI. zögerte, sie im Westen Deutschlands einzusetzen aus Furcht, Friedrich Wilhelm I. könne diese Gelegenheit nutzen, um das ihm versprochene Herzogtum Jülich-Berg zu besetzen. Der Kaiser vertraute trotz seiner Verluste in Italien – die Spanier hatten die Lombardei besetzt – auf einen günstigen Friedensschluss. Die 1735 begonnenen Gespräche mit Frankreich mündeten nach dem Beitritt Spaniens und Sardiniens 1738 in den Wiener Frieden: August III. wurde als polnischer König international anerkannt, Stanislaus Leszczynsky erhielt Lothringen, das nach seinem Tod an Frankreich fallen sollte.[109] Franz Stephan von Lothringen musste daher auf «sein» den österreichischen Niederlanden benachbartes Herzogtum, das dem Reich aber schon lange entfremdet war, verzichten und sollte nach dem Tode des letzten Medici mit der Toskana entschädigt werden. Zudem fiel der Süden Italiens nun doch an die spanischen Bourbonen, dafür erreichten die Habsburger mit Mailand, Mantua und Parma-Piacenza sowie der Sekundogenitur Toskana ein vergleichsweise geschlossenes Gebiet im Norden. Nachdem Franz Stephan Maria Theresia 1736 geheiratet hatte, schien der Übergang des Hauses Habsburg in eine neue Dynastie Habsburg-Lothringen perfekt, die österreichische Staatseinheit gesichert.

Für das europäische Mächtegleichgewicht war diese Ehe ideal, da sie den Status quo nicht änderte: Der Herzog von Lothringen verfügte mit der Toskana nur über ein vergleichsweise bescheidenes Großherzogtum. Der Reichstag verzichtete 1736 zwar definitiv auf Lothringen und ermächtigte Karl VI. zum Friedensschluss[110], ratifizierte das ihm erst 1740 vorgelegte Vertragswerk jedoch nicht.[111] Mit Lothringen war ein weiterer «Puffer» an der Westgrenze des Reichs-Staates an Frankreich gefallen, und die Gesandten des Kaisers hatten es trotz des dringenden Wunsches der Protestanten neuerlich versäumt, die Aufhebung der Rijswijker Klausel zu fordern. Die Verbitterung unter den Reichsständen wuchs, zumal der alternde Kaiser kaum eine Gelegenheit ausließ, sie zu brüskieren. Zu allem Überfluss wurde er von Russland in einen aus deutscher Sicht sinnlosen Türkenkrieg verwickelt. Karl VI. wollte seine Verluste in Italien ausgleichen, handelte sich aber zwischen 1737 und 1739 nur Niederlagen ein. In Wien grassierte erneut die längst vergessene Türkenangst. Der Reichstag bewilligte zwar eine Reichssteuer in Höhe von 50 Römermonaten, doch nur ein Bruchteil davon wurde ausgezahlt, zumal das Reichsgutachten den Begriff «Reichskrieg» bewusst vermied. Der von Frankreich vermittelte Frieden von Belgrad fiel 1739 für Österreich mit dem Verlust der Walachei und des nördlichen Serbiens noch einigermaßen glimpflich aus. Deutlich wurde aber, dass Karl VI. seine Ressourcen überfordert hatte. Als nach seinem Tode die Tochter Maria

Theresia 1740 die Regierung übernahm, fehlte es an Geld, an einer
brauchbaren Armee und an Politikern, die in der Lage gewesen wären,
die heraufziehende Krise rechtzeitig zu erkennen und zu meistern.
Der rapide Machtverfall Karls VI. besaß strukturelle Ursachen und
hatte sich lange angekündigt.

Es war dem Kaiser nie gelungen, die Belange
des multiethnischen Habsburgerreiches an seinem Hof so auszugleichen,
dass sich alle Gruppen eingebunden fühlten. In Wien gab es einen «spanischen Rat», der mit dem Hofrat konkurrierte und 1736 durch einen italienischen ersetzt wurde[112], es gab eine Reichskanzlei mit wenigen Befugnis-
sen und die von allen Seiten beargwöhnten Favoriten des Kaisers. Die
Hofparteien bekämpften sich in aller Öffentlichkeit, so dass immer neue
«Interna», etwa ein Streit unter Ministern oder Nationalitätenkonflikte,
publik wurden. Die Reichsstände blickten, wie zur Zeit Karls V., auf eine
in ihren Augen «überfremdete» Hofburg. Neben emotionalen Vorbehalten
gegen die spanischen, italienischen oder lothringischen kaiserlichen Räte
fürchteten sie erneut die fremden Politikmuster: Deutsche Freiheit stand
plötzlich wieder gegen spanische Servitut oder französische Dienstbarkeit
– die kulturellen Selbstverständlichkeiten des 16. und 17. Jahrhunderts
kehrten zurück. Noch wichtiger aber war, dass der Wiener Hofadel selbst
den Zuzug spanischer und italienischer Granden beargwöhnte. Die «deutschen» Höflinge klagten über Positionsverluste. In den «Geschriebenen
Zeitungen» findet sich 1736 ein Artikel, der von den engen Grenzen der
Toleranz in einer multikulturellen Hofgesellschaft zeugt. Die oft postu-
lierte offene europäische Adelsgesellschaft war auch in Wien eine bloße
Fiktion. Das Konnubium der Wiener Höflinge deutet auf die enge Verflechtung zwischen Reich und Erblanden hin. Die Vorherrschaft dieser
Gruppe schien jedoch durch die territoriale Expansion in Italien und die
spanischen Optionen des Kaisers ernsthaft bedroht. Die Kritik gipfelte in
Klagen über ausländische Misswirtschaft und in der Feststellung, wenn
jemand dennoch einmal etwas Geld bekommen könne, schnappten «es die
Hungrische, Franzosen und Spanier nebst andern unnutzen gesindel vor
dem Maule hinweg». Der Kaiser aber könne niemanden maßregeln, weil
sonst «das ganze zeithero convertierte und imaginierte Staats Gebäude zu
Grunde» gehe.[113]

Aus solchen Texten spricht Frustration und Neid, aber auch die Ab-
sicht, Stimmung für eine Neuausrichtung der Wiener Politik zu machen.
Damit sollte vor allem die Position Franz Stephans unterminiert und
Maria Theresia signalisiert werden, dass das Wiener Zentrum in die
Hände deutsch(sprachig)er Kräfte gehöre. Bei aller Loyalität zu ihrem
Gatten hat Maria Theresia diese Botschaft offensichtlich sehr genau re-
gistriert und ihre Schlüsse daraus gezogen. Augenfällig bleibt die margi-
nale Beteiligung Franz Stephans an der erbländischen Regierung.

Am Ende der Regierungszeit Karls VI. herrschte in Wien Krisenstimmung. Die deutsche Klientel der Habsburger, die eigentlich nur noch Wien als Hauptstadt des Reiches kannte, musste davon ausgehen, dass die Kaiserwürde an eine andere Dynastie fiel. Die «Kaiserdämmerung»[114], die sich Karl VI. durch seine ungeschickte und wenig ausgleichende Politik in der zweiten Hälfte der 1730er Jahre selbst zuzuschreiben hatte, verdunkelt bis heute dessen Lebensleistung. Er leitete den Reichs-Staat sicher durch den kriegerischen Beginn seiner Regierungszeit, regulierte die gefährlichen Religionsstreitigkeiten und brachte die Verträge zustande, die den Habsburgerstaat nach seinem Tode als europäische Großmacht erhielten. Er versäumte es jedoch, die um 1700 noch höchst erfolgreiche eigene Armee so zu reorganisieren, dass sie überraschenden Angriffen standhalten konnte. Es war ihm auch nicht möglich, verbindliche Absprachen für die Nachfolge seines Schwiegersohnes im Kaisertum zu treffen. Aber genau dies war für die deutsche Klientel entscheidend, die sich im Schatten Wiens wohlfühlte. Die kleineren, meist katholischen Reichsstände wollten einen wohlgesonnenen mächtigen und handlungsfähigen Kaiser, der sie bei der Vergabe von Ämtern und Pensionen bevorzugte und ihre Sicherheit garantierte. Im Gegenzug gewährten sie ihm etwa Interventionsmöglichkeiten in den Teilen des Reiches, die nicht unmittelbar an habsburgisches Gebiet grenzten.

In der Regierungszeit Karls VI. hatte der komplementäre Reichs-Staat noch einmal seine Integrationskraft und seine Bereitschaft zu innovativen Lösungen beweisen können. Bis 1740 war die Reichseinheit nicht wirklich gefährdet, denn König Friedrich Wilhelm I. wollte Deutschland nicht spalten. Dennoch bildete die Regierungszeit Karls VI. den Wendepunkt für den Entstehungsprozess der Habsburgermonarchie und das langsame Herauswachsen der Großmacht Österreich aus dem Reichs-Staat. Das Dilemma des Reichs zeichnete sich bereits vor seinem Tod ab: Die alte Reichskonzeption, die auf dem gemeinsamen Interesse an innerer und äußerer Freiheit, auf Recht, Gesetz und Sicherheit sowie auf einer beschränkten kaiserlichen Gewalt basierte, war Makulatur geworden. Als politischer Akteur achtete Karl VI. zuerst auf die Belange der sich aus dem Reichs-Staat herauslösenden Habsburgermonarchie. Die Krise des Wiener Hofes war ein Reflex auf diese neue Konstellation und offenbarte, wie sehr die kleineren und mittleren Stände vom Schutz der Kaiserdynastie abhingen: Ein schwacher Kaiser widersprach nicht nur ihren Interessen, sondern bedrohte auch die innere Logik und Stabilität des Reichs-Staates. Die zweite deutsche Großmacht, der sich im Zeichen der preußischen Krone bildende Hohenzollernstaat, musste den Machtausgleich zumindest anstreben, um als Gegengewicht ernst genommen zu werden. Dabei wuchs auch Brandenburg-Preußen aus dem Reichs-Staat heraus – weniger territorial als mit Blick auf die eigene Staatsräson. Sie forderte Gebietszuwachs, und der neue König Friedrich II. bediente sich im Gegensatz zu seinem Vater nicht nur der Armee, sondern nahm auch die Aufteilung oder gar das Ende des Reichs-Staates billigend in Kauf. Die von ihm absolut gesetzte und nicht verhandelbare preußische Staatsräson mündete daher rasch in eine Serie deutscher Kriege.

2. Deutsche Kriege (1740–1763)

a) Der Angriff Friedrichs II.

Hatte am 31. Mai 1740 mit Friedrich II. ein «Hasardeur» den preußischen Thron bestiegen, der alles auf eine Karte setzte, um offensiv sein «Rendezvous mit dem Ruhm» zu suchen?[115] Der musisch begabte und philosophisch interessierte Sohn war den soldatischen und pietistischen Idealen seines Vaters Friedrich Wilhelm I. nicht nur ausgewichen, sondern sogar in Festungshaft geraten und Augenzeuge der Hinrichtung seines Jugendfreundes Hans Hermann von Katte geworden.[116] Nicht wenige Philosophen Europas setzten große Hoffnungen in ihn, weil er sie verstand und mit ihnen in ihrer Sprache kommunizierte. Der Angriff auf Schlesien offenbarte Ende des Jahres 1740 jedoch den Machtpolitiker Friedrich II. und stellte die Weichen für den deutschen Dualismus.

Der Tod Kaiser Karls VI., die Machtübernahme seiner Tochter Maria Theresia und die anstehende Kaiserwahl führten zu einem kriegerischen Vierteljahrhundert in Deutschland. Friedrich II. wusste zwischen Politik als philosophischer Tugendlehre und als Instrument der Machterweiterung zu trennen. Er hatte Niccolò Machiavelli verstanden und befolgte dessen Verhaltensregeln für einen Fürsten, der Machtpolitik frei von moralischen Skrupeln betreiben will. Der Überfall auf Schlesien präsentierte einen König, der als ehrgeiziger und ruhmsüchtiger Politiker seine Chance rational kalkulierte und die preußische Staatsräson zielstrebig verfolgte, die seines Erachtens alle Rechts- und Konventionsbrüche legitimierte. Friedrich II. nahm dafür wie andere Fürsten vor und nach ihm den Bruch von Absprachen und Verträgen in Kauf, was ihm zwar verübelt wurde, aber auch seinen Ruf als tatkräftiger und skrupelloser Akteur begründete, der die Dinge in Bewegung bringt.

Dagegen reüssierte der Vorwurf, der König habe sich selbst und seinen hohen Ansprüchen mit dem Eroberungskrieg Lügen gestraft, nur bei seinen Gegnern. Sie bezogen sich auf den «Antimachiavell»[117], den der Kronprinz Ende der dreißiger Jahre in Rheinsberg als philosophisch-moralische Fingerübung verfasst hatte. Nach gründlicher Überarbeitung hatte Voltaire die Schrift 1740 anonym in Amsterdam herausgebracht. Die offenkundige Spannung zwischen Theorie und Praxis, zwischen aufklärerischem Ideal und Machtpolitik, wird vor allem damit erklärt, dass

der Antimachiavell primär für den gelehrten Diskurs bestimmt gewesen
sei. Friedrich II. zeigte sich von den französischen Aufklärern fasziniert,
die gegen religiösen Fanatismus, Despotismus und machtpolitische Interessen wetterten sowie die französische Sprache und Zivilisation als kulturelle Basis der Menschheit propagierten. Er trennte aber zwischen der
Rolle als Monarch und der als Philosoph. Dies tat im Übrigen auch Voltaire, der 1742 nicht nur vom «siècle de Frederic» sprach, sondern ihn
1742 nach dem Breslauer Frieden auch einen Heros des Jahrhunderts und
Friedensstifter in Deutschland und Europa nannte.[118]

Schnell zeigte sich, was Friedrich II. unter der preußischen Staatsräson verstand und wie er diese zur Geltung bringen wollte. Im September 1740 setzte er drei Grenadierbataillone in Marsch, um gegen den Lütticher Bischof die kleine Herrschaft Herstal unter preußische Kontrolle
zu bringen.[119] Europa hätte bemerken können, wie wenig sich dieser König auf vage Zusicherungen verließ und wie entschlossen er handelte. In
seiner Person ergänzten sich Vernunft- und Machtpolitik nicht, denn die
von den Aufklärern emphatisch beschworene Vernunft hatte mit der ins-
trumentellen Rationalität der preußischen Staatsräson wenig zu tun.
Stattdessen präsentierte Friedrich II. seine Angriffskriege, Annexionen
und selbst die eigene despotische Herrschaft der Öffentlichkeit als unbedingte Notwendigkeit. Zeit seines Lebens beschäftigte ihn die Begründung von Gewalt als scheinbar legalem Mittel der Politik. In dem ersten
politischen Testament von 1752 erfährt zunächst der Realpolitiker Machiavelli Gerechtigkeit, denn dieser schreibe, «daß eine selbstlose Macht,
die sich zwischen ehrgeizigen Mächten befände, endlich zugrunde gehen
müsse. Das verdrießt mich sehr, aber ich muß zugeben, daß Machiavell
recht hat.»[120] Auch in seinem zweiten Testament von 1768 argumentiert
Friedrich realpolitisch: «Das Mittel, seine Wünsche geheim zu halten, ist,
friedliche Gesinnung zur Schau zu tragen, bis zu dem Augenblick, in
dem man seine geheimen Ansichten aufdecken kann. So haben alle großen Politiker gehandelt.» Vor diesem Hintergrund definiert er den gerechten Krieg konventionell im Sinne des Natur- und Völkerrechts:
Neben der Abwehr eines Angriffs seien auch solche Kriege erlaubt, die
Rechten oder Ansprüchen gölten, die man einem Herrscher nicht ge-
währe wolle, denn «die erste Sorge eines Fürsten muß darin bestehen,
sich zu behaupten, die zweite, sich zu vergrößern».[121] Nach seinen kriegerischen Anfangsjahren verzichtete er selbst zwar weithin auf die
militärische Offensive, dies hielt ihn aber nicht davon ab, die preußische
Armee von 80 000 auf fast 200 000 Soldaten mehr als zu verdoppeln.

Die Militarisierung der preußischen Gesellschaft, die sein Vater eingeleitet hatte, schritt unter Friedrich II. zügig voran: Philosophische Gedanken halfen den zu blindem Gehorsam gegenüber einem abstrakten
«Staat» gedrillten Bauern und Soldaten wenig, die der Militärmaschine-

rie bis zum Tode dienen mussten. Der König verstand seine Herrschaft
zwar nicht mehr als von Gott eingesetzt und nur Gott Rechenschaft
schuldig, sondern als einen imaginären Auftrag des Volkes oder der Untertanen, für den preußischen Staat zu sorgen. Selbstverständlich kannte
er die Lehre vom Gesellschaftsvertrag, doch er interpretierte sie einseitig:
Alles für den Staat, nichts durch das Volk. Die berühmte Formel vom
«ersten Diener» bezog Friedrich II. im «Antimachiavell» auf seine Untertanen, 1747 und 1752 auf den «Staat», 1757 auf das «Volk», um sich
1766 als erster Beamter der «Nation» und 1777 wieder als Staatsdiener zu
bezeichnen.[122] Die Kritik und das Vordringen des Naturrechts zwangen
seines Erachtens die Könige und Fürsten, sich aus ihrer göttlichen Legitimierung und ihren dynastischen Bezugssystemen zu lösen, um sich zu
«Verwaltern» des Staates oder des Gemeinwohls zu erklären. «Der Herrscher ist der erste Diener des Staates [...], man fordert von ihm, daß er
wirksam für das Wohl des Staates arbeite.»[123] Von der Glückseligkeit des
Einzelnen ist bei Friedrich II. jedoch wenig die Rede.

Die drängenden Fragen, warum so viele Zeitgenossen den Preußenkönig verehrten, warum sie in ihm eine Hoffnung für Deutschland erblickten, warum sie seine Angriffskriege rhetorisch überhöhten und ihm
seine strategischen Fehler verziehen, sind nicht einfach zu beantworten.
Seine außergewöhnliche Tatkraft und Skrupellosigkeit, seine intellektuelle Brillanz, nicht zuletzt sein Kriegsglück und die geschickte Öffent-
lichkeitsarbeit faszinierten und ließen ihn zum Heros einer jungen Generation werden. Bei aller Kritik an der preußischen Kriegspolitik ist rückblickend zuzugestehen, dass Friedrich II. nicht nur die politischen Dinge
im Reich in Bewegung brachte, sondern auch die deutsche Nation als
kulturelle Einheit aufrüttelte, obwohl er daran sicher weniger gedacht
hatte. Nach einem Herrschaftsvertrag oder gar nach einer Konstitution,
die den Regenten an Regeln band, sucht man in seinen Reflexionen und
natürlich auch in seiner Herrschaftspraxis vergeblich. Der König regierte
als Souverän frei und absolut im Sinne Bodins, Pufendorfs oder Hobbes,
nur den rational ausdeutbaren naturrechtlichen Pflichten und den ver-
traglichen Verpflichtungen der Grundgesetze (*leges fundamentales*) unterworfen. Das Volk konnte nach Meinung Friedrichs II. seine wahren
Interessen ohnehin nicht erkennen. Der Fürst «muß für die Allgemeinheit sehen, denken und handeln.»[124] Deswegen spielt auch der Reichs-
Staat als übergreifendes, Despotismus einhegendes Ordnungssystem in
Friedrichs Herrschaftskonzeption nur eine marginale Rolle. Schon im
Sommer 1740 bezeichnete er den Kaiser als «das alte Spuk- und Götzen-
bild»[125], und auch später hat er das Reich allenfalls zugunsten preußischer Interessen instrumentalisiert.

Der König dachte nicht daran, das ganz auf ihn zugeschnittene und
nach den Maßstäben der Zeit sicher auch effiziente Herrschaftssystem

zugunsten von mehr Kontrolle oder gar Mitbestimmung zu verändern. Er schränkte allerdings zu Beginn seiner Regierungszeit die Folter ein und hob die Zeitungszensur auf. Letztere musste jedoch wegen der außenpolitischen Spannungen bald neuerlich eingeführt und 1743 auf wissenschaftliche Veröffentlichungen ausgedehnt werden. Parallel dazu begannen die Arbeiten am Allgemeinen Landrecht, die erst ein halbes Jahrhundert später abgeschlossen wurden. «Rechtsstaat» und «Toleranz» blieben der Staatsräson untergeordnet.[126] Sie tangierten den areligiösen König und seine absolutistische Herrschaft wenig, erleichterten jedoch das Zusammenleben in der Armee sowie in den gemischtkonfessionellen Gebieten. Im Zweifelsfall konnte der König ohnehin jederzeit die gewährten Freiheiten wieder zurücknehmen. Damit soll nicht bestritten werden, dass sein Engagement für die religiöse Toleranz weit über das hinausging, was andere deutsche Fürsten zu dieser Zeit für vernünftig hielten.

1740 spürte Österreich den unbedingten Machtwillen Friedrichs II. Die Ausgangslage hätte für Maria Theresia ungünstiger kaum sein können. Der am 20. Oktober 1740 verstorbene Kaiser Karl VI. hinterließ seiner Tochter hohe Schulden und viele ungelöste Probleme. Die männliche Linie der seit 1438 die Kaiserkrone tragenden Habsburger war ausgestorben. Kurfürst Karl Albrecht von Bayern und auch König August III. von Polen-Sachsen hofften auf die Schwäche Maria Theresias, um sich mit Aussicht auf Erfolg wenigstens einen Teil des habsburgischen Erbes sichern zu können, das ihnen ihrer Meinung nach zu Unrecht vorenthalten wurde.

Friedrich II., der zu diesem Zeitpunkt auch erst ein knappes halbes Jahr regierte, verfügte über einen Staatsschatz von 10 Millionen Talern, eine einsatzbereite Armee und einen unbändigen Ehrgeiz. Zudem wollte er beweisen, dass er die eigenen Ansprüche besser als sein Vater durchzusetzen verstand, gerade weil ihm klar geworden sein dürfte, dass auch er das Herzogtum Berg mit diplomatischen Mitteln nicht für Preußen würde gewinnen können. Im Gegensatz zu seinem Vater, der die Logik der europäischen Machtbalance nur theoretisch auf das Reich übertragen hatte, wollte Friedrich II. das Kräftegleichgewicht mit Österreich durch Krieg realisieren, was ihm auch fast gelang. Ob der preußische Einfall in Schlesien am 16. Dezember 1740, der ohne vorherige Kriegserklärung erfolgte, zu den «sensationellen Verbrechen der Geschichte der Neuzeit» zählt – wie George P. Gooch nach dem Zweiten Weltkrieg schrieb[127] –, mag bezweifelt werden. Dennoch dynamisierte der Angriff das politische Handeln auf eine Art und Weise, die niemand für möglich gehalten hatte. Der ganze Kontinent wurde in einen Krieg verwickelt, um die Ruhmsucht eines Königs und die von ihm definierte preußische Staatsräson zu befriedigen.

Die maximale Machterweiterung bzw. das angestrebte Gleichgewicht mit den Habsburgern erforderten nach Friedrichs Einschätzung eine territoriale Abrundung Brandenburg-Preußens zu Lasten des direkten Konkurrenten. Die Situation schien ausgesprochen günstig: Die seit 1732 verbündeten Kurfürsten von Bayern und Sachsen fochten den Herrschaftsantritt Maria Theresias an und scherten sich wenig um die Pragmatische Sanktion. Großbritannien, Frankreich und Spanien waren in Übersee gebunden, und Russland paralysierten innere Konflikte.[128] Folglich griff Friedrich II. zu den Waffen. Sein als schnelle und begrenzte Militäraktion geplanter Krieg galt mit Schlesien der am weitesten nach Mitteldeutschland vorgeschobenen, zudem dicht bevölkerten und wirtschaftlich prosperierenden Provinz der Habsburger, die zugleich Polen von Sachsen trennte. Der Angriff wurde im Nachhinein mit Erbansprüchen auf einen Teil Schlesiens begründet. Dies nahm niemand ernst – am wenigsten der König selbst.

Die Einzelheiten dieser fragwürdigen Rechtskonstruktion, an der neben dem Minister Graf Heinrich von Podewils so angesehene zeitgenössische Juristen wie der Hallenser Kanzler Johann Peter Ludewig oder Samuel Freiherr von Cocceji mitwirkten, darf man getrost ignorieren. Es gab keine triftigen Rechtsgründe, und für die Berliner Entscheidung spielten ohnehin nur Machtgesichtspunkte eine Rolle: Man wollte Polen-Sachsen zuvorkommen, denn König August III. hätte mit dem Erwerb Schlesiens seine beiden Herrschaftskomplexe vereinigen und Polen-Sachsen als eine europäische Großmacht etablieren können.[129] Günstig erschien überdies, dass Schlesien als Nebenland der böhmischen Krone nicht unter die Garantie des im Reichs-Staat seit 1495 geltenden Ewigen Landfriedens fiel. Am 6. November 1740 schrieb Friedrich II. seinem Minister Podewils: «Schlesien ist aus der ganzen kaiserlichen Erbschaft dasjenige Stück, auf welches wir das beste Anrecht haben und das dem Hause Brandenburg am besten paßt. Es ist billig, seine Rechte zu wahren und die Gelegenheit des Todes des Kaisers zu ergreifen, um sich in den Besitz des Landes zu setzen.»[130] Vorhaltungen König Georgs II. beantwortete Friedrich II. später mit dem Hinweis auf die legitime Verfolgung eigener Ziele, die durch die geplante Aufteilung des Habsburgerreichs zwischen Kursachsen und Kurbayern gefährdet gewesen seien. Er habe ihnen zuvorkommen müssen, um seine und die Rechte Maria Theresias zu sichern.[131]

Tatsächlich hatte auch Polen-Sachsen im Herbst 1740 mobilisiert, ohne wirklich losschlagen zu können und zu wollen. Zudem hegte man in München die Hoffnung, das habsburgische Erbe doch noch antreten zu können. Die alten Ansprüche aus der habsburgisch-wittelsbachischen Erbverbrüderung von 1546 hielten allerdings der genaueren Überprüfung nicht stand. Das umstrittene Testament Kaiser Ferdinands I. be-

sagte, dass die Wittelsbacher beim Fehlen ehelicher Leibeserben – und
nicht männlicher, wie man in München geglaubt hatte – die Nachfolge
der Habsburger antreten sollten. Unabhängig von der Klärung solcher
Rechtsfragen musste Friedrich II. schnell handeln, denn die allgemeine
Unsicherheit war sein wichtigster Verbündeter. Er ließ seine Truppen
einmarschieren, ohne die Wiener Antwort auf sein Ultimatum, Schlesien
sofort zu übergeben, abzuwarten. Die österreichische Diplomatie reagierte mit bitterer Ironie: Der Verfasser dieser Memoranden hätte «vil-
leicht in dem Machiavello, welchen Herr Voltaire mit Anmerkungen,
aber nicht die seinigen sind, herausgegeben hat, nähere und eigentlichere
Beweistümer für seine Sache gefunden».[132] Nach seinem Zerwürfnis mit
Friedrich II. urteilte Voltaire ähnlich sarkastisch: Der König habe es sich
leisten können, Politik als Tugendlehre anzupreisen, «als er noch nicht
Herrscher war und als noch sein Vater dafür sorgte, daß er despotische
Macht nicht liebte».[133]

Die preußische Attacke erschütterte Österreich, dynamisierte die europäischen Machtspiele und ließ eine Phase der Instabilität beginnen. Wie
erwartet, stießen die Truppen Friedrichs II. zunächst auf wenig Widerstand und besiegten schließlich in einer verlustreichen und eigentlich
schon verloren geglaubten Schlacht am 10. April 1741 bei Mollwitz das
österreichische Heer unter dem Grafen Wilhelm Reinhard von Neipperg.
Der König hatte darauf spekuliert, dass ihm Maria Theresia Schlesien gegen die Zusage überlassen werde, ihr bei der Behauptung des restlichen
Erbes zu helfen. Er unterschätzte die Erzherzogin. In Wien hatten unterdessen England, Russland und die Niederlande nachgefragt, welche Mittel
gegen den preußischen Überfall auf Schlesien zu ergreifen seien und wie
sich Frankreich und Kursachsen verhalten wollten. Nach dem preußischen
Sieg zog sich England jedoch auf seine Neutralität zurück, Russland war
weiter mit sich selbst beschäftigt und Frankreich wollte die einmalige
Chance nutzen, Österreich dauerhaft zu schwächen. In München und
Dresden verfolgte man nun offensiv die eigenen Erbansprüche. Fakten
wurden vom Preußenkönig geschaffen: Mit dem Breslauer Vertrag vom
5. Juni 1741 schloss er sich dem französisch-bayerischen Bündnis an, versprach Kurfürst Karl Albrecht seine Stimme bei der bevorstehenden Kaiserwahl, verzichtete auf seine jülich-bergischen Ansprüche und ließ sich
dafür den Besitz Nieder- und großer Teile Oberschlesiens garantieren.

Im Sommer 1741 überschritten französische Truppen wieder einmal
den Rhein, bayerische fielen in Österreich und sächsische in Böhmen ein,
spanische griffen die habsburgischen Besitzungen in Italien an. Aus dem
begrenzten Krieg um Schlesien war der Österreichische Erbfolgekrieg
geworden, der ganz Europa einbezog. Kurfürst Karl Albrecht ließ sich in
Linz als Erzherzog von Österreich proklamieren und bedrohte Wien.
Die Habsburgermonarchie stand vor dem Zusammenbruch, so dass

Maria Theresia auf der Basis des Status quo im Oktober 1741 mit Friedrich II. den geheimen Waffenstillstand von Kleinschnellendorf schließen musste.[134] Der preußische König brach hierdurch sein Bündnis mit Frankreich, doch auch seine Friedenspartnerschaft mit Österreich währte nur wenige Monate: Schon im Dezember operierten preußische Truppen neuerlich in Mähren, und im Januar versuchte Friedrich II., allerdings vergeblich, die sächsischen Truppen König Augusts III. unterstellt zu bekommen. Das preußische Heer musste sich wegen Versorgungsengpässen unter schweren Verlusten aus Mähren zurückziehen. Von 20 000 Soldaten waren am Ende noch 2500 einsatzfähig.[135] Die neu in den Krieg geführten Truppenverbände siegten am 27. Mai 1742 bei Chotusitz, wenn auch unter schweren Verlusten. England vermittelte sowohl den Breslauer Prälimenar- als auch den Berliner Frieden vom 28. Juli 1742 und zeigte sich auf Kosten Maria Theresias großzügig: Brandenburg-Preußen behielt Niederschlesien, die Grafschaft Glatz und den größten Teil Oberschlesiens. Sein Gebiet war um ein Drittel, die Zahl seiner Untertanen fast um die Hälfte gewachsen.

Möglich wurde dieser Frieden, weil die bayerisch-französische Armee im Herbst 1741 nicht Wien, sondern Böhmen angegriffen und Ende November mit Hilfe Sachsens Prag erobert hatte. Obwohl sich Kurfürst Karl Albrecht nun mit der Wenzelkrone schmücken konnte, erwies sich die französische Entscheidung, Wien zu verschonen, als schwerer taktischer Fehler. Maria Theresia gewann dadurch die nötige Zeit, um ihre Politik und ihre Armee zu reorganisieren. Der bayerische Kurfürst triumphierte in Prag und Wien setzte neue Prioritäten, was die Wittelsbacher rasch zu spüren bekam.

b) Das Wittelsbacher Kaiserinterim

Während des langen Interregnums nach dem Tod Karls VI. führte Karl Albrecht zusammen mit den Kurfürsten von der Pfalz und von Sachsen das Reichsvikariat.[136] In Hannover wurde mit dem Gedanken gespielt, ob der komplementäre Reichs-Staat überhaupt noch einen Kaiser benötige.[137] Doch darüber waren sich alle einig: Ohne kaiserliche Spitze würde das Reich auseinanderbrechen. Im Vorfeld der Frankfurter Wahl präsentierte Wien seinen Kandidaten: Franz Stephan von Lothringen-Toskana, den Gemahl der Erzherzogin. Die publizistisch angeheizte «Wechselstimmung», die für Österreich unglückliche militärische Lage im Spätjahr 1741 sowie wohl auch sein übereifriger Anwalt, der Mainzer Kurfürst Philipp Karl von Eltz, waren schuld an Franz Stephans Misserfolg. Letzterem wurde sogar vorgeworfen, er wolle den Kurfürsten das Wahlrecht entziehen. Gegen den Lothringer sprach darüber hinaus, dass er kein deutscher Reichsfürst war.[138]

Für Karl Albrecht von Bayern plädierten neben dem französischen Kardinal Fleury, Friedrich II. und August III. von Polen, der als Gatte der älteren Tochter Kaiser Josephs I. eigentlich selbst berechtigte Ansprüche gehabt hätte. Sie alle verfolgten jeweils eigene Ziele, die sich in dem Punkt trafen, die Macht des Hauses Österreich zu reduzieren. Friedrich II. musste jeden Gebietszuwachs Sachsens blockieren, Frankreich strebte aus der habsburgischen Konkursmasse den Erwerb Luxemburgs und der südlichen Niederlande an und hatte keine Einwände dagegen, dass sich Preußen mit Schlesien oder Bayern mit Böhmen und Vorderösterreich arrondierten. Österreich sollte vom Reichs-Staat getrennt und so weit geschwächt werden, dass es dauerhaft als Rivale Frankreichs ausschied. Maria Theresia wäre die Herrschaft über eine spürbar verkleinerte Donaumonarchie geblieben. Karl Albrecht reklamierte jedoch weite Teile Österreichs für sich, um seinem Kaisertum eine breite territoriale Basis zu verschaffen. Diese Idee missfiel wiederum Preußen und Frankreich, die mit Bayern keine neue, alles überragende süddeutsche Vormacht installieren wollten. Karl Albrecht sollte ein Kaiser von ihren Gnaden werden. Dementsprechend betonten seine Anhänger, dass er als Kaiser die Mitwirkungs- und Kontrollrechte der Reichsstände beachten und den Reichs-Staat nicht in europäische Kriege verstricken werde. Im kriegsmüden Deutschland wogen solche Argumente schwer.

Der bayerische Kurfürst war ein erfahrener und erfolgreicher Politiker, der das Land seit 1726 regiert und alles getan hatte, um in der Prestigekonkurrenz der großen deutschen Höfe bestehen zu können. Schon die Münchner Feierlichkeiten anlässlich seiner Hochzeit mit der Kaisertochter Maria Amalia hatten zwischen dem 17. Oktober und dem 4. November 1722 alles bisher Gesehene in den Schatten gestellt. Sie verschlangen etwa vier Millionen Gulden, das entsprach den bayerischen Staatseinkünften eines Jahres.[139] Karl Albrecht investierte aber nicht nur in Feste, Bauten, Künste, Wissenschaften und seine prächtige Hofhaltung, die in manchen Jahren über die Hälfte der Staatseinnahmen verschlang, sondern auch in seine Armee. Diese wuchs von etwa 5000 Mann unter seinem Vater auf 60000 in den 1730er Jahren[140] und war damit nur ein Viertel kleiner als diejenige des Soldatenkönigs. 1737 stellte Karl Albrecht sein Heer dem Kaiser für dessen Türkenkrieg zur Verfügung, weil er es nicht mehr finanzieren konnte. In den Kämpfen um Belgrad wurde es praktisch aufgerieben. Seit 1740 verfügte der Kurfürst daher nur noch über eine kleine Armee von 10000 Mann[141], die Schulden aber blieben: Die «Effektivität des Staates, seiner Administration und seiner militärischen Maßnahmen hielten mit den dynastischen Ambitionen in keiner Weise Schritt».[142] Karl Albrecht war stets auf hohe französische Subsidien angewiesen, die sich mit dem Wittelsbacher Kaisertum aber auszuzahlen schienen. Die dritte Partei zwischen Österreich und Preußen sollte wiederbelebt und ins französische Fahrwasser gebracht werden.

Nach 54 Sessionen des Kurkollegs und nach Suspendierung der zwischen Österreich und Bayern strittigen böhmischen Kurstimme wurde am 24. Januar 1742 Karl Albrecht einstimmig zum römischen König gewählt. Das Reich funktionierte offenkundig besser denn je. Die Kurfürsten hatten sich die Wahlfreiheit zurückerobert: Seit mehr als 300 Jahren stand erstmals kein Habsburger an der Spitze des Reiches. Während in Frankfurt die Wahlkapitulation formuliert wurde, fasste ein im benachbarten Offenbach seit April tagender protestantischer Fürstenkongress seine Vorbehalte in 45 Punkten zusammen.[143] Sie richteten sich gegen den zu großen Einfluss der kleineren geistlichen Fürsten und beschäftigten sich ansonsten mit Grundsatzfragen der Reichsorganisation. In die Wahlkapitulation fand aber nur Aufnahme, dass der Reichstag bei Tod oder Abwesenheit des Kaisers von den Reichsvikaren einberufen werden durfte. Auch die konfessionell motivierten Forderungen Kurhannovers – Abschaffung der Rijswijker Klausel, Ende der Religionsprozesse vor den Reichsgerichten, mehr Rechte für das *Corpus evangelicorum* – tauchen in der Wahlkapitulation nicht auf. Insgesamt wurde hier erstaunlich wenig am Reichsherkommen geändert, obwohl die Kurfürsten zwischen der Rhetorik «Römischer Kaiser» als Beschützer der Christenheit gegen Heiden und Muslime sowie der Realität eines deutschen Reichsoberhauptes zu unterscheiden wussten.[144] Gegen den Wunsch des neuen Kaisers wurden seine Titel «König von Böhmen» und «Erzherzog von Österreich» nicht in der Wahlkapitulation aufgeführt.

Der Mainzer Kurfürst ließ trotz des Krieges die Reichskleinodien im Januar 1741 nach Frankfurt bringen. Darauf durfte man gerade bei einem Dynastiewechsel nicht verzichten, denn das Krönungszeremoniell war die wichtigste Beglaubigung der Wahlhandlung. Neben Säbel, Evangelienbuch und Reliquienkästchen Karls des Großen schien insbesondere die Präsenz der aus dem 10. Jahrhundert stammenden Reichskrone, des um 1200 in Sizilien angefertigten Reichsapfels und des wohl erst im 13. Jahrhundert entstandenen Reichszepters unbedingt erforderlich.[145] All dies legitimierte und beglaubigte mehr als alle Verweise auf Rationalität und Effizienz.

Der Kaiser wurde von seinem Bruder, Kurfürst Clemens August von Köln gekrönt, dem der zuständige Mainzer Erzkanzler diese Aufgabe überlassen hatte. Das feierliche Krönungszeremoniell erfüllte am 12. Februar 1742 in der Frankfurter Bartholomäuskirche den Traum des Hauses Wittelsbach. Mit Ludwig dem Bayern und Ruprecht von der Pfalz hatte man bisher lediglich zwei Kaiser gestellt. Karl VII. berichtet in seinem Tagebuch voller Stolz: «Allein der Aufwand für diese Zeremonie war, das muß man sagen, mehr als großartig und bereits die Tatsache, daß 50 bis 60 Reichsfürsten daran teilnahmen, zeigt das Ansehen, das der Kaiser des Heiligen Römischen Reiches genießt.» Nicht ohne Ironie fährt er fort: Alle richteten «die Augen auf mich, der ich zum einen die Herrlichkeit der Kaiserwürde, zum anderen aber die lange Zeremonie und die schmerzhaften Nierensteine zu tragen hatte. [...] Wenige Tage später erlitt ich einen sehr heftigen Gichtanfall, weshalb ich die Krönung der Kaiserin von Tag zu Tag verschieben mußte. Die Hiobsbotschaften, die plötzlich aus Bayern eintrafen, trugen nämlich wenig zu meiner Gesundung bei, besonders die Nachricht, daß am Tage meiner Krönung die Feinde München, meine Hauptstadt, besetzt haben [...] So verbrachte ich schwer gedrückt durch Kummer und Krankheit, den restlichen Januar und einen großen Teil des Februar».[146] Die Kaiserinnenkrönung vom 8. März 1742 war deshalb so wichtig, weil mit Maria Amalia etwas vom Glanz der Habsburger auf das neue Kaisertum überging.

Doch der Traum des Hauses Wittelsbach wurde zum Alptraum Karls VII. Die Truppen Maria Theresias besetzten Anfang 1742 Bayern und führten dort ein hartes Regiment. Ein zeitgenössisches bayerisches Lied fragte vorwurfsvoll: «O östreichisch-böhmisch-ungarisch Nation, ist dies eur Vergelten, und dieses der Lohn, daß man euch geholfen so oft aus dem Koth»?[147] Die bisher latenten Animositäten zwischen Bayern und Österreichern wurden nun für eine deutsch-patriotische Publizistik sagbar. Der «edle Kaiser» und das «Bayernland» standen seit Anfang 1742 auf der deutschen, Maria Theresia und die österreichisch-böhmisch-ungarische Nation auf der gegnerischen Seite. Wie diese demonstrative Abgrenzung gegenüber dem österreichischen Herrschaftskonglomerat auch immer zu bewerten ist, sie zeigt, dass selbst Lieder den Nationsbegriff nutzten, um andere zu verunglimpfen.

Der Kaiser hatte 1742 seine Stammlande und seine Einkünfte verloren. Er residierte in Frankfurt im beengten Palais Barckhaus, angewiesen auf französische und spanische Gelder sowie die politische Unterstützung Friedrichs II. Das Kaisertum Karls VII. war auf ein Restreich in der Mitte Deutschlands beschränkt.[148] Die Frankfurter Bürger bejubelten ihren Kaiser, freuten sich über die vielen Feste und verdienten daran ebenso wie an der Hofhaltung oder an den fremden Gesandten. Die Reichsbehörden nahmen in Frankfurt ihre Arbeit auf, der neue Reichstag wurde hier am 21. Mai 1742 feierlich eröffnet. Allerdings versammelte sich in Regensburg weiterhin ein Restreichstag unter österreichischer Leitung. Karl VII. sah sich selbst als Erzherzog von Österreich und hatte daher Maria Theresia nicht einmal aufgefordert, ihre Vertreter nach Frankfurt zu senden. Der neue Reichshofrat, den der Kaiser ohne Rücksprache mit den Ständen besetzte, war kaum arbeitsfähig, denn Wien verweigerte die Herausgabe der einschlägigen Akten und begründete dies

damit, dass sich Reichs- und Hausakten nicht so schnell trennen ließen.[149] Streit gab es auch um die neue Reichshofkanzlei, weil Karl VII.
dem Reichserzkanzler Philipp Karl von Eltz seine alte, unter Joseph I.
verlorene Position nicht restituierte. Das Klima zwischen beiden blieb
frostig, denn Karl VII. wollte seine Macht auf Kosten des im benachbarten Mainz residierenden Reichserzkanzlers ausbauen, der die Gremien
des Reichs administrierte und dadurch über eine nicht zu unterschätzende Steuerungskapazität verfügte.[150]

Der Kaiserhof war von der südöstlichen Peripherie des Reichs ins
Zentrum gerückt, und Frankfurt wurde zur deutschen Hauptstadt. Hier
bzw. im benachbarten Wetzlar und in Mainz konzentrierten sich nun alle
wichtigen Reichsinstitutionen. Diese Zentralisierung war jedoch aus der
Not geboren und wenig zukunftsfähig: Die von Maria Theresia zunehmend besser organisierte österreichische Monarchie führte erfolgreich
Krieg gegen den Kaiser, und Friedrich II. sah zu. Der komplementäre
Reichs-Staat wurde zu einem deutschen Reich zwischen Preußen und
Österreich, dessen Klientel sich Karl VII. verweigerte. Statt des katholischen erbländisch-oberdeutschen Adels bildeten nun die rheinisch-
fränkischen Ritter, die geistlichen Kurfürstentümer Mainz, Köln und
Trier, die Kurpfalz, die hessischen Landgrafschaften, etliche Bistümer
sowie die Wetterauer Grafen und die thüringischen Herzogtümer die
Stützen des Kaiserhofes.

Das Wittelsbacher Kaiserexperiment hätte gelingen können, wenn
Karl VII. auf das habsburgische Erbe verzichtet, den Krieg mit Maria
Theresia beendet und sich dadurch aus der Abhängigkeit Preußens und
Frankreichs gelöst hätte. Stattdessen blockierte der innere Krieg die
Reichspolitik. Die meisten Stände warteten ab und beließen ihre Reichstagsgesandten ohne bindende Instruktionen. Die im Oktober 1742 be-
willigte Reichssteuer von 50 Römermonaten zur Linderung der akuten
kaiserlichen Finanznot deutet jedoch auf eine große Solidarität des
Reichs mit seinem Kaiser hin[151], denn mit fast zwei Millionen Gulden
ging mehr als die Hälfte der Veranlagung tatsächlich in Frankfurt ein –
angesichts der strukturellen Defizite dieses Restreiches eine beachtliche
Summe.[152] Dennoch war dies alles nicht viel mehr als ein Tropfen auf den
heißen Stein: Ohne eigene Hausmacht und ohne Ressourcen blieb
Karl VII. ein machtloser Kaiser. Es gab keine Reichsarmee und keine
Offiziersstellen, mit denen man die eigenen Anhänger hätte belohnen
oder neue hätte gewinnen können. Seine Gegner beschuldigten den
Kaiser öffentlich, mit den Franzosen die alten Reichsfeinde ins Land zu
ziehen und den Krieg ohne Not zu verlängern.[153]

Franz Stephan von Lothringen-Toskana gab sich reichspatriotisch.[154]
Er signalisierte eine «emotionale Identifikation mit dem Reich»[155] und
empfahl, in Deutschland Frieden zu schließen, Frankreich anzugreifen

und das Elsass zurückzuerobern, um es dem Kaisertum als Erbbesitz zu übertragen. Auf diese Weise werde «der wahre Reichs-Erbfeind außer stand gesetzt, ferners im Reich den Meister zu spielen und endlich das liebe Vaterland in seine vorige Freiheit gesetzt werden».[156] Brandenburg-Preußen sollte Niederschlesien, Österreich das Land bis zum Inn und Bayern Vorderösterreich erhalten. Doch Franz Stephans Plan, der Frankreich wie schon so oft zum Katalysator deutscher Einigkeit machen sollte, überforderte 1742 selbst seine Gemahlin: Maria Theresia wollte weder Niederschlesien noch Vorderösterreich aufgeben. Anders als zur Zeit Karls VI. spielten nun wieder die deutschen Erbländer, das «Herz der Monarchie», die zentrale Rolle in Wien und nicht mehr die italienischen Besitzungen.[157] Dies kommt auch in einem Gutachten des späteren Staatskanzlers Wenzel Anton Graf Kaunitz zum Ausdruck, der 1743 empfahl, alle Pläne auf das entlegene Neapel aufzugeben und stattdessen Bayern zu erwerben. Die Stärke und Wohlfahrt des Erzhauses beruhe auf «Erhalt- und Vermehrung Seiner Teutschen Erblande [...]. Diese machen wegen ihrer Contiguität und Lage das Corpus aus, und sind die Quelle, woraus vor die übrige zwar ansehnliche doch entfernte Glieder die Nahrung und Kräfften herfließen müßen».[158] Friedrich II. hatte eine Lawine losgetreten, denn fortan setzte auch Österreich auf Zugewinne in seinen mitteleuropäischen Kerngebieten. Karl VII. blieb in dieser Situation nichts anderes übrig, als das kaiserliche Recht der Standeserhöhung extensiv zu nutzen, um seine schmalen Einkünfte und seine Gefolgschaft zu vergrößern. Er baute zudem das Gesandtschaftswesen aus, so dass das Reichsoberhaupt an fast allen Brennpunkten des politischen Geschehens vertreten war und Frankfurt im Gegenzug zu einer diplomatischen Metropole wurde.[159]

Unterdessen sammelte sich in den Niederlanden die sogenannte Pragmatische Armee aus deutschen, britischen und niederländischen Verbänden zur Unterstützung Österreichs. Sie zog den Rhein hinunter zum Main, ins Zentrum der kaiserlichen Macht. Ende des Jahres 1742 eroberten die Österreicher Prag zurück, während die französisch-wittelsbachische Koalition im Frühjahr 1743 noch einmal München entsetzte – aber nur für kurze Zeit. Als Maria Theresia ihre gesamte Truppenmacht nach Bayern sandte, musste der Kaiser seine Heimat fluchtartig verlassen.[160] Die nun von König Georg II. von England angeführte Pragmatische Armee besiegte am 27. Juni 1743 die Franzosen bei Aschaffenburg.[161] Die Politik des Königs war zwar in England ausgesprochen umstritten[162], doch sie stärkte Maria Theresia, die nun auch diplomatisch aus der Defensive herauskam: Neben dem englischen König standen die russische Zarin Elisabeth, der Kurfürst von Köln, immerhin der Bruder des Kaisers, sowie der König von Polen-Sachsen auf ihrer Seite. Die anderen Reichsstände warteten ab, zeigten aber immer deutlichere Sympathien für Maria Theresia.

König Friedrich II. empfahl Karl VII., süddeutsche Hochstifte und Reichsstädte zugunsten des Kaisertums zu mediatisieren. Dieser Vorschlag bedrohte ausgerechnet die Selbständigkeit der verbliebenen Anhänger des Kaisers. Dieser erwog sogar, den Kreis der Betroffenen auszuweiten. Als das Ganze publik wurde – Maria Theresia ließ die deutschen Höfe von einem Sondergesandten informieren – und Karl VII. seine Beteiligung leugnete, büßte er seine Glaubwürdigkeit vollends ein.[163] Die süddeutschen Stände liefen zu Maria Theresia über. Das wittelsbachische Kaisertum war somit gescheitert, bevor es richtig begonnen hatte. Friedrich II. konnte kein Interesse daran haben, einen schwachen Kaiser zu ruinieren und hat diesem die Säkularisierungsfalle wohl nicht absichtlich gestellt. Die Episode verdeutlicht aber, wie verzweifelt die Lage des Kaisers geworden und wie wenig vertraut der junge Preußenkönig mit dem Reichssystem war. Doch nicht allein ihm fehlten Konzepte zur Stabilisierung des Reichs-Staats mit oder gegen Maria Theresia, die den veränderten Bedingungen Rechnung trugen. Friedrich II. wartete zunächst ab, musste im Frühjahr 1744 dann aber doch zugunsten Karls VII. intervenieren. Aus Angst, Schlesien an eine wieder erstarkte Maria Theresia zu verlieren, schloss er am 22. Mai 1744 mit dem Kaiser, der Kurpfalz und Hessen-Kassel die Frankfurter Union, der am 5. Juni die Offensivallianz mit Frankreich folgte. Im August fielen preußische Truppen in Böhmen ein, die, als kaiserliche Hilfstruppen firmierend, durch Sachsen zogen.[164] Der zweite schlesische Krieg hatte begonnen.

Um seinen neuerlichen Vertragsbruch gegenüber der Erzherzogin zu kaschieren, warf Friedrich II. dieser mangelnden Friedenswillen sowie das Bestreben vor, «die deutsche Freiheit in Fesseln schlagen» und das Kaisertum «auf einen in Deutschland nicht einmal angesessenen Prinzen bringen» zu wollen. Der Preußenkönig bediente virtuos die von den Medien angeheizte nationale Stimmung: Für sich selbst fordere er nichts, er wolle nur helfen, «um dem deutschen Reiche die Freiheit, dem Kaiser die oberste Würde, und ganz Europa den Ruhestand wieder zuwege zu bringen».[165] Die von Preußen gewünschten Friedensverhandlungen verweigerte nun Wien. Diese sollten erst nach einem siegreichen Feldzug aufgenommen werden.

Die antiösterreichische Koalition eroberte noch einmal Prag, und im Oktober 1744 zog Karl VII. erneut in München ein.[166] Doch er starb im Januar 1745. Der Tod des Kaisers bewahrte den Reichs-Staat vor der vollständigen Blockade seiner Institutionen. Noch im Januar 1745 hatten Österreich, Großbritannien, Sachsen-Polen und die Niederlande die Warschauer Quadrupelallianz «zur Befriedung Deutschlands» geschlossen.[167] Diese letztlich gegen Preußen gerichtete Koalition wurde möglich, weil König August III. von Polen-Sachsen auf das habsburgische Erbe verzichtet hatte und aus dem Lager der Feinde Maria Theresias ausgeschieden war. Dresden wurde neuerlich der wichtigste reichspolitische Partner der Hofburg, Kurbayern folgte diesem Beispiel nur wenig später. Der Sohn des verstorbenen Kaisers und neue Kurfürst Maximilian III. Joseph zog aus der vernichtenden Niederlage französischer Truppen Mitte April 1745 bei Pfaffenhofen die Konsequenz: Er verzichtete auf eine Kaiserkandidatur und garantierte im Füssener Vertrag vom 22. April 1745 seine Stimme für die Wahl Franz Stephans von Lothringen sowie die Pragmatische Sanktion. Dafür erhielt er seine von habsburgischen Truppen besetzten bayerischen Stammlande zurück.[168]

Nachdem das am Rhein gegen Frankreich eingesetzte österreichische Heer in Eilmärschen nach Böhmen verlegt und mit etwa 21 000 sächsischen Soldaten vereinigt worden war[169], spitzte sich die Lage für die preußische Armee dramatisch zu. Bis zu 17 000 preußische Soldaten sollen zu den Österreichern übergelaufen sein, viele Tausende fanden durch Hunger und Krankheiten den Tod.[170] Hinzu kam, dass die sächsisch-österreichische Armee nicht nur die Nachschubwege blockierte, sondern Ende Mai 1745 begann, Schlesien zu besetzen. Im vollen Bewusstsein, den Preußenkönig offen herauszufordern, vertraute August III. auf die dem Unterfangen wohlgesinnte öffentliche Meinung und den Rückhalt Maria Theresias. Ihr versicherte er wiederholt, nicht als Kaiserkandidat gegen Franz Stephan anzutreten. Die publizistischen Anschuldigungen gipfelten in dem Vorwurf, Friedrich II. beginne Kriege und düpiere Verbündete, wie es ihm passe: Der preußische Hof besitze nicht nur ganz besondere Auffassungen von «Recht und Billigkeit», seine wachsende Macht werde vielmehr der «Deutschen Freiheit [...] zum Untergange gereichen».[171] Während die kursächsische Regierung versuchte, diese Grundstimmung für die eigene Sache zu nutzen, beschwor Maria Theresia mit dem Feindbild «Frankreich» eine Konstante frühneuzeitlicher deutscher Nationalrhetorik: Das in den Kriegen «unverantwortlich aufgeopferte Teutsche Blut» diene nur dazu, Frankreich zum Meister in Deutschland zu machen.[172]

Die Hoffnungen Wiens auf Restitution Schlesiens erfüllten sich freilich ebenso wenig wie diejenigen Dresdens auf die Landbrücke zwischen Polen und Sachsen. Friedrich II. besaß kaum Verbündete, erklärte aber dennoch Ende August 1745, nach seinem Sieg bei Hohenfriedberg, Sachsen den Krieg. Am 23. November begann der Einmarsch, den der Preußenkönig mit dem Sieg bei Kesselsdorf am 15. Dezember und der Besetzung Dresdens krönte.[173] Hier wurde am 25. Dezember Friede geschlossen: Kursachsen musste eine Million Reichstaler Entschädigung an Preußen zahlen; Österreich akzeptierte für die nachträgliche Anerkennung der Kaiserwahl durch Friedrich II. den Verlust Schlesiens.[174] Dieser dominierte Norddeutschland wie nie zuvor und konnte 1744 gemäß einer alten kaiserlichen

Zusage von 1694 Ostfriesland ungestört seinem Königreich einverleiben. Der Verlust Schlesiens war der Preis, den Maria Theresia für das Kaisertum ihres Gemahls und für die Behauptung im Süden des Reichs-Staates zahlen musste. Für Wien war dies das bei weitem kleinere Übel, denn ein erfolgreiches Wittelsbacher Kaisertum hätte die Donaumonarchie auf Dauer vom Reichs-Staat getrennt.

c) Die diplomatische Revolution

Franz Stephan wurde 1745 gegen die Stimmen von Kurbrandenburg und Kurpfalz zum Kaiser gewählt, nachdem er selbst die Wahlstadt Frankfurt von den Franzosen befreit hatte.[175] Diese Entwicklung war unvermeidlich, weil nur Österreich, wie Johann Jacob Moser hervorhob, über die nötigen Ressourcen verfüge. Ein bayerischer König sei hingegen von den Franzosen abhängig, «welche einmal der Teutschen viel gefährlicherer Erb-Feind» sind «als der Türk der Christenheit».[176] Etliche Pamphlete schalten den französischen König einen Betrüger oder fragten suggestiv, ob Frankreich als ein Reichs- oder Erbfeind anzusehen sei. Die Rückeroberung dessen, was die Franzosen Deutschland entfremdet hatten, wurde gefordert. Der Verweis auf die katastrophale Wirtschaftslage jenseits des Rheins, wo die Untertanen so ausgebeutet würden, dass viele Äcker und Weinberge brach lägen[177], sollte die Erfolgsaussichten eines Krieges unterstreichen, der ganz den Vorstellungen des neuen Kaisers entsprochen hätte. Beispielhaft erscheint die Predigt anlässlich des Dankfestes zur Kaiserwahl in der evangelischen Reichsstadt Nordhausen am Harz. Sie lobte Tugenden und den Friedenswillen des neuen Kaisers, um mit Frankreich den Kriegstreiber zu präsentieren, der unter dem Vorwand, die «teutsche Freiheit zu unterstützen», diese gerade vernichte. «Die Lilien einer auswärtigen Macht wurden zu Disteln. Der herrschsüchtige Hahn suchte sich über den teutschen Adler empor zu schwingen, und die sich vor Schutz-Engel der Kinder Teutschlandes ausgaben, wurden zu Würge-Engeln.»[178] Solche Predigten gehörten zur politischen Kultur des Reiches, die vom Gegensatz zu Frankreich geprägt war. Nicht das in Nordhausen bedrohlich nahe Preußen und sein König wurden als Gegner des Kaisers gebrandmarkt, sondern Frankreich.

Die nach Wien zurückgekehrte Reichskanzlei gewann unter dem umsichtigen Rudolph Joseph Fürst Colloredo nun wieder eigenes Profil, stand politisch aber im Schatten der Staatskanzlei. Dies entsprach der Machtverteilung: Nicht der Kaiser, sondern die Erzherzogin und Königin von Ungarn und Böhmen bestimmte in Wien die Richtlinien der Politik.[179] Franz Stephan von Lothringen oder von Toskana bzw. von Lothringen-Toskana mutierte unterdessen zum Lothringen-Habsburger, schließlich zum Habsburg-Lothringer. Stammvater einer neuen Dynastie wurde er allerdings nicht, denn seine Söhne galten als Habsburger. Es gehört zu den geschickten Schachzügen der Wiener Politik, den dynastischen Unfall des fehlenden männlichen Erben durch die konsequente Rede vom «Haus Österreich» und bald wieder vom «Haus Habsburg» vergessen gemacht zu haben. Ohne den Kaisertitel wäre der Bruch nicht ganz so leicht zu kaschieren gewesen. So aber war nach 1745 wieder alles wie früher: Der Kaiser, die Reichskanzlei und der Reichshofrat saßen in Wien, der Reichstag in Regensburg und mit Maria Theresia regierte eine Habsburgerin die Donaumonarchie. Der neue Kaiser herrschte nicht, war aber als Finanzgenie erfolgreich: Er hatte die ihm verliehenen Einkünfte so vermehrt, dass er aus seinem persönlichen Vermögen den Erblanden schon 1744 eine Million Gulden zur Verfügung stellen konnte.[180]

Als Kaiser stellte sich Franz I. ganz in die habsburgische Tradition und machte fast alle Personalentscheidungen seines Vorgängers rückgängig. Reichsvizekanzler Colloredo verwies auf den engen Zusammenhang zwischen Reich und Erblanden, die beide aufeinander angewiesen seien, um erfolgreich agieren zu können.[181] Bereits zehn Tage nach seiner Wahl forderte Franz I. den Reichskrieg gegen Frankreich.[182] Zwar hatte sich die französische Armee aus Deutschland zurückgezogen, sie hielt sich aber aufgrund der Siege des Marschalls Moritz von Sachsen, eines unehelichen Sohns Augusts des Starken, die südlichen Niederlande besetzt. Der Reichstag bewilligte eine Entsatzarmee von 120 000 Mann. Die Vorderen Reichskreise erneuerten 1748 ihre Assoziation, zögerten jedoch die Mobilisierung hinaus, bis der Friede von Aachen im Oktober den österreichischen Erbfolgekrieg beendete. Er bedeutete für Österreich zwar die neuerliche Bestätigung der weiblichen Erbfolge und die Rückgabe der südlichen Niederlande, aber auch größere Gebietseinbußen in Oberitalien: Teile der Lombardei fielen an Piemont-Sardinien, Parma, Piacenza und Guastalla an Don Philipp, der hier eine zweite spanische Sekundogenitur errichtete. Entscheidend war, dass sich noch vor dem Kongress Frankreich und Großbritannien darauf verständigten, Preußen den Besitz von Schlesien zu garantieren, um dessen Großmachtstatus zu bewahren.[183] Wie schon in Utrecht verständigte sich England mit Frankreich auf Kosten Österreichs.

Frankreich erkannte in Aachen die Wahl des Kaisers Franz I. offiziell an. Graf Kaunitz, der an den Rand gedrängte österreichische Gesandte, verfasste 1749 seine berühmte Denkschrift über das Interesse der europäischen Mächte. Er empfahl den Ausgleich mit Frankreich und den großen europäischen Bündniswechsel. Nur so könne man Friedrich II. entgegentreten und Schlesien zurückgewinnen. Preußen werde auf Dauer noch vor den Türken an der Spitze der Feinde des Hauses Österreich stehen. Man müsse überlegen, wie es «geschwächet, seine Übermacht beschräncket, und das Verlohrene wieder herbey gebracht werden könne».[184]

Kaunitz wollte Friedrich II. als notorischen Friedensbrecher bestrafen. Es ging ihm nicht nur um die Ruhe im Reich und im europäischen Mächtesystem, sondern auch um die Rückgewinnung Schlesiens. Der Krieg und der Frieden von Aachen hatten gezeigt, dass Österreich dringend reformiert werden musste, um von den britischen Subsidien unabhängig zu werden. Die sogenannten Haugwitzschen Reformen, die den Haushalt sanierten und es 1756 schließlich ermöglichen sollten, ein Heer von 150 000 Soldaten zu mobilisieren, orientierten sich an denjenigen Preußens.[185] Sie versuchten, das altständische Herrschaftsgefüge in einen modernen, absolutistisch regierten Staat zu verwandeln. In Preußen schuf Friedrich II. unterdessen die Voraussetzungen für die Vergrößerung seines Heeres, denn auch er rechnete mit einem neuen Krieg um Schlesien.

Während die europäischen Mächte über neue Ziele und Bündnisse nachdachten, Großbritannien sich vom Kontinent abwandte und Frankreich keinen Druck mehr auf Deutschland ausübte, blieb es im Reichs-Staat einige Jahre ruhig. Dem Kaiser bzw. Maria Theresia war mit dem preußischen König ein ebenbürtiger Konkurrent erwachsen, der den Reichstag geschickt als Bühne seiner antiösterreichischen Politik nutzte. Mit seiner «negativen Reichspolitik» blockierte er recht erfolgreich die kaiserlichen Initiativen[186], ohne eine wirkliche Alternative aufzuzeigen oder die kleineren Stände auf seine Seite ziehen zu können.[187] In Wien dachte man erneut darüber nach, ob sich die Kaiserkrone noch rentiere, alle Konferenzminister schrieben Gutachten. Das Ergebnis war eindeutig: Schon aus dynastischen Interessen durfte man sich nicht aus dem Reich zurückziehen, denn die Kaiserkrone war die höchste Würde im Abendland und verbürgte einen Vorrang vor allen anderen Gewalten. Das Reich konnte ohne das Haus Österreich nicht bestehen, aber auch für dieses barg ein Rückzug aus dem Reich viele Risiken.[188]

Friedrich II. inszenierte derweil seine Konflikte mit Maria Theresia als Kampf der Konfessionen. Er und die Protestanten wollten alle Religionsstreitigkeiten direkt vom Reichstag entscheiden lassen, wo sie die «itio in partes» vor einer Überstimmung schützte. Franz I. sah in einem solchen Vorgehen 1749 eine Art Systemwechsel. Deutschland werde dadurch so aussehen, «als wenn es ohne Haupt, ohne Gericht, ohne Gesetze und aller unrechten Gewalt zum Raub gegeben sei».[189] Im Mai 1750 eskalierten die Konflikte. Das *Corpus evangelicorum* beauftragte den Markgrafen von Ansbach als kreisausschreibenden Fürsten in Franken, ein vom Kaiserhof ausgesetztes Reichshofratsurteil gegen den katholischen Fürsten von Hohenlohe-Waldenburg zu exekutieren, der in evangelischen Gebieten gegenreformatorische Maßnahmen angeordnet hatte. Nachdem alle Ermahnungen erfolglos geblieben waren, marschierten Ansbacher Soldaten am 13. Oktober 1750 in die Hohenloher Grafschaften ein. Kaiser Franz I. verurteilte die Aktion, forderte aber eine Reichsexekution.[190] In Ansbach verwies man auf das Ergebnis, und das *Corpus evangelicorum* legte noch einmal seine Gründe dar, warum es in solchen Fällen ein Recht zur Selbsthilfe reklamieren müsse.[191] Im Streit ums Prinzip konnte der Kaiser diesmal nur protestieren, denn das Exekutionsergebnis entsprach dem Reichshofratsurteil.

Eine ähnliche Situation ergab sich fünf Jahre später, als Braunschweig-Wolfenbüttel und wiederum Ansbach vom Corpus aufgefordert wurden, angesichts eines Klosterneubaus in Dierdorf die Konfessionsverhältnisse in Wied-Runkel zu überwachen. Als niederrheinischer Kreisdirektor sollte Brandenburg-Preußen die eventuelle Exekution durchführen. In Wien sprach man wie 1720 von einem durch den Westfälischen Frieden verbotenen Bündnis, schweißte damit aber die Protestanten nur neuerlich zusammen, obwohl auch ihnen die konfessionspolitische Überlagerung des deutschen Dualismus nicht entging.[192]

Wieder waren es einzelne evangelische Reichstagsgesandte, insbesondere diejenigen von Hessen-Kassel, Hessen-Darmstadt und Württemberg, welche die konfessionelle Aufladung steuerten. Zudem sorgte die 1754 bekannt gewordene Konversion des Erbprinzen Friedrich II. von Hessen-Kassel reichsweit für große Aufregung. Landgraf Wilhelm VIII. zwang seinen katholischen Erben zum Verzicht auf jegliche Beteiligung an der Reichspolitik und band die Reichstagsstimme an das Mehrheitsvotum des *Corpus evangelicorum*. Die Könige Georg II. von England und Friedrich II. von Preußen garantierten zusammen mit dem Corpus das Vertragswerk. Auf die Zustimmung des Reichstags – bei der Pragmatischen Sanktion noch scheinbar unabdingbar – und auf eine kaiserliche Ratifikation wurde bewusst verzichtet.[193] Das Corpus verstand sich als Verfassungsinstitution und berief sich auf eine Art Notrecht, um im Falle einer Rechtsbeugung seitens des Kaisers oder der katholischen Reichsinstitutionen selbständig einzugreifen. Die Protestanten bezweifelten zwar nicht grundsätzlich das Verbot der Selbsthilfe, sahen in ihrem Corpus aber eine Reichskorporation, die eine Verfassungsanomalie bereinigen müsse, wenn der Kaiser nicht eingreife oder die Exekution verschleppe.

Die unter anderem vom Papst und vom Kaiser angefochtenen hessischen Religionsbestimmungen, die den katholischen Erben keinen Einfluss auf die Kirchenpolitik des Landes einräumten, blieben in Kraft. König Friedrich II. entschärfte den Konflikt schließlich auf seine Weise. Nachdem sowohl Wien als auch Paris dem Landgrafen ein Offizierspatent angeboten hatten, offerierte er ihm 1756 die Stelle eines preußischen Generalleutnants, die der katholische Erbprinz annahm.[194] Damit stand dieser unter preußischer Kontrolle. Letztlich trug auch die ganz auf Katholizität setzende, wenig flexible Haltung des Wiener Hofes ihren Teil dazu bei, dass die preußische Saat aufging und die evangelische Solidarität zum Vehikel im Kampf gegen Maria Theresia werden konnte. Hieran scheiterte sogar beinahe die Aufnahme der thüringischen Fürsten von Schwarzburg-Rudolstadt in den Reichsfürstenrat. Die evangelischen Reichstagsgesandten agierten dabei gegen ihre Instruktionen, weil sie fürchteten, der Kaiser wolle nur einen Agenten in ihr Corpus einschleusen.[195] Interessanter als die jeweiligen Einzelfälle und die spitzfindigen reichs- und staatsrechtlichen Argumentationen ist die Frage, warum Friedrich II. in den fünfziger Jahren die konfessionelle Konfrontation suchte. Die Antwort findet sich in seinem Testament von 1752, in dem er davon ausging, dass zwar die kleinen von den großen Reichsständen annektiert werden könnten, aber die Rivalitäten unter den Fürsten und die deutschen Nachbarn prinzipiell für den Erhalt der Reichsverfassung sorgten. Das Haus Österreich werde daher kaum von der Kaiserwürde zu verdrängen sein, obwohl diese grundsätzlich auch Protestanten offenstehe. Doch die Kaiserkrone sei kein lohnendes Ziel für die Hohenzollern, denn ein König von Preußen müsse sich mehr anstrengen, «eine Provinz zu erobern, als sich mit einem leeren Titel zu schmücken».[196]

Friedrich II. nutzte die Glaubensfrage, um das Machtgleichgewicht im Reichs-Staat augenfällig zu demonstrieren. Bestärkt wurde er darin von der englischen Publizistik. Hier wurde er als derjenige charakterisiert, der den Schlüssel zum Gleichgewicht in Deutschland in seinen Händen halte und sich im Stile Gustavs II. Adolf an die Spitze der Protestanten gesetzt habe.[197] Seine Unterstellung, die Katholiken nutzten jede Möglichkeit, um ihr Bekenntnis auszudehnen, gehörte zur politischen Kultur des Reiches und sollte die evangelischen Reihen schließen – unabhängig von allen politischen, wirtschaftlichen oder auch nationalen Zielvorstellungen. Die Protestanten konnten immerhin darauf verweisen, dass mit Kurpfalz und Hessen-Kassel die beiden wichtigsten reformierten Territorien derzeit oder demnächst ebenso von Katholiken regiert würden wie die lutherischen Kernlande Kursachsen und Württemberg.

Auch die in der Publizistik vielfach kommentierten Konfessionsfragen haben ihren Teil dazu beigetragen, das «renversement des alliances» zu ermöglichen, den großen europäischen Bündniswechsel des Jahres 1756. Er gilt als das diplomatische Meisterwerk des Grafen Kaunitz, der seit 1753 als Staatskanzler die Zügel der Wiener Politik in seinen Händen hielt. Wie Maria Theresia räumte auch er der Rückeroberung Schlesiens absolute Priorität ein. Als Botschafter in Paris hatte Kaunitz intensiv daran gearbeitet, Frankreich von Preußen zu trennen, um Österreich eine neue Bündnisoption zu verschaffen. Wien war enttäuscht vom mangelnden Engagement Großbritanniens, zumal Hannover die Religionsfrage immer wieder gegen den Kaiserhof hochspielte.

Kaunitz wollte Frankreich daher Zugeständnisse in Italien und in den Niederlanden machen. Zudem war er überzeugt, dass die Annäherungen zwischen England und Frankreich wegen ihrer gegenläufigen kolonialen

Interessen keine dauerhafte Allianz begründen könnten. Seine Strategie ging auf, denn auch die Franzosen fühlten sich von den Engländern, die Indien und Nordamerika für sich reklamierten und die dortigen französischen Kolonien bedrängten, stärker als vom Haus Österreich bedroht. Ein Bündnis mit Frankreich entlastete die Habsburger zudem an einer schwer zu verteidigenden Peripherie, den südlichen Niederlanden. Maria Theresias Machtbasis lag in Mittelosteuropa und Oberitalien; der deutsche Reichs-Staat interessierte sie wenig. Sie wollte Deutschland nicht beherrschen, sondern Brandenburg-Preußen wieder auf den Rang einer mittleren Macht zurückführen. Für die Sicherheit Frankreichs bedeuteten ihre Ambitionen keine Gefahr. Der 1754/55 in Nordamerika ausgebrochene englisch-französische Kolonialkrieg zwang König Ludwig XV., nach neuen Verbündeten zu suchen und damit zwangsläufig nach Wien zu schauen. Die Pariser Überlegungen trafen sich mit denjenigen Maria Theresias, die sich von Großbritannien keinen Krieg gegen Frankreich aufzwingen lassen wollte, der die Rückeroberung Schlesiens in weite Ferne gerückt hätte. Sie suchte den Krieg, aber gegen Preußen und in einer Form, die Friedrich II. wiederum zum Aggressor stempelte.[198]

Das Kalkül der Hofburg ging auf, weil diese mit dem Gegensatz zu den Bourbonen eine Konstante des europäischen Mächtesystems außer Kraft setzte und Preußen auf diplomatischem Parkett eher ungeschickt agierte. Ungeachtet seines Bündnisses mit Frankreich ging Friedrich II. aus Angst, von England und Russland im Fall eines großen Krieges angegriffen zu werden, auf die Avancen König Georgs II. ein. Dieser wiederum fürchtete wegen des Kolonialkrieges, Frankreich könne seine Hannoveraner Stammlande besetzen, deren Sicherheit Wien nur garantieren wollte, wenn es von Großbritannien bei einem eventuellen Angriff Preußens unterstützt würde. London war eigentlich nur daran interessiert, den Kolonialkrieg von Europa fernzuhalten. Es engagierte hannoversche und Kasseler Truppen, um England vor einer französischen Invasion zu schützen, schloss Verträge mit deutschen Fürsten und mit Russland und verständigte sich am 6. Januar 1756 in der Westminsterkonvention mit Preußen auf eine Garantie des jeweiligen Besitzstandes.[199] Gegen englische Subsidien sollte Preußen den Reichs-Staat vor fremden Truppen schützen.[200] Berlin wollte Frankreich mit diesem Vertrag nicht brüskieren, doch in Paris fühlte man sich getäuscht: Die Absprachen konnten sich nur gegen Frankreich richten. Preußen, der eigene Bündnispartner, hatte sich ausgerechnet mit der Macht arrangiert, mit der man in Übersee in einen erbittert geführten Krieg verwickelt war.

Berlin unterschätzte den französischen Protest und beharrte auf dem Recht, Verträge zu schließen, wann immer und mit wem man wolle. Friedrich II. handelte im festen Glauben, Russland werde neutral bleiben, so dass das mit Frankreich verfeindete Österreich nicht gegen ihn

vorgehen könne und auf dem Kontinent allenfalls ein Krieg um die südlichen Niederlande zwischen Frankreich und Österreich drohe. Doch
Paris war über Berlin ähnlich verärgert wie Wien über London. Der französische Staatsrat beschloss im Februar 1756, die auslaufende Allianz mit
Preußen nicht zu verlängern.[201] In Wien stieß der geplante Bündniswechsel nur bei Kaiser Franz I. auf Widerstand. Dieser lehnte Frankreich
als neuen Partner der Wiener Politik ab. Zum einen hatte dies persönliche
Gründe, die leidige Lothringenfrage. Zum anderen stand Franz I. aber
auch in seiner Rolle als Kaiser dem «Erbfeind» Frankreich reserviert gegenüber. Auf seine Befindlichkeiten nahmen jedoch Maria Theresia und
Kaunitz wenig Rücksicht.

Der Bündnisumsturz war eine diplomatische Revolution, denn mit
dem «Neuen System» wurden alte Vorurteile überwunden.[202] Die
«Staatsräson» siegte über die Tradition, weil Kommunikationsstörungen
zu Fehleinschätzungen geführt und die Berliner Politik Österreich alle
Trümpfe in die Hand gespielt hatten.[203] Darüber hinaus war entscheidend, dass Graf Kaunitz mit seiner klugen Geheimdiplomatie die engsten
Vertrauten Ludwigs XV. – die Marquise de Pompadour und Kardinal
François de Pierre de Bernis – für seine Pläne gewonnen hatte.[204] Traditionskritik und Innovationsbereitschaft überwanden die alte Feindschaft
zwischen Habsburgern und Bourbonen.[205] Aus französischer Sicht war
der Allianzenwechsel nötig, um angesichts der aggressiven preußischen
Politik die mit dem Westfälischen Frieden installierte Ordnung des
Reichs aufrechtzuerhalten. Bernis warnte vor dem Preußenkönig, dem
nichts heilig sei, der Nachbarstaaten annektiere und die Untertanen anderer Fürsten zu seinen Rekruten mache, und König Ludwig XV. folgte
seiner Argumentation.[206]

Das europäische Gleichgewichtssystem zeigte sich genügend flexibel,
um sich gegebenenfalls neu zu formieren. Die französische Diplomatie
glaubte, das traditionelle Ziel, die Festigung der föderativen Struktur
Deutschlands, mit Österreich besser verfolgen und dennoch die preußische Option bewahren zu können. Die habsburgische Politik zielte allerdings nicht auf die Sicherung des Status quo, sondern auf die Rückgewinnung Schlesiens. Die internationalen Beziehungen wurden durch die
diplomatische Revolution des Versailler Vertrags vom 1. Mai 1756 weder
transparenter noch friedlicher – ganz im Gegenteil. Die Flexibilisierung
hatte ihren Preis und diesen bezahlte vor allem Frankreich, das sich trotz
seines Kolonialkrieges der österreichischen Kriegsstrategie mehr oder
weniger unterordnete.

Die Defensivallianz Österreichs und Frankreichs traf Brandenburg-
Preußen unvorbereitet. Sie war durch den Krieg in Nordamerika möglich
geworden, doch dieser ergänzte sich nicht mit demjenigen in Mitteleuropa zu einem «Ersten Weltkrieg».[207] Während es den europäischen

Mächten in Übersee um Handelsmonopole, den Ausbau ihrer Imperien und ihrer exklusiven Stellung ging, war der mitteleuropäische Krieg ein Hegemonialkrieg um Schlesien und um die Position Preußens im Mächtesystem. Hier kämpften nicht Großbritannien und Frankreich, sondern Österreich und Preußen um die Vorherrschaft. Die beiden Westmächte beteiligten sich wie Russland an diesem Krieg, weil sie das Machtgleichgewicht und die Reichsverfassung erhalten wollten. Während Frankreich aktiv eingriff, vertraute England auf seine Subsidien und die hannoverschen Soldaten. Weil auch Russland und Schweden auf der Seite der Gegner Preußens standen, glaubte Friedrich II., sich offensiv verteidigen zu müssen.

Im weltgeschichtlichen Maßstab mag der Siebenjährige Krieg auf einen «Nebenkriegsschauplatz» zusammenschmelzen[208], aus deutscher Sicht entschied er darüber, ob der Reichs-Staat in seiner hergebrachten Form fortbestand. Bisher war die Mächtekonstellation ein Zweckbündnis, um die Staatenpluralität und das Gleichgewicht zu erhalten, ohne dass sich die Bündnispartner in ihren religiösen oder machtpolitischen Zielsetzungen einig gewesen wären. Dies änderte sich 1756. Die Konfrontation verlief nun zwischen den katholischen Österreichern und Franzosen einerseits, den aufgeklärt-protestantischen Preußen und Engländern andererseits. Dieser Gegensatz wurde von den Medien hochgespielt. Kurhannover ließ im Juni 1756 ein «Pro Memoria» auf dem Reichstag verteilen. Hierin wurde Maria Theresia vorgeworfen, mit Frankreich einer Macht Einfluss auf das Reich zu gewähren, «welche nach und nach so manches Stück dem Teutschen Reiche entrissen hat, und also diesem seit vielen Jahrhunderten her fatal gewesen ist, welche auch den Appetit, sich auf dessen Kosten zu vergrößern, schwerlich verloren haben oder verlieren wird».[209] Derweil schloss Kaunitz im Januar 1757 ein Bündnis mit der Zarin Elisabeth, die schon länger auf einen Krieg gegen Preußen hinarbeitete. Friedrich II. war der Verlierer des «renversement des alliances». Er hatte einen schweren diplomatischen Fehler begangen und sah sich nun von Feinden umringt. Sein neuer englischer Bündnispartner konnte ihm bei einem Krieg auf dem Kontinent nur wenig Hilfe leisten.

Daher ließ sich Friedrich II. von den Medien als friedliebender König darstellen, der sich einer aggressiven katholischen Front unter Führung des Papstes und Maria Theresias gegenübersah. Die «Berlinischen Nachrichten» berichteten im Juli über Kriegsvorbereitungen in Böhmen und Mähren. Dadurch sollte das ganze *Corpus evangelicorum*, dessen Aktivisten in Hannover, Kassel und Gotha saßen, für den preußischen Konfrontationskurs und für die geplante protestantische Union gewonnen werden.[210] Der Preußenkönig scheiterte diesmal jedoch an seiner eigenen Strategie: Sein Präventivschlag galt nicht Österreich, sondern Kursachsen. Der Angriff auf das Kernland der Reformation und den Führer des

Corpus evangelicorum stand der These vom neuen Religionskrieg nachhaltig im Wege. Frankreich griff als Garant der Reichsverfassung in den Krieg ein.[211] Kaunitz hatte Friedrich II. eine Falle gestellt, und dieser war hineingetappt.[212]

d) Der Siebenjährige Krieg

Maria Theresia und Graf Kaunitz hatten ihr erstes Ziel erreicht: Der Preußenkönig eröffnete den Krieg, weil Wien ihm keine verbindliche Nichtangriffszusage gab. Am 29. August 1756 ließ Friedrich II. wieder einmal seine Truppen in Sachsen einfallen, um sich eine günstigere Operationsbasis und die Ressourcen des reichen Kurfürstentums zu sichern. Er selbst formulierte es folgendermaßen: «Sachsen ist wie ein Mehlsack. Man mag darauf schlagen, so oft man will, so kommt immer etwas heraus.»[213] Er führte einen Angriffskrieg, ließ der internationalen Öffentlichkeit die Aktion aber als Präventivkrieg darstellen. Ihm sei nur der Griff zu den Waffen geblieben, um die Intrigen seiner Feinde zunichte zu machen. Preußen werde jedoch zu gegebener Zeit dem polnischen König seine Staaten zurückgeben.[214]

Über das Vorgehen Friedrichs II. ist viel gestritten worden. Tatsächlich entwickelte sich die für Preußen so bedrohliche Konstellation eines großen Bündnisses, das Friedrich II. mit seinem Präventivkrieg zerschlagen wollte, erst als Folge seines Angriffs: Die Offensivallianzen Österreichs mit Russland und Frankreich wurden im Februar bzw. im Mai 1757 geschlossen, Schweden reihte sich im März in die antipreußische Front ein. Kriegsziel war die Zerstückelung Preußens, dessen Medien daraufhin die These vom aufgezwungenen Religionskrieg forcierten, den Friedrich II. zur Rettung des «ächten Reichs-Systematis» führen müsse.[215] Berlin begründete seinen Präventivschlag durchgängig mit der Behauptung, man habe den Feinden zuvorkommen müssen, weil diese die Verfassung und die Religionsfreiheit des Reichs hätten abschaffen wollen. Während die meisten Regierungen zurückhaltend reagierten, scheint die protestantische Öffentlichkeit für diese gewohnte Sicht der Dinge durchaus empfänglich gewesen zu sein.

Die preußische Propaganda, die dem Kaiser einen Verfassungsumsturz unterstellte, spekulierte auf die tief verwurzelte Angst vor einer monarchischen Alleinregierung des Kaisers. Eine anonyme Flugschrift berichtete 1757, dass der Krieg selbstverständlich wegen der Religion geführt werde. Als mächtigster protestantischer Reichsfürst habe sich der Preußenkönig stets für die Gewissensfreiheit eingesetzt; er sei der zweite Gustav Adolf, der die vom Haus Österreich geschmiedeten Fesseln zerschlage. Zwischen den abscheulichen Kriegen, die wie die Kreuzzüge der Ausbreitung der eigenen Religion dienten und denjenigen, «die zur Verteidigung der angegriffenen Freyheit geführt werden», bestehe ein großer Unterschied. «Die Absichten des Wienerischen Hofes gehen auf nichts geringeres, als die freyen Fürsten des Reichs um ihre Freyheit zu bringen, sich selbst eine Souverainité zu verschaffen, die unter eben solchen Flor gehüllt ist, als ehemals Cromwells Titul eines Beschützers der Freyheit war.» Die Schrift endet mit einer existentiellen Beglaubigung, die in diesem Krieg noch wichtig werden sollte: «Wir, die wir Unterthanen des Königs sind, sind alle bereit, für seine gerechte Sache den letzten Blutstropfen aufzuopfern [...] Wir und unsere Kinder wollen mit ihm siegen, oder sterben.»[216] Die mit dem Kriegspatriotismus verbundenen Beschuldigungen hätten in den beiden vorhergehenden Jahrhunderten eine gewaltige antikaiserliche Medienkampagne ausgelöst, 1757 fehlte dafür jedoch der emotionalisierende Ansatzpunkt. Zumal sich auch Wien publizistisch wehrte und den Angriff auf Sachsen als skrupellosen Bruch des Landfriedens, der Reichsverfassung und des um die deutsche Freiheit zentrierten Wertesystems verurteilen ließ.

Die im besetzten Dresdener Schloss gefundenen, von Friedrichs Minister Graf Ewald Friedrich von Hertzberg auf höchste Anweisung und in aller Eile publizierten Akten belegten zwar sächsische Bündnisgespräche, aber keine gegen Preußen oder gar gegen die Protestanten gerichtete Verschwörung. Tatsächlich war Dresden erst im Juni über das österreichisch-französische Bündnis informiert worden. Der leitende sächsische Politiker Heinrich Graf Brühl begrüßte den Krieg, weil er hoffte, nun die Landbrücke zwischen Polen und Sachsen realisieren zu können. Er hatte seit 1749 darauf hingearbeitet, war aber nicht aktiv an den Bündnisvorbereitungen beteiligt worden. Ihn zum Urheber der diplomatischen Revolution zu erklären, scheint abwegig.[217] Da sich in den sächsischen Archiven wenig Verwertbares fand, wiederholten die preußischen Druckschriften die bekannten Vorwürfe und klagten über einseitige Urteile des Reichshofrates, ausbleibende Exekutionen gegen die katholischen Stände sowie die anhaltende Verfolgung österreichischer Protestanten. Die eigene Propaganda sollte das «Geschrei» der sächsischen und österreichischen Publizisten übertönen.[218]

Eine Berliner Schrift bezeichnete die medialen Proteste aus Sachsen als Verleumdungen. Die Dresdener Archivöffnung verstoße nicht gegen das Völkerrecht, weil der König sich gemäß dem Naturrecht wehren dürfe. Er habe beweisen müssen, keinen ungerechten Krieg zu führen. Wenn sich aber zwei Rechte widersprächen, müsse das geringere weichen. Die kapitulierende sächsische Armee sei vor die Wahl gestellt worden, entweder das Joch der Kriegsgefangenschaft auf sich zu nehmen oder in preußische Dienste zu treten.[219] Diese Argumentation war freilich zu durchsichtig und allein darauf ausgerichtet, das protestantische Reich gegen den Kaiser in Stellung zu bringen.

Für die preußische These eines neuen, von den Habsburgern ausgehenden Religionskrieges hätten sich zwar auf katholischer Seite durchaus Indizien finden lassen, doch diese wurden vorerst nicht bekannt. Dennoch sorgten sich die sächsischen und österreichischen Autoren, dass die preußische Propaganda das evangelische Publikum beeindrucken könne und «bey dem des Lesens und Schreibens kündigen, und ohnehin mit Vorurteilen eingenommenen gemeinen Mann einen widrigen Eindruck zurück lassen dörffte».[220] Um solche Stimmungen unter der Bevölkerung des Breisgaus und anderer vorderösterreichischer Gebiete erst gar nicht erst aufkommen zu lassen, wurde hier das Räsonieren über Kriegs- und Religionssachen in Wirtshäusern und «sonsten in öffentlichen Gesellschaften», auch das Herumtragen von Zeitungen verboten. Die Verbreitung der Meinung, der Krieg werde seitens des Kaisers und der französische Krone «zu stürzung der Protestantischen Religion – von seithen Preysen aber zu dero Rettung» geführt, trage nur zu Verbitterung und «innerliche[n] Landsunruhen» bei.[221] Ähnliche Verbote gab es in Nürnberg und Augsburg. Bewirkt haben sie wenig, weil die Bürgerschaften eher preußisch gesinnt waren. Berichte französischer Diplomaten bestätigen solche Stimmungen auch für Wirtshausgespräche in Frankfurt oder Heidelberg.[222] Selbst im besetzten Sachsen galt Friedrich II. als Beschützer der evangelischen Religion gegen den eigenen katholischen König.[223] Aus Hamburg wurde berichtet, dass «das Rathaus und das Wirtshaus, die Börse und der Weinkeller, ein jeder Ort [...] mit politischen Glossenmachern angefüllt» seien.[224]

Offensichtlich bestätigte die preußische Religionskriegspropaganda eine in der politischen Kultur Deutschland fest verankerte Disposition und musste daher von der Gegenseite mit allen Mitteln entkräftet werden. Ein anonymer Autor gab zu bedenken, dass zwei Mächte unterschiedlicher Konfession sehr wohl Krieg führen könnten, ohne dass der eine den Untergang der Religion des anderen herbeiführen wolle. Die These vom Religionskrieg werde nur bemüht, um das Publikum für die preußische Position zu gewinnen.[225] Die römische Kurie bewertete die europäische Bündniskonstellation allerdings, der preußischen Propaganda entsprechend, als einmalige Möglichkeit, Deutschland zu rekatholisieren.[226] Für Maria Theresia war der Krieg zwar primär ein Rachefeldzug gegen Friedrich II., doch ihrem Feldmarschall Graf Leopold Joseph Maria Daun vertraute sie 1759 beiläufig an: Das Kriegsziel bestehe nicht nur in der Rückeroberung Schlesiens, «sondern in der Glückseligkeit des menschlichen Geschlechts und in der Aufrechterhaltung Unserer heiligen Religion, von welcher Ich in Teutschland fast die alleinige Stütze abgebe».[227] Sie verknüpfte ungeniert aufklärerische Zielsetzungen mit konfessionellen Überlegungen. Im öffentlichen Meinungskampf bemühten die Wiener Publizisten hingegen «rationale» Argumente wie die Gefährdung des Gleichgewichts, des Völkerrechts, des Landfriedens oder der Reichsverfassung.

Die englische Presse sprach hingegen offen von einem Konfessionskrieg und lobte das Bündnis mit Preußen, das Großbritannien mit den protestantischen Mächten und den Freunden der Freiheit vereinige. Die Westminsterkonvention wurde der englischen Öffentlichkeit als eine protestantische Liga zur Vernichtung der katholischen Kirche in Deutschland vorgestellt. Das Parlament stilisierte Friedrich II. zum Bollwerk des Protestantismus und der Freiheit Europas.[228] Vielleicht glaubte der preußische König 1756 wirklich, was er da hätte lesen können und was ihm die englischen Gesandten berichteten. Ihm blieb auch nichts anderes übrig, als die Erregung der englischen Öffentlichkeit gegen das katholische Bündnis zwischen Frankreich und Österreich zu nutzen, um den zögerlichen Georg II. in die Bündnissolidarität zu zwingen. Im Dezember 1756 bot Berlin diesem an, die Bistümer Osnabrück und Paderborn zu säkularisieren.[229] Obwohl der König die preußische Macht beargwöhnte und ausgiebig ein österreichisches Neutralitätsangebot prüfte, schien nur sein Neffe Friedrich II. in der Lage, die welfischen Stammlande vor französischen Truppen zu schützen.

Kaiser Franz I. forderte unterdessen Mitte September 1756 den Reichstag auf, dem Landfriedensbruch als «offenbare Empörung und des Reichs feindliche Ueberziehung» entgegenzutreten.[230] Sein Dekret brandmarkte den Krieg als Verfassungsumsturz[231] und befahl allen «in dem Reich angesessenen oder jedoch aus solchem gebürtige dem König von Preußen [...] dienenden [...] Kriegsleute[n]» unverzüglich ihre Dienste zu quittieren.[232] Damit engte der Kaiser allerdings die «deutsche Freiheit» ein, die erlaubte, Kriegsdienste zu nehmen, wo und wann immer man wolle. Zwar verbot der Westfälische Frieden jedem, gegen Kaiser und Reich mit Gewalt vorzugehen, und es war auch wenig umstritten, dass «der Staat [...] einen gegründeten Anspruch auf die Dienste seiner Bürger» besaß und «wider das Vaterland [...] kein Bürger [...] Waffen tragen dürfe»[233], doch darüber, wann dieser Fall eingetreten war, sollte nicht der Kaiser alleine befinden. In diesem Sinne behauptete eine pro-preußische Flugschrift, die Kaiser hätten «die Grundsätze ihrer Herrschsucht nie geändert», sie missachteten «die Freyheit der Teutschen, in auswärtige Kriegsdienste» treten zu dürfen. Abberufungen seien nur erlaubt, wenn ein Reichsfürst «nach vorgängigem Acht- und Bannproceß für einen Feind des Vaterlandes angesehen» werde. Dies aber sei jetzt nicht der Fall.[234]

Die Reichsstände machten geltend, dass der Kaiser laut Wahlkapitulation ohne Zustimmung des Reichstages keinen inneren oder äußeren Krieg beginnen dürfe. Franz I. hielt jedoch den Landfriedensbruch für offenkundig. Er gab sich kämpferisch und reichspatriotisch, doch die preußische Argumentation verfing vor allem bei Kurhannover, Hessen-

Kassel, Braunschweig-Wolfenbüttel und Sachsen-Gotha. Diese Stände wurden von Berlin zu einem Gegenreichstag eingeladen, der in Goslar, Mühlhausen oder Nordhausen stattfinden sollte. Der preußische Reichstagsgesandte Freiherr Erich Christoph von Plotho machte die Idee eines von Friedrich II. beherrschten, protestantisch-norddeutschen Reiches schließlich aktenkundig.[235] Friedrichs Angriffs- und Religionskrieg zeigte als Sezessionskrieg sein wahres Gesicht.[236] Mit den unabsehbaren Konsequenzen einer Spaltung des Reichs-Staates taten sich aber selbst seine engsten Verbündeten schwer, die sich ihm damit auf Gedeih und Verderb ausgeliefert hätten.

Kaiser Franz I. ließ am 10. Oktober vor dem Reichstag sein «Reichsväterliches Gemüt» betonen: Er wolle nur die von Preußen misshandelte «teutsche Freiheit» retten und sei überzeugt, «alle patriotisch gesinnten Stände» wüssten, was zu tun sei. Das Erzhaus werde «für das gemeine Beste des teutschen Vaterlands» kämpfen.[237] Der Kaiser setzte die Idee der Reichseinheit gegen die preußische Strategie der Spaltung, auch wenn solche Formeln wohlfeil waren. Ein Autor warf Preußen vor, sich zu verhalten als ob Deutschland weder ein Oberhaupt noch höchste Reichsgerichte besitze. Der Krieg zeige, «daß in besagtem Canonen-Recht dasjenige bestehe, was sie Völkerrecht nennen» und im Reich einführen wollten.[238] Eine sächsische Broschüre betonte, alle «redlich teutsch-gesinnte[n] Herzen» müssten die Folgen bedenken, wenn das Reich «von der Willkür einer bald drohenden, bald verheißenden, immerfort aber einbrechenden Übermacht abhängen solle».[239] Überdies wurde ironisch empfohlen, das Reichssystem ganz aufzulösen und das Reichsregiment nach Berlin zu verlegen, um die Machtspiele «in unserem Teutschland» zu beenden.[240]

Da weder die Religionskriegsthese noch der Vorwurf, der Kaiser plane den Umsturz der Reichsverfassung, die Gesandten in Regensburg überzeugten, ließ Friedrich II. dort erklären, als König «verschiedener von dem Reiche independenten souverainen Landen» gegen die Königin von Ungarn und Böhmen als eine andere «souveraine Macht» Krieg zu führen.[241] Folgten die Reichsstände dieser Argumentation, konnten sie sich für neutral erklären. Doch tatsächlich hatten der Überfall und die Annexion Kursachsen gegolten, das aus den Händen der Preußen befreit werden musste, wenn sich der Reichs-Staat nicht selbst aufgeben wollte. Reichshofrat Karl Wilhelm von Gärtner verglich den Angriffskrieg Friedrichs II. mit den «Hunnischen und Tatarischen Einfällen» und sprach von einer «wahre[n] Empörung im Herzen des teutschen Vaterlandes».[242]

Die reichspatriotische Grundstimmung zwang selbst den mit Preußen sympathisierenden Gothaer Reichstagsgesandten, «die allgemeine Wohlfahrt des teutschen vaterlandes als lex suprema» hervorzuheben und dem Kaiser «reichsväterliches» Verhalten zu bescheinigen. Auch er verlangte,

dass Preußen seine Armee aus Böhmen zurückziehe und Sachsen restitu-
iere.[243] Alle Stände, denen «die Aufrechthaltung der Grundfeste des
Vaterlands am Herzen» lag, hatten für die Einleitung von Gewaltmaß-
nahmen gegen Preußen votiert.[244] Folglich befahl Franz I. am 26. Feb-
ruar 1757 den Reichskreisen, ihre Truppen zu mobilisieren. Taten ließen
allerdings zunächst auf sich warten: Die beiden sächsischen Kreise sand-
ten keine Soldaten, der Einfall eines preußischen Armeeverbandes in
Franken versetzte die dortigen Stände in Angst und Schrecken. Die
Kriegsführung Friedrichs II. schien zu bestätigen, dass er nicht nur
Österreich besiegen, sondern möglichst große Teile des evangelischen
Deutschlands unter seine Kontrolle bringen wollte. Während sich der
Preußenkönig als Retter des Reichs feiern ließ, wurde Kursachsen syste-
matisch ausgeplündert und das Menetekel einer Reichsteilung erschien
deutlich am Horizont.

Trotz der schweren politischen Niederlage auf dem Reichstag stilisierten die norddeutschen Publizisten Friedrich II. weiterhin als Philoso-
phenkönig, als Nachfolger Gustav Adolfs und als politischen Gestalter,
der den Weg aus der Immobilität weise. Der Schweizer Arzt Johann Georg Zimmermann ergänzte seinetwegen die Schrift «Von dem Nationalstolz» in der zweiten Auflage 1760 um ein Kapitel über Monarchien, weil
nicht nur in Republiken der Untertan seine Nation lieben könne.[245] Goethe spielte auf diese Stimmung an, als er viel später schrieb: «Und so war
ich denn auch preußisch, oder um richtiger zu reden, Fritzisch gesinnt:
denn was ging uns Preußen an.»[246] Im Rückblick erschien ihm König
Friedrich II. als derjenige, der Deutschland aufgeweckt hatte. Von ihm
gingen entscheidende nationalkulturelle Impulse aus, weil er polarisierte.

Zwar hat Friedrich II. seine Kriegsziele nie expliziert, doch in seinem
politischen Testament von 1752 unterschied er zwischen Erwerbungen
durch Erbschaft, die in Ansbach, Bayreuth oder Mecklenburg möglich
seien, und solchen aufgrund günstiger Umstände, die Kursachsen, Vorpommern oder das polnische Preußen betrafen. Das zu Beginn des Krieges annektierte Sachsen schien ihm schon damals die «nützlichste» Provinz.[247] Während des Krieges vergrößerte der König sukzessive seine
Erwerbspläne um Kursachsen, Böhmen, Franken, ganz Schlesien, Mecklenburg, Hildesheim und nicht zuletzt den polnischen Teil Preußens einschließlich Danzigs.[248] Die österreichischen Vorstellungen einer neuen
Friedensordnung waren freilich kaum bescheidener: Neben der Rückeroberung Schlesiens sollte Preußen als Rivale ausgeschaltet und entschieden verkleinert werden. Russland wollte an seinem Weg nach Westen nicht länger von Preußen gehindert werden. Nach seinem neuerlichen
Angriffscoup galt Friedrich II. in ganz Europa – abgesehen von Preußen
und England – als notorischer Unruhestifter. Frankreich und Schweden
erklärten daher im März 1757, sich ihrer Verantwortung als Garanten des

Westfälischen Friedens zu stellen. Schweden wollte seine Verluste aus dem Nordischen Krieg kompensieren und Frankreich die machtpolitisch so vorteilhafte alte Reichsstruktur bewahren.

Die etwa 66 000 preußischen Soldaten hatten in Sachsen leichtes Spiel. Am 9. September 1756 war Dresden erobert und am 1. Oktober das österreichische Heer bei Lobositz im nördlichen Böhmen besiegt worden. Die auf der Festung Königstein verschanzten restlichen Teile der kursächsischen Armee hatten am 16. Oktober kapitulieren müssen und waren in das preußische Heer eingegliedert worden. Später desertierten allerdings ganze Einheiten, wann immer sich ihnen eine Chance dazu bot.[249] Der preußische König residierte im Dresdener Palais des Grafen Brühl, der zusammen mit seinem König nach Polen geflohen war.[250] Friedrich II. hatte neuerlich den Reichs-Staat und die europäischen Mächte provoziert, doch diesmal stieß er auf eine entschlossene Abwehrphalanx, was er so nicht einkalkuliert hatte.

Zunächst setzte die preußische Armee im Frühjahr 1757 ihren Vormarsch in Böhmen fort und besiegte in allerdings verlustreichen Gefechten die österreichischen Truppen Anfang Mai bei Prag, ohne die Stadt selbst erobern zu können.[251] Nachdem eine österreichische Entsatzarmee unter dem Grafen Daun am 18. Juni die preußischen Verbände bei Kolin besiegt hatte, mussten diese die Belagerung Prags abbrechen und sich unter schweren Verlusten zurückziehen. Die Österreicher siegten knapp drei Monate später auch bei Moys in der Nähe von Görlitz und eroberten Schlesien zurück, um im Oktober 1757 erstmals nach Berlin vorzustoßen. General Andras Hadik von Futak rückte mit 3500 Husaren in die Randbezirke vor, nahm 200 000 Taler Brandschatzung ein und zog sich dann ebenso schnell zurück, wie er gekommen war. Zu diesem Zeitpunkt schien Brandenburg-Preußen besiegt: Schlesien war verloren; die Schweden hatten Pommern und die Russen nach ihrem Sieg bei Großjägerndorf am 30. August Ostpreußen besetzt, wo die Untertanen Friedrichs II. der Zarin Elisabeth den Treueeid leisteten. Im Westen waren die welfischen Truppen nicht in der Lage, die Franzosen aufzuhalten. Diese besetzten die preußischen Westgebiete und beuteten die Territorien in ähnlicher Form aus wie Friedrich II. dies in Sachsen tat.[252] Vereinigten sich die österreichischen und die französischen Truppen, drohte ein Vorstoß auf Berlin, zumal inzwischen auch die Reichsarmee mit etwa 25 000 Mann unter Führung des Herzogs Joseph Friedrich von Sachsen-Hildburghausen einsatzbereit war. Die militärische Ausbildung war bei allen Reichsständen ähnlich, so dass deren Infanterie und Kavallerie rasch mit den Spezialtruppen der Vorderen Reichskreise zu einer leidlich kampfbereiten Reichsarmee vereinigt werden konnten.[253]

Allerdings misslang am 5. November 1757 bei Roßbach, südlich von Halle, der Plan der von 8000 Mann Reichstruppen unterstützten französischen Armee, Friedrich II. aus Sachsen zu verdrängen.[254] Am Abend schrieb Friedrich II., der kurz zuvor noch Todesszenarien erdacht hatte, seiner Schwester Wilhelmine nach Bayreuth, was dieser Sieg für ihn bedeute: «Es wird heißen, dass 20 000 Preußen 50 000 Franzosen und Deutsche geschlagen haben. Jetzt würde ich in Frieden ins Grab steigen, nachdem Ruhm und Ehre meiner Nation gerettet sind.»[255] Der König trennte zwischen Preußen und Deutschen. Eine Medienkampagne sorgte dafür, dass der Sieg bei Roßbach über den alten «Erbfeind» Frankreich und die als «Reißausarmee»[256] verspotteten Reichstruppen im kulturellen Gedächtnis der Deutschen haften geblieben ist. Diese doppelte Erfolgsgeschichte war von Anfang an eine fragwürdige, aber leicht zu vermittelnde Deutung. Das Bild des französischen Erbfeindes, mit dem Preußen lange verbündet gewesen war und dessen Sprache und Kultur den Hof weiterhin prägten, überlagerte sich publikumswirksam mit der Religionskriegspropaganda. Viele Flugschriften aus dem norddeutschen Raum schilderten den Krieg als patriotische Tat und alle Anstrengungen rechtfertigende Verteidigung gegen den Deutschland verwüstenden Erbfeind. Für die aufgeklärt-protestantische Publizistik wirkte das preußische Bündnis mit England befreiend: Der Krieg wurde zumindest implizit zum Kampf zwischen Fortschritt und Tradition, Vernunft und Reaktion.

Eine neuartige Kriegslyrik stellte sich bereitwillig in den Dienst der inneren Mobilisierung. Ewald Christian von Kleist nannte im März 1757 die Handlungsalternative «Siegen oder Sterben».[257] Johann Wilhelm Ludwig Gleim glorifizierte den unsterblich machenden «Heldentod» fürs «Vaterland» und beschwor die alte Trias Gott, Vaterland und König als die Fundamente eines gerechten Krieges. Die verächtlich gemachten Feinde waren nicht mehr nur die als Barbaren und einfallende Horden herabgesetzten Russen, Franzosen oder Ungarn, sondern wie im «Siegeslied nach der Schlacht bei Roßbach» auch die anderen deutschen Stämme.[258] Die Vorstellung eines gerechten Krieges gegen eine übermächtige katholische Koalition unter Führung des alten Reichsfeindes Frankreich ließ auch die Bewohner der brandenburgisch-preußischen Zentralprovinzen zusammenrücken. In Iserlohn hergestellte emaillierte Tabakdosen mit Kriegsmotiven der preußischen Armee und ihrer Generale oder die mit patriotischen Sprüchen verzierten Krefelder Seidenbänder verkauften sich im Norden Deutschlands bestens.[259]

Aus dem weit zerstreuten Staatswesen der Hohenzollern entwickelte sich offensichtlich erst im Siebenjährigen Krieg so etwas wie ein Gemeinwesen, so dass die Bezeichnung Königreich Preußen von da an sinnvoll erscheint. Friedrich II. wollte seinen Staat aus dem Reichsverband lösen und mit Teilen des evangelisch-aufgeklärten (Nord)Deutschlands vergrößern: «Wenn Friedrich, oder Gott durch ihn, das große Werk vollbracht, gebändigt hat das stolze Wien, Und Deutschland freigemacht.»[260] Anders als der preußische Spott machte der Herzog von Sachsen-Hildburghausen die Unerfahrenheit seiner Soldaten und Offiziere für das Debakel bei Roßbach verantwortlich. Die Soldaten seien jedoch willig und «von dem allezeit befürchteten Fanatismo religionis [habe, G. S.] nicht das mindeste Simptoma sich geäußert».[261] Er selbst hatte freilich jede Religionsdebatte unter den Soldaten strikt verboten, weil auch er wusste, dass die meisten evangelischen Offiziere der Reichsarmee preußisch gesinnt waren. Das Bayreuther Kontingent hatte er gar nicht erst aufnehmen wollen, da deren Offiziere und Gemeine «mit dem fanatismo religionis angefüllet» seien. In Wien wurde die Religionskriegspropaganda nicht nur für die Rebellion der baden-durlachischen Truppen, sondern auch dafür verantwortlich gemacht, dass auch der ganze schwäbische Kreis eher preußisch gesinnt sei.[262]

Als Friedrich II. 1757 auch noch Mecklenburg quasi annektierte, setzte der Reichshofrat das suspendierte Achtverfahren neuerlich in Gang. Wiederum war ein evangelischer Reichsstand Preußen zum Opfer gefallen, daher glaubte Franz I., die Protestanten würden sich nicht länger widersetzen. Allerdings dehnte er das Achtverfahren auch auf die Verbündeten Friedrichs II. aus, auf den Kurfürsten Georg II. von Hannover, den Landgrafen Wilhelm VIII. von Hessen-Kassel und den Herzog Friedrich III. von Sachsen-Gotha-Altenburg. Damit provozierte er das *Corpus evangelicorum*. Der Kaiser musste im November 1758 auf die geplante Achterklärung verzichten, um das Auseinanderfallen der Reichsarmee zu verhindern.[263] Diese hatte aber derweil zusammen mit französischen Soldaten den preußischen Vorstoß nach Franken unterbunden und gezeigt, dass sie weit besser war als ihr Ruf suggerierte.

Am 15. August 1758 wurde das preußische Heer in einer äußerst verlustreichen Schlacht bei Zorndorf in der Nähe von Küstrin von den Russen dezimiert und im Oktober bei Hochkirch in der Oberlausitz von den Österreichern unter Daun schwer geschlagen. Ein Vorfall während der Frankfurter Herbstmesse 1758 zeigt, wie auch damals schon die öffentliche Meinung manipuliert wurde. Preußische Kaufleute ließen Essen und Wein verteilen und die Bürger ausgiebig auf die Gesundheit Friedrichs II. trinken, des Siegers über die Russen.[264] Lässt sich Goethes oben erwähnte und häufig zitierte «fritzische» Gesinnung auch hierauf zurückführen?

Solche Aktionen waren offensichtlich nötig, denn der Glanz Friedrichs als Kriegsheld strahlte mit zunehmender Dauer weniger hell, und auch seine Vergeltungsaktion gegen die Stadt Dresden im Juni 1758 brachte ihm kaum neue Sympathien. Wirklich dramatisch spitzte sich die Lage jedoch erst nach der vernichtenden Niederlage bei Kunersdorf in der Neumark am 12. August 1759 zu. Die österreichische und die russische Armee hatten hier eng kooperiert. Trotzdem rettete mangelndes

Vertrauen und fehlende Entschlusskraft der Alliierten Brandenburg-Preußen. Dies zeichnete im Übrigen die meisten Allianzen des 18. Jahrhunderts aus: Jeder achtete nur auf seinen Vorteil – auch zu Lasten der gemeinsam proklamierten Ziele.[265] Der Krieg dauerte noch drei weitere Jahre, um dann den *Status quo ante bellum* zu bestätigen.

Das Feiern des russischen Sieges über Preußen in Ludwigsburg nahm eine Hamburger Flugschrift zum Anlass, Hohn und Spott über das Herzogtum Württemberg auszugießen, das sich angeblich in einem Geheimtraktat mit Frankreich «anheischig gemacht [habe, G. S.], denen höchsten Alliierten mit denen allersolennsten Freuden-Festen, mit fünf Gesandten und einem Zeitungsschreiber getreulich beizustehen; und davor haben sie uns die Anwartschaft und Garantie auf die dreizehende Chur erteilet.»[266] Gegen solche Polemiken hatten es diejenigen Stimmen schwer, die zu Einheit und Frieden mahnten. Die preußische Armee bestand nach der Niederlagenserie 1759 allerdings nur noch aus etwa 30 000 Mann. Friedrich II. sprach wieder vom Tod, vom Ende der preußischen Großmacht und vom Untergang des Hohenzollernstaates. Hätte die enge Zusammenarbeit von Österreich und Russland angedauert, wäre Brandenburg-Preußen tatsächlich auf den Rang einer mittleren Macht reduziert worden. Das Land war praktisch verteidigungsunfähig, so dass die Reichsarmee nun ihren Auftrag erfüllen und Dresden zurückerobern konnte.

Während Maria Theresia alle preußischen Verhandlungsangebote ablehnte, zogen die verbündeten Armeen nach Süden ab. Friedrich II. sprach am 1. September 1759 gegenüber seinem Bruder Heinrich von «le miracle de la maison de Brandebourg».[267] Darüber ist viel spekuliert worden, doch schon den königlichen Friedensplänen vom Oktober ist nur noch wenig von dieser Untergangsstimmung zu entnehmen. Sie gingen von gewaltigen Gebietsgewinnen aus, die zusammen mit denjenigen, die wie Münster und Osnabrück Hannover zugedacht waren, fast ganz Norddeutschland in den Besitz der Koalition gebracht hätten. Das war die Möglichkeit, Niederdeutschland vom Reich loszureißen, von der Friedrich II. in seinem Testament 1768 rückblickend schrieb.[268] Militärisch entkam er der tödlichen Bedrängnis dank der Pause, die ihn unter Aufbietung aller Reserven noch einmal 100 000 Mann mobilisieren ließ. Auf seiner Seite kämpfte zudem etwa die gleiche Anzahl welfischer Truppen. Ihnen standen fast 370 000 österreichische, russische und schwedische Soldaten gegenüber. Im August 1760 besiegte Friedrich II. seine Gegner bei Liegnitz, konnte aber nicht verhindern, dass Österreicher und Sachsen einen gewaltigen Prestigeerfolg feierten und im Oktober für wenige Tage Berlin besetzten. Erst der Sieg bei Torgau im November 1760 über die weit nach Norden vorgerückten österreichischen Truppen brachte Preußen etwas Spielraum, nicht aber die neuerliche Verfügung über ganz Sachsen.

Obwohl Deutschland kriegsmüde war, scheiterte ein in Augsburg geplanter Friedenskongress: Der Reichstag zerstritt sich 1761 entlang der alten konfessionellen Konfrontationslinie.[269] Die ausgetauschten Schriften beeinflussten weniger die Verhandlungen als die öffentliche Meinung. Der kurbrandenburgische Antrag, die Gesandtschaft zum Friedenskongress wie eine Religionssache zu behandeln, wurde abgelehnt. Die Vertreter Kursachsens hatten erneut eingewandt, dass dies «der Wahrheit offenbar entgegen» sei und «der *Casus Itionis in partes* ein vor allemal gegenwärtig nicht existiere».[270] Gegenüber den Jahren 1756/57 waren zwar die Argumente, nicht aber die Mehrheitsverhältnisse gleich geblieben: Mit Kursachsen votierten nun lediglich sieben evangelische Fürsten, mit Brandenburg 28. Außer Mecklenburg und dem schwedischen Vorpommern trat Norddeutschland geschlossen für die preußische Deutung ein, einen Krieg wegen der Religion und gegen Frankreich zu führen. Die geschickte Propaganda Preußens und eine oft fragwürdige Politik des Kaiserhofs hatten diesen partiellen Stimmungsumschwung herbeigeführt.

Daran änderte auch die anonym erschienene Wiener Propagandaschrift «Staats-Betrachtungen über den gegenwärtigen preußischen Krieg in Teutschland» wenig. Ihr Verfasser, Egidius Valentin von Borié, unterstrich 1761 die von Preußen ausgehenden Gefahren: Friedrich II. überfalle und annektiere seine Nachbarn, um mit deren Ressourcen seine Kriege zu führen. Weil er die Armee kommandiere und niemandem Rechenschaft ablegen müsse, könne er verwegen vorgehen, im Gegensatz zu den von Kabinettsbefehlen abhängigen Generalen hasardieren und ganz auf das Kriegsglück setzen. Dies hätten Sachsen, Mecklenburg, Anhalt, die mainzischen Lande in Thüringen oder auch die Schwarzburger erfahren. «Zeigt dieses nicht eine Brandenburgische Haupt-Superiorität über die Reichs-Mitstände, und eine Tretung aus dem Gleichgewichte, in Betref des Reichs-Systems, an?» Das Balancesystem der Reichsverfassung werde aus den Angeln gehoben, wenn Untertanen anderer Reichsstände aufgefordert würden, «dem König von Preußen zu huldigen, und ihn als Landes-Herrn anzusehen». England sähe nicht mehr ein, warum es «den Krieg in Teutschland, um Preußen groß zu erhalten», finanziere. Die Subsidien würden demnächst eingestellt. Die von Preußen ausgehende Gefahr bleibe jedoch bestehen, wenn man seinem König so viele Ländereien wie bisher lasse. Dies führe auf Dauer zur «Zertrennung des Teutschen Reichs-Verbands, und der Reichs-Stände Abhängigkeit von Brandenburgischen Gesetzen.» Schuld sei die «preußische militarische Regierungs-Verfassung», mit der «nichts anders gesucht wird, als das Europäische und Teutsche Gleichgewicht zu zerrütten». Jeder Staat müsse daher wünschen, diese militärische Regierungsverfassung zu zerschlagen. Möglich sei dies aber nur durch eine «Länder-Abreissung».[271]

Der in Wien recht einflussreiche Borié fasste die Kritik an Friedrich II. im Stile der antiludovizianischen Pamphlete zusammen. Diese hatten die despotische Regierungsweise Ludwigs XIV. attackiert, weil sie darin die Ursachen für dessen expansive Politik und die Kriege in Europa erblickten. Bei Borié war es die militärische Regierungsverfassung Friedrichs II., die der deutschen Freiheit widersprach, indem sie weder auf die Leiden der Soldaten noch auf die Meinung der Bevölkerung Rücksicht nahm. Preußen sollte verkleinert werden, bevor es dazu zu spät war und dessen König allen anderen Ländern Gesetze vorschreiben konnte. Auf der anderen Seite hätte die Verwirklichung der Wiener Kriegsziele den Kaiser im Reichs-Staat nahezu unangreifbar gemacht und damit ebenfalls die komplementäre Staatlichkeit gefährdet. Für dieses Dilemma gab es keine Lösung. Die Reichsstände mussten sich so oder so mit dem Ausgang des Krieges arrangieren.

Nachdem Friedrich II. im Oktober 1760 mit dem Tod des englischen Königs Georg II. und dem Rücktritt William Pitts des Älteren seine wichtigsten Verbündeten verloren hatte, schien das Ende der preußischen Großmacht absehbar. Georg III., der sich als Friedenskönig profilieren wollte, stellte die seit 1758 fließenden britischen Subsidienzahlungen ein. Da sich die Kämpfe in Übersee günstig entwickelt hatten, bot er darüber hinaus Frankreich Friedensverhandlungen auf der Basis des Status quo an. Diese Wendung hätte zum Untergang Preußens führen können, wäre nicht Friedrich II. der Tod der Zarin Elisabeth zur Hilfe gekommen. An ihre Stelle trat mit Peter III. aus dem Hause Holstein-Gottorf ein junger Verehrer des Preußenkönigs. Dieser wurde jedoch schon im Juli 1762 ermordet. Seine Frau und Nachfolgerin war Katharina II., eine geborene Prinzessin von Anhalt-Zerbst. Sie kündigte die Zusammenarbeit mit Preußen wieder auf, ohne aber in den Krieg zurückzukehren.[272] Auch Schweden schloss auf russische Vermittlung am 22. Mai in Hamburg Frieden mit Preußen. Friedrich II. hatte damit den Rücken frei und konnte alle Kräfte gegen Österreich und die Reichsarmee wenden. Sein Sieg bei Burkersdorf am 21. Juli 1762 brachte ihn wiederum in den Besitz Schlesiens, und der Erfolg des Prinzen Heinrich Ende Oktober bei Freiberg führte zur neuerlichen Besetzung Sachsens.

England und Frankreich beendeten im November 1762 mit dem Präliminarfrieden von Fontainebleau ihren Kolonialkrieg. Der Pariser Frieden vom 10. Februar 1763 verkleinerte das französische Kolonialreich beträchtlich. In Europa wurde hingegen der Vorkriegszustand wiederhergestellt: England war der große Gewinner, Frankreich hatte nur mit viel Mühe sein Gesicht wahren können. Auf Initiative Sachsens verhandelten daraufhin auch Österreich und Preußen über einen Frieden in Deutschland, zumal sich bereits etliche Reichsstände mit Friedrich II. separat verständigt hatten. Der Reichstag beschloss am 11. Februar 1763 die

Neutralität des Reichs.[273] Eine solche Entscheidung hatte Friedrich II. 1756/57 erhofft, nun aber bedeutete sie wenig, denn schon vier Tage später unterzeichneten Preußen und Österreich auf dem Jagd- und Lustschloss der Wettiner den Frieden von Hubertusburg. Bilateral vereinbarten sie einen «unverletztlichen, beständigen Frieden», «ewiges Vergessen und eine allgemeine Amnestie», um zum Vorkriegszustand zurückzukehren: Preußen behielt Schlesien, Kursachsen und Mecklenburg fielen an ihre alten Dynastien zurück. Der Reichs-Staat wurde pauschal in die Friedensbestimmungen eingeschlossen: «Alle Vereinbarungen zwischen Ihrer Majestät der Kaiserin, Apostolischen Königin von Ungarn, Königin von Böhmen, und Seiner Majestät dem König von Preußen gelten gleichermaßen auch zwischen ihnen und den Fürsten und Ständen des Reiches.»[274] Friedrich II. versprach überdies dem ältesten Sohn des Kaiserpaares seine Stimme bei der Wahl zum römischen König.

Der Frieden wurde zwischen den beiden Vormächten geschlossen und auf den Reichs-Staat ausgedehnt, ohne Kaiser und Reich an den Beratungen zu beteiligen. Die Doppelhegemonie bzw. das Machtgleichgewicht war Wirklichkeit geworden. Der Reichs-Staat musste sich fügen. Kurhannover, Kursachsen und Kurbayern waren auch in Deutschland zu Mächten zweiter Ordnung degradiert. Am Ende hatte sich Preußen zwar nur mit viel Glück behaupten können, doch es war – praktisch ohne eigenes Zutun – seine beiden schärfsten Rivalen losgeworden: König Georg III. reduzierte das Gewicht Hannovers, indem er eine eher defensive Reichspolitik betrieb[275], und die Wettiner verloren die polnische Königskrone. Die von Kaiser Franz I. am 24. Februar entlassene Reichsarmee hatte mitgeholfen, Kursachsen vom preußischen Joch zu befreien. Ihre Existenz zeigte, dass viele Stände nach wie vor bereit waren, den Reichs-Staat auch militärisch zu verteidigen.[276]

3. Deutschland zwischen Dualismus und Reformen
(1763–1785)

a) Kriegsbewältigung

William Pitt der Ältere rechtfertigte die hohen englischen Subsidien an Preußen, indem er behauptete, Amerika sei in Deutschland erobert worden.[277] Der Krieg in den Kolonien wirkte unbestritten auf Europa zurück, doch während aus diesem England als klarer Sieger hervorging, wurde in Mitteleuropa der Vorkriegszustand bestätigt. Österreich musste sich mit einer zweiten deutschen Vormacht arrangieren. Die mitteleuropäischen Kriege zwischen 1740 und 1763 hatten zwar keine neue Machtverteilung zur Folge, verschoben aber die Gewichte zugunsten Preußens. Der Balancegedanke geriet nicht in Gefahr, doch jede Macht deutete das Gleichgewicht in ihrem Sinne und als Möglichkeit, das eigene Gebiet zu vergrößern.[278] Der Siebenjährige Krieg wurde nicht um das Prinzip der europäischen Staatenbalance geführt, sondern um die Frage, ob Preußen zu den sie steuernden Großmächten gehören sollte oder nicht. Friedrich II. verteidigte zäh den Besitz des größten Teils von Schlesien, Maria Theresia verfehlte ihr Ziel, Schlesien zurückzugewinnen und Preußen so weit zu schwächen, dass es keine Angriffskriege mehr führen konnte. Alles blieb beim Alten, doch Deutschland war verwüstet worden. Der Frieden bot dem Reichs-Staat eine Atempause zur Reorganisation, die aber nicht genutzt wurde.

Woran lag es, dass am Ende des Krieges weder Österreich Deutschland regierte noch Friedrich II. ein preußisch-norddeutsches Reich führte? Wurde Brandenburg-Preußen nicht besiegt, weil Russland oder Österreich die Mächtebalance in Europa oder in Deutschland retten wollten? Eine solche Vorstellung ist abwegig. Dennoch hätte die Zerschlagung Preußens das europäische Balancesystem empfindlich gestört, weil Russland dann im Ostseeraum ebenso ohne Konkurrent gewesen wäre wie Österreich in Deutschland. Zudem hätte eine um Schlesien und möglicherweise um die preußischen Westprovinzen vergrößerte Habsburgermonarchie den Reichs-Staat mehr oder weniger beherrscht. Daran waren weder England noch Frankreich interessiert. Im 18. Jahrhundert eigneten sich Großmächte nicht als Objekte kontinentaler Verteilungskämpfe.[279] Sie waren die Träger einer fiktiv-imaginären europäischen Souveränität, denn sie gestalteten mit ihrer Politik das Balancesystem – auch zu Lasten anderer «souveräner» Mitspieler. Die kleineren Staaten bildeten die Manövriermasse, und sie blieben bestehen, weil jede Großmacht fürchtete, bei einer Neuaufteilung übervorteilt zu werden. Veränderungen konnten nur einvernehmlich erfolgen und ein solcher Konsens setzte voraus, dass dabei jeder gewann. Dieses an sich höchst rationale Machtspiel, das dynastische Legitimitäten und völkerrechtliche Grundsätze weithin beachtete, war möglich, weil es herrschaftlich umstrittene Gebiete bzw. Zonen staatlich uneindeutiger Zuordnung gab: die Elastizität des Reichsverbandes, der Länderschacher in Italien, die Neuverteilung der «besetzten» Gebiete der großen Kriegsverlierer wie der Schweden und vor allem der Türken sowie nicht zuletzt die Eroberung der Welt. Diese Bereiche trugen das europäische Gleichgewichtssystem, weil sich die Großmächte im Sinne des Konvenienzprinzips durch Annexionen oder Klientelbildungen schadlos halten konnten.

Der Reichs-Staat erwies sich auch deswegen bis zur Französischen Revolution als resistent gegenüber allen Verdrängungsversuchen. Die

Kriege um die Jahrhundertmitte begründeten und festigten das deutsche Machtgleichgewicht. Österreich hatte sein Kriegsziel ebenso wenig erreicht wie Preußen, das sich im Kampf um «Sein oder Nichtsein»[280] nur unter größten Mühen behauptet hatte. Den Untergang vor Augen wurde der Krieg zum Ausgangspunkt des Mythos von der im Kampf geborenen preußischen Nation, die unter der Führung eines genialen Königs einer Übermacht von Feinden getrotzt hatte. Der König ließ sich auf Bildern als Sieger feiern: Er reicht Maria Theresia den Olivenzweig als Friedenssymbol und erhält von der Siegesgöttin den Lorbeerkranz.[281] Friedrich II. hatte – wie es in einer Braunschweiger Friedenspredigt hieß – die Freiheit geschützt, die Güter gerettet, die Religion verteidigt und seine Länder erhalten.[282] Sein Standhalten sicherte vorerst auch den Hannoveraner Welfenstaat. Mit dem lyrisch postulierten preußischen «Nationalkrieg»[283] korrespondierte die Siegerpose des Königs, die schon deswegen geglaubt wurde, weil sich keine andere sinnvolle Deutung für diesen langen Krieg mit unentschiedenem Ausgang aufdrängte. Doch, und darauf hat Carl von Clausewitz als Erster hingewiesen, Friedrich II. hatte seine Lektion gelernt: Fortan verfolgte er die politischen Ziele nicht mehr durch den riskanten offensiven Einsatz seiner riesigen Armee.[284] Auch deswegen dauerte der labile Frieden bzw. der «kalte Krieg» im Zeichen des deutschen Dualismus 30 Jahre – unterbrochen allein von den Scharmützeln des Bayerischen Erbfolgekrieges.

Nach dem Krieg gab Friedrich II. seine Annexionspläne als Basis eines preußisch-(nord)deutschen Staats- und Nationsangebots nicht auf. Im politischen Testament reflektierte er 1768 die Möglichkeit, Norddeutschland aus dem Reichsverband herauszulösen.[285] Solange der Reichs-Staat existierte, waren dies bloße Planspiele. Ein Preußen, das keine Angriffskriege führen wollte, konnte nicht beliebig expandieren. Die katholisch-stiftische Welt im Nordwesten des Reichs stand auch nach dem Ende der «Fünf-Kirchen-Herrschaft» des Wittelsbachers Clemens August 1761 den preußischen Offerten skeptisch gegenüber. Die Angst vor der expansiven Politik Berlins war zu groß – daran änderte die Bischofswahl einzelner preußischer Kandidaten wenig. Mit den fränkischen Hohenzollern hatte Friedrich II. 1752 zwar einen Erbvergleich ausgehandelt, doch ob Kaiser und Reich die Berliner Machtübernahme in Ansbach und Bayreuth duldeten, blieb lange ungewiss. Damit aber ist das Terrain preußischer Reichspolitik nach 1763 abgesteckt. Als fünfte europäische Großmacht bildete Friedrich II. im Reichs-Staat ein Gegengewicht zu Österreich. Mehr war unter den gegebenen Umständen nicht möglich. Die sezessionistische Perspektive des Siebenjährigen Krieges wurde erst im 19. Jahrhundert von der Meistererzählung einer borussischen Mission für den (klein)deutschen Nationalstaat überlagert.[286] Dem Preußenkönig war die nationale Separierung Norddeutschlands unter seiner Führung nicht zuletzt deshalb misslungen, weil der Reichs-Staat sein defensives Kriegsziel erreicht und Kursachsen wiederhergestellt hatte. In den Medien sowie in Kunst und Literatur erfolgte die moralische Aufarbeitung des Krieges.

Erinnert sei an die Gründung von Nationaltheatern, die spürbar intensivierte Suche nach dem deutschen Nationalgeist und einer Nationalliteratur, an die Konjunktur des Reichs-Staats-Rechts sowie an die reichspatriotischen und nationalkulturellen Bemühungen der Fürsten in Dessau, Gotha, Weimar oder Karlsruhe[287], die wie die Höfe in Darmstadt, Bayreuth und Wolfenbüttel das prestigeträchtige Spiel mit den Musen entdeckten. Mit vergleichsweise bescheidenen Kosten erzielte die Förderung der Künste große öffentliche Aufmerksamkeit und demonstrierte staatliche Eigenständigkeit. Dieses Vorgehen war innovativ und kreativ, insofern es der auf Eindeutigkeit angelegten Machtpolitik der Großmächte die mannigfaltige Entwicklung von Wissenschaften, Schulen, Architektur, Literatur, Gärten und Parks entgegensetzte. Zugleich betonten diese Ansätze die nationalkulturelle Perspektive, die im späteren 18. Jahrhundert schließlich dominierte. Die letzte (macht)politische Leistung des Reichs-Staates wurde jedoch vergessen, da niemand die Erinnerung an die gemeinsame Verteidigung der deutschen Einheit und Freiheit im Siebenjährigen Krieg formte.

Deutschland war um der doppelten Einsicht Willen verwüstet worden, dass der Reichs-Staat keine leicht zu beseitigende Ruine und Preußen inzwischen ein höchst effizienter Militärstaat und eine Großmacht war, die sich nicht einfach auf den Status einer Mittelmacht reduzieren ließ. Nach dem Krieg galt das Augenmerk aller deutschen Herrscher dem Wiederaufbau, um vor allem die zerrütteten Finanzen zu sanieren. Der tiefe Seufzer des Berliner Höflings Graf Heinrich von Lehndorff ist verständlich angesichts einer halben Million gefallener Soldaten, davon etwa 140 000 österreichische und etwa 180 000 preußische: «Somit hat alle Not ein Ende. Wenn man nun aber bedenkt, welche unzähligen Opfer dieser Krieg gefordert hat, wieviel Provinzen verwüstet, wieviel Familien ruiniert worden sind, und das alles, um die Herrscher in dem Status quo ante zu sehen, so möchte man über den Wahnwitz der Menschheit laut aufschreien.»[288] Neben den Gefallenen schätzte Friedrich II. die preußischen Bevölkerungsverluste auf eine halbe Million Tote, neuere Zahlen sprechen von bis zu 400 000 – etwa 10 Prozent der Bevölkerung.[289] Sah so der rational kalkulierte, vorsichtig geführte und Schlachten vermeidende Kabinettskrieg einer «gezähmten Bellona» aus?[290] Das Gegenteil ist sicher nicht weniger richtig, denn der Siebenjährige Krieg erscheint als ein fundamentaler Schritt zur Inanspruchnahme der Bevölkerung für machtpolitische Ziele und zur weiteren Militarisierung der Gesellschaft. Friedrich II. suchte das Gefecht – selbst in strategisch ungünstiger Lage. Die jährlichen Kriegsverluste sind insgesamt deutlich höher als diejenigen im Dreißigjährigen

Krieg. Es mag «Kabinettskriege» im 18. Jahrhundert gegeben haben. Der Siebenjährige Krieg gehört aber offensichtlich nicht dazu. Der Krieg vernichtete Menschen und Ressourcen. Zwar mögen manche der genannten Zahlen übertrieben sein, doch die Kriegshandlungen führten zu einem Rückgang der Bevölkerung etwa auf den Stand von 1750. Unter Berücksichtigung der Migrationsbewegungen dürfte dies einem Verlust von etwa 5 Prozent entsprochen haben. Die materiellen Verluste werden für Preußen auf 157, für Österreich auf etwa 200 Millionen Taler geschätzt. 1763 befanden sich dennoch rund 30 Millionen Taler – gegenüber 13 Millionen 1756 – in den preußischen Kassen, denn Friedrich II. war bestrebt, die Kriegskosten für ein Jahr in Reserve zu halten. Möglich wurde dies, weil der preußische «Nationalkrieg» zu fast zwei Dritteln fremdfinanziert war: 50 Millionen Reichstaler entstammten den sächsischen, drei den mecklenburgischen Kriegskontributionen, 27 kamen als Subsidien aus Großbritannien und wenigstens 30 waren «Gewinn» aus den staatlich veranlassten Münzmanipulationen, die vor allem von den jüdischen Hoffaktoren in den an sie verpachteten sächsischen und preußischen Münzstätten realisiert wurden.[291]

Dem Preisanstieg während des Krieges folgte ein rasanter Verfall nach 1763, als die alten Münzrelationen wiederhergestellt werden mussten. Die notwendige Deflationspolitik ging zu Lasten der Bürger und schädigte die preußische Wirtschaft, die der König durch den Bau von mehr als 10 000 Bauern- und Wohnhäusern sowie durch ein Verbot des «Bauernlegens», d.h. der Einziehung von Bauernland zugunsten der Gutshöfe, anzukurbeln versuchte. Die unzeitgemäße Leibeigenschaft, die der König 1762 und 1763 sofort aufzuheben gebot[292], blieb bestehen. Reformen, die den Bauern zugute gekommen wären, konnte auch der mächtigste der absoluten Despoten nicht durchsetzen, da sie den Adel und damit das preußische Staatssystem ruiniert hätten.

Besonders erfolgreich war die preußische Peuplierungspolitik, die schon während des Krieges begonnen hatte. Johann Wilhelm von Archenholz berichtet über seine Erfahrungen in Sachsen: «Friedrich, um in seinen Staaten den großen Verlust an Menschen zu ersetzen, befahl, die Soldaten zum Heiraten zu nöthigen. Die gute Bildung des weiblichen Geschlechts in Sachsen lud ohnehin zum Ehestande ein. Die Befehlshaber, denen ein großer Troß Weiber zuwider war und die überdem Unordnung befürchteten, waren daher mit ihrer Aufmunterung nur sehr sparsam, bis der König von den Regimentern die Listen der Neuverheiratheten verlangte. Nun gaben die Befehlshaber den Soldaten das Signal zum Ehestande, und schaarenweise eilten diese zum Altar. Eine große Menge Weiber zogen mit den Preußen aus dem Lande fort, und fast eben so viel Mädchen folgten ihnen nach. Sie trugen das Ihrige bei, die verheerten Provinzen wieder zu bevölkern.»[293]

Preußen hatte Kursachsen nicht nur Soldaten, Geld und Sachwerte, sondern zudem auch junge Frauen entzogen. Die 1762 in Dresden unter der Leitung des Freiherrn Thomas von Fritsch eingesetzte Restaurationskommission, die dem Landtag Vorschläge zum Wiederaufbau unterbreiten sollte, verzeichnete seit 1754 einen Bevölkerungsverlust von etwa 90 000 Menschen oder mehr als 5 Prozent der Bevölkerung. Sie setzte alles daran, diesen schnell auszugleichen und die Produktivität von Landwirtschaft, Handel und Gewerbe zu steigern, um die Steuereinnahmen zu erhöhen. Die Verwaltung wurde rationalisiert und die Wirtschaft neu geordnet; man investierte in die Infrastruktur und förderte Privatinitiativen. Genutzt wurden die reichen Bodenschätze, die günstige Verkehrslage sowie die Wirtschaftskraft der Messestadt Leipzig, um die Staatsverschuldung von etwa 50 Millionen Talern zügig abzubauen. Die unter dem Begriff «rétablissement» bekannt gewordenen sächsischen Staatsreformen waren insgesamt recht erfolgreich:[294] Sie bestanden aus weitreichenden Garantien für das Eigentum und die wirtschaftliche Konkurrenz, Ämtervergabe nach dem Leistungsprinzip, Verbesserung der Rechtspflege und der Einrichtung von Arbeitshäusern.[295] 1774 wies der sächsische Staatshaushalt erstmals wieder einen Überschuss aus.

In der Landgrafschaft Hessen-Kassel summierten sich die unmittelbaren Kriegsschäden auf 20 Millionen Taler. Herzog Ferdinand von Braunschweig sprach von der «hessischen Wüste».[296] Viele andere Gebiete Deutschlands müssen 1763 ähnlich ausgesehen haben. Der katholische Landgraf Friedrich II. fand einen spektakulären Weg der Entschuldung: Er vermietete einen Teil seiner Armee an England, das die hessischen Soldaten im amerikanischen Unabhängigkeitskrieg einsetzte. Dieser «Soldatenverkauf», der etwa 21 Millionen Taler in seine Kassen spülte, ermöglichte es dem Landgrafen, die Steuerquote im Land niedrig zu halten, so dass er trotz allem nicht unpopulär war.[297] Dagegen stand die Landgrafschaft Hessen-Darmstadt wegen Überschuldung kurz vor einer kaiserlichen Zwangsverwaltung. Die neue Oberlandeskommission zur Verbesserung des allgemeinen Nahrungsstandes in Hessen-Darmstadt wurde 1777 mit einem wohl von Matthias Claudius formulierten feierlichen Versprechen angekündigt: «Im Angesicht des ganzen Landes wird hier die teure und feierliche Zusage niedergelegt, dass die Absicht dieser neuen Anstalt nicht sei, unter dem Vorwand von gutem Rat und Verbesserung in der Stille den Weg zu neuen Steuern, Auflagen und Belästigungen des Untertanen zu bahnen.» Sinn sei vielmehr, «sein ganzes Leben froher, seinen Himmel blauer, ihn stolz auf sein Vaterland, zufrieden mit sich selbst und dankbar gegen seinen Fürsten zu machen».[298] Die Auffassung, dass nur ein Monarch eine vernünftige Politik garantieren könne, weil er über den Interessen stehe, verlor mit dem sich ausweitenden öffentlichen Diskurs an Plausibilität. Auch die wenigen deutschen

Physiokraten stellten die Menschenrechte in den Mittelpunkt und argumentierten, dass es Zweck des Staates sein müsse, diese zu schützen, anstatt sie einzuengen.[299] Aus aufgeklärten Ideen wurden nun konkrete Reformen zur möglichst raschen Überwindung der Kriegsschäden. Der Abbau von Fronden und anderen Zwangsdiensten, der Verkauf herrschaftlicher Domänen und die Aufteilung des Gemeinbesitzes sollten die Landwirtschaft fördern. Die deutschen Staaten traten in einen kreativen Wettbewerb um Modernität und Standortvorteile.[300] Tatsächliche oder vermeintliche Rückstände sollten aufgeholt werden, vor allem mussten aber die Steuereinnahmen steigen. Die oft überhasteten Reformen, die Traditionen und Erfahrungen des Volkes von einem auf den anderen Tag für wertlos erklärten, machten das Volk selten glücklicher. Die Menschen wehrten sich und versuchten manchmal sogar gewaltsam, Wallfahrten, Wetterläuten oder die alten Kirchenlieder zu retten. Sie kämpften für den Erhalt der kirchlichen Feiertage, die auch arbeitsfreie Tage waren, und forderten altbewährtes Handeln in Krisen wie der Hungersnot der 1770er Jahre. Auch in Deutschland regte sich Widerstand gegen den aufgeklärten Erziehungsdespotismus im Zeichen eines Naturrechts, das lediglich die fürstliche Alleinherrschaft absicherte und der Staatsräson das Wort redete. Die Bilanz des Krieges bleibt daher zwiespältig. Den Effizienzsteigerungen stehen enorme Verluste an Menschen und Ressourcen gegenüber, die es kaum erlauben, im Krieg einen Katalysator des Fortschritts zu sehen. Die entscheidende Ausnahme bilden allerdings die Geburtenzahlen – nicht weil sie nach dem Krieg anstiegen, sondern weil sich daraus ein dauerhaftes Wachstum der Bevölkerung entwickelte.

b) Preußischer Patriotismus und deutscher Nationalgeist

Die Kriege der Jahrhundertmitte brachten großes Leid, bereiteten jedoch den Boden für neue Entwicklungen. Die publizistische Propaganda provozierte den nationalkulturellen Aufbruch einer literarischen Avantgarde[301] und den politischen des Untertanen-Bürgers. Zu Letzteren zählten seit Pufendorfs naturrechtlicher Definition nicht mehr nur diejenigen, die politische Partizipationsrechte besaßen, sondern alle «freien Männer und Familienväter».[302] Bürger war demnach, wer mit dem Gründungsvertrag der *societas civilis* zum Untertanen geworden war, weil er seine Rechte abgetreten hatte.[303] Dieser Bürger-Untertan fühlte sich als Patriot oft seiner Heimat, einem erst im Krieg Konturen gewinnenden Vaterland und der deutschen Nation verpflichtet. Auf welches Gebiet er seine Vaterlandsliebe konkret bezog, war insofern gleichgültig, als dass die dafür grundlegenden Werte, Tugenden und Loyalitäten sein Verhalten gegenüber der menschlichen Gemeinschaft insgesamt bestimmen sollten. Ein

«Patriot» sorgte nicht aus auferlegter Pflicht für das Gemeinwohl, sondern aus Eigenverantwortung, und er tat alles dafür, nicht «despotisch»
regiert zu werden.
Der mündige deutsche Bürger-Untertan besaß zwar unterschiedliche
Identitäten, als Patriot jedoch die Pflicht, für das Wohl aller seiner Vaterländer zu sorgen. Er erwartete «Fortschritt, Reform, Anerkennung und
Sicherung der Menschen- und Bürgerrechte von aufgeklärten Regierungen», und akzeptierte einen Monarchen nur, wenn «allein das Recht,
keine Person über Bürger herrscht».[304] Dieser Anspruch war nicht immer
konfliktfrei zu erfüllen, denn zum einen scherten einzelne Fürsten aus
der Solidarität des Reichs-Staates aus oder kämpften sogar offen gegen
ihn. Zum anderen entsprach die innere Verfassung vieler Fürstenstaaten
keineswegs den Vorstellungen der Patrioten. Sie forderten Menschenrechte und (Eigentums-)Freiheit statt Staatsräson und des unverbind-
lichen Versprechens allgemeiner Glückseligkeit. Die Reihe «Untertan-
Bürger-Staatsbürger» charakterisierte nicht nur die verschiedenen Rollen
des Patrioten, sondern auch die Steigerung politischer Rechte.[305] Das Ziel
rechtlich gesicherter Teilhabe wollte der Patriot nicht gegen, sondern zusammen mit der Obrigkeit erreichen. Dazu dienten ihm unter anderem
die patriotischen Gesellschaften, denn diese Zusammenschlüsse der Gut-
gesinnten erlaubten die Einübung in die bürgerliche Gesellschaft unter
den Bedingungen ständischer Ungleichheit.
Der alte republikanische Konsens, der Monarchen wie den Dogen
oder den Kaiser akzeptierte, weil ihre Herrschaft Kontrolle und Mitbestimmung garantierte und damit die politische Freiheit nicht beeinträch-
tigte, geriet nun in Gefahr. Im Unterschied zur ersten Auflage seiner
Schrift «Von dem Nationalstolz» betonte Johann Georg Zimmermann
1760 mit festem Blick auf Preußen, dass der Untertan in Monarchien
keine «niedrige Kreatur» sei und «ein gewisser Geist der Freiheit unter
der Regierung eines Königs möglich ist, daß dieser Geist so große Dinge
hervorbringe und zu dem allgemeine Glücke soviel beitrage als die Freiheit selbst».[306] Aus (alt)republikanischer Sicht war dies der Sündenfall,
denn damit trat der ‹gute› König, der den patriotischen Bürger herausfor-
derte, an die Stelle des politischen Prinzips der Freiheit.
Bereits ein Jahr später forderte Thomas Abbt den «Tod fürs Vaterland». Seine Schrift war ein Hilferuf für das von Feinden umzingelte
Preußen. Wie Zimmermann unterstrich auch er, dass «gut eingerichtete
Monarchien ein Vaterland» sein könnten. Das Individuum dürfe sich jedoch nur einem Staat unterwerfen, dessen Gesetze ihm nicht mehr von
seinen Freiheiten entzögen, als zum gemeinen Besten notwendig sei. Die
einmal getroffene Entscheidung gelte allerdings ohne Ausnahme und bis
zum Tode: «Das Vaterland hat ein Recht auf Dein Leben»[307], denn eine
freiwillige Entscheidung binde für immer. Die voluntaristische Nation

war hinsichtlich der ethnischen oder kulturellen Gemeinsamkeiten uneindeutig und wirkte dennoch homogenisierend, da sie auf einer bindenden Entscheidung für eine politische Ordnung basierte. Der Einzelne
ordnete sich in ein Kollektiv ein, das eine eindeutige Zugehörigkeit definierte und schon deswegen einend wirkte, weil man es nicht wieder verlassen konnte. Die expansiven Tendenzen Preußens deutete Abbt, der
sich strikt gegen alle Welteroberungsabsichten wandte, als Befreiung
Deutschlands. Diese Perspektive entsprach vielen Zielen, die sich die
Aufklärer und Patrioten auf ihre Fahnen geschrieben hatten: Freiheit
vom Joch des Papsttums und eines habsburgischen Kaisers, von französischer Ausbeutung und politischer Ohnmacht, von Aberglauben und
Unvernunft. Der von Friedrich II. begonnene Expansionskrieg wird in
diesem Kontext, so paradox das klingen mag, «vernünftig», denn er lässt
sich im Sinne eines Fortschreitens zur Humanität rechtfertigen. Die
«preußischen» Medien schürten Aufbruchsstimmung, indem sie den
Weg aus Lethargie und Immobilität vorzeichneten. Unter den gegebenen
Umständen erschien der Krieg als moralische Anstalt und Triebfeder
einer Erziehung zum mündigen Bürger. Er erzeugte ein «Wir-Gefühl»
und verringerte die Distanz zwischen Obrigkeit und Untertanen. Die in
der Schlacht Gefallenen wurden zu unsterblichen Helden des preußischen Vaterlandes stilisiert. Der Krieg schuf keine Staatsbürger, wohl
aber preußische Untertanen-Patrioten, die das eigene Land gegen das mit
Frankreich verbündete deutsche Reich des Kaisers verteidigten. Der
preußische Aufbruch hatte einen separatistischen Grundzug.

Es gab aber nicht nur in Preußen Patrioten. Nach englischem Vorbild
hatten seit den 1720er Jahren auch in Deutschland moralisch-patriotische
Wochenschriften die Abkehr vom höfisch-galanten französischen Vorbild propagiert, weil dieses den Bürger nur zu Eitelkeiten und Müßiggän-
gerei verführe. Stattdessen wurden «aufklärerische» Ideale, aber auch
richtiges Benehmen und guter Geschmack empfohlen, um die individuelle Glückseligkeit zu steigern.[308] Der «Hamburger Patriot», die wichtigste der moralischen Wochenschriften, verkaufte sich pro Ausgabe in
den 1720er Jahren etwa 5000 Mal. Sein Herausgeber verwies in der ersten
Nummer auf seine Informanten, die überall säßen und denen nichts verborgen bleibe. All seine Bemühungen seien darauf gerichtet, dass in
Sonderheit den Deutschen und den Hamburgern, «eingewurzelte Irr-
thümer, Missbräuche und üble Gewohnheiten, wo nicht ausgeräutet, wenigstens nach ihrer lächerlichen oder gefährlichen Wirckung vor Augen
gestellet» würden.[309] Die patriotischen Journale propagierten neben Tugenden und Werten Erziehung und Bildung sowie geselliges Verhalten.
Sie verspotteten Eitelkeit, Müßiggang und Großmannssucht der Bürger.

Der patriotische Bürger war, den alten deutschen Tugenden entsprechend, ehrlich und redlich, und er engagierte sich aktiv für das Gemein-

wohl, ohne deswegen seine eigenen Interessen zu vernachlässigen. In Deutschland besaß der wirtschaftlich selbständige und geistig rege Bürger zudem die patriotische Pflicht, die kulturelle Hegemonie Frankreichs abzulehnen und sich um das Gemeinwohl verdient zu machen. Durch planmäßiges und sittliches Handeln für ein Gemeinwesen, dessen Politik er meist nicht mitgestalten konnte, überwand er seine eigene Untertanenexistenz. Damit bedurfte es etlicher Hilfskonstruktionen, um einen deutschen Bürger zu definieren. Hierzu gehörte auch die um 1780 intensiv und in Anlehnung an das preußische Vorhaben eines Allgemeinen Landrechts diskutierte Idee eines deutschen Nationalgesetzbuches: «Alle Bürger Deutschlands sind Bürger eines Staates, wenngleich in verschiedenen Verhältnissen.»[310] Diese Einheit in der Trennung blieb eine Projektion, denn Staatsbürger des Reiches waren nur die Stände, denen die Reichsverfassung Rechte und Pflichten zuwies. Nikolaus Thaddäus Gönner konstruierte deswegen 1804 seinen Reichsbürger als geborenen Deutschen.[311]

Die «Patrioten» waren in Deutschland Teil und Adressat einer schmalen Elite der Vernunft. Es hing primär mit neuen Entwicklungen in der Musik zusammen, dass dem Adjektiv «deutsch» seit der Jahrhundertmitte in Europa nicht mehr nur der Beigeschmack von «derb» oder «unzivilisiert» anhaftete. Deutsche Komponisten wie der in Italien und London wirkende Georg Friedrich Händel, Georg Philipp Telemann oder Johann Sebastian Bach wurden europaweit als Vorbilder rezipiert. Das in Braunschweig publizierte Journal «Der musikalische Patriot» betonte 1741 voller Stolz, dass nun auch Italiener die deutschen Komponisten aufsuchen müssten, um von ihnen zu lernen.[312] Während der Markt für gedruckte Musikalien größer wurde, definierten Kritiker nationale Musikstile, um «eine deutsche musikalisch-ästhetische Identität zu stiften».[313]

Deutsche Komponisten gewannen vor den Schriftstellern europäische Anerkennung, obwohl Gottsched schon 1742 zu dem Schluss kam, die Deutschen benötigten keine ausländische, insbesondere keine französische Hilfe mehr. Es sei an der Zeit, «unsre eigene Kräfte zu versuchen», die auch in der «theatralischen Dichtkunst, unsern Nachbarn gewachsen, ja überlegen seyn wird».[314] Johann Elias Schlegel hob hervor, dass jedes Stück für eine Nation gemacht werde und daher einer anderen selten ganz gefallen könne.[315] Langsam ersetzte die Wirkungs- die Regelpoetik. Am Beginn dieses literarischen Erwachens stand Friedrich Gottlieb Klopstock mit seinem 1748 erschienenen «Messias». Originalität und Individualität zählten fortan zu den Maßstäben einer Literaturkritik, die sich selbst und dem Ausland Eigenständigkeit beweisen wollte. Aus diesem Grund wurden nun auch nationale Stoffe behandelt: Um die Jahrhundertmitte war Arminius bzw. Hermann der Cherusker, der «Befreier

Deutschlands» das große Thema, dessen sich Johann Elias Schlegel (1746), Justus Möser (1749), Otto Baron von Schönaich (1751), Wieland (1751) und schließlich Klopstock (1752) annahmen. Letzterer ließ noch eine Hermann-Trilogie folgen, deren erster Teil 1769 bezeichnenderweise Kaiser Joseph II., dem «Befreier», gewidmet war.[316] Arminius stand seit Ulrich von Hutten für die Freiheit der Germanen-Deutschen und war auch in der Barockliteratur etwa durch Daniel Caspar Lohenstein präsent geblieben. Der Arminius-Stoff diente stets dazu, dem Reich und der deutschen Nation neue Perspektiven aufzuzeigen. Gegenüber Franzosen oder Briten waren die Deutschen dank Arminius von den Römern nie völlig unterworfen worden, sondern frei geblieben. Dieser Vorrang machte auch noch im 18. Jahrhundert alle zivilisatorischen und machtpolitischen Defizite wett.[317]

Im Frontispiz zu Schönaichs Heldengedicht «Herman oder das befreyte Deutschland» löst Arminius die Fesseln der Germania und ein Genius bringt den Lorbeerkranz.[318] Das Versepos bedient ansonsten die Vorstellung vom starken Monarchen, der Deutschland regieren soll.[319] Es war natürlich auf Friedrich II. gemünzt, den Helden dieser Generation, der versprach, Deutschland aus der politischen Immobilität zu befreien. Seine militärisch-despotische Regierung widersprach allerdings der germanisch-deutschen Freiheit. Mösers Arminius wurde dem Grundkonsens hingegen gerecht, denn hier scheitert der Versuch des Helden, eine wirkliche Monarchie einzuführen, um Germanien dauerhaft zu einigen. Bereits Schlegel sah in «Rom» nicht nur den politischen Tyrannen, sondern führte es als den Ausgangspunkt von Kunst und Wissen ein.[320] Auch Klopstock deutet die ältere Vermutung zumindest an, dass die Befreiungstat des Arminius Deutschland vom zivilisatorischen Einfluss Roms abgeschnitten und so die kulturelle Verspätung und Nachahmungssucht verursacht habe. Er bringt «heilige Bardenhaine» auf die Bühne, die Gesänge einigen die Germanen und führen zum Sieg. Damit modifizierte Klopstock das westeuropäische Nationalgeistmuster: In Deutschland sorgte nicht der Held oder ein staatlicher Leviathan für Höchstleistungen, sondern die Kultur organisiert die politische Einheit. Die Bardengesänge würdigte wiederum Justus Möser als den «beste[n] Gesang für unsere Nation [...], der sie zur Verteidigung ihres Vaterlandes in die Schlacht singt».[321]

Genau genommen sind es somit drei ganz unterschiedliche Arminius-Gestalten und die mit ihnen verknüpften Freiheitsvorstellungen, die den Aufbruch der deutschen Literatur um 1750 markieren: der strahlende Held, der Deutschland von den fremden Feinden befreit und monarchisch regiert; der «gewählte» Heerkönig, dessen Befreiungstat ihn verleitet, despotisch herrschen zu wollen und der folgerichtig am Widerstand der ihre Freiheit verteidigenden Fürsten scheitert, sowie der politische Führer, der nur deswegen militärisch erfolgreich sein kann, weil die auf eigenem Boden gewachsene originäre Kultur, die Bardengesänge, die Nation einen. Somit kann diese trotz und wegen der Vielgestaltigkeit ihre Freiheit retten. Deutet man die Arminius-Bilder politisch, so sind sie als Vorbild, Mahnung und Menetekel an Friedrich II. gerichtet. Der dynamische, monarchisch regierende Heerkönig soll Deutschland und nicht nur Brandenburg-Preußen einen, ohne die Reichsverfassung, die deutsche Freiheit und nicht zuletzt die eigene Kultur und die Nation zu zerstören. Klopstock bindet die nationale Einheit dann nicht mehr an eine solche Führergestalt, sondern nur noch an die kulturellen Grundlagen, die wiederbelebt werden müssen, um auch politisch erfolgreich sein zu können.

Die Suche nach dem klassischen Vorbild verwies die in viele Gaue und Stämme geteilten Deutschen nicht wie ihre westeuropäischen Nachbarn auf das imperiale Rom, sondern auf die griechische Poliswelt. Diesen alternativen sittlich-ästhetischen Pfad in die Antike öffnete Johann Joachim Winckelmann, der 1755 die Einfachheit und Klarheit der Kunst des klassischen Griechenland zum absoluten Vorbild stilisierte: «Der einzige Weg für uns, groß, ja, wenn es möglich ist, unnachahmlich zu werden, ist die Nachahmung der Alten».[322] Der Appell war zwar nicht direkt an die Deutschen gerichtet, wurde aber von ihren gelehrten Eliten aufgegriffen, denn Winckelmanns ästhetische Muster entsprachen wohl nicht zufällig annähernd den Werten und Tugenden, die Tacitus den Germanen zugeschrieben hatte. Der Reichs-Staat bildete demnach nur den lockeren Rahmen, um die kulturell-ästhetische Einheit der Deutschen zu organisieren. Damit war der Weg für die literarische Eigenständigkeit und nationalkulturelle Einheit in der politischen Vielgestaltigkeit geebnet.

Die Dichter formten den Geschmack des bürgerlichen Mittelstandes, der offensichtlich nationale gegenüber klassisch-universalistischen Prinzipien favorisierte. Lessing verlangte, dass «die Literatur eines Landes notwendig dem Nationalcharakter entsprechen müsse». Das deutsche Theater sollte sich daher wegen angeblicher Übereinstimmungen künftig mehr am englischen als am französischen orientieren. Moses Mendelssohn wandte sich gegen solche Anlehnungen mit seiner Forderung, ein deutsches Genie könne und müsse den Geschmack seines Publikums bilden.[323] Friedrich Maximilian Klinger folgte ihm und lehnte das englische und französische Theater als «dem rauern und stärkeren Geist der Deutschen nicht genug» ab.[324] Heinrich Wilhelm von Gerstenberg forderte den «Originalschriftsteller»[325], der mit seinen Werten Beifall finde, und Johann Gottfried Herder hielt 1767 Wahrheit, Schönheit und Tugend ebenso für national kodiert wie die Sprache. Für ihn waren die jeweiligen Sitten und Lebensweisen der Völker in gleicher Weise wichtig und legitimiert. Sie mussten ihre eigenen Stile entwickeln, um wie unterschiedliche

Blumen nebeneinander zu blühen. Erst so entstehe das Gesamtbild, das die vielfältigen Anlagen zur Geltung bringe.[326] Herder sah im Volk nicht länger nur die Masse oder den Pöbel. Er folgte den schottischen Aufklärern, die nach einer integrierenden, das Eigene bewahrenden Identität zwischen der hegemonial-modernen englischen Zivilisation, der sie als englischsprechende Lowland-Schotten nicht entfliehen konnten, und der widerständigen Highland-Kultur suchten.[327] Ihr «Identitätsdialog» mit der Vergangenheit wurde in Deutschland intensiv verfolgt.[328] Herder befürwortete den konstruktiven Charakter des Ossian-Projektes, weil das Sammeln einer frühen literarisch-schriftlichen Überlieferung und deren kulturelle Anerkennung, seinem eigenen Ansatz entsprachen.[329] Das Primitive Ossians, des Barden oder Originalgenies, wurde nun neben die klassischen Texte Homers, der Bibel oder William Shakespeares gestellt.[330] Mit seinen Sammlungen alter deutscher Lieder verfolgte Herder ähnliche Ziele: Die nationalkulturelle Identität sollte nicht auf der Basis des vorgeblichen Originals, sondern durch die Bearbeitung und Anverwandlung einer pangermanisch gedachten Überlieferung entstehen: «Shakespears Schriften und die Nordische Edda, der Barden und Skaldrer Gesänge müßen unsere Poesie bestimmen.»[331]

Die Suche der deutschen Dichter nach dem Eigenen und Originalen in Inhalt und Form bildete das Zentrum der Nationalgeistdebatte. Sie brach in Deutschland nach dem Siebenjährigen Krieg aus – als eigenständige Ausformung auf Basis der Texte Montesquieus oder Voltaires. Ihre Schriften wirkten vorbildhaft und provozierten die kreative Auseinandersetzung mit der «historisch gewachsene[n] Kollektivveranlagung» des deutschen Volkes.[332] Das deutsche Verweissystem rekurrierte jedoch vor allem auf England, weil das Land nicht nur als Hort der Freiheit, sondern auch als Teil des germanischen Großverbundes der nordischen Völker galt.[333]

Die doppelte Vorstellung der Nation als einer sich in Sitten und Gesetzen, Lebenspraxen und Mentalitäten spiegelnden kulturellen Individualität und als einem zweiten kollektiven politischen Subjekt neben dem Staat setzte einen bereits verräumlichten Kulturbegriff voraus. Dieser basierte auf den zeitgenössischen Kulturtheorien, die nicht mehr von einem einheitlichen Aufklärungsprozess ausgingen, sondern von nationaler und kultureller Vielfalt. Die Mannigfaltigkeit von Stämmen, Völkern oder Nationen schien der beste Garant, um alle Anlagen und Potentiale der Menschheit zu entwickeln und zu vervollkommnen. Die ethnischen und kulturellen Bedingungen, aber auch das Klima und die politischen Gewohnheiten sollten, so hatte Montesquieu in seiner Verfassungstheorie 1748 definiert, die Gesetze einer Nation bestimmen, weil nur dann eine vernünftige und dauerhafte Staatsordnung möglich sei.

Jede Nation bzw. jedes Volk besaß demnach die Verfassung, die zu ihm passte. Wo das nicht der Fall war, blieben die Verhältnisse instabil, es drohten Umsturz und Revolution.[334] Damit hat Montesquieu die Diskussion um den deutschen Nationalgeist entscheidend geprägt.[335]

Das Originale, die nationalen Sitten und Gebräuche, musste bekannt sein, um in Gegenwart und Zukunft gestaltend wirken zu können, denn hiergegen durfte nur um den Preis des Scheiterns verstoßen werden. Eine Nation konnte demnach nicht erfunden, sie musste aufgefunden werden. «Doch bleibts immer und ewig. Dass wenn wir kein Volk haben, wir kein Publikum, keine Nation, keine Sprache und Dichtkunst haben, die unser sei, die uns lebe und wirke.»[336] Auch wenn der Reichs-Staat in der zweiten Hälfte des 18. Jahrhunderts nur noch höchst unzureichend funktionierte, bildeten seine Verfassung und die von ihm geprägte politische Kultur weiterhin den unabdingbaren Rahmen für die Bestimmung eines distinkten deutschen Nationalgeistes, der mit Hilfe von Literatur, Künsten und Wissenschaften gefüllt werden musste.

Friedrich Carl von Moser erzielte mit einer kleinen Schrift größtes Aufsehen: «Wir sind Ein Volk von einem Nahmen und Sprache, unter Einem gemeinsamen Oberhaupt, unter Einerley unsere Verfassung, Rechten und Pflichten bestimmenden Gesezen, zu Einem gemeinschaftlichen grossen Interesse der Freyheit verbunden». Die Deutschen müssten mit sich wieder bekannter werden, «wieder Ein Vaterland glauben, so wie wir Eine christliche Kirche glauben». Moser wünschte, dass «ein Berliner Wien, ein Wiener Hannover, ein Hesse Maynz als sein Vaterland, achten, lieben und ehren lernte».[337] Der Nationalgeist war für Moser ein auf der Freiheitstradition basierender und aus der Reichsverfassung abgeleiteter politischer Glauben, dem das ganze Volk huldigen sollte, das deswegen auch an der Regierung beteiligt werden müsse.[338] Das deutsche Nationalinteresse liege in der Bewahrung der eigenen Freiheit, die jedoch ohne entsprechende Gesetze und ohne einheitliche Staatsgewalt verloren zu gehen drohe. Der Reichsverfassung sei deswegen neue Geltung zu verschaffen, denn der von Kaiser und Reichsständen repräsentierte deutsche Staat trete derzeit kaum noch in Erscheinung, zumal die «separatistische Denkungsart» und die religiöse Spaltung weiterwirkten. Über die auswärtigen Kronen der Fürsten sei darüber hinaus ein «monarchischer Geist» nach Deutschland gekommen, der auch manche Gelehrte vergessen lasse, dass ihre Herren, «noch in Deutschland [...] unter dessen Verfassung lebten, an dessen Gesetze gebunden, dem Vaterland, ihren Mitständen und Mitdeutschen mit Nationalpflichten verwandt» seien.[339] Freilich existiere weder bei der Masse des «gemeinen deutschen Mannes» noch bei den Fürsten eine «National-Denkungsart, eine allgemeine Vaterlandsliebe», wie sie für Franzosen, Briten oder Niederländer selbstverständlich sei. An anderer Stelle be-

hauptete Moser allerdings, dass der allgemeine Gedanke, der «die be-
lebende Kraft der National-Gesinnungen ins Ganze ausmacht [...], der
das wahre oder das geglaubte National-Intereße in sich faßt»[340], mit dem
Konzept der «Freiheit» auch in Deutschland vorhanden sei, aber neuerlich aktiviert werden müsse. So wie das Christentum die drei reichsrechtlich legitimierten Konfessionen einte, wollte Moser die vielen Patriotis-
men auf das vom Reichs-Staat gebildete deutsche Vaterland konzentriert
wissen. Er richtete seinen «Nationalgeist» nicht gegen die Vielfalt, wohl
aber gegen die Spaltungstendenzen und die «Mißgeburt einer militä-
risch-patriotischen Regierungsform».[341]

Mosers kleine, überaus wirkungsmächtige Schrift erschien 1766 und
löste eine breite Debatte aus. In seiner Entgegnung an den hessen-hombur-
gischen Rat Friedrich Casimir Carl von Creuz, betonte Moser nachdrücklich den politischen Rahmen der deutschen Nation. Seine Liebe galt dem
historisch gewordenen, in Reichskreise unterteilten Deutschland, das den
Reichsgesetzen gehorche. Creuz hatte dem seine deterministische Na-
tionsvorstellung entgegengesetzt, für die er auch Dänen und Schweden
vereinnahmte, weil sie eine ursprünglich deutsche Mundart sprächen. Seines Erachtens konnten sich Nationen teilen und mehrere unabhängige
Staaten gründen, ohne dass dies an der nationalen Zugehörigkeit etwas
ändere. Er fragte konkret: «Sind jene teutsche Emigranten nunmehr Russen?» Darüber hinaus wollte er von Moser wissen, «wenn ein gewisser
grosser teutscher Staat sich vom Reiche losrisse», ob «seine Bürger alsdenn
auf[hörten], zur teutschen Nation zugehören?»[342] Moser erwiderte kühl,
dass die Sprache allein keine Nation begründe, wie die Eidgenossen zeigten. Die Deutsch-Schweizer könnten nicht zur deutschen Nation gerechnet werden, weil sie deren Gesetze, Verfassung und Gerichtsstand ablehn-
ten. Volk ist für Moser – wie schon für Cicero – keine primär ethnische,
sondern eine auf das Gemeinwesen bezogene, ein einheitliches Rechtssystem anerkennende und den gemeinsamen Nutzen verfolgende Einheit.[343]

Moser konnte deswegen die Suggestivfrage seines Kritikers, mit welcher Freiheit die Deutschen denn «zu einem Interesse» verbunden seien
und wer deren Feind sei, eindeutig beantworten: «Die deutsche Freyheit» und «ein jeder [...], der wider die unsere Freyheit begründende
und erhaltende Reichsgesetze handelt». Wenige Seiten später betonte
Moser noch einmal die politisch-räumliche Basis: «Daß aber deutsches
Reich und deutsche Nation eine gleichgeltende Bedeutung habe, kann
Ihnen jeder sagen, der auch nur acht Tage auf dem Reichs-Convent gewesen ist.»[344] Justus Möser, der Osnabrücker Anwalt des deutschen
Föderalismus, erklärte dagegen die deutsche Nation zur bloßen Fiktion,
weil sie weder an den Höfen oder in den Städten noch auf dem Lande
oder bei der Armee zu finden sei. Daher könne es auch keinen Nationalgeist geben.[345]

Dies war insofern richtig, als dass die deutschen Höfe weiterhin französisch sprachen. Die Diskrepanz zwischen dem Festhalten der höfischen Eliten an den aus Frankreich übernommenen kulturellen Mustern und der Betonung der eigenen wie der antiken Traditionen durch die Dichter und Denker profilierte die weiteren Debatten zwischen nationaler und universaler Mannigfaltigkeit. Die skeptischen nationalen Einschätzungen vieler Intellektueller kontrastieren allerdings auffällig mit einer Publizistik, die intensiver denn je über patriotische und nationale Leitbilder informierte und versuchte, eine deutsche Identität zu konstruieren. Der national-patriotische Diskurs erreichte damit auch Bevölkerungsgruppen, die nicht zur aufgeklärten Elite zählten. Im Mittelpunkt stand die geistig-kulturelle Gleichrangigkeit der Deutschen mit anderen Nationen und die Mobilisierung jedes Einzelnen für das Vaterland, wobei auch in den Journalen selten zwischen dem kleinräumigen eines Reichsstands und dem übergreifenden des Reichs eindeutig unterschieden wurde.[346]

Der im Siebenjährigen Krieg von Preußen verfolgte sezessionistische Entwurf eines protestantisch-norddeutschen Staates unter König Friedrich II. hätte nach westeuropäischem Vorbild Machtstaat und nationale Kultur zusammenführen können. Der Preußenkönig scheiterte jedoch an den kulturellen Entwicklungen, die er selbst provoziert hatte. Friedrich Carl von Moser hatte im Auftrag des Wiener Hofes und für eine jährliche Pension von 1500 Gulden bereits 1764 in einem «Neujahrs-Wunsch an den Reichs-Tag zu Regensburg» gefordert, den Geist der Nation zu bilden und ein «Nationalinteresse» zu definieren.[347] Er wandte sich an die ganze Nation, an Fürsten, Bürger und Untertanen, und er plädierte entschieden für eine Stärkung der Reichsverfassung. Er sah in den Frankfurter Feierlichkeiten Anfang April 1764 anlässlich der Wahl Josephs II. zum römischen König ein «Nationalfest».[348]

Der Siebenjährige Krieg war somit der Katalysator, der dem patriotisch-nationalen Denken zum Durchbruch verhalf. Westeuropäische Entwicklungen wurden nachvollzogen, was sich nur dann als Verengung einer angeblichen «Internationalität und Toleranz der Gelehrtenrepublik» verstehen[349] lässt, wenn die vorherigen nationalen Tendenzen in der Literatur ignoriert werden. Die Muster und die Rhetorik der Vaterlandsliebe – auch in Gestalt von Abwertung und Hass gegenüber dem Fremden – haben jedoch die europäischen Staats- und Nationsbildungsprozesse seit dem späten Mittelalter begleitet, und es waren die Mitglieder der Gelehrtenrepublik, die diese Einstellungen und Verhaltensweisen bei nahezu jeder Gelegenheit propagierten.

c) *Joseph II. und der Reichs-Staat*

Das Haus Österreich behauptete seinen Anspruch auf die römisch-deutsche Kaiserkrone bis zum Jahre 1806. Diese bildete die wichtigste Klammer des eigenen Herrschaftskonglomerats zwischen Oberrhein und Serbien. Allerdings bedeutete dem jungen Joseph II. die Frankfurter Wahl und Königskrönung 1764 denkbar wenig. In Briefen an seine Mutter Maria Theresia machte er sich darüber lustig. Das altertümliche Zeremoniell und die Feierlichkeiten ließen noch einmal die Tradition, Pracht und Herrlichkeit, aber auch die Probleme eines fast tausendjährigen Reiches augenfällig werden, das zwar weiterhin die deutschen Staaten verband, aber nur noch von den mindermächtigen benötigt wurde.

Die Hofburg ließ die zentralen Stationen des Wahl- und Krönungsaktes vom Hofmaler Martin van Meytens d. J. großformatig dokumentieren, um der Nachwelt zu demonstrieren, dass die dynastischen Probleme der Casa de Austria überwunden waren. Beim Betrachten dieser Bilder stellt sich unwillkürlich eine gewisse Endzeitstimmung ein. Genau in diesem Sinne, mit einem Hauch von Wehmut, berichtete Goethe in seinen 1811 verfassten Lebenserinnerungen über die Frankfurter Vorgänge des Jahres 1764. Der Rückblick gerät ihm zu einer Hommage an die überzeitliche Ordnung des Reiches. Seines Erachtens stand das Reich für politische und kulturelle Vielfalt, für Freiheit und Humanität, für Recht und Gerechtigkeit. Nach dem Untergang des Reichs beschrieb er die «sinnfällige Inszenierung des politischen Körpers *in actu*».[350]

Der heranwachsende Goethe hatte auf Geheiß des bildungsbeflissenen Vaters Wahl- und Krönungsdiarien gelesen und bestaunte die feierlichen Einzüge: «Einerseits hatte ich an diesen Dingen manche Lust: weil alles was vorging, [...] das durch so viele Pergamente, Papiere und Bücher beinahe verschüttete deutsche Reich wieder für einen Augenblick lebendig darstellten; andrerseits aber konnte ich mir ein geheimes Mißfallen nicht verbergen, wenn ich [...] bemerken mußte, daß hier mehrere Gewalten einander gegenüber standen, die sich das Gleichgewicht hielten, und nur in sofern einig waren, als sie den neuen Regenten noch mehr als den alten zu beschränken bedachten.»[351] Goethe erläutert: Das «Vivat» sei nach der Krönung aus Tausenden von Kehlen gekommen «und gewiß auch aus dem Herzen. Denn dieses große Fest sollte ja das Pfand eines dauerhaften Friedens werden, der auch wirklich lange Jahre hindurch Deutschland beglückte».[352]

Joseph II. musste in seiner Wahlkapitulation den Ständen keine neuen Zugeständnisse machen. Er wollte im Unterschied zu seinem Vater, dem er 1765 als Kaiser folgte, im Reichs-Staat politisch handeln. Denn seine Mutter Maria Theresia machte ihn in Österreich zwar zum Mitregenten, versperrte ihm aber den Weg zur Macht. Sie warf ihm ungehemmte Kri-

tik- und Spottlust, übersteigertes Selbstbewusstsein und Hass auf alle
Etikette vor. Daher ist schnell geschildert, was von ihm in Österreich bis
zum Tode Maria Theresias politisch gestaltet wurde: die Öffnung der
kaiserlichen Gärten (1766), die Einrichtung eines deutschen Nationalthe-
aters (1776), die polnische Teilung (1772) und der Bayerische Erbfolgekrieg (1778). Der Kaiser wurde vor allem im Reichs-Staat und bei der
Armee aktiv, wo ihm seine Mutter nicht im Wege stand. Darüber hinaus
entwarf er zahlreiche Denkschriften, die aufgeklärte Reformen anregen
sollten. Er forderte unter anderem, die Monarchie wirklich zu einen, die
Armee zu vergrößern, das Steuerwesen und die Verwaltung zu verein-
fachen und die Adelsprivilegien abzubauen.[353] Maria Theresia reagierte
abwartend. Unterdessen reiste Joseph, meist inkognito und ohne großes
Zeremoniell, als Graf von Falkenstein. Er legte über 30 000 Meilen bis in
die entlegensten Winkel des Habsburgerreiches, aber auch in Italien oder
nach Versailles und Russland zurück. Das Bild des pflügenden Kaisers
im mährischen Slavikowitz 1769 ist haften geblieben. In einer Denkschrift für seinen jüngeren Bruder, den späteren Kaiser Leopold II., betonte Joseph II. 1767/68, alles, was ein Kaiser für das Reich tun könne,
sei «durch Redlichkeit und Gerechtigkeit seiner Handlungen Vertrauen
und allgemeine Achtung zu gewinnen».[354]

Der künftige Kaiser wurde schon von seinem Lehrer Christian August Beck in den Jahren 1756 und 1757 mit den Spielregeln der Reichspolitik vertraut gemacht. Dieser hielt sich an die Vorgaben des an den
führenden protestantischen Universitäten in Göttingen, Halle, Jena und
Leipzig gelehrten Reichsstaatsrechts, das den Kaiser nach wie vor als
Mittelpunkt eines gemeinsamen deutschen Staates sah: «Nichtsdestowe-
niger ist das Deutsche Reich noch in kein Systema Civitatum zerfallen,
sondern nur ein einziger Staat, dessen Oberhaupt der Kaiser allein, die
Mitglieder aber die gesamten Reichsstände, Vasallen und Untertanen
sind, wo die majestätischen Rechte teils von dem Kaiser allein und teils
mit Genehmhaltung der Kurfürsten, in den mehresten Fällen aber mit
Vorwissen und Bewilligung aller Reichsstände insgesamt ausgeübt werden und wo jeder Landesherr in seinem territorio, jedoch nach den
Reichsgesetzen und Herkommen, mit völliger Freiheit und Hoheit regiert.»[355]

Der Systematisierung Pütters folgend war das Reich dem jungen Joseph als ein zusammengesetzter, teils komplementärer, teils vom Kaiser
regierter Staat geschildert worden. Bei seiner Wahl hatten ihm die Kurfürsten nahegelegt, sich vermehrt um die Religionssachen, die «Com-
merzialstraßen», die Reichshandwerksordnung und die Visitation der
Reichsgerichte zu kümmern.[356] Er interpretierte dies als Reformauftrag
und begann bei den Wiener Reichsbehörden. Diese sollten nach Ansicht
der Staatskanzlei des Grafen Kaunitz die österreichische Großmacht-

politik unterstützen. Johann Anton Graf Pergen, der engste Berater Josephs II., entwickelte hingegen Ideen, die den Kaiser neuerlich zum Regenten des Reichs-Staats hätten machen können.

Kaunitz verfocht den Systemgedanken des Aufklärers: Seine geduldige Politik des langen Atems hatte bereits zu der für Österreich vorteilhaften diplomatischen Revolution des Jahres 1756 geführt. Er wollte die Früchte, die im Krieg nicht hatten errungen werden können, nun reifen lassen. Kaunitz forderte den impulsiven Joseph II. daher auf, «in Stats-Angelegenheiten nicht isolirt, noch von Tage zu Tage noch auch arbitrarisch, sondern systematisch zu Werke zu gehen».[357] Er glaubte, dass auf Bündnisse kein Verlass und es daher besser sei, die eigene Macht auszubauen, um ungebunden von Fall zu Fall entscheiden zu können. Eine solche Politik definierte Expansion als Ziel – eine zentrale Komponente absolutistischer Außenpolitik, die mit dem Gleichgewichtssystem nur solange harmonierte wie alle Mächte expandieren konnten. Damit folgte Kaunitz der österreichischen Staatsräson: Außenpolitisch hieß dies, proportional stets mindestens die gleiche Vergrößerung wie die anderen Vormächte zu erreichen.[358] Ihm widersprach Pergen, der als kaiserlicher Minister mit Sitz in Mainz die Vorbehalte der Reichsstände gegen einen Kaiser kannte, dessen Politik allzu offensichtlich nur Österreich diente. Er regte deshalb an, das Reichsoberhaupt solle seine «Liebe für das Teutsche Vaterland» beweisen und zudem erklären, «das Systema mit allen ihren Kräften verteidigen zu wollen».[359]

Der junge Kaiser wurde zum Hoffnungsträger derjenigen, die noch immer an eine Reform des Reichs-Staates glaubten und dessen nationale Basis betonten. Die sezessionistischen Töne aus Preußen hatten in Wien den Boden für eine Neubewertung des Reichs-Staates und der Reichsnation als historisch gewachsene Formen bereitet.[360] Die Reichsverfassung schien nach dem Siebenjährigen Krieg der Angelpunkt jeder freiheitlichen Entwicklung in Deutschland, denn wenn jeder Regent seine Ansichten durchsetzen könne, werde die «Freyheit des Unterthanen [...] ganz und gar zernichtet und die obriste Gewalt ist nicht eine Beschützerin, sondern eine Zerstöhrerin dieser Rechte eines jeden Menschen».[361]

Als Kaiser setzte Joseph II. mit seiner Reform der Reichsgerichte an der richtigen Stelle an. Als er von den etwa 4000 unerledigten Verfahren am Reichshofrat erfuhr, bemängelte er dessen Nachlässigkeit und installierte ein Überwachungssystem, um jederzeit den Stand der Prozesse und den Arbeitseifer der Assessoren kontrollieren zu können. Die rückständigen Verfahren sollten zügig abgewickelt, neue Klagen schnell erledigt, angebotene und angenommene Geschenke offengelegt werden. Während Joseph II. den Wiener Reichsbehörden mehr Effizienz nach seinen Vorstellungen verordnen konnte, war der Weg am Reichskammergericht weit mühseliger. Zunächst mussten die Reichsstände eine Visitation beschließen. Die öffentliche Meinung stand auf Seiten des Kaisers, daher setzte der Reichstag 1766 eine Deputation ein, die Anfang Mai 1767 ihre Arbeit aufnahm. Joseph II. wünschte eine bessere finanzielle Ausstattung, damit das Gericht die Prozesse schneller abwickeln könne, und einen Revisionssenat, um die meist politisch aufgeladenen Appellationsverfahren am Reichstag zu unterbinden.

Der Kaiser hatte erkannt, welche Chance ihm gerade die Reichsgerichte boten: Nachdem der Prozess einmal eröffnet war, besaßen Reichshofrat und Reichskammergericht eine hohe Verfahrensautonomie und konnten mit Mandaten, einstweiligen Anordnungen, Exekutionsandrohungen, kaiserlichen Kommissionen oder Urteilen das Herrschaftsgefüge der betroffenen Reichsstände gehörig durcheinanderwirbeln. Oft reichte die Ankündigung eines Reichsgerichtsprozesses aus, um selbst mächtige Fürsten zum Einlenken zu bewegen. Beispielsweise gab Kurfürst Maximilian III. Joseph von Bayern seine Pläne auf, die Rechte der Landschaftsverordnung zu schmälern, als diese am Reichshofrat klagte. Gravierender war der Konflikt des katholischen Herzogs Karl Eugen von Württemberg mit seiner lutherischen Landschaft, die mit Hilfe des Wiener Gerichts alle Versuche abwehrte, ein absolutistisches Regime zu errichten. Der Reichshofrat sah dem Herzog lange auch gröbere Rechtsverletzungen nach, da dieser im Siebenjährigen Krieg Österreich unterstützt hatte. Dies änderte sich, als die Landstände 1764 mit Brandenburg-Preußen, England-Hannover und Dänemark die Garantiemächte der Württemberger Religionsverträge aktivierten. Der Kaiserhof geriet in ein Dilemma: Ließ er dem Rechtsweg freien Lauf, stellte er einen Verbündeten bloß, verzögerte er den Prozess, lieferte er den Protestanten neue Beweise für parteiisches Verhalten. Joseph II. vermittelte daher einen Vergleich, der den württembergischen Ständen ihre Rechte zurückgab, sie aber verpflichtete, die herzoglichen Schulden zu tilgen.[362] Die Renaissance der Landstände im späten 18. Jahrhundert wurde möglich, weil Kaiser und Reichsgerichte deren Rechte schützten und sich den absolutistischen Bestrebungen der Fürsten entgegenstellten.

Joseph II. brachte die Dinge in Bewegung, doch er wollte zuviel auf einmal und war zu ungeduldig, um im zeitintensiven Geschäft des Aushandelns wirklich erfolgreich sein zu können. Die Reform des Reichskammergerichts endete im Desaster. Die Ergebnisse der Visitationskommission ließen auf sich warten, daher vermutete der Kaiser, die Stände wollten seine Reformen blockieren. Diese nahmen wiederum an, Joseph II. beabsichtige, das Gericht enger an sich zu binden. Die Hofburg versuchte, die aus ihrer Sicht sinnlos gewordene Visitation zu beenden, der Reichstag widersetzte sich. Schließlich verständigte man sich auf einen Mimimalkonsens: Joseph II. bestätigte 1775 ein Reichsgutachten, das eine Erhöhung der Kammerzieler, der reichsständischen Beiträge

zum Unterhalt des Gerichts, und Änderungen im Geschäftsgang anordnete. Während 27 Assessoren für einen schnelleren Prozessablauf sorgen
sollten, kam der Revisionssenat nicht zustande, weil die Stände Urteile
mit politischem oder konfessionellem Hintergrund selbst überprüfen
wollten.[363]
1776 nutzte der Kaiser den Streit um die katholische Stimmführung
des reichsrechtlich evangelischen Westfälischen Grafencorpus, um seine
Kommissare aus Wetzlar abzuziehen. Er erklärte die Visitation für beendet und überließ den Reichs-Staat sich selbst: den Reichstagsgesandten,
den Reichsgerichtsassessoren, den Reichsstaatsrechtslehrern, den Publizisten und der interessierten Öffentlichkeit sowie den Reichsständen, die
noch an die Zukunft des Reiches glaubten und sich für dessen Reformie-
rung einsetzten.
Der 1768 ausbrechende russisch-türkische Krieg hatte Joseph II. erstmals die Gelegenheit geboten, sich gegen seine Mutter als politischer Akteur der «Donaumonarchie» zu profilieren. Österreich widersetzte sich
allen russischen Wünschen nach einer Annexion Moldawiens und der
Walachei, Preußen war aber seit 1764 mit Russland verbündet. Damit
drohte ein Krieg der beiden deutschen Vormächte. Sie hatten um die
Gunst der Zarin gebuhlt und waren zu Gefangenen der russischen Politik geworden.[364] Um einen Krieg im Osten zu vermeiden, schlug Friedrich II. 1769 eine preußisch-russisch-österreichische Allianz gegen die
Türken vor. Die Kriegskosten sollten durch das Gleichgewicht nicht ge-
fährdende Erwerbungen in Polen abgegolten werden.[365] Als sich Kaiser
Joseph II. und König Friedrich II. im August 1769 im schlesischen Neiße
und im September 1770 im mährischen Neustadt trafen, blieb dieses
Projekt unerörtert. Während die deutschen Patrioten auf das Ende des
lähmenden Dualismus hofften, versicherten sich die beiden Monarchen
eigentlich nur ihrer gegenseitigen Hochachtung. Verständigen konnten
sie sich lediglich zu Lasten Dritter. Ihr Opfer wurde das Königreich Polen-Litauen, dessen Politik von Russland gelenkt wurde. Die Initiative
zur ersten Teilung ergriffen Russland und Preußen, Österreich schloss
sich im August 1772 an. Maria Theresia war entrüstet, weil sie in der
Konvenienz keinen hinreichenden Grund für eine österreichische Beteiligung sah, stoppte aber Joseph II. und den Grafen Kaunitz nicht. Auch
diese hatten anfangs gezögert, auf das Angebot einzugehen, um den
preußischen Rivalen nicht zu stärken. Schließlich entschieden sie sich dafür, den Preis für ihre Zustimmung auf Kosten Polens in die Höhe zu
treiben.[366] Kurzfristig war damit der Frieden gewahrt, langfristig eine
gefährliche Entwicklung eingeleitet worden, denn die östlichen Großmächte rückten dichter aneinander.
Während Österreich mit Galizien und Lodomerien zwei große, aber
relativ unterentwickelte Regionen hinzugewann, sicherte sich Preußen

den wertvollsten Teil: das in Ostpreußen gelegene Bistum Ermland, Westpreußen und mit einigen Gebieten Großpolens die Landverbindung nach Ostpreußen. Das Königreich Polen wurde um 30 Prozent seiner Fläche und mehr als ein Drittel seiner Bevölkerung reduziert. Frankreich und Großbritannien waren an der polnischen Teilung zwar nicht beteiligt, erhoben aber auch keinen Einspruch. Daniel Schubart sprach in der ersten Nummer seiner «Deutschen Chronik» 1774 vom Stolz auf Deutschland, weil nun Friedrich Europa Gesetze vorschreibe. Nicht mehr die französische, die deutsche Macht dominiere den Kontinent und werde von allen Nationen gefürchtet, bewundert und nachgeahmt.[367] Wie die meisten Patrioten verkannte Schubart, dass es dem Preußenkönig nicht um Deutschland ging und die polnische Teilung kein Zeichen für eine gemeinsame Politik Preußens und Österreichs war. Die europäische Öffentlichkeit empörte sich, die Höfe hielten still. Im Reich erkannte man mit Schrecken, dass auch der Kaiser alte Rechte der österreichischen Staatsräson opferte und die Begründungen für die Annexionen polnischer Gebiete ebenso auf Deutschland passten: Eine Krise sei ohne Krieg bewältigt und politisch unsichere Verhältnisse seien in großräumige aufgeklärte Staatlichkeit überführt worden. Die Vernunft bestimmte die Rhetorik öffentlicher Begründungen. Indem dieses Muster, das bisher vor allem dazu gedient hatte, die Kolonialpolitik zu rechtfertigen, auf Europa übertragen wurde, öffnete es Tür und Tor für jede Veränderung des Status quo.

Die erste Teilung Polens erfolgte, während Mitteleuropa von einer gravierenden Hungersnot heimgesucht wurde. Preußen kam relativ glimpflich davon, weil man neben den vorbildlich gefüllten Magazinen auch exklusiv auf polnisches Getreide zurückgreifen konnte.[368] Der Reichstag musste sich auf Antrag des Markgrafen Karl Friedrich von Baden-Durlach im Februar 1771 mit der Frage beschäftigen, ob der Reichs-Staat ein einheitlicher Wirtschaftsraum sei und Sperren nur noch gegen fremde und auswärtige Länder erlaubt sein sollten. Hierüber wurde lange gestritten. Insbesondere die Kurfürsten hielten dies für eines jener Probleme, bei denen kein Reichsstand dem anderen Gesetze vorschreiben dürfe.[369] Die Ausfuhr von Lebensmitteln in «fremde und auswärtige Länder» wurde schließlich verboten, während die Aufhebung aller innerdeutschen Getreidesperren, die bereits zu «Zerrüttungen des deutschen Staatscörpers» geführt hätten, lediglich gefordert werden konnte. Österreich stimmte Anfang Dezember zu, Bayern lehnte aus Gründen der Selbsterhaltung ab, denn «die ganze Verfassung Deutschlands kann dieses nicht zernichten, ohne in die größte absurditaeten zu verfallen».[370] Das Reichsgutachten – die «Verfügung einer allgemeinen Getreid-Sperre gegen Auswärtige, und Aufhebung der Particular-Sperren im Reich» – war somit ein typischer Kompromiss, eine Rahmenordnung, die es den Reichskreisen überließ, geeignete Lösungen zu finden. Der Kaiser ratifizierte die Regelung am 28. Februar 1772 in der Hoffnung, dass mit deutsch-patriotischer Gesinnung die Krise überwunden werde.[371] Unklar blieb, wo die Sperren aufgerichtet werden sollten, denn dazu hätten die Außengrenzen des Reichs-Staates festgelegt werden müssen. Dies aber war mit Blick auf das Habsburgerreich, auf Preußen oder den burgundischen Reichskreis ausgesprochen heikel. Freilich sollten alle Lebensmittelexporte in die Eidgenossenschaft, nach Savoyen, Lothringen und ins Elsass unterbunden werden, die als fremde Länder angesehen wurden. Auch die Reichstagsgesandten wussten, dass der interne Ausgleich innerhalb des Habsburgerreiches oder des Königreichs Preußen nicht verhindert werden konnte. Dies war aber kein Problem, da es in deren östlichen, nicht zum Reich gehörenden Gebieten mehr Getreide als in Deutschland gab.

Das Reichsgesetz zeigt, dass Kaiser und Reichsstände dann erfolgreich zusammenarbeiteten, wenn keine der beiden Vormächte glaubte, Gewinne auf Kosten der anderen erzielen zu können. Dies gilt ebenso für die nun verabschiedeten Reichsrahmenordnungen, mit denen die starren Handels-, Handwerks- und Gewerbeordnungen wenigstens um erste Ansätze einer bürgerlichen Handlungsfreiheit ergänzt wurden. Wieder bildete ein Reichsgutachten[372] die Grundlage für ein kaiserliches Patent, das nicht nur die Handwerksordnung von 1731 neuerlich einschärfte, sondern unter anderem den «blauen Montag» generell verbot, Frauen zu bestimmten Berufen zuließ und den Ausschluss ganzer Personengruppen vom Erlernen eines Handwerks aufhob.[373] Da jedoch gleichzeitig festgelegt wurde, dass den Gesellen keine Nachteile entstehen durften, blieben die Reformen fast wirkungslos. Gerade die Gesellenverbände mit ihren hohen Ehrvorstellungen reagierten ausgesprochen ablehnend auf alle Neuerungen, die den eigenen Status zu bedrohen schienen.

Die Wirtschaftsnormierungen des Reichstags verweisen auf das zentrale Problem der komplementären deutschen Staatlichkeit: überterritoriale Regelungen, die Autonomie und Wettbewerb der Fürstenstaaten zuließen und dennoch von allen akzeptiert werden konnten. Selbst Österreich und Preußen blieben auf den Reichs-Staat angewiesen, wenn nur deutschlandweit einheitliche Normierungen erfolgversprechend schienen. Dazu gehörten neben dem Polizei- und Münzwesen Fragen der Zensur sowie solche der Disziplinierung von Korporationen, Studenten und fahrendem Volk.

Die internationalen Beziehungen zählten hingegen nicht mehr zur gemeinsamen oder konkurrierenden Gesetzgebung. Hier galten die Prinzipien der Souveränität sowie die Gebote des Naturrechts und der «Konvenienz». Mit der polnischen Teilung war nicht nur die Rhetorik der Beglückung, sondern auch der im Grunde ebenfalls «vernünftige» Gedanke der freien Gestaltung in das europäische Staatensystem eingezogen. Bisher hatte die Rücksicht auf traditionelle Ordnungen Verständigungen zu Lasten Dritter begrenzt, doch dieser Damm war 1772 gebrochen. Völkerrecht und nationale Selbständigkeit wurden auf dem Altar der Konvenienz und des Balancesystems geopfert.

Wenn aber das eine Schwert das andere nicht mehr in der Scheide hielt, sondern sich beide Reiche dort bedienten, wo niemand Einspruch erhob, wer oder was schützte dann noch die Masse der Reichsstände? Frankreich konnte wegen seiner inneren Probleme kaum noch eine glaubhafte Drohkulisse aufbauen und Großbritannien wollte auf dem Kontinent erst intervenieren, wenn die Balance grundsätzlich gefährdet war. Daher betrachteten die mächtigen Staaten und Dynastien den Reichsverband als Tauschbörse. Der russische Thronfolger Paul übergab 1773 seine Gottorfer Stammlande dem König von Dänemark, der so seinem Ziel, der Herrschaft über Schleswig und Holstein, nahe kam. Im Gegenzug erhielt Paul die Grafschaften Oldenburg und Delmenhorst, die er an die jüngere Holstein-Gottorfer Linie weiterreichte und die 1774 zu einem Herzogtum zusammengefasst wurden.[374] Es konnte zwar verhindert werden, dass ein künftiger Zar Sitz und Stimme auf dem Reichstag erhielt, am steigenden russischen Einfluss auf den Reichs-Staat änderte dies jedoch nichts.

d) Der Bayerische Erbfolgekrieg

In Wien und Berlin wurde nach den Erfahrungen der ersten polnischen Teilung seit den siebziger Jahren immer unbefangener im Stile einer scheinbar rationalen Konvenienzpolitik über Tausch- und Erwerbsprojekte spekuliert. Mit der preußischen Nachfolge in Ansbach und Bayreuth stand zudem eine Machtverschiebung bevor, die Österreich ohne Kompensation nicht dulden wollte. Obwohl an vielen deutschen Höfen das Gegenteil vermutet wurde, hatten sich Joseph II. und Friedrich II. nicht über Bayern verständigt, wo die dortigen Wittelsbacher mit Maximilian III. Joseph Ende des Jahres 1777 ausstarben. Der Erbe, Karl Theodor von Sulzbach, war ebenfalls kinderlos und wollte das Kurfürstentum gegen die österreichischen Niederlande und eine Königskrone tauschen. Er träumte von einem neuen Burgunderreich am Mittel- und Niederrhein mit den Zentren Mannheim, Düsseldorf und Brüssel und knüpfte deswegen Kontakte nach Wien. Ihn interessierten weder Bayern noch die Rechte seines designierten Nachfolgers, des Pfalzgrafen Karl August von Zweibrücken, daher forcierte er das alte Tauschprojekt und ließ Anfang Januar 1778 seine Gesandten die in Wien konstruierten Ansprüche auf Niederbayern, Mindelheim und auf die böhmischen Lehen in der Oberpfalz bestätigen.[375]

Joseph II. hatte schon 1767 in einer Denkschrift den Erwerb Bayerns aus geopolitischen und wirtschaftlichen Gründen für notwendig erklärt. Die Pfälzer Nachfolge in München schien den Zeitgenossen wenig zwingend, denn ob die beiden Wittelsbacher Linien wirklich eine Dynastie bildeten, war umstritten.[376] Es war somit politisch geschickt, dass Karl Theodor dem Kaiser entgegenkam, denn galt Bayern als heimgefallenes Lehen – und darüber entschied der Kaiserhof –, ging er möglicherweise leer aus, zumal die Wiener Politiker die Möglichkeit einer Gewaltaktion nicht ausschlossen. Am 16. Januar 1778 besetzten österreichische Soldaten die von Karl Theodor zugestandenen bayerischen Gebiete. Der Kaiser nutzte die Gelegenheit, um sowohl den deutschen Kern des Hauses Österreich als auch den kaiserlichen Einfluss im Reichs-Staat auszubauen. Damit war es um die Ruhe in Deutschland geschehen. Maria Theresia, die einen Krieg befürchtete, opponierte zwar gegen die Konfrontationspolitik, konnte oder wollte sich aber nicht mehr durchsetzen. Doch Joseph II. verspielte die einmalige Chance, ganz Bayern im Handstreich zu erwerben, als er dem kooperationswilligen Karl Theodor wegen der hohen Schulden Bayerns die Übergabe der Niederlande verweigerte. Ein entschlossener Kaiser hätte die Gewichte merklich zu seinen Gunsten verschieben können: Der ganze Südosten des Reichs-Staates wäre von Wien aus regiert worden und bis zu Main und Oberrhein hätte es keinen potenten Rivalen mehr gegeben. Am Mittel- und Niederrhein wäre zudem ein auf den Kaiser fixiertes neues Königreich der Wittelsbacher entstanden – nicht nur als Puffer gegen Frankreich, sondern auch als Konkurrent Preußens im Westen des Reichs.

Ein solches Szenario entsprach den schlimmsten Befürchtungen der kleineren Reichsstände: Der Kaiser würde in Süddeutschland übermächtig, kreierte einen Souverän am Niederrhein und hätte dafür Preußen etliche Kompensationen gestatten müssen. Sachsen, Hannover und die großen Territorien wären wohl nicht von der Landkarte verschwunden, andere Fürsten aber schon. Der Krämergeist Josephs II., der weder die südlichen Niederlande preisgeben noch die Schulden des Herzogs Karl August von Pfalz-Zweibrücken übernehmen wollte, rettete 1778 den Reichs-Staat, denn nun war es Preußen möglich, den Kaiser zu desavouieren. Frankreich, das in Amerika eingreifen und diesmal keinen parallelen Krieg auf dem Kontinent führen wollte, informierte Friedrich II. Dieser bewog den Zweibrücker Herzog, offiziell gegen die österreichischen Annexionen zu protestieren. Damit begann die Phase, in der sich der Preußenkönig, als Retter des Reichs-Staates inszenierte. Sein Minister Ewald Friedrich von Hertzberg war bereits mit einem großen Tauschplan hervorgetreten. Dieser bezog nun auch Sachsen ein, denn die Mutter des dortigen Kurfürsten war eine Schwester des letzten bayerischen Kurfürsten Max III. Joseph, und sie hatte ihre Ansprüche ebenfalls geltend

gemacht. Nach Hertzbergs Plan sollte der Kaiser Bayern bis zur Isar erhalten, dafür aber Krakau an Polen zurückgeben, so dass Preußen im
Gegenzug Danzig und Thorn erwerben konnte. Sachsen sollte die Lausitzen an Preußen abtreten und dafür mit den fränkischen Markgrafschaften entschädigt werden.[377] Im April 1778 wurde zwischen Wien,
Berlin und Dresden verhandelt, wobei alle Pläne darauf hinausliefen,
dass sich Österreich mit Bayern, Preußen mit dem Herzogtum Berg und
der Niederlausitz sowie Sachsen mit Bayreuth arrondierten. Das Ganze
kam nicht zustande, weil Kursachsen schließlich ablehnte, und weder
Friedrich II. noch Kaunitz einen solchen Tausch gegen den Widerstand
Pfalz-Bayerns und Sachsens durchsetzen wollten. Der Kaiser und Prinz
Heinrich wären im Sommer 1778 dazu bereit gewesen.[378] Friedrich II.
verfolgte diese Pläne jedoch nicht ernsthaft. Ihm ging es vor allem darum, dem Kaiser und insbesondere Maria Theresia eine Niederlage auf
dem Gebiet beizubringen, das er bisher ignoriert hatte: dem der deutschen Freiheit und der Reichsverfassung.

Am 14. April 1778 widersprach Friedrich II. mit dem Hinweis auf die
Sitten und Gebräuche des Reichs der Auffassung des Kaisers, über heim-
gefallene Reichslehen frei verfügen zu können, da dies zu Despotismus
führe. Joseph II. entgegnete, von Despotismus könne keine Rede sein,
weil die bayerische Sukzession keine Frage des Reichslehnsrechts sei,
sondern auf einer freien Absprache zwischen zwei Reichsständen beruhe.[379] Der Reichstag wurde daraufhin wieder einmal zur Bühne einer
Klage gegen den eigenen Kaiser, der mit seinem Machtstreben angeblich
die deutsche Freiheit gefährdete. Friedrich II. verzichtete jedoch auf das
Gleichgewichtsargument. Er fürchtete, Österreich könne Preußen in
Misskredit bringen, wenn es behaupte, das Königreich habe unter diesem
Vorwand nur die eigenen Vorteile im Sinn.

Joseph II. scherte sich wenig um den Reichs-Staat, daher hinterließ
sein aggressives Vorgehen umso tiefere Spuren: Viele Autoren nutzten die
alte Angst vor einem monarchisch regierenden Kaiser und schürten den
Verdacht, Joseph II. strebe nach der monarchischen Herrschaft über
Deutschland. Preußische Truppen marschierten in Schlesien auf, Friedrich II. ließ sich als Retter des Reichssystems feiern und versuchte, seine
Klientel zu formieren. Doch nach seiner Kriegserklärung vom 3. Juli zogen zwei Tage später lediglich etwa 22 000 kursächsische Soldaten mit
ihm in den Krieg. Kurfürst Friedrich August III. glaubte, das Gleichgewicht zwischen Preußen und Österreich, Katholiken und Protestanten,
werde den Reichs-Staat retten und ihm dabei die Rolle eines Vermittlers
zufallen. Die preußischen Verbündeten in Kassel und Hannover fürchteten hingegen, dass sich in einer solchen Konstellation alle Reichsstände
entweder nach Wien oder nach Berlin orientieren müssten.

Friedrichs II. Angriffsstrategie stieß in Deutschland zwar auf Wohlwollen, ging aber dennoch nicht auf: Das vom Kaiser umsichtig geführte österreichische Heer vermied die offene Feldschlacht. Die preußische Armee litt derweil unter Versorgungsengpässen und kehrte im Oktober, durch Krankheiten und Desertionen erheblich dezimiert, aus dem «Kartoffelkrieg» – wie der Feldzug wegen der von hungrigen Soldaten aufgelesenen Feldfrüchte genannt wurde – nach Schlesien zurück.[380] Von dort aus schrieb Friedrich II. seinem Bruder Prinz Heinrich im März 1779, dass Österreich seinen Raub herausgeben müsse, weil es ansonsten «im Reich eine despotische Macht» errichten könne. Preußen habe mit diesem Feldzug den Vorteil gewonnen, als ein nützliches Gegengewicht zum österreichischen Despotismus angesehen zu werden.[381] Der König spielte geschickt auf der Klaviatur antikaiserlicher Stimmungen. Aus der Universalmonarchie des 16. und dem absoluten Dominat des 17. Jahrhunderts wurde nun der kaiserliche Despotismus. Der preußische König tat so, als wolle er die deutsche Freiheit retten. Angesichts der machtpolitischen Offensive des Kaisers mussten ihm die Reichsstände auch noch dankbar sein. Der alte Friedrich II. fand plötzlich Rückhalt in einem Reich, das ihn lange als Feind betrachtet hatte und seine Pläne nun nicht recht durchschaute.

Wie der preußische Feldzug in Böhmen endete auch die österreichische Okkupation Niederbayerns als Fiasko. Der Widerstand des Volkes entlud sich in vielen bösartigen Pasquillen, die sich insbesondere gegen Maria Theresia richteten. Der Kaiserhof beschuldigte daraufhin nach bewährtem Muster den Preußenkönig der unbefugten Einmischung, denn es sei fraglich, ob sich der König nicht «eines offenbaren Bruchs des Land- und Westphälischen Friedens schuldig gemacht» habe.[382] Die öffentliche Meinung unterstützte diesmal Friedrich II., obwohl zumindest das Angebot, sich aus Niederbayern zurückzuziehen, falls Preußen auf das fränkische Erbe verzichte, ein geschickter diplomatischer Schachzug Österreichs war.[383] Auch die Hofburg schaltete die Öffentlichkeit in das strategische Spiel um die Vorherrschaft ein. Beide Parteien wählten den Reichstag als Forum ihrer Anschuldigungen, um so deren größtmögliche Verbreitung zu erreichen.

Nachdem der Reichstag sich nicht in der Lage gesehen hatte, den bayerischen Erbfolgestreit zu schlichten[384], bat Österreich Frankreich um Vermittlung, das unter der Bedingung zusagte, dass auch Russland einbezogen werde.[385] Der Teschener Frieden vom 13. Mai 1779 verlangte von Joseph II., Bayern bis auf das Inn-Viertel zu räumen. Preußen erhielt eine internationale Garantie, die Markgrafschaften Bayreuth und Ansbach erben zu dürfen. Kursachsen wurde zwar kein Gebietszuwachs, aber eine finanzielle Entschädigung in Höhe von immerhin vier Millionen Gulden zugesprochen, zu deren Zahlung sich die Pfalz verpflichten musste.[386] Der Reichstag ratifizierte den Teschener Frieden 1780, der einen Krieg beendete, der eigentlich keiner war, denn es hatte keine Schlacht oder Belagerung stattgefunden. Am Ende stand ein Vergleich, der dem Kurpfalzgrafen das meiste von dem zurückgab, was er freiwillig an Österreich abgetreten hatte, und der den Hohenzollern erlaubte, ein Erbe anzutreten, das diese für selbstverständlich hielten.[387] Die Reichsstände waren froh, dass das polnische Beispiel nicht Schule gemacht hatte. Friedrich II. durfte sich als Sieger fühlen, weil er im Reich nun erst recht als notwendiges Gegengewicht zum Kaiser betrachtet wurde. Er hatte den Kaiser ausmanövriert, der daraufhin den Reichstag 1780 an der an sich marginalen Frage der konfessionellen Zuordnung des Westfälischen Grafenkollegiums scheitern ließ. Damit raubte er den Ständen das Forum zur Koordinierung ihrer Reichspolitik, und verwehrte ihnen zudem die Möglichkeit einer Appellation gegen die Urteile der Reichsgerichte.[388] Der inzwischen 82-jährige Johann Jacob Moser appellierte 1783 an die Vernunft und den Reichspatriotismus: Wer jetzt nur auf seinem Recht beharre, möge ein guter «catholischer Christ» und auch sonst ein gelehrter und brauchbarer Mann sein, ein «Patriot und Staatskluger oder verständiger Teutscher ist er gewiß nicht».[389] Der Kompromiss, das Votum abwechselnd zu führen, lag nahe und ermöglichte es 1784 dem Reichstag, seine Beratungen wieder aufzunehmen. Nicht nur der Autor des Traktats «Über die Kritische Lage des Reichstags zu Regensburg» fragte sich 1784, warum eine derart randständige Religionsangelegenheit das wichtigste Forum des Reichs über Jahre hinaus lahmlegen konnte. Schließlich lasse der Kaiser evangelische Kirchen bauen und räume sogar den Juden die Freiheit des Handels und der Religion ein.[390]

Die Antwort war einfach: Der Kaiser war über den Reichstag verärgert und hatte den Streit zum Prestigekampf gemacht, um jeden Versuch des preußischen Königs im Keim zu ersticken, in Regensburg als Gegenkaiser aufzutreten. In diesem Sinne verwies Ferdinand Graf Trauttmansdorff, der kurböhmische Gesandte, auf den «natürlichen Abstand zwischen dem Wiener und dem Berliner Hofe». Er sah im preußischen Verhalten einen Vorwand, um «den kühnsten Plan so je eine Macht von zweiter Ordnung entworfen hat, wenigstens zum Teil ins Werk zu setzen, sofort nicht nur im Norden den Meister zu spielen und im Reich Gesetze zu geben, sondern zugleich seine Macht immer mehr und mehr gegen den Mittelpunkt Deutschlands zu verbreiten, wodurch er dann [...] das ganze Reich gleichsam wie eine Kette durchschneiden, folglich für die meisten Stände ein fürchterlicher Nachbar, ja wohl ein gebietender Beherrscher sein würde».[391] Der gleiche Gesandte hatte seinem Kaiser 1781 geraten, eine konfessionsunabhängige eigene Partei aufzubauen: «Nach Maßgabe, als die für den Kaiserlichen Hof gutgesinnte Partei einen Zuwachs bekäme, würde jene des Preußischen Hofes an Kräften abnehmen und dadurch sowohl dessen täglich mehr und mehr um sich greifender Despotismus, als dessen dermaliges Übergewicht im Reich endlich den merklichsten Einhalt finden.»³⁹² Der nun allein regierende Joseph II. stoppte stattdessen sogar die gängige Wiener Praxis, sich die Reichstagsgesandten durch Pensionen geneigt zu machen. Im Mai 1784 prognostizierte er, dass der Reichstag ohnehin nicht in Regensburg bleiben werde, wenn Bayern an Österreich gefallen sei. Dann aber sei es ratsam, die Versammlung zu sabotieren und ihren Zusammentritt an einem anderen Ort mit allen denkbaren Vorwänden zu erschweren.³⁹³ Anstatt die Reichsstände für sich zu gewinnen, versuchte die Hofburg, den Reichs-Staat gegen Preußen zu mobilisieren und Berlin die Bühne des Reichstags zu entziehen. Der erfahrene österreichische Direktorialgesandte Egidius Freiherr von Borié riet jedoch im Herbst 1783 dringend davon ab, den Reichstag einfach zerfallen zu lassen. Dies schade der eigenen Position, weil die katholischen Stände ihr Forum verlören, die Protestanten aber ihre bisherige Separierung fortsetzen, ihr Corpus an die Stelle des Reichstags treten lassen könnten. «Denn zu der Zerreißung und Teilung des Reichs scheint der Zeitpunkt noch nicht gekommen zu sein, und wenn dieser einstmalen unglücklicherweise eintreten sollte, so wird das Erzhaus immer weniger als Preußen erhalten und folglich Preußen immer stärker als Österreich werden.»³⁹⁴ Österreich müsse daher selbst nach einem Verlust der Kaiserkrone die Reichsverfassung stützen.

Joseph II. sah dies anders. Er pflegte nicht die Klientelbeziehungen, mit deren Hilfe die Habsburger über Jahrhunderte hinweg das Reich regiert hatten, sondern suchte territorialen Zugewinn. Über die noch von Maria Theresia eingefädelte, 1780 erfolgte Wahl seines jüngsten Bruders Maximilian Franz zum Koadjutor von Köln spottete er, «die Kosten, den heiligen Geist zu kaufen», hätten sich über eine Million Gulden belaufen.³⁹⁵ Diese Wahl führte zwar zu einer preußisch-hannoverschen Offensive, um die nordwestdeutschen Bistümer mit ihnen genehmen Kandidaten zu besetzen, war aber prinzipiell richtig: Nur so konnten die Habsburger in diesem Konstellationsraum der Reichspolitik präsent sein.

Auch innerhalb der Reichskirche regten sich nun die Kräfte des Reformeifers. Der Trierer Weihbischofs Nikolaus von Hontheim kritisierte unter dem Pseudonym Justinus Febronius in der zwischen 1763 und 1773 veröffentlichten fünfbändigen Schrift «*De statu ecclesiae et de legitima potestate romani pontificis*» viele der katholischen Frömmigkeitspraktiken. Er forderte prinzipielle Veränderungen in der Reichskirche, die sich von Rom lösen und endlich die tridentinischen Reformen vollziehen müsse.³⁹⁶ Die deutsche Nationalkirche sollte die Rechte der Krone und der Bischöfe auf Kosten des Papstes stärken und gemäß dem Wiedervereinigungsgebot des Westfälischen Friedens eine Union von Katholiken, Lutheranern und Calvinisten anstreben. Der Papst sollte nur noch in

Glaubensfragen letztinstanzlich entscheiden, der Staat die Oberaufsicht über die Kirche als Institution führen. Hontheims Werk kam auf den römischen Index, er selbst wurde zum Widerruf genötigt. Doch seine Ideen wurden aufgegriffen. Die Erzbischöfe von Köln, Trier und Mainz verlangten 1769 von Kaiser Joseph II., ihre Rechte vor den päpstlichen Usurpationen zu schützen. Ähnliches wiederholte sich unter Einbeziehung Salzburgs 1786. Die erzbischöflichen Gesandten reagierten in Ems auf die 1784 eingerichtete Münchner Nuntiatur, die für den gesamten wittelsbachischen Besitz zuständig war. Ihre «der gesamten teutschen NationalKirche gemäß» vereinbarte Emser Punktation forderte den Kaiser in deutscher Sprache auf, für das Ende der Sonderrechte der Nuntiaturen und der Exemtionen der Orden von der bischöflichen Gerichtsbarkeit zu sorgen. Stattdessen sollten die Bischöfe gestärkt und die Seelsorge verbessert werden.[397] Joseph II. erwog, sich dieses Reformkonzept zu eigen zu machen. Doch die Erzbischöfe hatten ihren Einfluss überschätzt, Papst Pius VI. und die meisten deutschen Bischöfe lehnten das Programm ab. Allerdings setzten sie das von Papst Clemens XIV. 1773 verfügte Verbot des Jesuitenordens rasch um, das in Preußen nicht publiziert wurde, um das eigene Erziehungswesen in den katholischen Gebieten nicht zu gefährden.[398] Damit konnte das katholische Bildungswesen nach aufgeklärten Mustern neu formiert werden.[399]

Während die protestantischen Reichsstände wenig Interesse für das Nationalkirchenprojekt der Erzbischöfe zeigten, stieß das nationale Programm in den Medien auf breite Zustimmung. Die Bischöfe wurden an ihre patriotischen Pflichten erinnert: «Der deutsche Bischof, der sich durch das Versprechen eines Kardinalshuts, eines Indults, Präbenden für seine Familie [...] oder Furcht abhalten läßt, für das Beste der deutschen Nation mitzuwirken, verdienet den Namen eines Deutschen nicht.»[400] Deutscher sei, wer in einem Land des deutschen Reichs geboren sei oder wem von einem Fürsten die Indigenatsrechte verliehen worden seien. Die deutsche Muttersprache zähle nicht zu den genannten Merkmalen[401], da sie etwa in den Reichsbistümern Lüttich oder Trient nicht gesprochen werde.

e) Reformdespotismus

Im späten 18. Jahrhundert begann der Übergang in eine bürgerliche Gesellschaft unter den Bedingungen einer nach wie vor ständisch-feudalen Ordnung. Dabei standen sich zwei Reformkonzepte gegenüber: Die «aufgeklärten» Herrscher oder Staaten versuchten, Veränderungen «von oben» durchzusetzen, die den Gemeinnutz und die Glückseligkeit ihrer Untertanen befördern sollten. Dagegen betonte das Schrifttum Eigennutz und Eigenverantwortung, Menschenrechte und bürgerliche Freiheit. Beide «Lager» stießen bei der Verwirklichung ihrer Vorstellungen an die Grenzen der auf Bewahrung des Status quo ausgelegten Reichsrechte. Die Reichsgerichte bremsten sowohl den Gestaltungswillen der Fürsten als auch denjenigen «frühliberaler» Reformer, indem sie unter Hinweis auf die republikanischen Aspekte der deutschen Freiheit die korporativen Rechte der Stände und Berufsassoziationen schützten. Einerseits gerieten die Landstände naturrechtlich unter Druck, da ihre Legitimation als Repräsentanten des Volkes umstritten war.[402] Andererseits wurden in der Revolutionsphase unter der Last hoher Kriegskontributionen die Landtage nicht nur wiederbelebt, um Steuern zu bewilligen, sondern auch um den verstärkten Partizipationswünschen der Bürger zu entsprechen. Die Landstände widersetzten sich allerdings nicht allein dem fürstlichen Despotismus, sondern auch vielen Reformwünschen.[403]

Das funktionale Bürgertum, die Amtleute, Pfarrer, Professoren und Regierungsräte, sahen in den Fürsten eine Instanz, die schnell und nachhaltig den Abbau von Privilegien, die soziale und rechtliche Angleichung sowie die Überwindung feudaler Strukturen erreichen konnte. Der Zweck heiligte ihres Erachtens die Mittel: Der Alleinherrscher sollte das Glück des Einzelnen und des Gemeinwesens gegen den Widerstand von Traditionen und Korporationen erzwingen. Die «deutschen Staatsaufklärer» bewogen ihre Fürsten zu Sozial-, Justiz-, Verwaltungs-, Wirtschafts- und Bildungsreformen, zu Eingriffen in die Organisation der Kirche oder zu Veränderungen im Gefüge der korporativen Freiheiten. Eine obrigkeitliche Erziehungsdiktatur schien ihnen der beste Weg, um das eigene Gemeinwesen demjenigen führender Mächte wie England oder den Niederlanden anzunähern.

Der spätere Reichserzkanzler und Fürstprimas Carl Theodor von Dalberg fasste 1795 die absolutistisch-inventionistischen Herrschaftsentwürfe zusammen: Der Staat habe in wohltätiger Vorsorge den nicht immer zum Guten strebenden Menschen zu Vernunft und Sittlichkeit zu erziehen und zum allgemeinen Besten in ein übergeordnetes Ganzes einzubinden. Ein über den Gesetzen und Interessen stehender, tugendsamer, gebildeter und sittlicher Regent müsse die Reformen notfalls auch gegen Widerstand «von unten» durchsetzen, für allgemeine Wohlfahrt und Glückseligkeit sorgen, die gesetzmäßige Freiheit garantieren und Unzufriedenheit oder Unruhen verhindern.[404]

Die Fürstenstaaten kümmerten sich um alles, was regelbar erschien: von der allgemeinen Schulpflicht bis zur Infrastruktur. Flüsse wurden reguliert, Chausseen angelegt, Straßen und Wege befestigt, die Postverbindungen erweitert, die medizinische Versorgung und Vorsorge verbessert, Manufakturen gegründet, Armen-, Waisen- und Zuchthäuser gebaut, Witwen- und Feuerversicherungen eingerichtet, die Allmacht der

Gewerbekorporationen verringert, Leibeigenschaft, Zwangsdienste und
die Macht der Gewerbekorporationen eingeschränkt, Allmenden und
Kammergüter privatisiert, Schulen und Universitäten verbessert. Landesherrliche Verordnungen sorgten für den Anbau neuer Pflanzen. Der
Klee und die Kartoffel wurden in Deutschland endgültig heimisch, während sich die für die Seidenraupenzucht notwendigen Maulbeerbäume
und andere Spezialkulturen nicht etablieren konnten.
Die deutschen Staaten konkurrierten um Modernität und Standortvorteile. Sie alle versuchten, die Untertanen zu «beglücken», um sie zu
möglichst wohlhabenden Steuerzahlern zu machen. Dieser Reformdespotismus «von oben» stieß jedoch an kaum zu überwindende Grenzen,
sobald die Untertanen sich verweigerten. Außerdem geriet er in einen
unauflöslichen Widerspruch zur deutschen Freiheit, die ja gerade politische Kontrolle und Mitbestimmung forderte. Die Staatsräson war nun
wichtigster Ratgeber und Letztwert, und damit wurde alles veränderbar,
was zuvor unverrückbar schien: Zur Optimierung von Herrschaft, Verwaltung und Justiz sammelten und systematisierten Juristen die alten
Rechte. Sie humanisierten Strafen und Strafverfahren, Folter oder Hin-
richtungen wurden seltener. Unter den Gesetzeskodifikationen ragen das
josephinische Zivilgesetzbuch für Österreich (1786) sowie das monu-
mentale Allgemeine Landrecht für die preußischen Staaten (1794) heraus,
das mit Carl Gottlieb Svarez und Ernst Ferdinand Klein zwei Anhänger
des Vernunftrechts konzipiert hatten. Privilegien und ständische Ungleichheiten wurden allerdings nicht abgeschafft, sondern in allgemeine
Gesetzestexte gegossen.
Die deutsche Forschung bezeichnet dieses Zeitalter der Reformen
«von oben» mit Wilhelm Roscher als «aufgeklärten Absolutismus»[405], international wird der Terminus «aufgeklärter Despotismus» bevorzugt.[406]
Roscher unterschied den «aufgeklärten» vom «höfischen» bzw. «konfessionellen» Absolutismus und charakterisierte ihn als letzte Steigerung
des deutschen Fürstenstaates. Seine Begriffsbildung wurde im 20. Jahrhundert unter anderem auf die politischen Verhältnisse in Russland,
Schweden, Dänemark, Spanien oder Portugal ausgedehnt. Dieser Staats-
typus definiert sich als ein Gebilde, an dessen Spitze ein von aufklärerischem Gedankengut durchdrungener, reformbereiter «guter» Monarch
stand, der die «unmündigen Untertanen durch eine Fülle von genauen
Vorschriften zu einem vernünftigen, ihm selbst wie der Allgemeinheit
nützlichen Lebenswandel» anhielt.[407] Das Konzept basierte auf dem Gedanken der Erziehbarkeit des Menschen und der Annahme einer grundlegenden Reformierbarkeit der ständischen Gesellschaft. Johann Gottlieb Fichte wandte sich schon 1793, wenn auch anonym, gegen eine solche
Erziehungsdiktatur: «Fürsten, daß ihr nicht unsere Plagegeister sein
wollt, ist gut; daß ihr unsere Götter sein wollt, ist nicht gut. Warum wollt

ihr euch doch nicht entschließen, zu uns herabzusteigen, die Ersten unter Gleichen zu sein?»[408] Glückseligkeit erwarte man von Gott, nicht von den Fürsten, die vor allem die Rechte des Volkes schützen sollten. Die forschungspolitische Verknüpfung von «Absolutismus» und «Aufklärung» war und ist alles andere als zwingend, denn «zwischen grundsätzlichem und aufgeklärtem Absolutismus» besteht mit Ausnahme der Legitimierungsformel des Gottesgnadentums «kein prinzipieller Unterschied».[409]

Der Regent herrschte – er sollte dies weise und vernünftig tun –, alle anderen hatten zu gehorchen: Der absolute Herrscher definierte einen einheitlichen Untertanenverband als Grundlage des Anstaltsstaates.[410] Was dies konkret für die Untertanen bedeutete, hing von vielen Unwägbarkeiten ab: von der Erziehung, den Beratern, der politischen Macht, den Interessen und Bedürfnissen sowie den Ressourcen des Fürsten.[411] Viele nahmen Einfluss, eine institutionalisierte Kontrolle oder eine konstitutionell abgesicherte Mitbestimmung gab es jedoch selten. Die Selbstbindung des Herrschers an seine eigenen Gesetze blieb ein jederzeit widerrufbares Zugeständnis. Die zahlreichen Hindernisse bis hin zu korporativen Strukturen und der begrenzen Wirksamkeit der Gesetze ändern nichts am absoluten Gehorsamsanspruch. König Friedrich II. oder Kaiser Joseph II. erschütterten mit ihren Reformen zwar die altständische Welt, stärkten jedoch primär ihre eigene Macht, wenn sie sich von den lästigen Fesseln korporativer Mitbestimmung befreiten.

König Friedrich II. von Preußen wurde zum Exempel der aufgeklärtdespotischen Herrschaftsauffassung. Es sei die Pflicht des Königs – so hat Volker Sellin dessen Regierung charakterisiert –, sich «dem Staatszweck zu unterwerfen, aber es ist auch sein Recht, im Namen des Staats die Handlungen seiner Untertanen zu bestimmen».[412] Friedrichs II. Herrschaftsidee entstand im Dialog mit Voltaire und anderen französischen Philosophen, die, wie auch Kant, in ihm die «Inkarnation des aufgeklärten Fürsten» sahen.[413] Der virtuelle Herrschaftsvertrag forderte von den Monarchen, das Glück und die Wohlfahrt der Untertanen zu mehren. Letztere durften ihn dafür aber nicht in Regress nehmen. Der Vorschlag, den Absolutismus «als labile, veränderliche und in sich keineswegs geschlossene symbolische Konstruktion» zu begreifen, führt nicht aus dem Dilemma einer unklaren Begriffsbildung.[414] Warum soll der Absolutismusbegriff, der eine ungeliebte fürstliche Verhaltensweise als notwendiges Durchgangsstadium zum modernen Staat positiv deutete, heute relativiert werden?[415] Der Despotismus oder Absolutismus war kein «Mythos».[416] Schon Zeitgenossen nutzten diesen Begriff, um Alleinherrscher auf der Grundlage ihrer realen Erfahrungen zu kennzeichnen.

Rousseau definierte Despoten als Usurpatoren der höchsten Gewalt.[417] Für Montesquieu war jede unbeschränkte Monarchie Despotie, eine Entartungsform und Willkürherrschaft, die den Terror benötigte und auf der Furcht der Beherrschten beruhte.[418] Justus Möser prognostizierte so etwas wie Totalitarismus, wenn eine neue Verfassung wie in Frankreich die Homogenisierung gegen das Herkommen erzwinge. Denn die «idées simples et uniques» seien «der helle Weg zum monarchischen und so auch zum (demokratischen) Despotismus».[419] In Deutschland bekämpften insbesondere die beiden Mosers die Vorstellung, dass die Fürsten den von den Aufklärern gewiesenen Weg zur Vernunft verwirklichen sollten. Für Carl Friedrich war das Stadium despotischer Herrschaft erreicht, sobald die Regenten begannen, «das Land vor ihr Eigenthum und ihre Untertanen als Geschöpfe anzusehen, mit denen sie nach eigenem Belieben schalten und walten können».[420] Sein Vater Johann Jacob, der die despotische Gewalt während etlicher Jahre in württembergischer Haft unmittelbar erlebte, war weit weniger optimistisch: «Aus dem Teutschen Staats-Recht will ein militarisches Staats-Recht und aus der Landeshoheit eine despotische Gewalt gemacht werden, alles zu thun und zu lassen, was einem Regenten, seinen Lieblingen und Ministern, beliebt.» Für fast alle deutschen Höfe galt seines Erachtens: «Man thut, was man will, lässet die Landstände und Unterthanen, wann es noch gut gehet, darüber schreyen, oder machet ihnen [...] auch die unumgänglich nöthigste und glimpflichste Vorstellungen zu lauter Verbrechen, Ungehorsam und Rebellion.» Das preußische Herrschaftssystem kommentierte der ältere Moser süffisant: «Im jezigen Jahrhundert sezte König Friedrich Wilhelm in Preußen, der im Jahr 1713 zur Regierung kame, alles in Staats-Cameral-militar- und andern Sachen, auch in seinen Teutschen Staaten, auf einen meist willkührlichen und alleine von seiner Einsicht und Gutbefinden abhangenden Fuß, welches auch seithero die Verfassung der Chur-Brandenburgischen Lande verblieben ist, und vermuthlich beständig bleiben wird.»[421] Nach Ansicht des Kameralisten Johann Heinrich Gottlob von Justi glaubte «der geringste Fürst, der kaum zehen tausend Unterthanen hat, [...] zu einer unumschränkten und despotischen Gewalt berechtigt zu seyn».[422]

Johann Stephan Pütter, der mit Abstand einflussreichste Staatsrechtler des späten Alten Reiches, stellte 1788 nüchtern fest: «Nicht nur von Seiten des Kaisers, sondern auch von Seiten der Landesobrigkeiten in den besonderen deutschen Landen gilt von Rechts wegen kein Despotismus». Jeder Reichsstand sei zwar autonom, müsse aber die Reichsgesetze beachten. «Eben dadurch ist nicht nur jede Landschaft und jede Reichsstadt, sondern jeder einzelne Unterthan gesichert, daß auch keine landesherrliche oder obrigkeitliche Gewalt zu ihrem Nachtheile gemißbraucht werden kann; ganz anders als in unabhängigen Staaten, sie mögen monarchisch, oder aristocratisch oder democratisch regiert werden, wo in keinem Falle gegen Mißbrauch der höchsten Gewalt noch die Zuflucht zu einem höhern Richter offen stehet.» Der Vorteil der Reichsverfassung bestehe darin, «daß unsere Landesherren eigentlich nur die Gewalt haben sollen Gutes, nicht Böses zu tun».[423] Freilich verführe der Begriff «Landesherr» viele Fürsten dazu, das Land als ihr Eigentum zu betrachten. Reichsgerichtliche Urteile hätten jedoch den Herzögen von Mecklenburg und Württemberg oder auch verschiedenen Grafen längst die Grenzen ihrer Gewalt markiert.[424] Die kleineren Fürsten zeigten sich zwar nicht unbedingt einsichtig, notgedrungen aber gehorsam. Sie standen unter Reichsaufsicht und mussten damit rechnen, bei offensichtlicher Misswirtschaft nicht nur öffentlich angeprangert, sondern auch einer «Kaiserlichen Administrations-Commission» unterstellt zu werden.[425]

Trotz allem haben die Umwälzungen im Zeichen des Reformdespotismus Deutschland «moderner» gemacht. Auch die katholischen Gebiete reagierten auf die Kritik und folgten trotz der ablehnenden Haltung Roms den protestantischen Ländern mit nützlichen Reformen in die geschlossene Staatlichkeit.[426] Geistliche Institutionen, Herrschaftsrechte und Immunitäten wurden zurückgedrängt oder aufgelöst. Auf diese Weise sollte das gefühlte Wohlstandsgefälle zwischen dem evangelischen und dem katholischen Deutschland eingeebnet werden. Im «Journal von und für Deutschland», das der Fuldaer Domkapitular Philipp Anton Sigmund Freiherr von Bibra herausgab, erschien 1789 eine kritische Bestandsaufnahme: «Die gebildete Menschenklasse genießt freilich schon länger auf einem höheren Standorte das Licht, das ihr aufging, aber unten über dem niederen Tal schwebt noch dichtes Dunkel. Der Einfluß des gebildeten Teils auf die Denkart des gemeinen Mannes ist bis jetzt noch gar nicht merkbar.»[427] In der zweiten Jahrhunderthälfte gerieten deswegen die zum Missbrauch einladenden Bestandteile des katholischen Glaubens wie Ablasswesen, Heiligenverehrungen und Wallfahrten in das Visier der Reformer und in den Geruch des Aberglaubens. Der eingeklagte Wandel zur Vernunft war ausgesprochen schwierig, denn das Volk wehrte sich gegen die Eingriffe in seine tradierten Frömmigkeitsvorstellungen – und dies nicht selten mit Gewalt.

Das beste Exempel für ein überhastetes und schlecht vorbereitetes Reformprogramm bot der Kaiser selbst. Nach dem Tod seiner Mutter am 29. November 1780 ergriff Joseph II. Maßnahmen, die den Staat von Grund auf umformen sollten und als «Josephinismus» zusammengefasst werden.[428] In den zehn Jahren seiner Alleinregierung wuchs die Zahl der Verordnungen und kaiserlichen Patente ins Unermessliche. So nützliche Dinge wie das Ende der Leibeigenschaft, die Lockerung des Zunftwesens, Ansätze zum Freihandel, eine neue Gerichtsorganisation, Toleranz und Pressefreiheit wurden verkündet, nur reine Schmähschriften blieben verboten. Auch die kirchliche Zensur wurde abgeschafft. Als die Journalisten jedoch die kaiserlichen Reformmaßnahmen kritisierten, folgten polizeiliche Ermittlungen, Einschüchterungen und Überwachungen. Die Geheimpolizei unter Leitung des Grafen Pergen überwachte seit 1785 die ganze Monarchie. Der Kaiser setzte sich ernsthaft für die Zentralisierung ein: Die Rechte der Stände wurden überall planmäßig zurückgedrängt. In Ungarn erregte Joseph II. größten Widerstand, als er 1784 Deutsch als Amtssprache einführte. Selbst die katholische Kirche unterwarf er einer rigiden Staatsaufsicht, denn seiner Meinung nach musste ein moderner Staat diese politisch kontrollieren, um alle Ressourcen mobilisieren zu können.

Die in den habsburgischen Ländern verkündete Toleranz bedeutete für Lutheraner, Calvinisten und nichtunierte Orthodoxe zwar das Ende der Verfolgungen, nicht jedoch dasjenige der behördlichen und nachbarlichen Diskriminierungen oder gar die volle rechtliche Gleichstellung. Immerhin konnten die «Akatholischen» nun in Armee und Verwaltung reüssieren. Der Kaiser versuchte, die Kirche für staatliche Zwecke zu nutzen und eine «österreichische [...] Nationalkirche» zu gründen.[429] Deswegen wurden fast tausend Klöster aufgehoben, die Diözesan- den Landesgrenzen angepasst, eine weitreichende Toleranz verkündet, Pfarreien neu eingerichtet und das Bildungswesen gründlich renoviert. Mit dem Tempo der Veränderungen überforderte Joseph II. alle Betroffenen und brachte gleichzeitig hohen und niederen Adel, Bauern und Bürger gegen sich auf.[430] «Allein» – so ein Kritiker rückblickend 1794 –, «wie edel und groß sein Vorhaben auch war, so fand er doch seine Völker noch lange nicht vorbereitet genug [...] zudem ging es zu rasch. Er hielt den vom Star Geheilten die helle Mittagssonne vor die Augen, was wunder wenn sie mehr geblendet als erleuchtet wurden?»[431] Es waren aber nicht nur Geschwindigkeit und Rücksichtslosigkeit, die Kaiser Joseph II. scheitern ließen: Sein Ansatz einer umfassenden staatlichen Lenkung des Lebens nach den Grundsätzen der Vernunft und Nützlichkeit überforderte alle Betroffenen.

Neben den weltlichen katholischen Territorien öffneten sich auch die Fürstbistümer den Reformen[432], gingen aber behutsamer vor als der Kaiser. Die karitativen Maßnahmen wurden ebenso wie der Erziehungs- und Bildungssektor ausgebaut, Feiertage, Festtage und Wallfahrten reduziert. Das Erzbistum Mainz erregte Aufsehen, weil unter Kurfürst Karl Joseph von Erthal die Aufklärung auch an der Universität Einzug hielt und Protestanten wie Georg Forster oder der Historiker Johannes von Müller in führende Positionen aufrückten.[433] Im Kurfürstentum Trier wurde 1784 aus wirtschaftlichen Gründen eine limitierte Glaubensfreiheit gegenüber den protestantischen Konfessionen verkündet.[434] Ebenso versuchte in Köln der habsburgische Kurfürst Max Franz eine vorsichtige Politik der Öffnung.[435]

Von einer «intendierten Rückständigkeit» der geistlichen Staaten konnte keine Rede mehr sein.[436] Sie fanden wie das katholische Süddeutschland, das sich mit der Marienverehrung und der katholisch-barocken Kunst eigene überterritoriale Identifikationsmöglichkeiten geschaffen hatte, über konsequent humanistische Ansätze zu aufgeklärten Vorstellungen. Diese wandten sich gegen die alte theatralische Frömmigkeit, waren aber nicht prinzipiell religionskritisch. Auch wenn das universale Papsttum ein wichtiger Bezugspunkt blieb und eine gewisse Verspätung nicht von der Hand zu weisen ist, reduzierten die Reformen in Österreich oder Bayern die Macht der institutionalisierten Kirche, ohne die Religion als Bindemittel der Gesellschaft in Frage zu stellen.[437] Viele evangelischen Aufklärer waren damit nicht zufrieden. Ihre Artikel über das andere Deutschland durchzog eine gegen den katholischen Glauben gerichtete Grundhaltung. Der Reisebericht, den der Berliner Aufklärer Friedrich Nicolai nach seinem Besuch im Süden des Reiches veröffentlichte, klingt nicht nur an vielen Stellen wie eine antikatholische Polemik, sondern ist eine.[438] Bereits Fichte kommentierte dieses Nichtverstehen sarkastisch: «Hörts, Deutsche hörts, das Unglück – die Entdeckung meines Scharfsinns; es giebt, o es giebt Katholiken, die da katholisch sind».[439]

Die Reformen des späten 18. Jahrhunderts haben jedoch nicht nur den katholischen Glauben, sondern auch die ständische Ungleichheit bewahrt. Darüber hinaus hing ihr Erfolg von der Größe und Geschlossenheit des jeweiligen Territoriums und von der Kompetenz einer Verwaltung ab, die Maßnahmen nicht nur anordnete, sondern durch geduldiges Erklären auch deren Vollzug begünstigte. Die Untertanen opponierten nicht nur in der Habsburgermonarchie gegen einen aufgeklärten Erziehungsdespotismus, der nur Staat und Herrscher zu nutzen schien. Gesucht wurde ein Reformkonzept, das die Vorstellungen der Betroffenen einbezog und dennoch die traditionellen Sitten, Gebräuche und Verhaltensweisen überwinden konnte. Goethe sprach auch dieses Problem in einem Brief an «seinen» Herzog Carl August 1784 offen an: «Man muß Hindernisse wegnehmen, Begriffe aufklären, Beispiele geben, alle Teilhaber zu interessieren suchen, das ist freilich beschwerlicher als befehlen, indessen die einzige Art in einer so wichtigen Sache zum Zwecke zu gelangen, und nicht verändern wollen, sondern verändern.»[440]

Während Goethe vom allgemeinpolitischen Räsonieren der Untertanen wenig hielt, wollte er jedem Einzelnen ermöglichen, im Rahmen seiner Lebenswelt auf die ihn tangierenden Reformprozesse einzuwirken. Dies ist das Vermächtnis eines Politikers, der in seinem ersten Weimarer Jahrzehnt aber viele negative Erfahrungen mit übereilten Reformen gesammelt hatte. «Besonders die Kodifikationsschwäche, die mangelnde Integration der Landesteile und Verwaltungen, fehlende finanzielle Möglichkeiten sowie die ungenügende Fähigkeit der Gremien zu abgestimmter politischer Analyse und Formulierung gesamtstaatlicher Ziele verhinderten [...] einen flächendeckenden Reformerfolg.»[441] In vielen Fürstenstaaten fehlten alle Voraussetzungen, einen Plan, so es ihn überhaupt gab, durch zweckrationales Handeln umzusetzen. Gerade die mehr «von unten» erzwungenen als «von oben» oktroyierten Reformen zeigen, wie die obrigkeitliche Beglückung allein funktionieren konnte. Es galt, bestehende gesellschaftliche Initiativen aufzugreifen, den Rat und den Konsens der Betroffenen zu suchen, um die selbst gesetzten Ziele zu erreichen. Die Beteiligung der Untertanen-Staatsbürger war aber immer nur konsultativ, die Regierungen machten sich nirgends von deren Votum abhängig.

In Weimar zog man aus der Erfahrung des Scheiterns Konsequenzen. Andernorts gerieten die vernunftgeprägten Reformansätze Anfang der 1790er Jahre ins Stocken und die gesellschaftliche Formierung wurde neuerlich an konservative und religiöse Werte rückgebunden. Während dessen gingen hier die «aufgeklärten» Veränderungen im Zusammenspiel von «oben» und «unten» weiter. An die Stelle des Verordnens trat tendenziell das «Aushandeln» als Konzept für eine erfolgreiche Praxis. Die aufgeklärte Erziehungsdiktatur – gleich ob sie der Beglückung des Volkes oder seiner Indienstnahme galt – schloss die Mitwirkung der Untertanen nicht mehr aus, die als Basis sozialverträglicher Reformen auch eine Antwort auf die Forderungen der Französischen Revolution war.[442]

In diesem Sinne muss zwischen den beiden Spielarten des Despotismus – der unbeschränkten eines Souveräns und der durch ein Verbund- oder Rechtssystem gezügelten eines kleinstaatlichen Potentaten – getrennt werden. Die Alleinherrschaft der kleineren und mittleren Reichsfürsten stand zur Disposition unabhängiger Instanzen, die von außerhalb auf legale Weise Auswüchse einer tyrannischen Willkürherrschaft unterbinden konnten. Aus diesem *circulus vitiosus*, das Reich als Garant und Kontrollinstanz der eigenen Herrschaft, gab es für die Kleinstaaten kein Entrinnen. Ein Anonymus erläuterte 1789 die Vorteile kleinstaatlicher Existenz am Beispiel des Freiheitsverlustes orientalischer Völker: Große kriegerische Monarchien «verschlangen nach und nach die kleinen Staten, verschlangen auch die Freistaten, die entweder nicht früh genug auf die Gefahr, die ihnen drohte, aufmerksam waren, oder durch Uneinigkeit unter sich, durch Eifersucht über einander und durch dergleichen Vergehungen gegen ihr eigenes Wohl, abgehalten wurden, sich durch Vereinbarungen gegen die Uebermacht jener Staten in Vertheidigungsstand zu sezzen. Nachdem jene grossen Monarchien einmal Konsistenz bekommen hatten, war keine Revoluzion zu Gunsten der Freiheit weiter zu erwarten. Nun war überall keine Revoluzion mehr möglich, als durch das Schwert.»[443] Der Text liest sich wie ein Plädoyer für die komplementäre Staatlichkeit des Reichs und darüber hinaus wie die Ankündigung der Französischen

Revolution. Genau an dieser Stelle setzte 1789 Campe mit seinen Revolutionsbriefen aus Paris ein. Die französische Staatsumwälzung sei wohltätig für das ganze Menschengeschlecht, weil sie zeige, dass der Despotismus die Vernunft nicht nur nicht unterdrücken könne, sondern das «unfehlbarste Beschleunigungsmittel» sei, «die Menschheit in die ihr geraubten Rechte um so viel schneller und gewisser wieder einzusetzen».[444] In der Praxis begegnete jedoch auch der mit dem Verweis auf das Glück des Einzelnen, das Gemeinwohl oder gar die Menschheit legitimierte Veränderungswille der aufgeklärten Despoten dem Widerstand der Untertanen, die um ihre hergebrachten Lebensweisen fürchteten. Die «tyrannisch» herrschenden, verschwenderisch lebenden und ihre Untertanen drangsalierenden Kleinpotentaten wurden jedoch relativ schnell von Kaiser und Reich zur Räson gebracht oder abgesetzt. Hier schützte der Reichs-Staat die Freiheit der Untertanen. Daher setzten Verfassungspatrioten und Reichspublizisten auch weiterhin ihre Hoffnung in die überwachende Funktion des Kaisers und der Reichsgerichte bzw. in die gegenseitige Kontrolle der vielen Machtzentren. Für sie verhinderte die Reichsverfassung, dass der fürstliche Reformdespotismus in Willkürherrschaft abglitt. Das Dilemma der deutschen Reformer ist damit benannt: Der Reichs-Staat garantierte die deutsche Freiheit und relativierte die absolute Gewalt, zugleich blockierte er «vernünftige» Wirtschafts- und Sozialreformen.

4. Agonie und ein rasches Ende (1785–1806)

a) Die nationalkulturelle Formierung

Der aufklärerische Impuls und die um die Jahrhundertmitte ausbrechende Krise des Reichs-Staates beförderten die nationalkulturelle Integration über alle ständischen und konfessionellen Milieus hinweg. Sie politisierten die räsonierende Öffentlichkeit und beflügelten die Nationalgeistdebatte. Der im Siebenjährigen Krieg von König Friedrich II. angestrebte protestantisch-aufgeklärte norddeutsche Staat unter seiner Herrschaft hätte nach westeuropäischem Muster Machtstaat und nationale Kultur zusammenführen können, Deutschland aber gespalten. Diese Option war unter den deutschen Intellektuellen nicht mehrheitsfähig. Goethe bezeichnete den Preußenkönig rückblickend dennoch als den Katalysator, der mit seinen Taten den «erste[n] wahre[n] und höhere[n] eigentliche[n] Lebensgehalt [...] in die deutsche Poesie» gebracht habe, denn «jede Nation» müsse, «wenn sie für irgend etwas gelten will, eine Epopee besitzen».[445] Dieses große Epos fehle den Deutschen zwar, doch Lessings «Minna von Barnhelm» greife ein brisantes und aktuelles nationales Thema auf, denn es behandle die Auseinandersetzung zwischen sächsischer Liebenswürdigkeit und preußischer Ehre. Das Werk sei die «wahrste Ausgeburt des siebenjährigen Krieges von vollkommenem norddeutschen Nationalgehalt».[446] Die dortigen Dichter hätten erst in Konfrontation mit dem Preußenkönig, der von ihnen nichts habe wissen wollen, eine zuvor unbekannte Eigenständigkeit entwickelt.

Auf dieser Ebene ist etwa auch die nationale Lyrik des 1772 gegründeten Göttinger Hains angesiedelt, zu dem unter anderem die Stolberger Grafenbrüder Christian und Friedrich Leopold, Johann Friedrich Hahn, Johann Martin Miller oder Johann Heinrich Voß gehörten. Ihre Werke richteten sich gegen die höfische Welt, aber auch gegen die Tradition und die Enge des bürgerlichen Berufslebens. Massiv kritisierten sie nicht nur den Adel, sondern auch die Dominanz der französischen Kultur und geißelten die Dichter, denen es angeblich an «deutschen» Tugenden fehle.[447] Der Göttinger Hain bildete die Speerspitze der Literaturepoche des «Sturm und Drang». Gesucht wurde eine nationale Führergestalt, um die deutsche Einheit zu erzwingen. Diese war unter den Herrschern jedoch schwer zu finden. Daher machte man Klopstock zu einer Art Vaterfigur und grenzte sich aggressiv von Wieland und seinem angeblich überkommenen Stil ab.

Doch schließlich wurde nicht Klopstock, sondern Goethe zur mehr oder weniger unumstrittenen Führungsfigur der deutschen Dichter. Auch er hatte auf den Spuren Herders nach dem nationalen Original gesucht. Angeregt vom Straßburger Münster und seinem vermeintlichen Baumeister Erwin von Steinbach hatte Goethe die Gotik zur wahren und charakteristischen «deutsche[n] Baukunst» erklärt.[448] Deren Ausläufer schildert er in seinem Drama «Götz von Berlichingen», in dem politische und bürgerliche Freiheit kollidieren. Der Wunsch des Reichsritters, die «staatsfreien» Räume zu retten, wird von den Fürsten zerstört, die das Gewaltmonopol für sich reklamieren. Goethes Götz kämpft für eine untergehende Welt: Der Konflikt zwischen der zugewiesenen, von der Macht garantierten Handlungsfreiheit und der selbstbestimmten politischen Freiheit aber bleibt.

Der junge Goethe hatte damit die Dichotomie zwischen alter und neuer Freiheit auf den Punkt gebracht. Einer seiner Rezensenten, der Jurist und Schriftsteller Christian Heinrich Schmid, hielt Deutschland zu Beginn des 16. Jahrhunderts für reich «an tragischen Begebenheiten, heldenmütigen Unternehmungen, Originalcharakteren und echten Nationalgesinnungen».[449] Über Goethes Romandebüt, den «Werther», urteilte Christian Graf Stolberg: «Dies ist ein rechtes Nationalbuch, denn wahrlich niemand als ein Deutscher konnte es schreiben, und kein anderer kann es nachempfinden.»[450] Die Nation wird als Wesengemeinschaft essentialistisch aufgeladen. Zugehörigkeit basiert nicht wie etwa bei

Thomas Abbt auf einer rationalen Entscheidung, sondern auf in- und ex-
kludierenden ethnisch-kulturellen Merkmalen. Diese angeborene Nationalität war auch in der zweiten Hälfte des
18. Jahrhunderts nur eine unter vielen Möglichkeiten, eine deutsche Na-
tion zu definieren, wie die «Deutschen Nationaltheater» zeigen, die in
Hamburg (1767), Wien (1776), Mannheim (1777) und in Berlin (1786) entstanden und zur Nation bilden oder erziehen wollten. Als die deutschen
Dichter bereits von ihrer Weltgeltung durch Eigenständigkeit träumten,
erschien 1780 der Essay «De la littérature allemande», in dem König
Friedrich II. von Preußen mit einer zeitgenössischen deutschen Literatur
abrechnete, die er allerdings gar nicht kannte. Dennoch empfahl der
König den deutschen Dichtern, sich weiterhin an den französischen Autoren zu orientieren. Der deutschen Nation fehle es zwar weder an Geist
noch Talent, doch verhindere die halbbarbarische deutsche Sprache, die
in annähernd so viele Dialekte zerfalle wie es Provinzen gebe, dass sich
die deutschen Dichter mit den französischen messen könnten.[451] Ein
Sturm der Entrüstung brach los. Friedrich II. konnte und wollte die neue
deutsche Literatur nicht verstehen. Ihm ging es um Normierung und
Vereinheitlichung. Die Autoren hatten hingegen längst begonnen, das
angebliche deutsche Defizit der Trennung und Zersplitterung als für die
Zukunft der Menschheit befruchtende und notwendige Mannigfaltigkeit
zu pflegen. Sie wollten die fremden Vorbilder nicht mehr einfach kopieren, sondern sich «anverwandeln», sie also mit den eigenen Grundlagen
zu etwas Neuem amalgamieren.

Die öffentliche Intervention des Königs gegen die deutsche Literatur
war ein Eklat und zeitigte die Folgen, die eine mit der politischen Kultur
nicht in Einklang zu bringende Streitschrift oft hervorruft: Sie provozierte eine Flut kritischer Rezensionen und Gegenschriften, elektrisierte
nicht nur die literarisch interessierte räsonierende Öffentlichkeit und
wurde zu einem Politikum. Gerade die sich neu formierende aufgeklärt-
protestantisch-(nord)deutsche Bildungsschicht, die Klopstock, Goethe,
Wieland, Herder, Schiller und andere verehrte, verwahrte sich gegen
einen König, der als «Despote des Geschmacks und der Wissenschaften»
auftrat. Dieses Zitat legte jedenfalls ein anonymer Autor, wahrscheinlich
Carl Ignaz Geiger, Lessing in den Mund.[452] Tatsächlich schrieb dieser
kurz vor seinem Tode 1781, dass der preußische König sich keine Verdienste um die deutsche Literatur erworben habe. Dennoch sei damit zu
rechnen, dass ein Schmeichler kommen werde, der «die gegenwärtige
Epoche der deutschen Litteratur, die Epoche Friedrichs des Grossen, zu
nennen für gut findet».[453] Klopstock versuchte derweil von Wien aus,
eine nationale Gegenposition aufzubauen. Dem Bild des alten Friedrichs II. als nationaler Kultfigur und Führungsgestalt dürfte kaum etwas
mehr geschadet haben als dessen Pamphlet gegen die deutsche Literatur.

Diese bewegte in den 1780er Jahren Gefühl und Verstand der Elite auf ganz andere Weise, als es der Kronprinz in den 1730er Jahren von Voltaire gelernt hatte. Warum hatte der König die Konfrontation mit den deutschen Dichtern gesucht? Er konnte nicht davon ausgehen, diese mit seinen französischen Mustern überzeugen zu können. Wollte er etwas ganz anderes erreichen, die Marginalisierung einer literarischen Bewegung, die seine Idee eines staatlich zentrierten preußischen Norddeutschlands zugunsten einer emphatisch beschworenen föderativen deutschen Nation unterminierte? Der alternde Preußenkönig unterschätzte die Zeichen der Zeit und manövrierte sich nationalkulturell ins Abseits. Für die preußische Staatsmaschinerie war es letztlich egal, in welcher Sprache die Anordnungen erfolgten, für die selbstbewusst werdenden deutschen Dichter nicht – auch nicht in Berlin, Halle oder Königsberg. Friedrich II. büßte mit der Nationalgeistdebatte seinen Ruf als Modernisierer ein, weil er auf überlieferten Mustern beharrte, die den Sehnsüchten einer neuen Generation nicht mehr entsprachen.

Die Rezension in der «Hamburgischen Neuen Zeitung» vom 20. Januar 1781 betonte die Hochachtung, mit der man der deutschen Literatur auch im Ausland begegne, obwohl die deutschen Fürsten «uns zum Hohn, sich fremden Witzlingen überließen». Bemerkenswert sei, «wie langsam das Licht, das von Thronen ausgehet, Völker zu erleuchten, auf dieselben zurückfällt. Nur selten oder doch spät gelangt die Wahrheit dahin».[454] Möser vermutete in Friedrichs Schrift einen großen Plan, denn dieser sei über vierzig Jahre damit beschäftigt gewesen, «seinem Staatskörper Stärke und Festigkeit zu geben». Er habe dieser Maschine dann mit seiner Schrift über die Vaterlandsliebe «ein Herz und eine Seele» geben wollen und komme «nun endlich auch zu den Wissenschaften, welche den Putz dieses zu allen Verrichtungen fähigen Körpers besorgen sollen.» Hier liege das eigentliche Problem. «Große Empfindungen können allein von großen Begebenheiten entstehen», diese fehlten den Deutschen. «Der Staat geht unter der Wache stehender Heere maschinenmäßig seinen Gang: wir suchen die Ehre fast bloß im Dienste oder in der Gelehrsamkeit und nicht in Erreichung des höchsten Zwecks von beiden.» Die Deutschen besäßen «nur Vaterstädte und ein gelehrtes Vaterland», sie hätten wie die Engländer «die Mannigfaltigkeit der höchsten Schönheit vorgezogen und lieber ein plattes Gesicht mitunter als lauter Habichtsnasen malen wollen.» Möser charakterisierte Friedrich nicht als Lehrmeister des Geschmacks, sondern als Machtpolitiker: «unser historischer Stil hat sich in dem Verhältnis gebessert, als sich der preußische Name ausgezeichnet und uns unsere eigne Geschichte wichtiger und werter gemacht hat.» Deswegen bewirke der König mehr, «da wo er sich als Deutscher zeigt, wo Kopf und Herz zu großen Zwecken mächtig und dauerhaft arbeiten [...], als wo er mit den Ausländern um den Preis in ihren Künsten wetteifert.»⁴⁵⁵

Mösers Kritik stieß auf große Resonanz, weil sie das aus Westeuropa bekannte Wechselverhältnis von Machtpolitik und Literatur auf Deutschland übertrug und dennoch die föderative Ausrichtung der deutschen Nation betonte. In der deutschen Gelehrtenrepublik blieb jedoch weiterhin strittig, ob Kultur die Nation bilden und einen oder ob nur politische Macht kulturelle Bedeutung generieren könne. Die meisten Autoren setzten implizit auf die durch den Reichs-Staat formierte föderative deutsche Nation, zu der Österreich selbstverständlich auch gehörte, und auf die politische Kultur der Freiheit durch Trennung und Mannigfaltigkeit. Dieser aber erwuchs mit der neuen revolutionären französischen Freiheit ein scheinbar übermächtiger Konkurrent. Die Deutschen schienen wieder einmal hinterher zu hinken: «Sie, und nicht Wir»⁴⁵⁶ – Klopstocks Klage ist kennzeichnend für das deutsche Nachahmungs- und Verspätungssyndrom. Er hatte alle Hoffnungen auf Kaiser Joseph II. gesetzt und den Preußenkönig immer wieder heftig kritisiert, weil dieser Krieg mit Nationalkultur verwechsle, die deutsche Sprache und Literatur verachte und den Dichtern noch immer das französische Vorbild empfehle. Sein Fazit lautete: «Und die Nation [...] spottete über den deutschen Fürsten, der mittelmäßig in der französischen Sprache schrieb.»⁴⁵⁷ Herder träumte 1780 im Stile des Moserschen Nationalgeistes, dass Joseph II. «uns» ein «Deutsches Vaterland, und Ein Gesetz und Eine schöne Sprache und redliche Religion» bringen werde.⁴⁵⁸ «Nur Ein Stand existiert im Staate, Volk (nicht Pöbel;) zu ihm gehört der König sowohl als der Bauer.»⁴⁵⁹

Für Herder war das in einem Staat lebende und damit verfasste «Volk» die Kollektivindividualität, die es zu bewahren galt. Sein Sprachgebrauch ist allerdings uneinheitlich, denn er verwendete die Begriffe «Nation» und «Vaterland» im gleichen Sinne. Wie fast alle deutschen Intellektuellen unterschätzte er die Rolle des Staates bzw. der Herrschaft im Prozess der Konstituierung von Völkern oder Nationen: «Kabinette mögen einander betrügen; politische Maschinen mögen gegeneinander gerückt werden, bis Eine die andre zersprengt. Nicht so rücken Vaterländer gegen einander; sie liegen ruhig neben einander und stehen sich als Familien bei.»⁴⁶⁰ Doch war der einzelne deutsche Staat oder das Reich das Vaterland?

Immer mehr Journale führten «deutsch» im Titel und zielten in Verbindung mit «Volk», «Bürger» oder «Nation» auf die Reichsnation, die vom Reichs-Staat formierte Gemeinschaft, als Bezugsgröße kulturellen Bemühens.⁴⁶¹ So wandte sich etwa Wieland gegen den Voluntarismus, mit dem sich Patrioten ein deutsches Vaterland nach ihren Vorstellungen konstruierten. Nur die Reichsverfassung garantiere, dass sich künftig «alle Talente [...] mit größerer Freyheit, Mannigfaltigkeit und Originali-

tät entfalten» könnten. «Wenn unsere dermahlige gesetzmäßige Konstituzion das einzige ist, was uns Deutsche zu einer Nazion macht, und
wenn sie augenscheinlich der Grund unsrer wesentlichsten Vortheile ist:
was kann denn also deutscher Patriotismus anders sein, als Liebe der gegenwärtigen Verfassung des gemeinen Wesens und aufrichtiges Bestreben, zu Erhaltung und Vervollkommnung derselben beyzutragen, was
jeder nach seinem Stande, Vermögen und Verhältnisse zum Ganzen dazu
beyzutragen fähig ist.»[462] Die Reichsverfassung bildete die Basis des
deutschen Nationalgeistes, weil sie es Künstlern und Autoren erlaubte,
sich in Originalität frei zu entfalten.

Viele Journale wollten wie das «Deutsche Museum» die Deutschen
«mit sich selbst bekannter und auf ihre eigenen Nationalangelegenheiten
aufmerksamer» machen.[463] «Germanien» – so beginnt 1792 die «Summarische Übersicht von Deutschland» des Berliner Kriegsrats und Statistikers Randel – ist das «Herz von Europa». Es sei «mit dem stärksten Men-
schenkapital unter allen Europäischen Staaten versehen [...] stark für
Arbeit und Genuß, bieder, verständig, zu allem geschickt», in mehr als
300 Residenzen «seiner Staaten im Staate, mit den mannichfaltigen Na-
tur- und Industrieschätzen angefüllt». Die Reichsverfassung sei es, «die
bey allem getheilten Interessen im Inneren, und den Anomalien eines
freyen Kaiserreichs von verbündeten sehr ungleichen Staaten, sich nicht
nur Jahrhunderte mit immer erneuter Festigkeit erhielt; sondern auch
Kraft dieser Selbständigkeit, die Freyheit von Europa, das Gleichgewicht
der Politik – kurz, das Wohl des menschlichen Geschlechts sichert –: [...]
welches Hochgefühl für den Deutschen, einer solchen Nation anzugehören!!» Die Reichsverfassung garantiere, dass man nicht einem «einzigen
Regierungshaupte unterworfen ist [...], keine einzige Hauptstadt, keine
Flotten, und keine Besitzungen in beiden Indien hat». Das «politische
Mosaik» sichere die «goldene Mittelmäßigkeit und Freyheit». Deswegen
suche man den Deutschen in Deutschland vergeblich. «Es fehlet das Cen-
trum der gemeinschaftlichen Ehre, des Geschmacks, der vereinigten
Kraft, wo alles ausgeht und alles zusammenfließt.»[464]

Randel blickte auf Deutschland und nicht nur auf das Königreich
Preußen. Er sah einen Reichs-Staat, der seine Aufgaben immer weniger
erfüllte und suchte nach einem Vereinigungspunkt, dem vorbildhaften
Zentrum für alle Deutschen. Mitte der 1790er Jahre zeigten sich einige
Publizisten fasziniert von der Idee, ein «deutsches Nazional-Pantheon»
zu gründen.[465] Dagegen hob ein Anonymus hervor, dass sich die Deutschen im Unterschied zu anderen Völkern frei entwickelt hätten und sich
nun «an kein allgemeines Pantheon an einem einzigen Orte» binden sollten.[466] Die seit 1796 in Gotha erscheinende «National-Zeitung der Teutschen» wollte ihre Leser «mit unserem Vaterlande» als einer föderativen
Ordnung bekannt machen. Rudolf Zacharias Becker, ihr Herausgeber

und Autor des populären «Not- und Hülfs-Büchlein für Bauersleute», verfasste einleitend eine Hommage an die Staatenvielfalt des Heiligen Römischen Reiches, die vom «Kaiser, als Reichs-Oberhaupte, zu einem Ganzen vereinigt» werde. «Besuchte nun ein Philosoph aus einem anderen Planeten unsre Erde in der Absicht, die verschiedenen Staatsverfassungen derselben zu vergleichen: würde er nicht beym Anblicke dieses ehrwürdigen, aus so vielen ungleichen Theilen zu einem Ganzen vereinigten Gebäudes ausrufen: hier ist die Schule der Staatswissenschaft! Hier kann man die Vorzüge und Mängel jeder Regierungs-Art in der Nähe beobachten, das Gute der einen in die andere übertragen, und die eigenthümlichen Fehler durch entlehnte Vorkehrungen der andern vergüten; so daß der Zweck der bürgerlichen Vereinigung in allen, oft durch verschiedene Mittel, erreicht wird. Die teutschen Regenten haben es desto leichter, wahre Väter ihrer Unterthanen zu seyn, je kleiner zum Theil der Umfang ihres Gebietes und die Anzahl ihrer zu versorgenden Landeskinder ist; sie haben hinreichende Gewalt so viel Gutes zu thun, als sie wollen und vermögen; und dem Missbrauch ihrer Macht zum Verderben ihrer Länder sind durch die Reichsverfassung bestimmte Schranken gesetzt. Dabey sind sie durch ihre Verbindung zu Einem großen Staatskörper und ihre gegenseitige Gewährschaft vor innern, zur Anarchie führenden Revolutionen gesichert, und gegen äußere Feinde schützt sie die Gesammtmacht des Reiches in der Hand des ersten Monarchen der Erde.»[467]

Viele Intellektuelle rationalisierten wie Becker die zusammengesetzte Staatlichkeit des Reiches, weil sie erkannten, dass nur sie die deutsche Freiheit sichern konnte.[468] Dem deutschen Nationalgeist entsprach – so lässt sich diese Debatte zusammenfassen – die föderative Ordnung der Dinge: staatlich und national. Nach zahllosen publizistischen Kampagnen gegen auswärtige Feinde oder den eigenen Kaiser, nach vielen Aufrufen, das deutsche Reich als Vaterland zu lieben, zu verteidigen und als Letztwert der Konfession vorzuziehen[469], war die deutsche Nation eine fest etablierte Größe, die nicht mehr nur die Elite beschäftigte.

Was aber machte den Nationsgedanken auch für die Schichten attraktiv, deren tägliche Sorgen nicht der Weltgeltung der deutschen Literatur oder einem fernen kosmopolitischen Ideal galten? Einmal abgesehen vom «Wir-Gefühl» und dem Wunsch, das Eigene als groß und mächtig erscheinen zu lassen, faszinierte neben den neuen Stoffen, mit denen sich die Nation ihrer Zukunft vor allem in der Vergangenheit vergewisserte, die geniale Metaerzählung der nie verlorenen deutschen Freiheit. Als Prinzip gegenseitiger Kontrolle, Muster einer selbständigen, nichtmonarchischen Regierungsweise, Schranke gegen herrschaftliche Willkür und Leitwert der politischen Kultur galt die deutsche Freiheit als zentraler Bestandteil des deutschen Nationalgeistes. In diesem Sinne hatte

Wieland zur Bewahrung der deutschen Staatsverfassung aufgerufen, denn so lange diese bestehe, werde «kein großes politicirtes Volk in der Welt einen höhern Grad menschlicher und bürgerlicher Freiheit genießen und vor allgemeiner auswärtiger und einheimischer, politischer und kirchlicher Unterjochung und Sklaverey sicherer seyn».[470] Die historisch gewordenen Eigenarten der deutschen Nation verwiesen nicht auf ethnisch-kulturelle Reinheit, sondern auf Vielgestaltigkeit. Die deutsche Nation führte sich zwar wie andere auf die Germanen zurück, doch entscheidend war ihre Konstituierung im Gehäuse des Reichs-Staates, dessen politische Kultur als das wichtigste Kapital der Deutschen im friedlichen Wettstreit mit den anderen Nationen galt.

Der bloßen Macht, die im Sinne großer Imperien ethnische, sprachliche und kulturelle Differenzen ignoriert, unterdrückt und homogenisiert, wurde im deutschen Diskurs eine klare Absage erteilt. Solche Ordnungen könnten auf Dauer nicht stabil sein: Entweder bilde sich mit der Zeit ein gemeinsamer Nationalgeist oder die großen Imperien zerfielen. In Deutschland suchte man daher nach einer kollektiven Identität, die das Nebeneinander von Exklusivitäten und Loyalitäten nicht überwand, sondern im Sinne der Pluralisierung verband. Dieser Entwurf wurde dann zugleich als Vorbild des kosmopolitischen Weges stilisiert: Es entstand die Idee einer notwendigen kulturellen Pluralität und Heterogenität, um die Vervollkommnung des Einzelnen und die Vitalität und Fortentwicklung der Menschheit zu gewährleisten. Die Homogenität eines Weltbürgertums war nur als fortdauernde ethnische und kulturelle Mannigfaltigkeit denkbar.

b) Der Fürstenbund und das Scheitern des Reichs-Staates

Die nationale Formierung in der Literatur, Publizistik und Historie war als Vergewisserung der menschlichen Handlungs- und Gestaltungsfreiheit ein geistiger Reflex auf die große Krise, auf das Brüchigwerden aller tradierten sozialen und politischen Ordnungen. Die große Transformation der Welt rückte näher. Die feudal-ständisch organisierte Gesellschaft entsprach ebenso wie die absolutistisch-despotische Herrschaft immer weniger den auch öffentlich artikulierten Bedürfnissen der Menschen, die selbstverantwortlich handeln sollten und wollten. Noch wurden Freiheit, Rechtsgleichheit, politische Partizipation und soziale Gerechtigkeit bloß in Diskursen verlangt, doch die Herrscher konnten diese nicht länger ignorieren. Die deutschen Fürsten, die in den 1780er Jahren noch einmal eine Reform des Reiches versuchten, wollten den Status quo verändern. Die Basis ihrer Überlegung bildete die «teutsche Staatsverfassung», die bei allen sichtbaren Mängeln eine Freiheit garantiere, die in ganz Europa ihresgleichen suche. Man dürfe allerdings «von einem heißen Patriotismo geleitet, keine raschen Schritte, die sich mit unserer Konstitution nicht vertragen, zur Verbesserung unserer Nationalwohlfart verlangen».[471]

Der komplementäre Reichs-Staat war seit 1763 im deutschen Dualismus gefangen, der sich vor allem für die mindermächtigen Reichsstände mehr und mehr zu einem Gleichgewicht des Schreckens entwickelt hatte. Sie waren auf den Schutz des Kaisers vor den provozierenden «Heldentaten» Friedrichs II. und der sich aggressiv gebärdenden preußischen Macht angewiesen, doch Joseph II. betrieb selbst eine offensive Erwerbspolitik. Diese Konstellation führte an vielen Höfen zur Resignation, die kaiserliche Reformpolitik stieß im evangelischen Deutschland jedoch auf Zustimmung. War Joseph II. der neue Heros, der an Stelle des Preußenkönigs Deutschland in eine bessere Zukunft führte? Ein Beispiel für die häufig unterschätzte Kaiserverehrung der 1780er Jahre bietet Freiherr Otto Heinrich von Gemmingen. Der Pfälzer Hofkammerrat hatte sich um 1780 in Mannheim als Dramatiker einen Namen gemacht und war 1782 nach Wien gewechselt, wo er unter anderem die Zeitschrift «Der Weltmann» herausgab, die sich im Sinne aufklärender Erziehung an die höheren Klassen wandte. Später kehrte er in seine Odenwälder Heimat zurück und warb hier für die Politik Josephs II. In seiner Eröffnungsrede anlässlich des ersten Ordenskapitels der Odenwälder Ritter forderte er 1789 unbedingte Kaisernähe. Er würdigte die von Joseph II. verkündete Gewissens- und die Pressefreiheit, dessen Verbesserungen des Justiz- und Polizeiwesens, die Aufhebung der Leibeigenschaft und der ungemessenen Frondienste, denn sie hätten den Landmann «in die Rechte der Menschheit wieder eingesetzt». Der Kaiser strebe nach der Regierung «unsers Deutschen Vaterlandes [...] dieser ehrwürdigen Republik von Fürsten. Welcher Patriot, in dessen Adern noch ein Deutscher Blutstropfen wallet», zittere nicht um ihn?[472]

Während Publizisten wie Gemmingen an integrativen Reichs- und Nationskonzepten arbeiteten, erlebten die kleineren nord- und mitteldeutschen Fürsten beinahe täglich, wie unzureichend sie das reichische Sicherungssystem vor preußischen Zumutungen wie Durchzügen oder Soldatenwerbungen schützte. Gegen einen übermächtigen Nachbarn, der 200 000 Mann unter Waffen hielt, konnte sich niemand wehren. Um ihre Sicherheitsdefizite zu lösen, mussten die Reichsstände ihre Selbständigkeit akzentuieren und zugleich versuchen, den Reichs-Staat funktionsfähig zu machen. Sie erinnerten sich des Einungsgedankens, der bezeichnenderweise im Zuge des Bayerischen Erbfolgekrieges 1778 erstmals wieder ventiliert wurde, denn die ganze Misere kleinstaatlicher Existenz zeigte sich immer dann, wenn die beiden Großen mit- oder gegeneinander agierten. 1778/79 forderte König Friedrich II. nicht nur die Hilfe der Reichsstände, sondern ließ in anderen Fürstenstaaten Soldaten werben.

Als Mitglied des Weimarer Geheimen Konzils kommentierte Goethe die wenig beneidenswerte Lage: «Jetzt macht uns der eindringende Krieg ein ander Wesen. Da unser Kahn zwischen den Orlogschiffen gequetscht werden wird.»[473] Die Weimarer Geheimen Räte diskutierten über ein Bündnis der Mindermächtigen, um solchen Zumutungen künftig besser entgegentreten zu können.[474] Nach dem glimpflichen Ausgang des Bayerischen Erbfolgekrieges verfolgten sie das Projekt jedoch zunächst nicht weiter.

Als 1782 erneut bayerische Tauschgerüchte Deutschland beunruhigten, startete Fürst Leopold III. Friedrich Franz von Anhalt-Dessau eine neue Bündnisoffensive. Er favorisierte aufgrund seiner Erfahrungen als Nachbar Preußens einen tatkräftigen deutschen Kaiser, der mit allen gutwilligen Fürsten eine «einzige, einige und unteilbare Conföderation schaffe[n]» sollte.[475] Der badische Minister Wilhelm Freiherr von Edelsheim wählte die Sprache der Patrioten, als er Carl August von Sachsen-Weimar-Eisenach im Oktober 1782 in das Projekt einweihte: «Jedem deutschen Herzen und einem freien Fürstensinn muß es wehe tun, die Sclaverei mit so starken Schritten auf das Vaterland zuzustürmen zu sehen und zu fühlen, daß kein Band mehr unter den Gliedern des ganzen Körpers existirt, die, wenn sie verbunden wären, einerlei Sinn hätten, und Gut und Böse zur Freiheit wagen wollten.» Auf Frankreich und England könne man sich nicht mehr verlassen, und mit dem Übergang Ansbachs an Preußen werde «die Freiheit Deutschlands ohnglaublich geschwächt».[476] Edelsheim beunruhigte der Expansionsdrang Österreichs und Preußens, dem die Westmächte keinen Widerstand entgegensetzten, weil diese das europäische Gleichgewicht nicht gefährdet sahen. Er plädierte für eine Union derjenigen, deren relative Autonomie der Reichs-Staat in seinem derzeitigen Zustand nicht schützen könne. Projektiert wurde ein Bündnis möglichst vieler Reichsstände unter Ausschluss der beiden Vormächte. Neben dem Dessauer Fürsten zählten Carl August von Sachsen-Weimar-Eisenach, Karl Friedrich von Baden und Karl II. August von Pfalz-Zweibrücken zu den Protagonisten.[477]

Im Herbst 1783 präsentierte Edelsheim seinen Bündnisentwurf, der die gemeinsame Entschuldung der Mitglieder, die Ablehnung aller direkten Eingriffe des Reichshofrats in innere Angelegenheiten der Fürstentümer und den Aufbau einer eigenen Armee vorsah. Die Union sollte sich des Reichstags bemächtigen und den Kaiser auf repräsentative Aufgaben, den preußischen König auf die Rolle eines militärischen Protektors beschränken.[478] Das Reich hätte sich in drei Einzelstaaten geteilt. Dieses sogenannte ABC-Reich – Austria, Borussia, Corpus Principum Germanorum[479] – wurde an den Höfen in Karlsruhe, Dessau, Gotha, Weimar oder Braunschweig in den folgenden Jahren ausgiebig diskutiert, andernorts überwogen Angst, Skepsis und Skrupel. Herzog Ernst II. von Sachsen-Gotha hielt den Entwurf Edelsheims für unausgereift, wollte aber «die gute Sache» unterstützen.[480] Carl August von Weimar weckte das Interesse des preußischen Kronprinzen Friedrich Wilhelm sowie des Mainzer Reichserzkanzlers Erthal an den Bündnisplänen. Ablehnend verhielt sich ausgerechnet der Zweibrücker Herzog, dem als Erben des Kurfürstentums Pfalz-Bayern eine Schlüsselrolle zugedacht war. Er hatte sich mit dem französischen König über ein hohes Darlehen verständigt und verhandelte über den russischen Gesandten Nikolaus Graf Romanzoff mit dem Kaiser über den Tausch Bayerns gegen die österreichischen Niederlande.[481]

Joseph II. führte unterdessen in einem internen Gutachten 18 Gründe an, warum der Besitz Bayerns für die Habsburger so wichtig sei. Er betonte die damit erreichte Landbrücke zwischen Böhmen und Tirol und dass «die bayerische Nation die nämliche [sei, G. S.], als wie die in den Erblanden, sie hat eine gleiche Sprache und besteht aus Deutschen.»[482] Der Kaiser offerierte nun dem bayerischen Kurfürsten Karl Theodor die südlichen Niederlande nebst Königstitel. Erst als er sich erneut weigerte, die immensen Schulden des Zweibrücker Herzogs zu regulieren und Romanzoff angeblich mit dem Tausch ohne die Zustimmung des Erben drohte[483], beendete dieser die Verhandlungen und informierte Anfang Januar 1785 König Friedrich II. Dieser nutzte die günstige Gelegenheit, wandte sich an die Öffentlichkeit und forcierte seinen seit Frühjahr 1784 verfolgten Bündnisplan.[484] Im Februar 1785 beschuldigten erste Zeitungsmeldungen Joseph II., den Zweibrücker Herzog zum Ländertausch zwingen zu wollen. Der Kaiserhof dementierte, der an den Verhandlungen beteiligte Zarenhof bestätigte den Vorgang, betonte jedoch, dass niemand zu etwas genötigt werden solle. Wien musste diese Version am 11. Mai 1785 zugeben.[485] Inzwischen hatte König Friedrich II. Herzog Karl August von Zweibrücken mit dem Vorschlag, ihn bei der nächsten Kaiserwahl zu wählen, ganz auf seine Seite gezogen. Romanzoff schrieb daraufhin in einem Bericht über den Zustand des Reiches, es erscheine ihm, «als wäre Deutschland eine Gattung Republik in einem anarchischen Staat».[486]

Während Berlin, Hannover und Dresden über ein Dreikurfürstenbündnis zur Rettung der Reichsverfassung verhandelten, versicherten sich die beiden ernestinischen Herzöge in Gotha und Weimar gegenseitig ihrer reichspatriotischen Gefühle: Man müsse «kräftigere Maßregeln» ergreifen oder sich «willig dem Joche darbieten [...], das unseren Schultern droht [...] Noch fließt deutsches Blut in meinen Adern, und gerne werde ich's fürs Vaterland vergießen; auch lieber unter den Trümmern der Reichsverfassung mein Grab suchen und finden, als mich untätig und kleinmütigerweise unter ein schändliches Joch schmiegen». Es sei notwendig, «daß wir deutsche Fürsten eine Armee auf die Beine stellen [...], um unsere Länder, unsere Personen von dem Joche des Josephs zu sichern», denn dann gebe es Hoffnung für «unsere Freiheit und die Beibehaltung der Reichskonstitution».[487] Der Gothaer Herzog gab sich kämpferisch. Goethe warnte, die eigenen Kräfte nicht zu überschätzen: «Zwei mächtige Nachbarn sind selten ruhig, keiner bringt dem andern Vorteil. Doch wenn sie auf Augenblicke zu einem großen guten Werke sich verbinden, dann nützen sie, gewaltsam eilend, der Welt und sich.» Preußen und Österreich sollten sich zur Rettung des Reiches vereinen, damit es seinen früheren Zustand zurückgewinne. Die mindermächtigen Stände («Gnome» und «Feen») können unterstützen, aber alleine nichts erreichen.[488] Der Herzog hörte die Botschaft, befolgte sie aber nicht.

Die zwischenzeitlich auch in Wien bekannt gewordenen Bündnispläne veranlassten den Grafen Kaunitz, seinerseits allen Reichsständen eine engere Union anzubieten. In Gotha hielt man daraufhin fest, dass allein der Kaiser das «gesetzmäßige Reichs-System» bedrohe. Ihm kritisch gesonnene Stände würden sein Bündnisangebot nur zum Anlass nehmen, weitere Maßregeln zu treffen, um den «die deutsche Freyheit und Constitution» bedrohenden Tauschplan abzuwenden. Die bisher Unentschiedenen treibe Joseph II. in die Arme seiner Gegner, und diejenigen, die ihm ohnehin ganz ergeben seien, benötigten kein zusätzliches Bündnis.[489]

Weder in Weimar und Gotha noch in Wien wusste man im Frühjahr 1785 allerdings, worüber in Berlin, Hannover und Dresden verhandelt wurde. Kaunitz bat den Kaiser, die Nachrichten, die er «von der Anhänglichkeit der Herzöge zu Gotha und Weimar an Preußen habe», ernst zu nehmen, denn sie seien zwar «für sich selbst kleine Reichsfürsten», doch «in Beziehung auf die vorliegenden Angelegenheiten, und den Zuwachs, welche durch solche die Preußische Parthey im Reiche erhält», dürfe ihre Option dem Kaiser nicht gleichgültig sein. Nachdem der Weimarer Herzog an verschiedenen Höfen für einen Gründungskongress des Fürstenbundes geworben hatte, berichtete Kaunitz am 7. Mai 1785 Joseph II.: «Wie alle Nachrichten bestätigen, gewinnt es mit der von Preussen in Antrag gebrachten Conföderation der meisten Reichsstände gegen Eure Kais. Majt. täglich eine ernstlichere Gestalt. Sachsen, Hannover, Hessen sollen sich hierzu bereits willfährig erklärt haben, welchen bald mehrere nachfolgen dürften.»[490]

Das Drei-Kurfürsten-Bündnis kam wegen der zögerlichen Haltung Kursachsens[491] erst am 23. Juli 1785 zustande. Es diente explizit dem Erhalt der Reichsverfassung und richtete sich gegen die Tauschpläne des Kaisers. Die Fortexistenz aller Reichsstände, auch der geistlichen, wurde ausdrücklich zugesichert. Ein Geheimartikel sah vor, den Austausch oder die Annexion von Reichsgebieten mit Waffengewalt zu unterbinden.[492] Weitere Stände, insbesondere die Protagonisten des Fürstenbundprojektes, wurden zum Beitritt aufgefordert, und sie beteiligten sich ebenso wie der Kurfürst von Mainz. Friedrich II. war auf diese Union mit anderen Reichsfürsten angewiesen, um eine sichtbare Barriere gegen alle kaiserlichen Kriegs- und Expansionspläne aufzubauen, da er keine europäischen Bündnispartner besaß.[493] Niemand wusste besser als der König selbst, dass er allein auf Dauer zu schwach sein würde, um den Kaiser von seinen Expansionsplänen abzubringen.

Carl August von Weimar kritisierte offen die Dominanz der Kurfürsten in dem neuen Fürstenbund. Seines Erachtens sollte es keine «bloße Allianz der drei mächtigen Höfe» geben, sondern «eine Union des Reichs», bei der «alle beigetretenen zusammen [...] untereinander einen Körper ausmachen, eine Reichsunion bilden, die die Erhaltung Deutschlands in seiner Verfassung befestigte und ihm die Stärke gäbe, welche das deutsche Reich haben kann, wenn es zusammen verbunden nach einerlei patriotischen Zwecken handelt».[494] Der Herzog offenbarte Christian Wilhelm Dohm, dem preußischen Gesandten beim niederrheinischen Kreis, seine Überlegungen, wie «Würde und Glanz des Deutschen Reichs» wiederherzustellen seien. Dessen Glieder müssten sich verbinden, um «gewissermaßen das Gleichgewicht zwischen Preußen und Österreich» zu halten. Dohm reagierte hinhaltend: Ein von Preußen und Österreich zu garantierender Bund sei «idealisch und in unserm Zeitalter ganz unausführbar».[495] Das Gespräch könnte ihn dennoch zu seiner Flugschrift inspiriert haben, in der er die preußische Politik als patriotische Verteidigung der Reichsverfassung darstellte, da sie das Gleichgewicht gegen die kaiserlichen Vergrößerungspläne sichere.[496]

Carl August hoffte derweil auf den preußischen Thronfolger, der die deutschen Stände aufwecken wolle, um «ein so mächtiges Reich, wie Deutschland ist, zusammen verbunden, zum Freunde zu haben». In seinem Schreiben an Dalberg, den Mainzer Statthalter in Erfurt, fährt er fort: Auch der alte König selbst hege patriotischen Eifer. Er wolle sein Leben mit einer Handlung beschließen, «welche nebst dem Lorbeerkranz ihm auch den von Eichenlaub um die Stirn winde; er will mit dem Namen eines Beschützers des Vaterlandes aus einer Welt gehen, welche ihn nicht immer dafür angesehn hat».[497] Beinahe naiv werden hier die eigenen reichspatriotischen Gefühle auf die beiden Hohenzollern projiziert. Diese befleißigten sich in der Tat einer entsprechenden Sinngebung, die ihr Reichsengagement glaubhaft machen sollte.[498] Entsprechend thematisiert die von Menno Haas in den 1790er Jahren nach dem Bild von Bernhard Rode gestochene «Allegorie auf die Stiftung des Fürstenbundes» Hoffnungen, die Friedrich II. wohl kaum teilte. Das Motiv des Bildes ist die vom Preußenkönig gerettete deutsche Einheit. Es zeigt «Deutschland in Gestalt einer Göttin», die Friedrich II. ein Bündel Pfeile übergibt. Dieser umwindet die Pfeile mit einem Ölzweig, den ihm wiederum die Staatsklugheit gereicht hat. Im Hintergrund deuten der Tempel der Concordia und die Pyramide auf die Dauerhaftigkeit der Eintracht und des Friedens.[499] Die Rolle des Reichspatrioten konnte Friedrich II. nur besetzen, weil die Wiener Reichspolitik 1785/86 einen Tiefpunkt erreicht hatte. Der Reichstagsgesandte Ferdinand Graf Trauttmansdorff berichtete Kaunitz im Februar 1786, nicht Liebe zu Preußen, sondern Angst vor Österreich habe viele Stände ins antikaiserliche Lager getrieben. Das «laut geführt werdende Losungswort: ein Reichsfürst muß kein Sklave des Kaisers sein» blieb «tief in den Herzen der Stände eingeprägt».[500] Eine interne Denkschrift Josephs II. überbot Ende 1786 die schlimmsten Befürchtungen: «1. Les maisons d'Autriche et de Brandenbourg sincèrement liées ensemble, et agissant d'un commun 2. accord, n'ont rien à craindre, ni d'une, ni de plusieurs Puissances qui se lieraient ensemble; 3. elles seront les arbitres non seulement de l'Allemagne, mais aussi de l'Europe [...] 5. la paix générale et universelle ne déprendra que de leur volonté.»[501] Kaunitz brachte allerdings genügend Einwände vor, um diesmal die Probe aufs Exempel zu verhindern.[502]

Am 17. August 1786 starb Friedrich II. Sein Nachfolger Friedrich Wilhelm II. schien dem Fürstenbund noch einmal neues Leben einzuhauchen. Der Weimarer Herzog konnte mit seiner Rückendeckung und gegen die Vorstellungen des Berliner Kabinetts Carl Theodor von Dalberg bei der Koadjutorwahl in Mainz durchsetzen.[503] Dalberg sandte dem Kaiser eine Denkschrift, die einen «Bund des Kaisers mit der ganzen Nation» empfahl. Kaunitz konnte solchen Plänen wenig abgewinnen: «Aus einem Bund, der nach dem ursprünglichen Grund seiner Veranlassung, seiner Entstehung und seines geheimen Hauptzwecks gegen den Kaiser und sein Haus unmittelbar gerichtet ist, kann ebenso wenig ein Bund des Kaisers und der ganzen Nation als aus Blei Gold werden.»[504] Dalbergs «Oberservations sur la Ligue» vom 3. Juli 1787 erklärte den Fürstenbund als Reaktion auf die Fehler der österreichischen Politik. Joseph II. könne die deutsche Nation immer noch in seinen Bann ziehen, «wenn man das Eigentumsrecht und die gesetzlichen Formen achtet, diese Grundpfeiler einer gerechten Freiheit».[505] Der Kaiser ging darauf nicht ein.[506]

Auch Carl August von Weimar, der sich nun selbst «un citoyen de l'Allemagne» nannte[507], musste erkennen, dass an eine Reichsreform nicht mehr zu denken war. Dem kursächsischen Minister Otto Ferdinand von Loeben sandte er sein «politisches Glaubensbekenntnis»[508], in dem er die bekannten patriotischen Schlagworte noch einmal präsentierte: «alter deutscher Sinn und Denkungsart», «Band der Freundschaft», «Nationalgeist in unserm Vaterlande», «Aufrechterhaltung deutscher Freiheiten, Sitten und Gesetze», «patriotische Fürsten», «deutsches Publikum».[509] Letzteres wusste freilich wenig von seinen patriotischen

Vorstellungen. Während Berlin und Wien im Umfeld des Fürstenbundes alle publizistischen Register zogen, verzichtete ausgerechnet der Weimarer Herzog darauf. Er betrachtete die Reichs- und Außenpolitik als Domäne der Fürsten und Kabinette. Dabei hätte ihm mit Wieland und seinem «Teutschen Merkur» eine mediale Großmacht zur Verfügung gestanden. Wohl nicht zufällig reflektierte der Dichter im Herbst 1785 den politischen Journalismus: «Es ist widersinnig, Staats-Geheimnisse aus Dingen machen zu wollen, die aller Welt vor Augen liegen.»[510] Der Gothaer Reichstagsgesandte Philipp von Gemmingen erläuterte die Bedeutung der veröffentlichten Meinung: Die Reichstagsgesandten hätten weder vom Ländertausch noch von den Bündnisprojekten etwas erfahren, «wenn es nicht in öffentlichen Blättern erschienen wäre».[511] Der Gothaer Legationssekretär berichtete darüber hinaus, die preußischen Staatsschriften würden in Regensburg (nach)gedruckt und in Bayern häufig gekauft, weil das Volk den Ländertausch ablehne. Um das Geschehen dem gemeinen Mann nahe zu bringen, sei eigens ein in Mundart gedruckter Bogen erschienen. Otto Heinrich von Gemmingen, ein entfernter Verwandter des Gothaer Gesandten und auch hier Lobredner Kaiser Josephs II., hatte unterdessen die Wiener Sicht der Dinge an die Ständenation adressiert: «Große und Edle Teutschlands [...] laßt den Geist teutschen Muts, teutscher Freiheit und teutscher Würde nicht von euch weichen.» Österreich schütze die Reichsverfassung gegen den preußischen Militärstaat, denn niemand habe dem Reich mehr entrissen als dieser.[512]

Die Auffassung der fürstlichen Reichspatrioten vertrat im öffentlichen Raum zunächst nur die Ende 1785 erschienene Schrift «Blicke über Bayerns politische Lage»: Eine dritte Partei der kleineren Fürsten sei nötig, um die Machtbalance zu sichern. Die Freiheit aller deutschen Staaten und Fürstenhäuser beruhe auf dem Erhalt der Reichsverfassung. Jeder Schritt, den ein Fürst dagegen tue, sei «ein Ring an der Sklavenkette ihrer Enkel und Nachfolger».[513] Ähnlich argumentierte 1788 die Schrift «Teutschlands Erwartungen vom Fürstenbund» des in Kurmainzer Diensten stehenden Johannes von Müller. Er sah die Chance, «endlich einmal den Machtsprung zu tun, [...] zu [...] einer tätigen Reichstagsverfassung, einer guten Reichspolizei, einer angemessenen Defensivanstalt, zu echtem Reichszusammenhange; alsdann auch zu gemeinem Vaterlandsgeiste, damit auch wir endlich sagen dürfen: Wir sind eine Nation!»[514] Wichtig seien allgemeine und verständliche Gesetze, unparteiische Richter und die tatkräftige Exekution der Urteile. Hier wird nicht die ethnisch-kulturell eindeutige, sondern die politische Nation proklamiert, die durch Leistungen homogenisierend wirkt, ohne Akkulturation zu erzwingen.

Markgraf Karl Friedrich von Baden animierte Herder aufgrund der fehlenden öffentlichen Resonanz für die eigenen Pläne zu seiner Schrift «Ueber das erste patriotische Institut für den Allgemeingeist in Deutschland». Der Fürstenbund sollte diese Akademie finanzieren, deren Aufgabe es gewesen wäre, die deutsche Sprache fortzubilden, ein patriotisches gesamtdeutsches Geschichtswerk hervorzubringen und die Erziehung, Rechtspflege, Staatswirtschaft und Staatsweisheit zu fördern. Herder betonte, dass eine standardisierte Sprache allen Belangen des Gemeinwesens diene: Völker würden weniger durch das Schwert als durch die Kultur einer fremden Nation beherrscht.[515] Auch Herder dachte daran, durch Akkulturation zur deutschen Nation zu erziehen. Ihm ging es aber offensichtlich um die Abwehr einer französischen Überlagerung und nicht um die vollständige kulturelle Angleichung etwa der Sorben oder Juden, also um die Einebnung bestehender Differenzen innerhalb Deutschlands.

Die deutsche Akademie kam nicht zustande. Herders Schrift sorgte aber für das gewünschte Aufsehen, zumal der Markgraf im Juli 1788 außerdem die Stiftung eines deutschen Ordens anregte. Für den Fürstenbund und die Reichsreform waren dies allerdings nur noch Nachhutgefechte: Der Weimarer Herzog zeigte sich gegenüber dem Markgrafen überzeugt, «daß ein jeder Fürst – ich nehme Sie davon aus – sein Land wie eine Insel und also Deutschland wie ein Archipel angesehen haben will, in welcher er dann sehr eifersüchtig darauf ist, seine Insulaner nach seiner Willkür glücklich oder unglücklich, klug oder dumm zu machen».[516] Das, was bei der Polizei- und Wirtschaftsgesetzgebung noch leidlich funktionierte, wurde als Prinzip von den kurfürstlichen Höfen abgelehnt: Die fehlende allgemeine Gesetzgebung sei für die Wohlfahrt des Ganzen unerheblich.[517] Inzwischen hielt man in Dresden und Berlin nicht nur den Fürstenbund, sondern den Reichs-Staat insgesamt für überflüssig.

Für König Friedrich Wilhelm II. von Preußen verlor der deutsche Fürstenbund mit dem Abschluss der preußisch-englischen Allianz 1788 jegliche Bedeutung, denn damit war Preußen wieder in das europäische Bündnissystem integriert. Hinzu kam, dass Joseph II. in neuen außenpolitischen Schwierigkeiten steckte: Katharina II. forderte Waffenhilfe gegen die Türken, und in den österreichischen Niederlanden revoltierten die Stände gegen die aufgezwungenen Reformen.[518] In den Wirren des Jahres 1789 keimte in Berlin erneut der Gedanke eines Präventivkrieges gegen Österreich. Als Joseph II. im Februar 1790 starb, drohte das Ende der Donaumonarchie. Der Aufstand in Lüttich und der Krieg gegen die Türken hatten Friedrich Wilhelm II. von Preußen alle Trümpfe in die Hand gespielt. Ein weiterer deutscher Bruderkrieg schien im Frühjahr 1790, nach dem Allianzvertrag Preußens mit dem Osmanischen Reich, unmittelbar bevorzustehen. Doch König Georg III. von England drängte von außen zum Frieden. Der innerdeutsche Ausgleich erfolgte am 27. Juli

1790 mit der Konvention von Reichenbach, um notfalls gemeinsam gegen die Französische Revolution vorgehen zu können: Leopold steckte zurück und verzichtete auf die Annexion türkischer Gebiete. Dafür erkannte Preußen Belgien nicht als souveränen Staat an, so dass der Weg frei war für die einstimmige Wahl Leopolds II. zum Kaiser. Dieser hatte die Toskana modernisiert und eine Konstitution eingeführt. Während die konservativen Kräfte ihm die Entmachtung des Adels und der Stände anlasteten, setzten die «Aufklärer» große Hoffnungen in den «liberalen» Kaiser.

Die Frage, warum mit dem Fürstenbund die letzte Chance zu einer Reform des Reichs-Staates so kläglich verspielt wurde, ist einfach zu beantworten: Der Kaiser sah für sich keine Möglichkeit eines Machtzuwachses, Preußen und den Kurfürsten in Dresden und Hannover kam das funktionsunfähige Reich gerade recht, weil es ihre eigenen Ambitionen nicht behinderte. Die engagierten mindermächtigen Fürsten setzten zudem in alter Manier auf eine deutsche Fürstenrepublik, ohne die modernen Konzepte von Freiheit und Gleichheit zu bedenken oder gar öffentlich zu lancieren. Auch in der Publizistik wollte kaum jemand wahrhaben, dass trotz vieler weiterer Projekte zur Umgestaltung der Reichsverfassung der Reichs-Staat an eine von Österreich und Preußen errichtete Barriere stieß, die letztlich wohl nur mit einem wie auch immer gearteten «Bruch» zu überwinden war.

c) Die Französische Revolution und Deutschland

Die Nachrichten vom Fall der Bastille und vom Beginn der Revolution in Frankreich erregten die deutsche Öffentlichkeit. Sie verfolgte 1789 das brisante Geschehen in einer «sich selbst befreienden Nation»[519] spürbar intensiver als noch einige Jahre zuvor die vergleichbaren, aber weit entfernten Vorgänge in Amerika. Das französische Volk erklärte sich selbst zur politischen Nation und setzte Eigentums- und Freiheitsrechte in bisher unbekanntem Umfange durch. Johann Melchior Hoscher, geheimer Sekretär am Reichskammergericht, veröffentlichte kurz nach dem Bastillesturm eine Quellensammlung zu den deutschen Untertanenrevolten. Er betonte, dass sich die französischen Vorgänge in Deutschland nicht wiederholen könnten, weil die Verfassung auch den Untertanen Rechtssicherheit biete und diese ihr Vaterland genauso liebten wie die Fürsten.[520]

Auch in Deutschland verbanden nun jedoch die Physiokraten, die neuen Republikaner, Demokraten oder «Jakobiner» die individuellen Freiheits- und Menschrechte mehr und mehr mit konstitutionell zu zähmenden Regierungsformen. Das jüngere Naturrecht kannte nur noch den staatlichen Naturzustand und ging somit nicht davon aus, dass die Menschenrechte an den Regenten abgetreten worden seien. Dieser besaß

also nicht das Recht, sich im Namen des Gemeinwohls und der Glückseligkeit in alle Angelegenheiten der Bürger einzumischen. Der Staat sollte
nur noch Sicherheit garantieren. Ein Anonymus markierte 1794 diese
Grenze und den für die deutschen Publizisten so typischen Mittelweg
der Vernunft: «Ich halte Freyheit die gegen willkührliche Gewalt sichert,
und Gleichheit vor dem Gesetz, für angebohrne Menschenrechte, und
für so unverletzlich als die Rechte der Regenten; die Grundsätze hingegen von Freyheit, Gleichheit und Volks-Souverainität, wie sie itzt in
Frankreich gepredigt werden, für gefährlich, und bürgerliche Ordnung
vernichtend.»[521] Es sei jedoch ebenfalls töricht, alle Fürsten für gut zu
halten. Deswegen forderte er eine «festgegründete, willkührliche Macht
einschränkende Verfassung».[522] Mit dem Kampf der Volksaufklärer gegen tatsächliche oder angebliche Tyrannen mündete die politische Aufklärung in den Liberalismus: Herrscher und Regierungen erhielten neue
Auflagen wie die Bindung an das Naturrecht, den Ausbau der politischen
und bürgerlichen Freiheit sowie die Verpflichtung auf ihre eigenen Gesetze und den Staatszweck.[523]

Die publizierten Reaktionen deutscher «Zuschauer» auf die revolutionären Ereignisse in Frankreich schwankten zwischen emphatischer Zustimmung, distanzierter Beobachtung und offener Ablehnung. Schon
1789 erschienen mehr als 250 ins Deutsche übersetzte Revolutionsschrif-
ten sowie zahllose kommentierende Berichte. Die Parole «Freiheit,
Gleichheit, Brüderlichkeit» hat das Nachdenken über die Zukunft der
ständischen Gesellschaft, des Reichs-Staates und der deutschen Nation
beflügelt und vielfach Handeln provoziert. Der Vergleich mit Frankreich
führte freilich schnell zu einem altbekannten Ergebnis: Das Nachbarland
hatte den «Wettkampf» um Freiheit, Fortschritt und die Modernisierung
für sich entschieden und war erneut zum Vorbild geworden. Karl Ludwig von Knebel, der als ehemaliger Prinzenerzieher in Weimar manche
Fäden spann, sprach gegenüber der Herzogswitwe Anna Amalia am
3. August 1789 aus, was viele dachten: «Uns alle reizt jetzt das grosse
Schicksal von Frankreich. In der Tat setzt dieses der Aufklärung und den
Fortschritten dieses Jahrhunderts gleichsam die Krone auf [...] Frankreich wird dadurch die Erste Nation der Welt.»[524] Gottfried August Bürger wollte die Franzosen als «edle Franken»[525] heimholen in die germanischen Nationen. Andere machten sich als deutsche «Revolutionstouristen»
selbst zu Beteiligten. Die adlig-bürgerliche Elite, die in den Sozietäten,
Salons und Lesegesellschaften «Aufklärung» als Lebensstil pflegte,
fühlte sich von den vorpreschenden Franzosen herausgefordert. Die bisher von ihrer Freiheit überzeugten Deutschen mussten sich wiederum an
Frankreich orientieren. Die konservativen Stimmen nahmen zu, die den
Geist der Aufklärung generell für Aufruhr und Umsturz verantwortlich
machten. Christoph Meiners erklärte die Revolution als Folge fehlender

oder unzureichender Volksaufklärung, denn sonst hätte sie in «Teutschland und England» ausbrechen müssen, wo die Nationen aufgeklärter seien.[526] Zur verhaltenen Trauer darüber, dass die Freiheit im gesellschaftspolitisch als rückständig eingeschätzten Frankreich mit einem Schlag eine neue Dimension gewonnen hatte, gesellte sich daher schnell der mit Stolz durchmischte Trost, dass ein revolutionärer Einschnitt diesseits des Rheins unnötig sei. Die «deutsche Freiheit» und die Reichsverfassung waren und blieben Dreh- und Angelpunkt dieser Debatten um die evolutionäre Verwirklichung revolutionärer Ideale und wurden reflexartig gegen die französische Freiheit in Stellung gebracht. Was darüber hinaus im Nachbarland an positiven Veränderungen erfolgte, sollte nicht einfach übernommen, sondern mit der eigenen Freiheitstradition zu etwas Höherwertigem verbunden werden. Bis zuletzt hofften die deutschen Patrioten, dass die Revolution im Nachbarland der Katalysator sein werde, der Österreich und Preußen unter einer reformierten Reichsverfassung zusammenbringe. Carl Friedrich Häberlin zählte 1793 die deutsche Konstitution neben denjenigen von Frankreich, Schweden und Polen zu den besten Europas, weil sie effektiver als die britische vor Despotismus schütze und durch die vielen Zentren den vorteilhaften Wettstreit von Künsten und Wissenschaften ermögliche. Es läge nicht an der Verfassung, sondern an deren Nichtbeachtung, dass die deutsche Wirklichkeit anders aussehe.[527] Zu den «guten Folgen» der Französischen Revolution zählte Häberlin daher, «daß der Teutsche angefangen hat, sich mehr als sonst, um seine vaterländische Verfassung zu bekümmern».[528]

Der Verfassungspatriot Wieland wandte sich 1793 an alle um das Vaterland besorgten Leser. In Europa hätten die Menschen das Stadium der Mündigkeit erreicht. Die Revolution zeige ihnen, dass es auch anders sein und man sich «selbst helfen könne». Weil aber auch in Deutschland noch vielerorts das «Joch des politischen und religiösen Despotismus» herrsche, könne die Ruhe trügerisch sein, denn mit dem Kriegsmanifest und dem Krieg hätten die Alliierten Frankreich aufgeweckt. Sie spielten der Revolution in die Hände. Der einzige Sinn eines Reichskrieges könne darin liegen, die deutsche Verfassung zu entschlacken. Freilich dürften weder die unter der Reichsverfassung lebenden 28 Millionen Deutschen als «Sklaven» noch die nach Gesetzen regierenden «und durch Gesetze und Herkommen eingeschränkten Fürsten» als «Despoten» beschimpft werden. Wo sei ein Volk in Europa, das sich ebenso «zunehmender Verbesserung seines Zustandes, eines größern Flors der Wissenschaften, mehrerer, oder vielmehr, so vieler und so gut eingerichteter öffentlicher Erziehungsanstalten, Schulen und Universitäten, einer größeren Denk- und Preßfreiheit, und, was eine natürliche Folge von diesem allem ist, einer hellern und ausgebreitetern Aufklärung zu rühmen hätte, als die

Teutschen, im Ganzen genommen?» Revolution sei dort der falsche Weg, wo die Verfassung alle notwendigen Verbesserungen erlaube. «Warum sollten wir so teuer und mit einem so ungeheuren Risiko erkaufen wollen, was wir wahrscheinlich ohne Empörung, ohne Desorganisation, ohne Verbrechen, ohne Aufopferung der gegenwärtigen Generation von dem bloßen Fortschritt der Aufklärung und der Moralität unter uns weit sichrer hoffen dürfen?»[529] Ein Jahr später schien Wielands Optimismus verflogen. Ängstlich fragte er: «Was sollte unsern großen Völker- und StaatenVerein noch zusammenhalten, wenn das gewohnte alte Band, das nur enger und fester zusammengezogen zu werden braucht, einmal zerrissen wäre?»[530]

Die Revolution gefährdete inzwischen den «staatlichen» Zusammenhang Deutschlands. Der Reichs-Staat war erstmals 1789 im Bistum Lüttich, einem peripheren Gebiet des niederrheinisch-westfälischen Kreises, mit ihr konfrontiert worden. Auf Klage des Fürstbischofs hatte das Reichskammergericht die Kreisdirektoren aufgefordert, die Ordnung wiederherzustellen. Preußen übernahm die Exekution, machte aber große Zugeständnisse, weil dies angeblich die einzige Möglichkeit gewesen sei, Lüttich dem deutschen Reich zu erhalten.[531] Viele preußische Politiker sympathisierten mit den Aufständischen und Christian Wilhelm von Dohm, der Gesandte im Hochstift, forderte für Lüttich sogar eine konstitutionelle Lösung.[532] Berlin wollte angesichts der eigenen Kriegspläne die österreichische Herrschaft in den südlichen Niederlanden destabilisieren. Eine Schrift aus der Umgebung des Bischofs betonte deswegen, dass eine Provinz «anders nicht bei dem Reiche erhalten werde, als wenn sie den Gesetzen des Reiches, der deutschen Staatsgewalt, den Reichsgerichten und ihrem rechtmäßigen Landesherrn gehorsam und unterworfen bleibt».[533] Der Bischof selbst forderte eine wirkliche Exekution, um weitere Unruhen zu verhindern: «Seit dem der Empörungsgeist aus Holland nach Belgien und Frankreich und von da nach dem Lüttichischen gewandert ist, hat diese Sache nicht nur alle Völker des Rheinstromes, sondern fast ganz Teutschland angesteckt.»[534] Nach einem erneuten Exekutionsmandat zogen sich die preußischen Truppen zurück und Österreich stellte die alte Ordnung wieder her.

Der «Aufruhrgeist» habe nun «selbst unser Vaterland» ergriffen, urteilte 1789 der Staatsrechtler Wilhelm August Friedrich Danz.[535] Die Fürsten schwankten, ob sie Versicherungen wie derjenigen Carl Leonhard Reinholds – «Teutschland ist unter allen übrigen europäischen Staaten am meisten zu Revolutionen des Geistes, am wenigsten zu politischen aufgelegt»[536] – weiterhin vertrauen durften. Verlauf und Ziele der sich häufenden Unruhen in Deutschland orientierten sich jedoch meist an den traditionellen Formen der auf dem Rechtsweg regulierten Bauern- und Bürgerkonflikte. Allein die offensichtlich höhere Gewaltbereitschaft, insbesondere am Oberrhein, deutete auf ein französisches Vorbild. Auch in Deutschland wurden Herrensitze belagert, Beamte vertrieben und Klöster besetzt. Die Aktionen waren aber insgesamt wenig koordiniert, so dass Soldateneinquartierungen die Auseinandersetzungen meist beendeten. Erfolgreicher verliefen einige Unruhen in den linksrheinischen Gebieten, die auch immer wieder den Reichstag beschäftigten. Die Reichsstände mussten hier größere Zugeständnisse machen, ohne dass die ständische Ordnung prinzipiell in Gefahr geraten wäre. Bedrohlich wurden diese parallel verlaufenden Unruhen erst durch ihre Addition in den Köpfen der Herrschenden. Die deutschen Fürsten und Obrigkeiten vermuteten seit 1792/93 hinter jedem Tumult, fast jedem herrschaftskritischen Pasquill sowie allen auf die Revolution deutenden Symbolen wie Kokarden, Freiheitsbäumen oder Jakobinermützen den nahen Umsturz. Die Politisierung erreichte eine neue Stufe, indem nicht mehr nur über praktische Reformen, sondern auch über republikanisch-demokratische Regierungsformen nachgedacht wurde.[537] Der Reichstag forderte deswegen schon im August 1791 die Regierungen auf, die von den revolutionären Regelungen beeinträchtigten Reichsrechte in Elsass und in Lothringen wiederherzustellen, die Zensur zu verschärfen und den Postvertrieb revolutionärer Schriften zu unterbinden. Da sich viele Stände gegen reichsweite Regelungen wehrten, weil sie vermehrte kaiserliche Eingriffe in die eigene Polizeigewalt fürchteten, beließ man es schließlich bei einer stärkeren Kontrolle durch die Reichskreise.[538]

Die deutschen Jakobiner, jene kleine Gruppe, die auch in Deutschland die Ergebnisse der Französischen Revolution durchsetzen wollte, propagierten zwar die ferne Volksherrschaft, selten jedoch den gewaltsamen Umsturz. Auch ein Revolutionsanhänger wie Georg Forster blieb ein Staatsaufklärer und skeptisch gegenüber den Erkenntnis- und Handlungsmöglichkeiten des Volkes: «Ich bleibe dabei, daß Deutschland zu keiner Revolution reif ist [...]. Unser rohes, armes, ungebildetes Volk kann nur wüten, aber nicht sich konstituieren.»[539] Er verstand sich wie Friedrich II., Kant, Goethe, Schiller oder Dalberg als Vormund des Volkes, das es zu beglücken galt. Eine neue Ordnung sollte durch die Einsicht und den freiwilligen Machtverzicht der Obrigkeiten entstehen. Es fehlte jedoch an einer überzeugenden und mobilisierenden Theorie des Übergangs von der ständischen zur bürgerlichen Gesellschaft, da jede Revolution abgelehnt wurde.

Rückhalt in der Bevölkerung fanden die deutschen Jakobiner nur in den von Frankreich besetzten linksrheinischen Gebieten, aus denen die Herrscher geflohen waren. Der Mainzer Jakobinerclub organisierte immerhin 6 Prozent der Bürger: Gelehrte und Kaufleute, aber auch Handwerker. Bei den Wahlen zum rheinisch-deutschen Nationalkonvent im Februar 1793 gaben 38 Prozent der Wahlberechtigten ihre Stimme ab, obwohl sich zu diesem Zeitpunkt der militärische Umschwung bereits abzeichnete.[540] Die Mainzer «Nationalversammlung der freien Deutschen» erklärte am 18. März namens des souveränen Volkes die Verbindungen mit Kaiser und Reich für aufgehoben und forderte die Landsleute jenseits des Rheins zum Anschluss auf. Dort stieß ihr Appell jedoch auf wenig Resonanz[541], zumal die Koalitionsarmee im Juli 1793 Mainz zurückeroberte. Während Forster in Paris die Vereinigung dieser deutschen Republik mit Frankreich erbat, erlebten die Deutschen die Revolutionsarmeen eher als Besatzer denn als Befreier. Ein Anonymus verkündete, «daß die Neu-Franken noch die alten Franzosen sind».[542] Die deutschen Jakobiner waren diskreditiert. Der Aufruf eines Dr. Biedermann erregte Aufsehen, weil er neben einer allgemeinen Kollekte zugunsten des wiedereroberten Mainz, einen Geniebeitrag forderte. Jeder Gelehrte oder Künstler sollte ein Werk zum Verkauf anbieten. Wer sich weigere, tilge damit selbst «seinen Namen aus dem Buch der deutschen Patrioten.»[543]

Unterdessen verwiesen fast alle deutschen Regierungen auf eine missverstandene Aufklärung, Geheimgesellschaften und jakobinische Umsturzpläne, um den Aufbau riesiger Überwachungsapparate zu begründen. Anlässlich eines Studententumults in Jena 1792 rief der Weimarer Herzog Carl August die protestantischen Reichsstände mit eigenen Universitäten auf, gemeinsam gegen alle studentischen Orden vorzugehen. Diese Verbindungen wurden schon länger beschuldigt, die akademische Jugend zu verderben, doch solange ihre an einer Universität relegierten Mitglieder an einer anderen problemlos immatrikuliert wurden, blieb das Problem ungelöst. Der von Preußen im Februar 1793 dem Reichstag vorgelegte Antrag, alle studentischen Geheimgesellschaften zu verbieten, griff nach Ansicht Wiens und der meisten katholischen Stände zu kurz. Sie wollten nicht nur das «Kinderspiel» der Studenten, sondern alle geheimen Sozietäten verbieten. Dagegen wandten sich jedoch die weltlichen Kurfürsten – offiziell, weil sie verhindern wollten, dass der Kaiser in ihre Territorien hineinregiere, inoffiziell, gleichwohl aber offen kolportiert, weil einige ihrer führenden Politiker in die Geheimgesellschaften verstrickt seien.[544] Diese Argumente hatte bereits 1791 ein anonymer Journalartikel aufgelistet.[545] Das Reichsgutachten vom Juni 1793 war ein typischer Kompromiss, der auf die von allen geheimen Orden ausgehenden Gefahren verwies, aber nur die studentischen verbot.[546] Kaiser Franz II. ratifizierte die Vorlage nicht, die daraufhin nur von den evangelischen Ländern durchgeführt wurde. Dennoch begann nun die große Stunde der Geheimpolizei, der Spitzel und Denunzianten. Ob Goethe ein «Spitzel» war, weil er seiner Regierung über die Jenaer Studentenunruhen 1792 berichtete[547], sei dahingestellt. Die 1794 aufgedeckte Jakobinerverschwörung in Wien war hingegen wohl das Ergebnis einer gezielten Provokation des Polizeichefs Graf Pergen.[548]

Die deutschen Staatsrechtler, Schriftsteller, Politiker und selbst viele
Jakobiner hofften derweil auf das Normengefüge des Reiches, weil es die
Rechte von Untertanen und Herrschaft ausbalanciere und die Chance
zum konstitutionellen Kompromiss biete. Der deutsche Patriot rebel-
lierte nicht, sondern supplizierte, wenn er sich in seinen Rechten beeinträchtigt fühlte. Friedrich Carl von Moser sah jedoch in dieser «Verrechtlichung» sozialer Konflikte eine der Ursachen für das «National-Phlegma».
Der Deutsche stehe zwar «überschnellten Extremen» entgegen, doch der
Fürst könne es «sehr arg in seinem Lande treiben und doch ruhig zu
Bette gehen, der Untertan leidets und schweigt». Jedenfalls vergifte er
seinen Herrn nicht, «haut ihm den Kopf nicht herunter, zündet ihm das
Schloß nicht an».⁵⁴⁹ Wie lange diese Geduld anhalten würde, ließ Moser
offen. Die gerichtliche Kontrolle galt als wirkungsvolle Revolutionspro-
phylaxe, denn «der Patriot freut sich über weise Gesetze seines Vaterlandes, welche die Bewoner Deutschlands gegen offenbaren Despotism so
nachdrücklich schützen.»⁵⁵⁰ Der Kammergerichtsnotar Hoscher verwies
das Volk bei Beschwerden an die Reichsgerichte⁵⁵¹, und Johann Nikolaus Becker berichtete von Kammergerichtsassessoren, die stets von der
Rechtsvermutung ausgingen, dass die Fürsten Unrecht hätten. Von
456 Untertanenklagen gegen ihre Obrigkeiten seien nur 115 abgewiesen
worden.⁵⁵²

Der politische Publizist August Ludwig von Schlözer war sich 1791
sicher: «Langsam wird die Revolution freilich geschehen, aber sie geschieht! Die Aufklärung steigt, wie in Frankreich, von unten herauf: aber
sie stößt oben an Aufklärung: wo gibt es mer cultivierte Souverains als in
Deutschland? [...] Fürsten werden Fürsten bleiben, u[nd] alle deutschen
Menschen freie Menschen werden.»⁵⁵³ Die «so vielen unerkannte Staatsverfassung», werde «uns Deutsche» vor der Revolution bewahren. Obwohl es noch viele «Mißbräuche, Eindrücke, Bedrückungen» gebe,
könnten diese behoben werden – und zwar «ohne Revolution, ohne Ein-
wirkungen des Volks».⁵⁵⁴ Das Vertrauen auf den Rechtsweg und die
Machtkontrolle durch die Öffentlichkeit schien bei den deutschen Intellektuellen ungebrochen. Unerschütterlich propagierten sie den legalen
Weg in die Freiheit und Gleichheit der bürgerlichen Gesellschaft, obwohl
der schwäbische Pfarrersohn Karl Friedrich Reinhard schon im Früh-
herbst 1789 das Grundproblem benannt hatte: «Gerade die Constitution,
die bis jetzt in einem großen Teile Deutschlands den Einwohnern die
Freiheit, ihre Ruhe, ihr Glück zugesichert hatte, eben diese setzt sich
einer größern Vervollkommnung entgegen.»⁵⁵⁵ Das Gefüge der zusam-
mengesetzt-komplementären Staatlichkeit des Reiches garantierte zwar
den vorteilhaften Status quo, blockierte jedoch die Umgestaltung in eine
freiheitlich-republikanische Ordnung nach französischem Vorbild. Das
reichische System der Kontrolle von Herrschaft durch Herrschaft, das

den fürstlichen Despotismus beschränkte, verhinderte den prinzipiellen Wandel zu bürgerlicher Gleichheit und politischer Partizipation. 1790 offenbarten die Diskussionen über eine Reform der Wahlkapitulation das Dilemma. Während das meinungsbildende Schrifttum «revolutionäre Ideen» aufgriff, um sie der deutschen Verfassung zu implementieren, wollten die Kurfürsten die Rechte der Untertanen beschneiden. Das zu dieser Zeit von einem Bauernkrieg betroffene Kursachsen forderte, dass die Obrigkeiten diejenigen zur Rechenschaft ziehen dürften, deren Klagen an den Reichsgerichten abgewiesen worden seien. Solche Überlegungen zwangen die Reformer, sich mit der Verteidigung des Status quo zu bescheiden. Sie erinnerten den Kaiser daran, dass er über den Untertanenschutz «beträchtlichen Einfluß auf die inneren Angelegenheiten mancher teutscher» Fürstentümer gewinne.[556] Ein Autor bemühte sogar den Gesellschaftsvertrag. Zwar besitze der «mittelbare Reichsuntertan» keinen Einfluss auf die Reichsverfassung, dürfe jedoch «unstreitig so gut wie der erste Bürger das Recht» fordern, dass Veränderungen allein «auf die reichsgrundverfassungsmäßige Art» erfolgten.[557] Alle Teile seien zu sehr verbunden – so eine andere Stimme –, als dass es jemand wagen dürfe, «auf die Trümmer der deutschen Reichsverfassung seine eigene Größe zu bauen». Die Reichsordnung habe sich bewährt, doch dürfe man «mit Recht zweifeln, ob die deutschen Reichsstände wirklich für Repräsentanten der deutschen Nation und des jedem derselben unterworfenen Teils der Reichs-Untertanen zu halten seien». Das repräsentierte Volk ernenne sie nicht, und sie gäben ihm keine Rechenschaft.[558] Man muss solche Texte wohl als Appelle lesen, das Reich in eine repräsentativ-konstitutionelle Monarchie umzugestalten.

Der Verfasser der «Freymüthige[n] Gedanken» war hingegen 1794 davon überzeugt, dass «die Staatsverfassung des ganzen deutschen Reiches und die der meisten einzelnen Staaten, wie wir sie [...] aus unseren täglichen Erfahrungen kennen, nicht für die heutigen Deutschen passe».[559] Die Verfassung sei dem zwischenzeitlichen Zuwachs an Wohlstand, Kultur und Aufklärung entsprechend zu verändern. Andere Autoren riefen zum Handeln auf. Georg Friedrich Rebmann erinnerte 1797 daran, dass Frankreich Deutschland nicht revolutionieren, sondern ausbeuten werde. Das Volk dürfe sich nicht von einer «Proklamation», die es als «biedere treue Deutsche» lobten, von seinen wahren Interessen abbringen lassen. Ein Volk, «das willig [...] am Sklavenjoch zieht, verdient nichts mehr, als Sklav zu seyn». Erst eine Republik schaffe die Verhältnisse, dass «ihr nicht mehr Pfälzer, Bayern, Würtemberger, Baadenseer [...] sondern Deutsche heißt, [...] daß ihr einer wahren vernünftigen Freyheit genießt, und eine deutsche Constitution besitzt».[560]

Der deutsche Verfassungsdiskurs der 1790er Jahre ging mehrheitlich davon aus, die Freiheit gewährenden Prinzipien der komplementären

Staatlichkeit zu bewahren, ihnen aber Menschenrechte einzuschreiben. Galt Verfassung bisher als die Summe des Gewordenen, so bezeichnete der Begriff nun voluntaristische Gestaltungsmöglichkeiten – auch im revolutionären Sinne. Das Beharren auf einem friedlichen Weg zwang freilich zu Konstruktionen, die auf der Einsicht, dem Wohlwollen oder dem Verzicht der Herrschenden basierten. Die vom Status quo ausgehenden Verfassungsvorstellungen waren gedachte Ordnungen, die den französischen Impuls mit deutschen Traditionen verbanden.

Andreas Riedel, Berater Kaiser Leopolds II. und Erzieher seiner Söhne, schlug 1792 die stufenweise Einführung einer deutschen Republik durch Wahlen von der Gemeinde- bis zur Nationalversammlung vor.[561] Am Anfang sollte der kaiserliche Aufruf an das Volk stehen, «das Steuerruder seines eigenen Regimentes in die Hand zu nehmen, das Reich zu regieren».[562] Die meisten überlieferten Verfassungskonzepte basierten auf Freiheitsrechten, friedlichem Übergang und föderativen Strukturen. Ein «Entwurf einer republikanischen Verfassungsurkunde» konzipierte einen «deutschen Freistaat», in dem die «deutsche Völkerschaft [...] einen einzigen unzerteilbaren Körper unter einem und demselben Gesetze» bilden sollte.[563] Wilhelm Traugott Krug forderte die Fürsten auf, «das Volk freiwillig aus ihrer Sklaverei» zu entlassen».[564] Sein deutsches Vaterland war ohne Böhmen, Österreich und die preußischen Länder östlich der Elbe gedacht, schloss aber die von Frankreich besetzten Gebiete ein und sollte die «Sicherheit der Rechte, der Person und des Eigentums, und überhaupt bürgerliche Freiheit» garantieren.[565] «Und in diesem Sinne» – so ein weiterer Entwurf – «ist die Gesezliche Konstituzion Teutschlands eine freye Konstituzion, Teutschland ein freyer Staat, jeder teutsche Staatsbürger ein freyer Mann.» Die alte deutsche Freiheit sei eine bloße Theorie, faktisch gelte sie nicht mehr: «Die Persönliche Freyheit und das Eigenthum des teutschen Staatsbürgers, hat keinen andern Schutz als in der speziellen Verfassung seines einzelnen Vaterlands.» Wenn das Reich nicht wieder funktionstüchtig werde, taumele Deutschland in die Anarchie, weil «Souveränitätsschwindel und Despotismus mit dem Schatten des Schuzgeistes teutscher Freyheit ringend, auch diesen zu zermalmen» drohten. Der Autor kritisierte die fehlende «militärische Macht des teutschen Staatskörpers gegen äußern Angriff», und er forderte eine «gemischte Regierungsform», die zu den Deutschen am besten passe.[566]

Solche Verfassungsvorstellungen sind aufschlussreich, da sie die politische Kultur in Zukunftsentwürfen spiegeln. Die Autoren mussten das Neue auf einer traditionellen Basis präsentieren, um nicht des revolutionären Umsturzes verdächtigt zu werden. Somit bleibt unklar, ob sie nicht radikaler dachten als sie schrieben, bzw. ob im Volk die gleiche Aufbruchstimmung herrschte wie in der Publizistik.

d) Die Koalitionskriege

Deutschland blieb in den 1790er Jahren erstaunlich ruhig, obwohl die
Bevölkerung hohe Steuern und Kriegsbelastungen verkraften musste.
Kaiser Leopold II. hatte das Misstrauen abgebaut, das seinem Vorgänger
Joseph II. in dessen letzten Regierungsjahren entgegengeschlagen war.
Leopolds Regierungszeit war aber viel zu kurz, um im Reichs-Staat Spuren zu hinterlassen. Mit der Pillnitzer Deklaration vom 27. August 1791
erklärten die beiden deutschen Vormächte, sich an einer gemeinsamen
europäischen Aktion gegen Frankreich beteiligen zu wollen, um dort den
König wieder einzusetzen. Die Reichsstände waren ebenso überrascht
wie die französischen Revolutionäre. Mit Ausnahme der Enteignungen
im Elsass hatten sie bisher weder den Reichs-Staat noch das europäische
Gleichgewicht bedroht. Es gab also keinen Anlass für eine solche Kriegs-
rhetorik, die Verteidigung der legitimen Rechte Ludwigs XVI. und Marie Antoinettes war zu diesem Zeitpunkt nur ein Vorwand. Die Girondisten reagierten, indem sie den Kaiser ultimativ aufforderten, bis zum
1. März 1792 feierlich den Verzicht auf eine Intervention zu erklären. An
diesem Tag starb Leopold II. Die Wahl seines Sohnes Franz II. am 5. Juli
sowie die provozierende Kaiserkrönung am 14. Juli, dem dritten Jahres-
tag des Bastillesturms, standen bereits im Zeichen des Krieges, den Ludwig XVI. am 20. April 1792 auf Anordnung der Nationalversammlung
dem König von Ungarn und Böhmen erklärt hatte.[567]

Wie zu erwarten war, besetzte Frankreich zunächst die südlichen
Niederlande. Die deutschen Vormächte planten einen schnellen Krieg,
um Ludwig XVI. zu restituieren und gleichzeitig eigene Gebietsgewinne
zu realisieren. Man glaubte, dass sich Frankreich nicht wehren könne
und der König den Preis bezahlen werde. Der Reichs-Staat hatte mit dieser Militäraktion nichts zu tun, dementsprechend wollten Preußen und
Österreich die territorialen Gewinne vereinnahmen – nicht etwa ein
Reichsland «Elsass» kreieren. Das alliierte Kriegsmanifest vom 25. Juli
sollte die revolutionären Machthaber vom Volk trennen, bewirkte aber
das Gegenteil. Die berühmte Kanonade von Valmy stoppte am 20. September den Vormarsch der Alliierten. Goethe, der seinen Landesherrn
und preußischen General Carl August begleitet hatte, wusste es später
ganz genau: «Von hier und heute geht eine neue Epoche der Weltgeschichte aus, und ihr könnt sagen, ihr seid dabei gewesen.»[568]

Parallel zu diesem Desaster im Westen bereiteten Preußen und Russland eine weitere Teilung Polens vor. Der polnische Reichstag hatte sich
im Mai 1791 eine neue Verfassung gegeben, die das Land zur konstitutionellen Erbmonarchie machte. Dies minimierte den russischen Einfluss.
Daher ließ die Zarin Katharina auf einen Hilferuf hin im Mai 1792 Truppen in Polen einmarschieren und zusammen mit Preußen Anfang 1793

die «zweite» polnische Teilung vollziehen. Österreich wurde nicht beteiligt, was die Kriegsführung gegen Frankreich erheblich belastete. Freiherr Johann Amadeus Franz Thugut, der neue österreichische Außenminister, entwarf daraufhin einen Plan, der Österreich und Preußen zu großflächigen territorialen Veränderungen in Deutschland riet. Doch die Teilung des Reiches unterblieb, weil der Krieg gegen Frankreich nun als Reichskrieg geführt werden sollte.

Unterdessen hatte der neugewählte Nationalkonvent im September 1792 die Bourbonenherrschaft beendet und Frankreich zur einheitlichen und unteilbaren Republik erklärt. Die Revolutionstruppen besetzten im Oktober Speyer, Worms sowie die Reichsfestung Mainz. Sie drangen bis Frankfurt vor, die Reichs-Exklaven Mömpelgard, Saarwerden und Salm wurden der Republik angeschlossen. Im Elsass verloren die Reichsstände alle Rechte und Einkünfte und auch der Besitz deutscher geistlicher Fürsten in Frankreich blieb von der Enteignung der Kirche nicht verschont. Die Girondisten propagierten nun nicht nur die «natürlichen» Grenzen Frankreichs, sondern auch den Umsturz in ganz Europa. Am 21. Januar 1793 ließen sie Ludwig XVI. hinrichten. Daraufhin erklärte am 22. März 1793 der Reichstag den Reichskrieg und stellte «Personen ohne Teutschen Sinn und Herz» unter Kriegsrecht.[569] Diesmal kommentierte Goethe zeitnah und treffend: «Ich habe mit Betrübniß gesehen daß das Geh. Con. unbewunden diesen Krieg für einen Reichskrieg erklärt hat. Wir werden also auch mit der Heerde ins Verderben rennen – Europa braucht einen 30jährigen Krieg um einzusehen was 1792 vernünftig gewesen wäre.»[570]

Der Reichstag versuchte, die französischen Mobilisierungsstrategien zu kopieren. Ein Appell «an jeden biederen Deutschen» hatte schon im Februar 1793 um Spenden für die österreichisch-preußische Armee gebeten: «Das Vaterland ist in Gefahr! Umsturz droht seiner Verfassung, seiner Religion, dem Eigentum jeden Bürgers, den Ruhigen im Lande.»[571] In nur zwei Monaten wurden immerhin 100 000 Gulden gesammelt. Die darauf aufbauenden Pläne, nach französischem Vorbild das Volk zu bewaffnen, wurden hingegen nicht realisiert, da man fürchtete, die Untertanen könnten die Waffen in revolutionärer Absicht gebrauchen.[572] Dem aus der Not geborenen Versuch fehlten die emotionalisierenden Voraussetzungen. Die Fürsten sahen die Gefahr einer unterschwelligen Wirkung der französischen Propaganda und verzichteten darauf, den Koalitionskrieg als Volkskrieg oder nationalen Abwehrkampf zu stilisieren. 1793/94 hätten Parolen wie die Befreiung Deutschlands vom französischen Joch angesichts der dortigen Schreckensherrschaft ihre Wirkung wohl nicht verfehlt. Johann Friedrich Hugo von Dalberg, ein Bruder des Mainzer Koadjutors, wollte mit seinen Reimen Deutschland gegen die Franzosen mobilisieren: «Hört Franken, Frankensclaven, wir sind frey;

Wir hassen Mord und Tyranney [...] Für Gott und Herrn, für Weib und
Kind, Für Haus und Hof die unser sind, Ziehn mutig wir das Schwerd,
Und unsre treue Bürgerhand, Kämpft mannhaft für das Vaterland.»[573]
Die Rückeroberung von Mainz im Sommer 1793 blieb freilich eine
kurze Episode des Erfolgs. Preußen forderte für seine weitere Kriegsbetei-
ligung immense Subsidien und zog Ende des Jahres seine Truppen zurück,
um sich im Osten alle Optionen offen zu halten. Frankreich besetzte im
Herbst 1794 das linksrheinische Reichsgebiet, und die Österreicher mussten nach der vernichtenden Niederlage bei Fleurus die südlichen Niederlande räumen. Der Reichstag wollte Frieden. Ende des Jahres beauftragte
er Österreich und Preußen, Verhandlungen mit Frankreich einzuleiten. In
Wien plädierte der kaiserliche Berater Ferdinand Graf Trauttmansdorff
für den Frieden, um zu verhindern, dass Deutschland zum «Tummelplatz
der europäischen Politik» werde. Es scheine «in Ansehung des Interesses
von Frankreich zu sein, was Polen vor der ersten Teilung und auch selbst
nach derselbigen, den partagierenden Mächten war, – das Versöhnungs-
opfer der beleidigten Politik».[574] Doch während Franz II. taktierte, ließ
Friedrich Wilhelm II. im Geheimen verhandeln und am 5. April 1795 den
Baseler Frieden unterzeichnen.[575] Preußen zog sich mit Gewinn aus einem
Krieg zurück, der längst seine Ressourcen überforderte. Das linksrheinische Reichsgebiet blieb französisch und Preußens Verlust von Geldern und
Kleve sollte rechtsrheinisch entschädigt werden. Darüber hinaus durfte es
eine norddeutsche Neutralitätszone unter seiner Führung einrichten.
Wenn es die «Konzeption des preußisch-norddeutschen Einheitsstaates»
zwischen Rhein und Weichsel wirklich gab[576], kam man dieser mit dem
Baseler Frieden recht nahe. Der Reichs-Staat war gespalten und daran änderte sich bis zu seinem Ende 1806 nichts mehr. Das «Historisch-politische Magazin» druckte 1795 den die Rechte der Reichsstände erläuternden
Art. 8 des Westfälischen Friedens. Der kurze Kommentar ließ offen, ob es
einem Reichsstand, «wenn ein Reichskrieg einmal einmüthig beschlossen
ist, freystehe, von diesem einmüthigen Beschlusse abzutreten, und für sich
einen Separat-Frieden mit einem Feinde des Reichs zu machen».[577] Staatsrechtlich waren die preußischen Friedensverhandlungen eine Sezession.
Die Reichsstände, die sich der preußischen Neutralität anschlossen, beriefen sich später auf den natur- und völkerrechtlichen Grundsatz der Selbsterhaltung.[578] Doch galt dieser auch für nichtsouveräne Gliedstaaten? Der
englische Vertreter in Berlin hielt 1796 das Reich faktisch für beendet.[579]
   Mit dem Baseler Frieden hatte sich Preußen als norddeutsche Vormacht etabliert, Kurhannover ausmanövriert[580] und den Grundstein für
die Säkularisierung der geistlichen Gebiete gelegt. Obwohl der Reichstag
zum Frieden drängte und eine Reichsfriedensdeputation einsetzte, führte
der Kaiser weiter Krieg, und seine Armeen zwangen den deutschen
Süden, sich daran zu beteiligen. Aus Wiener Sicht hatte Friedrich Wil-

helm II. den Reichs-Staat gespalten, indem er aus Gründen der Staatsräson eine Koalition aufkündigte, die Preußen keinen Gewinn mehr versprach. Der König selbst gewann so seine Handlungsfreiheit zurück und
konnte sich nun Polen widmen, wo Österreich und Russland ohne ihn
handelseinig zu werden drohten. Am 24. Oktober 1795 verständigten
sich die drei Mächte auf die dritte und vollständige Teilung Polens. Im
Osten realisierten Preußen und Österreich die Gebietsgewinne, die
ihnen im Westen versagt geblieben waren.

Nur etwas mehr als zehn Jahre nach Polen verschwand auch der
Reichs-Staat von der politischen Landkarte Europas. Bis dahin existierte
er nur noch auf dem Papier. Nachdem das lange zaudernde Kursachsen
und die restlichen Stände des obersächsischen Reichskreises im Sommer
1796 Frieden geschlossen und sich der norddeutschen Neutralitätszone
angeschlossen hatten, gab es den politischen Akteur «Kaiser und Reich»
nicht mehr, auch wenn Reichstag, Reichsgerichte und Reichskreise wei-
terarbeiteten. Der Reichs-Staat war in ein süddeutsches Kriegs- und ein
norddeutsches Friedensgebiet gespalten und Deutschland kein Staat
mehr.[581] Ein preußisches Kaisertum schien nur noch eine Frage der Zeit.
Die in Berlin geplanten Hildesheimer Ständeversammlungen 1796/97
wurden bereits als Gegenreichstage wahrgenommen. Die beteiligten
Stände führten ihre Steuern nicht mehr an die Reichsoperationskasse ab,
sondern an die preußische Armee, und Graf Trauttmansdorff stellte
lakonisch fest, der Teil von Deutschland, in dem der preußische König
die Rolle des Kaisers spiele, sei für Österreich verloren.[582]

Preußen genoss derweil die Sympathien der Reichsstände, und Friedrich Wilhelm II. wurde für Franz II. zum gefährlichen Konkurrenten,
denn der Frieden war populär. Obwohl die kaiserliche Armee 1795
Mannheim und Mainz zurückerobert hatte, wuchs die Verbitterung. Die
kleineren Stände, eigentlich die treuesten Anhänger des Kaisers, waren
überschuldet: Einquartierungen und Reichskriegssteuern trieben sie in
den Ruin. Als die Revolutionstruppen 1796 tief nach Süddeutschland
vordrangen, schlossen Bayern, Baden, Württemberg und der Schwäbische Kreis Waffenstillstand mit der französischen Republik. Auch sie
übergaben ihre linksrheinischen Besitzungen an Frankreich, um dafür
die Zusicherung rechtsrheinischer Entschädigungen zu erhalten. Sie
wollten sich nicht für Österreich opfern, zumal Frankreich nun die Idee
des Revolutionsexports zurückstellte und wie einst die Bourbonen kleinere und mittlere Stände gegen den Kaiser stützte. Der geschickt inszenierte Gegenschlag der österreichischen Armee unter Erzherzog Carl
führte jedoch Anfang September bei Würzburg und Ende Oktober im
Badischen zu zwei bemerkenswerten Siegen, die zumindest das rechtsrheinische Reich wieder «befreiten».

Die Siege des Erzherzogs in Süddeutschland wurden jedoch von den

Erfolgen des jungen Generals Napoleon Bonaparte in Oberitalien mehr als wettgemacht. Dieser stieß im Februar 1797 bis in die Steiermark vor und zwang den Kaiser am 18. April zum Vorfrieden von Leoben. Die österreichischen Niederlande und die Lombardei fielen an Frankreich, Österreich wurde mit venezianischem Gebiet entschädigt. Auch der Kaiser konnte die territoriale Integrität des Reichs-Staats nicht retten. Er verzichtete am 17. Oktober im Frieden von Campo Formio auf das linksrheinische Deutschland und auf Italien bis zur Etsch, sicherte Österreich dafür aber Venedig, Salzburg, Berchtesgaden und die Aussicht auf Teile Bayerns.[583]

Während die Zeitungen über die Auflösung des Reichs räsonierten und ein Publizist frohlockte, es sei gewiss, «dass das linke Rheinufer nie mehr an seine ehemaligen Despoten zurückgegeben werde»[584], beharrte die Reichsfriedensdeputation Ende 1797 in Rastatt auf der Reichsintegrität. Erst als die französische Armee Mainz besetzte, wurde das ganze Ausmaß der kaiserlichen Zugeständnisse bekannt.[585] Die Residenzen der drei geistlichen Kurfürsten und das gesamte linksrheinische Reichsgebiet fielen an Frankreich. Den Mindermächtigen wurde die Zustimmung nur dadurch erleichtert, dass man auch ihnen Entschädigungen aus Kirchenbesitz verhieß. Hierüber wurde in Rastatt verhandelt, als Frankreich Österreich neuerlich den Krieg erklärte. Thugut ließ den Rastatter Kongress Ende April 1799 auseinandertreiben. Zwei französische Gesandte wurden dabei unter nie geklärten Umständen von österreichischen Husaren ermordet.

Die deutschen Intellektuellen zeigten sich vor allem darüber schockiert, wie schnell der Kaiser und die Fürsten die linksrheinischen Gebiete aufgegeben hatten. Selbst der besonnene Wieland kommentierte 1798 bissig: «Die Amputation ist gemacht, und die blutende Kriegerin Germania kommt als Krüppel aus dem Lazareth des Friedenskongresses [...] hervorgehinkt.» Ein Zentralstaat bleibe auch nach großen Verlusten ein vollständiger Staat, das Reich besitze als «Föderativstaat» aber nur «moralische Glieder». Es werde sich herausstellen, was die Abtretung für die deutsche Sprache und Literatur bedeute. Die französische Republik müsse nun einerseits die «Amalgamierung» mit allen Kräften betreiben, «um die durchaus nicht ruhigen [...] Leute in denselben Gegenden [...] zu entteutschen.» Andererseits entspreche es ihrer Politik, «diese vormahlige[n] Teutsche[n] im Besitz eines Mittels zu lassen, wodurch die Verbindung mit ihrem Trans- und unserm Cisrhenanien unterhalten wird, um desto leichter bey der nächsten Veranlassung diesen [...] Staatskörper zu helvetisieren.»[586]

Der katholische Publizist Joseph Görres veröffentlichte seine berühmte Grabrede auf das Heilige Römische Reich, das für ihn mit der Übergabe von Mainz an die Franzosen zu Ende gegangen war. «Am dreysigsten December 1797 am Tage des Übergangs von Maynz, Nachmittags um drey Uhr starb zu Regensburg in dem blühenden Alter von 955 Jahren 5 Monathen, 28 Tagen, sanft und seelig an einer gänzlichen Entkräftung, und hinzugekommenen Schlagflusse, bey völligem Bewußtseyn, und mit allen heiligen Sakramenten versehen, das heilige römische Reich, schwerfälligen Andenkens». Als Grabinschrift empfahl Görres: «Von der Sense des Todes gemäh't, athemlos und bleich,/Liegt hier das heilige römische Reich./Wandrer, schleiche dich leise vorbey, du mögest es wecken,/Und das Erstandene uns von neuem mit Konklusen bedecken/Ach! Wären die Franzosen nicht gewesen,/Es würde nicht unter diesem Steine verwesen.»[587]

Unterdessen formierten sich 1798 England, Österreich, Russland, Portugal, Neapel und das Osmanische Reich zur Zweiten Koalition gegen Frankreich. Der folgende Krieg verwüstete erneut die Oberrheinlande. Die (süd)deutschen Reichsstände bewilligten 100 Römermonate und riefen zur Volksbewaffnung auf. Eine anonyme Schrift, die den Deutschen vorwarf, sich bisher feige gegenüber den Franzosen verhalten zu haben, forderte Einigkeit und den entschiedenen Kampf für das Vaterland: «Alle Bewohner Deutschlands müssen sich als eines und dasselbe Volk betrachten; sie müssen Deutsche seyn wollen.» Niemand dürfe darauf sehen, ob er im nördlichen oder südlichen Deutschland wohne, sondern nur daran denken, ein «deutscher Staatsbürger und Unterthan» zu sein.[588] Die Russen verließen nach ihrer Niederlage bei Zürich im Herbst 1799 die Koalition. Napoleon, inzwischen Erster Konsul, siegte am 14. Juni 1800 bei Marengo. General Moreau am 3. Dezember in der Schlacht bei Hohenlinden, östlich von München, und besetzte Regensburg, die Stadt des Reichstags.

Österreich war überwältigt. Der Lunéviller Frieden vom 9. Februar 1801 bestätigte die Abmachungen von Campo Formio, entzog Franz II. aber seine Anrechte auf Bayern und Salzburg. Der Kaiser schloss den Frieden auch im Namen des Reiches, und der Reichstag ratifizierte diesen am 7. März. Die beiden aufgelösten österreichischen Sekundogenituren in Modena und in der Toskana sollten ebenso in Deutschland entschädigt werden wie alle weltlichen Stände, die linksrheinisch Gebiete eingebüßt hatten. Der Reichstag setzte eine Deputation ein. Während die ‹territoriale Revolution› begann, glaubten viele Deutsche noch – und die Presse bestärkte sie darin –, England werde den Krieg gegen Frankreich so lange weiterführen, bis es den Frieden diktieren könne und Deutschland dann aus Gründen des kontinentalen Gleichgewichts seine linksrheinischen Gebiete zurückerhalten. Doch Großbritannien garantierte Frankreich im Londoner Vorfrieden vom 1. Oktober 1801 alle Eroberungen. Die deutschen Kommentatoren waren fassungslos: Deutschland sei verraten worden und Frankreich erhalte nun sogar die Möglichkeit, mit

England auf den Weltmeeren gleichzuziehen. Der Frieden von Amiens vom 25. März 1802 bestätigte alle deutschen Befürchtungen. London hatte weder die Reichsintegrität wiederhergestellt noch den französischen Expansionsdrang gestoppt, sondern sich mit Paris die Erde geteilt.

e) Am Ende war Napoleon

Um 1800 gehörte das linksrheinische Reichsgebiet zu Frankreich, der Rest war geteilt in eine unter dem Druck Österreichs stöhnende süddeutsche Kriegs- und eine mit dem preußischen Führungsanspruch konfrontierte norddeutsche Friedenszone. Der Kaiser hielt das Reich für eine Quantité négligeable, das Kurfürstentum des Reichserzkanzlers war ein Torso und alle deutschen Regierungen suchten nach Nischen, die ihnen das Überleben im Schatten der Koalitionskriege ermöglichten. Zudem wurden nach dem Frieden von Amiens die seit der Reformationszeit bekannten Säkularisierungen fortgesetzt. Bereits in den 1780er Jahren waren mehr als 700 Klöster in Österreich und seit 1798 auch in Bayern aufgehoben worden. Als 1802 die Todesstunde der Reichskirche schlug, legten Napoleon und Zar Alexander I., die mächtigsten Männer des Kontinents, einen Entschädigungsplan vor, der zur unhintergehbaren Vorgabe für die Reichsdeputation wurde. Viele deutsche Staaten schufen Fakten und besetzten die ihnen in Aussicht gestellten geistlichen Gebiete. Der am 24. März 1803 verkündete Reichsdeputationshauptschluss schien das einzige Mittel, «den für das Wohl des gesammten deutschen Vaterlandes, und die Erhaltung des Reichsverbandes selbst so nothwendigen Ruhestand zu befestigen».[589] Die Kluft zwischen den zu voller Souveränität strebenden mächtigen und den mindermächtigen Fürsten wurde größer.

Der Reichsdeputationshauptschluss war das letzte Fundamentalgesetz, das der Reichstag verabschiedete und der Kaiser ratifizierte: Von der einst so stolzen Reichskirche blieben nur der Reichserzkanzler Dalberg mit seinem neuen Fürstentum Aschaffenburg und seinem Bistumssitz in Regensburg sowie der Deutsche und der Malteser Orden übrig. Insgesamt wurden 112 Reichsstände aufgehoben: Mit der Kurpfalz ein weltliches, mit Trier und Köln zwei geistliche Kurfürstentümer, dazu 19 Reichsbistümer, 44 Reichsabteien sowie alle Freien Reichsstädte bis auf Hamburg, Bremen, Lübeck, Frankfurt, Nürnberg und Augsburg. Etwa 3,2 Millionen Untertanen, ein Achtel der Bevölkerung des Heiligen Römischen Reichs deutscher Nation, wechselten ihre Landesherren.[590] Die Gebietsgewinne von Württemberg oder Baden übertrafen deren linksrheinische Verluste um ein Vielfaches. Bayern integrierte die fränkischen Bistümer und baute seine Position als drittgrößter deutscher Staat weiter aus. Preußen annektierte Hildesheim und Paderborn, Teile von

Münster sowie Erfurt und das Eichsfeld aus Mainzer Besitz – etwa das Fünffache seiner linksrheinischen Verluste. Österreich verlor die südlichen Niederlande, den Breisgau sowie die Ortenau und wurde mit Trient, Brixen und – als Entschädigung für die Toskana – mit dem neu eingerichteten Großherzogtum Salzburg großzügig abgefunden. Schwerwiegende Folgen hatte der Reichsdeputationshauptschluss für die Macht- und Konfessionsverteilung in dem nun auf zehn Mitglieder erweiterten Kurkolleg: Für Trier und Köln kamen Württemberg, Baden und Hessen-Kassel sowie Salzburg neu hinzu. Die Protestanten besaßen damit die Mehrheit bei künftigen Kaiserwahlen. Zudem hielten die Kurfürsten mit 78 von 131 Voten die Mehrheit im Fürstenrat, da die neuen Besitzer die Stimmen der Mediatisierten übernahmen. Reichsritter und Reichsgrafen behaupteten zwar noch einmal ihre Selbständigkeit, verloren aber viel an politischem Einfluss, nachdem ihnen im Zuge der Säkularisationen der Rückhalt der Reichskirche genommen worden war. Zwar blockierte der Reichshofrat 1804 noch einmal die Mediatisierungsversuche Bayerns und Württembergs, den Betroffenen gewährte dies jedoch nur einen kurzen Aufschub.

Die Säkularisation bedeutete eine gewaltige Umschichtung ehemals kirchlichen Besitzes und Vermögens. Sie entlastete die katholische Kirche aber auch von Herrschafts- und Repräsentationsaufgaben, so dass sie sich ihren theologischen und seelsorgerischen Aufgaben besser widmen konnte als zuvor. Viele Bürgerliche rückten in die bisher dem Adel vorbehaltenen höchsten kirchlichen Ämter vor. Die negativen Folgen der Säkularisation zeigten sich jedoch schnell: Wertvolles Kulturgut wurde zerstört oder verschleudert, viele katholische Bildungseinrichtungen schlossen: 18 Universitäten, etliche Akademien und zahlreiche Gymnasien. Für manche ländliche Regionen bedeutete dies einen herben Verlust, der seinen Teil zum oft beschworenen katholischen Bildungsdefizit im 19. Jahrhundert beigetragen hat. Die katholischen Handwerker oder Bauern im Umfeld der reichen Klöster durften zwar bei ihrem Glauben bleiben, büßten aber ihr gesamtes soziales, wirtschaftliches und politisches Bezugssystem ein. Insbesondere die hoch spezialisierten Kunsthandwerker verloren ihren Lebensunterhalt. Wohlhabende Bürger, Adlige und Bauern erwarben hingegen die klösterlichen Eigenbetriebe oder Teile davon und gründeten darauf ihren neuen Reichtum.

Der Reichsdeputationshauptschluss rettete den Reichs-Staat nicht mehr. Er verminderte die Anzahl der Reichsstände, brachte aber keine strukturellen Gewinne, weil nun auch die mächtiger gewordenen Mittelstaaten glaubten, ohne den reichischen Zusammenhang auskommen zu können. Das Sicherheitsdefizit der Kleinen verschärfte sich dadurch weiter. Die Folge waren neue Bündnispläne. Ein von den Herzögen in Braunschweig und Weimar lancierter Fürstenbund unter russischer Ga-

rantie scheiterte am Desinteresse Dresdens.[591] Danach überboten sich
Politiker wie der Freiherr Hans Christoph Ernst von Gagern, der badische Minister Sigismund Karl Johann von Reitzenstein oder der preußische Minister Karl August von Hardenberg, Publizisten wie der schwäbische Pfarrer Johann Gottfried Pahl, Historiker wie Johannes Müller
und Niklas Vogt sowie zahlreiche andere Autoren in bündischen Refor-
mentwürfen.[592] Der Jurist Karl Salomo Zachariä betonte 1804 den Bun-
desstaatscharakter des Reiches, weil keine unbedingte Zwangsgewalt
existiere «und nicht das Gesetz, sondern überall die Politik den Aus-
schlag giebt».[593] Der Vorschlag Vogts ragte 1805 aus dem Bundesallerlei
hervor, weil sein «Rheinischer Bund» lediglich die Fürsten einbeziehen
sollte, deren Existenz auf der Reichsverfassung beruhe. Gemeinsam war
allen Plänen, dass sie das Reich retten wollten und sich an den Fürsten-
bundplänen der 1780er Jahre orientierten. Noch im Februar 1806 entwarf der preußische Minister Hardenberg ein Reich, das aus drei von
Österreich, Preußen und Bayern angeführten Konföderationen bestanden hätte.[594]

Auf dem Papier war der Reichs-Staat weiterhin perfekt organisiert.
«Man sieht, die Constitution giebt den Regenten die Freyheit, in ihren
Territorien so viel Gutes zu stiften, wie sie wollen; verbietet aber allen
Misbrauch, Druck und Tyranney.» Adam Christian Gaspari kennzeichnete die Reichsverfassung und vor allem das kaiserliche Veto noch 1803
als «das kostbarste Palladium der Deutschen Freiheit [...]. Nur durch den
Kaiser sind wir frey; ohne ihn sind wir keine Deutschen mehr, als etwa in
dem Sinne, in welchem die Südpreussen oder Galizier noch Polen
sind [...]. Man nehme dem Kaiser sein Veto, und Deutschland hört auf,
ein Reich zu seyn, und wir sind Sclaven.»[595] Solche Einlassungen zeigen,
wie fest das Reich in der politischen Kultur Deutschlands verwurzelt
war. Eine staatliche Ordnung ohne Kaiser und Reich wollte oder konnte
sich fast niemand vorstellen. Die kleineren Stände dachten nicht daran,
den erkennbar morschen Reichsbau offen in Frage zu stellen, da er der
einzige Garant ihrer Sicherheit blieb. Etliche von ihnen schlossen sich
zwar 1803 in der Frankfurter, andere in der Schwäbischen Union zusammen, um sich vor Annexionsabsichten zu schützen[596], doch wurden
sie nicht beteiligt, als man 1806 in Paris über das Ende des Reiches verhandelte.

In Deutschland war der Gedanke, das Heilige Römische Reich deutscher Nation aufzulösen, quasi tabuisiert. Der Zerfall kündigte sich dennoch an, als Franz II. am 11. August 1804 zusätzlich den österreichischen
Kaisertitel annahm. Er reagierte damit auf die Kaiserproklamation Napoleons vom 18. Mai und stabilisierte gleichzeitig das österreichische
Länderkonglomerat unter einer neuen Krone. Dieser zweite Kaisertitel
war ein weiterer eklatanter Verstoß gegen eine Reichsverfassung, die

auch für Frankreich und Russland keine Bedeutung mehr hatte. Zar Alexander wollte im Vorfeld der Dritten Koalition Österreich und Preußen von Deutschland trennen und den Rest – ergänzt um die Niederlande und die Schweiz – unter englisch-russischer Garantie zusammenfassen.[597] Der französische Gesandte und der Kasseler Minister Baron Friedrich Sigismund von Waitz projektierte parallel dazu eine deutsche Konföderation unter französisch-russischem Schutz, aber ohne Österreich, Preußen und Hannover.[598] Napoleons Außenminister Talleyrand plante hingegen im Oktober 1805 den Reichs-Staat auf drei Kaisertümer zu verteilen: Frankreich, Österreich und Preußen.[599]

Die Entscheidung fällte der französische Kaiser, der das alte Mächtesystem nicht umgruppieren, sondern in imperialer Perspektive überwinden wollte. Er hatte sich in Mailand zum König von Italien krönen lassen und die Ligurische Republik annektiert. Um vor offensichtlichen Parallelen zu warnen, druckte Johann Wilhelm von Archenholz in der «Minerva» eine französische Erklärung, die Napoleons italienisches Königtum als Vollendung der Revolution pries.[600] Die Völker Italiens hätten sich unter «die Fahne einer schützenden Monarchie» geflüchtet, weil ihnen der Mut gefehlt habe, «sich zu einem freyen und unabhängigen Staate zu constituiren». Das Beispiel zeige, dass «überwundene Nationen» ihr Glück selbst bestimmen sollten. Napoleon werde alle Pflichten beachten, die ihm «dieses zweyte Vaterland» auferlege.»[601] Warum sollte der Imperator mit Deutschland anders verfahren? Laut eines wiederum in der «Minerva» nachgedruckten Moniteurartikels waren «die Etsch und der Rhein» die natürlichen Grenzen Frankreichs.[602] Schon im Herbst 1805 betrachtete das napoleonische Lager den Kontinent als Balancesystem zwischen Russland und Frankreich. Preußen, Österreich und das restliche Deutschland zählten demnach bereits vor der Schlacht von Austerlitz zu dem Glacis, das die beiden Vormächte trennen sollte. Diese bipolare Konstruktion folgte der Logik des Friedens von Amiens: Hatten zuvor wechselseitige Zugewinne das europäische Gleichgewicht garantiert, expandierte nun im Westen nur noch Frankreich, im Osten Russland.

König Friedrich Wilhelm III. von Preußen blieb neutral und beteiligte sich nicht an der Dritten Koalition.[603] Dagegen zog Wien trotz aller Warnungen des Hofkriegsratspräsidenten Erzherzog Carl in den Krieg. Franz II. dachte weniger an das Reich als an die Rückgewinnung seiner italienischen Vorherrschaft. Bayern, Baden und Württemberg drängten auf die Seite Napoleons, wo sie ihre Interessen besser gewahrt sahen. Während die österreichische Hauptarmee unter Erzherzog Carl in Italien operierte, verlagerte Napoleon seine Truppen blitzartig von der Kanalküste nach Süddeutschland. Ein österreichisches Korps kapitulierte am 20. Oktober bei Ulm, und Napoleon zog am 13. November unbedrängt in Wien ein. Am 2. Dezember 1805 errang er gegen die vereinigten Armeen des Zaren und des deutschen wie österreichischen Kaisers in der «Dreikaiserschlacht» bei Austerlitz seinen vielleicht spektakulärsten Sieg. Franz II. musste im Frieden von Pressburg Ende 1805 die Rangerhöhung der nunmehrigen Könige von Bayern und Württemberg sowie des Großherzogs von Baden anerkennen und akzeptieren, dass diese die gleiche Souveränität wie Österreich und Preußen für sich in Anspruch nahmen. Sie wurden zu Mitspielern Napoleons und blieben an ihn gebunden, weil nur er ihren neuen Rang garantieren konnte. Österreich verlor in Pressburg Venetien, Dalmatien und Istrien an das Königreich Italien, Eichstätt, Vorarlberg, Tirol, Brixen und Trient an Bayern. Vorderösterreich wurde unter Bayern, Württemberg und Baden aufgeteilt. Der Friedensvertrag machte aus dem Reich eine «Confédération Germanique».[604]

König Friedrich Wilhelm III. von Preußen hatte laviert, zumal sich die Meinungen seiner Minister neutralisierten: Hardenberg neigte zum Anschluss an die Koalition, Christian Graf von Haugwitz wollte den Krieg mit Frankreich vermeiden. Als im Spätherbst doch noch eine preußische Armee nach Böhmen marschierte, war es zu spät. Sie stand während der Schlacht bei Austerlitz im Niemandsland. Napoleon diktierte daraufhin Preußen am 15. Dezember den Schönbrunner Allianzvertrag. Es sollte Hannover besetzen, dafür Ansbach an Bayern und das in der Schweiz gelegene Neuenburg an Frankreich abtreten. Bayern verzichtete auf das Herzogtum Berg, das Napoleon mit einigen umliegenden Gebieten seinem Schwager Joachim Murat unterstellte. Die «Minerva» kommentierte die neue Universalmonarchie: «Nicht mehr gleiche Kräfte werden es seyn, die sich durch ihr wechselseitiges Entgegenwirken in Ruhe erhalten; sondern eine einzige überwiegende Gewalt, die in Zukunft zu stark seyn wird, um Angriffe zu befürchten, und zu groß, um noch weitere Ausbreitung nöthig zu haben, wird den Frieden rund um sich her erhalten.»[605]

Wer konnte Napoleon noch daran hindern, Mitteleuropa neu zu gestalten? Selbst Preußen wurde mit der Annexion Hannovers, das im Sommer 1803 von französischen Truppen besetzt worden war, zu seinem Komplizen. Für König Georg III. waren seine Stammlande jedoch nicht verhandelbar – nicht einmal als Preis für den Sieg über Napoleon.[606] Dieser kontrollierte Ende 1805 ganz Deutschland[607], das als Staatenbund souveräner Mittelmächte zum Eckpfeiler einer europäischen Friedensordnung werden sollte. 1806 wurde noch einmal über ein norddeutsch-preußisches Kaiserreich diskutiert, während solche Pläne für Süddeutschland, etwa unter bayerischer Führung, nicht bekannt sind. In Wien verpasste man unterdessen die letzte Gelegenheit, die Reichskrone freiwillig niederzulegen, die Hofburg hielt den richtigen Zeitpunkt noch nicht für gekommen.[608] Zeitgenössische Beobachter erwarteten, dass Napoleon die Krone des Heiligen Römischen Reiches für sich beanspruchen werde, nachdem er sich 1804 in Aachen als Nachfolger Karls des Großen hatte feiern lassen. Doch das deutsche System komplementärer Staatlichkeit stand seinen Ambitionen im Wege. Deswegen schuf er sich nach dem Vorbild Caesars ein eigenes Imperium in der Tradition des antiken Römischen Reiches, um wie dieses Europa Frieden und zivilisatorischen Fortschritt zu bringen.[609] Der Legitimierung diente Charlemagne und dessen angeblich «liberales» Empire, das nach einer tausendjährigen feudalen Verfallszeit nun wieder entstehen sollte.[610]

Die Entscheidung über die künftige politische Gestalt Deutschlands fiel wohl erst Ende Mai 1806 in Paris, wo die Noch-Reichsstände sich zu behaupten bzw. die Gunst Napoleons zu erlangen suchten. Bayern und Württemberg hatten gegen die Auflösung des Reiches wenig einzuwenden, wollten aber ohne ein ihre Souveränität einschränkendes Staatenbündnis Partner Napoleons werden. Doch auch sie mussten den Rheinbundvertrag am 12. Juli 1806 unterzeichnen, der die verbliebenen 16 souveränen Herrscher Süddeutschlands vereinigte: die Könige von Bayern und Württemberg, die Großherzöge von Baden, Hessen-Darmstadt und Berg, die Herzöge von Nassau und Arenberg, die Fürsten von Hohenzollern-Hechingen, Hohenzollern-Sigmaringen, Salm-Salm, Salm-Reiferscheid, Isenburg-Birstein, Liechtenstein und von der Leyen sowie den Fürstprimas Dalberg, dem die organisatorische Ausgestaltung der Konföderation oblag. Die neuen Souveräne mediatisierten die umliegenden Gebiete und schlossen eine Offensiv- und Defensivallianz mit Napoleon, die sie bei dessen kontinentalen Kriegen zur Abstellung von Soldaten verpflichtete. Der französische Kaiser machte sich selbst zum Protektor. Die Souveränität der Bundesmitglieder bestand nach Art. 26 des Rheinbundvertrags in der Gesetzgebung, der höchsten richterlichen Gewalt und Polizeibefugnis, der militärischen Konskription sowie im Recht, Steuern einzuziehen. Nach Art. 7 und 8 durften die Rheinbundfürsten fremde Dienste nur in den konföderierten Staaten annehmen und ihre Souveränitätsrechte auch nur an diese abtreten.[611]

«Souveränität» war der Signalbegriff der Rheinbundakte. Die Begünstigten sahen sich am Ziel ihrer Wünsche, denn sie erreichten die internationale Anerkennung und eine praktisch unbeschränkte Gestaltungsfreiheit nach innen. Zur vollständigen bzw. zur «westfälischen Souveränität» fehlte ihnen jedoch die Möglichkeit, auch ihre auswärtigen Beziehungen frei zu gestalten. Die Souveränität war nun zwar ungeteilt, blieb aber nach außen eine relative. Die Bindung an das napoleonische Hegemonialsystem bot freilich gewichtige Vorteile: territoriale Gewinne, Rangerhöhung sowie die Ausschaltung der Landstände und Reichsgerichte. Hinzu kam der wirtschaftliche und kulturelle Austausch mit dem Grand Empire. Die

Herrscher der Rheinbundstaaten handelten in inneren Angelegenheiten souverän, weil sich Napoleon nur für die Bereitstellung der Soldaten und Kontributionen interessierte. Er ließ selbst die Einführung des Code Napoléon nur empfehlen.[612] Dennoch blieben die Rheinbundfürsten auf den Korsen angewiesen. Er hatte sie kreiert und die Grenzen ihrer Staaten festgelegt, er schuf mit Sachsen und Westfalen zwei neue Königreiche, und er annektierte später Nordwestdeutschland: Seine Truppendurchzüge und Kontributionsforderungen demonstrierten, dass Souveränität in einem zentripetalen Hegemonialsystem stets nur eine relative sein konnte.

Der Rheinbund bereinigte im Süden und Westen Deutschlands angeblich ein Strukturdefizit des Alten Reiches. Allerdings misslang der Plan, das traditionell Frankreich nahe dritte oder eigentliche Deutschland in Form eines Staatenbundes zusammenzufassen. Die bayerische Regierung unter Graf Montgelas sowie König Friedrich I. von Württemberg opponierten gegen das Fundamentalstatut. Es hätte ihre Souveränität eingeschränkt und sie einem mit dem Alten Reich vergleichbaren Abstimmungs- und Entscheidungsverfahren unterworfen. Sie fürchteten, dass auch der Rheinbund sie daran hindern könnte, einen moderneren Staat aufzubauen. Die bayerische Konstitution sollte ausdrücklich den (bayerischen) «Nationalgeist» fördern.[613] Dazu mussten die in Deutschland aus den öffentlichen Diskussionen nicht mehr zu verbannenden Ideen von 1789 und die Ideale des aufgeklärten Despotismus verzahnt und eine Synthese von historischem und revolutionärem Recht gefunden werden. Jede Erinnerung an die deutsche Nation und das Reich schien da nur hinderlich.

Das Heilige Römische Reich deutscher Nation wurde rasch Geschichte. Die Gründungsmitglieder des Rheinbundes erklärten auf Geheiß Napoleons am 1. August vor dem Reichstag ihren Austritt, weil «das Band, welches bisher die verschiedenen Glieder des deutschen Staatskörpers mit einander vereinigen sollte, für diesen Zweck nicht mehr hinreiche». Seit dem Baseler Frieden müssten «nothwendig alle Begriffe von gemeinschaftlichem Vaterlande und Interesse verschwinden; die Ausdrücke: Reichskrieg und Reichsfrieden wurden Worte ohne Schall; vergeblich suchte man Deutschland mitten im deutschen Reichskörper». Deswegen habe man einen «den Zeitumständen angemessenen Bund» geschlossen und sich dem Schutz des Kaisers von Frankreich anvertraut, «dessen Absichten sich stets mit dem wahren Interesse Deutschlands übereinstimmend gezeigt haben».[614]

Nach dieser Erklärung bestand das Reich theoretisch nur noch aus den Erblanden und der preußischen Neutralitätszone, die sich aber schon seit mehr als zehn Jahren verweigerte. Nachdem Napoleon Franz II. ultimativ in einer am 2. August in Wien übergebenen Note zur Niederlegung der römischen Kaiserkrone aufgefordert hatte[615], fügte sich dieser mit seiner schriftlichen Erklärung vom 6. August 1806: «Wir erklären demnach durch Gegenwärtiges, daß Wir das Band, welches Uns bis jetzt an den Staatskörper des deutschen Reichs gebunden hat, als gelöst ansehen, daß Wir das reichsoberhauptliche Amt und Würde durch die Vereinigung der conföderirten rheinischen Stände als erloschen und Uns dadurch von allen übernommenen Pflichten gegen das deutsche Reich losgezählt betrachten und die von wegen desselben bis jetzt getragene Kaiserkrone und geführte kaiserliche Regierung, wie hiermit geschieht, niederlegen.»[616] Der Kaiser entband alle Reichsstände, das Reichspersonal sowie die «deutschen Provinzen und Reichsländer» von ihren Pflichten gegenüber dem «deutschen Reich».[617] Diese Erklärung schuf Fakten, ob sie rechtmäßig war oder nicht, und die Stände stimmten ihr stillschweigend zu. Nur die Könige von Schweden und England protestierten wegen Pommern und Hannover gegen die Auflösung des Reiches.

Goethe gilt als Kronzeuge der angeblichen Gleichgültigkeit, mit der die Zeitgenossen diesen Akt zur Kenntnis nahmen. Doch dessen Rede vom «Zwiespalt des Bedienten und Kutschers auf dem Bocke, welcher uns in mehr Leidenschaft versetzte als die Spaltung des römischen Reichs» bezog sich auf die Gründung des Rheinbundes. Zudem ist das Zitat aus dem Zusammenhang gerissen, denn die Reisegesellschaft hatte diese Entwicklung am Tag zuvor ausgiebig erörtert, und sie durchlitt Todesängste angesichts der Prügeleien auf dem Kutschbock.[618] Es war nur in einer Zeit glaubhaft, die über das Alte Reich längst den Stab gebrochen hatte, dass ein Weimarer Minister das Ende des Reiches beiläufig zur Kenntnis genommen habe.

Tatsächlich provozierte es höchst unterschiedliche Reaktionen: Das Unfassbare, das dennoch fast jeder erwartet hatte, war eingetreten. Trauer, Freude und Gleichgültigkeit hielten sich zumindest die Waage.[619] Goethe berichtete Wilhelm von Humboldt am 22. August 1806 nach Italien: «Uebrigens verschlingt das Schicksal des deutschen Vaterlandes alle Aufmerksamkeit des Publicums. Müller, Gentz, Arndt und andre rufen den alten Patriotismus in sehr gelesenen Schriften vergebens an. Iffland führt die Gestalt D. Luthers auf dem Theater hervor und man hat bemerkt, daß zu eben der Zeit, als Kaiser und Churfürsten in größter Pracht sich in Berlin über die Scene bewegten, sey das heilige römische Reich so eben verschieden.»[620] Für Goethe markierte der gegen den Papst und die katholischen Habsburger in Berlin inszenierte Luther den Anspruch der Hohenzollern auf eine evangelische deutsche Kaiserwürde. Doch auch dieser sollte sich binnen zweier Monate erledigen.

Nach der territorialen Revolution in Süddeutschland war Preußen – wie Archenholz in der «Minerva» warnend hervorhob – der einzige Damm, den Napoleon noch zu überwinden hatte, um den Kontinent von Portugal bis an die Grenzen Russlands «seiner Willkür unterworfen zu sehen».[621]

In Berlin musste man sich nun entscheiden: ein Kaisertum an der Seite des Grand Empire als Führer eines norddeutschen Reiches oder Krieg gegen den Korsen. Napoleons Danaergeschenk «Hannover» war schnell zum Alptraum geworden, denn König Georg III. erklärte Preußen am 11. Juni 1806 den Krieg.[622] Selbst Verbündete wie Kursachsen oder Hessen-Kassel waren höchst besorgt: Die Berliner Initiativen zur Umgestaltung Deutschlands kamen zu spät.[623] Im August wollte Preußen etwas an die Stelle des «erloschenen Deutschen Reichsvereines» gesetzt sehen, das die Staaten Norddeutschlands zu einem Ganzen verbinde. Berlin reklamierte die Kaiserkrone, die Kurfürsten von Sachsen und Hessen-Kassel sollten Könige werden. Ansonsten orientierte sich der Plan am Alten Reich, insofern ein Bundesgericht, ein Bundesheer sowie Bundeskreise eingerichtet werden sollten.[624] An die Stelle des Alten Reiches wären drei Kaiserreiche getreten. Frankreich hätte den Süden, Preußen den Norden dominiert, während Österreich im restlichen Deutschland einflusslos geblieben wäre. Schon Dresden opponierte, denn dort überlegte man, als Reichsvikar selbst an die Spitze des norddeutschen Restreiches zu treten.[625] Berlin bot daraufhin Kursachsen weitreichende Entscheidungskompetenzen für alle sächsischen Territorien an.[626]

Unterdessen justierte Napoleon seine Falle. Preußen wurde in einen Krieg gezwungen, den es nicht gewinnen konnte. Als mit den Berichten über englisch-französische Verhandlungen auch das Gerücht auftauchte, Hannover solle England zurückgegeben werden[627], musste Friedrich Wilhelm III. handeln. An dem Tag, an dem Franz II. die Kaiserkrone niederlegte, forderte der preußische König Napoleon ultimativ auf, seine Armee abzuziehen und den Rheinbund aufzulösen. Im Kriegsmanifest ließ er am 1. Oktober verkünden, Preußen greife zu den Waffen, «um das unglückliche Deutschland von dem Joche, worunter es erliegt, zu befreien; vor allen Traktaten haben die Nationen ihre Rechte!»[628] Als wenig später 120 000 preußische Soldaten in Sachsen und Thüringen einrückten, erklärte Napoleon dem französischen Senat und der ganzen Welt, dem erneut von Preußen überfallenen Sachsen beistehen zu müssen.[629] Die wichtigeren Rheinbundfürsten standen an seiner Seite. Heinrich Friedrich Karl Freiherr vom und zum Stein machte im Herbst 1808 «die Gleichgültigkeit Preußens gegen die Erhaltung der Selbständigkeit und Freiheit Deutschlands» dafür verantwortlich, dass Napoleon zwei Jahre zuvor die «Kräfte des südlichen Deutschland zur Unterjochung des nördlichen» habe nutzen können.[630]

Am 14. und 15. Oktober 1806 zerstörte der französische Kaiser bei Jena und Auerstedt die Illusion des von sächsischen Truppen unterstützten alten Preußens, eine Großmacht zu sein. Preußen verlor fast alle polnischen und seine westelbischen Gebiete. Die Zerstörung des Alten Reiches und die Zerschlagung des alten Preußen öffneten den Weg für einen

Rheinbund, der seit Ende des Jahres 1806 zügig auf alle deutschen Staaten außer Österreich, Preußen sowie die schwedischen und dänischen Besitzungen ausgedehnt wurde. Er bildete mit dem neu eingerichteten Herzogtum Warschau, das König Friedrich August I. von Sachsen in Personalunion regierte, der helvetischen sowie der batavischen Republik einen Puffer gegenüber den drei besiegten Ostmächten. Zudem sollten nördlich der Mainlinie mit den Königreichen Sachsen und Westfalen zwei Staaten die Macht Bayerns im Rheinbund relativieren und Preußen in Schach halten. Die These, dass der Rheinbund nur auf Napoleons Streben zurückzuführen sei, Deutschland zu dominieren und exklusiv an Frankreich zu binden[631], unterschätzt die Verlockungen der Souveränität und die zuletzt breite Ablehnung der beiden deutschen Vormächte.

Die deutsche Historiographie hat die Phase des Rheinbundes lange nur negativ als «Fremdherrschaft» bewertet und von ihm als «Rekrutendepot», «französischer Präfektur» oder «Protektoratsgebiet» gesprochen.[632] Sie ging davon aus, dass sich die Fürsten «außenpolitisch auf Gedeih und Verderb mit Napoleon verband[en], um innenpolitisch ein Höchstmaß an Freiheit und Souveränität zu erlangen».[633] Paul W. Schroeder bezeichnet in seinem viel diskutierten Buch die Verbündeten Napoleons als «Kolonien». Der Rheinbund habe keine Stabilität erreicht, «because the only relationship allowed by Napoleon's France was colonial dependency».[634] Der nie institutionalisierte Rheinbund konnte die neuen Souveräne in ihrem Drang nach Selbständigkeit zwar nicht wirklich bremsen, doch er bot die ideelle Plattform, um weiter über die auch politische Nationaleinheit zu diskutieren und zu spekulieren. Das Jahr 1806 bedeutete staatsrechtlich fraglos eine tiefe Zäsur. Die Siege und der politische Gestaltungswille des Kaisers der Franzosen sorgten jedoch dafür, dass das Heilige Römische Reich deutscher Nation nicht zwischen Norden und Süden, zwischen Österreich und Preußen geteilt wurde. Napoleon strich das Alte Reich 1806 von der Landkarte Europas, doch die angestrebten Nationen der Bayern oder Sachsen brachten die deutsche nicht zum Verschwinden. Sie lebte fort, zumal die Idee der föderativen Nation mehr als diejenige des eindeutigen Machtstaates den deutschen Diskurs bestimmt hatte.[635]

III. Von der Aufklärung des Verstandes zur gesellschaftlichen Pluralisierung

Die Aufklärer träumten von einer rational gestalteten Welt und von einem freiheitlichen, friedlichen und humanitären Miteinander. Reglementierende Reformen machten die Aufklärung für die Masse erfahrbar und zum Modewort. Ende des 18. Jahrhunderts sprach Europa vom «siècle des lumières», dem «secolo di luce» oder dem «Zeitalter der Aufklärung».[1] Zu diesem Zeitpunkt bestimmten Kritik und Vernunft, Freiheit und Rationalisierung alles, was der «Effizienz- und Ertragssteigerung» diente[2], nicht mehr allein und unangefochten das aufklärerische Denken und Handeln. Mit der Betonung von Sinnlichkeit und Gefühlen wurde die Aufklärung vielfältiger, alle Anlagen des menschlichen Geschlechts sollten entwickelt werden.

Die Aufklärungsepoche richtete ihre Hoffnung auf die Beherrschung der Natur und die Vervollkommnung des Einzelnen, der Gesellschaft und der Menschheit, um Gegenwart und Zukunft «vernünftig» zu gestalten. «Bloß zum Leben und Verfaulen, kann doch wol ein Geschöpf nicht mit der Fähigkeit, den Lauf der Sterne zu berechnen, die Größe der HimmelsKörper zu messen, und die Gewitter abzuleiten, ausgerüstet seyn.»[3] Viele deutsche Aufklärer hielten am Glauben an einen göttlichen Auftrag fest, was sie von den areligiösen Denkern in Frankreich oder England unterschied. Auf der Insel gewannen nun allerdings sozial konservative Ansichten und das Beharren auf dem englischen Weg von Monarchie, Aristokratie und «Empire» die Oberhand.[4] Für Deutschland schienen die Aussichten günstig: «Mehrere Fürsten werden Väter ihres Volkes werden. Gereinigte Vernunft im Gefolge äct christlicher Religiosität wird die Nation beglücken. Schwärmerey dem hellern Lichte weichen. Physische und moralische Cultur wird fortschreiten.»[5] Das Fehlen eines Zentrums und eines politischen Willens forcierte den Austausch über die kulturellen Binnengrenzen hinweg.

Die meisten Herrscher oder Staaten fühlten sich allerdings als wahre Leviathane für das Gemeinwohl verantwortlich. Dies entsprach der Wolffschen Tradition und der Handlungslogik einer ständisch-hierarchisch gegliederten Gesellschaft. Die Macht der Obrigkeiten reichte allerdings nicht aus, um gegen die vielen alten und neuen Privilegien flächendeckend den angestrebten einheitlichen Untertanenverband zu verwirklichen. Trotz der staatlichen Regulierungssucht hatten sich vielgestaltige Lebenspraxen behaupten können. Diese ungeregelte Pluralität nahm im Zeichen der Aufklärung durch den Autoritätsverlust der alten Ordnungen zu. Was auf den ersten Blick als Bedrohung oder Verlust der vorgängigen Einheit erschien, bedeutete zugleich eine Ausweitung der Entscheidungs- und Handlungsspielräume. Die Politisierung kreiste um bürgerliche Freiheit und rechtliche Gleichheit, die «staatsfreien» Räume sollten erhalten und neue geschaffen werden. Patriotische Bürger engagierten sich auf dieser Basis für das Gemeinwohl. Ihre Freiheitsforderungen, die ein sittlich-tugendsames Verhalten voraussetzten, richteten sie auch an sich selbst. Patriotismus und Politisierung waren die beiden Seiten derselben Münze.

Wirklich radikal und vorbildhaft wurde die deutsche Aufklärung erst, als der naive Glaube zerstob, allein die Rationalisierung verbürge den Fortschritt. Wer Klassik, Romantik und Idealismus von der «eigentlichen» Aufklärung trennt, ignoriert die geistig-kulturellen Strömungen, die lediglich mit unterschiedlichen Mitteln eine bessere, freiere und vernünftigere Welt anstrebten. Das Ende einer Denkhaltung kann nicht in dem Moment erreicht sein, als die meisten Aufklärungskonzepte entstanden und die Bewegung sowohl selbstreflexiv als auch praxisrelevant wurde. Diejenigen, die auf die Gefahren von Eigennutz, Materialismus oder revolutionärem Terror hinwiesen, ohne das Prinzip von Kritik und Vernunft prinzipiell in Frage zu stellen, verließen die aufklärerische Basis nicht.[6] Auch sie suchten nach Antworten auf den Autoritätsverlust von Ordnungen und Institutionen und wollten mit der Selbstbestimmung und Selbstbildung des Menschen zwei zentrale Werte der Aufklärung verwirklichen. Damit betrieben sie die «Aufklärung der Aufklärung»[7], ohne das zu verabsolutieren, was mit dem Verstand zu begreifen war.

Die Aufklärer hatten den nach seinen eigenen Ideen geformten, mündig gewordenen Menschen zum Mittelpunkt der Welt erklärt. Er war für sein Tun und Lassen verantwortlich und musste über bisher unbekannte Sachverhalte entscheiden, weil sich die Vergangenheit nicht mehr einfach fortschrieb. Dieser neue Zwang zur Freiheit wurde daher auch als Verlust der elementaren Sicherheit und Geborgenheit wahrgenommen, den die alten Ordnungen geboten hatten. Der gemeine Mann hatte – etwa bei der individuellen Vorsorge – existentielle Entscheidungen zu treffen. Die Elite befürchtete, dies könne ihn überfordern, weil dadurch den «Unwissenden [...] die Ruhe ihres Lebens, und [...] die einzige Stütze ihrer Zufriedenheit» geraubt werde.[8] Vor diesem Hintergrund gewann die Klage der Romantiker zusätzliches Gewicht, der Mensch entfremde sich von sich selbst, wenn man die traditionellen Deutungsmuster trivialisiere, die Kirche um den Glauben reduziere und als Vernunftreligion kulturell neutralisiere. Ernüchterung machte sich breit, als die rationale Umgestaltung der Welt auf sich warten ließ. Die Aufklärungsepoche endete im zweiten Viertel des 19. Jahrhunderts mit dem Beginn der Industriellen Revolution und als der Ruf nach politischer Eindeutigkeit in Gestalt des Nationalstaates lauter wurde.

Die zuvor, im «langen 18. Jahrhundert», Denken und Handeln formenden Bewegungen des Pietismus, des vor allem empirischen Rationalismus, der Klassik, der Frühromantik und des Idealismus sind keine Folge von Kulturepochen, sondern von aufeinander bezogenen Intentionen getragen. Sie reagierten mit Postulaten wie Mündigkeit, Selbstdeutung und Selbstverantwortung auf das Brüchigwerden der ständisch-feudalen Ordnung sowie einer konfessionalisierten, auf die Heilsgeschichte zentrierten Kultur. Mit ihren unterschiedlichen Antworten zwangen sie den frei gewordenen Menschen, sich Rechenschaft zu geben über seine Identität, die Reichweite seiner Vernunft und sein Handeln in sozio-politischen und kulturellen Kontexten.

Der Kampf zwischen politischer Steuerung und freier Konkurrenz war nicht neu. Die traditionellen Verhältnisse einer gebundenen Wirtschaft mit vielen Freiräumen hatten bisher jedoch Leben und Überleben gesichert. Bauern arbeiteten nach den Vorgaben der Agrarverfassungen, Handwerker nach den Regeln ihrer Zünfte, Verlage, Manufakturen und Fabriken nach Maßgabe der fürstlichen Privilegien, Händler und Kaufleute gemäß ihren Konzessionen. Selbst die Überseekompanien kolonialisierten die Welt im Namen der Regierungen. Die Wirtschaft blieb zwar an politisch-rechtliche Vorgaben «gebunden», ihre Gestaltungsmöglichkeiten schlossen jedoch Gewinnstreben und ökonomische Ausbeutung nicht aus. Erst das 18. Jahrhundert befreite den Eigennutz als Motor jeder Entwicklung vom Verdikt des Lasterhaften. Neue und alte Paradigmen standen nun in einer uneindeutig gewordenen Welt nebeneinander: Beispielsweise bedeutete Eigentum nun freie Verfügungsgewalt, es blieb aber sozialpflichtig. Die Menschen klammerte sich daher an die informellen Regeln einer sittlichen Ökonomie[9], um den «gerechten» Preis für Arbeit und Waren zu erzwingen.

Agrarverfassungen und Zunftordnungen hatten über Jahrhunderte hinweg die Nahrungsmittel- und Güterproduktion geregelt. Gehorsam gegenüber der Herrschaft beruhte auf dem Vertrauen, dass diese das Überleben nicht durch Neuerungen gefährdete, sondern für soziale Sicherheit sorgte. Die fürsorgliche Verfassung einer im Grunde statischen Gesellschaft stieß freilich im 18. Jahrhundert an die Grenzen ihrer Regelungskapazität, weil (1.) der strukturelle Wandel nicht nur die Erosion der alten Ordnung, sondern auch (2.) zahlreiche Transformationskonflikte provozierte. Obwohl (3.) die «bürgerliche» Ordnung Idee und Entwurf blieb, wurde sie doch partiell für die Lebenspraxis vieler Zeitgenossen wirkungsmächtig.

1. Struktureller Wandel

a) Bevölkerungsentwicklung

Während Herrscher und Regierungen die Wohlfahrt des Staates an der Bevölkerungsgröße maßen und Peuplierungspolitik betrieben, verwiesen zeitgenössische Statistiker auf die Gefahren der Überbevölkerung. Sie reagierten damit auf den stetigen Zuwachs an Menschen, den der säkulare Wandel von hoher zu niedrigeren Geburten- und Sterberaten und das längere Leben ausgelöst hatten. Die Bevölkerung des Reichs deutscher Nation nahm im 18. Jahrhundert um etwa die Hälfte zu. Der Anstieg von jährlich bis zu 1,5 Prozent vor der Jahrhundertmitte glich nur die enormen Verluste des Dreißigjährigen Krieges aus. Das weitere Wachstum widersprach jedoch allen bisherigen Erfahrungen.[10] In den 1790er Jahren nahm die Bevölkerung jährlich um fast ein Prozent zu.[11]

Ein Zeitgenosse bezifferte die Einwohnerzahl der zehn Reichskreise aufgrund der Volks- und Konsumentenzählungen auf exakt 25 473 678.[12] Solche Zahlen dürfen nicht darüber hinwegtäuschen, dass auch sie letztlich hochgerechnet bzw. geschätzt sind. Zudem waren die damals in etlichen Ländern erfolgten Volkszählungen höchst ungenau, weil nur die sesshafte Bevölkerung erfasst und das «Sich-zählen-Lassen» als Akt der Unterwerfung galt und vielfach sabotiert wurde. Die etwa 250 000 damals in Deutschland lebenden Juden tauchen in den zeitgenössischen Statistiken ebenso wenig auf wie das «fahrende Volk».

Realistischer als die scheinbar exakten Zahlen sind daher moderne Schätzungen. Sie schwanken zwischen 24 und 30 Millionen Menschen, die auf dem Gebiet des Reichs deutscher Nation um 1800 gelebt haben sollen.[13] Der Bevölkerungshistoriker Rolf Gehrmann geht 1740 von etwa 16,3 Millionen, 1755 von 18,0 und 1770 – aufgrund der Verluste im Siebenjährigen Krieg – von etwa 18,6 Millionen Einwohnern aus. Danach stieg seines Erachtens die Bevölkerung jährlich um etwa 100 000, so dass Deutschland 1805 22,5 Millionen Einwohner gehabt haben könnte. Die Angaben scheinen realistisch, beziehen sich freilich auf ein Deutschland in den Grenzen von 1914, wenn auch ohne Elsaß-Lothringen.[14] Das bevölkerungsreiche Schlesien ist eingerechnet, Österreich fehlt. In den österreichischen zum Reich deutscher Nation gehörenden Gebieten (ohne Böhmen) lebten um 1800 vielleicht 4,5 Millionen Menschen[15], so dass auf dem Gebiet des Reichs-Staates an der Wende vom 18. zum 19. Jahrhundert mit etwa 25 Millionen Menschen zu rechnen ist. Davon dürften 58 Prozent Katholiken und etwas über 40 Protestanten gewesen sein.[16] Die Rheinlande und Teile Sachsens waren mit 70 Einwohnern pro Quadratkilometer dicht, viele norddeutsche Gebiete mit weniger als 40 dünn besiedelt.[17]

Ein Vergleich von Geburten und Todesfällen in Städten und Dörfern zeigt, dass das Bevölkerungswachstum weiterhin auf dem Land erzielt wurde. Die frühneuzeitlichen Kommunen blieben auf die Zuwanderung von Gesellen, Dienstboten, Lehrlingen, Mägden oder Soldaten angewiesen. Die kleinräumige Migration fällt zwar bei den territorialen oder nationalen Bilanzen kaum ins Gewicht, bildete aber eine zentrale Voraussetzung für die städtischen Wachstumskerne und die Industrialisierung. Dagegen führte die Auswanderung zu absoluten Bevölkerungsverlusten, die sich für Deutschland im 18. Jahrhundert auf etwa eine Million summieren.[18] So zogen in den sogenannten «Schwabenzügen» zwischen 1763 und 1770 sowie 1782 und 1788 etwa 70000 süddeutsche Bauern und Handwerker in den südosteuropäischen Donauraum, vorwiegend ins Banat und nach Siebenbürgen. Parallel hierzu wanderten etwa 25 000 Pfälzer in die vom Zarenreich neu eroberten Wolgagebiete und an die Schwarzmeerküste aus. Neueste Schätzungen sprechen von insgesamt 740000 deutschen Auswanderern nach Ost- und Südosteuropa. Die Überseemigration nach Nordamerika fällt dagegen mit etwa 150 000 Personen bescheiden aus. Bei den Gründen der Fernwanderung dominierten sozio-ökonomische Motive, daneben gab es auch religiöse Dissidenten.[19] Die Emigranten kamen meist aus den unterbäuerlichen Schichten und reagierten auf die krisenhafte Zuspitzung ihrer Lebensumstände.

Die demographische Revolution des späten 18. Jahrhunderts, der Übergang zu einem kontinuierlichen Bevölkerungswachstum, hatte viele Ursachen. Die bessere und ausgewogene Ernährung führte nicht nur zu einem längeren Leben, sondern auch zu einer höheren innerehelichen Fruchtbarkeit. Die neuen Arbeitsplätze in Manufakturen und Fabriken erlaubten zusätzliche Familiengründungen. Die Sterblichkeit sank in allen Lebensaltern aufgrund vielfältiger medizinischer, hygienischer und ernährungsphysiologischer Verbesserungen. Der Speiseplan eines Hamburger Armenarbeitshauses bot, falls er tatsächlich eingehalten wurde, den Insassen mit täglich 3000 kcal ausreichende Nahrung. Aufgrund der vorherrschenden pflanzlichen Produkte scheint lediglich eine gewisse Unterversorgung mit Eiweiß wahrscheinlich. Fleisch, Fisch und Käse kamen um 1800 anders als im 16. Jahrhundert nur noch selten auf den Tisch der Unterschichten.[20] Neben der durch den Kartoffelanbau verbesserten Ernährungssituation verringerte auch die Seuchenprävention die Sterblichkeit. Staatsgewalt und Militär arbeiteten zusammen, wenn es galt, mit einem «Cordon sanitaire» die einzig wirklich hilfreiche Maßnahme einzurichten. Für die Betroffenen bedeutete die Quarantäne jedoch einen immensen wirtschaftlichen Schaden, so dass sie immer wieder versuchten, die Sperren zu umgehen.[21] Die Menschen ignorierten ihre langfristigen Vorteile: Das gemeinnützige und «nachhaltig Vernünftige» ließ sich nur mit Zwang durchsetzen.

Die Sterblichkeit sank aber auch, weil Impfungen die gefürchteten
Pocken und die leichter zu waschende neue Kleidung aus Baumwolle
Läuse als wichtigste Überträger von Seuchen zurückdrängten.
Dem Os-
nabrücker Staatsmann und Aufklärer Justus Möser schien der Bevölke-
rungszuwachs bedrohlich, und er verband ihn direkt mit der Blattern-
impfung, wenn er räsonierte: «Wo will es aber endlich hinaus, wenn das
so fort geht; wenn die Brut, die jetzt erhalten ist, sich mit gleichem Eifer
vermehrt und nichts davon abgeschlachtet wird? Vordem dankte eine
gute Mutter dem lieben Gott, wenn er redlich mit ihr teilte und auch
noch wohl ein Schäfgen mehr nahm; man erkannte es als ein sicheres
Naturgesetz, daß die Hälfte der Kinder unter dem zehnten Lebensjahr
dahin sterben müßte und richtete sich darnach mit den Wochenbet-
ten [...] ich halte es mit den natürlichen Blattern, die so fein aufräumen
und auf jedem Hof gerade ein Pärgen übrig lassen, was sich fein satt essen
und dem lieben Gott recht viele Engeln liefern kann.»[22] Joseph Hazzi
formulierte ähnliche Beobachtungen für Bayern: «Sogar das zärtlichste
Mutterherz wird für das fünfte Kind gleichgültig, und dem sechsten
wünscht sie laut den Tod, daß das Kind, wie man sich hier ausdrückt,
himmeln sollte».[23] Diese Aussagen erscheinen zynisch, doch angesichts
unsicherer Verhütungspraktiken und häufigem Nahrungsmangel war die
Einstellung zu Kindern damals eine andere als heute.

Die Bevölkerungszunahme alarmierte viele Zeitgenossen, zumal sich
auch die Hungerkrisen häuften. Offensichtlich hatte die göttliche Vorsehung versagt, denn die Erde konnte die zusätzlichen Menschen nicht ernähren. Der Pfarrer Thomas Robert Malthus beschrieb 1798 im «Extrem»
das Verhältnis zwischen Bevölkerungsgröße und verfügbaren Ressourcen
als Tendenz zur Maximierung der Bevölkerung und zur Minimierung des
Lebensstandards. Hunger drohe, sobald Kriege, Epidemien oder Sitten
wie das hohe Heiratsalter und die innerfamiliäre Geburtenkontrolle das
natürliche Bevölkerungssystem nicht mehr im Gleichgewicht hielten. Dieses Dilemma nahm Malthus aber nicht zum Anlass kulturkritischer oder
fortschrittspessimistischer Reflexionen, sondern deutete es als ein Zeichen
göttlicher Weisheit, das Aktivitäten erzwinge: Ausgehend von Locke
schien ihm «das Übel notwendig zu sein, um Anstrengungen hervorzurufen, und offensichtlich die Anstrengungen, um den Geist wachzurufen».[24]
Die Grundfrage der Theodizee, die Rechtfertigung Gottes, löste Malthus
mithin «vernünftig» – im Sinne des selbstverantwortlichen Individuums
und der bürgerlichen Erwerbsgesellschaft.

Die Planbarkeit bzw. die Berechenbarkeit der Bevölkerungsentwicklung gehörte im 18. Jahrhundert zu den praktischen Herausforderungen
einer rationalen Wissenschaft, die davon ausging, alle Gesetzmäßigkeiten der Natur entschlüsseln und das menschliche Leben «glücklicher»
gestalten zu können. Dahinter verbargen sich auch handfeste ökonomi-

sche Interessen: Die zahlreichen Witwenkassen, die im 18. Jahrhundert entstanden und wegen falscher Annahmen über die Sterblichkeit in Schwierigkeiten gerieten, benötigten wie die Lebensversicherungen und die staatlichen Vorsorgeprogramme solide Daten für verlässliche Berechnungen.[25]

In Deutschland prägte der Feldprediger und spätere Berliner Propst Johann Peter Süßmilch das Wissen um die demographische Entwicklung. Der Titel seines Hauptwerkes «Die göttliche Ordnung in den Veränderungen des menschlichen Lebens» lässt den Aufklärungstheologen erahnen, der mit der «Erkenntnis der göttlich Vorsehung», «Staatsklugheit» und «Arzneiwissenschaft» bereichern und die pessimistischen Bevölkerungstheorien mit christlichen Prinzipien widerlegen wollte.[26] Süßmilch betrachtete den Menschen als vernunftbegabtes Wesen, das selbst in der Lage sei, Angebot und Nachfrage an Lebensmitteln im Gleichgewicht zu halten. Gott habe als Schöpfer der Welt eine natürliche Ordnung eingerichtet, deren Gesetze nur erkannt werden müssten, um ein glückliches Leben führen zu können. Die Harmonie zwischen Staatsräson und individuellem Glück, sozialer Gerechtigkeit und Effektivität sei zwar nicht von Gott vorgegeben, lasse sich aber durch menschliches Handeln erreichen.[27] Deswegen gehe jeder Zunahme der Bevölkerung ein «Mehr» an Erwerbsmöglichkeiten voraus.[28] Süßmilch betonte die Wahrscheinlichkeit und den «statistischen Charakter der Gesetzmäßigkeiten», damit ließen seine Schlüsse der menschlichen Willensfreiheit Raum. Er sah in den bisher als notwendig erachteten Anpassungskrisen wie Kriegen, Hunger oder Seuchen lediglich Übel, die der Mensch bekämpfen müsse, weil sie den Fortschritt hemmten. Gottes Lenkungsinstrumente ermöglichten hingegen stetiges Wachstum.[29] Insofern war Süßmilch moderner als Malthus, dem er zudem mit der Verknüpfung von Krisen und wirtschaftlichen Aktivitäten vorausging, auch wenn er dabei nicht auf liberale Prinzipien, sondern auf den Willen Gottes rekurrierte. Er erkannte jedenfalls, dass erst die neuen Erwerbsmöglichkeiten durch Verlage oder Manufakturen zusätzliche Familiengründungen in der Gruppe ermöglicht hatten, die sich allein von ihrem Arbeitsverdienst ernährte.

Trotz gewisser Liberalisierungen im Eherecht und trotz des romantischen Schwärmens von der Liebesheirat war jedes Brautpaar auch noch zu Beginn des 19. Jahrhunderts auf einen obrigkeitlichen Konsens angewiesen. Um nicht der Gemeinde zur Last zu fallen, mussten Eigentum oder ausreichender Verdienst nachgewiesen werden. Die Alternative, das Zusammensein ohne Trauschein, hatte gravierende rechtliche und soziale Nachteile. Allen unehelichen Kindern haftete ein erheblicher Makel an, selbst wenn sie durch eine spätere Heirat legitimiert wurden.[30] Von den meisten Handwerken wurden sie nicht zur Lehre zugelassen. Voreheliche Konzeptionen, die vor der Niederkunft durch Heirat legalisiert wurden, interessierten die Justiz hingegen nicht. Hier blieb es beim «Gerede» im Nachbarschaftsverband, während ansonsten in sogenannten Leichtfertigkeitsverfahren Geld-, Gefängnis- oder Schandstrafen verhängt werden konnten.

Ledige Schwangere standen unter besonderer Aufsicht: Sie waren sozial gebrandmarkt, beim Tod des Neugeborenen tauchte daher schnell der Verdacht der Kindstötung auf. In der zweiten Jahrhunderthälfte wurden Ledige auch deswegen in manchen Gebieten per Gesetz verpflichtet, in den neu eingerichteten Geburtshäusern zu entbinden. Auf diese Weise standen sie unter Aufsicht, und die Ärzte erhielten das dringend benötigte Anschauungsmaterial für sich selbst, ihre Studenten und die Hebammen. Das Kalkül der Obrigkeiten ging freilich nicht auf. Zum einen starben wegen der unzureichenden hygienischen Kenntnisse und Verhältnisse in den Accouchierhäusern mehr Neugeborene als bei den Heimgeburten. Zum anderen wuchs der Widerstand gegen die Zwangseinweisungen – und zwar sowohl bei den Aufklärern, die Fragen der Moralität nicht länger der Sanktionsgewalt des Staates unterworfen, als auch bei den Betroffenen, die sich oder ihre Töchter nicht den Ärzten und Studenten ausgeliefert sehen wollten. Im Herzogtum Sachsen-Weimar-Eisenach mussten entsprechende Bestimmungen somit bald wieder fallen gelassen werden.[31]

Die Zahl der Totgeburten war bei illegitimen Niederkünften jedoch generell und unabhängig vom Entbindungsort höher als bei legitimen. Ursachen dafür könnten mangelnde Rücksichtnahme während der Schwangerschaft, eine falsche Versorgung oder gar eine bewusste Vernachlässigung kurz nach der Geburt gewesen sein. Die Grenze zwischen Abtreibung, Totgeburt und Säuglingssterblichkeit blieb fließend. Die zeitgenössischen Quellen, die von der Seuche Kindsmord sprachen, belegen nur das Aufsehen das dieses Delikt und die spektakulären Prozesse erregten. Nur wenige Fälle wurden ernsthaft verfolgt: Kindsmord war kein «Massendelikt».[32] Über die sicher erhebliche Dunkelziffer und das nicht zu unterschätzende Problem der Kindesaussetzung ist damit allerdings nichts ausgesagt. Die Missstände führten jedoch zur Kritik an den Gesetzen, die moralische Verfehlungen bestraften, junge Frauen in die Verzweiflung trieben und somit für die Kindstötungen verantwortlich seien.[33]

Andere Stimmen rückten nicht die Moral, sondern das Wohl des Kindes in den Mittelpunkt. Es führe nicht zum Ziel, den unehelichen Beischlaf nicht mehr zu bestrafen, «blos um den KinderMord, und das noch ärgere, noch weit gewönlichere KinderAbtreiben zu hintern». Auf die armen Leute kämen mit Kindern Kosten zu, die sie nicht tragen könnten. Landeten sie daraufhin im Gefängnis, kümmere sich niemand um den neugeborenen «Staatsbürger».[34] Arme Leute würden für kleine Vergehen hart gestraft, die vornehmen selbst für weit größere Verfehlungen nicht. Gleichheit bedeute nicht, dass jeder die gleiche Strafe bezahlen müsse.[35] Besser sei es, jeden Verführer zum Heiraten zu zwingen. Dadurch werde auch verhindert, dass sich die Schwangere übermäßig «schnüre», so dass sie plötzlich mit großen Gefahren für den Säugling niederkomme. Niemand dürfe ein schwaches Mädchen «Hure» nennen, und der Staat müsse für die Erziehung der unehelichen Kinder sorgen, wenn deren Eltern zu arm dazu seien.[36]

Ob solche Erwägungen den Menschen bekannt wurden, die vorehelichen Beischlaf praktizierten, darf trotz der älteren Möglichkeit der Heiratseinklagung bezweifelt werden. Auffällig ist allerdings, dass im letzten Drittel des 18. und zu Beginn des 19. Jahrhunderts die Rate der unehelichen weit stärker als diejenige aller Geburten anstieg. Die Quote lag vor 1750 noch deutlich unter 5, in manchen ländlichen Gebieten sogar unter einem Prozent, seit 1770 schnellte sie hoch – in der Universitätsstadt Jena von etwa 10 auf einen Spitzenwert von 37 Prozent im Jahr 1804.[37] Ein Anonymus berichtete 1791 von «öfteren Fehltritte[n]» Jenaer Mädchen, wodurch die Tugend der akademischen Jugend «gemildert» worden sei, denn «eine Gefallene ist gar nicht so sehr der öffentlichen Beobachtung ausgesetzt, wie in anderen Städten, wo mehr Sittlichkeit herrscht, sondern kann sich immer noch auf einen Mann Rechnung machen».[38] Während die Unehelichkeitsrate in Jena zwischen 1781 und 1790 bei fast 24 Prozent lag, überschritt sie in der Universitätsstadt Gießen nicht einmal 3 Prozent – ein Unterschied, der proportional auch im folgenden Jahrzehnt bestehen blieb.[39] Die hohe Jenaer Rate mag ein Ausnahmefall sein, doch die Zahl der illegitimen Geburten verdoppelte sich fast überall zwischen 1770 und 1805[40] – ist somit Gießen ein ebensolcher Ausnahmefall?

Die Staatsaufklärer, die ansonsten alle Arten von mehr oder weniger nützlichen Reformen durchsetzen wollten, wussten, dass sie die Moral der Bevölkerung mit Gesetzen nicht bessern konnten. Sie überließen den vorehelichen Beischlaf der gesellschaftlichen Selbstregulierung[41], wollten aber die Rechte der unehelichen Kinder stärken.[42] Es bleibt allerdings erstaunlich, dass diejenigen, die eine aktive Peuplierungspolitik betrieben, nicht versuchten, stärker auf das generative Verhalten einzuwirken. Die Unehelichkeitsrate und das mit über 25 Jahren sehr hohe durchschnittliche Heiratsalter, das die eheliche Fertilitätsphase der Frauen entscheidend verkürzte, verwiesen auf ungenutzte Ressourcen. Auch die Stillzeiten, die oft zu temporärer Sterilität führten, waren in Mitteleuropa erstaunlich lang. Hinzu kamen Aborte und andere, von den Ehepartnern nicht zu beeinflussende Unwägbarkeiten, welche die weibliche Fruchtbarkeit weiter reduzierten. In einigen evangelischen Gebieten sind darüber hinaus in einzelnen Ehen kontrazeptive Verhaltensweisen wahrscheinlich. «Coitus interruptus» und andere Formen führten – so lassen sich die Einzelbefunde erklären – mit zunehmender Ehedauer zu längeren Geburtsintervallen, vor allen dann, wenn die Erbfolge gesichert war.[43] Auffällig am innerehelichen Verhalten ist auch, dass zwar im Oktober und November, also nach der Ernte, die meisten Heiraten, aber die wenigsten Konzeptionen stattfanden, weil sich die Frauen in den arbeitsintensiven Sommermonaten den Säuglingen weniger widmen konnten. Dieses dem landwirtschaftlichen Arbeitsablauf geschuldete Muster lässt sich jedoch bis zum Ende des 18. Jahrhunderts auch in den Städten und bei den Familien nachweisen, deren Einkommen unabhängig vom Erntezyklus war. Festzuhalten bleibt: Generative Verhaltensweisen verändern sich langsam. Geburtenbeschränkende Maßnahmen waren kein Massenphänomen und sind nur in Einzelfällen nachweisbar.[44] Ebenso wenig kann allerdings von einer rational «geplanten» Bevölkerungszunahme die Rede sein, obwohl die staatliche Vorsorgepolitik beachtliche medizinische und hygienische Verbesserungen bewirkte. Waisen-, Kranken- und Geburtshäuser wurden aber nur in wenigen Städten eingerichtet. Wenn Ende des Jahrhunderts die illegitimen Geburten explosionsartig anstiegen, lässt sich spekulieren, dass die Vorstellungen von einem selbstbestimmten und die Hoffnung auf ein besseres Leben auch in den unteren Schichten neue Verhaltensweisen provoziert haben könnten.

b) Erziehung und Bildung

Aufklären hieß Anleiten, Erziehen und Bilden, dem Menschen helfen, sich selbst zu vervollkommnen. Die planmäßige Entwicklung aller Kräfte und Anlagen sollte es dem Individuum unabhängig von Geschlecht, Stand, konfessioneller oder nationaler Zugehörigkeit ermöglichen, vernünftig, sittlich und zivilisiert zu handeln, um sein Glück und den gemeinen Nutzen zu fördern. Die Formel von der «Umschaffung des Menschen» bezeichnet den Impuls des Gestaltenwollens, aber auch die grenzenlose Hybris, die von der pädagogischen Aufklärung ausging.[45] Der neue Mensch sollte auf das Leben in einer bürgerlichen Gesellschaft vorbereitet werden, die sich auf Effektivität und Disziplin gründete. Der «Wandel durch Vernunft» setzte bei den Normen an – beispielsweise im Strafrecht: Während Christian Wolff noch moralisches Fehlverhalten wie Ehebruch und übertriebenen Luxus wegen ihres angeblich zerstörerischen Potials kriminalisiert hatte, wurde nun europaweit darüber diskutiert, diese Straftatbestände ganz abzuschaffen und die Strafen insgesamt zu humanisieren. Nach Cesare Beccaria sollten auch Strafen erziehen, aus Tätern nützliche Glieder der Gesellschaft machen und andere abschrecken.[46]

Hauptagenturen der «Umformung» waren die Schulen, die sich aber auch weiterhin als verlängerter Arm der Kirchenzucht verstanden. Sie leiteten die Schüler nicht zum selbständigen Gebrauch ihres Verstandes an, sondern wollten deren Willen brechen. Jede Form des Lasters und Müßiggangs wurde scharf sanktioniert, um die Verderbtheit des Menschen als Folge der Erbsünde zu korrigieren. Die Aufklärer richteten ihre Reformenergien aus guten Gründen auf die Schulen. Insbesondere im Elementarschulwesen, im kirchlich, gemeindlich oder gesellschaftlich organisierten Unterricht, lag vieles im Argen.

Die Erziehung der Kinder begann früh: Eltern und Paten leiteten zu arbeitsamem Verhalten, zur Beachtung der Zehn Gebote und zu Gehorsam an. Kinder hatten sich anzupassen und die Erwachsenen nachzuahmen. Ihre Arbeit war «die Schule fürs Leben».[47] Sie sammelten Beeren und Holz, hüteten das Kleinvieh und halfen bei der Gartenarbeit. In Heimarbeiterfamilien verrichteten die Kinder leichte, oft aber ausgesprochen stumpfsinnige Tätigkeiten und halfen so, das spärliche Einkommen aufzubessern. Während die etwas größeren Knaben vom Vater auf außerhäusliche Verrichtungen vorbereitet wurden, erledigten die Mädchen die Hausarbeit. In den Handwerkerfamilien lebten die Kinder wegen der strikt reglementierten Lehrzeiten stärker von der Arbeitswelt getrennt als in der Landwirtschaft. Im bildungsbürgerlichen Milieu wurde frühzeitig zwischen Spielen, Lernen und Arbeiten unterschieden, weil der Vater selten zuhause arbeitete. Dies engte die Freiräume der Kinder eher ein, denn neben der Anweisung zu Fleiß, Hygiene und sittlichem Verhalten schloss die elterliche Erziehung hier auch Lesen und Schreiben ein.

Die außerfamiliäre Erziehung begann mit dem Eintritt in die Schule, die im 18. Jahrhundert die meisten Kinder mehr oder weniger regelmäßig besuchten. Schulpflicht, Organisation und Inhalte des Unterrichts wurden in Kirchen- bzw. in separaten Schulordnungen geregelt.[48] Neben die obrigkeitliche Absicht, über die Schulen disziplinierend zu wirken und christliche Werte zu vermitteln, trat zuerst in den Städten und bald auch auf dem Lande der Wunsch nach Unterweisung in den Kulturtechniken und anderen nützlichen Dingen. Elementar-, Bürger-, und Lateinschulen teilten sich diese Aufgaben. Es fehlten allerdings halbwegs verbindliche Standards, so dass Norm und Wirklichkeit weit auseinanderklafften. An den verordneten Lehrinhalten eines christlich-konfessionell dominierten Unterrichts im Lesen und Schreiben änderte sich wenig. Schon Rechnen und Musik fristeten ein Randdasein.[49] Die Kinder sollten den Katechismus lesen können, sie lernten ihn durch häufiges Wiederholen auswendig. Der Erfahrungsraum «Schule» wird in späteren Reflexionen zum Ort von Zucht und Ordnung. Im Mittelpunkt stand christliches Untertanenverhalten. In Preußen erschien das erste aufklärerische Schulbuch 1776 unter dem bezeichnenden Titel: «Der Kinderfreund».[50]

In den meisten evangelischen Territorien gab es im 18. Jahrhundert zwar in jedem Kirchspiel eine Schule, doch wie viele Kinder sich von welchem Alter an wie lange und zu welchen Jahreszeiten in der Schule aufhielten und was sie dort tatsächlich lernten, ist kaum zu ermitteln. Auf dem Land mussten die Kinder im Sommer mitarbeiten, in den Städten ging der Schulbesuch im Winter zurück, weil es an Schuhen und warmer Kleidung mangelte. In vielen Gegenden galt zwar eine allgemeine Schulpflicht, sie wurde aber nirgends wirklich konsequent durchgesetzt. Die oft zu Unrecht verunglimpften «Winkelschulen» zeigen jedoch die große Nachfrage nach einer vernünftigen Erziehung für Jungen und Mädchen. Die Eltern mussten hier für den Unterricht bezahlen und verlangten dafür eine sinnvolle Gestaltung, die den Kindern mehr als die Vorbereitung auf das Katechismusexamen bot. Die Winkelschulen stehen für das Bedürfnis eines qualifizierten Unterrichts, der auch Realien und die französische Sprache einschloss.[51] An die Stelle des ewigen Memorierens sollten sinnliche Anschauung und praktisches Lernen treten. Freilich war die Qualität der Lehrer unterschiedlich, ihre Ausbildung ungeregelt und ihre Bezahlung ungenügend. Zwar spielten dienstunfähig gewordene Soldaten eine weit geringere Rolle als eine alte Legende glauben machen will, doch auch die unterrichtenden Handwerker konnten manchmal selbst nur mühsam buchstabieren. Lehrer verdienten so wenig, dass sie ihren Lebensunterhalt mit einem Nebenerwerb sicherten, der schnell zur Haupteinnahmequelle werden konnte: «1783 wirkten im bayerischen Landgericht Neumarkt a. d. Rott von 25 Lehrern vier als Totengräber, einer als Konduktdiener, drei als Weber, je einer als Zimmermann, Krämer, Wirt, Maler und Musikant, zwei als Marktschreiber».[52] Die Lage verbesserte sich nur langsam, obwohl im 18. Jahrhundert grundlegende Reformen der Lehrerausbildung, ein flächendeckendes Grundschulwesen und die allgemeine Schulpflicht jedenfalls normativ realisiert wurden.

Friedrich Nicolai berichtet über die «unglaublich elende Beschaffenheit der Trivialschulen» in Deutschland.[53] Mechanisches Pauken diktiere zusammen mit der allgegenwärtigen Prügelstrafe die Schulwirklichkeit. Geschätzt wurde, dass ein schwäbischer Schullehrer in seinen 51 Dienstjahren durchschnittlich 911 527 Stockschläge, 124 000 Rutenhiebe, 136 715 Handschmisse und 1 111 800 Kopfnüsse verteilt habe – nebst anderen «kleineren Handreichungen».[54] Üblich war Koedukation, doch es gab auch spezielle Mädchenschulen unter der Leitung von Lehrfrauen. Die Lateinschulen blieben den Knaben vorbehalten. Selbst in Brandenburg-Preußen existierte im 18. Jahrhundert noch keine staatliche Schulpolitik[55], obwohl die Anzahl der Schulmeister nach 1750 beträchtlich stieg, so dass zu Beginn des 19. Jahrhunderts in der Altmark fast 60, in der Uckermark sogar 100 Prozent der Dörfer einen Lehrer hatten.[56]

Wie die alten Schulordnungen kamen auch neue pädagogische Anstöße in erster Linie aus dem kirchlichen Bereich. Der Pietist Hermann August

Francke hatte von Halle aus ein recht erfolgreiches Erziehungskonzept entwickelt, das die «Bekehrung zu Gott» ins Zentrum rückte. Weil diese auf der Gnade Gottes, nicht auf dem menschlichen Willen beruhe, bildeten Zucht, Gehorsam und Gottvertrauen[57] seine obersten Erziehungsziele.[58] Das zu wahrer Gottseligkeit und christlicher Klugheit anleitende pietistische Schulkonzept wurde zum Vorbild, da neben Rechnen und der Pflege der deutschen Sprache auch Realien wie Geographie, Geschichte und Naturlehre unterrichtet wurden. Diese Fächer wurden im 18. Jahrhundert ansonsten nur selten in die Lehrpläne der Elementarschulen aufgenommen. Francke revolutionierte jedoch nicht nur die Schuldidaktik, sondern gründete auch das erste funktionierende deutsche Lehrerseminar. Auf sein Konzept ging zudem die «auf praxisbezogene Wissensvermittlung ausgerichtete Schule für künftige Gewerbetreibende und Kaufleute» zurück, die 1739 in Berlin gegründet wurde.[59]

Gerade das Schulsystem relativiert gängige Vorstellungen von den beiden größten deutschen Staaten. König Friedrich II. dekretierte 1763 für alle protestantischen Untertanen die allgemeine Schulpflicht, zwei Jahre später auch für die katholischen. Der selbst areligiöse König forderte, dass die Schulmeister die Leute bei der Religion hielten, damit sie «nicht stehlen und nicht morden [...] sonsten ist es auf dem platten Lande genug, wenn sie ein bisgen lesen und schreiben lernen; wissen sie aber zu viel, so laufen sie in die Städte und wollen Secretairs und so was werden».[60] Damit widersprach er einem Kameralisten wie Justi, für den die Qualifizierung der Menschen, die Verbesserung ihrer Fähigkeiten und Geschicklichkeiten, die Voraussetzung einer florierenden Wirtschaft war.[61]

Maria Theresia ließ etwa zur gleichen Zeit und effektiver als die meisten evangelischen Landesherren[62] das österreichische Normalschulwesen reformieren. Ihre «Allgemeine Schulordnung» erklärte 1774 die «deutschen Schulen» zur Staatsaufgabe. Der im gleichen Jahr nach Wien berufene Saganer Abt Johann Ignaz von Felbinger gründete eine Modellschule, schrieb Lehrbücher, eine methodische Anleitung für Lehrer und institutionalisierte deren Ausbildung.[63] Unter Kaiser Joseph II. wurde der katholische Hintergrund der Schulen weiter zurückgedrängt. In Böhmen entstanden «Industrieschulen», die über das normale Pensum hinaus zusätzlich berufliche Fertigkeiten lehrten und zur «Industriosität» erzogen, zu Fleiß und Sparsamkeit sowie zu einem gesitteten und genormten Lebenswandel. Allerdings waren die Schüler zudem billige Arbeitskräfte und wurden auf monotone Arbeitsvorgänge vorbereitet.[64]

In der zweiten Hälfte des 18. Jahrhunderts fanden auch in den geistlichen Fürstentümern Schulreformen statt. In Mainz wurde das Schulwesen 1770 der Landesregierung übertragen, in Köln, Trier, Würzburg oder Bamberg erfolgten grundlegende Veränderungen im Geiste der Aufklärung.[65] Die nordwestdeutschen Fürstbistümer schlossen sich an.

Ein Blick auf die Schulsituation um 1800 bestätigt keineswegs die oft behauptete Rückständigkeit der katholischen, insbesondere der geistlichen Staaten.[66] Auch im katholischen Deutschland brauchte man gut ausgebildete Untertanen, die selbständigen Zugang zu innovativen Informationen fanden.

Die Erfolge einer berufsbezogenen Pädagogik, die das nützlich-praktische Wissen durch Anschauung und Selbsttätigkeit vermittelte, hielten sich jedoch in engen Grenzen. Johann Bernhard Basedow gründete deshalb 1774 in Dessau die erste philanthropische Schule. Neben Leibesübungen und einer undogmatischen Religiosität ließ er auch Naturkunde unterrichten, um die natürlichen Fähigkeiten und Fertigkeiten der Kinder zu entwickeln.[67] Die Dessauer Anstalt scheiterte jedoch schon 1793, während eine ähnliche, von Christian Gotthilf Salzmann 1784 mit Unterstützung von Freimaurern und Illuminaten in Schnepfenthal bei Gotha gegründete Schule bis 1945 existierte.[68] Ihr erster Leiter brachte den schulisch-pädagogischen Paradigmenwechsel auf die kurze Formel: vom irdischen «Jammertal» zum «Himmel auf Erden».[69] In Schnepfenthal und an anderen Reformschulen stand die allseitige Bildung des Kindes im Mittelpunkt, die «moralische Erziehung des Willens und die Aufklärung seines Verstandes».[70] Die Philanthropen forderten ein staatlich finanziertes dreigliedriges Schulsystem: Elementar- und Bürgerschulen sowie Gymnasien.

Jean-Jacques Rousseaus «Emile, ou de l'éducation» wurde unterdessen zum Vorbild in Schule und Universität, in Familie und Staat. Er lehrte pädagogisches Denken, die Lebensalter als Entwicklungsstufen zu betrachten und die Erfahrungen der Kinder zu nutzen.[71] Halle richtete 1778 den ersten Lehrstuhl für Pädagogik ein. Kompendien wie August Hermann Niemeyers «Grundsätze der Erziehung und des Unterrichts» (1796) oder Joachim Heinrich Campes «Allgemeine Revision des gesammten Schul- und Erziehungswesens» bestimmten um 1800 die pädagogische Diskussion. Sie erinnerten an die sozialen Ziele und Zwecke einer Erziehung, die nun «kindgerecht» erfolgen und die lebenspraktischen Kontexte berücksichtigen sollte. Lesebücher stellten in didaktisch angemessener Form die sittlichen Werte und Verhaltensweisen vor. Sie richteten sich auch an Erwachsene, denn die Schüler sollten das Erlernte ihren Familien vermitteln. Die Schulen wurden zu Agenturen der Volksaufklärung.

Für die Heranwachsenden entstanden darüber hinaus am Ende des 18. Jahrhunderts spezielle Sonntagsschulen, die nach dem Gottesdienst nützliche Kenntnisse vermittelten. Sie legten dem Unterricht häufig Georg Friedrich Seilers «Allgemeine[s] Lesebuch für den Bürger und Landmann» zugrunde, das von der Erdbeschreibung, über Himmelskunde und Zeitrechnung bis zur Geschichte der Deutschen in die praktische

Klugheit einführte und auch gute Ratschläge für alle Lebenslagen enthielt.[72] Im Herzogtum Sachsen-Weimar-Eisenach beschwerten sich dagegen Jugendliche mit dem zeitlosen Argument, dass ihre Eltern auch nichts über Himmelskunde, Zeitrechnung und Geographie wüssten. Ein Dorf lehnte die Einführung der Sonntagsschule mit dem klug gewählten Hinweis ab, dass niemand zu «Wohltaten nach dem Gesetz der gesunden Vernunft» gezwungen werden dürfe.[73]

Alle Schulreformen des 18. Jahrhunderts entsprangen staatlich-säkularen Motiven, änderten aber wenig an den Zuständigkeiten: Meistens kamen nur die Pfarrer oder Superintendenten als Schulinspektoren in Frage. Sie waren es auch, die begabten Kindern den Weg zu den höheren Schulen öffneten. Wer dort Aufnahme fand, besaß gute Chancen, eine Universität zu besuchen und als Pfarrer, Jurist oder Mediziner Karriere zu machen bzw. als eher schlecht bezahlter Elementarschul- oder Hauslehrer sein Leben zu fristen. Trotz der «Akademikerschwemme» des 18. Jahrhunderts war das Studium die bedeutendste Voraussetzung sozialen Aufstiegs. Allerdings wurde der Universitätszugang reglementiert: 1788 führte Preußen das Abitur für ärmere Schüler ein. Das Allgemeine Landrecht legte schließlich fest, dass nur denjenigen ein Amt übertragen werden dürfe, die dazu qualifiziert seien und entsprechende Proben ihres Könnens abgelegt hätten – ein wichtiger normativer Schritt auf dem Weg zur staatsbürgerlichen Gleichheit, der sich allerdings in der täglichen Praxis deutscher Amtsstuben längst bewährt hatte. Die Kandidaten wurden vor ihrer Einstellung gründlich geprüft: Sie mussten Rechenaufgaben lösen, Schriftstücke abfassen oder eine Akte anlegen.[74] Das fleißige Studium der Akten sowie das Anfertigen entscheidungsreifer Vorlagen wurden zum wichtigsten Kriterium erfolgreicher Verwaltungstätigkeit.

Prüfungen und verbindliche Zertifikate haben den Universitäten den Weg in eine ungewisse Zukunft erleichtert und den Juristen ihr Monopol in höheren Amtsstellen gesichert. Die deutschen Universitäten waren vom Niedergang wie in Italien, Frankreich oder England verschont geblieben. Dennoch tadelten Kritiker die Ineffektivität der meist kleinen Hochschulen in Deutschland, obwohl längst nicht alle auf den Status verkrusteter Landesuniversitäten zurückgefallen waren. Es fehlte eine absolute Spitzenuniversität, während die Dichte einzigartig war. Vom schwedischen Greifswald im Nordosten bis zum habsburgischen Freiburg im Südwesten, von Wien im Südosten bis zum dänisch administrierten Kiel im Norden existierten 1789 in Deutschland 38 miteinander konkurrierende Universitäten: je 18 katholische und protestantische sowie die beiden paritätischen im mainzischen Erfurt und im pfälzischen Heidelberg.[75] Der Statistiker Randel fügte dieser Feststellung 1792 hinzu, dass die «Ausbildung wissenschaftlicher Kenntnisse mit der Freyheit, die Wahrheit laut zu sagen, kurz Aufklärungssinn für zweckmässige Be-

dürfnisse und Glückseligkeit [...] in Deutschland nie reger» gewesen sei
als in den beiden letzten Jahrzehnten. Er machte dafür vor allem König
Friedrich II. verantwortlich und betonte den Vorsprung der Protestanten
in der Geisteskultur, erwähnte aber auch, dass mit Joseph II. das Licht
der «Vernunft und Tugend» im katholischen Deutschland Fuß gefasst
habe.[76] Die Reform der deutschen Universitäten hatte 1694 bzw. 1734/37 mit
den in Halle und Göttingen neu gegründeten Universitäten begonnen.
Sie steigerten das wissenschaftliche Niveau beträchtlich und gaben der
aus Theologen, Juristen, Medizinern und Artisten bestehenden Vier-
Fakultäten-Universität neue Impulse. Die Artistenfakultäten konnten
fortan ihre historischen und philosophisch-philologischen Kompetenzen
akzentuieren sowie neue naturwissenschaftliche Fächer integrieren. Als
Philosophische Fakultät, die sich zweckfrei mit der Übung der Vernunft
beschäftigte, setzte sie sukzessive ihre Gleichrangigkeit mit den drei höheren Fakultäten durch und übertraf diese schließlich im Zeichen des
neuhumanistischen Bildungsideals. Neben den großen protestantischen
Universitäten Leipzig und Jena reformierten auch katholische wie Würzburg, Ingolstadt, Wien oder Mainz Organisation und Lehrangebote, um
attraktiver zu werden, aber auch, um die Studenten zu disziplinieren, zu
zivilisieren und zu nützlichen Staatsbürgern zu bilden. Trotzdem sank
die Anzahl der jährlichen Neuimmatrikulationen in Deutschland in der
zweiten Jahrhunderthälfte von mehr als 4000 auf 2900 im Jahre 1800.[77]
Dafür scheint unter anderem das verbesserte höhere Schulwesen verantwortlich, das die Ausbildung an der Artistenfakultät ersetzte. Hinzu kamen Spezialschulen mit universitärem Charakter: In Düsseldorf gab es
seit 1765 eine Chirurgenschule und seit 1770 eine allgemeine medizinische Lehranstalt. Auch die stärker auf die Praxis orientierten Kunst- und
Bau-, Handlungs- oder Kaufmannsakademien machten den traditionellen Universitäten Konkurrenz.[78]
Etwa die Hälfte aller bürgerlichen Studenten kam aus Akademiker-
familien, bis zu 30 Prozent dem niederen Beamtentum und vielleicht
15 aus der Kaufmannsschicht. Handwerker- und Bauernsöhne finden
sich sehr selten an den deutschen Universitäten.[79] Dies bestätigt, dass der
Aufstieg durch Universitätsausbildung letztlich auf Männer aus bereits
arrivierten Familien beschränkt blieb. Während Wien, Mainz und Ingolstadt an der Spitze der katholischen Hochschulen standen, studierten
Protestanten vorwiegend in Halle, in dem als elegant geltenden Göttingen sowie in Leipzig und Jena. 1790 rangierte laut Randel Wien mit 1200
vor Leipzig mit 1100, Halle mit 900 sowie Jena und Göttingen mit
800 Immatrikulationen. Wien war am höchsten dotiert, Göttingen besaß
die meisten Lehrstühle.[80] In den 1790er Jahren überflügelte Jena kurzfristig alle Konkurrenten, weil es neben bekannten Geistesgrößen ein

attraktives, die praktische Ausbildung einbeziehendes Medizinstudium bot.[81]

Die bis ins letzte Drittel des 18. Jahrhunderts oft synonym gebrauchten Begriffe «Erziehung» und «Bildung» gewannen unterdessen ihre spezifisch deutschen Konturen. Erziehung kennzeichnete die nützliche Ausbildung in Schule, Beruf und Leben, die alle Grenzen überschreitende, alle Sinne und Künste einbeziehende, adlige und bürgerliche Ideale verknüpfende Bildung wurde zum Selbstzweck und zum Identität verbürgenden Merkmal einer aufsteigenden Gruppe. Herder brachte dies zum Ausdruck, als er die «schönen Wissenschaften» – Dichtkunst und Malerei, Sprachkunst und Historie – zu denjenigen erklärte, die «uns menschlich machen, die uns zu Menschen bilden: man könnte sie also auch vielleicht am besten bildende Wissenschaften nennen».[82] Bildung bedeutete mithin sowohl die Entwicklung der mit anderen geteilten Anlagen als auch derjenigen, die den Einzelnen charakterisierten und ihn zur autonomen Persönlichkeit machen. Der gebildete Bürger ragte aus der Masse hervor, weil er den eigenen Verstand gebrauchte, Theater, Konzerte, Museen, Gärten oder Salons besuchte und sich mit Gleichgesinnten geschmackvoll und kenntnisreich unterhalten konnte. Bildung zeigte sich im Genuss des breiter werdenden und kommerzialisierten kulturellen Angebots sowie in kultivierten Verhaltensformen. Sie basierte auf dem freien Willen des Individuums und konnte nicht das Ergebnis eines oktroyierten staatlichen oder kulturellen Programms sein.[83] Während in Frankreich die Real- und Fachhochschulen den für bestimmte Funktionen ausgebildeten Fachmann kreierten, erzogen die deutschen Gymnasien und Universitäten einen Menschen, «dessen Brauchbarkeit gewissermaßen ein Nebeneffekt seiner allseitigen Ausbildung sein sollte».[84] Diese vielseitige und uneindeutige Ausbildung machte den jungen Menschen zwar flexibel, aber auch disponibel.

c) Volksaufklärung

Jedes Individuum sollte nach Auffassung der Aufklärer das Bestmögliche aus sich herausholen, das Volk nach ihren Vorgaben leben. Neben den Schulen und dem vorbildhaften Wirken der Vermittler entschied die «richtige» Lektüre über den Erfolg dieses Großprojektes «Menschenbildung». Die Frage, ob das Volk lesen konnte oder sollte, war im ausgehenden 18. Jahrhundert beantwortet: Es las.[85] Der Einzelfall eines Seilers aus Liebstadt im Amte Pirna 1790, der bei einem Verhör in Folge des sächsischen Bauernkriegs erklärte, er habe die Nachrichten über die Französische Revolution dem «Teutschen Merkur» entnommen[86], verweist auf ein Publikum, das bisher nicht mit diesem Journal in Verbindung gebracht wurde. Lesen, Schreiben und Rechnen wurden auch unter Bauern und

Handwerkern zu kulturellen Selbstverständlichkeiten. Die Alphabetisie-
rungsforschung geht davon aus, dass diejenigen, die in der Lage waren,
ihren Namen zu schreiben, auch einfache Texte lesen konnten. Als immer häufiger Unterschriften unter alle möglichen Verträge verlangt wurden, waren die sprichwörtlichen «drei Kreuze» diskriminierend. In Koblenz unterschrieben um 1800 etwa 87 Prozent der Männer und 60 Prozent
der Frauen ihre Ehekontrakte.[87] Im Althessischen waren dazu kurz nach
1800 immerhin 80 Prozent der Söhne, aber nur 25 Prozent der Töchter
von Tagelöhnern in der Lage.[88] In der Grafschaft Oldenburg war der Anteil der Lesefähigen schon zwischen 1675 und 1750 von knapp über 60 auf
98,5 Prozent gestiegen.[89] Obwohl manche Unterschrift gemalt gewesen
sein mag, deuten die vielen, wohl nur an «Leser» verkauften Texte auf
eine auch im europäischen Vergleich hohe Alphabetisierung in Deutschland hin.

Die enorme Nachfrage nach gedruckten Texten und die Signierfähig-
keit zwingen dazu, die geschätzte Lesefähigkeit – um 1730 lediglich 10,
um 1770 etwa 15 und um 1800 25 bis 40 Prozent – nach oben zu korrigieren. Die Masse der Deutschen hatte um 1800 elementare Lesekenntnisse
und verlangte informierende Texte. Lesen war der Schlüssel zur eigenen
Vervollkommnung und selbständigen Aneignung der Welt. Schon im
17. Jahrhundert war die Lektüre von Flugschriften und Zeitungen in
Deutschland nicht auf die Elite beschränkt geblieben[90], im 18. griffen
Bauern schriftliche Anregungen auf.[91] Jean Paul schätzte 1799 das literarische Publikum im deutschen Sprachraum auf etwa 300000 Personen,
also auf gut ein Prozent der Bevölkerung. Er zog damit die Grenze allerdings deutlich oberhalb der bloßen Lesefähigkeit.[92] Um 1800 lasen tatsächlich nicht einmal ein Prozent der Erwachsenen jährlich einen Roman.[93] Dennoch stieg die Zahl der in den Ostermesskatalogen angezeigten
Romane von 20 (1740) auf 300 (1800).[94] Die schöne Literatur überflügelte
das religiöse Schrifttum und erreichte mit über 21 Prozent den ersten
Platz der nach Sachgruppen aufgeteilten Liste von Neuerscheinungen.[95]
Die weit verbreitete Angst der Gebildeten, der gemeine Mann und seine
Frau könnten ihre Zeit mit sentimentalen und gefühlsbetonten Romanen
vertun, statt nützliche Ratgeber zu lesen, war gleichwohl unbegründet.
Der Buchbesitz zeigt, dass bei Handwerkern um 1800 die religiösen
Schriften überwogen, während in der Kaufmannschaft und im Bildungs-
bürgertum weltliche Themen dominierten.[96]

Manche Ratgeber erreichten Absatzzahlen, von denen die schöne Literatur nur träumen konnte. Die gedruckte «Volksaufklärung» war in
Deutschland ein zentrales Anliegen der Elite und ein gewichtiger Wirtschaftszweig. Propagiert wurde der ‹Wandel durch Vernunft›, die Verbindung von Theorie und Praxis. Das «ungebildete» Volk sollte in die
Lage versetzt werden, seine Lebenswelt kritisch zu prüfen, um effektiver

zu arbeiten. «Das Volk aufklären heißt», so formulierte 1786 Heinrich Gottlieb Zerrenner, «es in demjenigen Grade verständig und gut zu machen, daß es für den Staat und in jedem Verhältnisse [...] brauchbarer, seines eigenen Lebens froher und mit seinem Stande zufriedner lebe».[97] Jeder Mensch besaß ein Recht auf das ihm gemäße bestmögliche Leben und musste selbst zu Disziplin, Fleiß und effizientem Einsatz der Ressourcen finden.[98] Der Schweizer Isaak Iselin formulierte das zeitlose Problem in seinen «Ephemeriden der Menschheit»: Das menschliche Elend sei nur dann zu vermindern, wenn «durch die Ausbreitung eines bessern Lichtes» der Teil der Menschen von seinen Vorurteilen befreit werde, «welcher des Nachdenkes fähig ist, und doch die wissenschaftlichen Bücher nicht lieset». Am wichtigsten sei die Verbreitung von Erkenntnissen, «welche die Nahrung, die Sitten und die Freyheit betreffen».[99] Die Volksaufklärung intendierte keine zweckfreie Bildung oder die Verfeinerung des gemeinen Mannes, sondern lediglich eine nützliche Erziehung zur Praxis, die politische Fragen aber keineswegs ausklammerte. «Das Volk soll das lernen, was jeden zu einem besseren Menschen, Untertan, Hausvater, Landmann, Handwerker machen kann.»[100] Die aufgeklärte Elite bestimmte über die konkreten Inhalte. Sie wollte das Volk manipulieren, damit es sich «vernünftig» verhielt und verantwortungsbewusst mit den kostbaren Ressourcen umging.

Schulen, Kirchen, Bücher, Journale oder Kalender vermittelten das zur Optimierung des eigenen Lebens nützliche Wissen. Kalender fanden sich in fast jedem Haushalt und verbanden in ihrer «aufgeklärten» Form sinnvolle Informationen mit einem mechanischen Zeitverständnis. Häufig wurde das «Handbuch der Moral für den Bürgerstand» von Carl Friedrich Bahrdt gelesen.[101] Darüber hinaus gab es spezielle Ratgeber für bestimmte Stände und Berufsgruppen. Als Vorbild diente «Die Wirtschaft eines philosophischen Bauers». Unter diesem Titel hatte 1761 der Zürcher Arzt Hans Caspar Hirzel das durch und durch vernünftige Verhalten des Bauern Kleinjogg beschrieben. In der Folgezeit stellte die deutschsprachige Literatur das ländliche Leben nicht mehr nur als Idylle dar.[102] Der Bauer sollte als Bauer verbessert werden: «Aller Unterricht und alle Bildung, die er bekommt, muß dahin abzielen, ihn für seinen Stand und für seine ländlichen Geschäfte geneigt, tüchtig und zufrieden zu machen».[103] Die Schrift «Das räsonnirende Dorfkonvent» bietet ein gutes Beispiel. Auf dem Titelblatt findet sich der alles entscheidende Reim: «Das Dorfkonvent sitzt, prüft den Schlendrian, forscht was dir nützt, führt dich zum Denken an. Sprich nicht: Was hilft das viele Räsonniren? Freund: manches ist probat und manches zu probiren.» In der Vorrede erläutern die Verfasser, sie wollten «die niedrige, die ehrwürdige Menschenklasse belehren und mit Kenntnissen bereichern, die sie braucht, um ein gesittetes, frohes und glückliches Leben zu führen».[104]

Vor 1780 erschienen etwa 2500 Schriften volksaufklärerischen Inhalts, in den folgenden zwanzig Jahren verdoppelte sich deren Zahl. Die Schriften richteten sich in erster Linie an Vermittler und Multiplikatoren, die wie Pfarrer, Lehrer und Gastwirte an der Schnittstelle zwischen schriftlicher und mündlicher Kommunikation saßen. Dies war zugleich der vorrangige Leserkreis der Intelligenzblätter, die neben Anzeigen und offiziellen Verlautbarungen ebenfalls praktische Reformen propagierten.[105]

Den mit Abstand meistgelesenen Ratgeber, das «Noth- und Hülfsbüchlein für Bauersleute oder lehrreiche Freuden- und Trauer-Geschichte des Dorfes Mildheim», hatte Rudolph Zacharias Becker verfasst. Mit der Ankündigung seines Vorhabens im «Teutschen Merkur» weckte er 1785 das Interesse derjenigen, die den Landmann aufklären wollten.[106] Der 1788 erschienene erste Band – ein zweiter folgte zehn Jahre später – bot praktische Ratschläge und nützliches Wissen, das Becker geschickt in eine Rahmenerzählung rund um das Dorf Mildheim und seine Bewohner verpackte. Der Erfolg war überwältigend: Insbesondere diejenigen, die sich wie die Oldenburger Freimaurerloge «Zum goldenen Hirsch» oder der Markgraf Karl Friedrich von Baden als Vormünder des Volkes fühlten, subskribierten größere Mengen des Buches. Letzterer ließ allein 20 000 Exemplare in seinem Land verteilen.[107] Insgesamt sollen etwa eine Million Exemplare verkauft worden sein.[108] Dies bedeutet, dass etwa jeder 25. Deutsche das Buch besaß. Die Ratgeber hatten zudem mehr als einen Leser oder Hörer, daher scheint die Annahme kaum übertrieben, dass jeder Dritte Deutsche in dieser Zeit irgendwann mit Beckers Not- und Hilfsbuch in Berührung gekommen sein muss. Im württembergischen Laichingen besaßen allerdings nur die kulturellen Vermittler und wenige «gelehrte Handwerker» dieses Werk.[109] Aus diesem Einzelbefund lässt sich jedoch nicht generalisierend auf eine «geringe Resonanz» für «Volkslesestoffe» bei der Landbevölkerung schließen.[110]

Beckers Ratschläge sind in drei Gruppen unterteilt und widmen sich (1.) dem Alltag des bäuerlichen Arbeitspaares, (2.) einem Musterbauern, der aus ärmlichen Verhältnissen kommend reich wird, weil er sich den neuen Erkenntnissen nicht verschließt, und (3.) dem Verhalten in Notfällen bei Krankheiten, Unwettern etc. Erzählt wird, wie die Mildheimer praktische Erkenntnisse im Zusammenwirken von Dorfherrn, Pfarrer und Gemeinde umsetzen. Der Geistliche informiert und vermittelt, die fürsorglich-paternalistische Herrschaft handelt «weise». Sie fördert Reformen, die sie den Untertanen erläutert und einsichtig macht. «Kaiser und Reich» spielen in Beckers Ratgeber nur dann eine Rolle, wenn es zu Konflikten zwischen Obrigkeit und Untertanen kommt. Die Reichsgerichte zwingen den Landesherrn, Recht und Gesetz zu respektieren, die Obrigkeit wird dabei aber nicht in Frage gestellt. Beckers Gesellschaftskritik ist subtil: Der Leser soll nicht nur sein eigenes Verhalten mit demjenigen der Mildheimer vergleichen, sondern auch dasjenige seiner Obrigkeit. Der vernünftig angeleitete Bauer ist einsichtig und orientiert sein Handeln freiwillig am Gemeinwohl. Mitspracherechte sucht und beansprucht er nur im eigenen Wirkungskreis, wo seine Kompetenz unbestreitbar ist. Daher werden nach einer Rebellion die Partizipationsmöglichkeiten in der neuen Mildheimer Gemeindeordnung erweitert. Die mit der Französischen Revolution drängender gewordene Gleichheitsfrage löst Becker hingegen traditionell: Gleichheit gilt vor Gott, und sie soll vor dem Gesetz gelten. Es ist «eine schöne Einrichtung Gottes mit den vielerley Ständen in der Welt. Es müßten Regenten, Räthe, Beamten, Soldaten, Gelehrte, Pfarrer, Aerzte, Kaufleute, Künstler, Handwerker und Bauern, auch Reiche und Arme unter einander seyn: damit einer dem andern helfe, einer dieß der andere jenes verrichte, auf daß sie alle ein vergnügtes Leben führen könnten, und daß keinem etwas an seiner Nothdurft abgehe.»¹¹¹ Die Obrigkeit habe für die Sicherheit und mit Hilfe von Schulen, Kirche oder Gemeindeordnungen auch dafür zu sorgen, dass Einsicht, Verstand und Tugenden beständig zunähmen.

Becker lobt und dankt Kaiser Joseph II. sowie König Friedrich II. für ihre zeitgemäßen Agrarreformen. An vielen Orten seien Leibeigenschaft, Frondienste und andere Beschwerden inzwischen abgeschafft worden. In Mildheim ruhten alle Dienste auf dem Lande, nicht auf dem Menschen. Becker betont kosmopolitisch, dass man von Fremden lernen könne und Verbesserungen allen Menschen zugute kommen sollten. Er macht aber auch deutlich, dass jeder Bauer seinem Vaterland zu dienen habe: «dem seyd ihr euer Blut und Leben schuldig. Und wenn der Feind unser Deutsches Reich antastet [...], so waget euren letzten Blutstropfen daran. Denn darauf beruht auch die Wohlfahrt des Bauernstandes in Deutschland, daß das Reich bei seiner Ordnung und Freyheit erhalten werde.»¹¹² Becker würdigte die politische Grundordnung des Reiches. Es bildet für ihn die Basis der politischen Volksaufklärung, die einer Ständegesellschaft mit gestuften Mitwirkungsmöglichkeiten das Wort redet. An anderer Stelle hat Becker so etwas wie den Konsens der Volksaufklärer definiert: Unter dem gemeinen Manne wolle man «weder Gelehrsamkeit, noch übertriebene Verfeinerung, weder Irreligion noch Rebellion» verbreiten, sondern ihn «nur immer verständiger, sorgfältiger, arbeitsamer, wohlhabender, redlicher, mit seinem Stande zufriedener, kurz – klüger und tugendhafter in seinem ganzen Wirkungskreise, als Mensch, Hausvater und Staatsbürger machen».¹¹³

Die Volksaufklärung war nicht politikfern, aber systemkonform. Bauern oder Handwerker sollten sich mündig verhalten und nicht gegen die «vernünftige» Reform der Gesangbücher, ABC-Fibeln oder Kalender tumultuarisch protestieren. Bereits Luther war davon ausgegangen, dass jeder, der lesen konnte, selbst das Wahre und Nützliche erkannte. Kant definierte: «Volksaufklärung ist die öffentliche Belehrung des Volks von seinen Pflichten und Rechten in Ansehung des Staats, dem es angehört.»[114] Ihr bewahrend-konservativer und obrigkeitsorientierter Grundtenor reflektierte die deutschen Verfassungsverhältnisse. Hier müsse der gemeine Mann seine Rechte nicht überschreiten, weil er auf legalem Wege an der Verbesserung seiner Lebensumstände mitwirken könne. Das Volk war demnach nicht nur Rechtsobjekt. Es musste auch aus Gründen der Staatsräson erzogen werden, weil «ein aufgeklärter Landmann mehr Abgaben entrichten kann, als ein unaufgeklärter, so muß ja wohl ein aufgeklärtes Volk dem Staat mehr wert sein, als ein unaufgeklärtes».[115] Die Volksaufklärung wandte sich auch an die Fürsten und Regierungen, die nicht länger despotisch regieren sollten. Der Mensch sei nicht das «Hausvieh» der Fürsten, nicht dazu da, Günstlinge oder Mätressen zu mästen. «Offenbar ist der Mensch dazu gemacht, um immer mehr zu werden, immer mehr Einsicht und Vollkommenheit zu erlangen [...] Wie der einzelne Mensch; so ein Volk.»[116]

d) Landwirtschaft

Die Volksaufklärung richtete sich vor allem an das ländlich-dörfliche Publikum und damit an die Mehrheit der Bevölkerung, die für wenig innovativ, derb und plump gehalten wurde. Der höchste Einsatz lohnte sich, weil hier das Potential für Verbesserungen offensichtlich war. Die meisten Bauern arbeiteten vorrangig für den eigenen Bedarf. Rainer Beck hat diese Form der Landwirtschaft in einer beispielhaften mikrohistorischen Studie über das Dorf Unterfinning in Oberbayern analysiert. Entscheidend war nicht der Aufwand, sondern der Nutzen bäuerlicher Arbeit. Wenn eine Kuh durch ein drittes Melken am Tag einen Tropfen Milch mehr gab, wurde gemolken – unabhängig von jeder Kosten-Nutzen-Rechnung. Man konnte nur durch «Selbstausbeutung» auf einem bäuerlichen Kleinstbetrieb überleben.[117] Geld wurde gespart, nicht Arbeit.[118] Doch auch der abgelegene Bauernhof war keine autarke Wirtschaftseinheit, sondern wie jeder andere Produzent abhängig vom Markt und der Konjunktur. Steuern und Abgaben mussten bezahlt, bestimmte Waren gekauft werden.

Auf die lange und tiefe Depression nach dem Dreißigjährigen Krieg folgte im frühen 18. Jahrhundert eine Stagnationsperiode. Diese ging um 1720 in einen leichten Aufschwung über, wobei Mitte der zwanziger Jahre größere wetterbedingte Ernteausfälle die Preise für landwirtschaftliche Produkte zusätzlich steigen ließen.[119] Die Regierungen versuchten, mit Zöllen oder Ein- und Ausfuhrsperren gegenzusteuern. Dies gilt auch für die folgende Teuerungskrise 1739/41. Zusätzlich wurde nun Getreide aus Polen und Ostpreußen eingeführt. Die Einfuhr ließ die Preise aufgrund der großen Entfernung in Augsburg auf fast das Dreifache steigen, in Berlin dagegen nur auf das Anderthalbfache.[120] Die zweite Jahrhunderthälfte prägte eine dauerhafte Agrarkonjunktur, die sich kurz vor 1800 so beschleunigte, dass sogar von einer Agrarrevolution gesprochen wurde.[121] Der Bevölkerungsanstieg erhöhte die Nachfrage nach Lebensmitteln. Die landwirtschaftlichen Ratgeber boten Beispiele, wie sich Erträge und Gewinne steigern ließen, und sie propagierten wirtschaftliches Verhalten. Damit gelangen beträchtliche Ertragszuwächse: Tieferes Pflügen, der Anbau von Zwischenfrüchten und die bessere Düngung der Felder in Folge der Stallfütterung ließen die Ernten um bis zu einen Viertel höher ausfallen. Statt des Drei- bis Siebenfachen der Aussaat wurde nun das Vier- bis Neunfache geerntet.[122] Auch Statusverbesserungen wie die Aufhebung der Leibeigenschaft und die Privatisierung der herrschaftlichen Domänen boten Anreize zu einer intensivierten Produktion. Darüber hinaus wurden das starre System aus Flurzwang und Dreifelderwirtschaft überwunden und viele Allmenden privatisiert. Diese gemeinsam genutzten Flächen waren überall heruntergewirtschaftet. Sie boten denjenigen reichlich Anschauungsmaterial, die für eine effektivere Landwirtschaft eintraten: Der Mensch verhalte sich rational, wenn er aus den Gemeingütern so viel als möglich für sich heraushole, da er sich auf den sozialen Sinn seiner Mitnutzer nicht verlassen könne.[123] Die Agrarreformer plädierten folglich für die Aufteilung dieser Flächen, um die Rekultivierung zu gewährleisten. Ein Eigentümer hege und pflege seinen Grund und Boden. Dies aber hieß: Privateigentum schützt die natürlichen Ressourcen. Privater Eigennutz ist der beste Wächter öffentlicher Nachhaltigkeit.

Die Aufteilung der Gemeinnutzungen bedeutete freilich das wirtschaftliche Aus für viele Kleinbauern, die auf diese angewiesen waren, um wenigstens eine Kuh über den Winter zu bringen. Auch die Grund- oder Gutsherren wollten ihre alten Hut- oder Triftrechte nicht aufgeben. Hinzu kam, dass Allmenden, Gemeindewälder oder die gemeindeeigenen Rats-, Wirts-, Brau- und Backhäuser bisher die Gemeindekredite abgesichert hatten, die auch dazu benötigt wurden, die oftmals langwierigen und teuren Prozesse gegen die eigene Herrschaft durchzustehen.[124]

Letztlich waren es die Zwänge des Marktes, die Ertragssteigerungen forderten und deswegen zur Privatisierung und zu Nutzungsänderungen führten. Auf 10 Quadratmetern konnten in Form von Fleisch 500 Kilokalorien, hingegen beim Anbau von Getreide 2000, von Kohl 6300 und von Kartoffeln sogar 7200 Kilokalorien produziert werden. Aufgrund der hohen Agrarpreise lohnte sich auch die Kultivierung bisher nicht genutzter Flächen. Der preußische Staat wurde darüber zum Großunternehmer: Die Kultivierung des Oderbruchs brachte zwischen 1747 und

1753 etwa 56 000 Hektar neues Ackerland, das Havelländische Luch zwischen 1718 und 1724 immerhin etwa 15 000.[125] In Bayern legte man das Donaumoos trocken. Kleinere Sumpf- und Moorgebiete wurden überall kultiviert. Die prosperierende Landwirtschaft bewirkte jedoch keinen generellen und nachhaltigen wirtschaftlichen Aufschwung. Die hohen Lebensmittelpreise zwangen die Konsumenten, weniger Gewerbeprodukte zu kaufen. Deren Preise stiegen nur moderat, so dass auch die Löhne in Manufakturen und Fabriken niedrig blieben.[126] Handwerker und Arbeiter mussten einen immer größeren Teil ihrer Einkommen zur Befriedigung primärer Bedürfnisse aufwenden. Die Agrarkonjunktur verursachte daher eine Krise in der gewerblichen Produktion. Am weitesten klaffte die Schere zwischen Preisen und Löhnen in Norddeutschland auseinander. Gemessen am Niveau der 1750er Jahre lagen die Löhne und die Preise für Gewerbeprodukte in Mitteldeutschland um 1800 bei etwa 130, diejenigen für Getreide hingegen bei 200 Prozent.[127]

Die kleinbäuerliche Agrarstruktur im dichter besiedelten Süddeutschland war offensichtlich produktiver als die eher großbäuerliche des Nordens und Ostens. Jedenfalls wurden im Süden zuerst und vermehrt Futterkräuter angebaut oder mit der Stallfütterung und der Abschaffung der Brache experimentiert. Was dort fehlte, war nach Ansicht des Statistikers Randel der Anbau schmackhafter Gemüse einschließlich der Kartoffel und des Spargels. Zudem stecke der Weinbau in einer tiefen Krise, weil das «gewissenlose Schmieren und Verheyraten» den Ruf des Weinhandels geschadet habe. Seit dem amerikanischen Krieg werde hingegen recht erfolgreich Tabak in Deutschland angebaut.[128]

Die erfolgreichen Veränderungen in der landwirtschaftlichen Produktion belegen, dass keineswegs alle aufgeklärten Reformansätze verpufften und der Weg auch für die Bauern, die bisher zwar auf eigener Scholle, aber abhängig von den feudalen Mächten wirtschafteten, mehr und mehr zum freien Kleineigentum führte. Der selbständige bäuerliche Kleinbetrieb bildete um 1800 die günstigste Organisationsform für eine fortschrittliche Landwirtschaft. Mit der Agrarkonjunktur hatten sich die Pachtzinsen und Landpreise in der zweiten Jahrhunderthälfte verdreifacht. Angesichts der unterschiedlichen Größe und Belastungen der einzelnen Bauernhöfe ist es allerdings fast unmöglich, bäuerliche Einkommen auch nur annähernd zu ermitteln. Solche Berechnungen tendieren für ostdeutsche Gutsbauern schnell gegen Null, während im Nordwesten aufgrund der großen freien Bauerngüter ein gewisser ländlicher Luxus herrschte. Für kurhannoversche Vollerwerbsbetriebe ist bei einer durchschnittlichen Betriebsgröße von 60 Morgen Ackerland für 1765 ein verfügbares jährliches Einkommen von 185 Talern, bei einer solchen von 30 Morgen von 139 Talern errechnet worden. Die geringe Differenz erklärt sich aus den ungleich höheren Grundzinsen, die auf einem Mittelbetrieb lasteten. Die Reineinkommen der Bauern lagen etwa doppelt so hoch wie diejenigen der Hildesheimer Handwerker. Bis zum Ende des 18. Jahrhunderts stieg ihr Vorsprung um ein weiteres Viertel. In erster Linie profitierten Vollbauern, zu denen etwa 20 Prozent der Familien zählten, von der Agrarkonjunktur, denn sie besaßen eine weit höhere Marktquote als Kleinbauern. Für die dörflichen Unterschichten bedeutete die Agrarkonjunktur rein rechnerisch sogar einen Verlust.[129] Wurden sie nicht auf den Bauerngütern verpflegt oder mit Naturalien entlohnt, wirkten sich die hohen Nahrungsmittelpreise bei stagnierenden Löhnen negativ aus. Tendenziell verschlechterte sich die Lage der unterbäuerlichen Schichten[130], zumal sich die Flucht ins Landhandwerk nicht überall lohnte. Ein Teil der Dorfbewohner lebte dauerhaft unterhalb oder am Rande des Existenzminimums. Diese Bevölkerungsgruppe musste als Arbeitsmigranten lange Abwesenheiten in Kauf nehmen, um ihre Familien zu ernähren.

Festzuhalten ist: Die Landwirtschaft blieb der mit Abstand wichtigste Produktionszweig. Die Bauern benötigten jedoch mehr «Freiheit» und größere «Sicherheit», um unter den sich abzeichnenden Bedingungen einer Marktgesellschaft ihre Ressourcen effektiv nutzen zu können. Die Zeiten der Abhängigkeit von Guts-, Grund-, Gerichts- oder gar Leibherren waren nicht nur aus sittlichen, sondern in erster Linie aus wirtschaftlichen Gründen vorbei.

e) Gewerbe und Handel

In der gewerblichen Wirtschaft blieben Zunftwesen und handwerkliche Technik für die Güterproduktion konstitutiv, obwohl Manufakturen, Verlage und Fabriken ihren Anteil an der Warenproduktion in der zweiten Hälfte des 18. Jahrhunderts spürbar steigerten. Beim damaligen Stand der Technik war die kleine Werkstatt der großbetrieblichen und arbeitsteiligen Gütererzeugung jedoch nicht generell unterlegen. Die verschiedenen Organisationsformen konkurrierten miteinander, ergänzten sich aber auch häufig zu erfolgreichen Symbiosen. Die Regierungen förderten die Gewerbe, weil sie sich davon zusätzliche Steuereinnahmen und eine Verbesserung ihrer Handelsbilanzen versprachen.[131] Im Zuge der Luxus- und Konsumdebatten wurden sogar neue Bedürfnisse geweckt, um die eigene Wirtschaft anzukurbeln. Eine Ausweitung der Binnenmärkte zum Massenkonsum war allerdings angesichts des niedrigen Lohnniveaus und der hohen Lebenshaltungskosten noch nicht möglich.

Nach zeitgenössischen Statistiken gab es in Deutschland um 1800 etwa 2,2 Millionen Gewerbetreibende. Knapp 10 Prozent der Deutschen besaßen oder arbeiteten in einem Betrieb, der sie vorrangig ernährte.[132]

Die Zahlen unterscheiden sich wenig von denjenigen 100 Jahre zuvor. Die Veränderungen erschließen sich erst, wenn man bedenkt, dass nur noch die Hälfte aller Beschäftigten im Handwerk arbeitete. Davon waren knapp 25 Prozent in den Nahrungsmittel-, etwa 20 in den Bauhandwerken und ein Drittel in der Textil-, Holz- und Papierbranche tätig. Diese Gewerbe absorbierten nahezu 80 Prozent aller handwerklich Beschäftigten. Die andere Hälfte, fast eine Million Menschen, die um 1800 in Verlagen und die etwa 75 000, die in Manufakturen und im Bergbau beschäftigt waren, produzierten hingegen vorrangig für den Fernhandel. Anders ausgedrückt: Die Hälfte aller Erwerbstätigen arbeitete für die Befriedigung neuer Bedürfnisse, den überlokalen Bereich oder den Export.[133] Veränderungen in der Beschäftigungsstruktur zeigen sich darüber hinaus im regionalen Vergleich. Während im Grenzgebiet zwischen Neumark und Hinterpommern die Landwirtschaft noch 87 Prozent aller Arbeitskräfte aufnahm, waren es in Magdeburg nur noch 61, in Minden knapp 50 und im Herzogtum Berg gerade einmal 25 Prozent. Fast 60 Prozent aller Beschäftigten arbeiteten hier bereits in der gewerblichen Wirtschaft.[134] In den sächsischen und thüringischen Heimgewerberegionen kamen auf 1000 Einwohner 60 und mehr ländliche Gewerbetreibende.[135] Um 1800 lebten 1,3 Millionen Erwerbstätige, also mehr als die Hälfte, außerhalb der Städte. Diese Zahl wäre noch höher, wenn alle Weber und Spinner berücksichtigt würden, die haupt- oder nebenberuflich für Verlage tätig waren, ihre Waren aber nicht selbständig vermarkteten.

Die Territorialisierung der Gewerbe setzte auf breiter Front erst im 18. Jahrhundert ein. Zum einen wuchsen auch in den bäuerlichen Betrieben die Ansprüche, so dass ein zunehmend größerer Teil der Waren nicht mehr selbst hergestellt wurde. Zudem verbesserte sich die landwirtschaftliche Technik – Eggen erhielten eiserne Zinken, aus Karren wurden lenkbare Wagen –, daher benötigte man Schlosser und Schmiede. Wenn das ländliche Handwerk die Qualität des städtischen nicht erreichte, lag dies weniger an der Ungeschicklichkeit der Weber, Stellmacher oder Schneider, als an vielfältigen Verboten. Beispielsweise durfte das ländliche Handwerk bestimmte Stoffe nicht verarbeiten, keine Kutschen bauen und nicht für Adel oder Pastoren tätig werden. Dieser exklusive Kundenkreis blieb den städtischen Zunftmeistern vorbehalten. Die Landgewerbe waren hingegen weitgehend zunftfrei. Hier arbeiteten Müller und Schmiede meist als Einzelmeister, während Maurer und Zimmerer auf Gesellen, Lehrlinge und viele ungelernte Hilfskräfte angewiesen waren. Sie überstanden die Reallohnsenkungen am Jahrhundertende besser als ihre städtischen Kollegen, weil sie meist eine Nebenerwerbslandwirtschaft betrieben. Die Spinner und Weber auf dem Lande mussten im 18. Jahrhundert allerdings häufig den städtischen Zünften beitreten.[136] In einigen Fürstentümern wurden etliche Landzünfte, die eigentlich «Zunftverlage» waren, gegründet, um so die abhängigen Produzenten effektiver kontrollieren zu können. Teile der einfachen Warenproduktion wurden aus den Kommunen auf das Land verlagert, weil dort die Lebenshaltungskosten und die Arbeitslöhne niedriger waren.

Auch wenn die Zünfte auf das Land ausgriffen, hatten sie ihren Höhepunkt bereits überschritten. Die tatsächlichen oder vermeintlichen Missstände waren oft angeprangert worden, ohne nachhaltige Veränderungen zu bewirken. Die Argumente gegen die korporative Wirtschaftsverfassung, die über ein halbes Jahrtausend die gewerbliche Produktion bestimmt hatte, trafen jedoch in der zweiten Hälfte des 18. Jahrhunderts auf einen Kontext, der mit der Forderung nach bürgerlicher Handlungsfreiheit eine prinzipiell andere Wirtschaftsgesinnung einklagte. Die Vorstellung, dass jedem Bürger ein bestimmter Freiraum zustehe, um unreglementiert für sich selbst zu sorgen, widersprach diametral dem zünftischen Grundanliegen, das nicht vom Interesse des Einzelnen, sondern von einer auskömmlichen Nahrung für alle ausging. Das Zunftwesen erschien seinen Kritikern daher als eine veraltete, statische, Innovationen und Wettbewerb blockierende Organisationsform. Den Zunftmeistern fehle – so das gängige Argument der Neuerer – das Eigeninteresse als Antrieb für persönliches Engagement und als Voraussetzung wirtschaftlicher Dynamik. Der bessere Handwerker sollte sich auf dem Markt durchsetzen und nicht von Regulierungen behindert werden, die Effizienz bestraften und selbständiges Arbeiten an unsinnige Zugangsbedingungen wie das Anfertigen teurer Meisterstücke oder das Einheiraten in einen Betrieb knüpften.

Die im August 1731 verkündete neue Reichshandwerksordnung schränkte in erster Linie die Autonomie der Zünfte und der Gesellenbruderschaften ein. Fortan sollten auch Kinder vieler angeblich «unehrlicher» Leute ein Handwerk erlernen dürfen.[137] Den Obrigkeiten wurde ausdrücklich erlaubt, Gewerbetreibende auch außerhalb der Zünfte zuzulassen und die Zahl der Meister pro Handwerk bzw. der Gesellen pro Werkstatt zu erhöhen. Die Fürsten konnten so die Macht der Gewerbekorporationen reduzieren. Dem gleichen Zweck dienten auch die vielen Privilegien der Hofhandwerker, Manufakturisten und Verleger, die ursprünglich für den höfischen Bedarf oder den Export gearbeitet hatten. Im 18. Jahrhundert spielten solche Begrenzungen aber kaum noch eine Rolle. Hofhandwerker traten nun sogar in die Zünfte ein, weil sie sich davon größere Sicherheit und die ungehinderte Vererbung ihres Betriebes versprachen. Prinzipiell wagte keine Regierung, die Gewerbekorporationen aufzulösen.

Die Obrigkeiten ergänzten und komplettierten mit ihren vielen neuen Privilegien für Verlage und Manufakturen die gebundene Wirtschaft, verhalfen hingegen der Freiheit der Wirtschaftsbürger und des Wirtschaftens nicht zum Durchbruch. Verlage entstanden insbesondere dort, wo sich die Arbeitsprozesse sinnvoll zerlegen ließen, wo verschiedene Materialien und berufliche Qualifikationen gefragt waren, um gemeinsam ein Produkt herzustellen. Sie setzten sich im Textilbereich durch, als die leichteren Gewebe wie Leinen und Barchent, Kattun und Baumwolle, Seide und Samt die schweren Wollstoffe verdrängten. Arbeitsintensive Vorgänge wurden auf das Land verlagert, die Endverarbeitung und die Qualitätskontrolle verblieb meist in den Städten, wo die Fertigungstechniken höherwertiger waren und ein anerkanntes Gütesiegel erworben werden konnte. So besaß die einst von Färbern nach dem Dreißigjährigen Krieg gegründete Calwer Zeughandelskompanie das Monopol auf das Färben und den Handel mit den Produkten der umliegenden württembergischen Landweber, die von ihr abhängig waren. Die Kompanie hatte in den 1780er Jahren etwa 5000 Arbeitskräfte unter Vertrag.[138]

Verlage und Manufakturen galten als Wachstumskerne. Sie wurden politisch gefördert, so dass die Fortentwicklung ihrer Produktionstechniken nirgends an rechtliche Schranken stieß. Teilweise garantierte der Staat sogar den Absatz. Die an sicheren Gewinnen interessierten Verleger sorgten meist für Rohstoffe, Qualitätskontrolle und Verkauf, während die Produzenten nicht nur die Produktionsmittel stellten, sondern auch das Risiko von Absatzschwankungen trugen, zumal ihnen die Verlagsverträge verboten, für andere Märkte oder Verleger zu arbeiten. Dieses System sicherte den ländlichen Handwerkern regelmäßige, wenn auch spärliche Einkünfte.

Im Unterschied zu den handwerklich arbeitenden Verlagen stellten die Manufakturen ihre Produkte meist massenhaft oder in herausragender Einzelfertigung her. Durch systematische Mechanisierung, Arbeitsteilung und Nutzung vorhandener Energieträger wurden die Produktionskosten erheblich verringert. Darüber hinaus entfielen die Transporte von einer Werkstatt in die andere, damit etwa der Wagner, Schmied oder Sattler seinen Teil zum Gesamtprodukt einer Kutsche beitragen konnte. Die Manufakturen gewannen durch die Zergliederung und Mechanisierung einer massenhaften Produktion ihren entscheidenden Wettbewerbsvorteil. Die Erfindung der Dampfmaschine als standortunabhängiger Antrieb markierte am Ende des 18. Jahrhunderts den schrittweisen Übergang zum Fabriksystem.

Dampfmaschinen wurden seit den 1780er Jahren auch in Deutschland im Bergbau und Hüttenwesen verwendet. Sie erforderten einen hohen Kapitaleinsatz, der das unternehmerische Risiko erhöhte. Dies galt ebenso für die mechanischen Spinnmaschinen, die als Schmuggelware aus England kamen.[139] Um 1800 arbeiteten bereits ca. 2000 davon in Deutschland, die den Lohn der Handspinner enorm drückten.[140] Die meisten dieser Maschinen wurden mit Wasser, Wind bzw. durch Tiere oder Menschen angetrieben. In den Manufakturen musste Tag für Tag produziert werden, um rentabel zu arbeiten. Gewinne stellten sich jedoch nur ein, wenn die Waren auch abgesetzt wurden. Während der Verleger das Absatzrisiko auf seine Subunternehmer abwälzte, konnte der Manufakturist oder Fabrikbesitzer seine Arbeiter zwar entlassen, doch dann trug sein Kapitaleinsatz keine Früchte. Manufakturen und Fabriken benötigten daher staatliche Garantien. Sie wurden meist auf Initiative der Regierungen und fast immer mit staatlichen Zuschüssen gegründet.

Neben den Spezialmanufakturen für Luxusgüter wie Porzellan oder Spiegel waren vor allem die Betriebe erfolgreich, denen der Staat ihre Waren abnahm, etwa das 1713 gegründete Berliner Lagerhaus, das Uniformen herstellte. König Friedrich Wilhelm I. «privatisierte» den Betrieb, indem er seinen Minister Johann Andreas von Kraut veranlasste, das benötigte Kapital zur Verfügung zu stellen.[141] 1738 beschäftigte das Unternehmen 4730 Menschen.[142] 1782 arbeiteten in Berlin 65 dezentralisierte oder zentralisierte Manufakturen, 13 Wolltuch- und Zeug- sowie 14 Seidenmanufakturen mit insgesamt bis zu 2500 Webstühlen. In einem anderen Berliner Betrieb stellten 200 Arbeiterinnen künstliche Blumen her. Die königliche Porzellanmanufaktur beschäftigte etwa 500 Arbeiter.[143] Die Unternehmer gehörten jedoch keineswegs zu den reichsten Stadtbürgern, sondern zahlten etwa die gleichen Steuern wie Bäcker, Fleischer, Beamte oder Ärzte.[144]

Weitere gewichtige Zentren einer frühen großbetrieblich organisierten Produktion entstanden im rheinischen Raum mit der Textilindustrie um Elberfeld, der Klingen- und Waffenproduktion um Solingen und Remscheid, den feinen Tüchern in Aachen oder der Seidenproduktion in Krefeld. Beschäftigt wurden ehemalige Zunftmeister und Gesellen, eigens angeworbene Spezialisten, Soldaten und deren Familien. Darüber hinaus waren Manufakturen oft Waisen-, Armen-, Arbeits- oder Zuchthäuser angegliedert. Ihre Arbeiter wurden weit stärker diszipliniert als dies in den Handwerksbetrieben möglich war.

Manufakturen und Fabriken, Bergbau und Verlage prägten das Bild der gewerblich verdichteten Regionen, in denen im 18. Jahrhundert große Teile der Bevölkerung von der Warenproduktion für überregionale Märkte lebten. Sie finden sich vor allem dort, wo Erze und Kohle gefördert wurden und wo das Heimgewerbe blühte. Um 1800 gab es eine ganze Reihe solcher Gewerbelandschaften – insbesondere am Niederrhein, in Oberschwaben und in Sachsen. Diese als «Protoindustrialisierung» bzw. als «Industrialisierung vor der Industrialisierung» bezeichnete Form der Gewerbekonzentration soll eine entscheidende Rolle beim Übergang vom Feudalismus zum Kapitalismus gespielt haben und strukturell zwischen «Agrarwirtschaft und Handelskapitalismus» anzusiedeln sein.[145] Tatsächlich ging die Industrialisierung jedoch nicht von diesen Gewerberegionen aus. Warum der Übergang von dieser teilweise hochspezialisierten Produktion in Verlag und Manufaktur zum Industriesystem nicht oder erst auf vielen Umwegen im 19. Jahrhundert erfolgte, warum der ökonomische «take off» in Deutschland auf sich warten ließ, ist eine offene Frage. Der Erfolg der Verlage und Manufakturen beruhte jedenfalls auf dem Prinzip gewinnorientierter Bedürfnisbefriedigung.

Zwischen 1750 und 1850 büßte das Reich deutscher Nation seine hinter Frankreich führende Position in der Warenproduktion ein und fiel weit hinter Großbritannien zurück, das einen rasanten Aufstieg erlebte.[146] Dieser Rückstand wurde häufig mit dem Fehlen von Kolonien und einem einheitlichen Wirtschaftsraum, von Großbanken und damit von Kapital für risikoreiche Investitionen oder mit dem technologischen Rückstand begründet. All dies hat Deutschland jedoch nicht daran gehindert, auch noch um 1800 zu den führenden Handelsmächten der Welt zu gehören. Auf etwa 1000 Einwohner kamen durchschnittlich etwas mehr als zwei Kleinhändler oder Hausierer mit einem breiteren Sortiment und etwa zwei Kaufleute, die sich auf eine bestimmte Warengruppe spezialisiert hatten.[147] 15 Prozent der Erwerbstätigen verdienten ihren Lebensunterhalt im Dienstleistungssektor. Sie arbeiteten im Handel oder Transport, waren Beamte oder Soldaten. Diese Bereiche wurden immer wichtiger, denn nun mussten Bedürfnisse nicht mehr nur befriedigt, sondern auch geweckt werden. Neben der Vorbildfunktion von Adel und reichen Bürgern waren es die vielen Journale, die über Geschmack, Moden und Luxus berichteten und damit Begehrlichkeiten weckten. Zudem boten die regional ausgerichteten Intelligenzblätter nicht nur offizielle Bekanntmachungen, sondern auch Anzeigen sowie Berichte über frisch gelieferte Waren und neue Produkte.

Der Statistiker Randel betont die deutsche Handelsintensität. Er verweist auf die vielen Schiffe, die auf allen europäischen Meeren kreuzten, so dass Deutschland mittelbar an allen Zweigen des Kolonialhandels beteiligt sei. Die großen Flüsse – Donau, Rhein, Weser, Elbe – seien fast von ihren Quellen an schiffbar. Auf der Donau benötige man stromaufwärts pro fünf Tonnen Last ein Pferd zum Treideln. Als Verkehrsader ungleich bedeutsamer sei jedoch der Rhein. Auf ihm «ertauscht sich Holland Deutschlands Überfluss gegen Ost- und Westindische Wollüste». Der Handelsverkehr wäre hier noch umfangreicher, wenn nicht die vielen Zölle die Waren verteuerten. Sie brächten ihren Inhabern jährlich mehr als eine halbe Million Taler, fast eine Million Gulden. Viele Waren würden jedoch wegen dieser Zölle nicht auf dem Rhein, sondern parallel auf dem Landweg transportiert, wodurch der Wert der auf der Elbe verschifften Güter inzwischen größer sei. Davon profitiere in erster Linie Hamburg, das nach London und Amsterdam den drittgrößten Hafen Europas besitze.

Über das deutsche Fracht-Fuhrwesen sei – so Randel weiter – wenig bekannt, zumal unterschiedliche Geleise, also die Spurbreiten der Karren und Wagen, den Verkehr behinderten. Abhilfe böte nur der Bau von Chausseen, wie es sie insbesondere im Süden bereits gebe, wo auch die Post schneller vorankomme. Die Gasthäuser seien in den größeren süd- und norddeutschen Städten etwa gleich gut, in den kleineren Orten im Süden aber spürbar besser.[148] In Württemberg war zwischen 1737 und 1790 ein 301 Kilometer langes Netz befestigter Straßen entstanden. Der Transport eines Zentners Handelsware auf der Route Hamburg-Mainz-Mannheim-München kostete auf dem Wasser 43, auf dem Land 68 Gulden. Mit den Änderungen von Zollsätzen und Straßenbenutzungsvorschriften mussten die Händler häufig neu kalkulieren.[149] Grundsätzlich verdoppelten sich die Transportkosten für Steinkohle bereits nach sieben Kilometern auf unbefestigten, nach zehn auf befestigten Straßen, aber erst nach 200 auf dem Wasser.[150] Dennoch war der Transport über Land ein nicht zu unterschätzender Wirtschaftsfaktor, der vielen Menschen schon deshalb Arbeit gab, weil die schlechten Wege häufig «Vorspann» und Reparaturen an Kutschen und Karren erforderten.

Die deutsche Handelsflotte wuchs zwischen 1670 und 1800 um das Zweieinhalbfache von 80 000 auf 200 000 Nettoregistertonnen. Dem standen allerdings ein englischer Flottenausbau um das Fünfzehn- und ein französischer um das Neunfache gegenüber. Der Binnenschifffahrt fehlten in Deutschland im Vergleich zu anderen Ländern Kanäle zur Verbindung der Flüsse.[151] 1784 nahm allerdings der «Schleswig-Holsteinische Kanal» seinen Betrieb auf, der über 16 Schleusen die Nord- mit der Ostsee verband. Weil er auch von vergleichsweise großen Seeschiffen bis zu 250 Tonnen befahren werden konnte, stieg der Verkehr von 438 Durchfahrten im Eröffnungsjahr auf 2117 im Jahr 1800.[152]

Bilanzierend bezeichnet Randel die Leinwandmanufakturen als das bedeutendste deutsche Gewerbe, da dessen Waren in die ganze Welt exportiert würden und einen «Gewinn» von jährlich 30 Millionen Talern brächten. Zudem habe Deutschland 1780 für mindestens 6,5 Millionen Gulden Schiffs- und Bauholz in die Niederlande verkauft. 1782 seien für 5 Millionen Taler Hölzer über Hamburg und für eine weitere Million über Bremen ausgeführt worden. Bei Getreide belaufe sich der Wert des durchschnittlichen Ausfuhrüberschusses auf etwa 10 Millionen Taler. Bemerkenswert sei zudem der Wein- und Tabakexport. Dagegen stünden die Einfuhren an fremden Weinen, Südfrüchten, Pferden und Ochsen sowie an Fertigwaren wie Papier aus Holland und Kolonial- und Galanteriewaren. Die Handelsbilanzen mit Spanien, Portugal, Polen und den nordischen Ländern seien positiv, diejenigen mit England und Italien uneindeutig und diejenigen mit Frankreich und Holland negativ. Die Franzosen exportierten jährlich Seiden- und Galanteriewaren für 38 bis

45 Millionen Livres nach Deutschland. Geldverluste erfolgten auch durch die vielen Reisen der Deutschen ins Ausland, die Abhängigkeit der Katholiken von Rom und die ins Ausland zu überweisenden Schuldzinsen. Gewinne brächten Ausländer, die Deutschland besuchten – insbesondere die Bäder und Universitäten –, aber auch die Subsidien für Truppenabstellungen und Kriegsdienste sowie die Wanderarbeiter in den Niederlanden. Insgesamt hielten sich Gewinne und Verluste die Waage. Angesichts des Ertrags der Bergwerke sei aber davon auszugehen, dass «der Deutsche Geldstock oder das baare National-Capital sich vermehre». Das umlaufende Bargeld schätzte Randel auf mehr als 500 Millionen Taler. Nicht zu entscheiden sei, ob der Süden oder der Norden reicher seien. «In jenem findet sich der grösste Theil des National-Vermögens in den Händen des hohen Adels, der hohen Geistlichkeit, und selbst des wohlhabenden Bauernstandes, in diesem ist der Kaufmann und Fabricant im Durchschnitt reicher, als der Edelmann und Landmann».[153]

Randels Daten und Einschätzungen werden von neueren Berechnungen weitgehend bestätigt. Danach hielten sich Aus- und Einfuhren mit etwa 120 Millionen Talern die Waage. Während Textilwaren das bedeutendste Exportgut bildeten, besaßen die Kolonialwaren bei den Einfuhren einen Anteil von 20, die Rohstoffe von 40 und die Investitionsgüter von knapp 6 Prozent. Deutschland war auf den Weltmärkten konkurrenzfähig.[154] Randel hatte die Woll-, Tuch- und Baumwollmanufakturen herausgehoben und die Vielfalt der Eisen-, Stahl und Metallfabriken gelobt, doch zugleich einschränkend festgestellt: Deren Erzeugnisse entsprächen selten der englischen Qualität, wenn sie auch «nächst ihnen die vollkommensten» seien. Das Ausland wünsche die billigen Nürnberger und Augsburger Kurzwaren, den Iserlohner Draht, die Solinger Gewehre, die Aachener Nadeln sowie Gold- und Silberarbeiten aus Augsburg, Berlin und Wien. Das deutsche Porzellan sei das Beste in Europa, auch die Glas- und Spiegelwaren seien begehrt. Verbessert werden müssten die Produkte aus den Seiden- und Papiermanufakturen sowie die Leder- und Tabakverarbeitung.[155]

f) Münzen und Finanzen

Die gängige Vorstellung, dass es im Deutschland des 18. Jahrhunderts eine chaotische Vielfalt unterschiedlichster Münzsorten gegeben habe, weil viele Landesherren eigenes Geld prägten, ist richtig und falsch zugleich. Zwei unterschiedliche Münzsysteme existierten nebeneinander: das eine basierte auf dem Goldgulden, dem Floren, das andere auf der silbernen Talermünze. Als umlaufendes Münzgeld wurden die Gulden im 18. Jahrhundert selten, doch sie blieben Leit- bzw. Rechenwährung. Die Silbermünzen hatten sich wegen der Silbervorkommen durchgesetzt, die vor allem in Tirol und im Erzgebirge ausgebeutet wurden – Joachimstal gab dem Taler seinen Namen.[156]

Die Reichsmünzordnung von 1559 regelte die Prägung der Großmünzen: Sie entsprach mit den Insignien des Reichs auf der einen und denjenigen des Münzherren auf der anderen Seite den Verhältnissen im Reichs-Staat. Die das Reich symbolisierenden Münzen bekam der gemeine Mann aber selten zu Gesicht. Auf dem täglichen Markt dominierte das meist kupferne Kleingeld. Hier wurden Groschen, Pfennige, Schillinge oder Kreuzer verrechnet. 1566 hatte die Reichsmünzordnung den silbernen Reichstaler auf 68 Kreuzer festgelegt, doch weil es nie genügend kleine Münzen gab, akzeptierte der Markt alle Scheidemünzen – auch die Produkte nicht oder nicht mehr legitimierter («verrufener») Münzstätten. Dies begünstigte die Inflation[157], die sich aber im 18. Jahrhundert in den vergleichsweise engen Grenzen von jährlich durchschnittlich einem Prozent hielt. Die Reichskreise kontrollierten das Münzwesen zwar dezentral, aber erfolgreich. Vor allem der schwäbische, rheinische und fränkische Kreis stimmten sich noch in der Spätphase des Reiches mit der Prägung des «Konventionsgeldes» ab.

Den Groß- oder Fernhandel betraf dies wenig. Der Wert der Edelmetalle und des darauf beruhenden Ersatz-, Rechen- oder Bankgeldes blieb stabil. Große Geschäfte wurden bargeldlos abgewickelt. Seit dem Spätmittelalter sicherte der Wechsel Zahlungen, denn er konnte weitergereicht, getauscht und in Bargeld umgewandelt werden. Dies war das Geschäft der Banken, die im 18. Jahrhundert begannen, die Konten ihrer Kunden zu führen, Kredite zu vergeben und Beträge in stabilen Bankgulden von einem Konto zum anderen zu überweisen. In Deutschland gründete etwa Preußen eine eigene Staatsbank. Sie sollte die wirtschaftlich erwünschten Tätigkeiten und die in Not geratenen Rittergüter unterstützen.[158] Die Finanzgeschäfte wiesen den Weg zum bargeldlosen Geldtransfer mittels Banknoten oder Papiergeld. Die Bank von England gab als erste gesiegelte Banknoten heraus, die sie jederzeit in ihren Münzwert umwechselte. Dieses Papiergeld «erleichterte» den Zahlungsverkehr und wurde auch in anderen Ländern eingeführt. Doch es blieben Risiken, die 1720 in Frankreich zum sogenannten Papiergelddesaster führten, als den Banknoten mit einem Nennwert von 2,8 Milliarden Livres Edelmetallvorräte von lediglich 49 Millionen gegenüberstanden. Das System kollabierte. In der Revolutionszeit machten die Franzosen mit den «Assignaten» noch einmal die gleichen Erfahrungen.[159]

Die deutschen Regierungen standen dem Papiergeld skeptisch gegenüber und verließen sich notfalls auf das alte Muster der Münzverschlechterung. König Friedrich II. musste jedoch nach dem Siebenjährigen Krieg so radikale Währungsschnitte machen, dass er damit selbst das Vertrauen in die Münzwährung ruinierte. Österreich bekam die Kriegsfinanzierung mit Hilfe des Papiergelds besser in den Griff. Die Wiener Stadtbank emittierte 1762 Banknoten im Wert von zwölf Millionen in Stückelungen von 5 bis 100 Gulden. Alle öffentlichen Kassen mussten die Hälfte der Summe in Banknoten annehmen, um den Erfolg des Papiergeldes zu garantieren. Privatleute durften im täglichen Zahlungsverkehr auf Münzen beharren. Der geringe Anteil an Papiergeld sorgte für Akzeptanz und überforderte die Bank nicht bei Einlösungswünschen. 1771 wurden daraufhin weitere zwölf Millionen emittiert. Erst als in den Revolutionskriegen die Menge des Papiergeldes praktisch unkontrolliert wuchs – 1796 waren 46, 1806 450 Millionen Gulden im Umlauf – folgte 1811 fast zwangsläufig der österreichische Staatsbankrott. In Brandenburg-Preußen emittierte der 1765 gegründete königliche Giro- und Lehnbanco zwischen 1766 und 1771 lediglich 800 000 Reichstaler, 1793 folgten weitere 535 000. Weil genügend Münzgeld vorhanden war, blieb die Nachfrage gering.[160]

In Mitteleuropa entwickelte sich ein eigenartiges Finanzierungssystem, das den gewaltigen Kreditbedarf der Fürsten und Staaten befriedigen sollte. In dessen Zentrum standen jüdische Hoffaktoren, die Finanzgenies an vielen Höfen zwischen Kopenhagen und Florenz, Heidelberg und Warschau. Nach dem Dreißigjährigen Krieg, als die Landesherren enorme Summen benötigten und diese nicht über Steuern realisieren konnten, waren die wenigen jüdischen Hoffaktoren aus der ohnehin schon kleinen Gruppe der reichen ländlichen Viehhändler und der städtischen Pfand- und Geldverleiher aufgestiegen.[161] Mit Hilfe ihrer weitverzweigten Familienverbände, der fest verzinsten Depositen christlicher Anleger und der Münzen vieler Kleinhändler konnten sie die riesigen Geldmengen beschaffen und den Regenten gegen Zinsen zur Verfügung stellen.

Erfolgreiche Hoffaktoren versorgten «ihre» Höfe schließlich mit Kleidung und Nahrung sowie mit Luxuswaren aller Art, und sie belieferten die fürstliche Münzstätte mit Gold und Silber. Teilweise pachteten sie sogar das Münzrecht. Sie finanzierten aber auch jüdische Einrichtungen wie Talmudschulen oder Druckereien.[162] Bei vielen Christen wandelte sich der Neid auf diese reichen Juden, die außerhalb der Ghettos lebten und den Christen gleichgestellt waren, in Hass, zumal deren Kreditgeschäfte auch verfassungspolitische Rückwirkungen besaßen. Sie machten die Landstände tendenziell überflüssig, die bisher Steuern bewilligt und Kredite garantiert hatten. Der wohl bekannteste Hoffaktor war Joseph Süß Oppenheimer, ein Frankfurter Geldwechsler und Kaufmann, der 1732 unter Herzog Karl Alexander von Württemberg zum wichtigsten Minister aufstieg. Nach dem Tode des Herzogs wurde Oppenheimer 1738 auf Betreiben der Landstände wegen angeblicher Unterschlagung und anderer Vergehen zum Tode verurteilt.[163]

Der Beginn des 18. Jahrhunderts war die große Zeit der Hoffaktoren. Ihnen folgte der Aufstieg jüdischer Bank- und Handelshäuser, Fabrikanten und Unternehmer. König Friedrich II. nutzte beispielsweise im Siebenjährigen Krieg den Kredit und die Verbindungen der Berliner Handelshäuser des Veitel Ephraim, Daniel Itzig und Moses Isaac. Sie organisierten die verheerende Münzverschlechterung und wurden dabei reich. Der König verlieh ihnen Titel und Status christlicher Kaufleute.[164] In ähnlicher Form wirkten Feidel David und Meyer Amschel Rothschild nach der Jahrhundertmitte in Kassel. Sie investierten die Gewinne aus dem Verkauf von Soldaten an den englischen König. Unterdessen gewährte das Bankhaus der Gebrüder Bethmann in Frankfurt Kredite im großen Stil und platzierte zahlreiche (Staats)Anleihen, indem es die Kreditsummen in kleine Teile stückelte. Frankfurt war im 18. Jahrhundert der führende deutsche Finanzplatz.[165]

g) Wald und Umwelt

Die Rede von der Nachhaltigkeit bezog sich im 18. Jahrhundert fast immer auf den Wald.[166] Die Zeitgenossen sorgten sich weniger um die Ökologie als um die Ökonomie, denn der Wald bildete neben dem Wasser die wichtigste Ressource des Menschen. Er war Landreserve und Weideplatz für Haustiere; er lieferte Viehfutter, Laub und Humus zur Düngung. Sein Holz benötigte man um Häuser, Schiffe und Kutschen, Zäune, Dämme und Brücken zu bauen, aber auch zum Heizen und zur Verhüttung von Erzen, zur Glasherstellung oder Salzgewinnung. Der Wald war Energieträger und Rohstofflieferant: Das Nadelholz bot die Grundstoffe zur Herstellung von Pech, Teer und Kienöl, das Laubholz für Pott- und Weidasche, die bei der Glas-, Textil- und Seifenherstellung benötigt wurden. Die Eichenrinde enthielt Gerbstoff für die Lederbearbeitung, andere Rinden besaßen Färbstoffe. Darüber hinaus bot der Wald Nahrung: Pilze, Beeren und das erlegte Wild.

Die deutsche Waldfläche wird um 1800 auf 14 Millionen Hektar geschätzt. Sie brachte einen jährlichen Ertrag von etwa 30 Millionen Festmetern Stammholz sowie weiteren sieben Millionen an Reisig- und Stockholz. Davon wurde je ein Viertel von den Hüttenwerken und als Baumaterial verbraucht. Zum Heizen für die Haushalte blieb damit weniger als ein Festmeter pro Person übrig.[167] Randel betonte, dass es zwar noch genügend Wald gebe, doch seien die Holzpreise an den Flüssen im Laufe des Jahrhunderts bis um das Zehnfache gestiegen. Der Wald werde wegen des Bevölkerungszuwachses, der schlechten Forstwirtschaft und der vielen Hammer- und Hüttenwerke weiter verfallen.[168]

Der Holzmangel betraf alle Menschen. Die Regierungen erließen eine Fülle von Wald- und Forstordnungen, die das Fällen von Bäumen ein-

schränkten, Holzexporte untersagten und Aufforstung forderten.[169] Sie
sanktionierten Holzfrevel, um angeblich den Zustand des Waldes zu verbessern. Die Obrigkeiten machten daraus aber vor allem eine einträgliche
Geldquelle, zumal sie häufig nicht den Wald, sondern das Jagdwild
sichern wollten. Den Forsten sollte künftig nur noch soviel Holz entnommen werden wie nachwachse.[170] Die vielen Konflikte um eine angemessene Waldnutzung hatten das Bewusstsein für diese natürliche Ressource geschärft. Die achtlose Zerstörung des Waldes, der in der Nähe
der Ballungszentren kaum noch hohe Bäume besaß und der selbst im
Hunsrück, Westerwald oder Harz große Kahlflächen aufwies, wurde
tatsächlich aufgehalten.[171] Hochwald im heutigen Sinne gab es allerdings
nur noch fern der Siedlungen in unzugänglichem Gelände.[172] Der Raubbau beruhte für die Waldschützer des 18. Jahrhunderts im zu großen Ein-
schlag, in der Entnahme des Humus und in der Waldweide des Viehs.
Bekannt war auch der Zusammenhang von Waldsterben und Verhüttung:
Die sogenannten Rauchblößen entstanden durch die unmittelbare Ver-
giftung der Pflanzen und des Bodens.[173]

Der Wald wurde zum exklusiven Wirtschaftsraum. Die Obrigkeiten
beanspruchten das «volle Eigentum» auch an den Forsten, die sie zuvor
gemeinsam mit den Bauern genutzt hatten.[174] Die teilweise ökologisch
begründete Waldschutzpolitik der Fürsten erschien den Bauern als das
unlautere Bestreben, ein bisher frei verfügbares Gut zu kapitalisieren.
Der wegen seiner bauernfreundlichen Politik später abgesetzte Fürst
Friedrich Karl von Wied-Neuwied bezichtigte 1792 die Forstaufseher der
«Tyranney», wenn sie den Bauern daran hinderten, den Wald so zu nutzen, wie er es wolle, «da er doch der Eigenthümer davon» sei. Warum
solle er sein Vieh verhungern und das Gras im Walde verfaulen lassen?
«Hofmeistert man sie doch nicht so in ihren Feldern, warum dann in
ihren Wäldern?»[175]

Eine Flut von Traktaten rief unterdessen dazu auf, Holz zu sparen, um
den Wald zu schützen.[176] Empfohlen wurden Sparöfen, die Wiederver-
wendung des alten Bauholzes, die Errichtung feuersicherer Steinhäuser
oder ein «holzpfahlfreier Weinbau». Der Energielieferant «Holz» wurde
bei der Verhüttung und im privaten Bereich durch Steinkohle, Braun-
kohle oder Torf ersetzt. Die Verbesserung der Luftgradation bei der
Salzgewinnung reduzierte den Einsatz fossiler Brennstoffe erheblich.
Der Weimarer Verleger Bertuch machte jedoch auf ein auch heute ver-
trautes Problem aufmerksam: Die «edle Holzspahrungskunst» stehe bis
jetzt nur auf dem Papier.[177] Die Fachleute stellten überwiegend düstere
Prognosen zur Zukunft des Waldes. Einig waren sie sich nicht. Die unterschiedlichen Interessen kollidierten schon bei der Frage der Wieder-
aufforstung: Nadelhölzer wuchsen zwar schneller als Laubbäume, doch
diese Flächen waren für die Bauern als Waldweide verloren. Es gab sogar

Stimmen, die das ganze Krisengerede für maßlos übertrieben hielten.[178] Sie verwiesen auf die Entdeckerlust der Menschen und die riesigen Kohlevorkommen. Darauf wandten die Pessimisten ein, dass Kohle nicht nachwachse. Was passiere, wenn auch sie aufgebraucht sei? Georg Forster räsonierte 1790 über die vielen Kamine, die er in der Gegend von Aachen vorfand: «Die Natur hat indeß für das Bedürfnis der Einwohner durch unterirdische Wälder, ich will sagen: durch ansehnliche Steinkohlenflötze, reichlich gesorgt. Überall sieht man schon in hiesiger Gegend Kamine und Steinkohlenöfen, und niemand heizt noch mit Holz. Wie aber, wenn auch die Gruben endlich sich erschöpfen lassen und kein neues Substitut erfunden wird, zu wessen Wärme wir im Winter unsere Zuflucht nehmen, und wobei wir unsere Speisen bereiten können? Was unserer mit Physik verbundenen Chemie noch möglich sei oder nicht, wage ich zwar keineswegs zu bestimmen», doch wenn nichts erfunden werde, mache der Mensch diesen gemäßigten Erdstrich unbewohnbar.[179]

Dies alles klingt plausibel, widersprach aber dem fortschrittsoptimistischen Grundzug des Zeitalters. Die Holz- und Energiefrage löste pessimistische Stimmungen aus, die auf den kulturkritischen Thesen Rousseaus beruhten. Die Lösung schien schwierig, weil der vernünftige, sich rational verhaltende, seine Interessen und Konsumwünsche verfolgende Mensch die Ursache des Problems war. Wer konnte die Ressourcen schützen und eine «nachhaltige» Bewirtschaftung erzwingen? Die Fortschrittsfalle schnappte zu: Das «Mehr» und «Besser» gefährdete das Überleben der Menschheit. «Das Jahrhundert, das Geld so verschwendet, wie Zeit und Blut, steht da behangen mit einem Attributen-Geräthe von Sparsuppen, Sparlampen, Sparöfen und Sparbetten.»[180] Die Ökonomisierung der Natur verbrauchte Rohstoffe, ohne die menschliches Leben undenkbar geworden war. Alle Hoffnungen richteten sich auf die Wissenschaften. Doch welche Garantien konnten sie bieten? Die Zuversicht, dass der Mensch seine Zukunft vernünftig gestaltete, hing an einem «technologische[n] Sicherheitsversprechen», das mit dem der «Glückseligkeit» innewohnende Risiko der Ressourcenknappheit konkurrierte.[181] Die «Risikogesellschaft» wurde erstmals mit ungesichertem Wissen konfrontiert. Es mussten Entscheidungen gefällt werden, ohne auf Erfahrungswerte zurückgreifen zu können, weil das «Weiter-so» offenbar in die Katastrophe führte.

Der für die Regeneration des Waldes scheinbar vorteilhafte Übergang von Holz auf Steinkohle als Energieträger schuf mit der vermehrten Rauchentwicklung ein neues Problem. Der hohe Schwefelanteil des Steinkohlerauchs wurde für Gesundheitsschäden verantwortlich gemacht. In England forderte man sogar die Rückkehr zum Holzbrand. Obwohl die giftige Wirkung des arsenhaltigen Rauches der Hütten bekannt war, hielt sich das Gerücht, dass geringe Arsendosen die Mannes-

kraft stärkten.[182] Auch sonst wurden Rauch und Qualm ambivalent ein-
geschätzt: Wenn sie Ungeziefer vertrieben, mussten sie dann nicht gesund
sein? Quecksilber und Blei waren hochgiftig, fielen aber beim Stand der
Technik unvermeidbar in den Hüttenbetrieben an. Kölner Bürger erzwangen 1765 die Stilllegung einer Bleischmelze. Färber und Gerber,
Seifensieder, Leimkocher oder Saitenhersteller waren ebenfalls besonders unangenehme Gewerbebetriebe, die sich durch Lärm und Gestank
auszeichneten und das Wasser extrem verschmutzten. Die Polizeiordnungen zwangen sie, sich an den Flüssen unterhalb der Städte anzusiedeln.[183]

Die Qualität von Luft und Wasser fand mithin große Beachtung, ihre
Verschmutzung wurde für viele Krankheiten verantwortlich gemacht.
Die mikrobielle und bakterielle Umweltbelastung war in den Städten besonders hoch. Die ungepflasterten und verschlammten Gassen, in denen
auch Haus- und Gewerbemüll, Tierkadaver und anderer Abfall bis hin
zu menschlichen und tierischen Exkrementen lagerten, stanken nicht
nur, sondern bildeten zusammen mit den Abwässern auch eine stete
Gefährdung des Trinkwassers. Noch größere Seuchenherde waren die
außerhalb der Siedlungen angelegten Müllplätze und Abdeckereien. In
Paris sollen um 1780 jährlich 270000 Kubikmeter Straßenschlamm ab-
transportiert worden sein.[184] Zwar waren die deutschen Kommunen viel
kleiner – an der Verschmutzung änderte dies aber nichts.

Neben den Belastungen durch giftigen Qualm, Gestank und Unrat
bildete die Versorgung mit sauberem Wasser das Hauptproblem der rasch
wachsenden Kommunen. Vielerorts existierte ein künstlich geschaffenes
Netz von Wasserläufen, um Mühlen anzutreiben oder die Waschhäuser
und andere wasserintensive Gewerbe zu versorgen. Teiche wurden angelegt, um stets über genügend Brauchwasser zu verfügen. Darüber hinaus
boten sie Löschwasser im Falle einer Feuersbrunst. Stehende Gewässer
waren freilich Brutstätten für Ungeziefer und erhöhten die Gefahr des
Sumpffiebers.[185] Die Entsorgung von Abwässern und Fäkalien war ebenfalls nirgends befriedigend gelöst. Schmutz und Gestank gehörten zur
Stadt, obwohl im 18. Jahrhundert die Anstrengungen zu ihrer Beseitigung erheblich intensiviert wurden. Zwar waren Fließwasseraborte
schon im Mittelalter bekannt, doch die Fäkalien wurden zum Düngen
der Gärten benötigt. Ihr generelles Fortspülen hätte jeden Bach und jeden Fluss zur Kloake gemacht. Das traditionelle Verfahren war unter
ökologischen und hygienischen Vorzeichen den Latrinen vorzuziehen,
die das Trink- und Brauwasser verseuchten.

Die damaligen gesundheitsschädlichen Umwelteinflüsse werden heute
ebenso wie die Gefahren und Belastungen der vorindustriellen Arbeitswelt unterschätzt. Bereits im Jahre 1700 publizierte Bernadino Ramazzini
in Modena «De morbis artificum diatribe», ein Buch über Berufskrank-

heiten. Zwischen 1780 und 1783 erarbeitete der Zeulenrodaer Arzt Dr. Johann Christian Gottlieb Ackermann eine modifizierte deutsche Ausgabe: «Abhandlung von den Krankheiten der Künstler und Handwerker». Er führte berufsbedingte Überlastungen an wie bei Sackträgern oder bei denjenigen, die ihr Gewerbe nur im Sitzen ausübten. Konkret verwies er auf abgenutzte Fingerkuppen bei Perückenmachern, auf die nicht mehr voll funktionsfähigen Zeigefinger und Daumen der Schneider oder auf die körperlichen Verkrüppelungen durch unnatürliche Haltungen bei Schneidern und Schustern. Darüber hinaus benannte er die Krankheiten, die Quecksilberarbeiter, Vergolder, Bleichschmelzer etc. häufig befielen, weil sie mit giftigen Materialien hantierten. Ackermann unterschied davon die jahreszeitabhängigen Krankheiten wie sie etwa für Bauern typisch seien: Die relative Ruhe im Winter führe zu Brustkrankheiten im Frühjahr, das zuviel an Sonne im Sommer zu Ruhr, Wechselfieber und Ähnlichem. Atemwegserkrankungen seien Folgen des langen Aufenthalts in schlecht gelüfteten Ställen. Der Getreidestaub bewirke Husten und Allergien. Ackermann warnte auch vor den Gefahren der «unreinen Handwerke» wie Gerber, Kürschner, Kloakenfeger und vor bestimmten Frauenberufen wie Wäscherinnen und Hebammen. Letzteren empfahl er, die Hände mit Leinen zu umwickeln, um eine Ansteckung mit Geschlechtskrankheiten zu vermeiden. Ackermann wusste zudem, dass staubige Handwerke wie Müller, Bäcker, Flachs- oder Hanfhechler Asthma und Schwindsucht hervorriefen, und er gab Empfehlungen für den unvermeidlichen Umgang mit giftigen Substanzen. Die Manufakturarbeiter hielt er für moralisch überaus gefährdet: Wegen schlechter Bezahlung und aus Zeitgründen verzichteten sie auf eine richtige Ernährung und gäben sich mit Bier und Branntwein zufrieden, so dass aus ihnen Trunkenbolde und schlechte Hauswirte würden.[186]

Der Mensch war im 18. Jahrhundert zum Maß aller Dinge geworden. Der denkende Mensch musste dort eingreifen, wo die Zukunft durch den Raubbau an Gesundheit und Ressourcen in Gefahr schien. Gesucht und gefordert war der vernünftig handelnde Mensch, der die selbst geschaffenen Probleme löste. Scheinbar war Deutschland auf dem richtigen Weg, insofern der wissenschaftlichen Kultur die moralische und bürgerliche Veredelung der Menschen auf dem Fuße folgte. Es herrsche «mehr Glückseligkeit als in den meisten Europäischen Staaten», denn durch die politische Kleinräumigkeit werde eine «sehr wohlthätige Vertheilung des Wohlstandes gewonnen, die keinen allgewaltigen Despotismus, ungeheuren Luxus und Verderbnis der Sitten» zulasse. Überhaupt sei der «Luxus neuerer Zeiten [...] eine Frucht des Fleisses, der Handelschaft und der Erleuchtung; nicht, wie bey den Alten eine Folge ihrer Eroberungen und Gewalthätigkeiten».[187] In der optimistischen Grundstimmung wurden auch größte Probleme und Risiken für lösbar gehalten. Die

aus Pluralisierung und vermehrten Handlungsspielräumen resultierenden Entscheidungszwänge wurden im Großen und Ganzen nicht als bedrohlich wahrgenommen, weil man zuversichtlich davon ausging, dass
mit dem Gebrauch der Vernunft auch eventuell neu entstehende Probleme beherrschbar seien.

2. Transformationskonflikte

a) Ständische Ordnung, deutsche Freiheit und Eigentum

Die hierarchische Gliederung der frühneuzeitlichen Ständegesellschaft
blieb in Deutschland im 18. Jahrhundert unangefochten. Sie hatte Gruppen gleicher Herkunft, Merkmale und Lebenszuschnitte entstehen lassen, die ihren Mitgliedern bestimmte Rechte und Pflichten und jedem
seinen Platz in der Gesellschaft zuwiesen. Dieses nur durch «Bildung,
Heirat und Kapitaleinsatz» zu durchbrechende[188], als natürlich bzw. als
göttlich geltende Prinzip ständischer Ungleichheit differenzierte die bi-
när-politische Unterscheidung von Herren und Untertanen. Kleider-,
Luxus- und Sitzordnungen konstituierten den jeweiligen Stand im öffentlichen Raum. Sie versinnbildlichten, dass der Einzelne, ob «arm»
oder «reich», Teil eines harmonischen Ganzen war und nur als ein Glied
in der langen Kette der Generationen Bedeutung hatte.

Die Aufklärer forderten den Menschen auf, seine Freiheit und, wenn
auch innerhalb der Grenzen des eigenen Standes, sein Schicksal selbst in
die Hand zu nehmen. Damit unterhöhlten sie die hergebrachte Eindeutigkeit und produzierten neue Ungleichheiten: Ein Blick auf die Preisent-
wicklung zeigt Gewinner und Verlierer. Die Reallöhne sanken. Während
die Verbraucher am Ende, verglichen mit der Mitte des Jahrhunderts, für
Agrarerzeugnisse mehr als das Doppelte bezahlten, stiegen ihre Löhne
und die Gewerbepreise nur geringfügig. Konnte umgerechnet ein Geselle
zwischen 1771 und 1780 in Emden noch 10,9 und in Leipzig 8,6 kg Korn
für seinen Tageslohn erwerben, so waren es 20 Jahre später nur noch 6,9
bzw. 5,3 kg. Eine vier- bis fünfköpfige Gesellenfamilie musste bis zu drei
Viertel ihres Budgets für Lebensmittel aufwenden, vor allem für «die je
Nährwerteinheit preiswertesten pflanzlichen Produkte (Brotgetreide,
Kartoffeln, Erbsen, Grütze u. a.)».[189] Das Arbeitseinkommen der Bau-
handwerker lag zwischen 1780 und 1800 im Grenzbereich oder unterhalb
des Existenzminimums.[190] Sie versuchten, ihre Reallohneinbußen durch
Mehrarbeit auszugleichen. Dagegen stiegen die Reinerlöse und der
Lebensstandard der Landwirte, so dass in den 1790er Jahren eine tiefe
Kluft «zwischen dem Realeinkommen der Bauern und Nichtlandwirte»
entstand.[191]

Obwohl es um 1800 schwierig geworden war, vom Erscheinungsbild eines Menschen auf dessen ständischen Rang zu schließen, entschied weiterhin in erster Linie die Geburt über die soziale Position, das Ansehen sowie das tatsächliche und symbolische Kapital eines Menschen. All dies verdichtete sich im ständischen Merkmal der «Ehre», die durch ein Leben gemäß den Normen und Gebräuchen des jeweiligen Standes zu bewahren war. Jeder wusste um die sichtbaren und unsichtbaren Grenzen, die zu überschreiten den Verlust der Ehre nach sich zogen, und jeder kannte die Folgen. Adlige, Soldaten oder Studenten mussten die Bewahrung ihrer Ehre notfalls mit dem Leben bezahlen. Bürger, Gesellen und Bauern hatten die Pflicht, persönlichen Angriffen, öffentlicher übler Nachrede oder Verstößen gegen Sitten und Gebräuche mit aller Entschiedenheit entgegenzutreten. Staatliche Gewaltpräventionen stellten schließlich etwa Duelle und öffentliche Prügeleien unter Strafe. Folglich mussten Prestige, Status und Ehre juristisch abgesichert werden, indem «staatliche» Richter über die Standesehre wachten. Dieser Disziplinierung entzogen sich freilich die gesellschaftlichen Randgruppen, die Fremden sowie die im eigenen Land fremd Gebliebenen wie Juden oder Hugenotten. Sie regelten ihre internen Streitigkeiten selbst. Die Nichtsesshaften waren von einem Staat, der den einheitlich strukturierten Untertanenverband anstrebte, nicht zu kontrollieren und wurden sowohl von allen Obrigkeiten als auch von der sesshaften Bevölkerung besonders beargwöhnt.

Das späte Ancien Régime war allerdings durchlässig geworden. Der am ehesten über Schulbesuch, den Militär-, Kirchen- und Verwaltungsdienst oder eine günstige Heirat zu realisierende Aufstieg bildete einen Parameter der neuen Dynamik. Der Sohn eines leibeigenen Bauern, der es zum Kardinal brachte, Feldherren, die nur mühsam ihren Namen schreiben konnten, sowie Mätressen oder Favoriten, die in den Hochadel aufstiegen, hatte es auch früher schon gegeben. Hinzu kamen seit dem späten 17. Jahrhundert die jüdischen Hoffaktoren und einzelne Sinti und Roma im herrschaftlichen Polizeidienst. All dies verbuchten bereits die Zeitgenossen unter sozialer Durchlässigkeit und unter einer bisher unbekannten, die göttliche Ordnung umstoßenden Uneindeutigkeit. Die «Aufsteiger» und ihre Nachkommen wurden in ihrem neuen Stand jedoch nur selten heimisch. Gunstverlust, Fehlverhalten oder der Tod des Patrons führten unweigerlich zum oft ungebremsten sozialen Abstieg. Es konnte erstrebenswerter sein, im eigenen Stand einer der ersten, als in einem höheren einer der letzten zu sein. Der Aufstieg blieb meist auf den eigenen Stand beschränkt: Der Sohn eines Kleinbauern brachte es durch geschicktes Heirats- und Erwerbsverhalten zum Großbauern, der einfache Handwerksmeister zum reichen Verleger, der Sohn eines Pfarrers zum Professor oder Kanzler.

Dieser Aufstiegsmobilität standen die durch Unglück oder Fehlverhalten verursachten Abstiegsprozesse gegenüber. Die traditionale Gesellschaft wurde im 18. Jahrhundert auch dynamisiert, weil das Infragestellen ererbter Verdienste und die rhetorische Forcierung des Leistungsgedankens die alten Weltbilder ins Wanken brachten. Die Bereitschaft, sein Leben selbst zu bestimmen, zeigte sich unter anderem in der Auswanderung in ferne Länder – nach Russland, in den vom Joch der Türken befreiten europäischen Südosten oder nach Amerika. Die ständige Migration von den Dörfern in die Städte ermöglichte erst die Bevölkerungszunahme, die letztere zu Wachstumskernen werden ließ. Die Stadtbürger durchbrachen zwar mit ihrer Freiheit die feudal-ständische Ordnung, doch ihre persönliche Ungebundenheit darf nicht mit der im 18. Jahrhundert propagierten liberalen Handlungsfreiheit verwechselt werden. Sie waren und blieben eingeordnet in landesherrliche, kommunale und korporative Herrschaftsverbände. Die bürgerliche Freiheit erschien den meisten Zunftbürgern zudem weniger als Chance denn als Zwang, sich den Unsicherheiten des Wettbewerbs aussetzen zu müssen. Der kleine Teil der Bürger und der wohl noch viel kleinere der Bauern, die wirklich selbständig wirtschaften wollten, fiel kaum ins Gewicht. Wieland dachte 1792 in erster Linie an den künftigen Staatsbürger, wenn er «dem Mittelstande, als dem natürlichen Repräsentanten des Nährstandes» den «Rang eines konstituierenden Teils der Nation» zuwies.[192]

Leibniz hatte zwar schon 1680 allen widersprochen, die glaubten, die deutsche Freiheit betreffe nicht die Untertanen. Als Beispiele führte er aber nur die freien Städte und die Untertanen an, die als Geistliche zu Reichsfürsten aufgestiegen waren. Die Bauern verachtete er: «Von diese[m] tummen Volck, sind alle diejenigen abzusondern, so ein mehr freyes leben führen.»[193] Diese für die frühen Aufklärer charakteristische Einschätzung änderte sich im Laufe des 18. Jahrhunderts insofern, als dass die romantisch verklärten Bauern zum bevorzugten Objekt der Volksaufklärung wurden. Davon unabhängig tangierte die deutsche Freiheit die Untertanen. Das «freie» Reich garantierte gewisse Individualrechte[194], die unter bestimmten Umständen vor den höchsten Reichsgerichten eingeklagt werden konnten. Die Untertanen führten deswegen zahllose Prozesse gegen tatsächliche oder vermeintliche obrigkeitliche Übergriffe, die sich meist an Steuer-, Abgabe- oder Eigentumsfragen entzündeten.[195] Die Gerichte nutzten dabei die «deutsche Freiheit» als eine Art überpositiven Rechtsgrundsatz: In Sachsen war der Versuch, das Gesindezwangsrecht einzuführen, 1661 zu Fall gebracht worden, weil es der «angeborenen teutschen Freyheit, und zum Theil libertati et aequitati naturalis, und dem iure emigrandi» entgegenstehe.[196] Das Reichskammergericht bemühte die deutsche Freiheit als Ausdruck des «traditionelle[n] Rechts- und Billigkeitsbewußtsein[s] der Bevölkerung».[197] Die Gerichte sicherten auf diese Weise vor allem die Eigentumsrechte der Untertanen.

Eigentum bezeichnete in der Frühen Neuzeit den Besitz und das freie Verfügungsrecht darüber.[198] Was aber bedeutete dies für den zur dauerhaften Nutzung übergebenen, vererbbaren Grundbesitz eines Bauern? Dieser war der Familie zwar nur unter komplizierten Bedingungen wieder zu entziehen, genau genommen aber nicht ihr Eigentum, da er nicht ohne Zustimmung des Grundherrn beliehen oder verkauft werden durfte. Um auch hier notfalls das Römische Recht, das solch komplizierte Formen nicht kannte, anwenden zu können, entstand die Rechtsfigur des Ober- und Untereigentums. Sie verschwand in Ostelbien schon im 16. Jahrhundert zugunsten eines absoluten Zugriffsrechts, das den Gutsherrn zum freien Eigentümer seines Besitzes machte. Im 18. Jahrhundert gingen dagegen im übrigen Deutschland die Gerichte von der Rechtsvermutung eines freien bäuerlichen Eigentums aus. Der Eigentumsbegriff gewann in Deutschland sogar im Konfessionsstreit eine zentrale Bedeutung. Der freie Besitz sollte auch dann noch realisiert werden, wenn der Eigentümer aus Glaubensgründen seine Heimat verlassen musste.

Auch Steuern galten als Eingriffe in die Verfügungsmacht über das Eigentum. Sie durften nach Ansicht der Betroffenen nur erhoben werden, wenn ihre bzw. die Zustimmung ihrer fiktiven Repräsentanten in Gestalt der Land- und Reichsstände vorlag. Diese Eigentumssicherheit endete jedoch dort, wo sich der Besitzer seinen sozialen Verpflichtungen entzog. Beispielsweise war das Eigentum an zu Gewinnzwecken gehorteten Lebensmitteln in Krisenzeiten alles andere als sicher: Speicherkontrollen und Zwangsverkäufe gehörten sowohl zum Maßnahmenkatalog der Obrigkeiten als auch zu den gängigen Begleitumständen tumultuarischen Protests. Die Gleichzeitigkeit des Ungleichzeitigen – die neue absolute Verfügungsgewalt über den Besitz einerseits, die aus älteren feudalen Wurzeln abzuleitende und weiterhin eingeklagte Sozialpflichtigkeit andererseits – prägt eine Moderne, die absolute Eindeutigkeit aus guten Gründen zurückweist und stattdessen auf das Aushandeln im konkreten Fall setzt.

Davon abgesehen konnte Justus Möser allerdings behaupten: «Freiheit und Eigentum, wird der Deutsche sagen, sind die heiligen ursprünglichen Rechte der Menschen».[199] Seine englischen Erfahrungen und Montesquieus Auffassung, dass Freiheit und Repräsentativverfassung in den Wäldern Germaniens entstanden seien[200], mögen ihn zu dieser Aussage veranlasst haben. Der ältere Moser kennzeichnete im Kontext englischer Vorbildhaftigkeit sowie neuer naturrechtlicher und physiokratischer Offensiven 1774 die bürgerliche Freiheit: «Auch in Teutschland hat jeder Mensch seine natürliche Freiheit, in so ferne dieselbige ihme nicht auf eine rechtmäßige Weise benommen oder eingeschräncket worden ist.»[201] Zur Freiheit zählte er die Ausübung einer der drei anerkannten Konfessionen, die nur für Leibeigene und Inhaftierte beschränkte Freizügigkeit, die Freiheit in Ansehung der Geburt und des Besitzes sowie das Recht, jederzeit Militärdienst zu nehmen, sofern dieser sich nicht gegen Kaiser und Reich richte, und den ungehinderten Rechtsweg bis an die beiden höchsten Reichsgerichte.[202] Diese Freiheitsrechte galten zwar nicht für alle Menschen, aber doch für die übergroße Mehrheit der männlichen Reichsbewohner, und sie standen nicht zur Disposition eines Fürsten oder des Kaisers, d. h. sie hatten keinen Privilegiencharakter, konnte also nicht jederzeit wieder entzogen werden. Einige der Rechte galten sogar für Frauen. Diese konnten etwa der Gewalt ihres Ehemannes begegnen, indem sie sich auf ihr Eigentum, einen Ehevertrag oder die auch ihnen im Westfälischen Frieden verbriefte Glaubensfreiheit beriefen.

Der französische General Adam Philippe Comte de Custine wurde auch deswegen kaum beachtet, als er in den besetzten Gebieten 1792/93 die «Wiederherstellung der alten deutschen Freiheit» beschwor, die einst in Germaniens Wäldern geblüht habe, aber mittlerweile von despotischen Fürsten vernichtet worden sei.[203] Carl Theodor Welcker erklärte noch 1837 im Staatslexikon die «deutsche Freiheit» zum «Grundcharakter des gemeinschaftlichen deutschen Staatsrechts»[204], und in der Paulskirche hielt man 1848 die «Principien der germanischen Freiheit» hoch.[205] Die Deutschen waren auch nach dem Ende des Alten Reiches auf ihre Freiheit ebenso stolz wie andere Nationen auf die ihrige.

Friedrich Carl von Moser fragte in seinen Patriotischen Briefen, «ob dann nicht derjenige Deutsche Unterthan, so unter allen wohl die geringste Portion von Freyheit genießt, gleichwohl noch an diesem Faden geleitet und mittelst dieses menstrui, das seine ganze Denkungs-Art durchsäuert, zu Tragung der auf ihm liegenden Lasten ohne Zahl willig und geschmeidig gemacht werde?»[206] Der Kameralist Johann Heinrich Gottlob von Justi war angesichts der despotischen Regierungsgewalt vieler Fürsten vom allgemeinen Freiheitsverlust überzeugt: «Selbst in Teutschland, in dieser Hauptquelle und eigentlichen Wohnplatz der Freyheit der Völker, ist diese Freyheit mit Stumpf und Stiel ausgerottet.»[207] Der Protest gegen die ständisch-feudale Ordnung und die autoritär-fürsorgliche Regierungspraxis blieb dennoch eher verhalten, weil Grundelemente der politischen und der bürgerlichen Freiheit weiterhin bestanden.

Freilich wurden die Adelsprivilegien und die korporativen Freiheiten, die rechtliche Basis der Ständegesellschaft, allenfalls zurückgedrängt. Ihre Überwindung erreichten die reformerisch-evolutionären Ansätze nicht. In den sozialen Konflikten und Tumulten, aber auch in den Streiks der 1790er Jahre ging es zwar meist um konkrete Verbesserungen, die angesichts der dramatischen Verschlechterung der Lebensumstände breiter Bevölkerungsschichten unausweichlich schienen, doch das Vorbild der Französischen Revolution veränderte die Rhetorik der Aufständischen. Die Auseinandersetzungen wurden zwar weiterhin in den alten Formen, aber doch mit erkennbar neuen Zielsetzungen ausgetragen, wobei die medial verbreitete Vorstellung des Wandels zur bürgerlich-liberalen Ordnung eine katalysatorische Wirkung entfaltet haben mag. Die Veränderungen im Protestverhalten sind zumindest ein gewichtiges Indiz für die angestrebte Transformation der gesellschaftlichen Ordnung.

b) Adel und Adelskritik

In Deutschland umfasste der Adel im 18. Jahrhundert etwa ein Prozent der Bevölkerung, also ungefähr 50 000 Familien und 250 000 Personen.[208] Er stand weiterhin unangefochten an der Spitze der gesellschaftlichen Pyramide. Dennoch fanden die alten und neuen Gleichheitsideen sowie die Forderung, auch der Adel und die Geistlichen müssten sich an den bürgerlichen Lasten beteiligen, immer mehr Befürworter. Umgesetzt wurden diese Ideen aber nicht, obwohl hier der gemeine Nutzen, das Naturrecht und der Leistungsgedanke in die gleiche Richtung wiesen.[209] Der spätere Kaiser Joseph II. hatte in seinen «Politischen Träumereien» 1763 über eine stärkere steuerliche Belastung des Adels ebenso nachgedacht wie über die Vergabe von Ämtern allein nach «Fleiß» und «tatsächlicher Leistung», damit «diese Belohnung den Staat nicht mit Taugenichtsen belasten soll, die von ihren Vätern nichts als den Namen haben. Alles beruhe auf persönlichem Verdienst».[210] Präziser hätten auch die Adelskritiker unter den Publizisten die Gleichheitsforderung nicht ausdrücken können. Wielands «Teutscher Merkur» intonierte 1774 leitmotivisch die bürgerliche Leistungsgesellschaft: «In einem aufgeklärten Zeit-Alter, bey einer verfeinerten Nation sollte aller Rang und Stand der Bürger nicht erblich, sondern persönlich; nicht zufällig, sondern verdienstlich» organisiert sein.[211] 1787 sah selbst der konservative Publizist Christoph Meiners die Zeit nahe, «wo Genie und Tugend über die verdienstleere Geburt siegen, und diese aus dem Besitze von Vorrechten verdrängen werden».[212] Der Jenaer Philosoph Reinhold behauptete aber noch 1792, dass der «bey weitem größere Theil des Adels seinen Stand als eine höhere, durch ihre bessere Natur zur Beherrschung der übrigen bestimmte Menschenrasse, und seine politischen Vorzüge als das Wesen einer guten Staatsverfassung» ansehe.[213]

Gegen diese Einschätzung liefen die bürgerlichen Intellektuellen Sturm. Nach der Aufhebung des erblichen Adels am 19. Juni 1790 durch die Französische Nationalversammlung verstärkte sich auch in Deutschland die Adelskritik. Obwohl die Ständegesellschaft unangetastet blieb, durfte sich der Adel seiner Privilegien nicht mehr sicher sein.[214] Die Auf-

fassung, der Adel widerspreche nicht nur dem Prinzip menschlicher
Gleichheit, sondern stehe auch der Vervollkommnung von Regierung
und Verwaltung entgegen, setzte sich durch. Einigen Kritikern galt der
aufgrund seiner Geburt privilegierte Adel als eine wahre Pest für den
Staat, da er sich ohne Kenntnisse und ohne Patriotismus Staatsämter er-
trotze: «Ein wohlgeordnetes Reich kann ohne Adel nicht bestehen, das
ist wahr; aber ganz gewiß ohne Erbadel».[215] Das Bild vom niederadligen
Höfling, der sich nicht um seine Bauern und Einkünfte kümmere, sondern in die Residenz eile, «wo er für einen Schlüssel oder einen Stern
seine Freiheit verkauft»[216], fasste die bürgerliche Kritik prägnant zusammen, die sich auf naturrechtliche Ideen stützte. Zudem widersprach die
Heraushebung einer Bevölkerungsgruppe unabhängig von individuellen
Leistungen den Gesetzen der Vernunft und diente offensichtlich nicht
dem Fortschritt. Der Kameralist Justi fragte daher offen, was den Adel
eigentlich auszeichne und wem er nutze. Wenn ein Adliger keine Qualifikation für nützliche Tätigkeiten besitze, müsse er seinen Stand verlieren.[217]

Gereizt reagierte Schlözer in seinen «Stats-Anzeigen», als die lippisch-
detmoldische Ritterschaft unter Berufung auf ihre alten Freiheiten 1793
jede Steuerleistung für den Reichskrieg gegen Frankreich ablehnte: Früher habe der Adel seine Untertanen beschützt, nun bezahle allein der
Bürger die Kriegskosten, obwohl ihn die Revolution nicht bedrohe. Er
müsse doch denken, dass er sein Vermögen nur dazu aufwende, das auf
ihm ruhende «Joch» zu sichern. Der Untertan werde zwar gehorchen,
doch ob diese Stimmung anhalte, falls der Krieg die Franzosen nach
Lippe führe – «ein Verhängnis, wovor jeder Patriot zittert» – sei eine
ganz andere Frage.[218] Der lippische Adel erklärte sich angesichts der
kaum verhüllten Drohungen und des publizistischen Trommelfeuers
Ende des Jahres schließlich doch bereit, seinen Beitrag «pflichtmäßig» zu
leisten. Dies müsse, kommentierte Schlözer, «als patriotische Gesinnung
dem ganzen deutschen Vaterland bekannt gemacht» werden, damit sich
der übrige Adel daran orientiere. Nur so werde dem «deutschen Schwin-
delKopfe ein HauptGrund seines Hasses gegen alles, was GeburtsAdel
heißt, benommen».[219] In einer Rezension zu der Schrift, die der lippische
Superintendenten Johann Ludwig Ewald, der auch hinter der Artikelse-
rie in Schlözers «StatsAnzeigen» vermutet werden darf, unter dem Titel
«Was sollte der Adel jetzt thun?» veröffentlicht hatte, wird direkt auf die
Gefahr einer deutschen Revolution angespielt. Sie werde sich hauptsächlich gegen den Adel richten, der dann nur durch Verzicht auf etliche
seiner erworbenen oder erschlichenen Rechte, durch patriotische Gesinnung und Beteiligung an den bürgerlichen Lasten seinen Adel rechtfertigen könne.[220] Die Adligen sollten freiwillig auf ihre Privilegien und
alle Vorrechte bei der Vergabe von Ämtern verzichten und in den Stand

der Staatsbürger zurücktreten, um die Güter ihrer Vorfahren weiterhin in Ruhe und Frieden genießen zu können. Rang und höfischer Zugang sollten fortbestehen, denn diese Ungleichheit sei «politisch, nicht moralisch».[221] Selbst Adlige stimmten in diesen Tenor ein und forderten von ihren Standesgenossen nicht nur, sich an den Steuern zu beteiligen, sondern sich in den Wissenschaften und in nützlichen Unternehmungen zu engagieren und einer Reform der Agrarverfassung nicht länger im Wege zu stehen.[222]

Die herausgehobene repräsentative Stellung der Adligen war jedoch mit erheblichen gesellschaftlichen Zwängen verbunden, die einen Teil von ihnen in den Ruin trieben. Die generelle Bevölkerungsvermehrung betraf auch den Adel, die Anzahl der Rittersitze blieb hingegen gleich. Daher verfügte die Hälfte der Adligen in den 1790er Jahren über keinen Landbesitz.[223] Für den alteingesessenen Niederadel bedeutete zudem der kulturell, politisch oder wirtschaftlich erfolgreiche und bezeichnenderweise vom Hochadel kreierte Neuadel ein großes Ärgernis. Die finanzkräftigen Neuankömmlinge kauften alte Rittersitze und erfüllten so alle Voraussetzungen für eine Aufnahme in die Standeskorporationen. Um dies zu verhindern, wurden ständig neue Regeln erfunden, so mussten neben einem in der Landtagsmatrikel verzeichneten Rittersitz bald altadlige Vorfahren nachgewiesen werden.

Um 1800 standen beispielsweise in der Kurmark 503 Adligen nicht weniger als 79 bürgerliche Großgrundbesitzer gegenüber.[224] Wirtschaftlich wanderte der gesamte niedere Adel von den ostelbischen Junkern bis zu den Reichsrittern auf einem schmalen Grat. Bauten die Junkerhöfe in erster Linie Getreide für den lukrativen Export an, so orientierten sich die großen Adelsgüter im Binnenreich stärker an den lokalen Märkten. Die großbetriebliche Produktionsform war letztlich aber wenig effektiv, weil die Arbeiten höchst nachlässig durch Frondienste verrichtet wurden. Während die landesherrlichen Domänen im späten 18. Jahrhundert aus sozio-politischen und ökonomischen Gründen privatisiert wurden, versuchte der Adel, auf Lohnarbeit umzustellen. Fronarbeit hatte keine Zukunft mehr.

Wie aber sollten die Adligen ohne Grundbesitz ihren Lebensunterhalt sichern? Ihr Ehrenkodex erlaubte ihnen nur Einkommen aus dem im agrarischen Bereich sowie aus Hof-, Militär- und Verwaltungsdiensten zu beziehen.[225] Dies erschwerte es ihnen ungemein, gemäß dem bürgerlichen Arbeits- und Pflichtenethos für sich selbst zu sorgen.[226] Die Adelskritiker hielten solche Verbote für nicht mehr zeitgemäß und propagierten das englische Vorbild, nach dem Adel und Bürgertum zur «gentry» als neuem Stand zusammengewachsen waren. Dieses Modell versprach, «die Gegensätze zu vermitteln».[227] Freilich waren trotz aller Verbote auch deutsche Adlige längst tief in die bürgerlichen Gewerbe vorgedrungen, wobei diese

Tätigkeiten offiziell zum Ackerbau oder zur Administration gezählt wurden.[228] Kaiser Franz I. musste sich zwar von König Friedrich II. als größter Fabrikherr Europas verspotten lassen[229], konnte aber mit seinem persönlichen Vermögen den österreichischen Staat kreditieren. Die adlige Ehre war nicht nur von bürgerlichen Erwerbsformen, sondern vor allem von Missheiraten bedroht. Diese halfen zwar, ganze Adelssippen finanziell zu sanieren, doch die Familie verlor dadurch oft den Kontakt zu ihren Standesgenossen. Die symbolischen Grenzen wurden noch wichtiger als die funktionellen schwanden. Das Prestige einer Adelsfamilie zeigte sich vor allem im Konnubium, geheiratet wurde innerhalb der eigenen Gruppe und Konfession. Regierende Dynastien, Reichsfürsten, Reichsgrafen, reichsunmittelbarer und landsässiger Adel bildeten jeweils getrennte Heiratskreise. Bei unstandesgemäßen Ehen verloren die Nachkommen nicht nur den Titel, sondern auch jeglichen Anspruch auf das Familienerbe. Für die interne Hierarchisierung galt darüber hinaus, dass nur alter, vor 1400 belegter, auch guter Adel war. Reichtum oder Ämter spielten hingegen für das Konnubium oder die Aufnahme in eine Adelskorporation eine nachrangige Rolle. Im 18. Jahrhundert wurden nicht nur neue Regeln erfunden, sondern auch neue Ritterorden gegründet, um die Exklusivität des Adels zu wahren.

Kaiser Joseph II. stiftete trotz seiner frühen Adelskritik und unabhängig von seinen Reformen nach 1788 für verschiedene Ritterkantone neue Orden, um die alten Familien an sich zu binden und deren Exklusivität zu unterstreichen.[230] Auf der ersten Sitzung des Odenwälder Ordenskapitels appellierte Otto Heinrich von Gemmingen, der die kaiserliche Haltung gegen den Fürstenbund in einer Flugschrift verteidigt hatte, 1789 erstaunlich offen und direkt an seine Standesgenossen: «Freyheit» sei das höchste Gut für einen Sterblichen. Doch sie bedeute nicht «ungeziemte Willkühr [...] – Nein – unter dem Schutz weiser Gesetze sich selbst, seine Besitzungen ungestört genießen zu können, dies ist Freyheit und diese [...] genießen wir in vollem Maße». Nur der «stolze Britte» lasse sich daher mit dem deutschen Ritteradel vergleichen, doch während dieser unter hohen Lasten stöhne, lebe «der Deutsche Adel in dem uneingeschränkten Eigenthum seines Erbtheils ruhig dahin». Unter dem Schutze der Gesetze und des Kaisers sei er «frey für seine Person». Gemmingen wusste wovon er sprach. Er reklamierte die neue bürgerliche Freiheit auch für den Adel, forderte seine Standeskollegen aber unter Hinweis auf die josephischen Reformen auf, den Untertanen diese Freiheit nicht länger zu verweigern. Noch sei Zeit, dies freiwillig zu tun. Seine Standesgenossen waren dazu jedoch nicht bereit. Sie verzögerten selbst kleinste Veränderungen und waren fürs Erste damit zufrieden, dass der neue Orden ihnen half, sich den Neuadligen abzusetzen, die in ihre Korporation drängten.

Alle Adelskollegien verhielten sich gegenüber Aufsteigern reserviert. Die Reichskorporationen der Grafen und Ritter lehnten die Rezeption neuer Standeskollegen ebenso ab wie die Fürstenkurie des Reichstags. Neben der Wahrung der eigenen Exklusivität sprachen dafür oft auch politische Gründe: Über Rangerhöhungen versuchte der Kaiser, seine Klientel zu protegieren. Hinzu kam, dass die Landesherren das Nobilitierungsrecht extensiv handhabten, so dass die Zahl der Neuadligen ständig stieg. Der alte Niederadel sah sich gegen Ende des 18. Jahrhunderts im Zangengriff der nach alleiniger Herrschaftsgewalt strebenden Fürsten und einer auf republikanisch-konstitutionelle Formen setzenden kritischen Öffentlichkeit. Die bürgerliche Leistungsgesellschaft konnte auf manche Vorzüge und Tugenden des Adels nicht verzichten. Der anonyme Kritiker, der 1790 äußerte, dem Wohl des Staates nutze «keine gewisse conventionelle Art des Betragens, wohl aber reife Kenntniß der Sachen, und lebendiger thätiger Patriotismus»²³¹, hatte nur insofern recht, als dass beides benötigt wurde. Der Affekte steuernde, höfliche und gesittete Umgangsformen fordernde Ehren- und Verhaltenskodex des Adels bot vor allem auf militärischem und diplomatischem Parkett, aber auch in der Administration Vorteile, die von den Freiheit, Gleichheit und Leistungen betonenden Tugenden und Werten nicht aufgefangen werden konnten. Der englische Gentleman wurde auch in Deutschland zum Vorbild, weil er im Idealfall beide Verhaltensweisen miteinander verband.

Die nachgeborenen Adelssöhne besaßen mithin nicht nur im Hof-, sondern auch im Kirchen- oder Militärdienst einen Startvorteil gegenüber ihren bürgerlichen Konkurrenten, zumal sie sich diesen hinsichtlich ihrer Ausbildung anglichen. Während der Sohn Ludwig Freiherr von Vincke seinem Vater 1793 stolz von seinem großen Pensum an der Universität Erlangen berichtete und feststellte, eigentlich sei er «der Universität wegen und nicht des Hofes hier», verlangte der Vater seine weitere «äussere Ausbildung» durch Tanz- und Fechtmeister sowie durch Hofbesuche. Der Sohn suchte eine Ausbildung, um funktional arbeiten und nützlich sein zu können, der Vater legte Wert auf eine Verfeinerung des Auftretens, weil nur dies dem Adel Lebenschancen eröffne.²³² Er sah den Hofdienst als Ziel der Ausbildung eines jungen Adligen, während die Adelskritiker glaubten, dass diese dort endgültig korrumpiert würden.

Die neuere Hofforschung unterscheidet für das 18. Jahrhundert unterschiedliche Typen.²³³ Tatsächlich entwickelte fast jeder Fürst Formen höfischer Repräsentation, um mit möglichst originellen und anspruchsvollen Inszenierungen Aufsehen zu erregen. Die Schwerpunkte lagen auf Bauten, Militär, Landschaftsgärten, Sammlungen, Theater, wissenschaftlichen Einrichtungen, Jagden oder anderen geselligen Veranstaltungen. Der Neu- oder Umbau vieler Schlösser im zeitgemäßen Stil führte häufig zu Überschuldungen, prägt aber noch heute Landschaften wie Franken, Schwaben oder Thüringen.

Die bürgerliche Kritik am Hof übertraf um 1800 daher noch diejenige am Adel, obwohl sich die Höfe öffneten und das Publikum nicht mehr nur beobachtend teilhaben ließen. Von einer «Verbürgerlichung des Hofes»[234] oder des Adels kann allerdings keine Rede sein. Zwar übernahm um 1800 der «funktionalisierte», also in Ämtern zusammen mit Bürgerlichen sein Einkommen findende Adel, bürgerliche Werte und Verhaltensweisen, doch dies war eher die Ausnahme als die Regel.[235] Auf der höfischen Ebene erwies sich die Einschränkung des Zeremoniells oder die Öffnung der Gärten, Parks und Sammlungen als eine klug gewählte Strategie, um der Kritik den Wind aus den Segeln zu nehmen. Doch es gelang den Fürsten nicht, sich so zu inszenieren, «dass Revolten verhindert, Missstände überdeckt und Not vergessen gemacht wurden».[236] Der Monarchenkult und das Einklagen fürsorglicher Verhaltensweisen waren die beiden Seiten einer Münze, die weder als bloße Verfallsgeschichte noch als unkritische und emotionale Zuneigung der Untertanen gedeutet werden dürfen. Die Publizisten wähnten im Hof eine absterbende bzw. eine für die bürgerliche Tugend und Moral gefährliche Konfiguration. Der badische Geheime Hofrat Johann Georg Schlosser fürchtete, dass auch der Bürgerstand leide, wenn man den Adel um all seine Vorrechte bringe. Der Hof müsse ein Adelsrefugium bleiben, damit die Bürger nicht durch ihn korrumpiert würden. Er dürfe allerdings nur noch das Privatleben des Regenten, nicht hingegen sein öffentliches Dasein bestimmen.[237] Die bürgerliche Ablehnung des Hofdienstes gab dem Niederadel die nützliche Aufgabe, den Fürsten zu unterhalten.

Vielen geistlichen Kurfürsten, Fürstbischöfen und Fürstäbten unterhielten ebenfalls große Höfe, um ihre Herrschaft zu versinnbildlichen. Die oft kritisierte Repräsentationssucht richtete sich nicht nur auf den Neu- oder Umbau ihrer Domkirchen und Kapitelsäle. Prachtvolle Residenzen wie in Würzburg, Bonn oder Bruchsal zeugen von einem Ehrgeiz, der zu enormen Schulden führte. Selten war der Aufwand, den die Geistlichen betrieben, um von ihren Untertanen als «Herren» anerkannt zu werden und in der höfischen Prestigekonkurrenz zu bestehen, den kargen Einnahmen angemessen. Die geistlichen unterschieden sich wenig von den weltlichen Fürsten. Auch sie liebten das höfische Vergnügen, die Jagd und das Militär. Sie hatten oft Jura, ihre Weihbischöfe hingegen Theologie studiert.[238] Die etwa 60 geistlichen Kurfürsten, Fürsten und Fürstäbte waren als Teil der Reichskirche zugleich hochrangige geistliche Würdenträger und Landesherren. Nimmt man die Stellen in den Dom- und Stiftskapiteln hinzu, gab es ungefähr 1500 lukrative Pfründen, die im 18. Jahrhundert wohl etwa 3000 Mal mit vielleicht 2000 Personen aus dem katholischen Adel besetzt wurden.[239] Lediglich einige Fürstäbte entstammten wie die meisten Weihbischöfe und Generalvikare dem Bauern- oder Bürgerstand. Dieses Reichskirchensystem beendete der Reichsdeputationshauptschluss 1803. Für eine tiefgreifende Reform des Adels war die Zeit aber noch nicht reif. Der Adel kooptierte stattdessen manche seiner schärfsten Kritiker, die sich geehrt fühlten. Die Frage, warum die Eliteformation über Jahrhunderte hinweg «oben» blieb, hat Hans-Ulrich Wehler mit dem «hegemoniale[n] kulturelle[n] Stil und der daraus resultierenden ‹Verhaltenssicherheit›» recht überzeugend beantwortet.[240] Dieser Habitus fehlte den Bürgern. Goethe hielt den Unterschied nun seinerseits für notwendig, um die bürgerliche Gesellschaft zu entwickeln: «Wenn der Edelmann durch die Darstellung seiner Person alles gibt, so gibt der Bürger durch seine Persönlichkeit nichts und soll nichts geben. Jener darf und soll scheinen; dieser soll nur sein, und was er scheinen will, ist lächerlich und abgeschmackt. Jener soll tun und wirken, dieser soll [...] einzelne Fähigkeiten ausbilden, um brauchbar zu werden.»[241] Der Adel stabilisierte die Gesellschaft, indem er sich selbst spielte; der Bürger musste hingegen funktionieren und nützlich sein: Er trug dafür den Fortschritt in sich und sorgte für den langsamen Durchbruch einer neuen Ordnung.

c) Bürgertum und innerstädtische Unruhen

Der Bürgerstand wird durch seine Stellung zwischen Adel und Bauern charakterisiert. Sein verbindendes Merkmal ist «Arbeit», die nicht als Last, sondern als Chance begriffen wird.[242] Joachim Heinrich Campe trennte 1807 im «Wörterbuch der deutschen Sprache» zwischen den Stadtbürgern, welche die Freiheiten genießen und zu den Lasten beitragen und allen Stadtbewohnern, die oft im Gegensatz zu den Bauern ebenfalls Bürger genannt würden. Dagegen bezeichne man «in weitester Bedeutung [...] mit Bürger theils den dritten Stand unter den Gliedern eines Staats, wo dann der Bauer mit eingeschlossen ist, in Gegensatz des Adels und der Geistlichkeit, theils alle und jede Glieder der Gesellschaft, welche den Staat bilden, die Staatsbürger».[243] Bürger konnte der privilegierte Stadtbewohner, der Staatsuntertan, das selbständige Wirtschaftssubjekt sowie der «Städter» sein, der sich durch einen bürgerlichen Lebensstil auszeichnete. Im Zuge der Französischen Revolution wurde in den 1790er Jahren auch in Deutschland diskutiert, ob die staatsbürgerliche Repräsentation nach Einkommen, Steuern oder Verdiensten gestuft oder für jeden selbständigen Bürger gleich sein solle. In Frankreich hatte man sich für ein Zensuswahlrecht entschieden und auch in Deutschland löste Möser mit seinem Vorschlag, den Staat als eine Aktie zu betrachten, eine breite Debatte aus.[244] Sie blieb unentschieden, da sich in dieser Frage die Interessen des Wirtschafts- und des funktionalen (Bildungs-)Bürgertums nicht deckten.

In Deutschland lebten im 18. Jahrhundert etwa 4 bis 5 Millionen Menschen in Städten – mit zunehmender Tendenz. Wenn davon etwa ein Viertel das Bürgerrecht besaß, gab es mehr als eine Million Inhaber stadtbürgerlicher Rechte. Oft dominierten jedoch wenige Familien die städtischen Räte und Magistrate. Die Inhaber der Ämter lebten inzwischen nicht mehr für das, sondern vom Gemeinwesen. Jean Paul oder August von Kotzebue beklagten die Erstarrung der Stadtrepubliken und sprachen vom «Krehwinkel», weil hier von der bürgerlichen Dynamik und Vitalität nichts zu spüren sei.[245] Reformen schienen umso dringlicher, als in den Kommunen die Gegensätze auf engstem Raum aufeinanderprallten und sich hier häufiger als auf dem Land in gewalttätigen Konflikten entluden. Inhaber von Manufakturen oder die in der Zunft verbliebenen Verleger und Händler besaßen kaum Berührungspunkte mit armen Meistern, die zwar das Bürgerrecht hatten, sich sozial jedoch wenig von Handwerksgesellen oder Arbeitern unterschieden. In der Reichsstadt Schwäbisch Hall zählten beispielsweise im Jahr 1800 fast die Hälfte zu den «Bürgern, so kein eigen Häuser bewohnen».[246]

In der geistlichen Residenzstadt Koblenz finden sich 1794/95 folgende soziale Gruppierungen: 1. errschaft, Adel, Verwaltung und Geistliche (16,7%), 2. Kaufleute und Unternehmer (5,6%), 3. selbständige Handwerker (18,3%), 4. Gesellen und Kaufmannsgehilfen (15,1%), 5. Gesinde (25,5%) und 6. sonstige Unterschichten (18,8%). Andere geistliche Residenzstädte wie Mainz wiesen eine ganz ähnliche Zusammensetzung auf. Diese verschiebt sich in Handels- und Gewerbestädten zugunsten der Unterschichten und zu Lasten des Adels und des sogenannten Amtsbürgertums.[247] In Berlin, das 1800 etwa 170000 Einwohner zählte und eine Residenz-, Gewerbe- und Manufakturstadt war, betrug der Anteil des Adels und des Amtsbürgertums etwa 11, derjenige des selbständigen Kleingewerbes 23 und derjenige der Gesellen und Arbeiter 43 Prozent. Solche Einteilungen besagen allerdings wenig über die wirtschaftlichen Unterschiede. Die Schere zwischen «arm» und «reich» wurde im Laufe des 18. Jahrhunderts größer. Ein Minister verdiente 1800 in Berlin bis zu 10000, ein Maurergeselle 140 und ein Weber 78 Taler jährlich. Die Vermögensschichtung entsprach dieser Relation.[248]

Die meisten Bürger lebten allerdings nicht in Groß- oder Mittelstädten, sondern in kleinen und kleinsten Ackerbürgerstädten. Sie betrieben neben ihrem Gewerbe oft eine kleine Landwirtschaft zur Selbstversorgung und pflegten einen ländlichen Lebensstil. Ihr Opponent war das «funktionale» (Bildungs-)Bürgertum der Juristen und Theologen, Offiziere und Künstler, Ärzte, Apotheker, Professoren oder Lehrer an den höheren Schulen, der Beamten und Verleger, Manufaktur- und Fabrikbesitzer. Diese besaßen zwar nicht unbedingt das städtische Bürgerrecht, lebten jedoch einen als «bürgerlich» wahrgenommenen Stil und antizipierten die Zivilgesellschaft. Sie hatten seit langen die städtischen Belange verwaltet, die Kommunen auf Reichs- und Landtagen vertreten und für eine gewisse Dynamik gesorgt. Das funktionale Bürgertum wuchs im späten 18. Jahrhundert, blieb aber gegenüber dem alten städtischen Bürgertum in der Minderheit. Die neuen Bürger errangen allerdings die kulturelle Hegemonie in der Stadt, indem sie «ihre Werte, ihre Weltdeutung, ihr Gesellschaftsmodell und ihre Kultur zur allgemeinen» machten.[249] Sie entstammten häufig dem protestantischen Pfarrhaus und hatten an höheren Schulen und Universitäten die Grundlagen ihrer «Bildung» erworben, die sie befähigte, führende Positionen zu besetzen. In Württemberg legten im 18. Jahrhundert 3067 Personen das Pfarrerexamen ab. Ihre Eltern waren zu 44 Prozent Pfarrer, zu 23 Beamte und nur zu knapp zehn städtische Handwerker. Bauernkinder spielten mit weniger als einem Prozent keine Rolle.[250] Der Befund weist auf eine bemerkenswerte soziale Versäulung hin: die «Vetterleswirtschaft» der Honoratioren- und Beamtenfamilien.

Auch im Herzogtum Braunschweig-Wolfenbüttel und in der Landgrafschaft Hessen-Kassel zeigt sich die Selbstrekrutierung des Pfarrerstandes und der gesamten weltlich-geistlichen Funktionselite, deren Mitglieder die Besetzung der Amtsstellen fest in ihren Händen hielten.[251] Der Grund für das oft beschworene Bildungsgefälle zwischen den evangelischen und den katholischen Gebieten lag vor allem im evangelischen Pfarrhaus: Zum einen waren die Pfarrer selbst Akademiker, zum anderen wuchsen ihre zahlreichen Kinder in einem geistig regen Milieu heran und gehörten über Jahrhunderte hinweg zur Elite der Nation. Dieses neue Bürgertum war zwar vielfach in den Territorien verwurzelt, behielt aber aufgrund seiner kulturellen Konstituierung die Nation im Blick.

Alle Fürsten waren auf Akademiker als Räte, Verwalter, Richter, Pfarrer und Lehrer angewiesen. Bei der Besetzung dieser Amtsstellen triumphierte die individuelle Qualifikation und Leistungsfähigkeit nun endgültig über den geburtsständischen Rang. Die gebildeten Bürger, die sich ihrer gesellschaftlichen Bedeutung bewusst waren, organisierten sich in unterschiedlichen Zirkeln: Zugang wurde demjenigen gewährt, der sich in diesem Kontext «kultiviert» bzw. «zivilisiert» bewegen konnte. Die katholischen Gebiete reduzierten im späten 18. Jahrhundert den kulturellen Vorsprung der evangelischen, wurden aber durch die Säkularisierung noch einmal zurückgeworfen. Die «Bildungsbürger» vereinigten sich unterdessen in zahllosen Sozietäten, um gemeinsam für sozio-ökonomische und sittlich-moralische Verbesserungen, für Rechtsgleichheit und eine vorsichtige Ausweitung der politischen Partizipationsmöglichkeiten einzutreten. Sie opponierten mit solchen Aktivitäten gegen den

Müßiggang des Adels. Die amts- oder funktionsbürgerliche Elite schuf
sich mit ihrer Forderung nach Vervollkommnung durch Bildung sowie
Ämtervergabe nach Leistung und Verdienst selbst das wirkungsmächtige
Fundament des eigenen Aufstiegs.

Indem die Akademiker Originalität,
Kreativität und Genialität reklamierten, bestritten sie erfolgreich den adligen Höflingen mit ihren am Französischen orientierten, angeblich auf
bloße Verfeinerung und Politur angelegten Verhaltensweisen die kulturelle Führungsrolle.

Das funktionale Bürgertum wurde auf seinem Weg an die Schalthebel
der Macht einerseits von im Staatsdienst tätigen und wenig begüterten
Adligen unterstützt, die sich den bürgerlich-städtischen Vorgaben an-
passten, andererseits von den dynamischeren Teilen des alten Stadtbür-
gertums. Beide Gruppierungen brachten ihre spezifischen Erfahrungen
ein und verhalfen dem mobilisierenden Potential der bürgerlichen Reformer langfristig zum Erfolg.[252] Der gebildete, d. h. studierte und kulturell
interessierte Bürger, der sich als Patriot für Theater und Kunst, aber auch
für das Gemeinwesen und das Gemeinwohl engagierte, wurde zum Verhalten prägenden Leitbild und standesübergreifenden Ideal. Dieses funktionale Bürgertum vereinigte den «funktionalisierten» Adel[253], den «Citoyen» und den «Bourgeois» auf einer höheren Ebene und sah sich selbst
als zukunftsorientierte Elite. Zugangskriterien und verbindende Klammer waren «Bildung» und gesellschaftliche Funktion sowie ein darauf
abgestimmter bürgerlich-städtischer Lebensstil, der den Besuch von
Theatern, Konzerten und Museen, Lesegesellschaften, Sozietäten, Salons
und Vereinen einschloss.

«Im Mittelpunkt des bürgerlichen Modells stand […] das aus den Bindungen der traditional-ständischen Gesellschaft heraustretende Individuum, das sich in einem doppelten Sinne selbst erschuf. Zum einen verdankte es sein materielles Auskommen und seinen gesellschaftlichen
Status – zumindest dem Anspruch nach – nicht mehr ständischer Zugehörigkeit, familiärer Tradition oder auch Erbe, sondern eigener Leistung.
Zum zweiten konnte es seine Individualität, seine Persönlichkeit, ebenfalls nicht durch fremde Bestimmungen, […] sondern nur in aktiver Auseinandersetzung mit abstrakten Grundsätzen und Werten sowie unterschiedlichen Lebensentwürfen erlangen.»[254] Das funktionale Bürgertum
betrachtete sich deswegen einerseits als Alternativgesellschaft, blieb andererseits jedoch dem städtischen Lebensraum verhaftet, der die privaten
oder öffentlichen geselligen Kreise ermöglichte.

Die ständisch entgrenzte bürgerliche Führungsschicht veränderte vor
allem die politische Kultur. Die Emanzipation des Bürgers erfolgte in
Deutschland nicht wie in Frankreich über seine politische oder wie in
England über seine ökonomische Vorherrschaft, sondern über Bildung,
kulturelle Dominanz und einen entsprechenden Lebensstil. Im funktio-

nalen Bürgertum waren Wohn- und Arbeitsbereich getrennt und die
Frauen für den häuslichen, geselligen und kulturellen Bereich «freige-
setzt». Dieses Ideal der «bürgerlichen Familie» wirkte vorbildhaft, auch
wenn bei Bauern und Handwerkern das «Arbeitspaar» bis ins 20. Jahrhundert fortlebte. Bürger war demnach, wer Werte wie Fleiß, Ordnung,
Sittlichkeit, Disziplin und Leistung teilte, seine Kinder in diesem Sinne
erzog, sich (fort)bildete und gesellschaftlich engagierte, Gemeinsinn be-
wies, patriotisch für das Vaterland eintrat und an den öffentlichen Debatten teilnahm.[255] Die Anerkennung als «Bürger» in diesem Sinne erfolgte
unabhängig vom Geburtsstand: Neben «Bildung» sicherten eine gewisse
Zivilisiertheit sowie höfliche und gesittete Umgangsformen den Aufstieg
des Bürgers, der wie der englische Gentleman Teile des höfischen Ideals
galanter Geselligkeit, höflicher Konversation und sittlichen Verhaltens
für sich vereinnahmte und mit den eigenen Tugenden sowie dem Er-
werbssinn verband. Adolph Freiherr von Knigges Büchlein «Über den
Umgang mit Menschen» hatte seit 1788 wohl auch deswegen anhaltenden
Erfolg, weil es überständisch gültige Regeln proklamierte. Nirgends sei
es so schwierig, «nach Gefallen zu würken, wie in unserm teutschen Vaterlande». Der Abstand der Menschen aus allen Klassen, Gegenden und
Ständen zwischen «denen verjährtes Vorurteil, Erziehung und zum Teil
auch Staatsverfassung eine viel bestimmtere Grenzlinie gezogen habe,
[sei größer, G. S.] als in andern Ländern».[256]

Das gelehrte Bürgertum, Adel, Künstler, Dichter und Fabrikbesitzer
begegneten sich im 18. Jahrhundert an vielen Orten in geselliger Kommunikation. In diesem anregenden Milieu wurden die Werte der bürgerlichen Gesellschaft, Arbeits- und Leistungsbereitschaft, Mündigkeit und
Selbständigkeit sowie geschmacksbildende Muster und die entsprechenden Forderungen kreiert, propagiert und gelebt. Journale verbreiteten sie
im ganzen Land. Herder hielt 1791 Städte für «stehende Heerlager der
Cultur, Werkstätten des Fleißes» sowie für den «Anfang einer bessern
Staatshaushaltung [...], ohne welche dies Land noch jetzt eine Wüste
wäre».[257] Das Zusammenspiel höfischer und städtischer Elite in Sozietäten und Theater trieb auch in kleinen Residenzstädten die kulturelle
Entwicklung voran.

In der Zusammenarbeit der alten städtischen Eliten mit Juristen und
Pfarrern hatte sich die Eroberung der Kommunen durch das funktionale
Bürgertum lange angekündigt. Die beiden Patriziergesellschaften der
Reichsstadt Frankfurt konnten, obwohl sie nie mehr als 42 Prozent der
Ratssitze innehatten, die Kaufleute von der politischen Macht fernhalten.
Die Akademiker hatten sich mit «den Familien der städtischen Elite, die
ihnen an Bildung, Lebensart und Mentalität am ähnlichsten waren», ge-
gen den «zünftischen» Bürgerausschuss verbunden.[258] Der innerstädti-
sche Wechsel von der Hegemonialkultur des ständischen zu derjenigen

des funktionalen Bürgertums verlief deshalb auch keineswegs konfliktfrei. Innerstädtische Auseinandersetzungen zwischen Rat und Bürgerschaft besaßen eine lange Tradition. Die gegen den Rat bzw. die diesen
beherrschenden Familien opponierenden Bürger verlangten konkrete finanzielle, wirtschaftliche oder konfessionelle Reformen sowie politische
Mitsprache.[259] Neben solch traditionellen Stadtrevolten nahmen im 18. Jahrhundert
allerdings auch die Konflikte zu, die nicht mehr von einer anderen Ho-
noratiorenschicht, sondern von Vertretern der Handwerker angeführt
wurden. Ihre Klagen über die Misswirtschaft der Magistrate zeigen die
ganze Verunsicherung über die eigene wirtschaftliche Zukunft und die
Angst vor dem materiellen Abstieg. Gefordert wurde fast immer die Bewahrung und Stärkung der zünftisch-gebundenen Wirtschaftsordnung
gegen die neuen Tendenzen der freien Marktgesellschaft. Gegner der
Handwerker waren nicht mehr das Stadtregiment, sondern die Staatsre-
former bzw. die politische Ökonomie, die Lehre von der freien Konkurrenz und vom absoluten Eigentum. Hiergegen koalierten Meister und
Gesellen, während die armen Manufakturarbeiter auf der anderen Seite
standen. Die Schiedskommissionen kritisierten zwar fast immer die
Misswirtschaft des Rates, beförderten jedoch weder die Zunfthandwer-
ker ins Regiment noch installierten sie neue Monopole.[260] Es ist also bei
jedem Aufstand zu prüfen, ob revolutionäre Symbole und Aktionsfor-
men nicht eher rückwärtsgewandte Inhalte transportierten. Das alte
Zunftbürgertum fühlte sich jedenfalls von den Gelehrten und Staats-
bediensteten bedroht, wenn diese offensiv «die neue bürgerliche Kultur»
lebten, mit ihren Verhaltensweisen die sozio-kulturellen Standards vorgaben und sich den städtischen Raum systematisch aneigneten. Sie sorgten allerdings mit ihrer Dynamik dafür, dass sich die politischen Kräfte
formierten, die «das bürgerliche Herrschaftsmodell Stadt auch zum Leitbild der gesamtstaatlichen Verfassung erhoben».[261]

d) Bauern und Agrarkonflikte

Das Sozialgefüge der Dörfer, in denen zu Beginn des 19. Jahrhunderts
wenigstens 75 Prozent der deutschen Bevölkerung lebten, war ähnlich
differenziert wie dasjenige der Städte: Es gab Honoratioren, Vollbauern,
Kleinbauern, Besitzlose und Arme. Die Unterschiede realisierten sich in
der Größe des Besitzes, im Status als Fahr- und Handfröner oder schlicht
in sozialem Prestige und Reichtum. Die Dörfer selbst waren befriedete
Rechtsräume mit gewissen Selbstverwaltungsrechten. Die bäuerliche Gemeinde stand der Herrschaft einerseits entgegen, musste andererseits
aber mit ihr kooperieren. Die Gemeindeversammlung regelte die Wahl
von Dorfhauptleuten, Schulzen und Hirten, Kaminfegern und Nacht-

wächtern. Ihre Organe zeichneten für die Kontrolle von Maßen und Gewichten, Gemeindebrunnen und Mühlen, Finanzen, Allmenden und Gemeindewäldern sowie die Unterhaltung von Gassen, Wegen und Stegen verantwortlich.[262] Wie bei den städtischen Räten oder Zunftversammlungen besaßen nur Männer das Recht, an den Gemeindeversammlungen teilzunehmen – wenige Dörfer ließen auch verwitwete Bäuerinnen zu.[263] Die männlichen Haushaltsvorstände mussten jedoch erscheinen und mitentscheiden. Der Dorfvorsteher war als Schultheiß, Vogt oder Bauermeister meist eine Art herrschaftlicher Beamter, der in erster Linie den Einzug von Steuern und Abgaben sowie die Einhaltung der vielen Ordnungen überwachte. Er wurde normalerweise vom Grund- oder Landesherrn eingesetzt, seltener von der Gemeinde gewählt. Deswegen existierte häufig parallel dazu ein Bürgermeister oder Heimbürge als gewählter Repräsentant der Bauern.[264]

Die ländliche Gesellschaft gliederte sich in drei etwa gleich große Gruppen von etwa 30 Prozent: Vollbauern, Kleinbauern und Nebenerwerbslandwirte sowie landlose Unterschichten. Die verbleibenden 10 Prozent stellten das Landhandwerk. Waren im Braunschweigischen 1760 noch 68 Prozent der Familienväter Besitzer von Vollbauernstellen[265], so zählten in Sachsen um die Jahrhundertmitte nur noch etwa 25 Prozent der Dorfbewohner zur Gruppe der Vollbauern, 30 zu den Gärtnern oder Häuslern, die von ihrem Landbesitz allein nicht leben konnten, und etwa 45 zu den abhängig Beschäftigten, die entweder als Knechte oder Mägde in einem Bauernhaus oder als Häusling- und Inwohnerfamilien auf den großen Gütern lebten.[266] Um 1800 standen im bayerischen Dachau fast 33 Prozent Vollbauern und annähernd 23 Prozent Nebenerwerbslandwirten 44 Prozent Nichtbauern gegenüber, also Handwerkern und Tagelöhnern.[267] Generell sank der Anteil der Vollbauern im Lauf des 18. Jahrhunderts.

Bei den unterbäuerlichen Schichten reichte die aus der kleinen eigenen Landwirtschaft gewonnene Nahrung nicht aus, um die Familie zu ernähren und die Abgaben zu entrichten. Die landarmen Dorfbewohner bildeten daher die Voraussetzung für das verlagsmäßig organisierte Heimgewerbe. Die Vollbauern, die nur in Nord- und Ostdeutschland über mehr als zehn Hektar erblichen Eigentums verfügten, drückten als Fuhrunternehmer, Kreditgeber, Gastwirte und Händler der ländlichen Gesellschaft ihren Stempel auf. Sie bildeten geschlossene Heiratskreise und verhielten sich wie eine Oberschicht.[268] Ein zeitgenössischer Beobachter notierte: «Dieser Stolz, der dem Adelsstolz ähnlich ist, wird dadurch vergrößert, wenn sich mehrere solche Familien oft untereinander, und nur untereinander verheiratet haben. Kömmt irgend noch ein andrer Unterschied in Herkunft, Sitten, Tracht hinzu: so wird dieses System vom bäurischen Adel noch vollständiger ausgebildet.»[269] Als lokale

Meinungsführer konkurrierten die Großbauern vor allem mit den herrschaftlichen Funktionsträgern und den Pfarrern.

Bei den meisten Landbewohnern Ostelbiens konnte von der im
18. Jahrhundert häufig beschworenen Freiheit der Person und des Eigentums keine Rede sein. Die Gutsuntertänigkeit band die Bauern an einen
Herrn und war erblich. Noch 1723 und 1768 wurden in Mecklenburg
und Pommern Untertanen «erb- und eigentümlich» verkauft.[270] 1744 erschien eine Verkaufsanzeige über sechs Personen im Königsberger «Wö-
chentlichen Nachrichten- oder Intelligenzblatt». König Friedrich II. war
empört. Der Fiskal wurde jedoch nur tätig, weil die Untertanen nicht mit
dem dazugehörenden Gut angeboten worden waren.[271] Das Allgemeine
Landrecht legte 1794 fest, dass die Untertanen «das Gut, zu welchem sie
geschlagen sind, ohne Bewilligung ihrer Grundherrschaft nicht verlassen» dürfen.[272] Es bestand Arbeits- und Dienstpflicht, die Kinder waren
zu Gesindezwangsdiensten verpflichtet, und der Gutsherr hatte in manchen Fällen sogar ein Züchtigungsrecht. Selbst Friedrich II. äußerte in
seinem politischen Testament von 1752, dass der Bauer in Oberschlesien
«ein Sklave» sei.[273] Zwar gab es auch hier persönlich freie Bauern, doch
die Rechtssprechung hatte die Beweislast umgedreht: Sie mussten ihre
Freiheit, nicht der Gutsherr ihre Erbuntertänigkeit belegen, wie dies in
den anderen Gebieten Deutschlands üblich war.[274] Im späten 18. Jahrhundert wurde die Zwangsarbeit jedoch auch auf vielen großen ostelbischen Gütern in Lohnarbeit umgewandelt, weil diese produktiver
und mit der Zunahme der unterbäuerlichen Schichten billiger war.[275]

Westlich der Elbe bewirtschaftete der Bauer seinen Besitz selbständig,
doch nicht wirklich frei, denn auch er blieb eingebunden in das System der
Grundherrschaft und abhängig von den Regelungen des dörflichen Nach-
barschaftsverbandes. Johann Michael Freiherr von Loen, der als preußischer Amtmann in Lingen residierte, stellte 1771 fest: «Die Bauern sind
Sklaven und ihre Knechte sind von dem Vieh, das sie hüten, kaum noch zu
unterscheiden.»[276] Knigge sah dies ganz ähnlich: «In den mehrsten Provinzen von Teutschland lebt der Bauer in einer Art von Druck und Sklaverei,
die wahrlich oft härter ist, als die Leibeigenschaft desselben in andern
Ländern. Mit Abgaben überhäuft, zu schweren Diensten verurteilt, unter
dem Joche grausamer, rauhherziger Beamten seufzend, werden sie des Lebens nie froh, haben keinen Schatten von Freiheit und arbeiten nicht für
sich und die Ihrigen, sondern nur für ihre Tyrannen.»[277]

Während die soziale und rechtliche Lage der Bauern östlich der Elbe
ausgesprochen drückend blieb, hatte sich im übrigen Deutschland das
Erbzinsrecht durchgesetzt. Das bäuerliche Nutzungseigentum drängte
das grundherrliche Obereigentum mehr und mehr zurück. Im 18. Jahrhundert konnten die Bauern ihr Eigentum belasten oder verkaufen.
Offen blieb allenfalls, ob der Grundherr ein Vorkaufsrecht besaß. Die

Rechtsprechung tendierte zum vollen Eigentum der Bauern, ohne dass deswegen das Eigentumsrecht der Herren an Abgaben und Diensten aufgehoben worden wäre. Theoretisch konnten die Bauern bei schweren Verfehlungen zwar ihre Hofstellen verlieren, doch solche Abmeierungen erfolgten nicht einmal nach Unruhen. Wurden die Rädelsführer des Landes verwiesen, fielen die Höfe an ihre Erben. Dies gab Sicherheit und führte zu der Kleineigentümermentalität, die das Verhalten der bäuerlichen Untertanen in Deutschland auszeichnete. Wer seinen Besitz ungehindert über Generationen vererben kann, verhält sich anders als ein Pächter oder Landarbeiter. Wer Eigentum zu verlieren hat, vertraut eher den legalen Regelungsmechanismen und versucht, das mit einem Aufruhr verbundene Risiko zu vermeiden. Er fordert Ordnung und Berechenbarkeit sowie eine Obrigkeit, die sein Eigentum respektiert und mit ihren Normen die bäuerliche Wirtschaft nicht in Bedrängnis bringt.

Dennoch kämpften die Bauern wie die Stadtbürger gegen die Obrigkeiten, die mit Polizei-, Landes-, Kirchen- oder Stadt- und Dorfordnungen in Bereiche eindrangen, über die bisher Rat oder Gemeindeversammlung entschieden hatten. Die der Herrschaft widerstrebende korporative gemeindliche Selbstverwaltung behauptete sich, weil der gemeine Mann in Stadt und Dorf seine Rechte zäh verteidigte.[278] Der Bauer war keineswegs «zum Untertan [geworden, G. S.], der seine Tage in Dumpfheit verbrachte und nicht mehr auf eine Änderung hoffte».[279] An der Nahtstelle der Agrargesellschaft – zwischen Bauern und Herrschaft – kam es häufig zu Status- und Verteilungskonflikten. Sie gehörten gerade in den kleinräumigen Gebieten des Reiches, also in Schwaben, in Franken, am Rhein und in der Wetterau, beinahe zum Alltag der Agrargesellschaft. Als Folge des großen Bauernkrieges wurden sie in Deutschland jedoch normalerweise auf dem Rechtsweg und vor den Reichsgerichten reguliert. Diese ‹verrechtlichte› Konfliktaustragung hat Gewaltausbrüche nicht völlig verhindern können, aber erheblich reduziert. Bauernschlachten waren kein Zeichen besonders erfolgreichen, sondern Symptom und Folge eines längst gescheiterten Widerstandes. An den Reichsgerichten in Wien und in Wetzlar hielten sich Bauerndelegierte oft jahrelang auf, um ihre Verfahren voranzubringen. Die von den Gemeinden eingeschalteten Advokaten wussten, wie die Klagen zu formulieren waren, damit die Richter den Prozess begannen und die Herrschaft vorluden. Sie wussten aber auch, wie sich diese Prozesse in die Länge ziehen ließen, um gut daran zu verdienen.[280]

Idealtypisch konnte sich etwa folgender Konfliktverlauf ergeben: Die Bauern fühlten sich über Gebühr belastet und glaubten oder gaben vor, dass die Forderungen dem Herkommen widersprächen. Die Herrschaft wies ihre Beschwerden zurück. Die Untertanen suchten sich daraufhin einen Rechtsbeistand, der meist in einem Nachbarterritorium wohnte, und verweigerten die umstrittenen Leistungen, damit die Gegenseite nicht behaupten konnte, sie sei in deren unbestrittenem Besitz. Diese sah darin einen gewaltsamen Eingriff in ihr Eigentum und ließ die Bauern pfänden, die sich passiv widersetzten, ihr Vieh in ein Dorf unter anderer Herrschaft trieben, ihr Korn nicht ausdroschen oder ihre Habseligkeiten versteckten. Gleichzeitig klagten sie an den zuständigen Gerichten gegen die Neuerungen und gegen die ungerechtfertigte Gewaltanwendung ihrer Herrschaft. Der einmal begonnene Prozess konnte danach durch immer neue Einzelklagen und Einsprüche in die Länge gezogen werden. Die Fronten verhärteten sich: Die Obrigkeiten pfändeten, die Bauern klagten.

Solche Agrarkonflikte waren vor allem für die Herren unangenehm, weil die Prozesse öffentliche Aufmerksamkeit erregten und die Bauern vor Repressalien und gewalttätigen Lösungsversuchen schützten. Gerade in den kleineren reichsunmittelbaren Gebieten, wo Grund-, Gerichts- und Landesherrschaft in einer Person zusammenfallen konnten, verhinderte der Rechtsweg den sprichwörtlichen duodezfürstlichen Despotismus. Die Reichsgerichte drängten manchem Fürsten, Grafen oder Ritter die Einsicht auf, ohne einen Minimalkonsens mit seinen Untertanen nicht regieren zu können. Kritisch wurde die Lage, wenn die Bauern ihren Prozess trotz immenser Investitionen und einer entsprechenden Verschuldung als verloren ansehen mussten. Dann konnte es leicht zu einem «Bruch» mit der bisher friedlichen Konflikttradition kommen. Ausgezahlt hat sich Gewalt für die Untertanen aber nie, da spätestens das zweite Exekutionskommando sie in ihre Schranken wies.²⁸¹ Solange die Bauern jedoch nur die Dienste und Abgaben unter Hinweis auf deren Rechtshängigkeit verweigerten, konnten sie die kleineren Grundherren schnell in größte wirtschaftliche Bedrängnis bringen. Darüber hinaus beschädigte es deren Autorität, wenn die Herrschaft vor Gericht gleichrangig mit den Untertanen behandelt wurde. Die Bauern fühlten sich dadurch aufgewertet. Sie feierten jedes Gerichtsmandat als Sieg. Doch das Endurteil ließ oft auf sich warten, und der Prozess kostete viel Geld. Deswegen waren beide Konfliktparteien, waren die Streitpunkte einmal rechtlich markiert, an einer konsensualen Lösung interessiert. Am Ende der meisten Agrarkonflikte standen daher keine Endurteile, sondern Vergleiche, die wiederum dem Selbstwertgefühl der Bauern schmeichelten, weil sie als Verhandlungspartner akzeptiert worden waren.

Der Rechtsweg als Vehikel einer Fundamentalpolitisierung, als Politikersatz und als Gelegenheit an der Entscheidungsfindung mitzuwirken, gehörte zur politischen Kultur des Alten Reiches. Der gemeine Mann war fürstlicher Willkür und Despotismus keineswegs rechtlos ausgeliefert. Er huldigte nie dem Ideal einer konfliktfreien Gesellschaft, sondern versuchte, in vielen Auseinandersetzungen mit seiner Herrschaft seine

Lage zu verbessern. Indem er den Rechtsweg und alle Nischen der Reichsverfassung für seine Zwecke nutzte, verhielt er sich politisch: Er suchte den Erfolg, nicht die spektakuläre Aktion. Zweckrationale Planung, ein möglichst breiter Konsens unter den Betroffenen sowie die auf das Rechtssystem des Reiches zugeschnittenen Klagen minimalisierten das Risiko. Agrarkonflikte reduzierten die feudale Abhängigkeit.

Im 18. Jahrhundert kam den Bauern die naturrechtliche Vorstellung einer ursprünglichen Freiheit zugute, weil sie die Rechtsvermutung unveräußerlicher (Menschen-)Rechte nahelegte. Die Freiheitsrechte der Untertanen waren in Deutschland nie nur Gegenstand des akademischen Diskurses, sondern wirkten als justiziable Normen verhaltens- und handlungsleitend. Der sächsische Jurist Johann Leonhard Hauschild ging schon in den 1730er Jahren von einer «natürlichen Freiheit» der Bauern aus, daher wollte er vor Gericht die Beweislast umgekehrt sehen: Der Grundherr sollte stets die Rechtmäßigkeit seiner Forderungen darlegen müssen.[282] Während die Gerichte bei der Leibeigenschaft die Beweislast tatsächlich häufiger umkehrten und von der Vermutung einer persönlichen Freiheit ausgingen, blieb dies bei Diensten und Abgaben selten. Die Bauern beriefen sich dennoch hin und wieder, vor allem wenn es für ihre Forderungen keine konkrete Rechtsgrundlage gab, auf bestimmte Grund- und Menschenrechte.

Trotz solcher Gleichheitsgedanken und trotz ihres politischen Verhaltens hatte die aufgeklärte Elite die Bauern lange nur als grobe, unzivilisierte, traditionsverhaftete und weder allgemeinen Reformen noch verfeinerten Umgangsformen zugängliche Menschen auf einer fast noch archaischen Entwicklungsstufe wahrgenommen. Dieses Bild änderte sich im Zuge der Rousseau-Rezeption. Dieser hatte in zivilisationskritischer Absicht vom edelsten Menschenschlag, vom unverbildeten und moralisch integren Bauern gesprochen. Darüber hinaus achteten die Physiokraten die Bauern schon deswegen, weil sie die nachwachsenden Pflanzen als Quelle allen Wohlstandes hegten und pflegten. In der deutschen Volksaufklärung überlagerten sich beide Gedanken. Sie wollte den Mangel an Bildung und Kultur der Bauern beheben und diese in die Lage versetzen, «unvernünftige» Sitten und Gebräuche aufzugeben und durch effiziente Reformen die Ernteerträge erheblich zu steigern. Das besondere Interesse an den Bauern hatte zwar auch romantische, vor allem aber wirtschaftliche Gründe. Den theoretischen Argumenten angeblich nicht zugänglichen Bauern wurden «Musterbauern» vorgeführt, die rationale Wirtschaftsgesinnung mit ständischer Bescheidenheit verbanden. Der Landmann wurde so zum bevorzugten Objekt einer Volksaufklärung, der es nicht um romantische Verklärung und nicht um das «Originale», sondern um die Anpassung an veränderte Verhältnisse ging. «Den edlen Wilden» vor der eigenen Haustür wollte man «zivilisieren»[283] und ihn auf die bürgerliche Erwerbsgesellschaft vorbereiten, ohne dabei die ständische Ordnung in Frage zu stellen.

Selbst im Umfeld der Französischen Revolution, als auch deutsche Bauern deren Freiheits- und Gleichheitsideen aufgriffen, wurden emanzipatorische Forderungen im Gewand alter Rechte und uralten Herkommens präsentiert. Der größte Aufstand brach im August 1790 in Sachsen aus.[284] Diesem Bauernkrieg waren langwierige Prozesse um Fronden, Gesindezwangsdienste und Hutungsrechte am Dresdener Hofgericht vorausgegangen. Die Untertanen konnten wegen der kurfürstlichen Appellationsprivilegien nicht die Reichsgerichte einschalten und stellten daraufhin in über 50 Dörfern alle feudalen Dienste und Abgaben ein. Kleinere Militärkommandos wurden entwaffnet, verhaftete Bauern befreit. Die Untertanen beherrschten ein großes, zusammenhängendes Gebiet. Nach französischem Vorbild versuchten sie, die Soldaten auf ihre Seite zu ziehen. Einige Bauern forderten offen, es müsse wie in Frankreich werden. Doch die Städte beteiligten sich nicht, und die Regierung gewann im Oktober die Oberhand, als sie einige Tausend Soldaten in das Aufstandsgebiet einquartierte und eine weitere Überprüfung der Belastungen zusagte.

Bei seiner Vernehmung erklärte ein Bauer, wie schon an anderer Stelle erwähnt, über die Vorgänge in Frankreich aus dem «Teutschen Merkur» und über Gerüchte erfahren zu haben.[285] Journalberichte wurden zwar immer wieder für den Ausbruch von Unruhen verantwortlich gemacht, doch beweisen ließ sich das nicht, selbst wenn es Ähnlichkeiten gab wie 1794 im Falle des «Gesmolder Bauerntumultes» im Fürstbistum Osnabrück. Die Befreiung eines Müllers führte hier zu einem kleinen Bastillesturm, wobei der Gefängnisturm bis auf die Grundmauern abgetragen wurde. Die Revoltierenden forderten «Freiheit und Gleichheit wie in Frankreich». Die Bauern kopierten eine revolutionäre Handlung, bezogen sich aber auf das deutsche Wertesystem: (Eigentums-)Freiheit und Rechtsgleichheit. Es blieb bei der Tradition regional begrenzter Konfliktaustragung.[286]

Die Vorgänge in Frankreich weckten allerdings auch bei den deutschen Bauern Hoffnungen. Friedrich Ernst von Liebenroth, als Offizier Augenzeuge der Vorgänge in Sachsen, behauptete später, die Bauern hätten die Zeitungsnachrichten falsch verstanden, weil sie nicht den Unterschied zwischen den unterdrückten Untertanen in Frankreich und den «Glückseligkeiten eines [...] Untertans unter einer weisen Regierung» in Kursachsen wahrgenommen hätten.[287] Selbst Beckers «Bote aus Thüringen» argumentierte allein mit dem Unterschied zwischen der guten deutschen und der schlechten französischen Regierung, denn aufgeklärte Untertanen sähen ein, «was für ein großer Unterschied unter einer guten und einer schlechten Regierung sey».[288]

Allerdings waren auch die deutschen Untertanen anfällig für die neuen

Parolen, vor allem in den französisch besetzten linksrheinischen Gebieten. Die Regierung der Grafschaft Leiningen-Westerburg beschuldigte ihre Untertanen, sie hätten «verblendet durch die tolle Vorspiegelung von Freiheit und Gleichheit, und belebt von der daraus entsprungenen noch tollkühnern Begierde, die uralte wohlherbrachte Regierungsform in dieser Grafschaft umzustoßen, und sich der Regierung selbst zu bemeistern [...] nach der souverainen Volksherrschaft» gestrebt. Dabei sei nicht nur von Gleichheit und Freiheit sowie der Verbrüderung mit den Franzosen, sondern auch «von Abschaffung der Tirannei ihrer Herrschaften und Obrigkeiten» die Rede gewesen. Ihre Anführer hätten sich der Hilfe des «sogenannten deutschen Nationalkonvent[s] zu Mainz» versichert und der Kommissar Forster, der Sohn eines Professors in Halle, habe öffentlich erklärt, «daß man alle diese üble Folgen, und freilich an sich traurigen Schicksale, ganz allein den Wütherischen, den Tirannen, den Despoten – dem Kaiser und dem Könige von Preußen, welche in jedem Augenblicke umzubringen kein Verbrechen, sondern die edelste Tugend seye, zu verdanken habe». Der hiesige Konrektor habe eine «Freiheits- oder eine Schmährede auf seine angeborene hochgräfliche Herrschaft, ihre Räte und Beamten, und sogar auf das Kaiserliche und Reichs-Kammergericht» gehalten und «dem Himmel und der Frankenrepublik für die Erlösung der Bürger aus ihrer bisherigen Sklaverei, und für die ihnen zugebrachte Freiheit und Gleichheit» gedankt.[289] Es ist verständlich, wenn viele deutsche Regierungen angesichts solcher Töne beunruhigt waren, und versuchten, auch die kleinsten Anzeichen von Widerstand im Keime zu ersticken. Eine wirkliche Umsturzgefahr bedeuteten diese wenig koordinierten und regional begrenzten Unruhen aber nur dort, wo die Anrufung der Reichsgerichte keine Hilfe mehr versprach, die Herrscher vor den Revolutionstruppen geflohen waren und die Aufständischen Druck und Schutz der französischen Soldaten spürten.

e) Unterständische Schichten und Sozialprotest

Der Bevölkerungsanstieg und die zyklisch wiederkehrenden Hungerkrisen vergrößerten die Zahl der Menschen, die am Rande des Existenzminimums lebten. Dies betraf um 1800 die Hälfte der Bevölkerung – mit steigender Tendenz. Dazu gehörten Kleinbauern und alleinarbeitende Schneider- oder Schustermeister[290], Dienstboten, Gesellen, Soldaten und Arbeiter. Auch wenn sie sich in ihrer Lebensführung unterschieden, teilten sie die Erfahrungen der Unsicherheit und des Mangels. Die Lohnarbeit und das Heimgewerbe boten noch längst nicht allen denen eine sichere Ernährung, die weder eine Bauernstelle noch einen Handwerksbetrieb besaßen oder auf dessen Erbe hoffen durften. In Berlin verdienten 1782 bereits 17 Prozent aller Beschäftigten ihren Lebensunterhalt in den 13 Tuch- und Zeugmanufakturen mit zusammen über 10 000 Lohnarbeitern. Bis 1800 stieg dieser Anteil auf immerhin 23 Prozent.[291] Die Zahl der Arbeiter und Arbeiterinnen nahm zu. Qualifizierte und entsprechend gesuchte Manufakturarbeiter konnten erheblich mehr verdienen als Gesellen oder arme Meister. In der Nymphenburger Porzellanmanufaktur erhielten 1793 der Inspektor 342, der Obermaler 178, die Arbeiter im Brennhaus 75 und diejenigen in der Holzhütte 50 Taler jährlich.[292] Prekärer war insbesondere die Lage der Hilfsarbeiter-, Handlanger- und Tagelöhnerfamilien. Auch das im Herrenhaushalt lebende Gesinde muss aufgrund ihres geringen Verdienstes und Sozialprestiges zu den Unterschichten gerechnet werden. Als Dienstboten arbeiteten im 18. Jahrhundert bis zu 20 Prozent der Stadtbewohner und über 10 Prozent der Gesamtbevölkerung. In Dienst gingen die Heranwachsenden mit 12 bis 14 Jahren. Viele blieben ihr Leben lang Knechte oder Mägde, andere überbrückten damit nur die Lebensphase bis sie selbst einen Teil des elterlichen Besitzes erbten und eine Familie gründeten. Das Gesinde wurde meist für ein Jahr gegen festen Lohn, Unterkunft und weitere Naturalleistungen angenommen. Dienstherrenwechsel blieb die Strategie, um bessere Arbeitsbedingungen und höhere Löhne auszuhandeln.

Die für den Übergang von der ständischen zur bürgerlichen Gesellschaft zentrale Entwicklung der freien Lohnarbeit, die auch das Gesinde betraf, reflektierte 1788 der Freiherr von Knigge: «Unsre feine Lebensart hat einen der ersten und süßesten Verhältnisse, dem Verhältnis zwischen Hausvater und Hausgenossen, alle Anmuth, alle Würde genommen [...] die Gesinde werden nicht als Theile der Familie angesehen, sondern als Miethlinge betrachtet, die wir nach Gefallen abschaffen, so wie auch sie uns verlassen können, sobald sie sonst irgendwo mehr Freyheit, mehr Gemächlichkeit oder reichere Bezahlung zu finden glauben, und ausser den Stunden, die sie unserm Dienste widmen müssen, haben wir kein Recht auf sie.»[293] Der Wandel machte den Dienstherren Angst. Dabei gehörte das, was nun als Bruch mit der hergebrachten Ordnung wahrgenommen wurde, schon länger zur Überlebensstrategie der Unterschichten. Sie hatten ihre Freiräume nutzen müssen, um als Wanderhändler oder als Saisonarbeiter in fernen Gebieten Geld zu verdienen. Dienstboten kannten die Sorge, auch morgen und übermorgen noch genügend zu essen zu haben.

Angehörige der Unterschichten betrachteten die freie Lohnarbeit als Chance, ihre Lebenssituation zu verbessern, nicht als Bedrohung ihres ohnehin prekären Status. Immerhin ermöglichte regelmäßiger Lohn eine Familiengründung. Der Unterschied zwischen Norm und Wirklichkeit der ständischen Gesellschaft zeigt sich auch in der Familienpolitik. Obwohl gemeine Soldaten, die in Brandenburg-Preußen bis zu 5 Prozent der Bevölkerung ausmachten, keine Familie gründen durften, waren von ihnen zwischen einem Viertel und der Hälfte verheiratet.[294] Ihre Eheschließung wurde manchmal sogar gefördert, weil familiär gebundene Soldaten weit weniger als ledige zur Desertion neigten, und weil ihre Söhne, mangels anderer Möglichkeiten, als sicherer Nachwuchs für die Armee galten.[295] In Berlin lebten 1795 13 000 Soldaten mit 5443 Ehefrauen und 7300 Kindern – etwa ein Siebtel der Einwohner gehörten damit zur Garnison. In kleineren Städten konnte der Anteil des Militärs noch deutlich höher liegen.[296]

Sozial nicht wesentlich besser gestellt als die Familien der einfachen Soldaten waren diejenigen der Altgesellen. Die verheirateten, nicht im Haushalt eines Meisters lebenden Gesellen gehörten zur Unterschicht, denn ihr Verdienst reichte selten aus, um den etwa gegenüber Arbeitern beanspruchten höheren Status abzusichern. In Bremen waren im 18. Jahrhundert aber schon 70 Prozent der Gesellen verheiratet. Auch wenn dieser Anteil über dem Durchschnitt lag, zeigt er doch, dass die alten Eheverbote nicht mehr griffen. Gleichzeitig wurde für Gesellen das Risiko größer, sich als Lohnarbeiter verdingen zu müssen oder gar in Armut und damit häufig genug in die Kriminalität abzusinken. Gegen den drohenden Statusverlust wehrten sie sich mit vielen Streiks. Das 18. gilt als das «Jahrhundert der Gesellenaufstände», weil die gut organisierten Gesellen bei Arbeitsniederlegungen auf die Kassen ihrer Bruderschaften zurückgreifen konnten, die ansonsten Krankheitsfälle oder andere Notlagen absicherten.[297] Trotz der hohen Fluktuation durch die Wanderschaft konnten die Gesellen mit Hilfe ihres Brauchtums, einer eigenen Jurisdiktion und strenger Disziplin ihre Bruderschaften zusammenhalten. Die Kampfbereitschaft war hoch, wenn die materiellen Grundlagen oder die «Ehre» der Gesellen angegriffen wurden. Die politische Kleinräumigkeit des Alten Reiches bot den überterritorial operierenden Gesellenverbänden beste Voraussetzungen, um sich gegen einzelne Obrigkeiten zu behaupten. Wurde eine Stadt von ihnen «verrufen», also mit einem Bann belegt, durfte kein ehrbarer Geselle dort eine Arbeit annehmen. Tat er dies dennoch, verlor er seine Ehre und das Vermittlungsmonopol der Bruderschaft sorgte dafür, dass er in keiner anderen Stadt mehr Arbeit fand. Wandernde Gesellen machten aus diesem Grund einen großen Bogen um «verrufene» Städte.

Ein Beispiel für das Verhalten der Gesellenbruderschaften bietet der große Streik der Schustergesellen, der dieses Handwerk zwischen 1722 und 1728 in Süddeutschland erschütterte. Die Streikwelle erlebte ihren Höhepunkt, als die Augsburger Gesellen am 13. Mai 1725 ihre Arbeit niederlegten, nachdem städtische Soldaten in ihrer Herberge die Lade aufgebrochen und ihr Artikelbuch konfisziert hatten. Etwa 100 Gesellen verließen die Stadt und zogen in das benachbarte bayerische Friedberg.

Später folgten ihnen weitere 36 Gesellen, darunter 30 Augsburger Meistersöhne. Der Solidaritätsdruck des Gesellenverbandes muss größer gewesen sein als die Furcht vor späteren Sanktionen des städtischen Rates. Die Streikenden appellierten an die Loyalität aller Schustergesellen. Mit «Laufbriefen» erbat man Spenden und rief zum Boykott Augsburgs auf. Leidtragende waren die dortigen Schustermeister, die keine Gesellen fanden und von der Gefahr ihres «totalruins» sprachen.[298] Die Streikfront bröckelte jedoch erst nach über einem Jahr, als bayerisches Militär gegen die Gesellen in Friedberg vorging. 63 von ihnen kehrten daraufhin Ende September 1726 nach Augsburg zurück, verließen jedoch, nachdem sie sich formal unterworfen und ihren Besitz zurückerhalten hatten, fluchtartig die Stadt. Sie «verriefen» diese erneut, so dass die Schuhmacher auch weiterhin ohne auswärtige Gesellen auskommen mussten. 1728 zeigte sich aber die Macht koordiniert vorgehender Obrigkeiten. Aus Augsburg kommende Gesellen erhielten andernorts fortan nur noch Arbeit, wenn sie ein Zertifikat der Unterwerfung unter den dortigen Rat vorlegten.

Der Streik und der Bann über Augsburg verliefen daraufhin langsam im Sande, zumal die bayerische Regierung den Aufstand nicht länger dazu nutzte, die Wirtschaft der umliegenden Reichsstädte zu schwächen. Als schließlich auch die Münchner Gesellen streikten, wurden sie verhaftet und ihre Anführer zu der entehrenden Strafe des Stockschlags verurteilt. Die verschiedenen Interessen der Obrigkeiten verhinderten freilich, dass die Gesellenbruderschaften entsprechend der eigens dazu verkündeten Reichshandwerksordnung von 1731 aufgelöst und ihre Laden in den Rathäusern deponiert wurden. Zwar drohte streikenden Gesellen fortan Gefängnis, die Galeeren- oder sogar die Todesstrafe, doch die zur Kontrolle notwendigen «Handwerks-Attestata», vom Meister auszufüllende Zeugnisse des Wohlverhaltens, vermochten sich nicht durchzusetzen.[299]

Auch die frühneuzeitlichen Streiks waren keine spontanen Arbeitsniederlegungen, sondern rational geplante Aktionen zur Durchsetzung der eigenen Forderungen.[300] Sie fanden meist im Sommer oder in den Phasen des höchsten Arbeitspensums statt, um möglichst große Wirkung zu erzielen.[301] Die Gesellen suchten nach öffentlicher Bezeugung ihrer Forderungen, daher wurden Streiks als Feste inszeniert: mit demonstrativem Konsum auf Kosten der Lade und mit einer möglichst repräsentativen Darstellung des eigenen Anspruchs in feierlichen Umzügen. Die Altgesellen achteten auf strengste Disziplin. Wer ausfällig wurde oder sich zu Gewalttätigkeiten provozieren ließ und gegen die Gebote eines friedlichen Streiks verstieß, wurde sofort bestraft, jeder Streikbrecher unnachsichtig verfolgt. Scheiterten alle Verhandlungen, blieb den Gesellen als letztes Mittel der Auszug. Mit der Aufgabe des Streiks hatten die Meister noch nicht gewonnen. Nach Streikende verließen die

Gesellen die Stadt, um diese in «Verruf» zu bringen, so dass sie oft noch
Jahre später boykottiert wurde. Anzahl und Dauer der Streiks änderten sich im 18. Jahrhundert. Von
den 541 analysierten Gesellenstreiks fanden 11 im ersten Dezennium, 195
im letzten statt.[302] Betroffen waren insbesondere Nürnberg mit 110 und
Augsburg mit 81 Streiks. Bei den Branchen lautet die Reihenfolge Schreiner (66) vor Schuhmachern (62), Schlossern (53) und Schneidern (48). Unter den Anlässen dominierten Eingriffe in die Autonomie der Bruderschaften (130), vor der Arbeitssituation (116), der Ehre der Gesellen (96)
und Lohnfragen (87).[303] Für Bremen wurden mindestens 60 Handwerkerstreiks zwischen 1731 und 1811 ermittelt, für Nürnberg zwischen
1776 und 1805 wenigstens 103. Die systematische Auswertung von
259 Aufständen ergab, dass es bei jedem sechsten zu Gewalttätigkeiten,
bei jedem vierten zu Verhaftungen und bei jedem zwölften zum Eingreifen des Militärs kam. Etwa 16 Prozent aller Streiks durchbrachen die
klassische Konfrontationslinie zwischen Gesellen und Meister: Beide
Gruppen kämpften dann gemeinsam gegen Regulierungen des Rats oder
der Behörden bzw. gegen unzünftische Gewerbetreibende wie die Manufakturisten. Streiks wurden im Laufe des 18. Jahrhunderts immer kürzer
bis schließlich eintägige Warnstreiks dominierten. Etwa die Hälfte der
Streiks endete wenigstens mit einem Teilerfolg der Streikenden.

Die Motive waren selten rein ökonomischer Natur. Meist überlagerten
sich soziale, wirtschaftliche und kulturelle Konflikte. So diente die Verteidigung des «blauen Montags», also eines arbeitsfreien Werktags, weniger dem Kampf um Arbeitszeit und Erholung, als der Wahrung alten
Herkommens. Er musste aus Gründen der Ehre verteidigt werden, auch
wenn die Gesellen damit auf den Lohn eines weiteren Arbeitstages verzichten mussten. Arbeitszeit- und Lohnfragen konnten daher leicht zu
Status- und Ehrfragen werden. Kasseler Weißbindergesellen begründeten ihren Kampf um kürzere Arbeitszeiten damit, dass sie ansonsten
nicht besser gestellt seien als Tagelöhner.[304]

Als 1737 die Obrigkeit im sächsischen Freiberg den auf einen Montag
fallenden Feiertag der Heiligen Magdalena auf den Sonntag vorverlegte,
blieben die Bergleute am folgenden Tag der Arbeit fern und erschienen in
ihrer Festtracht in der Kirche. Danach zwangen sie die Beamten, schriftlich die Fortdauer des Feiertages in seiner bisherigen Form zuzusichern
und das Dekret überall in der Stadt anzuschlagen. Der Superintendent
berichtete über die Vorgänge: Die Bergleute verstünden sich als «ein
freyes Volck», wollten aber «ihre Bergfreyheit allzuweit extendiret wissen» – aus Faulheit, aber auch weil sie nicht an ein gründliches Christentum gewöhnt seien. Er zitierte dann eine englische Münze, auf der angeblich zu lesen war: «bey des Pöbels Macht und Streit leydet Gott und
Obrigkeit». Nachdem die Rädelsführer verhaftet worden waren, erschie-

nen alle Bergleute vor dem Bergamtsgebäude. Die Verhöre mussten abgebrochen werden. Die Beamten übergaben die Sache der Regierung, weil sie sich angesichts des Drucks der Straße nicht getrauten, gegen die fünf Rädelsführer weiter vorzugehen. Der Streik verband sich unterdessen mit Formen spontanen Volksprotestes.

1739 erging ein Mandat des Königs (von Polen): «wider das Auf-Laufen und Tumultuiren im Lande, alle Empörungen derer Unterthanen wider die ihnen vorgesetzte Obrigkeit, Zusammen-Rottirung und Aufruhr» aus denen nichts als Unrat «und öfters eine höchst-verpönte Selbst-Hülfe zu entstehen pfleget».[305] Der Aufstand war erfolgreich: Der Feiertag blieb arbeitsfrei und wurde bezahlt. 1764 hatten die Bergleute 17 bezahlte Freischichten im Jahr.

Arbeitszeiten, Löhne und der Ausschluss nicht zünftischer Produzenten verursachten in jeweils 20, die Gesellenehre in 30 Prozent der Fälle die hier untersuchten Streiks. Fast alle Arbeitsniederlegungen blieben auf eine Bruderschaft beschränkt.[306] Es handelte sich nicht um lokale Umsturzversuche, und die Streikenden kämpften allenfalls mittelbar für übergeordnete Ziele. Gegen Ende des Jahrhunderts brachen die Gesellenstreiks ein. Als zwischen 1800 und 1806 in fast allen deutschen Städten die Gesellenladen aufgehoben wurden, regte sich wenig Widerstand. Die Bruderschaften hatten ihren Höhepunkt überschritten, und die Gesellen konnten sich dem Solidaritätsdruck der Lohnarbeiter nicht mehr entziehen. Deren Streiks hatten seit 1750 kontinuierlich zugenommen. 1763 konnten Lohnsenkungen in den Manufakturen in Neustadt-Eberswalde und Berlin verhindert werden. Selbst die verlegten Zunftmeister nutzten inzwischen das Mittel des Streiks, um ihre Einkommen zu sichern.[307]

Der Streik wurde zur vorrangigen Form des Arbeitskampfes, denn Forderungen nach höheren Löhnen oder besseren Arbeitsbedingungen waren branchenunabhängig und sorgten für Solidarisierungen. Im späten 18. Jahrhundert plagten alle Beschäftigten große Subsistenzängste, weil die Lebensmittelpreise weit stärker als die Löhne stiegen. Kamen noch Ernteausfälle hinzu, herrschte in Unterschichtenfamilien Hunger. Sie mussten dann nicht nur den Kauf von Gewerbeprodukten einstellen, sondern ihre Nahrung von Getreide auf billigere Produkte wie Bohnen, Erbsen, Kohl und Kartoffeln umstellen. Notfalls wurden diese mit Ersatz- und Füllstoffen wie Baumrinden, Sägespänen oder gekochtem Gras gestreckt. Dadurch erhöhten sich Infektionsrisiken und Sterblichkeit. Die Angst vor dem Hungertod war und blieb präsent, auch wenn nur wenige Menschen direkt an Unterernährung starben. Das frühneuzeitliche Europa kannte keine vollständigen Marktgesellschaften, deswegen deutet nicht jeder Preisanstieg auf eine allgemeine Subsistenzkrise. Private, öffentliche und kirchliche Fürsorge, der «Unter-Preis-Verkauf» im Nachbarschaftsverband und die aus dem feudalen Schutzverhältnis abzuleitende Pflicht der Herren und Besitzenden zur Unterstützung hungernder Untertanen milderten die ärgsten Auswüchse und gewährten auch denjenigen Nahrungsmittel, die die Marktpreise längst nicht mehr bezahlen konnten.[308]

In solchen Situationen trennten die Hungernden zwischen klimatischen Ursachen und den Folgen der Erntekrisen. Sie lasteten Preisanstieg und Warenverknappung denjenigen an, die mit der Erzeugung, Verteilung und Weiterverarbeitung von Getreide beschäftigt waren. Getreidespekulanten, «Für- oder Aufkäufer» und «Kornwucherer» gehörten schnell zu den meistgehassten Personen. Die Regierungen besaßen aus Sicht der Hungernden dann die Pflicht, die Versorgung der heimischen Bevölkerung zu gerechten Preisen sicherzustellen. Eine sich patriarchalisch-fürsorglich verhaltende Obrigkeit wurde gefordert, die jeder Form von Getreide- und Brotspekulation mit Marktordnungen, Preistaxen und Ausfuhrverboten augenfällig entgegentrat. Tat sie dies nicht, drohten Tumulte und Aufruhr.

Hungerrevolten, also gewalttätige Aktionen gegen die Erzeuger, Verarbeiter und Händler von Lebensmitteln, sowie spontane Aktionen zur Erzwingung eines auf die lokale Versorgung gerichteten Handelns sollten die gute Ordnung einer Ökonomie wieder herstellen, in der niemand aus übersteigertem Gewinnstreben einem anderen Lebensmittel vorenthalten und ihm damit das Recht auf Leben nehmen durfte. Für die Betroffenen war es letztlich belanglos, ob sie das teure Getreide auf dem Markt nicht bezahlen konnten, oder ob es aus Erzeugerregionen fortgeführt wurde. Beides widersprach aus ihrer Sicht dem am «gemeinen Nutz» und «gerechten Preis» orientierten Ordnungsmodell einer sittlichen Ökonomie.[309] Die Marktunruhen, Teuerungskrawalle oder Blockaden richteten sich gegen die Spekulanten oder sollten die Obrigkeiten zum Einschreiten veranlassen. Nicht die Not an sich, sondern die Verletzung des fürsorglich-sittlichen Grundkonsenses provozierte solche spontanen Selbsthilfeaktionen. Der ritualisierte Protest verlief fast überall in Europa nach dem gleichen Schema. Plünderungen, mutwillige Zerstörungen und direkte Übergriffe auf Leib und Leben «bestraften» die Krisenprofiteure, die sich nicht an die Spielregeln gehalten hatten.

In der Gegend von Annaberg im Erzgebirge soll 1771 ein Müller, der mit Korn und Mehl spekulieren wollte, von der aufgebrachten Menge erhängt worden sein. Diese Form der Selbstjustiz gab es in England und Frankreich häufiger, in Deutschland selten. Wie außergewöhnlich der geschilderte Fall erschien, sieht man auch daran, dass eigens eine Gedenkmünze geprägt wurde, die den Erhängten mit der Umschrift zeigt: «Ich aber hoffte auf theure Zeit.»[310] Normalerweise gaben sich die Aufständischen damit zufrieden, die Kornspeicher zu visitieren und die gehorteten Vorräte zu einem angemessen erscheinenden Preis zu verkaufen. Das traditionelle Rechtsempfinden kannte Eigentum nur als sozial gebundenen

Besitz. Dagegen trat nun aber der neue absolute Eigentumsbegriff, denn in der Hungerkrise zu Beginn der 1770er Jahre zeigte sich, dass die alten Lenkungsinstrumente nicht für genügd Nahrungsmittel, sehr wohl aber für zusätzliche Unruhen sorgten. Der Schmuggel wurde zum einträglichen Wirtschaftszweig und selbst Regierungen propagierten nun den Freihandel über die Grenzen des eigenen Territoriums hinaus. Erkannt wurde, dass Freihandel und Eigeninteresse dem Gemeinwohl auch dann dienen konnten, wenn die Nahrungsmittel knapp waren. Die negativen Folgen dieses vorsichtigen Politikwechsels zeigten sich allerdings in den Krisen der 1790er Jahre, als die Hungerrevolten spürbar zunahmen. 1795 wurde in Rothenburg ob der Tauber zweimal der Ratssaal besetzt, weil die Hungernden die städtischen Vorräte sehen wollten. Im gleichen Jahr stürmten Frauen in Altena (Westfalen) den Ratssaal, um den Magistrat wegen der Kornmagazine zur Rede zu stellen. In Solingen wurden die Bäcker für ihren «Wucher» von den Aufständischen mit der Konfiskation von Brot und Mehl bestraft. In den Hungerjahren 1795, 1800 und 1805 reagierten die Menschen in Rostock, Witten, Herdecke, Schelm, Flensburg, Altona, Barth, Güstrow, Wolgast, Halle, Wettin und Aschersleben mit der Requirierung des für den Export bestimmten Getreides und «verkauften» es auf dem heimischen Markt zum «gerechten» Preis. Darüber hinaus wurden vielerorts Häuser, Möbel und Vorräte der sogenannten Kornwucherer zerstört.[311] In dem zu Dänemark gehörenden Altona machten die Hungernden 1794 einen Metzger und Gastwirt, der sich zu den Jakobinern bekannte, für den Preisanstieg verantwortlich, weil er zuviel Fleisch exportiert hatte. Die Menge stürmte dessen Haus und rief dabei angeblich: «Es lebe Christian VII., wir wollen von keiner Gleichheit und Freiheit wissen, aber der Schlachter Lanz muß gleichgemacht werden!»[312]

Ständisch entgrenzter Protest zielte jedoch nicht nur auf die materielle Versorgung. Auch die Einführung neuer Gesangbücher konnte am Ende des 18. Jahrhunderts zu gewalttätigen Tumulten führen.[313] Die Widerständler werden in den Quellen meist als zurückgebliebene Dörfler präsentiert, denen man das Neue aufzwingen müsse, um sie «glücklich» zu machen. Die Gesangbuchrevolten sollten jedoch eher als modellhafter Widerstand gegen obrigkeitliche «Beglückungen» gelesen werden. Selbst Friedrich II. musste vor dem Widerstand der Kirchengemeinden in der Grafschaft Mark kapitulieren, in denen das Berliner Gesangbuch von 1780 nicht wie geplant eingeführt werden konnte.

Ähnlicher Protest regte sich beispielsweise in Ostfriesland, im Herzogtum Oldenburg und in der Herrschaft Jever. In der Kirche sangen die Gläubigen weiterhin die bekannten Lieder aus dem alten Gesangbuch. Der Pfarrer wurde lautstark kritisiert oder lächerlich gemacht, so dass die Obrigkeit Landdragoner in die Kirche setzen musste, um die Ruhe während des Gottesdienstes zu gewährleisten. Gemeindemitglieder, die sich an den Protesten nicht beteiligten, wurden sozial geächtet und mit Niederreißung ihrer Häuser bedroht – ein Mittel, das bereits gegen die «Wucherer» bei den Hungerrevolten angewandt wurde.

Der hohe Mobilisierungsgrad und die Gewaltbereitschaft verdeutlichen, dass das neue Gesangbuch die Menschen in ähnlicher Weise berührte wie Veränderungen in der Bildungs- oder Versorgungspolitik. In der kleinen Herrschaft Jever wurden diese Konflikte 1793 direkt mit der Französischen Revolution in Verbindung gebracht: Ein Konsistorialmitglied unterstellte den Gegnern des neuen Gesangbuchs Böswilligkeit und politische Unmoral – «Widersetzlichkeit nach Französ. Schwindel», der in den Wirtshäusern bei einem Glas Genever ausgebrütet worden sei.[314]

f) Randgruppen und staatliche Verfolgungen

Mitte des 18. Jahrhunderts beklagte die baden-durlachische Regierung das Herumtreiben von «bettelnden Edelleuten, deren Weibern, Witwen und Waisen, Officiers und deren Angehörigen, Pfarrern und Schullehrern, entlassenen Beamten».[315] Das oberste Gebot des gemeinen Nutzens ließ die Obrigkeiten unduldsamer gegenüber solchen gesellschaftlichen Außenseitern werden: Sie wurden einerseits verfolgt, sollten andererseits aber resozialisiert, also «nützlich» gemacht werden. Die Regierungen kontrollierten die Bedürftigkeit und privilegierten die einheimischen Armen, indem sie Bettellizenzen nur an Ortsansässige vergaben, die wegen körperlicher Gebrechen oder aus anderen Gründen sich selbst nicht ernähren konnten. Allerdings gelang es keiner Gesellschaft Alteuropas, das Armutsproblem zu lösen. Die fürsorglichen und karitativen staatlichen Maßnahmen reichten bei Weitem nicht aus, um allen Bedürftigen, Kranken und Alten zu helfen. Staat und Gemeinden bauten und finanzierten nun jedoch Hospitäler, Siechen-, Armen- und Invalidenhäuser. Der Übergang von der wohltätigen Hilfe für Bedürftige zu einem durch eigene Vorsorge erworbenen Rechtsanspruch wurde forciert. Der Versicherungsgedanke entlastete nicht nur die alten Armenkästen, sondern galt auch als wichtiger Schritt zur Selbstverantwortung des Individuums. In vielen Dörfern entstanden nun neue Armenkassen, in die auch Knechte und Mägde einen geringen Teil ihres Lohns einzahlten, um im Alter unterstützt zu werden.[316]

Trotz aller obrigkeitlichen Regelungen lebte ein Teil der unterständischen Bevölkerung dauerhaft auf der Straße. Rigide Gesetze machten im 18. Jahrhundert Bettelei und Müßiggang selbst in katholischen Gebieten zum Delikt, weil anders die riesigen Bettlerscharen angeblich nicht mehr zu kontrollieren waren. Seriöse Schätzungen gehen davon aus, dass in manchen geistlichen Territorien ein Bettler auf vier Einwohner kam. Die

Regierungen wollten alle, die sich selbst ernähren konnten, zu regelmäßiger Arbeit erziehen bzw. zwingen. Sie regulierten und reduzierten die
Bettelei, konnten diese aber nicht vollends eindämmen: Die Armenun-
terstützung und die Plätze in den Arbeitshäusern reichten nie für alle,
und die Fürsorge war überfordert, wenn Teuerungen auch diejenigen zu
Bettlern machten, die sich sonst selbst ernähren konnten.

Bettler und die nicht sesshafte Bevölkerung standen stets mit einem
Bein in den mindestens 115 Zucht- oder Arbeitshäuser, die es zu Beginn
des 19. Jahrhunderts in Deutschland gab. Hier lebten etwa 10 000 Men-
schen, Fürsorge und Disziplinierung sollten miteinander verbunden
werden.[317] Die Waren aus den Arbeitshäusern fanden jedoch wenige
Käufer und mussten ständig bezuschusst werden, weil fast ausschließlich
Textilien, noch dazu in minderer Qualität, produziert wurden. Zudem
war der Strafcharakter dieser Arbeiten so offensichtlich, dass auch die
Erziehung und Einübung in die neuen «bürgerlichen» Kardinaltugenden
Arbeit und Disziplin, Fleiß und Ordnung nicht funktionierten.

Die Arbeitshäuser brachten das fahrende, meist männliche Volk nicht
von den Straßen. Es hatte gelernt, auch unter obrigkeitlichem Druck
seine Lebensform zu bewahren und selbst eine eigene Geheimsprache auf
der Basis des Deutschen entwickelt. Als «Rotwelsch» werden die unterschiedlichen Sprachen des fahrenden Volkes zusammengefasst. Es gab
mithin so etwas wie eine Gegenkultur der Straße. Allerdings lebten
selbst die Mitglieder der Räuberbanden, die im Unterschied zu ihrem
Fortleben in der Erinnerung selten dem Typus des edlen Räubers oder
Sozialrebellen entsprachen, zwischen Sesshaftigkeit und Vagantentum.
Die Bande des «Bayerischen Hiesl» rekrutierte sich beispielsweise aus
Bauern und besaß in diesem Milieu den für ihren «Erfolg» unverzichtba-
ren Rückhalt. Sie konzentrierten sich auf die Wilderei, ein Verbrechen,
das von den Bauern nie als solches akzeptiert wurde, zumal die verbotene
Jagd die Felder vor Wildschäden schützte. Fast alle Räuberbanden signa-
lisierten wie diejenige des «Schinderhannes», die um 1800 den Hunsrück
unsicher machte, Armut und Not. Bezeichnenderweise waren in diesen
Banden ehemalige Soldaten und «unehrliche Berufe» wie Scharfrichter,
Schinder oder Abdecker, aber auch übersetzte Handwerke wie Weber
und Schneider sowie Juden, Roma und Vaganten überrepräsentiert.
Unter den in Mainz 1803 verurteilten Gefolgsleuten des «Schinderhannes» befanden sich nur 14 Landstreicher, während 50 Bandenmitglieder
sesshaft waren. Ihre Berufe entsprachen dem Spektrum der ländlichen
Unterschichten. Als Stützpunkte dienten ihnen Wirtshäuser, Hehler
verkauften die geraubten Waren.

Einen Sonderfall des Außenseitertums stellte die Prostitution dar: ein
moralisch verurteiltes, gesellschaftspolitisch aber notwendiges Übel, das
angesichts des hohen Anteils dauerhaft Lediger als Ventil benötigt

wurde. In Berlin waren ca. 1000 Prostituierte in rund 100 einschlägigen Etablissements mehr oder weniger offiziell geduldet. Aus dem Jahr 1793 liegt folgender Bericht über ein preußisches Militärbordell vor: «Bei unserem Regiment gab es eine ordentliche Hurenwirtschaft […], das heißt ein ordentliches Bordellzelt, worin sich vier Dirnen aufhielten, welche, um doch einen Vorwand zu haben, Kaffee schenkten und dann jedem zu Diensten waren. Sie hatten sich förmlich taxiert, und Lieschen, die schönste, galt 45 Kreuzer, Hannchen 24 Kreuzer, Bärbel 12 Kreuzer, die alte Katharine 8 Kreuzer.» Das waren bescheidene Einkommen. Im Wien Maria Theresias soll es 10 000 gewöhnliche und 4000 bessere Dirnen gegeben haben.[318] Kaiser Joseph II. versuchte, auch dieses Übel auszurotten und scheiterte daran.

Auch die Juden müssen zu den gesellschaftlichen Randgruppen gezählt werden. Reiche und gebildete Juden, Hoffaktoren und Finanziers erlebten einen rasanten Aufstieg, manche auch einen noch dramatischeren Abstieg. Die Mehrheit ernährte sich jedoch schlecht vom Land- und Hausiererhandel und – davon kaum zu trennen – von der Bettelei. Um 1800 gehörte wohl die Hälfte der in Deutschland lebenden Juden zu den Armen.[319] Trotz aller Gleichstellungs- und Öffnungsrhetorik blieben ihnen die meisten Berufe verschlossen. Die jüdische Gesellschaft differenzierte sich weiter: Eine sozial anerkannte Oberschicht stand denjenigen gegenüber, die in den städtischen Ghettos oder auf dem Lande am Rande der Armutsgrenze oder darunter lebten.

Während die Juden diskriminiert, aber nur selten verfolgt wurden, waren die historischen Sinti und Roma, in den Quellen als «Zigeuner» bezeichnet, das Ziel unzähliger Polizeiaktionen. Sie wurden beinahe überall wegen ihrer angeblich unnützen und schädlichen Lebensformen verfolgt. Ihnen war der Aufenthalt in den meisten Territorien unter Androhung der Todesstrafe untersagt. Tatsächlich wurden sie fast überall ausgewiesen, teilweise zuvor ausgepeitscht oder gebrandmarkt. Sie mussten keine Delikte begehen, «die bloße Tatsache, Zigeuner zu sein, reichte für eine grausame Bestrafung aus».[320] In Süddeutschland wurden zwischen 1719 und 1788 mindestens 237 Sinti und Roma hingerichtet.[321] Die «fortgesetzte Konstruktion als asozialer und krimineller Feind sowohl des Staates als auch der Mehrheitsbevölkerung» widersprach einem alltäglichen Miteinander, das es ebenfalls und mit staatlicher Duldung gab. Sinti und Roma dienten als Soldaten, Land- und Bauarbeiter oder herrschaftliche Ordnungskräfte.[322] Sie fanden selbst als Landfahrer einen gewissen Rückhalt in der Bevölkerung, weil ihre Fertigkeiten wie Scherenschleifen, Kesselflicken, Korbmachen, aber auch die von den Frauen ausgeübten Künste der Wahrsagerei und Magie gefragt waren. Man versuchte, die Sinti und Roma sesshaft zu machen, unter der Bedingung, dass sie künftig einen christlichen und ehrbaren Lebenswandel führten.

Doch die Mehrheitsgesellschaft traute ihnen nicht und gab ihnen keine Arbeit. In den meisten Gebieten führte der Weg in die Anerkennung und Sesshaftigkeit über den Militärdienst. In der Grafschaft Wittgenstein bestanden im 18. Jahrhundert drei Sintikolonien. In der Grafschaft Wittgenstein-Hohenstein war der Sinto Johann Ludwig Hassler über Jahrzehnte Landesvisitator. Seine beiden Stellvertreter im höchsten Polizeiamt gehörten ebenfalls zur Gruppe der Sinti.[323] Seit 1761 versuchte Maria Theresia, später auch Joseph II., Sinti und Roma in ihren Landen als Bauern anzusiedeln.[324] Während dies in Ungarn und im Burgenland gelang, scheiterte man andernorts aufgrund der rigiden Eingriffe in die Lebensgewohnheiten, die bis hin zur Wegnahme der Kinder und deren Erziehung in Heimen reichten.

Grundsätzlich glaubte man jedoch, Sinti und Roma wie alle Menschen «verbessern» zu können und zu müssen. Der Staat sollte sie lehren, ihre Anlagen im Sinne der bürgerlichen Gesellschaft zu gebrauchen. «Und nun denke man sich den Zigeuner, wenn er aufgehört hat, Zigeuner zu seyn; denke sich ihn mit Fruchtbarkeit und seinen zahlreichen Nachkommen, die alle zu brauchbaren Bürgern umgeschaffen sind; und man wird fühlen, wie wenig wirtschaftlich es war, ihn als Schlacke weg zu werfen.»[325]

3. Vernunft und Gefühl

a) Die Entschlüsselung der Natur

Mit dem Beginn der systematischen Beobachtung der Natur sowie den Bemühungen, deren Phänomene widerspruchsfrei zu erklären und in mathematische Formeln zu fassen, hatte sich die Wissenschaft an der Wende vom 17. zum 18. Jahrhundert von ihren theologischen Fesseln befreit. Die Entschlüsselung vieler Naturgesetze und die Hoffnung, die Welt rational erklären zu können, machten weltanschauliche Positionen hinterfragbar. Der Mensch war der Natur nicht hilflos ausgeliefert und erklärte sich diese daher nicht mehr mit dem Walten Gottes oder demjenigen finsterer Mächte einschließlich der Hexerei. Das empirisch-rationale Weltverständnis bewirkte enorme Wissenszuwächse: In der Mathematik, deren wohl produktivster Vertreter der Schweizer Leonhard Euler war, und daneben primär in der Mechanik, Optik, Elektrizitätslehre und Chemie. Vielbändige Enzyklopädien wurden zur Darstellung des immer umfangreicheren Wissens gebraucht.

Die Wissenschaften spezialisierten sich und währenddessen begannen Fürsten und reiche Bürger nicht nur «Entdeckungen» zu fördern, sondern auch selbst zu forschen. Die Aufklärer erhoben ihren Dilettantismus, die Bereitschaft sich mit Liebe und Engagement, aber nicht professionell einer künstlerischen oder wissenschaftlichen Betätigung zu widmen, zum Prinzip der Entwicklung aller menschlicher Anlagen. Parallel hierzu erfolgte freilich die Professionalisierung der (Natur-) Wissenschaften und langsam ihre Institutionalisierung an den Universitäten: Aus der Alchimistenküche wurde das Labor, aus dem fürstlichen Mäzen die staatliche Förderung von Kultur und Wissenschaften. Das zunehmende Interesse an Naturerscheinungen und deren Erklärung korrespondierte mit demjenigen an fremden Erdteilen und Völkern. Expeditionen drangen in viele bisher unbekannte Gebiete vor, und die Entdecker versuchten, das Vorgefundene systematisch zu beschreiben und zu kartieren. Unterdessen wurde die Elektrizität entdeckt, die auf den Jahrmärkten ein staunendes Publikum verblüffte. Benjamin Franklin hatte in Blitz und Donner die Folge elektrischer Entladungen erkannt und erfand daraufhin kurz nach der Jahrhundertmitte den Blitzableiter, der die gewaltige elektrische Energie über Drähte in die Erde ableitete.[326] Bis das Ganze praktisch umgesetzt werden konnte, verging jedoch geraume Zeit, weil kirchliche Kreise diesen scheinbaren Eingriff in die göttliche Ordnung verhindern wollten.

Noch immer stand viel Okkultes und Esoterisches dem vernunftgeleiteten Zuwachs an Wissen gegenüber: Gelehrte und Publikum fahndeten weiter nach dem «Stein der Weisen». Der Weg von der empirischen Forschung zur Alchimie blieb kurz. Immerhin hatte die «Goldmacherei» zu Beginn des Jahrhunderts in Meißen zur Produktion von Porzellan geführt.[327] Nicht zuletzt sorgten nationale Vorurteile für die Ablehnung dessen, was augenscheinlich war. So suchten deutsche Chemiker auch dann noch nach dem Phlogiston, der utopischen chemischen Substanz, die für die Trennung und Verbindung von Stoffen verantwortlich sein sollte, als in Frankreich am 1. Dezember 1783 ein mit Wasserstoff gefüllter Ballon bis zu der schier unglaublichen Höhe von 3000 Meter aufgestiegen war. Für diese Pionierleistung interessierte sich jedoch die Öffentlichkeit viel weniger als für den kurz zuvor am 5. Juni erfolgten ersten Aufstieg der Gebrüder Montgolfier in einem Heißluftballon. Das «Ballonfieber» ergriff ganz Europa, überall wollte man die fliegenden Menschen sehen, und es wurden immer kühnere Pläne bis hin zu Luftkriegen[328] und Invasionen entwickelt.[329] Die alte Lehre von den vier Elementen – Erde, Wasser, Luft und Feuer – schien den deutschen Wissenschaftlern selbst dann noch unumstößlich, als Antoine Laurent de Lavoisier in den 1780er Jahren die Luft in ihre verschiedenen Elemente zerlegte und 1787 die Verbrennung als Reaktion mit Sauerstoff beschrieb. In Deutschland begann eine erbitterte Auseinandersetzung mit dieser «französischen Chemie».[330]

Zu den Irrwegen des Wissenschaftsglaubens gehört aus heutiger Sicht auch der sogenannte Mesmerismus, die Lehre vom tierischen Magnetismus, die analog zur Gravitationstheorie Heilungsmöglichkeiten eröffnen sollte.[331] Die im 17. Jahrhundert entstandene «mechanische» Vorstellung vom Menschen, die das Leben als physikalische Gesetzmäßigkeit und die Organe als mechanische Geräte auffasste, wurde nur langsam überwunden, obwohl dieses Modell die Selbstbewegung und die Empfindungen des Menschen nicht erklären konnte. Der Hallenser Georg Ernst Stahl sah in der Seele das verursachende Prinzip. Leibniz entgegnete dieser Theorie mit den Regeln der Physik: Etwas Immatrielles wie die Seele könne keine Körper in Bewegung setzen. Erst Albrecht von Haller kam 1752 in Göttingen dem Leben auf die Spur, als er die Kontraktilität der Muskelfasern und die Sensibilität der Nerven nachwies.[332] Diese Erkenntnis bildete eine wichtige Voraussetzung zur besseren Erklärung von Krankheiten: An die Stelle der alten Lehre von einer Disharmonie der Körpersäfte trat die Vorstellung gewisser organischer Veränderungen oder Überreizungen. Die menschliche Anatomie ließ sich auf dieser Basis weitgehend entschlüsseln, obwohl den Pathologen geeignete Probanden fehlten, weil sich niemand nach seinem Tode in der Anatomie zerstückeln lassen wollte. Dabei spielte neben religiös motivierten Bedenken auch die weit verbreitete Angst vor dem Scheintod eine nicht zu unterschätzende Rolle.[333] Der medizinischen Forschung blieben die Leichen von Straftätern und mittellos Verstorbenen. Ihre diagnostischen Möglichkeiten wurden allerdings dadurch größer, dass immer mehr Kranke in eigens dafür errichtete Anstalten verlegt wurden, so dass Krankheitsverläufe systematisch verglichen werden konnten.

Der autonome Mensch, der sein Leben in der diesseitigen Welt selbst zu gestalten hatte, war auch für die eigene Gesundheit verantwortlich geworden. Unzählige medizinische Journale und Ratgeber erklärten ihm, wie er durch ein gesundes Leben, Essen und Trinken sowie durch verbesserte Hygiene länger leben könne.[334] Die Ärzte widmeten sich der Volksgesundheit: Friedhöfe und Schlachthäuser wurden verlegt, um das angebliche Fäulnismolekül «Miasma» zu beseitigen, die Luft zu verbessern und die Brunnen zu entgiften.[335] Diese medizinische Vorsorge wirkte fraglos lebensverlängernd, führte jedoch zu neuen sozio-kulturellen Problemen, denn sie zwang das selbstverantwortliche Individuum zu komplizierten Risikoabwägungen. So war in der zweiten Jahrhunderthälfte eine Schutzimpfung gegen die gefürchteten Blattern (Pocken) möglich, doch dabei kam es häufig zu Komplikationen. Für viele Menschen wurde der medizinische Fortschritt zum Entscheidungsdilemma: Sollte man Krankheit und Tod vorbeugend riskieren? Die Regentin Anna Amalia befragte in Weimar sogar das Geheime Konzil, ob und in welcher Reihenfolge sie ihre beiden Söhne impfen lassen sollte.[336] Die Gefahren reduzierten sich allerdings erheblich, als man um 1800 zur Impfung mit Kuhpocken überging.[337]

Nur langsam konnten die Ärzte der enormen Kindersterblichkeit – bis zur Hälfte eines Jahrganges verschied vor dem 15. Lebensjahr – entgegenwirken, obwohl sie Ursachen wie soziale Missstände, fehlende Hygiene, unzureichendes medizinisches Wissen und falsche Pflege oder Versorgung der Neugeborenen kannten. In vielen Territorien wurden Hebammen von wissenschaftlich ausgebildeten Medizinern unterwiesen. Die Schwangeren vertrauten jedoch lieber auf deren hergebrachtes Wissen, als sich von Ärzten oder gar Medizinstudenten untersuchen zu lassen. Die in einigen Städten eingerichteten Accouchierhäuser verkamen deswegen zu Zwangsgebäranstalten für Ledige, denen für die Entbindung unter Aufsicht die ansonsten fälligen Strafen erlassen wurden. Allerdings überblickten auch die Ärzte nicht alle «hygienischen» Zusammenhänge, so dass die Todesrate der Mütter und Kinder in den Geburtshäusern höher als bei Hausgeburten war.[338] Auf dem Land ersetzten die wissenschaftlich ausgebildeten Mediziner ohnehin nur langsam die Praktiker der Heilkunst wie Bader, Zahnbrecher, Wundärzte oder Hebammen. Das medizinische Bündnis von Staat und Arzt griff flächendeckend trotz der im späten 18. Jahrhundert eingeführten «medizinischen Polizei» erst im 19. Jahrhundert.[339]

Deutschland konnte bei der Entschlüsselung der Natur mit den Leistungen in England oder Frankreich nicht Schritt halten, dafür wurden die neuesten Forschungsergebnisse schnell in den Lehr- und Fächerkanon der Universitäten integriert. Während man in Paris erst 1753 einen Lehrstuhl für Experimentalphysik einrichtete, waren dazu in Altdorf schon 1672 Vorlesungen angekündigt worden.[340] Der deutsche Beitrag zum Erkenntnisfortschritt über die Naturphänomene bestand offensichtlich vor allem in der schnellen Aneignung, Umsetzung und Modifizierung andernorts geleisteter Grundlagenforschung. Nach der Meißener «Erfindung», die allerdings in China schon sehr viel früher gelungen war, entstanden im Umfeld der kleineren Höfe zahlreiche Porzellanmanufakturen. Schiere Größe und höherer Ressourceneinsatz spielten für den Durchbruch zukunftweisender Technologien offensichtlich nur eine nachrangige Rolle.

Mit der Entschlüsselung der Naturgesetze stellte sich die Frage nach dem Wesen des Menschen, nach der autonomen moralischen und intellektuellen Persönlichkeit immer drängender. Die Vorstellung von etwas Lebendigem mit Funktionen wie Stoffwechsel und Wachstum sowie der Fähigkeit, zu lernen und sich selbst zu vervollkommnen, ersetzte allerdings nur langsam die ältere Auffassung vom Menschen als einer besonders komplizierten Maschine. Alle Menschen verfügten als Teile einer Gattung über gleiche, vom Tier unterschiedene Anlagen und Eigenschaften. Sie zu entdecken und zu fördern musste das menschliche Zusammenleben verbessern. Diese anthropologische Wende wurde vor allem

von deutschen Forschern auf der Basis der neuesten Einsichten in die Gesetze der Natur herbeigeführt.[341]
Dabei mag eine Rolle gespielt haben, dass in Deutschland mit seinen vielen Universitäten ein «moderner» Lehrbetrieb ein gewichtiges Argument im Wettbewerb um die Gunst der Studenten war. Nachdem Neugründungen wie Göttingen und Halle neben juristischen, historischen und medizinischen auch (natur)wissenschaftliche Lehrstühle eingerichtet hatten, folgten ihnen binnen kurzer Zeit andere Universitäten. Der ständige Wettbewerb erzwang die Übernahme erfolgreicher Innovationen. Zwar sträubten sich die um ihre Einkünfte besorgten Professoren gegen die Integration neuer Fächer, doch unter dem Druck der Regierungen lenkten sie meistens ein. Beharrten sie hingegen auf ihrem Standpunkt, wurden die traditionellen Universitätshierarchien umgangen. In Jena richtete Goethe eine «Schola extraordinaria» ein, in der er die offiziell nicht zur Universität gehörenden außerordentlichen Professoren, Sammlungen und Institutionen zusammenfasste, um sie der studentischen Ausbildung zuzuführen: Die extraordinäre Universität wurde zum Träger des wissenschaftlichen Fortschritts und zum Garanten der in den 1790er Jahren auch an den Immatrikulationen abzulesenden Attraktivität Jenas.[342]
Es fällt schwer, innerhalb des Wissenschaftsbetriebes einen spezifisch deutschen Denkstil zu identifizieren. Die «französische Chemie» setzte sich auch in Deutschland durch. Wissenschaftliche Erkenntnisse kannten und kennen keine nationalen Grenzen. Allerdings bewirken die jeweiligen sozio-kulturellen Kontexte unterschiedliche Fragen und Antworten. Warum es in den deutschen Universitäten und Forschungseinrichtungen im Vergleich zu England und Frankreich an genialen, die Naturgesetze aufdeckenden Forschern mangelte, ist beim derzeitigen Forschungsstand nicht zu klären. Vielleicht setzte hier die Forderung nach der Verbindung von Theorie und Praxis der Originalität die Grenze des sinnvoll Machbaren. Hinderlich war sicher auch, dass trotz aller Bemühungen keine nationale Akademie entstand. Die älteste deutsche Wissenschaftssozietät war schon 1652 in Schweinfurt gegründet worden. Sie wurde später an die Universität Halle umgesiedelt und nach ihrem kaiserlichen Privileg als «Leopoldina» bezeichnet. 1700 folgte die Eröffnung der Berliner Akademie, nach der Jahrhundertmitte kamen Sozietäten in Göttingen (1751/52), Erfurt (1754), München (1759), Mannheim (1763), Leipzig (1774) und Kassel (1777) hinzu. Die Vielfalt sorgte zwar für Wettbewerb, angeblich aber nicht für die leistungssteigernde Konzentration der Kräfte.[343]
Die größten Bibliotheken fanden sich nicht in den Universitäten, sondern in Residenzen oder Klöstern. München, Mannheim oder Wolfenbüttel brachten es um 1800 auf jeweils etwa 150000 Bände, die damals größte Universitätsbibliothek in Göttingen lediglich auf etwas mehr als

die Hälfte. Die heute berühmte Anna-Amalia Bibliothek in Weimar besaß vielleicht 50 000 Bücher.[344] Die Forschung im Umfeld der Höfe und Klöster mit ihren naturkundlichen Sammlungen, Bibliotheken und finanziellen Ressourcen war zwar auch eine Liebhaberei der fürstlichen Zentralpersonen und von ihnen abhängig, wurde aber ernsthaft betrieben: So unterstützte etwa Herzog Ernst II. in Gotha Mathematik, Orientforschung und Astronomie, und er finanzierte eine weltberühmte Sternwarte.

Festzuhalten bleibt: An der Erforschung der Naturgesetze waren deutsche Forscher ebenfalls beteiligt. Ihnen gelangen zwar nur wenige spektakuläre Entdeckungen, doch sie integrierten das neue Wissen in den Lehrbetrieb der Universitäten. Auf diese Weise wurde es allgemein zugänglich. Von einem wissenschaftlichen oder technologischen Rückstand, gar einer deutschen Verspätung kann nur im Vergleich mit England die Rede sein. Allerdings betraf das, was sich um 1800 als naturwissenschaftlicher Fächerkanon auszudifferenzieren begann, die Wirtschaft eines Landes noch wenig. Praktisch spielte die auf Eindeutigkeit zielende Entschlüsselung der Natur im Bereich des medizinischen Wissens eine größere Rolle. Die Erkenntnisse der Medizin führten aber auch zu Entscheidungszwängen, auf die der Einzelne nicht vorbereitet war. Die neuen Vorstellungen von Theologen, Juristen und Kameralisten, aber auch diejenigen der sich emanzipierenden Geisteswissenschaften, die uneindeutig unterschiedliche «Wahrheiten» gelten ließen, waren für das tägliche Leben wichtiger. Die Kritik am christlichen Offenbarungsglauben betraf auch den gemeinen Mann und seine Frau, denn sie fanden nicht mehr allein in der göttlichen Ordnung der Bibel Antworten auf ihre Fragen.

b) Glauben und Vernunft

Während die Aufklärung in England, Frankreich oder den Niederlanden als intellektueller Kampf gegen religiösen Dogmatismus und kirchliche Bevormundung begann, verband sich in Deutschland die Kritik am Offenbarungsglauben und an den Konfessionskirchen mit praktischen Reformen. Sprichwörtlich wurden die evangelischen Pfarrer, die angeblich an Weihnachten über die Vorteile der Stallfütterung predigten. Für sie stimmten «Gottes Gebot, landesherrlicher Befehl und [...] eigene Predigt» überein «in demselben Ziel: der Verbesserung der allgemeinen Wohlfahrt; und in demselben Weg: der Aufklärung der beschränkten, abergläubischen und zurückgebliebenen Menschen».[345] Die Pfarrer vermittelten zwischen schriftlicher und mündlicher Kultur. Sie besaßen die Erlaubnis, mit allen Menschen «die wichtigsten Wahrheiten öffentlich besprechen zu dürfen». Daraus resultierte die Pflicht, vernünftige Ein-

sichten auch zu denen zu bringen, deren Lektüre sich auf Gesangbuch
und Kalender beschränke.[346] Für Wieland war es das Licht der Aufklärung, das die sichtbaren Gegenstände besser erkennbar machte, während das Transzendente den
Wissenschaften ohnehin verborgen bleiben müsse.[347] Er forderte die Erklärung des Erklärbaren und wähnte den Menschen dennoch am Ab-
grund, «wenn die Vernunft die einzige Führerin seines Lebens ist».[348]
Der «rationale» Wieland schrieb mit «Agathon» *den* Roman im Geist der
Empfindsamkeit. Das in vielen Werken des späteren 18. Jahrhunderts zu
beobachtende Mit- und Gegeneinander von Verstand und Gefühl, von
Erklärbarem und Transzendentem, von Zwecksetzung und Autonomie,
Freiheit und Zwang, Eigen- und Gemeinsinn, von Partikularem, Natio-
nalem und Weltbürgerlichem lässt das Ringen um den «richtigen» Weg
angesichts der vorhandenen Vielfalt spürbar werden. Die Epoche erscheint als eine Zeit größter Ambivalenzen und Uneindeutigkeiten. Das
«Wohin» des Aufbruchs blieb umstritten, auch wenn Fortschritt und
Humanität, Frieden und Freiheit in aller Munde waren. Die Aufklärer
glaubten freilich an ihren selbst gegebenen Auftrag, «Verstandesfinster-
niß oder Unwissenheit» zu überwinden, «Vernunft» und «Wahrheit»
überall zum Durchbruch zu verhelfen.[349] Wieland formulierte das höchst
ambitionierte Ziel: «so viel Erkenntnis, als nötig ist, um das Wahre und
Falsche immer und überall unterscheiden zu können».[350] Doch war die
Vernunft dafür überhaupt der richtige, durfte sie die einzige Maßstab
sein?

Kant griff das Epochenbewusstsein auf. Er unterschied zwischen
einem «Zeitalter der Aufklärung» und dem «aufgeklärten Zeitalter».[351]
Durch eine an der Natur orientierte Erziehung und Bildung sollte sich
der Mensch nützliche Kenntnisse, aber auch Tugenden und sittliche
Maßstäbe aneignen, um selbständig und vernunftgeleitet dem Ganzen zu
dienen. Auf die Preisfrage «Was ist Aufklärung» antwortete Kant: der
«Ausgang des Menschen aus seiner selbstverschuldeten Unmündigkeit».
Er forderte den Mut, sich seines eigenen Verstandes zu bedienen. Sein
elaboriertes Konzept erhob die (bildungs)bürgerlichen Ideen von Kultur,
Vernunft und Leistung zu Leitwerten. Der Mensch sollte sich von Unwissenheit, Abhängigkeit und Bevormundung, von Aberglauben, Vorurteilen und Irrtümern aller Art befreien. Moses Mendelssohn trennte in
seiner Antwort auf die gleiche Preisfrage zwischen «Kultur» und «Aufklärung» als praktischer und theoretischer «Menschenbildung». Die
Aufklärung des Menschen betreffe alle Stände, während sich diejenige
des Bürgers auf dessen Ausbildung in Stand und Beruf beziehe. «Aufklären» bedeute, alle Kräfte des Menschen gemäß seinen Fähigkeiten zu
entwickeln und zu verfeinern, so dass er ein selbst bestimmtes Leben in
seinem Milieu führen könne.[352]

Der Mainzer Jakobiner Georg Wedekind forderte praxisnah «die vernünftige Erkenntnis aller derjenigen Dinge, welche ohne Rücksicht auf unsern besondern Beruf oder Metier zu unserer Glückseligkeit unentbehrlich sind».[353] Der Berliner Prediger Andreas Riem ging ebenfalls vom Menschen aus: «Jede Entwicklung seiner Kräfte, jede Berichtigung seiner Ideen, jede Verfeinerung seiner Kenntniße, und jede Vervollkommnung seiner Fähigkeiten, ist Aufklärung.»[354] Der Jenaer Philosoph Carl Leonhard Reinhold fasste die Debatte zusammen: «aus vernunftfähigen vernünftige Menschen machen».[355] Und der Pädagoge Campe wollte die Pfarrer nicht zu Schultheologen, sondern zu Aufklärern über die im Wirkungskreis der Bauern vorhandenen Dinge ausbilden, damit sie als Lehrer und Vorbild wirken könnten.[356] Allerdings büßten die Pfarrer im 18. Jahrhundert ihr Deutungsmonopol ein, weil sich auch andere über aufklärerische Diesseitsorientierung lesend informieren konnten. Die «Umformung des christlichen Denkens»[357] und die Orientierung des Glaubens an der Lebenspraxis drängten die konfessionellen Polemiken zurück und führten zu einer Individualisierung des Glaubensaktes. Die Kanzel wurde zwar zum «Katheder der Aufklärung»[358], doch die Theologen konnten das wissenschaftlich-empirische Bild der Welt nicht länger ignorieren. Johann August Eberhard unterschied 1789 zwischen wahrer und falscher Aufklärung: «Wer sich bloß durch Gründe der Vernunft und der Erfahrung bestimmen läßt, Lehrwahrheiten, und durch vernünftigen Glauben, Geschichtswahrheiten anzunehmen oder zu verwerfen, sie mögen übrigens neu oder alt seyn, dessen Aufklärung ist eine wahre, wer seine Ansprüche auf andere Gründe baut, welche es seyn mögen, dessen Aufklärung ist eine falsche, angemaßte.»[359] Als «Selbstthätigkeit und Freyheit von jeder fremden Meynung» kennzeichnete Johann Adam Bergk die Aufklärung, die als «der freie selbstthätige Gebrauch aller unsrer Anlagen und Kräfte im Denken und Thun» zu bezeichnen sei.[360] Johann Christoph Greiling wandte sich entschieden gegen die pädagogische Auffassung, der Mensch könne von anderen aufgeklärt oder sittlich verbessert werden. Dies müsse jeder selbst tun, bei anderen könne man nur «die Selbstthätigkeit» anregen.[361]

Die Forderung nach Autonomie und Mündigkeit einte die deutschen Aufklärer ebenso wie ihre Auffassung, die Menschen müssten zur Selbstbefreiung angeleitet werden. Im Gegensatz zu den atheistischen französischen Aufklärern kamen die deutschen aber immer wieder auf die «Gottesfrage» und das Zusammenspiel von Offenbarung und Vernunft zurück. Der Wolff-Schüler Sigmund Jakob Baumgarten hatte die historisch-exegetische englische Bibelforschung in Deutschland bekannt gemacht und die philologisch-kritische Methode selbst weiter verfeinert. Sein Schüler und Kollege Johann Salomo Semler wurde zum führenden deutschen Kopf einer Bibelkritik, die in erster Linie die immer gültigen

Grundwahrheiten der christlichen Religion retten wollte. Um die inneren Widersprüche der Bibel aufzulösen, trennte er zwischen dem Wort Gottes und dem zeitbedingten Beiwerk und entschied im «Geist Christi» über die Verbindlichkeit einzelner Bibelstellen.[362] Im Zuge der kritischen Bibelexegese verwarf schließlich Wilhelm Abraham Teller in seinem 1770 erschienenen «Wörterbuch des neuen Testaments zur Erklärung der christlichen Lehre» alles, was mit dem Verstand nicht zu erklären war.[363] Bereits im Zeichen der religiösen Verhärtungen nach dem Tode König Friedrichs II. fasste der Berliner Prediger und Populäraufklärer Daniel Jenisch das Problem aus seiner Sicht zusammen: «Alle geoffenbarte Religion ist nichts anders, als Einkleidung der großen und erhabenen Wahrheiten der natürlichen Religion, von Gott, seinem durch die Gesetze der Sittenlehre erklärten heiligen Willen, und einem Leben nach dem Tode, in die Begriffe und Vorstellungsarten gewisser Völker und gewisser Zeiten.»[364] Lessing relativierte in «Nathan der Weise» (1779) und in seiner «Erziehung des Menschengeschlechts» (1780) das Christentum nachhaltig, wenn die trotz ihrer unterschiedlichen Religionen zu einer Familie verbundenen Menschen aus bloßer Vernunft das Gute nur um des Guten willen tun – mithin die Einheit in der Vielheit leben. 1785 löste Friedrich Heinrich Jacobi mit seinem Briefen an Moses Mendelssohn den «Pantheismusstreit» aus, der in den folgenden Jahren die deutschen Gemüter beschäftigte. Im Hintergrund der Debatte stand neben Spinoza auch der mittlerweile verstorbene Lessing. Gestritten wurde darüber, ob das Bekenntnis zum Pantheismus notwendig zur Ablehnung jeder Religion führe.[365]

Das Kirchenvolk wusste mit diesem Streit wie auch mit der Bibelkritik wenig anzufangen. Die Kluft zwischen der «vernünftigen» Theologie und dem Glauben des Volkes wurde tiefer. Wenn die Pfarrer die kirchliche Überlieferung historisierten und neologische Positionen verkündeten, säten sie vor allem Zweifel und Unglauben. Friedrich Nicolai hielt das Publikum für weniger tolerant als die protestantischen Geistlichen: Der «berlinische Pöbel» war seines Erachtens jederzeit bereit, aufgeklärten Theologen die Scheiben einzuwerfen.[366] Reformorientierte Pfarrer hatten häufig schwierige Balanceakte zu bestehen. Sie wollten erziehen, durften ihre Gemeinden aber nicht überfordern, zumal die Regierungen Ruhe und Ordnung wünschten und von religiösen Aufwallungen und Tumulten verschont bleiben wollten.

Einige der auch in Deutschland rezipierten französischen Aufklärer beschuldigten die Kirche, die Menschen bewusst in Dummheit zu halten. Baron d'Holbach hielt Gott für einen sinnlosen Begriff.[367] Er wollte die im Wirken von Teufeln, Hexen und Engeln kulminierenden religiösen Erklärungsmuster durch eine strikte Ausrichtung an den Naturgesetzen ablösen. Voltaire und Diderot erregten sich über biblische Mythen und die Macht einer korrupten Kirche, die Ketzer oder Hexen verbrenne, im Namen Gottes Kriege führe und die Menschen in Abhängigkeit halte, um ihre Selbständigkeit zu verhindern. Während der Schotte David Hume sogar dem Axiom widersprach, die Schöpfung sei ein Beweis der Existenz Gottes, erschien es den deutschen Aufklärern wenig opportun, Gott abzuschaffen: Zum einen wäre die Welt dann zufällig entstanden, und zum anderen hätte ein moralisches Disziplinierungsmittel gefehlt, um die Masse zu sittlichem Verhalten anzuhalten. Für den schwäbischen Pietisten Friedrich Carl von Moser war jede Aufklärung, «die sich nicht auf Religion gründet und stützt […], die den Menschen seinem eigenen Willen, Dünkel und Leidenschaften überliefert […] nicht nur der Weg zu Verderbnis, Sittenlosigkeit und Lastern, sondern auch zur Auflösung und Zertrümmerung aller bürgerlichen Gesellschaft».[368]

Selbst Voltaire glaubte, einen vernünftigen und wohlmeinenden Gott erfinden zu müssen, wenn es ihn nicht schon gäbe.[369] Er sollte als Schöpfer des Universums und als Garant von Sittlichkeit und Gerechtigkeit verehrt werden, weil sonst niemand den Menschen daran hindern könne, ungestraft böse zu sein. Daran erinnerte Wieland, als er 1788 seinen Text über das Philosophieren in Glaubenssachen mit der Warnung beendete, «dass gegen einen Menschen, der der Religion ohne Nachtheil seiner Moralität und Gemüthsruhe entbehren kann, zehntausend sind, die, wenn sie auch ihren edelsten Zweck an ihnen verfehlt, doch ohne den Zaun, den sie ihnen anlegt, schlimmer, und ohne die Hoffnung, so sie ihnen giebt, unglücklicher seyn würden als sie sind».[370] Justi hatte hingegen 1759 gemutmaßt, dass Gott nicht gebraucht werde, um den Pöbel von einer Erhebung abzuhalten, weil dieser viel zu fraktioniert für planmäßiges Handeln sei.[371] Die Idee eines «vernünftigen» Glaubens für die Elite und eines an die Gefühle appellierenden für das einfache Volk schien die freilich selten in dieser Deutlichkeit ausgesprochene Konsequenz einer Aufklärungstheologie zu sein, die sich ihrer Inhalte nicht mehr sicher war. Während die Orthodoxie die traditionellen Lehren verteidigte und wie die Pietisten die Gläubigen erreichte, stellten die verschiedenen Formen einer vernünftigen Religion konfessionell geprägte Glaubenssätze zugunsten einer von menschlichen Zusätzen gereinigten Universalreligion in Frage.[372]

Dieses Gottesverständnis bot allerdings nicht die spirituelle Befriedigung, nach der auch Teile der aufgeklärten Elite suchten. Johann Christoph Adelung behauptete deswegen 1785, man habe die «Gegenstände des Glaubens aus der Religion weg vernünftelt; daher der menschliche Geist, dem der Glaube allemal ein Bedürfnis ist, sich neue sucht, sollte er sie auch in der Geisterseherey, im Goldmachen, in philosophischer Schwärmerey, in der Seelenwanderung, Theosophie, Pantheismus, und was weiß ich wo sonst finden».[373] Scheinbar befriedigte das Arkanum der

Geheimgesellschaften die geistlich-spirituellen Bedürfnisse derjenigen, die der Vernunftreligion anhingen. Diese wurde auch als «Religion der Klugen» oder als «Hofphilosophie» bezeichnet.[374] Die Frühromantiker kritisierten offen, dass die Religion als «ein leeres, abgeschmacktes Phantom verworfen» worden sei, um aus ihr eine «Klugheitslehre in Bezug auf ein etwaiges künftiges Leben» zu machen.[375] Der eindimensionale Verstand geriet unter den Druck des Zusammenspiels von Vernunft und Gefühl. Wenn die Aufklärung die Schönheit der Natur in kalten Gesetzmäßigkeiten auflöste, wie konnten dann noch Empfindungen entwickelt werden? Albrecht von Haller hatte diesen Rationalismus schon 1729 zurückgewiesen: «Und hier [in den Alpen, G. S.] hat die Natur die Lehre, recht zu leben,/Dem Menschen in das Herz und nicht ins Hirn gegeben».[376] Wenn ohnehin Anarchie und Individualismus drohten, wie ließ sich der Mensch dazu bewegen, eine produktive Rolle in der Gesellschaft zu spielen? Die Kritik wurde radikaler, weil eine in Skeptizismus endende Aufklärung dem Menschen keine Werte bieten konnte. Mit neuen Vorgaben sollte dem Individuum die Chance zum «Selbst» offen gehalten werden.[377] Zahlreiche Aufklärer transzendierten daraufhin den «Wandel durch Vernunft» in neue Sphären wie diejenige der Literatur oder Kunst. Gegen die platte und seichte Verstandeskultur, die das Zeitalter bilden und die Menschen aufklären wolle «bis zur leidigen Durchsichtigkeit»[378], schufen sie ein säkulares Heiliges und setzten zudem auf neue Mythen. Die ältere Aufklärung hatte ihres Erachtens den Nutzen überbetont und alles andere als Schwärmerei oder Überspannung abgelehnt. Alle Menschen sollten «in das Joch gewisser bürgerlicher Pflichten gespannt werden [...], und zwar nicht aus Patriotismus und Liebe, sondern um den Acker des Staats wie Zugvieh zu pflügen und die Bevölkerung zu befördern».[379] Dagegen betonten die Frühromantiker, wie schon Friedrich Schiller oder Wilhelm von Humboldt, die Autonomie der Kunst als (selbst)bildende ästhetische Erfahrung.[380] Sie wollten Empfindungen und Vorstellungskraft des Menschen stimulieren, um ihm ein Leben gemäß den sittlichen und vernünftigen Normen zu ermöglichen. Die Romantiker klammerten die Religion, das Heilige und das Unendliche nicht aus, sondern betonten den Zauber, um die tiefe Kluft zwischen der Verstandesaufklärung und den oktroyierten Reformen einerseits sowie den religiösen Vorstellungen im Volk zu überbrücken. Sie hoben zugleich das autonome Subjekt und den freien Willen hervor und gaben damit der Debatte um Gott und die Glaubensfrage eine neue, zeitgemäße Form.

Mit der einsetzenden Kritik an der bloßen Verstandesherrschaft in den 1780er Jahren endete nicht etwa die Aufklärung, sondern sie erreichte lediglich ein deutlich höheres Reflexionsniveau. Kant, die Klassiker oder die Frühromantiker waren Aufklärer, obwohl sie bestimmte

Entwicklungen heftig kritisierten. Roy Porter hat von einer zweiten Aufklärung in England gesprochen[381], eine Begriffsbildung, die den Epochenzusammenhang betont und dennoch die Unterschiede markiert.[382] Die Frage nach dem Ende der Aufklärung war damals wichtig, weil sich die Gemüter am Terror der Französischen Revolution erhitzten, und sie ist es bis heute geblieben: War die Aufklärung eine abgeschlossene Epoche, die zurück in die Barbarei führt, oder besitzt sie eine Zukunft? Es waren nicht zuletzt die deutschen Debatten im Umfeld von Klassik, Romantik und Idealismus, die dem «Wandel durch Vernunft» einen Weg aus dieser Krise wiesen.

Der zeitgenössische Vorwurf, die Aufklärung habe Gott abgedrängt und die Französische Revolution ausgelöst, ließ 1794 den Kantschüler Johann Heinrich Tieftrunk behaupten, man lebe in einem Jahrhundert der Aufklärung, aber auch in einem solchen der Revolution. Entscheidend sei, ob die Aufklärung den Frieden unterminiere.[383] Johann Adam Bergk nannte es einen «ehrenvollen Vorwurf», dass die Aufklärung Revolutionen hervorrufe. Die Schriftsteller seien verpflichtet, den Menschen aufzuklären und zur Erkenntnis zu führen. «Und hat die Aufklärung einmal unter einer Nation Wurzel gefasst, so ist es leichter das Menschengeschlecht zu vertilgen als die Aufklärung.» Wenn die Nation diese «Kraft, Ausdauer und Stärke» gewonnen habe, werde sie jeden Eingriff in die Menschenrechte für pflichtwidrig erklären: «Keine andere Einschränkung des sinnlichen Genusses, keine andern Vorschriften, die der Denkkraft Grenzen setzen wollen, als unter den Schranken des äußern Rechts – der Selbständigkeit, Freyheit und Gleichheit – wird geduldet.» Eine Regierung könne dies nur verhindern, wenn sie «immer auf den allgemeinen Willen der Nation» achte.[384]

Der Begriff «Aufklärung» war in den 1780er Jahren unterschiedlich bestimmt, und es wurde auch schon über dessen Fortfall diskutiert.[385] 1792 empfahl der Weimarer Großverleger Friedrich Justin Bertuch, dieses «Mode-Wort», das zum «Losungs-Wort des Partheygeistes» geworden sei, vorerst nicht mehr zu gebrauchen. Stattdessen sollte von «gesunder Vernunft» gesprochen werden, weil diese Losung nicht als Aufforderung zum Umsturz missverstanden werden könne. Aufklärung sei weder «Gelehrsamkeit» noch «Verfeinerung unserer Empfindung und Einbildungskraft», weder «Neuerungssucht» noch «Empörungsgeist», sondern «richtige Einsicht der wahren Verhältnisse der Dinge zu unserer Bestimmung, und bey dem einzelnen Menschen, richtige Kenntniß seines persönlichen Wirkungskreises in seiner wahren Verbindung mit dem Ganzen, dessen Theil er ist».[386] Der Gothaer Publizist Rudolph Zacharias Becker widersprach: Aufklärung wolle die Wahrheit erkennen und sei daher nie abgeschlossen. Bertuch lenkte ein, weil die gesunde Vernunft nur das Resultat der Aufklärung sein könne.[387] Seine politischen Ideen gab er allerdings nicht auf:

«Wahre Aufklärung» und die «gesunde Vernunft» sollten als Basis der «Regierungs-Verfassung» und «Reichs-Constitution» gegen die «Französische Demokraten-Wuth in Teutschland» propagiert werden.[388] Frühe Kritiker wie Hegel sahen in der Aufklärung ein begrenztes und inzwischen erfolgreich abgeschlossenes Projekt, das mit kritischer Vernunft die religiösen Mythen verdrängt habe.[389] Aus der Historisierung der Aufklärung schmiedeten sie die Waffe gegen den «Despotismus der Vernunft»:[390] Wer eine aufgeklärte Welt aufklären wolle, bereite nur den Weg für Skeptizismus und Nihilismus, wenn nicht für Atheismus und Fatalismus.[391] Für einen konservativen Zeitgenossen bedeutete Aufklärung nur noch «Ketzerei, Freidenken, Jakobinismus; Verwerfung alles noch so ehrwürdigen Ansehens».[392]

Während die einen *die* Aufklärung für die Zerstörung der Ordnung und für alle Auswüchse verantwortlich machten, wollten andere die Aufklärung mit ihrem eigenen Mittel der Kritik fortentwickeln. Zu ihnen gehörte Johann Georg Hamann, der 1784 diejenigen schalt, die sich wie Friedrich II. oder Kant die Rolle eines Vormundes anmaßten: Sie gäben sich für sehend aus, seien aber blind, und besäßen entweder eine Armee oder rechtfertigende Argumente, um ihre Ordnung gegenüber denjenigen durchzusetzen, deren Eigenwille gebrochen werden solle. Drastisch sprach Hamann vom «Feyerabendkleid der Freyheit», das nichts nutze, wenn man den «Sclavenkittel» trage.[393] Die antirationalistischen Einwände Rousseaus wurden in Deutschland aufgegriffen: Friedrich Schlegel vereinnahmte den Genfer Philosophen später sogar für die «deutsche Schule».[394] Er beklagte wie andere Frühromantiker die «Entzauberung» der großen Mythen wie der biblischen Schöpfungsgeschichte. Um ein neues integrierendes Gemeinschaftsgefühl hervorzurufen, verklärten die Romantiker den «deutschen» Universalismus des Mittelalters und diffamierten die bisherige «Aufklärung» unter anderem als Siegeszug des «welschen» Geistes. Diesem fehle «der wahre sittliche Ernst, und hinter der Fassade weltbürgerlicher Zivilität und Toleranz verberge sich vaterlands- und standpunktloser Relativismus».[395] Die Frühromantiker wollten damit jedoch ebensowenig wie etwa Herder, Hamann, Möser, Schiller, Hegel oder Schleiermacher die Aufklärung insgesamt in Frage stellen. Ihre bohrende Kritik richtete sich gegen das profane Nützlichkeitsdenken und die Absolutsetzung einer abstrakten *ratio* «im Namen eines höheren Lichts, von dem die Aufklärung der Vernunft nur wie das Mondlicht eine Abschattung ist».[396] Selbst die meist eindeutige «Berlinische Monatsschrift» druckte unmittelbar vor Kants Aufklärungsaufsatz eine gereimte Fabel, in der ein Affe einen Hain anzündet, sich über die Helligkeit freut und erklärt, er könne «Nacht in Tag» verwandeln. Seine Brüder loben ihn, denn «er hat die Gegend aufgeklärt».[397]

Die Aufklärung kannte um 1800 viele Wege und Wahrheiten. Sie war

plural geworden. Rationalität und Empfindsamkeit, Vernunft und Gottvertrauen schlossen sich nicht länger aus. Diese Pluralität setzte sich
nicht zufällig in einem multikonfessionellen Land wie Deutschland
durch, in dem viele Menschen trotz ihres von der Mehrheit abweichenden
Glaubens in Frieden mit ihren Nachbarn lebten. In Deutschland fehlten
radikale Stimmen, weil manches von dem verwirklicht war, was andernorts lediglich angestrebt wurde. Allerdings standen Toleranz und Dul-
dungen im Dienste des Gemeinwesens und des Gemeinwohls. Kant hat
dies herausgestellt: «Was den Staat in Religionsdingen allein interessieren
darf, ist: wozu die Lehrer derselben anzuhalten sind, damit er nützliche
Bürger, gute Soldaten und überhaupt getreue Untertanen habe.»[398] Toleranz war das staatliche Gütesiegel, das Nutzen in Form von Einwanderungen, mehr Rekruten und Steuern versprach. In Preußen unterschied
die Gesetzgebung 1788 und 1794 zwischen den geduldeten Konfessionen
und anderen Religionsgesellschaften. Wer lizenziert werden wollte,
musste sich anmelden und nachweisen, dass er staatsgemäß lehrte.[399] Dagegen wollte der Philanthrop Johann Bernhard Basedow schon 1766 auf
die Vernunft der Freiheit vertrauen: «Sobald eine vollkommene bürgerliche Toleranz in einem Lande zu herrschen anfängt, wird alles Fehler-
hafte in der kirchlichen Toleranz nach und nach von selbst aufhören.»
Selbst Atheisten dürfe die «politische Toleranz» nicht verwehrt werden,
sofern sie die «Heiligthümer ihres Publici mit Scherz und Spott nicht
verunehren».[400]

   Im Gegensatz zu Preußen beharrten die meisten kleineren Fürstentümer auf der Landeskonfession, duldeten jedoch Andersgläubige. Beispielsweise hielt der religiös desinteressierte Herzog Carl August in
Sachsen-Weimar-Eisenach am integrierenden Luthertum fest.[401] In seiner Regierungszeit wurden 39 Kirchen neu gebaut, andere renoviert.[402]
Der regelmäßige Kirchgang war nur bei den Eliten nicht mehr selbstverständlich. Der Oberhofprediger Herder klagte 1794, dass «viele der obe-
ren Stände [...], dem öffentlichen Bekenntnis der Religion ganz entsagt
haben».[403] Der Herzog und sein engster Vertrauter Goethe gingen selten
in die Kirche. Sie wollten die ihrer Meinung nach entleerte Religion
durch Betroffenheit, nicht wie die Deisten durch «Vernünftigmachen»
der Dogmen, zu neuem Leben erwecken.[404] Carl August kommentierte
1787 Karl Ludwig von Knebels Problem – «Götter zu glauben oder zu
leugnen» – mit dem Verweis auf Wielands Lucian, «wo ein Stoiker einem
Epikureer beweist, daß es Götter geben müßte, weil doch Altäre vorhanden wären [...] Ein neuer Beweis für das Dafür wird diese Woche gegeben werden, indem der Hof communicirt, [das Abendmahl nimmt, G. S.]
und würde dieses wohl geschehen, wenn keine Götter wären?»[405] Bloße
Konventionen dienten hier als Glaubensbeweise, zudem sprach Carl August noch pantheistisch von «Göttern». Herder, der die Kritik am ortho-

doxen Luthertum teilte, erinnerte seinen Herzog jedoch 1783 kirchenöf-
fentlich daran, dass es die Religion sei, die «das Leben und die Regierung
der Fürsten sichert, die ihre Person und Würde heiligt, die allen Pflichten
ihrer Unterthanen unzerstörbare Vestigkeit und Einheit gewähret».[406]
Unter Aufklärern war unstrittig, dass der Staat seinen Bürgern und
Untertanen keine religiösen Vorschriften machen dürfe, wenn sie ihren
staatsrechtlichen Pflichten nachkamen. Toleranz sollte keine Gnade sein,
sondern wurde als eine Bringschuld des Staates verstanden. Jeder Gewissenszwang war Tyrannei. August Wilhelm Schlegel wandte dagegen 1803
ein, dass Toleranz als Gesinnung «bloß verkleideter Indifferentismus»
sei.[407] Öffentlich gefragt wurde aber auch, wie man mit religiösen Gruppen umgehen solle, die «die Sicherheit des Stats beeinträchtigten» oder
die religiöse Handlungen ausübten, durch die sich andere belästigt fühlten? Erst wenn eine Gesellschaft prinzipiell jede Religion toleriere, durfte
es ihr nach Meinung eines anonymen Autors nicht verwehrt werden, zu
ihrem eigenen Schutz vernünftige Einschränkungen zu erlassen.[408]
      Die Debatte über die religiöse Toleranz induzierte diejenige über die
politische Meinungsfreiheit und rechtliche Gleichstellung. Doch ob Bettler, fahrendes Volk oder Prostituierte geduldet wurden, hing von vielen
Variablen wie der Herkunft, der körperlichen Verfassung der Betroffenen
oder dem normsetzenden Staat ab. Die Forderung nach Toleranz spiegelt
das humanitär-homogenisierende Potential der unteilbaren Vernunft.
Ordnungen und Gewohnheiten, die dem Postulat des von Natur her gleichen Menschen widersprachen, wurden auf hohem Reflexionsniveau in
Frage gestellt, ohne den Bezug zur Wirklichkeit einzubüßen. Dabei wiesen um 1800 viele Entwicklungslinien auf Gewissensfreiheit, Rechtsgleichheit, Eigentumssicherheit und die Überwindung der ständischen
Gesellschafts- und Herrschaftsverfassung.

c) Geschichte als Garant des Fortschritts

Die Aufklärer waren überzeugt, dass sich der Mensch vernünftige Ziele
setzen und diese verwirklichen könne. Dieser Zukunftsoptimismus ließ
sich freilich nur retrospektiv durch allgemeine Regeln und Wahrschein-
lichkeiten beglaubigen. Hatte die Historiographie bisher den göttlichen
Heilsplan mit positiven oder negativen Exempla bestätigt, rückte sie im
18. Jahrhundert die Geschichte des denkenden, handelnden und sich entscheidenden Menschen in den Mittelpunkt. Die Vergangenheit wurde
gemäß aktuellen Interessen und Bedürfnissen interpretiert, um mit der
Geschichte so unterschiedliche Dinge wie den «Sieg der Vernunft», die
«Wahrheit» der Kritik am Offenbarungsglauben oder die kosmopolitische Zukunft zu belegen.[409] Die Doppelbedeutung von Geschichte als
vergangenem Geschehen und den Erzählungen darüber wurde als zu-

sammengehörig erkannt.[410] Der Kollektivsingular «die Historie» bzw. «die Geschichte» war zwar bereits vor der Aufklärungsepoche bekannt[411], wurde nun aber zum Signum des autonomen Subjekts, das mit der Gegenwart auch die Vergangenheit gestaltete.

Die Aufklärer wurden «produktiv», indem sie in ihren Texten festlegten, «was, wann, wie als wirklich angesehen werden konnte».[412] Das Insistieren auf den «Wandel durch Vernunft» machte aus der göttlichen Ordnung, die dem Menschen nur die Wahl zwischen Vollzug und «Sündig-Werden» ließ, eine von diesem selbst zu gestaltende Welt. Die Lebenspraxis entzog sich dem alleinigen Maßstab der Bibel, denn sie war komplizierter als die dichotomische Unterscheidung von gut und böse. Um sich selbst die richtigen Ziele zu setzen und Überkommenes von Zukunftsträchtigem zu trennen, musste der Mensch seine Freiheit verantwortungsbewusst nutzen. Die Auflösung der älteren Formen und Normen durfte allerdings nicht zum Verlust aller Bindungen führen. Auch die oft beschworene Mannigfaltigkeit kannte Grenzen und Gesetze. Wenn nicht Gott, dann konnte nur die Geschichte dem Menschen Maßstab sein und ihn zu sittlichem Verhalten anleiten.

1718 hatte es Julius Bernhard von Rohr noch für illusorisch gehalten, aus der Geschichte etwas zu lernen, denn sie enthalte viel «Unnützes» und müsse wie ein Kehrichthaufen auf der Suche nach einer Stecknadel durchwühlt werden, um etwas Vernünftiges zu finden. Der «Professor Historiarum» solle die «Historiam Patriam des Landes» verfertigen und die «Historie von Teutschland» vortragen.[413] Die Aneinanderreihung des Einzelnen war das Ganze. Carl Renatus Hausen lehnte es deswegen noch 1766 ab, die Historie als Wissenschaft zu bezeichnen, denn sie biete nur Begebenheiten, keine allgemeinen Grundsätze.[414]

Thomasius hatte allerdings die Gegenwart zur Richtschnur der Vergangenheit gemacht, denn der Mensch könne nur verstehen, was er begriffen habe und erinnere. Folglich hatten sich «das Vergangene und Zukünftige nach dem Gegenwärtigen» zu richten.[415] Die Geschichte wurde als Raum menschlicher Erfahrungen von der Gegenwart befragt und selbst gegen eindeutige Aussagen der biblischen Chronologie neu vermessen. Plausibilität und Richtigkeit ergaben sich erst aus der sinnstiftenden kausalen Verknüpfung des Erzählten. Diese produktiven «Geschichtserzählungen» konstruierten und differenzierten zwischen den Ereignissen und den Berichten darüber. Die Historie sollte das vergangene Geschehen gewichten und begreifbar machen.

Die Geschichte der Menschheit wurde mit Hilfe der kritisch-philologischen Methode neu bewertet. Dabei wurde die biblische Erzählung, das abendländische Geschichtsepos schlechthin, trotz aller Kritik im Einzelnen in ihrem Grundduktus bestätigt. Der 1750 im Zedler erschienene Artikel «Volck» bietet ein Beispiel für die «rationalisierte» Gleichzeitigkeit des Ungleichzeitigen. Ein Volk ist demnach eine konstituierte Einheit von Personen, die «sich zu Beförderung ihrer Wohlfahrt miteinander vereinigt und verbunden [haben, G. S.], oder sie sind von einem obern zusammengebracht worden». Da die Völker, «aus welchen die Republiquen zu entstehen pflegen», besonders hervorgehoben werden müssten, sei es die republikanische Konstituierung, die ein Volk von einer bloßen Masse unterscheide. Dann aber folgen lange Erwägungen über den Ursprung der ältesten Völker und deren Ableitung – «mit Recht und guten Gründen» – von den drei Söhnen Noahs. Für die sich verändernden Sitten und Gewohnheiten seien das Vorbild der Regenten, Klima, Erziehung, Abstammung und Kulturtransfers verantwortlich. Daraus folge, dass jedes Volk seine eigenen Rechte besitze und darüber frei verfügen könne. «Jedoch verstehet sich dieses alles nur von freyen Völckern». Sei ein Volk hingegen einem anderen oder einem Herrscher unterworfen, könnten diese alle «nöthigen und beliebigen Verordnungen» erlassen, nach denen sich «jene, als ihre Unterthanen, nothwendig» richten müssten.[416] Der Gesellschaftsvertrag wird zum Muster ohne Wert: Es zählt die gemeinsame Abstammung.

Der Zedlerartikel bietet einen enzyklopädischen Überblick ohne kohärentes Gesamtbild. Das bloße Aneinanderreihen eklektischen Wissens über die Vergangenheit wurde erst in der zweiten Hälfte des 18. Jahrhunderts überwunden. Nun schieden die Wissenschaften «Religion von Aberglauben, Christentum von Mönchswesen, Gottesoffenbarung von Pfaffenlügen».[417] Die Kirchengeschichte wurde Teil der allgemeinen Weltgeschichte[418], und diese zum festen Bestandteil des Bildungskanons. Johann Christoph Gatterer hatte 1765 behauptet: «Die Universalhistorie und die Geschichte des Vaterlandes» seien das Mittel, um «sich vom Pöbel [zu] unterscheiden».[419] Nachdem 1752 Johann Martin Chladenius den «Sehepunkt» als perspektivische Gebundenheit der Quellen eingeführt hatte[420], wurde die Vermittlung zwischen Standortabhängigkeit und objektiver Erkenntnis zum zentralen Problem. Schiller betonte schließlich im Anschluss an Überlegungen Kants, dass die Sinngebung im Kopf des Historikers erfolge: Indem er die Fakten «durch künstliche Bindungsglieder verkettet, erhebt er das Aggregat zum System, zu einem vernunftmäßig zusammenhängenden Ganzen».[421] Der zur Freiheit fortschreitende Prozess könne daher nur von der Gegenwart als seiner am höchsten entwickelten Form gedeutet werden, müsse jedoch chronologisch erzählt werden. Den Entwicklungsgesetzen der Menschheit sei nur auf die Spur zu kommen, wenn das Erzählte auf den Gang der Weltgeschichte bezogen und das «sonst planlose Aggregat menschlicher Handlungen» in ein vernünftiges System gebracht werde.[422] Zukunft war für diejenigen gestaltbar, die über das empirisch erfasste Einzelne hinaus die Relation zum Ganzen im Auge behielten.

Die neue Universalgeschichte verknüpfte das vergangene Geschehen methodisch mit der Gegenwart und löste damit den Emanzipationsprozess der Historie als eigenständiger Wissenschaftsdisziplin aus. «Weltgeschichte studieren heißt die HauptVeränderungen der Erde und des MenschenGeschlechts im Zusammenhange denken, um den heutigen Zustand von beiden aus Gründen zu erkennen.»[423] Die Forderung, dass der Historiker nur Sachverhalte darzustellen, sie aber nicht zu bewerten habe, gehörte der Vergangenheit an. Die Methodik der Universalgeschichte sollte das Publikum bilden, es zu analogischem Denken erziehen und seine moralische Urteilsfähigkeit stärken.[424] Den Leser mit vergangenem Geschehen zu selbständigen Einsichten zu führen, war vergleichsweise risikolos. Historischer Despotismus und zurückliegende Revolutionen mussten den Zensor selten fürchten. Schlözer forderte daher, Geschichte so zu schreiben, dass der Leser die Aussagen «im ganzen Zusammenhang behalte».[425]

Die universalhistorische Geschichtsschreibung reicht von Gottfried Arnold und seiner «Unpartheyliche[n] Kirchen- und Ketzerhistorie» bis zu Carl von Rottecks Weltgeschichte, von Justus Mösers «Osnabrücker Geschichte» bis zu Arnold Hermann Ludwig Heerens «Geschichte des europäischen Staatensystems und seiner Kolonien». Die Universalhistoriker arbeiteten quellenorientiert, empirisch und typologisch, verknüpften geistige, politische und soziale Phänomene in allen Kulturräumen und erzählten mit dem Ziel, den zivilisatorischen Fortschritt zu demonstrieren. Ihre Erkenntnisse basierten auf einer kritisch geprüften, Ursachen und Folgen verknüpfenden Wahrscheinlichkeit. Der Berliner Aufklärer Nicolai lobte Voltaire für seine Geschichte der Menschen, da diese nicht nur eine der Regenten sei. Spätere Historiker haben Voltaire hingegen getadelt, seine Darstellungen als literarische Kunstwerke fern der Diplomatie- und Militärgeschichte und auch nicht immer detailgetreu verfasst zu haben.[426]

Die Universalgeschichte hatte einen breiten kulturhistorischen Zugriff. Thematisiert wurden alle denkbaren Gegenstandsbereiche wie fremde Länder und Völker, Sozial-, Mentalitäts-, Kultur- und Reichshistorie, die Geschichte des weiblichen Geschlechts oder die Einführung des Tabaks.[427] Der große Reichtum historischer Erfahrung ließ sich sowohl an fremden Kulturen als auch an der Entwicklung des eigenen Landes illustrieren. Die Universalgeschichte wollte nicht primär die Entwicklung der ganzen Welt nachzeichnen, sondern die Gegenwart als einen durch Denken und Handeln geschaffenen Zustand, als die beste aller Vergangenheiten glaubhaft und dadurch eine bessere Zukunft wahrscheinlich machen. Die Aufklärungshistorie unterwarf sich daher bewusst dem poetologischen Gebot, sinnstiftende Einheiten zu konstruieren.[428] Gestritten wurde über das Maß der literarischen Ausgestaltung.

Lessing hatte 1759 noch geklagt, den Historikern fehle es an Geschick, «ihrem Stoff eine Gestalt zu erteilen». Schiller wurde später für seinen literarischen Stil getadelt. Zwischen beiden steht Winckelmann, der in Deutschland angeblich als erster «die Kluft zwischen Geschichte und Ästhetik» überwand.[429]

Isaak Iselin sah den «roten Faden» der Universalgeschichte im «Fortgang der Menschheit von der äußersten Einfalt zu einem immer höhern Grade von Licht und von Wohlstande.»[430] Er unterschied drei historische Entwicklungsstufen: die Epoche der Sinnlichkeit im alten Orient, diejenige der Einbildungskraft und der Liebe zum Schönen und Großen im griechischen und römischen Altertum sowie diejenige der Vernunft, die ausgangs des 17. Jahrhunderts begonnen habe. Sobald Sinne und Einbildungskraft regierten, breche das goldene Weltalter an.[431] Weil wahre Menschlichkeit erst erreicht sei, wenn kein Unterschied zwischen den Nationen mehr gemacht werde, verwahrte sich Iselin gegen jede Form des nationalen Patriotismus. Dies blieb nicht unwidersprochen. Möser formulierte beispielsweise einen konstruktivistischen Imperativ für die deutsche Geschichte: «So lange wir aber den Plan unserer Geschichte auf diese oder auf eine andere Art nicht zur Einheit erheben, wird dieselbe immer einer Schlange gleichen, die in hundert Stücke zerpeitscht, jeden Teil ihres Körpers [...] mit sich fortschleppt.»[432]

Die Fortschrittsperspektive organisierte das vergangene Geschehen, der hermeneutische Zirkel wurde zur Methode historischer Erkenntnis. Die subjektive und wertende Seite der Narrationen schien jedoch dadurch objektiviert, dass es keinen vernünftigen Zweifel am Fortschritt geben konnte. Um dies zu beweisen, mussten freiheitliche, humanitäre und weltbürgerliche Strukturen oder Absichten im vergangenen Geschehen entdeckt werden. In diesem Sinne entwarf Schiller unmittelbar vor dem Ausbruch der Französischen Revolution in seiner Antrittsvorlesung ein überaus optimistisches Bild der eigenen Zeit: «Die Schranken sind durchbrochen, welche Staaten und Nationen in feindseligem Egoismus absonderten. Alle denkenden Köpfe verknüpft jetzt ein weltbürgerliches Band.»[433] Es existiere – so Schiller ein Jahr später – das kostbare Gut der «Menschenfreiheit», das «an Wert zunimmt, je größer die Anzahl derer wird, die es mit uns teilen».[434] Die für die Kulturblüte notwendige Ruhe und Ordnung, die in der Antike noch mit despotischer Unterdrückung erkauft worden sei, werde nun von den selbst gegebenen und daher vernünftigen Gesetzen hergestellt, denen die Menschen freiwillig folgten.

Schiller konstruierte den Dreißigjährigen Krieg als Kampf für die deutsche und die europäische Freiheit gegen die angeblich drohende habsburgische Universalmonarchie und für ein Staateneuropa auf der Basis friedlicher Koexistenz.[435] Gezeigt wird, wie die Altvordern litten, um die politische Freiheit zu sichern oder zu erringen. Wenn zur gleichen

Zeit aus katholischer Perspektive und für die Romantiker richtungweisend Michael Ignaz Schmidt den Höhepunkt der deutschen «Nationalglückseligkeit» ins Mittelalter verlegte, war dies nicht Nostalgie, sondern eine Aufforderung zum Vergleich.[436] Der Göttinger Publizist und Historiker Christoph Meiners nahm den «Vergleich» mit dem Mittelalter bereits in den Titel eines Buches auf.[437] Auch Historiker wie Johannes Müller oder Ludwig Timotheus Spittler wollten nicht mehr nur despotische Herrschaftsformen zurückweisen. Sie schilderten historische Auseinandersetzungen, um die Ziele zu propagieren, denen sie sich als Aufklärer verbunden fühlten. Und sie machten deutlich, dass die Menschen ihre Entscheidungsmöglichkeiten genutzt hatten.

Ein 1803 anonym publizierter Text zeigt, auf welchem Reflexionsniveau die Universalgeschichte argumentierte. Der Autor behandelt die Frage, ob der Reichsdeputationshauptschluss die Verfassung umstoße oder modifiziere, und beginnt methodisch: Jede Geschichtsschreibung wolle die Gegenwart «als ein nothwendiges Resultat der Vergangenheit» darstellen. Die bloße Schilderung von Begebenheiten reiche nicht aus. Geschichte müsse «also durch etwas Höheres, von aller Erfahrung unabhängiges begründet seyn». In seinem Fall sei dies die Idee einer vollendeten Staatsverfassung gemäß dem Naturrecht.[438] Der Einwand, auf diese Weise werde das in die Geschichte hineingelegt, was man in ihr suche, verfange nicht. Er sei nur dann richtig, wenn das so gewonnene Ergebnis «falsch» und die Darstellung nicht zeige, «dass die Bildung unseres Staatskörpers [...] ein beständiger Kampf zwischen Individualitäten, und einer dieselben vernichtenden Universalität» gewesen sei. Erst dieser Konflikt habe das vermittelnde Gleichgewicht entstehen lassen, das die Staaten heute auszeichne. Die deutsche Geschichte illustriere Gestaltungsmöglichkeiten: «Politische Freiheit und Geistesfreiheit mußten errungen werden. Der Despotismus des Kaisers mußte gebrochen, und seine Macht gesetzlich bestimmt werden [...], wenn die Freiheit der Teutschen Constitution auf immer gesichert werden sollte.» Beides sei mit dem Dreißigjährigen Krieg und dem Westfälischen Frieden, dem «größte[n] diplomatische[n] Meisterstück», gelungen. «Teutschland» sei nun «ein aus mehrern Staatenvereinen bestehender Staat, dessen Verfassung auf dem Verhältniß der einzelnen Länder zu der gemeinsamen, unter einem Oberhaupt vereinigten Reichsgewalt beruht.» Die Länder könnten als dem Reich unterworfene oder als unabhängige Staaten betrachtet werden. Der Reichsdeputationshauptschluss habe dieses Grundverhältnis lediglich modifiziert.

Zum vollendeten Charakter der deutschen Verfassung zählte der Autor zudem «die Freiheit der Presse, und die Publicität – diese Schutzwehr vor Unterdrückung, und jene erste Bedingung aller ächten Cultur – die in Teutschland nie ganz geraubt werden konnten, und solange unsere gegenwärtige Verfassung besteht, immer das Eigenthum mehrerer Länder seyn werden, wie sie es jetzt sind; die Sicherheit vor Unterdrückung der einzelnen Gewalten, und vor dem Despotismus Einer unbeschränkten Gewalt, indem der Unterthan gegen willkürliche Eingriffe des Regenten klagen kann, [...], die einzelnen Länder aber in gewisser Hinsicht frey und unabhängig sind, ein gewißer Wohlstand der einzelnen Länder, der nur dadurch möglich ist, daß nicht bloß Eine Hauptstadt der Brennpunct des ganzen Landes ist, die einzelnen Theile aber die Peripherie dieses Centrums, und ein gewisser Freiheitssinn der Nation, der sich dadurch unmittelbar ausspricht». Die in der Vergangenheit erkämpften Vorteile ließen die Fortdauer der bestehenden Verfassung «jedem ächten Teutschen wünschenswerth» erscheinen.[439]

Dieser Lobgesang auf die Vorbildhaftigkeit der Reichsverfassung ist eine Zustandsbeschreibung, die durch die Schilderung des Entstehungsprozesses als «richtig» und «vernünftig» untermauert wird. Der Autor belegt, dass die deutsche Verfassung keinem göttlichen Heilsplan entsprungen, sondern von den Menschen gemäß den überzeitlich als vernünftig anerkannten Vorgaben des Naturrechts gestaltet worden sei. Dies beglaubigt sie als zukunftsfähig. Geschichtsschreibung in pragmatischer und bildender Absicht konstruiert das Gewordensein des gegenwärtigen Zustandes als Handeln von Menschen, die Ziele verfolgen und dabei auch irren können. Das historistische Axiom der Einmaligkeit, die sich nur aus sich heraus «verstehen» lasse, weil ihr der Kontext ihrer Zeit eingeschrieben sei[440], wäre den Universalhistorikern als nicht ausreichend erschienen. Auch Goethe wollte die Geschichte regelmäßig umgeschrieben wissen – nicht weil neue Fakten entdeckt würden, sondern «weil der Genosse einer fortschreitenden Zeit auf Standpunkte geführt wird, von welchen sich das Vergangene auf eine neue Weise überschauen und beurteilen läßt».[441]

Gegen diese universalhistorische Methode wandten freilich bereits die Frühromantiker ein, sie verspiele im ständigen Reflex auf die europäische Gegenwart die Chance, das Fremde als Anderes zu erkennen. Durch die «Unfähigkeit, sich in den Geist entfernterer Zeiten zu versetzen» entstehe ein Bestreben, «alles zu nivellieren, um dann mit der Weisheit unsers Zeitalters die einfältige Vorwelt zu übersehen». August Wilhelm Schlegel wollte deshalb die Historie von allen staatsrechtlichen und staatswirtschaftlichen Zwecken befreien und ihren Sinn in der «Poesie der Wahrheit» erkennen. Seine Forderung, Unähnlichkeiten ebenso nachzugehen wie Ähnlichkeiten, klingt modern und richtet sich gegen die unzulässige Annahme, «dass ehemalige Geschlechter in nichts von den unsrigen verschieden gewesen seyn können».[442] Er behauptete aber nicht, dass sie anders gewesen sein müssten. Die Geschichte wurde von einem «Sehepunkt» aus gedeutet und dies führte zu unterschiedlichen Erzählungen.

Diese mussten empirisch nachvollziehbar, wahrscheinlich, plausibel und zukunftweisend seien, um als «richtig» oder «wahr» anerkannt zu werden. An die Stelle der einen historischen Wahrheit, traten viele parallele, die alle ihre eigene Logik besaßen. Aus der Perspektive einer eindimensionalen Rationalität sprach die Vielgestaltigkeit gegen den wissenschaftlichen Charakter der Geschichte, denn ihr fehlte die Eindeutigkeit. Die Pluralisierung der Vergangenheit wurde jedoch nicht mehr als Bedrohung, sondern als Bereicherung empfunden. Jede mögliche Historie befruchtete die Gegenwart, weil sie die Wege der Menschen zu Vernunft, Freiheit oder Frieden beschrieb und in der Zukunft liegende Gestaltungsmöglichkeiten beglaubigte.

d) Vom Merkantilismus zum Wirtschaftsliberalismus

Als die Merkantilpolitik ihren Höhepunkt überschritten hatte, erklärte der Berliner Ökonom und Registrator Leopold Krug, fast alle europäischen Staaten hätten eine ähnliche Wirtschaftspolitik betrieben. Ihnen sei es darum gegangen, «die inländischen Werkstätten des Kunstfleißes so zu erweitern, daß auch Ausländer mit den Waaren derselben versorgt werden könnten; man hielt das Geld, welches von Ausländern für Produkte des inländischen Kunstfleißes bezahlt wurde, für baaren Gewinn der Nation und diesen für das beste Mittel, die sogenannte Handelsbilanz für sich vorteilhaft zu machen». Darüber hinaus sähen alle Regierungen die Bevölkerungsgröße für die Macht und den Wohlstand eines Staates als entscheidend an und hätten daher aktiv Peuplierungspolitik betrieben, um die Menschen «so viel als möglich von dem Auslande, welches ihre Fabrikate kaufen sollte, ernähren» zu lassen.[443]

Die Geschichte der modernen Wirtschaftstheorien begann um 1650 mit dem Merkantilismus. Durch planmäßiges Gestalten der Wirtschaft sollten höhere Steuereinnahmen erzielt werden. Die Merkantilisten fragten nicht, wie eine gute und sittliche Wirtschaftsordnung auszusehen habe, sondern wie ein Gemeinwesen reich und mächtig werden könne. Sie beurteilten den Reichtum eines Landes weniger nach der verfügbaren Geldmenge oder dem Staatsschatz als nach der Wirtschaftätigkeit. Die Wirtschaft wurde aus der Vormundschaft von Theologie und Moralphilosophie gelöst, um sie nach rationalen Prinzipien zu gestalten. Die merkantilen Theorien gingen von einer generellen Unterbeschäftigung und von knappen Rohstoffen aus, die zum Nutzen des eigenen Landes verwendet werden müssten. Ziel war eine aktive Handelsbilanz, die Zunahme der Ausfuhren gegenüber den Einfuhren sollte die Wirtschaft beleben und Wachstum anregen. Deshalb blickten die Merkantilisten auf den Geldkreislauf, die Steuern und den Außenhandel, und sie formulierten einen Zusammenhang zwischen Lohnhöhe und Beschäftigung.[444]

Jean Baptiste Colbert wurde zum Vorbild aller Merkantilisten. Er hatte die ökonomischen Voraussetzungen für die Expansionspolitik Ludwigs XIV. geschaffen, dessen Erfolge auf einem merkantilen Gesamtsystem basierten, das Fleiß, Geschicklichkeit und Gewinnstreben der Bürger zum Wohle Frankreichs anfachte. Colbert sorgte für einheitliche Münz-, Maß- und Gewichtssysteme, baute Verkehrswege aus, Binnenzölle ab und ließ Statistiken anlegen. Außenhandel war für ihn ein Null-Summen-Spiel bzw. ein Krieg mit anderen Mitteln.[445] Die forcierte Kolonialpolitik diente merkantilen Zwecken: Sie sollte Rohstoffe und Absatzgebiete sichern. Die Merkantilisten befürworteten Schutzzölle und Exportsubventionen, weil diese die Umlaufgeschwindigkeit des Geldes erhöhten und quasi von selbst für mehr wirtschaftliche Dynamik sorgten.

In Deutschland riet Johann Joachim Becher, die Zirkulation zu steigern, die «consumptio interna» auszubauen und den Außenhandel zu fördern.[446] Staatszweck sei das größte Glück der größten Zahl. Becher plädierte für den Erwerb von Kolonien und die Verbindung von Theorie und Praxis, «denn alles Werk ohne die Theoria ist ungewiß, und die Theoria ohne Praxi liegt eben an diesem Fieber».[447] Doch weder der Reichs-Staat noch Brandenburg-Preußen oder Österreich haben Kolonien erworben. Zudem griff das Reich nur selten normierend in die Wirtschaft ein: Handwerksordnungen sowie Ein- und Ausfuhrverbote regelten, was unabdingbar schien. Das Geld konnte in Deutschland frei zirkulieren. Im Gegensatz zu den vielen kleinlichen lokalen Regelungen und Monopolen lähmte die Wirtschaft kein Zuviel an reichsstaatlichen Normen.

Die größten Gewinne versprachen nicht Massengüter, sondern leicht und billig zu transportierende Luxusartikel, daher erfolgte unter merkantilen Vorzeichen eine erste Konsumoffensive. Wurden noch im 17. Jahrhundert Üppigkeit und Luxus entschieden bekämpft, schienen sie nun ökonomisch erwünscht. Bernard Mandeville zeigte 1724, dass private Laster den Gemeinnutz förderten, wenn sie den Wirtschaftskreislauf anregten.[448] «Geiz fördert die Akkumulation, Verschwendung die Zirkulation von Geld, ihr Zusammenspiel die Prosperität.»[449] Menschliche Laster mussten nicht mehr als Sünden bewertet werden. Auch die Wirtschaftstheorie höhlte die Lehre von der Erbsünde aus: Sie setzte eine neue «Wahrheit» neben die alte, ohne diese verdrängen zu wollen. Das Merkantilsystem förderte allerdings die «kollektiven Laster», denn es erzwang staatlichen Dirigismus und nationalen Egoismus. Monopole und Handelskompanien, der Wettlauf um Kolonien und Wirtschaftsräume mündeten oft in Kriege. Der Merkantilismus steht damit am Beginn der Entwicklung, die den geschlossenen Nationalstaat zum Maß aller Dinge werden ließ.

Die deutschen Fürstentümer und die Freien und Reichsstädte beteiligten sich aktiv am merkantilen Wettbewerb. Man nannte die deutschen

Merkantilisten Kameralisten, da sie primär die Kammererträge, die Einnahmen des Fürsten, steigern wollten, die sie für Staatseinkünfte hielten. Sie fühlten sich selbst als Teil der Staatsverwaltung und bemühten sich, das Polizeiwesen, die Ordnungs- und Finanzpolitik, zu vereinheitlichen. Die frühen Kameralwissenschaftler wollten «die Ordnung finden, die aller Bewegung und Dynamik immanent war».[450] In den beiden brandenburg-preußischen Universitäten Halle und Frankfurt/Oder entstanden 1723 bzw. 1727 die ersten kameralistischen Lehrstühle, weitere folgten an anderen Hochschulen.[451] Erstaunlicherweise wurde die neue «staatsnahe» Wissenschaft aber nicht zum Stichwortgeber absoluter Fürstenherrschaft. Ihre Vertreter plädierten im protoliberalen Sinn für den Ausbau der «Freiheit» und «Sicherheit», für «Eigentum» und die Autonomie des Bürgers. Johann Heinrich Gottlob von Justi, der wohl wichtigste kameralistische Theoretiker, ordnete zwischen 1750 und 1762 den gesamten Stoff neu: «Ökonomie, Polizeiwissenschaft, Finanzwissenschaft und ‹Staatskunst› wurden unter dem Staatszweck der ‹gemeinschaftlichen Glückseligkeit› zu komplementären Bereichen eines einheitlichen Wissens von der politisch-ökonomischen Praxis des Fürstenstaats.»[452] Das Geld bestimmte nur den Wert der Güter und stimulierte den Handel. Sein Umlauf war Teil der Zirkulation, die aus der gegenseitigen Abhängigkeit von Märkten und Produktionsstandorten resultierte[453] und dynamische Wirtschaftsräume konstituierte.

Justi öffnete die Kameralwissenschaften der politischen Kritik. Er unterschied zwischen den Interessen von Fürsten und denen der Untertanen, deklarierte aber ebenfalls die «gemeinschaftliche Glückseligkeit» zum Staatszweck. Justi verstand hierunter eine staatliche Ordnung, die es jedem ermöglichte, die moralischen und zeitlichen Güter zu erreichen, die ihm für ein glückliches Leben in seinem Stand notwendig erschienen.[454] Der Staat müsse nur Sicherheit bieten. Eine florierende Wirtschaft benötige (Polizei-)Ordnungen und statistisches Wissen, um vorbeugend und regulierend eingreifen zu können. Justis «Vergleichungen der europäischen mit den asiatischen und anderen vermeintlich barbarischen Regierungen» war eine einzige Anklage gegen die europäische Politik und den Staat seiner Zeit.[455] Er bekämpfte jede ungeteilte Herrschaftsgewalt und forderte die Repräsentation von Bauern und Bürgern bei der Gesetzgebung.[456]

Während in den großen Kommunen freihändlerische Auffassungen dominierten, konnten die vielen kleineren deutschen Grafschaften und Fürstentümer nicht mit Frankreich, England oder den Niederlanden, auch nicht mit Österreich oder Brandenburg-Preußen konkurrieren. Sie kämpften untereinander um Standortvorteile und dieser permanente Wettbewerb sorgte für eine erstaunliche Wirtschaftsdynamik. Technische und organisatorische Innovationen wurden möglichst rasch umge-

setzt, damit der Nachbar keinen Vorsprung erlangte. Deutschland war
deswegen auf einigen Gebieten der absoluten Spitzentechnologie erfolgreich – etwa bei den Porzellanmanufakturen. Das «Genie der Nation»
sowie die Geschicklichkeit und der Fleiß ihrer Arbeiter entschieden nach
Meinung des Mainzer Kameralisten Johann Friedrich Pfeiffer den Wettbewerb, denn Käuferwünsche seien nur durch «Mannichfaltigkeit» und
«äußere Schönheit» der Waren zu befriedigen.[457]
Kameralistische Wirtschaftspolitik blieb jedoch «Schutzpolitik»[458], die
der auskömmlichen Nahrung für Gewerbetreibende oder Landwirte absolute Priorität einräumte. Sie konnte keinen dauerhaften Wohlstand
garantieren und kollidierte mit den bürgerlichen Freiheitsforderungen, so
dass in der zweiten Hälfte des 18. Jahrhunderts der Ruf nach neuen Ord-
nungsmustern lauter wurde. Monopole und Privilegien, die Eigeninitiative
und Leistungsbereitschaft lähmten, Gewerbe und Handel bevormundende
Gesetze sowie eine den freien Markt blockierende Interventionspolitik
entsprachen nicht den Vorstellungen des neuen Wirtschaftsbürgertums.
Deswegen bestimmte sogar ein Kameralist wie Joseph von Sonnenfels die
Handlungsmaxime des Staates neu: Dieser sollte nicht mehr auf hohe Ab-
schöpfungen, sondern auf den individuellen Wohlstand achten.[459]
Der Paradigmenwechsel revolutionierte die politische Ökonomie zur
«Wissenschaft vom Menschen». Der von Natur und Anlagen her gleiche
Mensch hatte sich in den unterschiedlichen Kulturkreisen verschieden
entwickelt. Die Aufklärer fahndeten nach den Ursachen dieser Differenzen. Französische und schottische Philosophen verwiesen auf den gesellschaftlichen Überschuss, dessen Verteilung und Verwendung. Sie kritisierten das Merkantilsystem, weil es Privilegien honoriere und nicht
jeden die Früchte der eigenen Arbeit genießen lasse. Daher setzten sie auf
die wirtschaftliche Freiheit des Einzelnen, der im Rahmen einer staatlich
garantierten Ordnung seine Interessen verfolgen und sich dem Wettbewerb stellen sollte.[460]
Einen wichtigen Schritt auf dem Weg zur liberalen Marktgesellschaft
markierten die Physiokraten. Die von François Quesnay ausgehende Reformbewegung hielt nur landwirtschaftliche Arbeit für produktiv, da
diese einen nachwachsenden Überschuss produziere, der besteuert werden könne, ohne Ressourcen zu vernichten. Darüber hinaus glaubten die
Physiokraten, die natürliche, von Gott geschaffene Ordnung sei von
Gesetzen gelenkt, die absolute Gerechtigkeit anstrebten. Sie zählten die
persönliche Freiheit und das Privateigentum zu den unveräußerlichen
Rechten des Menschen. Beides müsse genutzt werden, um den Wohlstand
des Herrschers bzw. des Landes zu mehren und «die Ökonomie von
destabilisierenden Staatsinterventionen» zu befreien.[461]
Quesnay gliedert in seinem «Tableau oeconomique» die Gesellschaft
in drei Klassen. An der Spitze stand die produktive Klasse, die durch den

Anbau neue Ernten ermögliche und den Reichtum der Nation begründe. Die Grundeigentümer gehörten mit den Zehntherren zur zweiten Klasse, die von den Bauern lebe. Die dritte, die sterile Klasse der Bürger werde für ihre Dienste von Bauern und Grundeigentümern bezahlt. Das Geld zirkuliere: Die produktive Klasse erzeuge den Wohlstand, den sie an die Grundbesitzer weiterreiche, die damit Gewerbe, Handel und Wandel finanzierten. Weil das Mehrprodukt nur aus dem Boden wachse, solle nur die Landwirtschaft gefördert werden. Für erfolgreiches Wirtschaften gelte: «laisser faire, laisser passer!»[462]

Politisch forderten die Physiokraten einen «aufgeklärten Despoten», der Eigentum, bürgerliche Freiheit und Freihandel garantiere. In Deutschland beauftragte Markgraf Karl Friedrich von Baden Johann August Schlettwein, später Kameralistikprofessor in Gießen, mit entsprechenden Reformen. Die nur in Dietlingen bei Pforzheim eingeführte Ertragssteuer musste jedoch auf Bitten der sich im Vergleich mit ihren Nachbarn benachteiligt fühlenden Untertanen bald wieder aufgehoben werden.[463] Während Schlettwein als praktischer Reformer erfolglos blieb, hat er mit großem Nachdruck ökonomische Freiheitsrechte eingefordert.[464]

Auch andere kritisierten die traditionelle Wirtschaftslenkung. Graf Heinrich von Kageneck, Vorsitzender der vorderösterreichischen Generallandespolizeikommission in Freiburg, riet schon 1769, den Handel freizugeben und auf ordnungspolitische Eingriffe in das Marktgeschehen ganz zu verzichten, denn die vorderösterreichischen Gebiete seien von fremden Territorien eingeschlossen. Die umliegenden Prälaten kauften ihren Wein auch dann, wenn die Preise stiegen. Werde jedoch ein Höchstpreis festgelegt, fehle den Weinbauern das Geld, um die ebenfalls steigenden Getreidepreise zu bezahlen. Die Klagen der Beamten und Soldaten, die feste Einkommen bezögen, dürften nicht mit dem Gemeinnutz verwechselt werden, denn dabei handele es sich um allenfalls 2000 der insgesamt etwa 250000 Einwohner der Vorlande. Kagenecks Gutachten für die ferne Wiener Regierung endet bemerkenswert: Ziel müsse es sein, «den unterthan auf keine art in handel und wandel zu hemmen, sondern selbem alle mögliche freyheit zu gestatten».[465]

Davon konnte bei der 1770 einsetzenden Hungerkrise jedoch keine Rede sein. Maria Theresia und ihre Regierung verkündeten unverzüglich die übliche Ausfuhrsperre, die sich im politisch zerklüfteten und landwirtschaftlich unterschiedlich genutzten Oberrheingebiet als wenig sinnvoll erwies und kaum zu kontrollieren war. Die Freiburger Regierung plädierte deshalb für die Wiederaufnahme des freien Handels jedenfalls mit dem schwäbischen und dem oberrheinischen Reichskreis, befürwortete jedoch ein Ausfuhrverbot in die Schweiz. Die Berichte aus den ländlichen Oberämtern zeigten, dass nicht überall Getreide-, wohl aber Geldmangel herrsche, der die Wirtschaft lähme. Es dauerte bis zum Herbst 1771, bevor Wien die Ausfuhrsperre wenigstens gegenüber dem schwäbischen Kreis aufhob.[466] Inzwischen hatten fast alle deutschen Regierungen mit den traditionellen Interventionsmitteln versucht, eine gleichmäßige Versorgung ihrer Länder sicherzustellen. Etliche gewalttätige Blockaden, die den Abtransport von Nahrungsmitteln verhindern sollten, brachten die Obrigkeiten in das Dilemma, zwischen den Ansprüchen von Erzeugern und denjenigen der Verbraucher entscheiden zu müssen. Die fürsorglich-interventionistische Politik der Ausfuhrsperren und Preistaxen vergrößerten an vielen Orten Hunger, Elend und Not. Die Korntransporte sorgten zudem für Unruhe, zumal es den Regierungen nie gelang, eine auch nur leidlich gerechte Verteilung zu garantieren. In den agrarisch bestimmten Teilen Sachsens starben 1772 beispielsweise kaum mehr Menschen als sonst, in den Heimgewerberegionen des Erzgebirges und Vogtlandes jedoch beinahe 10 Prozent der Bevölkerung.[467]

Auch die württembergische Regierung intervenierte. Sie verkündete im Sommer 1770 ein absolutes Ausfuhrverbot für Nahrungsmittel. Im folgenden Frühjahr musste sie alle Oberämter anweisen, aufrührerische Umtriebe unverzüglich und mit allen Mitteln zu unterbinden – notfalls sollten Militärkommandos eingreifen. Die von der Regierung eingesetzte zentrale Fruchtkommission fürchtete, dass ein «allgemeiner aufstand» und krieg gegen einander entstehen dörfte, wann nicht dem übel noch in zeiten gesteuert und bey andern ein solches exempel statuiert würde, welchs die andern aufmerksam machen und von dergleichen Ausbruch abzuhalten vermögen seyen».[468]

Die Kombination aus rigoroser Sperrpolitik nach außen und einer staatlich organisierten Getreideverteilung bei fixierten Preisen verschlimmerte die Krise, weil die Preise außerhalb immens gestiegen waren. Müller und Bäcker konnten fremdes Getreide nicht mehr bezahlen. Der Ludwigsburger Magistrat empfahl, den Brotpreis an den Kosten zu orientieren, denn nur so werde «das publicum von dem gänzlichen Umsturz, die Inwohnerschaft aber dem äussersten Mangel und denen noch betrüblicheren Folgen enthoben».[469] Stimmen wurden laut, die es für besser hielten, teures Getreide zu kaufen als gar keins zu bekommen. Unterdessen schmuggelten die Bauern ihr Getreide in die umliegenden Reichsstädte oder in die Schweiz, wo fast jeder Preis bezahlt wurde. Ende des Jahres 1771, auf dem Höhepunkt der Krise, musste die Zwangsbewirtschaftung aufgehoben werden. Der Schmuggel- und Schleichhandel war zum prosperierenden Gewerbe nicht nur in grenznahen Gebieten geworden, obwohl Kreistruppen patrouillierten und Kriegsschiffe auf dem Bodensee kreuzten.[470] Die Bevölkerung wusste von den Transporten und billigte sie, weil in Oberschwaben offensichtlich noch genügend

Getreide vorhanden war und niemand auf die zusätzlichen Gewinne zugunsten Stuttgarts oder Ludwigsburgs verzichten wollte. Beide Partner profitierten von den grenzüberschreitenden Wirtschaftsaktivitäten: Oberschwaben benötigte Butter, Schmalz und Geld aus der Schweiz, diese das schwäbische Getreide. In der Stadt Waldsee gab es eine mit Schweizer Kapital betriebene Strickwarenmanufaktur. Die Fabrikanten wollten 60 Malter Korn ausführen dürfen, bevor sie weitere Strickaufträge vergaben. Die Regierung bestand auf ihrem Verbot, während der Waldseer Rat es für die Regel menschlichen Zusammenlebens hielt, eine Gefälligkeit gegen eine andere zu tauschen – in diesem Fall Getreide gegen Arbeitsverdienst. Auch die sittliche Ökonomie buchstabierte sich inzwischen verschieden.

In der Hungerkrise schien plötzlich nicht mehr sicher, ob die Verteilung eines knappen Gutes durch den Markt nicht mindestens ebenso gerecht und effektiv erfolgte wie durch die Regierung. Wurden die Verbraucher weiter auf Kosten der Erzeuger und Verteiler privilegiert, drohten zudem Landflucht und ein weiterer Rückgang der agrarischen Produktion. Die Debatte um Freihandel und Eigentumsfreiheit ergriff auch die Landwirtschaft. Johann Ludwig Friedrich Scharnweber behauptete 1773, nur der Freihandel sorge für günstige Preise, während «alle Monopolia, Einschränkungen, künstliche Policey-Anstalten [...] die Zufuhr der Lebensmittel sperren und vertheuern helfen».[471] Nun wurden sogar Eigentumsgarantien auch für Lebensmittel hortende Händler eingeklagt: «Wenn nicht eine weise Policey der Gerechtigkeit beytritt, so ist der freye Eigenthümer des Getraides und der kaufmann, gegen die freyen Eigenthümer der Gewalt und Verschlagenheit niemals sicher».[472]

Die physiokratischen Theorien wollten den Kameralismus zugunsten der ökonomischen, nicht aber der politischen Freiheit des Bürgers überwinden. «Liberale» Wirtschaftsvorstellungen wurden nicht nur debattiert, sondern auch umgesetzt. Die Theoretiker bezogen sich dabei noch nicht auf die 1766 veröffentlichte Schrift «An Inquiry into the Nature and the Causes of the Wealth of Nations» von Adam Smith. Ihre deutsche Übersetzung besorgte 1776 bzw. 1778 Johann Friedrich Schiller, ein Cousin des Dichters.[473] Smith wurde in Deutschland zunächst wenig beachtet und erst um die Jahrhundertwende rezipiert.[474] Er setzte auf den freien Markt und die Interessen der Wirtschaftssubjekte, weil sich damit eine prästabilierte Harmonie einstelle. Die menschliche Arbeitskraft schaffe mehr Werte als sie zur Regeneration benötige, zumal eine sinnvolle Arbeitsteilung den Wohlstand durch Geschicklichkeit, Sachkenntnis und Erfahrung immer mehr zu steigern erlaube.

Smith darf als Begründer des Wirtschaftsliberalismus gelten. Seine Konzeption basierte auf Vorstellungen der schottischen Moralphiloso-

phie, als deren herausragender Vertreter David Hume gilt: Für ihn treiben Instinkte und Leidenschaften menschliches Handeln an. Die erwünschte Aktivität und Dynamik mündet bei Hume jedoch nicht wie
bei den älteren Gesellschaftstheoretikern in einen Krieg aller gegen alle.
Seines Erachtens hatte sich eine ursprüngliche Sympathie für den Mitmenschen erhalten, zumal jeder damit rechnen müsse, dass sich alle anderen ähnlich wie er selbst verhielten. Erfahrung und Vernunft sichern
demnach die rationale, sich selbst regulierende Ordnung, die notfalls
durch staatliches Handeln erzwungen werden müsse. Die soziale und
ökonomische Ungleichheit sei notwendig, weil sie Wünsche und Nachfrage erzeuge, die eine liberale Wirtschaftsgesellschaft antreibe. Indem
der Mensch seine Lage verbessern wolle, entwickle er Aktivitäten, die zu
Prosperität und Wohlstand führten. Arbeit sei Ursache und Quelle allen
Wohlstandes, Müßiggang ein Laster. Der Staat – so Adam Smith – habe
nur die Pflicht, die Gesellschaft vor ausländischen Invasionen sowie das
Eigentum und die Menschenrechte vor Übergriffen zu schützen, denn
die «invisible hand»[475] entfalte ihre vernünftige Wirkung, wenn sie nicht
normativ daran gehindert werde.

Viele der von Smith systematisierten und mit seinem Namen verbundenen Ideen waren vorher schon bekannt, so dass er in Deutschland anfangs als ein weiterer Physiokrat rezipiert wurde.[476] Bereits Justi hatte
gelehrt: «Es ist eine allgemeine Anmerkung, daß eine weise Regierung in
vielen Dingen zur Aufnahme der Commercien und des Nahrungsstandes
überhaupt keine besonderen Beförderungsmittel anzuordnen nötig hat,
sondern daß sie weiter nichts tun darf, als die Hindernisse aus dem Weg
zu räumen, die in der Verfassung des Staates und in dem Zustand des gemeinen Wesens vorhanden sind. Wenn die Menschen die Freiheit haben,
nach ihren Einsichten zu handeln und dabei keine Hindernisse vorfin-
den, so sind sie selbst geneigt, ihre Glückseligkeit zu fördern.»[477] Justi
durchbrach das System der vom Herrscher «gewährten» Handelsfrei-
heiten, die jederzeit zu seiner Disposition standen.[478] Für ihn resultierte
bereits die Vergesellschaftung aus der Erkenntnis, dass die Menschen gemeinsam mehr erreichen konnten. Die Vernunft gebot eine bürgerliche
Verfassung, welche die vielen Willen zu einem einzigen zusammenfasste.
Dem freien Spiel der Eigeninteressen stand Justi hingegen skeptisch gegenüber, obwohl er das Gewinnstreben als Motor der Wirtschaft
schätzte. Doch nur die Polizeiwissenschaft konnte seines Erachtens die
Mittel bereitstellen, die das Volk zur Vernunft und in Übereinstimmung
mit den gemeinsamen Zielen brachte. Für die innere und äußere Sicherheit, auch die Risiko- und Ressourcenabschätzung, war die Politik bzw.
der Staat verantwortlich. Er musste nicht nur Landwirtschaft und Tech-
nologie fördern, sondern auch die natürliche Freiheit der Bürger sichern.
Weil sich jedoch alle Bürger zu einem Willen vereinigt hatten, konnte

ihre Freiheit nur darin bestehen, sich gemäß den selbst gegebenen Gesetzen zu verhalten.[479] Smith rückte dagegen nicht die Glückseligkeit des Staates, sondern diejenige der Individuen ins Zentrum. Dieser grundlegende Neuansatz seines Wirtschaftssystems der natürlichen Freiheit wurde in Deutschland erst verstanden, nachdem Kant mit seinem Prinzip der «ungeselligen Geselligkeit» und die Weimar-Jenaer Dichter und Denker mit der Bildung zur Selbstbestimmung ähnliche Muster verbreitet hatten.[480] Der vernünftig handelnde Mensch wurde hier vorausgesetzt oder musste geschaffen werden. Für Kant war der «Antagonism» der «ungeselligen Geselligkeit» ein verborgenes «Konkurrenz-Prinzip» im Rücken der Akteure, dessen sich die Natur bedient, um die menschliche Gattung zu entwickeln.[481] Der Gegensatz von Egoismus und Vergesellschaftung, von Zwietracht und Eintracht, wird zum dialektischen Prinzip, das den Fortschritt aus sich selbst heraus garantiert. Der Mensch als vernünftiges Wesen unterstellt sein Verhalten auch den anderen und richtet sich demnach auf Verteilungskonflikte ein: Dies schärft seine Sinne und weckt seine Kräfte. Der Kant der 1780er Jahre klingt wohl nicht zufällig wie Adam Smith. Mit den liberalen Wirtschaftstheorien ist Kant überzeugt, dass aus der gesicherten bürgerlichen Freiheit die bürgerliche Gesellschaft entstehen wird.

Die an den deutschen Universitäten gelehrte politische Ökonomie blieb hingegen auf die Steigerung der fürstlichen bzw. staatlichen Einnahmen fixiert, um das eigene Gemeinwesen im Wettbewerb mit allen anderen mächtiger zu machen. Die staatliche Wirtschaftspolitik, ob sie unter kameralistischen Prämissen eher den Gewerben und dem Handel oder unter physiokratischen stärker der Landwirtschaft und der Infrastruktur galt, verfolgte insofern die gleichen Absichten. Das Ergebnis konnte sich sehen lassen: Um 1800 prosperierte die deutsche Wirtschaft. Es gab allerdings strukturelle Schwächen, die sich offensichtlich nachteilig auf die Gesamtentwicklung auswirkten, denn verglichen mit England erfolgte die industrielle Entwicklung deutlich verspätet.

e) Medien, Öffentlichkeit und Geschmack

Während die Wirtschaft vorerst weiterhin auf staatliche Interventionen vertraute, war die sogenannte Öffentlichkeit so etwas wie ein staatsfreier Raum. Damit wird das nicht allen, aber vielen zugängliche Forum bezeichnet, auf dem neben Geschmacks- und Stilfragen auch (macht)politische Probleme erörtert wurden. Der deutsche Begriff «Öffentlichkeit» geht zurück auf Joseph von Sonnenfels, der 1765 bemerkte, dass sich die Zensur auf alles erstrecke, was wie Bücher, Theater, Zeitungen oder Bilder «eine Art von Oeffentlichkeit [...] an sich hat».[482] Die Sache selbst, die öffentliche Kritik oder die Forderung nach Publizität, war allerdings älter. Zu unterscheiden ist freilich zwischen den kleinen, anlassbezogenen Öffentlichkeiten lokal oder regional, ständisch oder konfessionell begrenzter Debatten, und einer von den Printmedien formierten «nationalen» Öffentlichkeit. Diese vereinigte die Teilöffentlichkeiten zum deutschlandweiten Forum der Kritik. Mit der Publikation von Wissen und Meinungen ermöglichten die Medien, dass überall und gleichzeitig darauf reagiert werden konnte. «Die Presse galt gewissermaßen als Zentrumsersatz im Reich»[483], denn ihre Informationen über literarische und wissenschaftliche, lebenspraktische und politische Fragen waren jedem beinahe zeitgleich zugänglich. «Die neue Identität des ‹Bürgers›» war auch das «Resultat einer neuen Medienkultur.»[484]

Was bewegte diese nationsweit vernetzte räsonierende Öffentlichkeit? Diskutiert wurde über Luxus und Konsum, Moden und Geschmack, Kunst, Musik und Literatur, Geschichte, soziale Fragen und Politik. Die Reichs- und Mächtepolitik prägte erst mit der Französischen Revolution vermehrt die Berichte und Kommentare, zunächst füllte die Nationalgeistdebatte Flugschriften und Journale.[485] In Berlin und Wien, in Leipzig und München sprachen die Teilnehmer der geselligen Zirkel über Literatur, Kunst und Geschmack, Missstände und Verbesserungsmöglichkeiten, was einen Politisierungsschub bewirkte. Das «Berlinische Journal» erläuterte, politische Aufklärung sei nichts anderes «als richtige Begriffe von den wesentlichen Bedürfnissen des gesellschaftlichen Menschen». Dazu gehörten Kenntnisse über die bestehenden Verfassungen und Gesellschaften, denn nur die Verbindung von Theorie und Praxis erlaube verständiges Urteilen. Allen Regenten und Beamten müssten, den Bürger sollten entsprechende Informationen zugänglich sein: Nur die Tyrannei spiele gern ihr geheimes Spiel.[486]

Die Aufklärer setzten auf das Prinzip «Öffentlichkeit», um Machtmissbrauch zu denunzieren, falsche Gewissheiten zu entlarven, das Vernünftige zu Tage zu fördern und dem Herrscher immer wieder das Ziel des «gemeinen Besten» vor Augen zu führen. Zeitschriften, Bücher und die zahllosen veröffentlichten (Privat-)Briefe trugen nicht nur «Wissen» und «Meinungen» zur praktischen Lebensbewältigung, zu Anbaumethoden oder zur Politik bis ins letzte Dorf, sondern auch das Gefühl, gemeinsam über die gleichen Fragen zu reflektieren und einer Kultur anzugehören. Bauern und Bürger kauften, lasen oder hörten politisch relevante Texte und sprachen darüber – zuhause, in den Wirtshäusern und in vielen anderen Gesprächsrunden. Um 1800 dürften etwa 200 deutschsprachige Zeitungen pro Woche zwei bis drei Millionen Leser erreicht haben. Der angeblich unpolitische Deutsche wird angesichts solcher Zahlen schnell zur Legende.[487]

Im 18. Jahrhundert erschienen insgesamt etwa 175 000 deutschsprachige Veröffentlichungen.[488] Während der Leipziger Messkatalog vor 1770 nie über 1500 Neuerscheinungen jährlich listet, sind es 1780 mehr als 2600 und 1800 über 4000 Titel.[489] Das gedruckte Wort klärte nicht nur auf, sondern konnte ein höchst profitables Geschäft sein. Wielands «Teutscher Merkur» wurde etwa pro Ausgabe 2500 Mal verkauft.

Nicolais «Allgemeine Deutsche Bibliothek» oder die Jenaer «Allgemeine Literaturzeitung», beides reine Rezensionsorgane, florierten, während andere Journale nicht über die Gewinnschwelle von etwa 300 Heften hinauskamen und schnell wieder eingestellt wurden. Sie ernährten ihre Schreiber nicht. Für die meisten Autoren war das Honorar ohnehin nur eine Nebeneinkunft. Sie verdienten ihren Lebensunterhalt als Professoren, Pfarrer, Lehrer oder Beamte.[490]

In Deutschland lebten in der zweiten Hälfte des 18. Jahrhunderts mehr als 10 000 Autoren, die wenigstens einen Text veröffentlicht hatten. Die bekannteren schlossen Verträge mit den mehr als 300 Verlegern, die um 1790 den deutschen Markt beherrschten. In Nord- und Mitteldeutschland endete nach dem Siebenjährigen Krieg die alte Praxis des Tausch- und Kommissionsbuchhandels, bei dem unabhängig vom Inhalt Band gegen Band und Bogen gegen Bogen getauscht worden war.[491] Erst 1788 wurde der deutsche Buchmarkt mit dem System des Kommissionsbuchhandels wiedervereinigt. Nun mussten die Bücher erst nach dem Verkauf bezahlt oder nach einer gewissen Frist zurückgegeben werden. Vom rasanten Anstieg der Nachfrage profitierten alle Beteiligten. Großverleger wie Johann Friedrich Cotta zahlten hohe Honorare und konnten Autoren an sich binden. Sein Verlagsverzeichnis listete die namhaften Autoren der Zeit wie Goethe, Schiller, Fichte, Hegel oder Pestalozzi auf. Goethe soll für seine Werke von Cotta nach 1806 über 130 000 Taler Honorar erhalten haben.[492] Er war aus Erfahrung klug geworden, denn beim «Werther» hatte ihn sein Verleger um einen großen Teil des Honorars geprellt.[493]

In Preußen und vor allem in Sachsen, wo wegen der Leipziger Buchmesse viele große Verlage beheimatet waren, kämpfte man unterdessen gegen die vielen unlizenzierten Raub- oder Nachdrucke. Einer dieser badischen Nachdrucker berief sich 1790 offen auf merkantile Gesichtspunkte, denn er sorge dafür, dass nicht alles Geld für Bücher nach Sachsen abfließe.[494] Während um das geschriebene Wort als Eigentum des Autors gerungen wurde, blickten die Staaten auf den wirtschaftlichen Nutzen. Die Nachteile der Zensur wurden offen erörtert. Ökonomische, nicht aufklärerische Intentionen bildeten bald das stärkste Argument gegen die Zensur.

Gedruckt wurde in Deutschland aber ohnehin fast alles, was nicht Gott, den Kaiser, einen Herrscher oder Minister unmittelbar angriff bzw. offen zu Gewalt und Umsturz aufrief. Die Möglichkeit, kritische

Gedanken zu publizieren, darf freilich nicht mit einer allgemeinen Pressefreiheit verwechselt werden: Die Zensur blieb präsent[495], war aber wegen der Vielgestaltigkeit des Reichs-Staates nicht sonderlich wirkungsvoll. Die Ansichten darüber, was zu indizieren sei, klafften weit auseinander. Was in Wien der Zensur zum Opfer fiel, wurde in Berlin gedruckt, was dort nicht publiziert werden konnte, erschien in Jena oder Leipzig. Gelesen wurde es in ganz Deutschland.

Die politische und konfessionelle Pluralität ermöglichte Widerspruch, so dass die deutsche Publizistik kein Medium staatlicher Informationspolitik wurde. Wieland erklärte 1785 die Pressefreiheit zur Voraussetzung jeder Aufklärung. Sie liege im Interesse aller Menschen, denn ihr habe man den «gegenwärtigen Grad von Erleuchtung, Kultur und Verfeinerung [...] zu verdanken. Man raube uns diese Freyheit, so wird das icht, dessen wir uns jetzt erfreuen, bald wieder verschwinden.»[496] Für Rudolf Zacharias Becker war die Publizität «zur Ehre unsers deutschen Vaterlandes [...] bey uns zu einer solchen Vollkommenheit erhoben worden, als sie noch in keinem andern europäischen Staat erreicht hat». Das Publikum sei Richter über öffentliche Angelegenheiten.[497]

Die Pressefreiheit sollte es den «gutgesinnte[n] patriotische[n] Schriftsteller[n]» ermöglichen, «die Regenten freimüthig an ihre Pflichten» zu erinnern.[498] Für Schlözer hatte die Veröffentlichung begründeter Klagen «den Strom einbrechender Despotie aufgehalten und ganze Nationen zur Rettung ihrer Freiheit in Bewegung gesetzt».[499] Die «Preß-Freyheit» mache «die unumschränkteßte Monarchie zum waren Frei-Stat».[500] Dabei blickte er auf das Preußen Friedrichs II. Dies tat auch Kant, der jedoch am eigenen Leibe erfuhr, was ein Herrschaftswechsel bedeuten konnte.[501] Nachdem er seine Schrift «Religion innerhalb der Grenzen der bloßen Vernunft» unter Umgehung der preußischen Zensur 1793 in Jena veröffentlicht hatte, wurde er beschuldigt, seine Pflichten als Lehrer der Jugend verletzt und das Christentum herabgewürdigt zu haben. Unter Androhung «höchster Ungnade» und «unangenehmer Verfügungen» forderte ihn König Friedrich Wilhelm II. ultimativ zu Wohlverhalten und Mithilfe auf, damit seine «landesväterl. Intention mehr als bisher erreicht werde».[502] Kant wollte in seinem Alter Königsberg nicht verlassen und versprach, sich nicht mehr öffentlich an Debatten um die Religion zu beteiligen. Sein Fall ist insofern symptomatisch, als dass unliebsame Positionen zwar publiziert wurden, ihre Autoren aber in Schwierigkeiten geraten konnten. Toleranz und Meinungsfreiheit waren unsicher, solange sie kein Individualrecht garantierten, sondern im Dienst der Staatsräson standen.

Eine absolutistisch-despotische Herrschaft verlangte Gehorsam und wollte das räsonierende Publikum ausschalten. Dieser Widerspruch zwischen den aufklärerischen Autonomieforderungen und der Herrschaftspraxis konnte im Ancien Régime nicht überwunden werden. Die Fürsten beklagten den Missbrauch der Pressefreiheit, da die Medien angeblich Staatsgeheimnisse publizierten.[503] Selbst Publizisten forderten Restriktionen, damit eine zu freimütige Kritik keine Revolution wie in Frankreich verursache. Die Aufklärer hätten dort den Menschen suggeriert, sich nicht länger als «Zugvieh» behandeln zu lassen, sondern sich selbst zu regieren. Ihr Leben auf Erden sei nicht «Mittel sondern Zweck». Sie müssten nur das ihnen von Fürsten und Priestern auferlegte «Joch» abschütteln, denn alle Menschen seien frei und gleich.[504] «Wie selig würde unser Deutschland von dem Verderben sich erhalten haben, wenn es nicht die gräulichsten Schriften der Engländer, und Franzosen sich angeschaffet, und, um dieselben allenthalben zu verbreiten, sie in unsre Muttersprache übersetzt hätte(n); wenn die gottseligen Gelehrten frühzeitig das Gegengift zu zubereiten gesucht hätten.»[505]

Während anonym ein Reichsgesetz gegen «den Misbrauch der Preßfreiheit» gefordert wurde[506], verpflichtete die Wahlkapitulation Kaiser Leopold II. 1790, Druckerzeugnisse genau zu kontrollieren. Christoph Meiners stimmte zu, denn «in einem wohlgeordneten Staat kann ein freier Mann nicht alles tun, was er will; und ebenso wenig darf ein freier Schriftsteller alles drucken lassen, was ihm beliebt». Weil die meisten deutschen Schriftsteller «besoldete Lehrer, oder auch Männer, die für sich und die Ihrigen vieles zu hoffen oder zu fürchten haben» seien, gingen sie auch ohne «Preßzwang und Zensuredikte» selten über das hinaus, was ihre Obrigkeiten wünschten. Sie wollten dem Gemeinwohl nutzen, nicht schaden.[507] Nichts anderes hatte angeblich das preußische Zensuredikt im Sinn, das nicht die Wahrheitssuche behindern, sondern nur das steuern sollte, «was wider die allgemeinen Gründsätze der Religion, wider den Staat, und sowohl moralischer als bürgerlicher Ordnung entgegen ist, oder zur Kränkung der persönlichen Ehre und des guten Namens Anderer abzielet».[508]

Allerdings galt wie für viele andere Normierungen auch für die Zensurgesetze, dass die Handhabung letztlich entschied.[509] Die Druckmedien griffen fast alle Themen auf und ließen die ganze Nation daran teilhaben. Nicolai reklamierte dies im Vorbericht zur «Allgemeinen Deutschen Bibliothek». Sein Rezensionsorgan werde die in ganz Deutschland verstreuten Liebhaber der neuesten Literatur zusammenführen.[510] Für Jürgen Habermas vollzog sich der «Strukturwandel der Öffentlichkeit» parallel zum Vordringen des Bürgertums, als sich im späten 18. Jahrhundert aus den literarischen Vorformen eine stände- und regionenübergreifende räsonierende Öffentlichkeit bildete. Das Bürgertum habe so seine Interessen im Staat durchgesetzt, ohne selbst die Macht übernehmen zu müssen.[511] Diese Beobachtung bleibt richtig. Publizität und Kritik entzauberten die repräsentativen Inszenierungen, die dem

Publikum Macht, Glanz und Tugenden der Herrscher vorgaukelten. Dennoch beglaubigten die älteren Repräsentationsformen und Präsenzkulturen in höfischen Kontexten noch immer und nach 1800 vielleicht sogar wieder stärker eine inzwischen anders konstituierte Wirklichkeit:[512] Sie trugen überdies zur gesellschaftlichen Stabilisierung bei, insofern das Publikum Größe und Pomp des auf seine Bedürfnisse zugeschnittenen Zeremoniells bewundern konnte.[513] Die über öffentliche Belange informierten Menschen wollten aber die Welt nicht nur als Theater bewundern, sondern selbst mitgestalten. An die Stelle galanter Geselligkeit traten deswegen praktische Klugheit, Bildung und eine «nützliche» Gesellschaft als neue Leitvorstellungen sowie der öffentliche Diskurs über Geschmack und der Konsum von Kunst, Musik und Literatur. All dies sollte zum «Genuß und Glück des Lebens» beitragen.[514]

Trotz aller Kritik an zeremonieller Inszenierung blieb ein Bedürfnis nach repräsentierter Größe, das neben den Huldigungen, Herrscherumzügen oder Hoffesten auch durch die Öffnung der Kunst- und Wunderkammern befriedigt wurde. Zwischen 1750 und 1770 wurden viele Sammlungen zugänglich, und die Journale klärten über Kunst und Geschmack auf.[515] Das Bildungsbürgertum räsonierender Privatleute, eine offene, wenn auch «sozialprivilegierte Diskursgemeinschaft»[516], bemächtigte sich einer mit Museen, Parks und Theatern öffentlich zugänglich gewordenen Kultur. An die Stelle fürstlicher Prachtentfaltung trat ein didaktischer Bildungsanspruch: Die Kunstkammern wurden zu einer Schule des Geschmacks.[517] Den Kulturkonsum steuerten Kulturunternehmer: der Impresario bei Theater und Oper, der Kunstauktionator sowie die Besitzer von Kunsthandlungen und Leihbibliotheken.[518]

«Geschmack» wurde das Modewort, das die Debatten um Schönheit und Moral, aber auch die aufklärerischen Erziehungsabsichten zusammenfasste. Das Zedlersche Universallexikon kannte den Begriff nur im biologischen Sinne. Nach der Jahrhundertmitte kennzeichnete dieser ein mit anderen geteiltes Stilideal, das in Kunst, Musik und Literatur, aber auch bei Kleidung oder Ausstattung als richtig, wahr, schön und schicklich galt. Geschmack war ein abgrenzendes kollektives Werturteil, das, was eine Avantgarde, die Elite, die Nation oder Europa dafür hielt. Der gebildete und sinnliche Bürger konsumierte Kultur und demonstrierte in Gesellschaft seine Kennerschaft.

Die große Masse musste allerdings zu Schönheit und Geschmack erzogen werden. Den aufgeklärten Vormündern des Volkes fiel damit eine weitere Aufgabe zu. Johann Georg Sulzer betrachtete in seiner «Allgemeinen Theorie der Schönen Künste» die Bildung des Geschmacks als Nationalangelegenheit, weil sie den Menschen zur Einsicht des Wahren und Guten und auch zur Anerkennung der politischen Ordnung befähige.[519] Bei Schiller sollte die ästhetische Erziehung zur Schönheit und

Harmonie den Menschen daran hindern, die Freiheit zu missbrauchen. Wie Humboldt und Kant forderte er die Autonomie der Kunst. Das Genie durfte dem Geschmack des Publikums nicht folgen, sondern musste dieses mit seinen neuen Vorstellungen bilden. Auch die Journale hatten den Anspruch, ihren Lesern den «guten» Geschmack in Kleidung, Möbeln oder Ausstattungen zu vermitteln. Sie berichteten aus Mailand und Wien, vorwiegend jedoch aus «Paris und London». Bertuch hatte so eine seiner vielen Zeitschriften genannt, und er verlegte mit dem «Journal des Luxus und der Moden», das regelmäßig etwa 1500 Mal verkauft wurde, das wohl wichtigste deutschsprachige Magazin dieser Gattung. Die Elite wurde aus Weimar über ihre Luxusbedürfnisse informiert. Die einschlägigen Journale beschrieben jedoch nicht nur Ideale und Moden aus anderen Ländern, sondern führten offen oder versteckt eine merkantil motivierte Debatte um nationale Stile, um Übernahme und Nachahmung, Anpassung und Anverwandlung, die nicht nur in Deutschland bis zum Vorschlag einer Nationaltracht reichte.[520] Obwohl Bertuchs Zeitschriften häufig französische und englische Geschmacksmuster empfahlen, benutzten sie etwa deutsch als Synonym für «natürlich», wodurch auch in diesem Rahmen zumindest unterschwellig ein Distinktionskriterium entstand.[521] Wenn es einen Nationalgeist gab, dann mussten die Vorstellungen vom Schönen und Wahren von Land zu Land differieren, so dass jedes seinen eigenen Stil und Geschmack zu entwickeln hatte. Der Übernahme des Fremden waren damit ‹natürliche› Grenzen gesetzt. Gerade in Deutschland wurde ein geschmacksbildendes Vorbild gesucht: Der patriotische Bürger verdrängte zwar den Höfling als gesellschaftliche Leitformation, fühlte sich aber allein gelassen zwischen Heimat, Nation und Weltbürgertum.

f) Geselligkeit und Gesellschaften

Das funktionale und überständische Bürgertum traf sich in Kaffee-, Tee-, und Wirtshäusern, im späteren 18. Jahrhundert auch in Salons.[522] Darüber hinaus entwickelte es eigene Formen der Geselligkeit, artikulierte und pflegte seine unterschiedlichen Bedürfnisse in patriotisch-gemeinnützigen Gesellschaften, die seit den 1760er Jahren von etwa 4–5000 Bürgern und Adligen zum Wohle ihrer Mitbürger organisiert wurden.[523] Sie bildeten den politischen Kern einer Selbstorganisation, die das Gemeinwohl zu ihrem Anliegen machte. Die 20–40 000 Mitglieder der 420 Lesegesellschaften verfolgten ähnliche Ziele.[524] Aufgrund der hohen Gebühren rekrutierten sie sich aus Adel und Klerus, Bildungs- und Kaufmannsbürgertum sowie denjenigen, die mit den Musen ihren Lebensunterhalt bestritten. Sie alle hatten sich der «Verfeinerung der Sitten und des Geschmacks», der «Verbreitung der Literatur und der Wissenschaften» sowie der «Wonne des gesellschaftlichen Lebens» verschrieben.[525] Man las politische, gelehrte und unterhaltende Journale, Romane und Reiseberichte, die das Gefühl der Teilhabe am Bildungserlebnis «Reisen» vermittelten.[526] Kritik und Vernunft, Bildung und Geschmack waren die klug gewählten Emanzipationsstrategien eines Bürgertums, das sich seiner Zukunft sicher war. In den selbstorganisierten Gesellschaften lernten die Patrioten, «sich intellektuell als Staatsbürger zu verstehen».[527] Die Konstituierung in unterschiedlichen Zirkeln wurde zur Basis einer nationalen und dennoch pluralen (Zivil-)Gesellschaft, die sich in kulturellen und ökonomischen Formierungen ausdifferenzierte. Daher konnten in den Sozietäten auch politische Meinungen so weit gebildet und verfestigt werden, dass sich daraus Handlungsaufträge ableiten ließen. Die Zahl aufgeklärter Gesellschaften war wohl wesentlich größer als lange angenommen.[528]

Carl Friedrich Bahrdt wollte 1786/87 das Reformpotential der Lesegesellschaften mit seiner «Deutschen Union» politisch unterwandern. Gelehrte und Schriftsteller sollten einen geheimen inneren Kern bilden, um die öffentliche Meinung im Sinne der radikalen Aufklärung zu steuern und den absolutistischen Staat sowie die Ständegesellschaft zu überwinden.[529] Die Deutsche Union spiegelt damit die Entwicklung eines Sozietätswesens, das in den 1780er Jahren von geheimen Gesellschaften dominiert wurde, den «Instanzen des Übergangs von der ständisch-korporativen zur bürgerlich-individuellen Ungleichheit».[530]

Um die eigene Meinung offen äußern zu können, aber auch, um die Aura des esoterischen Kerns nicht zu zerstören, war in vielen Sozietäten die Wahrung des (angeblichen) Geheimnisses oberste Pflicht und höchstes Ziel. Die Begründung Johann Carl Wilhelm Möhsens, Mitglied der Berliner Mittwochsgesellschaft, klingt plausibel und rational: Schutz vor den Wünschen mächtiger Patrone und vor individuellen Eitelkeiten der Mitglieder.[531] Über manche Probleme konnte wohl tatsächlich nur im Geheimen offen geredet werden, der Normalfall war dies aber nicht. Die Frage, ob Vorurteile prinzipiell zerstört werden müssten, selbst wenn sie «Gutes» bewirkten, wurde zwar unterschiedlich beantwortet, doch niemand glaubte, dies geheim halten zu müssen. Während die einen das Licht der Aufklärung überall wirken lassen und mit der Wahrheit nicht taktisch umgehen wollten, weil mit dummen Untertanen weder Kriege noch fremdes Geld zu gewinnen seien[532], trennten andere «zwischen aufgeklärter Elite und dem der Vormundschaft bedürfenden Rest».[533] Auf Wunsch König Friedrich II. ging daraus 1780 eine Preisfrage der Berliner Akademie hervor. Deren Formulierung bereitete Schwierigkeiten und lautete schließlich: «Kann irgend eine Art von Täuschung dem Volke zuträglich sein, sie bestehe nun darinne, dass man es zu neuen Irrthümern verleitet, oder die alten eingewurzelten fortdauern lässt?» Die Mittwochsgesellschaft nahm sich in den folgenden Jahren dieses Themas an. Die veröffentlichten Texte kritisierten unter anderem die Fragestellung und räsonierten über den Begriff «Volk». Alle Einsender lehnten die staatliche Zensur ab. Strittig blieb, ob «Wissen» über Religion oder Unterdrückungstechniken wirklich öffentlich gemacht werden solle bzw. ob man Despotismus auch noch begünstigen dürfe. Gefordert wurde eine gewisse publizistische Selbstbeschränkung.[534]

Johann Ludwig Ewald reduzierte später das Problem auf die Frage, wen es nicht bei dem Gedanken schaudere, dass das Volk über das «Dasein Gottes und eines künftigen Lebens grübeln, die Entstehung und die Rechte der Obrigkeit aus dem Naturrecht entwickeln, und durch Vernunftgründe unter sich ausmachen solle, ob es ein Eigentumsrecht gebe oder nicht».[535] Möhsen fragte Ende 1783 provozierend, warum die Aufklärung nach 40 Jahren der Freiheit zu denken, zu reden und zu publizieren nicht weiter vorgedrungen sei.[536] Ernst Christian Trapp könnte 1792 darauf geantwortet haben: «Daß die Leute nicht zu klug werden! ist laut und leise, die Losung aller derer, die verlieren müssten, wenn der große Haufe über die Verhältnisse des Menschen zu Gott, Kirche und Staat aufgeklärt würde. Die Fortdauer des Sklavenhandels und der Blindheit haben einerlei Ursachen.»[537]

Im großstädtischen Konglomerat Berlin gab es eine Vielzahl verschiedener Sozietäten.[538] Adlige und Bürgerliche trafen sich zudem mit Künstlern und Schriftstellern in etlichen Salons. Die von der Mittwochsgesellschaft betreute «Berlinische Monatsschrift» avancierte zum Zentralorgan einer vernünftigen politischen Aufklärung in Deutschland, und die Rationalität bestimmte das Leben zwischen Thron und Kirche, Katheder und Kaserne. Friedrich II. regierte als Despot selbst über Philosophie, Literatur oder Musik; Nicolai, Johann Erich Biester oder Friedrich Gedike beurteilten nach denselben Prinzipien den aufklärerischen Fortschritt in Deutschland. Lessing hatte schon 1769 die «Berlinische Freiheit» heftig kritisiert, denn sie reduziere sich «einzig und allein auf die Freyheit, gegen die Religion so viel Sottisen zu Markte zu bringen, als man will». Dagegen werde jeder, der die Wahrheit über die Rechte der Untertanen und den herrschenden «Despotismus» schreibe, schnell erfahren, «welches Land bis auf den heutigen Tag das sklavischste Land von Europa ist».[539] Obwohl sich die Berliner Aufklärung zwischen Wolffianern, von Frankreich beeinflussten Materialisten und den sogenannten Popularphilosophen formierte[540], ließ die preußische Freiheit wenig Raum für wirklich kritische und kreative Köpfe. Nach dem Tod Friedrichs II. verschärfte sich die Situation. Die Wöllnersche Restriktionspolitik[541] trug etwa Kant und Jenisch Verweise ein, Philipp Moritz schwieg und Wilhelm von Humboldt quittierte den Staatsdienst, zog nach Thüringen und genoss seit 1794 nicht nur die

Freundschaft Schillers, sondern auch die vergleichsweise liberale Atmosphäre Jenas.[542]

Zu diesem Zeitpunkt hatten die Geheimgesellschaften, die zuvor die kritische Öffentlichkeit in Deutschland dominierten, ihren Höhepunkt überschritten. Während viele Nichtmitglieder glaubten, Freimaurer oder Illuminaten planten den Umsturz oder die Revolution, propagierten diese die sittliche Erneuerung durch Reflexion und Kritik. Die «Berlinische Monatsschrift» zählte die geheimen Sozietäten 1784 daher unter die «Mittel zu antidespotischen Gesinnungen».[543] Aufgenommen wurden alle würdigen Männer unabhängig von Religion, Vaterland oder bürgerlichem Stand: Adlige und Bildungsbürger, Regierungs- und Verwaltungsvertreter, selbst Kaiser, Könige, Fürsten und Grafen ließen sich in die Geheimnisse der Orden einweihen, weil sie verborgenes, okkultes oder esoterisches Wissen suchten, weil sie unter Männern Empfindungen zeigen durften, oder weil sie sich von den geheimen Netzwerken Vorteile versprachen. Das elitär-homogenisierende Ideal von Leistung und Verdienst sowie die vorgebliche Gleichheit bis hin zu fast schon demokratischen Strukturen wirkten anziehend, verflüchtigten sich jedoch schnell, wenn Fürsten bei den Sitzungen anwesend waren.

Die Aura der Geheimgesellschaften resultierte in erster Linie aus dem «Geheimnis», das gegenüber der Außenwelt abgrenzte und den inneren Zusammenhalt stärkte. Die Geschichte der Freimaurerei in Deutschland begann 1737 mit einer in Hamburg nach englischem Vorbild gegründeten Loge, der viele weitere folgten. Mit der feierlichen Aufnahme wurde jeder Kandidat unter der Auflage strikter Verschwiegenheit in die ersten Grade der Mysterien eingeführt. Es herrschte die strenge hierarchische Ordnung der drei Grade des Lehrlings, Gesellen und Meisters. Die Freimaurer verstanden sich als privat-gesellige Vereinigung und zeigten sich weniger an politischen als an sittlich-moralischen Fragen interessiert. Weil Politik aber Macht- und Morallehre war, ließ sich das eine nicht von dem anderen trennen: Ideale Gesellschaftsutopien bilden stets eine Gefahr für die bestehende Ordnung, doch die Freimaurer wollten nicht in die Strukturen existierender Staaten eingreifen. Trotzdem waren allein in Preußen bis 1781 wenigstens 43 Logen entstanden; der «Großloge von Österreich» schlossen sich 1784 immerhin 61 Einzellogen an. Gab es um 1770 etwa 9000 «Geheimbündler» in Deutschland, so wuchs deren Zahl bis 1789 auf ungefähr 23 000.[544] Insgesamt scheint mehr als ein Promille der Bevölkerung in Geheimgesellschaften organisiert gewesen zu sein.

Die Geheimnistuerei der Orden und Sozietäten heizte die Verschwörungs- und Umsturzgerüchte weiter an. Insbesondere die 1776 von Adam Weishaupt, einem Ingolstädter Professor des Natur- und Kirchenrechts, gegründeten Illuminaten wurden maßlos überschätzt. Sie verstanden sich als «unsichtbare Kirche», weil sie noch in «unwirksamer Zerstreuung» lebten.[545] Mit ihrem Ordensgründer und seit 1780 auch mit dem Freiherrn Adolf von Knigge zählten sie höchst effektive Propagandisten zu ihren Mitgliedern. Letzterer warf seinem Führer jedoch Despotismus vor und verließ dessen Bund 1784 wieder. Der Orden setzte sich für wissenschaftliche und sittliche Verbesserungen ein und wollte die Gesellschaft ohne Gewalt nur durch Einflussnahme auf die Mächtigen reformieren. Weishaupt selbst behauptete beispielsweise in einer Anrede an die Illuminaten eines höheren Grades: Aufgeklärte Menschen bräuchten keine «väterliche Gewalt», wer andere nicht benötige, «ist frey: wer noch dazu andern nutzen kann, ist frey und ihr König». Mit den Völkern habe die Menschheit vor langer Zeit aufgehört, eine große Familie zu sein, denn der «Nationalismus trat in die Stelle der Menschenliebe». Die Vernunft aber werde Fürsten und Nationen gewaltlos zum Verschwinden bringen, denn «Aufklärung um andere wieder aufzuklären giebt Freyheit».[546] Der bayerische Kurfürst Karl Theodor verbot 1784 die Illuminaten wegen ihrer angeblichen Umsturzabsichten. Kaiser Joseph II. stellte 1785 alle Logen unter Polizeiaufsicht.

Den Illuminaten hatten sich auch zahlreiche Fürsten angeschlossen. Bevor der preußische Thronfolger Friedrich Wilhelm den christlich-konservativen Rosenkreuzern beitrat, hatte auch er die Mitgliedschaft angestrebt, denn er glaubte, die Illuminaten würden von Kaiser Joseph II. kontrolliert. Dieser wiederum vermutete, Friedrich II. könne sich «der Freimaurer und Illuminaten bedienen»[547], während Weishaupt fürchtete, zum «Sclav von Österreich» zu werden.[548] Solche Vermutungen und die vielen Polemiken wie diejenige Ernst August Anton von Göchhausens, der die Freimaurer beschuldigte, einen Staat im Staate zu bilden, um die Weltbürgerrepublik vorzubereiten[549], ließen die Gesellschaften weit mächtiger erscheinen, als sie wirklich waren. Der Wiener Publizist Leopold Aloys Hoffmann brachte 1787 die Angst auf den Punkt: «Untergrabung der Religion der Christen – und – Umschaffung der Freimaurerei zu einem verderblichen politischen Sistem ist Absicht und Endzweck der kosmopolitischen Verbrüderung.»[550] Auch Johann August Starck machte in seiner Verschwörungstheorie die deutschen Illuminaten unterschiedslos für den Josephinismus, die Französische Revolution und den Plan zur «Entchristung und Republikanisirung der ganzen Welt» verantwortlich.[551] Für solche Behauptungen fehlten jedoch wirklich überzeugende Belege. Die arkanen Netzwerke begannen und endeten im Geheimen.

Goethe hatte sich im Juni 1780 der Weimarer Freimaurerloge Anna Amalia angeschlossen[552] und am 2. März 1782 zusammen mit Carl August den Meistergrad erhalten. Nachdem die Weimarer Loge im Zuge der Wirren um die Strikte Observanz 1782 geschlossen worden war, traten beide den Illuminaten bei. Über die Geheimnisse zeigte sich Goethe enttäuscht: «In der kleinen Welt der Brüder» gehe es zu «wie in der großen, und in diesem Sinne hat es mir viel genutzt diese Region zu durchwandern [...] Und aufrichtig, wenn man vernünftig und wohltätig seyn will und weiter nichts, so kann das jeder für sich und am hellen Tage in seinem Hauskleide».[553] Herder wandte sich vor allem gegen den blinden Gehorsam, mit dem der Mensch sein Menschsein verliere.[554] Er empfahl dem Markgrafen Karl Friedrich von Baden 1787 stattdessen die Gründung einer Akademie[555], um Künstler und Wissenschaftler staatlich zu fördern und sie so den Geheimgesellschaften zu entziehen. Wieland kannte keine Wahrheit, die sich nicht «irgendwo in unserem gemeinschaftlichen Vaterlande [...] mit aufgedecktem Angesichte zeigen» dürfe.[556] Verbal im Sinne der Aufklärung sollten seines Erachtens überhaupt nur diejenigen wirken dürfen, die auf Kanzeln und Kathedern lehrten. Alle anderen sollten publizieren, weil man dann ihre Positionen korrigieren könne.[557]

Freimaurer und Illuminaten beflügelten landauf und landab die Phantasie ihrer Gegner, weil wenig über diejenigen bekannt war, die sich im Zeichen des Geheimnisses versammelten. Dabei blieb es eine unbewiesene Vermutung, dass in den Logen politisch brisantere Ideen diskutiert wurden als in manchen Journalen. Die geheimen Planspiele erfüllten zudem «Ventilfunktionen» und haben auch damit die Gesellschaftsordnung eher stabilisiert als erschüttert. Die von Herrscher und Staat geduldeten Geheimgesellschaften konnten wenig über ihren eigenen Kreis hinaus bewegen, weil diejenigen, die nicht dazugehörten, ihre Gegner waren: Sie vermuteten Intrigen, Umsturz und Revolution oder hielten die angeblichen Geheimnisse für bloße Einbildung. Die Untertanen-Bürger mussten erst noch lernen, sich auch in der Öffentlichkeit als Bürger zu verstehen. Für die Einübung in die bürgerliche Praxis waren arkane und nicht-arkane Sozietäten freilich gleich wichtig, denn beide forderten und förderten die freie Entscheidung und die gesellschaftliche Selbstverantwortung in einer zunächst nur imaginierten bürgerlich-egalitären Welt.

g) Bürgerliche Freiheit, Staat und Kosmopolitismus

Das in den Sozietäten erprobte Bündnis von Thron, aufgeschlossenem Adel, aufstrebendem Bürgertum, engagierten Schriftstellern und autonomen Künstlern, die Kombination aus erblicher Macht, funktionaler Elite und Boheme, hat die Transformation von der ständischen zur bürgerlichen Gesellschaft auf den Weg gebracht. Allerdings blockierte das Bündnis den Übergang vom rechtlich freien und gleichen Untertanen-Bürger zum partizipierenden Staatsbürger, der nicht nur vernünftigen Gesetzen gehorchte, sondern sich diese selbst geben konnte. Während seine Kritiker König Friedrich II. zum Despoten erklärten, verbreiteten seine Anhänger das Bild eines Königs, der nur die «Vernunft» zur Richtschnur seines Handelns erhoben habe. Er stand angeblich über den bürgerlichen Parteiungen, da seine Interessen und diejenigen des Gemeinwesens identisch seien. Selbst Kant glaubte, den Realtypus eines aufgeklärten Königs zu verehren. Er wollte auf alle institutionellen Vorkehrungen verzichten und derartige Herrscher allein durch Pressefreiheit und öffentliche Kritik kontrollieren.[558] Der Wiener Aufklärungskritiker Leopold Aloys Hoffmann bemerkte allerdings ganz richtig: Friedrich II. sei von den Aufklärern, wie bei «allen Apotheosen und Kanonisationen», erst nach seinem Tode, als sie seinen Widerspruch nicht mehr fürchten mussten, zum «Hauptpatron ihrer Sekte» ausgerufen worden. Damit hätten sie allerdings «einen Koloß von Beschützer gewonnen [...], ein König, wie keiner war, und wie nie einer sein wird».[559]

Am Ende des 18. Jahrhunderts schien die absolute Herrschermacht die Voraussetzung für Freiheit und Reformen zu sein. Einem Weimarer Verwaltungsbeamten kam Friedrich II. gerade dadurch noch größer vor, dass er dem Volk die politische Freiheit vorenthalten habe, weil es dafür noch nicht reif gewesen sei.[560] Daniel Jenisch rationalisierte den Berliner Weg: «Die Preußische Regierung scheint überhaupt ihre Staatsbürger aller Teilnahme an den öffentlichen Angelegenheiten nur deswegen zu überheben, damit er in seinen einzelnen Angelegenheiten desto mehr als ein freier, unabhängiger, durch Vernunft und durch sein wohlverstandenes Interesse einzig geleiteter Mensch handeln könne.»[561] Die neue Idee bürgerlicher Handlungsfreiheit wurde einseitig gegenüber der alten Forderung nach politischer bzw. republikanischer Mitbestimmungsfreiheit privilegiert. Diese wertende Unterscheidung zwischen positiver und negativer Freiheit, die Isaiah Berlin Mitte des 20. Jahrhunderts auf den Begriff brachte[562], hatte schon im 18. Jahrhundert aus Despoten Freiheitshelden werden lassen.

Herder hatte 1765 in seiner Schrift «Haben wir noch jetzt das Publikum und das Vaterland der Alten?» diese beiden Freiheitsvorstellungen richtungweisend unterschieden: Erstere sei darauf gerichtet, «selbst das Rad des Staats lenken zu wollen», die Gegenwart kenne jedoch eine «feinere und mäßigere Freiheit, die Freiheit des Gewißens, [...] die Freiheit, unter dem Schatten des Thrones seine Hütte und Weinstock in Ruhe genießen zu können, und die Frucht seines Schweißes zu besitzen; die Freiheit, der Schöpfer seines Glückes und seiner Bequemlichkeit, der Freund seiner Vertrauten, und der Vater und Bestimmer seiner Kinder seyn zu können».[563] Herder hielt die Rede bei der Eröffnung des neuen Justizgebäudes in Riga zu Ehren der Zarin Katharina II. Er verband das Lob der aufgeklärten Herrscherin mit einem spektakulären Freiheitsappell und wies so einen Weg aus der absolutistisch-despotisch regierten Welt, in der die Intellektuellen auf die Werte und Tugenden der antiken Republiken blickten, sich aber den Monarchen unterwarfen.

1819, ein halbes Jahrhundert später, machte Benjamin Constant die

Differenz zwischen alter und neuer Freiheit europaweit populär: «Das, was die Alten erstrebten, war die Verteilung der staatlichen Gewalt unter alle Bürger eines Landes: Das war es, was sie Freiheit nannten. Die Modernen erstreben Sicherheit im privaten Genuß; sie bezeichnen als Freiheit die Rechtsgarantien, die die Institutionen diesem Genuss gewähren.»[564] Constant ergänzte Herder mit der Idee des Staatsbürgers und dem Repräsentativsystem, das den Monarchen daran hindern sollte, willkürlich mit der Freiheit umzugehen. Doch auch Herder hatte dieses Problem schon in den 1780er Jahren bedacht, als er die absolutistischen «Regierungen» in einem Brief an Knebel «eine Schande für die Menschheit» nannte. Dies aber wollte er so nicht publizieren, und auch der Geheimrat Goethe riet ihm davon ab.[565]

Auch andere deutsche Publizisten feierten zwischenzeitlich die bürgerliche Freiheit. Johann Gottlob Benjamin Pfeil antwortete auf eine entsprechende Preisfrage der Erfurter Akademie: Bürgerliche Freiheit sei «uneingeschränkter Genuss der Rechte, deren ich mich bedienen muss, wenn ich als vernünftiger Mensch, als guter Bürger und als wahrer Christ meiner Bestimmung gemäss leben will».[566] Fortan konnte «selbst in einer Despotie [...] wahre Freyheit seyn, wenn der Regent – weise und gut ist».[567] Die Physiokraten klagten sicheres Eigentum sowie Menschen- und Bürgerrechte ein: «Dann ist der Bürger frei, wenn man sein Gewissen, Eigentum, Nahrung und Gewerbe nach regelmäßigen Grundsätzen lenkt und wenn ihn nichts anderes als das gemeinschaftliche Beste zu persönlichen Diensten oder zu öffentlichen Abgaben antreibt.»[568]

Die aufgeklärten Herrscher wurden für das Ende von Folter, Zensur, Leibeigenschaft, Frondiensten und Konfessionszwang, den Abbau kirchlicher Macht und höfischer Prachtentfaltung, die Verbesserung von Schulwesen, Administration, Infrastruktur und Gesetzgebung, die Einrichtung von Armenkassen und Versicherungen, die Agrar- und Gewerbereformen und vieles mehr gerühmt. All dies sollte die Menschen glücklicher machen. In ganz Europa diskutierten die Eliten über den idealen Staat der Freiheit und Vernunft, der in einem patriarchalisch-fürsorglichen, aber despotisch regierten Interventions- und Umverteilungsstaat ohne Kontrollinstanzen am ehesten realisiert schien. Nach dem Tode Ludwigs XIV. wurde jedoch im krisengeschüttelten Frankreich mit der Entdeckung der fränkischen Eroberung Galliens im achten Jahrhundert die germanische Freiheit zum mythischen Erbe und bei Henri de Boulainvilliers oder Montesquieu zum Vorbild im antiabsolutistischen Kampf.[569]

Während Montesquieu die Regierungsform einer limitierten Monarchie als Modell für große Staaten befürwortete, wurde unter den deutschen Aufklärern das Muster des guten Alleinherrschers bevorzugt. Der aufgeklärte Fürst sollte Freiheit durch Unfreiheit erzwingen, um die

Republik zu realisieren. Der Monarch habe «das Volk nach Prinzipien zu behandeln, die dem Geist der Freiheitsgesetze (wie ein Volk mit reifer Vernunft sie sich selbst vorschreiben würde) gemäß sind, wenn gleich den Buchstaben nach es um seine Einwilligung nicht befragt würde».[570] Von den drei Staatsformen – Fürsten-, Adels- und Volksherrschaft – ist für Kant die letztere «notwendig ein Despotism [...], weil alles da Herr sein will», und es weder Gewaltenteilung noch Repräsentation geben könne. Demokratische Regierungen, so die allgemeine Befürchtung, blockierten den gesellschaftlichen Wandel, weil ein Regiment von Hausvätern nur die eigenen Rechte bewahren wolle. Schlözer distanzierte sich deswegen schon in den 1770er Jahren von der amerikanischen Demokratie, welche «die ärgste Sklaverei» sein könne. Er habe Angst vor einem asiatischen Despoten. «Aber noch fürchterlicher ist mir der demokratische Despote [...] Gegen jenes Wut läßt sich doch im Notfalle noch appelliren: aber wer kan diesen bändigen?»[571] Der Kant-Schüler Johann August Eberhard sprach 1794 vom «Volksdespotismus»: Die Selbstregierung sei «vernunftlose Willkühr», weil das Volk nicht genötigt werden könne, «seine Leidenschaft durch Gesetze einzuschränken».[572]

Einig waren sich fast alle Aufklärer darin, dass die «Eigenmacht der Aufklärung [...] Volksfreiheit im Denken, Reden, Handeln» erfordere, während die «Feudaleigenmacht Volkeszwang» nach sich gezogen habe.[573] Ohne Meinungsfreiheit könnten Regenten nicht öffentlich auf ihre Versäumnisse hingewiesen werden. Kants ungeteilte Aufmerksamkeit galt jedoch den Grenzen der bürgerlichen Freiheit, nicht denjenigen des Staates, damit der Einzelne nicht die Freiheit der Anderen verletze. Deswegen müsse die «Freiheit unter äußeren Gesetzen im größtmöglichen Grade mit unwiderstehlicher Gewalt verbunden» sein. Der Mensch benötige einen Herrn, «der ihm den eigenen Willen breche, und ihn nötige, einem allgemein-gültigen Willen, dabei jeder frei sein kann, zu gehorchen».[574] Kant reaktiviert die Vorstellung des im Naturzustand bösen Menschen und eines Gesellschaftsvertrags, der den Herrscher legitimiert, das Volk zu disziplinieren. Der erste Definitivartikel seiner Schrift «Zum Ewigen Frieden» widerspricht dem nur scheinbar. Danach soll die bürgerliche Verfassung in jedem Staate republikanisch sein, weil hier alle Menschen als Glieder einer Gesellschaft frei und keinem anderen Gesetz unterworfen seien, «als zu denen ich meine Beistimmung habe geben können». Trotz der kategorischen Bindung der Republik an das Gewaltenteilungs- und das Repräsentationsprinzip will Kant die Herrschaft nicht dem Volk und die Legislative nur möglichst wenigen anvertrauen: Je kleiner die Zahl der Herrscher, je größer die Repräsentation, desto «mehr stimmt die Staatsverfassung zur Möglichkeit des Republikanism und sie kann hoffen, durch allmähliche Reformen sich dazu zu erheben». Nur ein aufgeklärter Monarch könne den Staat in eine «vollkommen rechtliche Verfassung» trans-

formieren, in einer Demokratie führe dies zur Revolution. Diese will Kant
der Menschheit ersparen und akzeptiert dafür Despotismus, der «unter
der Obergewalt eines Einzigen» noch am erträglichsten sei.[575]
Kant gilt als Wegbereiter der liberalen Republik, andere forderten den
unbedingten Schutz der Menschenrechte. Sie klagten neben der Presse-,
Eigentums-, Gewerbe- und Gewissensfreiheit auch die Freiheit und
Sicherheit der Person sowie die Gleichheit vor dem Gesetz ein. Das Ei-
gentumsrecht galt als Dreh- und Angelpunkt, denn es wurde umfassend
verstanden und bezog sich nicht nur auf den Besitz, sondern auf den
Menschen selbst, auf die freie Disposition über seine Fähigkeiten und
Tätigkeiten. In den ausufernden Diskursen um Recht und Freiheit,
Gemeinwohl und Selbstbestimmung schien niemand die Basis der
Reichsverfassung verlassen zu wollen oder zu können. Für den Mainzer
Jakobiner Georg Forster leuchtete 1790 aus der Niederschlagung der
Revolution in Lüttich «die tröstliche gewißheit hervor, daß, solange die
deutsche Reichsverfassung unangetastet besteht, die Ausführung einer
Revolution innerhalb der Gränzen Deutschlands schlechterdings un-
möglich bleibt».[576] Dennoch hielt er zwei Jahre später die Reichskonsti-
tution für eine «höchstgebrechliche Polterkammer», in der ein Gespenst
spuke, das sich für den Geist der deutschen Freiheit ausgebe.[577] Wenn ein
Anonymus aus dem Begriff «deutsche Freiheit» ableitete, dass die ganze
Nation daran beteiligt sein müsse, nicht nur Fürsten und Stände, war
dies ein gewagter Schluss, aber eine zeitgemäße Forderung. «National-
Freiheit muß auf alle Teile, Glieder und Stände der Nation würken.»[578]
Das unbedingte Eintreten für die bürgerliche Freiheit richtete sich selten unmittelbar gegen die Fürsten, die meist als gut und gerecht, notfalls
als schlecht beraten dargestellt wurden. Vielmehr kämpfte man gegen das
nutzlose Hofleben. Der Herrscher sollte in paternalistischer Manier dafür sorgen, dass auch gegen den Widerstand von Gewohnheiten und Traditionen oder von regionalen, ständischen, konfessionellen, korporativen
oder individuellen Interessen das Ziel eines vernunftgeleiteten Zusammenlebens nicht verfehlt wurde.
1788 ging ein anonymer «Bürger Teutschlands» davon aus, dass die
mächtigen Reichsstände ihre Gebiete vom Reich abgerissen hätten und
die weniger mächtigen dem Kaiser jeden Einfluss verweigerten, so dass er
nur noch gegenüber den ohnmächtigen wirken könne. In den Landen der
kleineren Reichsstände herrsche daher Freiheit, Eigentumssicherheit und
Wohlstand. Auch ohne Preußen und Österreich lasse sich auf einer Verfassung aufbauen, die Freiheit und Eigentum sichere.[579] Der publizistisch
rührige Heilbronner Ratskonsulent Christoph Ludwig Pfeiffer unterschied etwa zur gleichen Zeit zwischen einer deutschen Volksfreiheit und
der deutschen Reichsfreiheit. Der deutsche Untertan bilde sich die Freiheit nur ein, müsse aber eigentlich über seine «wahre Sklavengestalt» er-

schrecken. Im Bauernkrieg habe man das «unteutsche Joch mit altteutschem Freiheitsgeist» brechen wollen, doch die Verfassung sei danach in «einen Reichsstaat [...] umgemodelt» worden.[580]

Als Ende der 1780er Jahre solche Texte geschrieben wurden, hatten die französischen Philosophen den monarchischen Reformdespotismus bereits überwunden. Nachdem Voltaire über unveräußerliche Menschenrechte, Montesquieu über die absolute Bindungswirkung der Gesetze und Rousseau über die naturrechtliche Gleichheit aller Menschen aufgeklärt hatten, errangen die Franzosen die wirkliche Volkssouveränität. Die deutschen Aufklärer lavierten hingegen weiter zwischen fürstlichen Herrschaftsansprüchen, ständischer Ordnung und den Geboten der Vernunft. Obwohl auch sie die bürgerliche Gesellschaft antizipierten, setzten sie auf eine Selbstreform des Absolutismus: «Langsam wird die Revolution freilich geschehen, aber sie geschieht! Die Aufklärung steigt, wie in Frankreich, von unten herauf: aber sie stößt oben an Aufklärung: wo gibt es mer cultivierte Souverains als in Deutschland? [...] Fürsten werden Fürsten bleiben, u[nd] alle deutschen Menschen freie Menschen werden.»[581] Johann Jacob Moser kritisierte freilich, dass immer mehr Herren, «ihre Landeshoheit auf eine souveraine, oder despotische Weise» ausübten.»[582] Alleinherrschaft blieb für ihn auch dann «Despotismus», wenn die Macht zu positiven Zwecken gebraucht wurde. Selbst ein europaweit geachteter Reformer wie der Großherzog von Toskana und spätere Kaiser Leopold geriet unter Despotismusverdacht. Sein 1779 vorgelegter Verfassungsentwurf band den Herrscher an die Zustimmung einer Repräsentativversammlung. Leopold wurde daraufhin beschuldigt, unter dem Vorwand des gemeinen Besten, die Vorrechte des Adels und der Korporationen zu beseitigen, um alleine regieren zu können. Das Volk brauche, «um frey zu werden, nur einen Tyrannen. Den Despoten hat es schon».[583]

Die Französische Revolution und die zündende Parole «Freiheit, Gleichheit, Brüderlichkeit» signalisierten, dass die monarchische Alleinherrschaft nicht mehr unumstritten war. Das französische Volk hatte sich zur politischen Nation erklärt und in einem bisher unbekannten Umfang Eigentums- und Freiheitsrechte durchgesetzt. Auch in Deutschland galt nicht mehr unumschränkt, dass nur ein Alleinherrscher vernünftige Politik garantiere. (Proto)liberale Einlassungen verbanden individuelle Freiheits- und Menschrechte mit limitierten, durch eine Konstitution zu zähmenden Regierungsformen. Das jüngere Naturrecht verzichtete ganz auf die Denkfigur eines vorstaatlichen Naturzustandes. Es setzte den Staat voraus, die Menschenrechte waren nicht an einen Herrn abgetreten worden und dieser hatte folglich kein Recht, sich in die Angelegenheiten der Bürger einzumischen.

Der neue Staat sollte nur noch sichere Rahmenbedingungen garantieren. Ein Anonymus markierte 1794 die Scheidelinie und den für die deutschen Publizisten typischen Mittelweg der Vernunft: «Ich halte Freyheit die gegen willkührliche Gewalt sichert, und Gleichheit vor dem Gesetz, für angebohrne Menschenrechte, und für so unverletzlich als die Rechte der Regenten; die Grundsätze hingegen von Freyheit, Gleichheit und Volks-Souverainität, wie sie itzt in Frankreich geprediget werden, für gefährlich, und bürgerliche Ordnung vernichtend.» Es sei allerdings genauso töricht, die Fürsten grundsätzlich für gut zu halten. Deswegen müsse es eine «festgegründete, willkührliche Macht einschränkende, Verfassung» geben.[584] Mit dem Kampf der Volksaufklärer gegen Tyrannen und für bürgerliche Tugenden und Konstitutionen mündete die Aufklärung in den politischen Liberalismus:[585] Die Herrscher erhielten neue Auflagen wie die naturrechtliche Bindung oder die Verpflichtung auf ihre eigenen Gesetze und den Staatszweck. Zudem wurden politische und bürgerliche Freiheit für die wachsende Zahl der Wissenden gefordert.[586]

Allerdings wurde der aufgeklärte Zwangs- und Vernunftstaat noch gebraucht, den vor allem Pufendorf, Wolff und Thomasius erdacht und begründet hatten, der den Rechten der Individuen vorgeordnet war und den die Aufklärer bis in die 1780er Jahre verbessern wollten. Dieser änderte im Zuge der Debatten um bürgerliche Freiheit, Menschenrechte und eine vom Staat unabhängig gedachte (Zivil-)Gesellschaft nur seinen Charakter. Der von Rousseau und Shaftesbury gleichermaßen beeinflusste Wilhelm von Humboldt entwickelte 1792 eine «aufgeklärt-liberale» Theorie vom Staat, der die «Gewißheit der gesetzmäßigen Freiheit» garantieren solle[587], weil dies der Mensch selbsttätig nicht erreichen könne. Weitere positive Staatszwecke wie die individuelle Glückseligkeit und Wohlstandsmehrung oder die Verbesserung der Sitten und des Charakters der Nation lehnte Humboldt ab. Dies führe zur Untätigkeit, bedrohe die Freiheit, schade der Erziehung zur Selbstverantwortung und verhindere das Entstehen einer Gesellschaft freier Bürger. Der Staat solle seine Bürger nicht kontrollieren, sondern ihnen die gesetzmäßige Freiheit garantieren, damit sie sich als menschliche Wesen entwickeln könnten.

Während Kantianer wie Tieftrunk den Staat und dessen Regenten beauftragten, die Nation zu veredeln und den Eigennutz als Quelle aller Empörung zu unterbinden[588], radikalisierten Hegel, Friedrich Hölderlin und Friedrich Wilhelm Joseph Schelling noch vor der Jahrhundertwende im Tübinger Stift Humboldts Staatsidee. Ihre damaligen Vorstellungen fasste Hegel im «Ältesten Systemprogramm des deutschen Idealismus» zusammen: «Wir müssen also über Staat hinaus! – Denn jeder Staat muß freie Menschen als mechanisches Räderwerk behandeln; und das soll er nicht; also soll er aufhören.»[589] In seinen kurz nach 1800 entstandenen «Fragmente[n] einer Kritik der Verfassung Deutschlands» setzt Hegel jedoch auf einen zentralisierten Machtstaat, der sich zu beschränken weiß. Was nicht dazu diene, das Monopol staatlicher Gewalt zu organi-sieren, solle «der Freyheit der Bürger überlassen» bleiben, «ohne alle Rücksicht auf Nutzen, denn die Freyheit ist an sich heilig».[590] Den Staat nannte Hegel später «die Wirklichkeit der sittlichen Idee»[591], der das friedliche Nebeneinander der Individuen erzwingen müsse.

Dieser liberalen Staatsdoktrin widersprachen die Romantiker. Sie op-ponierten mit ihren Entwürfen zur Selbstorganisation des Individuums und autonomer Gruppen gegen den fremd gesteuerten Maschinenstaat. Die Bürger sollten sich ihre Gesetze selbst geben, daher forderte der or-ganische Staat der Frühromantiker eine höchst differenzierte Verfassung «with a plurality of sources of authority, so that power was always shared among many groups rather than monopolized by an elite». Die Früh-romantiker wollten sowohl das mittelalterliche Korporationswesen be-wahren als auch die modernen Freiheitsrechte etablieren, damit der Staat nicht von einem Punkt aus despotisch beherrscht werden könne. Ob ein monarchischer, revolutionärer oder demokratischer Souverän regierte, spielte für sie solange keine Rolle wie Mitbestimmung und Kontrolle gewährleistet waren.[592] Die Romantiker orientierten sich am Heiligen Römischen Reich und weil dieses als Staat nicht mehr funktionierte, idealisierten sie das, was sie für dessen mittelalterlichen Zustand hielten.

Für einen Großteil der deutschen Vordenker stand das Herrschafts-modell «Staat» freilich mit dem Niedergang des Reiches zur Disposition. Friedrich Schiller oder Johann Gottlieb Fichte betrachteten den Staat als ein notwendiges Durchgangstadium, um das Überleben der Menschheit zu sichern. Der Reichs-Staat hatte nicht nur ihres Erachtens keine Zu-kunft und Deutschland schien damit das geeignete Laboratorium, um den «Wandel durch Vernunft» in Szene zu setzen: Im Vertrauen auf die Kohäsionskraft der deutschen Nation sollte der Übergang in die Welt-bürgerrepublik ohne staatlichen Zwang erfolgen.

Herder hatte schon 1774 den «Nationalism» gewürdigt, weil das Vor-urteil der Nationen gegeneinander «glücklich mache. Es drängt die Völ-ker zu ihrem Mittelpunkte zusammen, mache sie vester auf ihrem Stamme, blühender in ihrer Art, brünstiger und also auch glückseliger in ihren Neigungen und Zwecken. Die unwissendste, vorurtheilendste Na-tion» sei dann oft die erste: «das Zeitalter fremder Wunschwanderungen, und ausländischer Hoffnungsfahrten ist schon Krankheit, Blähung, un-gesunde Fülle, Ahndung des Todes!»[593] Damit führte Herder die Natio-nalgeist- und die Patriotismusdebatte zusammen, und er öffnete beide dem Weltbürgerdiskurs. Bisher hatten die kosmopolitisch orientierten Autoren im Patriotismus meist nur ein ehrenwertes Gefühl erkannt, das der Liebe zur Menschheit untergeordnet werden müsse, weil sonst der Kampf aller gegen alle drohe. Herder sah die Nationen oder Völker als

Grundeinheiten eines Weltbürgertums. Die Menschheit konnte sich seines Erachtens ihre Dynamik nur bewahren und die von ihm selbst lancierte Vorstellung vom «müßigen Kosmopoliten» überwinden, dessen Herz «eine Hütte für Niemand» sei[594], wenn sie die kulturelle Vielfalt förderte. Das kosmopolitische Ordnungskriterium sollte nicht Homogenität, sondern eine geregelte Pluralität sein.

Lessing hatte 1778 in «Ernst und Falk», dem Gespräch über Freimaurerei, die Idee der Weltbürgerrepublik eher beiläufig kritisiert und konkretisiert. Nicht alle Menschen könnten in einem einzigen Staat leben, denn selbst mit der besten Verfassung ließe sich ein «so ungeheurer Staat» durch nichts und niemand verwalten und müsse sich zwangsläufig in mehrere kleine Staaten unterteilen. Lessing ging es jedoch nicht um Staaten, sondern um Franzosen und Deutsche, Holländer und Spanier, die es auch weiterhin geben werde und die ein weniger großes Ganzes als den Weltstaat bildeten. Darin erkannte er ein Prinzip: Die bürgerliche Gesellschaft führe die Trennung in weniger große Teile immer weiter fort, denn «die Menschen sind nur durch Trennung zu vereinigen.»[595] Sobald die Menschen ihr Schicksal selbst gestalten mussten, da sie nicht mehr durch Herrschaft oder Zwänge fremdbestimmt wurden, benötigten sie unterschiedlich strukturierte politische, gesellige und sozial-ständische Einheiten bis hinab zu den dem Einzelnen vertrauten Zirkeln und Milieus, um die Willensbildung zu organisieren. Diese Pluralisierung bildete eine notwendige Voraussetzung gesellschaftlicher Selbstorganisation. Kants brillanter Essay «Zum Ewigen Frieden» griff dieses Konzept auf, verkürzte es aber auf die Beziehung Staatsbürger-Republik-Weltgesellschaft.

Schon vor der Französischen Revolution wurde in Deutschland über die Nationen und ihre Rolle in der künftigen Weltbürgerrepublik diskutiert. Waren sie nur ein geduldetes Übel, eine Verirrung auf dem Weg zum Kosmopolitismus oder konnte es ohne sie weder Einheit noch kulturelle Mannigfaltigkeit geben, weil jede an ihrem Ort das Wahre, Schöne und Gute verkörperte? Laut Jean Paul war «eine ausgelöschte Nazion durch keine andere [...] zu ersetzen, geschweige aber die Deutsche».[596] Die kosmopolitisch gesinnten Autoren definierten die zukünftige soziopolitische Organisation jedoch nie genauer, so dass sich ihnen das Problem in dieser Zuspitzung nicht stellte. Allerdings fragten sie, was die deutsche Nation zusammenhalte, wenn der Reichs-Staat fortfalle: der Stolz auf Kaisertum und Reichsverfassung, die eigene Sprache, Kultur und Wissenschaften, die «deutsche Freiheit»?

Für Wieland bildeten beispielsweise der Reichspatriotismus und eine Reichsverfassung, die Freiheit und Mannigfaltigkeit garantierte, das wichtigste Band des Zusammenhaltes und eine gute Basis, um eine weltbürgerliche Entwicklung anzustreben.[597] Er selbst zählte sich zu der kleinen Schar auserwählter Weltbürger, die das Geschehen kommentierten, ohne handelnd einzugreifen.[598] Mit dem fortschreitenden Verfall des Reiches geriet jedoch auch dieser Kosmopolitismus unter Druck: «Damit trösten sich wenigstens die Gelehrten, welche sich für Sprecher der deutschen Nation halten. [...] Aber ihr Schreiben kommt nicht an seine Adresse und man spottet obendrein der Repräsentanten, die niemand repräsentieren.»[599] Als die Französische Revolution ihr weltbürgerliches Versprechen verfehlte[600], erklärte Wieland die kosmopolitischen Tugenden zu Verhaltensweisen guter Staatsbürger.[601] Zugehörigkeit dürfe nicht länger durch Sprache, Sitten, Traditionen oder Gebräuche bzw. durch die Zufälle der Geburt bestimmt werden, sondern müsse dem freien Willen der Individuen überlassen werden. Franzose war demnach, wer die Zielsetzungen der Revolution teilte oder durch sie vom Joch der feudalen Mächte «befreit» wurde. Die Expansionskraft der französischen Nation bildete in Deutschland keine attraktive Alternative, weil sie vom jakobinischen Terror und später von der drohenden Universalmonarchie Napoleons begleitet wurde. Die Idee der Nation als Plebiszit hätte allerdings für die Weltbürgergesellschaft bedeutet, auf «angeborene» Merkmale völlig zu verzichten und die Nationen ausschließlich als Untergliederungen im nie endenden Wettbewerb um die beste Ordnung und die größtmögliche Freiheit zu verstehen.

Selbst die Kosmopoliten, die das ferne Ziel der Weltbürgerrepublik wenig konkret und meist als regulative Idee propagierten, konnten sich jedoch der staatlich-herrschaftlichen Realität nicht entziehen. In Deutschland wurde wie nirgends sonst um die Vermittlung zwischen Kosmopolitismus und Patriotismus gerungen, während die beiden Haltungen in Frankreich einen Gegensatz bildeten.[602] Der nur Vernunft und Humanität verpflichtete Weltbürger – frei von Vorurteilen aller Art[603] – liebte alle Menschen wie seine Brüder, deren Bestes er befördern und die er «durch Warheit und Tugend glücklich» sehen wollte.[604] Solche säkularen ‹Heiligen› fanden sich in der Realität jedoch selten. Die Menschen blieben als Teil ihrer Familien, Mitglieder von Sozietäten, Bürger von Kommunen und Staaten, Völker und Nationen kulturell gebundene Wesen. Auch der als ideal gedachte Weltbürger konnte ohne diese Gesellungsformen nicht leben, sollte jedoch in der Lage sein, solche Bindungen zu hinterfragen und das Verhältnis zur eigenen Nation kosmopolitisch zu bestimmen.

h) Gleichheit und Emanzipation

Wie konnte ein Bürger sein Vaterland lieben, ohne dessen Gestaltung beeinflussen zu können? Die Französische Revolution propagierte nicht nur Freiheit, Gleichheit und Brüderlichkeit, sondern führte eine Konstitution ein, die zwischen Menschenrechten und Bürgerrechten unterschied. Die Gleichheit aller Menschen endete bei der politischen Mitbestimmung, die männlichen Franzosen mit entsprechendem Eigentum oder Einkommen vorbehalten blieb. Wieland monierte 1792 diesen demütigenden Unterschied zwischen Aktiv- und Passiv-Bürgern sowie den Zensus, der es von «etlichen Sous mehr oder weniger» abhängig mache, ob ein Franzose «an der einzigen gesetzmäßigen Ausübung der Nationalsouveränität, an Erwählung seiner Repräsentanten» teilnehmen dürfe.[605] Wieland hatte Recht, doch warum kritisierte er nicht den Ausschluss der Frauen bei den Wahlen? Und warum hob er nicht hervor, dass die Nationalversammlung nach intensiven Debatten 1791 die völlige staatsbürgerliche Gleichstellung der Juden beschlossen hatte?[606] Das Beispiel dieser beiden Gruppen zeigt, wie und mit welchen Argumenten um Freiheit, Gleichheit und Emanzipation gerungen wurde.

In Deutschland hatten auch die Juden von den Ansätzen zu Gewissensfreiheit und Toleranz profitiert. Dennoch waren selbst die reichen und gebildeten unter ihnen der christlichen Bevölkerung nicht gleichgestellt, mit der sie geschäftlich und gesellig verkehrten. Die Masse der Juden lebte als Parallelgesellschaft mehr neben als mit den Christen und unterlag diskriminierenden Bestimmungen und Sonderabgaben. Sie durften die meisten Berufe nicht ausüben, standen aber unter dem besonderen Schutz des Kaisers bzw. der Fürsten oder Magistrate, die sie erfahrungsgemäß und so weit dies in ihrer Macht stand vor Übergriffen schützten. Seit dem Altertum hatten die Juden Verträge mit der höchsten politischen Macht geschlossen, und sie waren mit den «Königsbündnissen» im Großen und Ganzen gut gefahren.[607] Mit Sondersteuern hatten sich die Judengemeinden Autonomie und ihre Integration in den jeweiligen Staat erkauft. Ein Angriff auf sie war eine Herausforderung der höchsten weltlichen Autorität. Aus der Schutzgeldzahlung leiteten die Obrigkeiten jedoch das Recht ab, Juden ausweisen zu dürfen. Ein solcher Vorgang, etwa in Prag 1744[608], stieß auf ähnliche Kritik der Aufklärer wie beispielsweise die Salzburger Protestantenvertreibung. Nachdem die Juden vier Jahre später in die böhmische Hauptstadt zurückgekehrt waren, schrieb Lessing 1749 seinen Einakter «Die Juden». Er wandte sich gegen alle antijüdischen Vorurteile und provozierte «Nachdenken» auf beiden Seiten. Bis weit ins 18. Jahrhundert hatte es auf beiden Seiten wenig Bereitschaft gegeben, das Andersartige zu akzeptieren. Dennoch wirkten die Juden bereichernd auf die Mehrheitsgesellschaft, weil im kulturellen Austausch mit ihnen «Neues» entstand, das in Deutschland heimisch wurde. Dazu war es nicht notwendig, dass sich die Juden assimilierten, in die gleiche Kirche gingen, die gleiche Sprache und den gleichen Dialekt benutzten.

Die jüdischen Bemühungen, sich der Aufklärung anzuschließen, sind über Deutschland hinaus mit dem Namen Moses Mendelssohn verbunden. Befreundet mit Lessing und Nicolai prägte er maßgeblich die

Debatten der Berliner Aufklärer. Seine Übersetzung und zeitgemäß-aufgeklärte Deutung des Pentateuchs (1778/79) bot den Juden einen Zugang zur hochdeutschen Sprache[609], die Möglichkeit des kulturellen Anschlusses an die deutsche Nation und den Beginn der «Haskala», der jüdischen Aufklärung. Mendelssohn und seine Mitstreiter, die sogenannten Masikilim, stellten das Judentum als vernunftgemäße Religion dar, die wie die christlichen Konfessionen ein nützliches Wirken für den Staat und die Liebe zum deutschen Vaterland nicht ausschloss.[610] Sie suchten den Zugang zu einer Zeit, in der die nationale Frage immer häufiger in exkludierender Form gestellt wurde, und sie wandten sich gegen das traditionsbehaftete Rabbinertum, das solche Integrationsbemühungen ablehnte.[611] Mendelssohn wollte die Juden in eine mannigfaltige deutsche Gesellschaft und Kultur eingliedern. Er hielt nichts vom Leugnen religiöser Unterschiede, denn dies führe zu einem neuen Fundamentalismus des vorherrschenden Glaubens.[612] Mendelssohn forderte Akkulturation, aber nicht um den Preis der Selbstaufgabe. Sein Integrationsaufruf versuchte, beiden Seiten gerecht zu werden: Das Maß der Anpassung seitens der Minderheit und der Duldung seitens der Mehrheitsgesellschaft, die in der neuen Vielfalt eine Bereicherung und keine Bedrohung sehen sollte, war auszuhandeln.

Größtes Aufsehen erregte daher Christian Wilhelm Dohm, der 1781 mit seiner Schrift «Über die bürgerliche Verbesserung der Juden» in die Diskussionen um die künftige Rolle der Juden eingriff. Er provozierte mit der Frage, ob ungetaufte Juden gute Bürger und Untertanen sein könnten. Seiner Ansicht nach waren die Juden von Natur aus veranlagt wie alle Menschen. Der Staat könne die Zahl seiner guten Bürger vermehren, wenn er die Juden nicht länger zwinge, schlechte zu sein. «Sollten viele fleißige und gute Bürger dem Staat weniger nützlich sein, weil sie aus Asien abstammen, sich durch Bart, Beschneidung und eine besondre ihnen von ihren ältesten Vorfahren hinterlassene Art, das Höchste der Wesen zu verehren, unterscheiden?» Dann müsse bewiesen werden, dass ihre Religion «ungesellige Grundsätze» enthalte, die gegen die Gebote der Menschenliebe verstießen. Tatsächlich aber sei ihre «größre Verderbtheit» eine Folge der drückenden Verfassung, unter der sie lebten. Der Staat müsse ihre Gleichstellung betreiben, ihnen den freien Zugang zu fast allen Berufen ermöglichen und so ihre sittliche Verbesserung fördern, ohne ihre Autonomie und freie Religionsausübung anzutasten.[613] Dohm widerlegte die gängigen antijudaistischen Vorurteile und forderte eine Emanzipation, die den Juden und der Wohlfahrt des Gemeinwesens diene. Die nationale Integration des Fremden und Anderen war aber nicht voraussetzungslos, denn die Gleichberechtigung wurde an eine erfolgreiche Umerziehung gebunden. Was damit über die von den Pädagogen propagierte «Umformung des Menschen» hinaus gemeint war, wäre

genauer zu bestimmen. Offensichtlich ging es Dohm aber weder um die
Christianisierung noch um eine völlige Homogenisierung, sondern um
die «Nutzbarmachung» der Juden, die Staat und Nation bereichern sollten. Unter diesen Bedingungen wollte eine anonyme Flugschrift 1798
nicht mehr einsehen, warum die Juden zu dem Land, in dem sie geboren
worden seien, sagen müssten: «Du bist mein Vaterland nicht». Gezwungen, ihren Schutz zu kaufen, wohnten sie nur zur Miete. Sie seien
nur geduldete Fremdlinge und besäßen keine Untertanenpflichten, dürften aber auch nicht frei abziehen. Die Juden seien mithin «Bürger und
nicht Bürger», aber durch den Leibzoll Objekte «eines wahren Staats-
Wuchers».[614]
    Der gelehrte Kaufmann David Joachim Friedländer verlangte, die Un-
terschiede zwischen Landeigentümern und ortsansässigen Fremden aufzuheben: «Wieviele Generationen werden erfordert, um kein Fremder
mehr zu sein? Was muß der Eingewanderte tun, um das Bürgerrecht zu
gewinnen?»[615] Er adressierte seine Frage an die einzelnen Kommunen,
nicht an die Nation. Gerade die alten Korporationen sperrten sich gegen
die von den Regierungen eher geförderte Gleichberechtigung der Juden,
weil sie um ihre eigenen Privilegien fürchteten. Eine 1787 in Wien erschienene Broschüre wandte sich mit Handlungsempfehlungen direkt an
den Kaiser. Unter anderem wollte der anonyme Autor die Juden entweder vertreiben oder wie andere Untertanen behandelt sehen. Sie sollten
keinen Wucher treiben, würden aber durch hohe Steuern dazu gezwungen. Sie könnten deswegen nur das sein, was sie seien: Betrüger, Wucherer, Hehler. Falls man glaube, dass sich diese «Nation» auch bei geringe-
ren Belastungen nicht ändere, so wisse er nicht, was die Toleranz nütze.
Die Juden glichen dann «einem krebsartigen Gliede», und wenn man es
nicht heilen könne, müsse es amputiert werden.[616]
    Ähnlich radikale Konsequenzen wurden in der Debatte der Französi-
schen Nationalversammlung formuliert: Falls die Juden keine Staatsbürger werden wollten, müssten sie ausgewiesen werden, denn es dürfe keine
«Nation in der Nation» geben.[617] Auch Fichte wandte sich in seiner anonym erschienenen Revolutionsschrift gegen den jüdischen «Staat im
Staate».[618] Während in Frankreich die staatsbürgerliche Gleichheit der
Juden 1790/91 festgeschrieben wurde, meinte die Emanzipation der Juden in Deutschland vor allem Akkulturation. Sie wurden meist nur
aufgrund ihres Reichtums toleriert. Jüdinnen wie Henriette Herz oder
Rahel Levin, geborene Varnhagen, führten in Berlin bedeutende Salons
mit vielen berühmten Gästen. Die bürgerliche Gleichstellung erreichten
die Juden erst zur Zeit des Rheinbundes in Westfalen (1808), Württemberg (1808), Baden (1809) und Bayern (1813).
    Die Auseinandersetzungen um die Stellung der Juden verdeutlichen
das Dilemma aller Toleranzdebatten: Bloße Duldung und einzelne recht-

liche Verbesserungen brachten keine grundlegenden Änderungen. Daran scheiterten alle, die Assimilation und Akkulturation meinten, wenn sie von Toleranz oder Emanzipation redeten. Obwohl die diskriminierenden Kleider- und Bartvorschriften im späten 18. Jahrhundert fortfielen, die Juden nach den Reformdekreten Josephs II. viele Berufe ergreifen und sogar studieren konnten, blieben Beschränkungen beim Grunderwerb oder im Staatsdienst bestehen. Der Kaiser wurde als Befreier gefeiert, der den Juden die Menschenrechte zurückgegeben habe.[619] Er hatte aber keineswegs alle Restriktionen aufheben, sondern die Juden ermuntern wollen, nützliche Untertanen zu werden. Dies war das primäre Ziel der sogenannten Emanzipationsdebatte, die zugleich zeigt, mit welchen Anstrengungen Fremdes oder Anderes ohne erzwungenen Identitätsverlust in einen als vorgegeben, aber nicht mehr als unveränderbar betrachteten nationalen Rahmen integriert wurde.

In der langen Phase des Übergangs von der ständischen zur bürgerlichen Gesellschaft wurde nicht nur über die Gleichstellung der Minderheiten, sondern auch über diejenige der Geschlechter intensiv diskutiert. Eine Olympe de Gouges, die 1791 in Frankreich Menschenrechte für Frauen einklagte, gab es in Deutschland nicht. Die zunehmend engere Verbindung von Partizipations- und Eigentumsrechten sorgte dafür, dass sich deren Rechtsstatus teilweise sogar verschlechterte. Der «lange Weg zur Mündigkeit»[620] und zur Überwindung der «Geschlechtsvormundschaft»[621], welche die weibliche Rechts-, Eigentums- und Geschäftsfähigkeit einschränkte, begann im Jahrhundert der Aufklärung womöglich vielversprechender als das Ende vermuten lässt.

Eigentum war in der ständischen Gesellschaft des Alten Reiches das Merkmal, das Frauen eine Form der Teilhabe ermöglichte, die über die mit ‹liberty and property› zu kennzeichnende englische Praxis hinausging.[622] Dazu nur eine Zahl: 1744 waren 23 Prozent der Haushaltsvorstände in Oldenburg Frauen, von denen viele im Textil- und Ledergewerbe oder im Kleinhandel arbeiteten.[623] Die Handlungsspielräume der Frauen wuchsen mit ihrem ständischen Rang, ihren familiären und sozialen Verbindungen, ihrer Rolle als verwitwete Mütter, aber auch mit ihrem Eigentum und ihrer Stellung im Wirtschaftsleben. In diesem Milieu entschieden Fähigkeiten und Fertigkeiten über Erfolg oder Misserfolg. Daher bot die bessere Ausbildung – die Alphabetisierungswelle des 18. Jahrhunderts erfasste auch die Mädchen – den Frauen neue Chancen, die freilich vor den Toren der Universitäten und meist auch vor der formalen Zunftlehre endeten.[624] Dennoch gab es Frauen, die einen Beruf im Textilgewerbe oder in den feinmechanischen Sektoren des Schmiedehandwerkes erlernt hatten.[625] Es gehört zu den ganz wenigen Ausnahmen in einer ansonsten männlichen Welt der Wissenschaften, dass Dorothea Christiane Erxleben, die 1742 die Öffnung der Universität für

Frauen gefordert hatte, mit einer Sondergenehmigung König Friedrichs II. 1754 von der medizinischen Fakultät in Halle zur Doktorin promoviert wurde.

Grundsätzlich stiegen die Selbstentfaltungsmöglichkeiten der Frauen mit dem gesellschaftlichen Rang des Vaters, Ehemanns oder einflussreicher Gönner. Daran änderte sich um 1800 wenig, wie die Frauendomänen der kultivierten Geselligkeit und der Salons belegen. Schriftstellerinnen und Künstlerinnen wurden weit größere Handlungsspielräume eingeräumt als anderen Frauen: Sie konnten am gesellschaftlichen Leben teilnehmen und ihre Lebensentwürfe verwirklichen.[626] An der generellen Diskriminierung änderte dies nichts. Allerdings klagte der Königsberger Bürgermeister Theodor Gottlieb von Hippel in seinem 1792 erschienenen Buch «Über die bürgerliche Verbesserung der Weiber» gleiche Rechte für Männer und Frauen ein, weil auch letztere «für sich und durch sich denken und handeln» könnten. Diese Gleichheit sei von der Natur und der biblischen Schöpfungsgeschichte gewollt und durch spezielle Erziehungsprogramme wiederherzustellen. Frauen mangele es weder an Sinn noch Kraft, wohl aber an Möglichkeiten, die Bürgertugenden zu erfüllen. Eva habe Adam nicht verführt, sondern angehalten, seine Vernunft zu gebrauchen, um die Ketten des Instinkts zu zerbrechen. Hippel hielt das «deutsche Weib» für «eine Verbesserung empfänglicher und fähiger» als die Frauen anderer Nationen.[627] Seine emanzipatorische Deutung der Schöpfungsgeschichte machte die Frau zur gleichberechtigten, wenn nicht dem Mann intellektuell überlegenen Partnerin, die sich über Erziehung und Bildung sogar für Staatsämter qualifizieren können sollte. Hippel griff auf die «Querelle des femmes» zurück, die alle scholastischen Vorurteile zur Minderwertigkeit der Frau zurückgewiesen hatte: Waren Geschlechtscharaktere nicht angeboren, mussten sie kulturell bedingt und durch Erziehung auszugleichen sein. Gelehrte und tugendsame Frauen wurden deswegen auch zum gewichtigen Argument im Wettstreit der Nationen.[628]

Generell galt die Frau im christlich-jüdischen Kulturraum jedoch nicht als geistige Befreierin, sondern als Verführerin des Mannes, der es, so behauptete man unter Bezug auf Aristoteles, an Körper- und Verstandeskräften fehle. Sie wurde meist als eine vom Mann abgeleitete Schöpfung – geformt aus Adams Rippe – mit gewissen Vorzügen und vielen Mängeln dargestellt. Die physische Ungleichheit, die dem Mann die Rolle des Beschützers und Ernährers, der Frau diejenige der Hausfrau und Mutter zuwies, bestätigte auf scheinbar natürliche Weise diese Geschlechterdifferenz. Dabei war bekannt, dass Bäuerinnen oder Handwerkerfrauen schwerste körperliche Arbeiten verrichteten, sich mit Heimarbeit oder Handel selbst ernährten oder zum Einkommen ihrer Familie beitrugen. Der Zedler billigte der Ehefrau im Artikel «Mann

(Ehe-), Ehe-Herr» auch Mitbestimmungsrechte zu. Beide Eheleute sollten möglichst viel verdienen, doch wegen Schwangerschaft, Kindererziehung und «unseren Sitten» seien die Männer dazu eher im Stande. Ihnen
gebühre die Herrschaft. Dies sei vernünftig, weil dadurch ewiger Streit
vermieden werde, zumal bei den meisten Ehepaaren der klügere Teil
nicht auszumachen sei. Der Mann müsse jedoch dem «klugen Rathe des
Weibes» folgen.[629] Tatsächlich gab es «gegen Ende des 18. Jahrhunderts
bereits einen breiten, Deutschland von den Küsten bis in die Alpenländer
durchziehenden Kordon von Territorien, in denen jede erwachsene Frau,
ob verheiratet oder nicht, die volle Handlungsfähigkeit besaß».[630] Dies
änderte sich auch nur normativ mit der Einführung des Code Napoléon,
denn die Richter versuchten, die Verfügungsgewalt der Frauen über ihr
Eigentum zu bewahren.[631]

Allerdings wurde um 1800 unter dem Eindruck der sogenannten Agrarrevolution und des bürgerlichen Familienideals die Frauenrolle neu
interpretiert: Zum einen ging der vermehrte Anbau von Garten- und
Hackfrüchten zu Lasten der Frauen[632], zum anderen kodierte Rousseau
das egalitäre Leitbild des Arbeitspaares in Richtung Differenz um. Er
erklärte die bürgerliche Familie zum Werk der Natur: Die Frau, die
«schöne Seele», sollte sich den Bedürfnissen ihres Mannes und ihrem gesellschaftlichen Ruf widmen. Die Trennung von Erwerbs- und Familien-
leben verwies die Frau stärker als je zuvor auf das Haus. Im funktionalen
Bürgertum, also in der Gruppierung, die kulturelle Hegemonie gewann
und die sozio-politische anstrebte, spielte das Arbeitspaar praktisch
keine Rolle mehr. Während der Vater außerhalb seines Hauses den Fami-
lienunterhalt sicherte, war die Frau nicht unmittelbar an der Erwerbsarbeit beteiligt, und die Söhne konnten sich nicht mehr spielerisch an die
Arbeit gewöhnen. Der Vater war kein Vorbild mehr, sondern Autoritäts-
person. Die Mutter sorgte hingegen für den Konsum und eine von der
Arbeitswelt getrennte Privatsphäre. Auch großbäuerliche Familien passten sich bald diesem neuen Leitbild an, um ihren Wohlstand zu zeigen.
Den Ehefrauen versperrte diese Entwicklung viele Emanzipationsmög-
lichkeiten, die in der Produktionsgemeinschaft des Arbeitspaares noch
als selbstverständlich gegolten hatten.

Die intellektuelle Debatte teilte die Gesellschaft in «männlich-aktiv-
rational-öffentlich» und «weiblich-passiv-emotional-privat». Sie führte
zur Polarisierung der Geschlechtercharaktere und stilisierte die bürgerliche Familie zum privaten Rückzugsraum. Die Liebe zum Mann und die
Rolle einer Gefährtin galten als Ideale für die Ehefrau und die häusliche
Glückseligkeit. War mit der Liebe zunächst nur die seelische Verbindung
der beiden Ehepartner gemeint, so traten die Frühromantiker offen für
die leidenschaftliche Liebe ein, die zum Thema vieler Romane und
schließlich zu einem Eigenwert wurde, der selbst zu Wahnsinn und Tod

führen konnte. Hippel hat in einem älteren Buch «Über die Ehe» Liebe, Begierden und Emotionen keineswegs verdrängt, wollte aber die Richtschnur der «Vernunft» bewahren, denn sie «ist das Salz, ohne welches nichts auch kein Trieb, wär' es selbst der Geschlechtstrieb, schmackhaft ist».[633] Die «vernünftige», weniger die gleichwohl propagierte leidenschaftliche Liebe beherrschte am Ende des 18. Jahrhunderts die ausufernde Debatte um das neue Eheideal, das neben der sinnlichen Zuneigung die geistigen Gemeinsamkeiten betonte.[634] Mit solchen «bürgerlichen» Zuschreibungen vertrug sich die Rolle einer gelehrten Frau nur noch bedingt: Weibliche Tugenden und Verstand gerieten in einen gewissen Widerspruch, während sich mehr Frauen als je zuvor nicht nur dilettantisch als Künstlerinnen und Autorinnen hervortaten, mit ihren Werken die Öffentlichkeit suchten, sich an literarischen Debatten beteiligten und entsprechend wahrgenommen wurden. Das angebliche bürgerliche Ideal der getrennten Sphären von männlicher Öffentlichkeit und weiblicher Privatheit schrieb somit die gesellschaftliche Ungleichheit der Geschlechter in dem Moment fest, als Frauen öffentlichen Einfluss gewannen – nicht nur als Regentinnen, sondern als Schriftstellerinnen, Künstlerinnen oder Gastgeberinnen im semi-öffentlichen Raum der Salons. «Was den Zeitgenossen als historische Errungenschaft erschien, war also ein spezifisches Weiblichkeitsideal, das den Lebensumständen der neuen Mittelschichten entsprach.»[635]

Es wäre allerdings verfehlt, allein die Frau auf die Rolle des mitfühlenden und liebenden Wesens einzuengen. Auch Männer zeigten Gefühle. Sie weinten und sprachen oder schrieben häufig darüber. Zudem benötigten Frauen eine gewisse Bildung, um im funktionalen Bürgertum, das «Amtspaar» in neuer Form fortsetzend, ihren Männern eine angemessene Partnerin zu sein. Dazu gehörten Lesen und Musizieren, gepflegte Konversation und Geselligkeit. Frauenzeitschriften wie Sophie von La Roches «Pomona» erklärten Wohltätigkeit zur spezifisch weiblichen Form öffentlicher Mitwirkung. Marianne Ehrmann forderte in ihrem Journal «Amaliens Erholungsstunden» 1790 die Einbeziehung der Frauen in den Patriotismusdiskurs: «Warum soll das Herz eines Weibes für Vaterland und Ehre nicht erhabener [...] als das ihrer Magd schlagen dürfen, ohne daß man sie auszischt?»[636]

Die «natürliche» Bestimmung band nun freilich die Ehefrau stärker an Haushalt, Ehemann und Kindererziehung und drängte sie in den privaten Bereich. Dies ging gerade dort zu Lasten ihrer bisherigen Position als selbständiges Wirtschafts- und Rechtssubjekt, wo vordergründig Gleichberechtigung angestrebt wurde. Der Direktor der Magdeburger Regierung Johann Wilhelm von Tevenar kritisierte daher schon 1777 die Rechtsnormen der Geschlechtsvormundschaft: «Viele deutsche Staaten haben gefehlt, wenn sie die Vormundschaften der Frauenspersonen, die den Römern unbekannt gewesen, eingeführt haben, da in Deutschland die Frauenspersonen sich in einem ganz andern Zustand befinden; und wenigstens in neuern Zeiten, von Jugend auf mit der Welt bekannt gemacht, auch so erzogen werden, wie es die Bestimmung eines freyen Menschen, der dereinst selbst seinen Angelegenheiten vorstehen soll, erfordert.»[637] Das Ende der allgemeinen Geschlechtsvormundschaft gab den Frauen jedoch nicht gleiche Rechte, sondern ermöglichte nur einen leichteren Zugriff auf ihr Eigentum, das von den sogenannten weiblichen Rechtswohltaten besonders geschützt worden war. Ein Gläubiger des Ehemannes konnte nicht ohne Zustimmung der Frau auf deren Eigentum zugreifen. Die Rechtskodifikationen des späteren 18. Jahrhunderts versuchten, das getrennte und speziell gesicherte Eigentum von Frauen abzuschaffen. Die Rechtsgleichheit der Geschlechter führte daher de facto zu einer Statusverschlechterung der Frauen, die ihren Eigentumsschutz einbüßten, ohne die gleichen Rechte wie Männer zu erhalten.[638]

Das Geschlechterverhältnis ist kein spezifisch deutsches Thema, doch es verweist auf Entwicklungen und Rechtsmerkmale, die es so nur im Reichs-Staat gab. Hier hatte die politische Kultur den Frauen rechtlich gesicherte Handlungsspielräume geschaffen. Gebildete oder adlige Frauen waren führend an fast allen Aufklärungsdiskursen beteiligt und erschlossen sich eigenständige Erwerbsmöglichkeiten im Kulturbetrieb. Bäuerinnen und Handwerkerfrauen war dies zwar nicht möglich, doch für sie galten auch weiterhin die Bedingungen des Arbeitspaares. Die freie Lohnarbeit erhöhte aber auch die materiellen und ideellen Spielräume der Frauen. Ihnen dürften die kulturkritische Haltung eines Knigge oder die beginnende Entfremdungsdiskussion unverständlich geblieben sein, bot ihnen die freie Lohnarbeit doch die Möglichkeit, sich aus Not und Abhängigkeit ein wenig zu befreien und, wenn auch in engen Grenzen, ihr Leben selbst zu bestimmen.

i) Musenidyll, zentrierte Mannigfaltigkeit und universalisierte Nation

Die Schriftsteller und Wissenschaftler, die sich in den 1790er Jahren um die Zukunft des Menschen und der Menschheit sorgten, fürchteten, auch die Deutschen könnten ihre Freiheit missbrauchen und ihre Einheit einbüßen. Der Kosmopolit Wieland markierte 1794 den Unterschied: Die Franzosen würden durch die Aufhebung ihrer Provinzen «in eine weniger ungleichartige Masse zusammengedrängt; wir würden, durch eine Revoluzion wie die ihrige unwiederbringlich zersplittert, nur die Beute einiger großen Mächte werden, und mit dem Verlust unsrer Verfassung sogar unsern Nahmen aus dem Register der europäischen Nazionen verschwinden sehen».[639] Bereits in seiner Vorrede zum zweiten Teil von

Schillers «Geschichte des Dreißigjährigen Krieges» hatte Wieland die Schriftsteller aufgefordert, «die heilige Flamme der Vaterlandsliebe in jedem deutschen Herzen» zu entzünden, um die «Einwohner Germaniens in der That in Einen lebendigen Staatskörper zu vereinigen».[640] Deutschland besaß keine Hauptstadt wie Paris, London oder Kopenhagen, in der die unterschiedlichen Impulse gebündelt und so umgeformt wurden, dass sie als vorbild- oder musterhafte Standards glaubhaft waren. Wien und Berlin bildeten konkurrierende Machtzentren, deren Deutungsangebote die Nation spalteten. Die Vielschichtigkeit wurde als Defizit empfunden, da sich seit dem Siebenjährigen Krieg die von Kaiser und Reich garantierte Einheit zunehmend verflüchtigte. Ohne diesen Rahmen war die politisch-kulturelle Selbständigkeit der kleineren Staaten wenig wert. Die Inszenierung eines literarisch-wissenschaftlichen Zentrums in Weimar und Jena war eine logische Konsequenz der Sorge, mit den eigenen Deutungsangeboten kein «deutsches» Publikum mehr zu erreichen.[641]

Der «Frieden des klassischen Weimar»[642] machte die Doppelstadt Weimar-Jena nach 1796 zum nationalkulturellen Reunionspunkt, der junge Dichter und Intellektuelle anzog. Klassiker, Romantiker oder Idealisten suchten hier mit- und gegeneinander Antworten auf die Herausforderungen einer Zeit, in der sich alte Gewissheiten verflüchtigten und Entscheidungen über Fragen zu treffen waren, die sich früher bei eingeschränkteren Handlungsoptionen gar nicht gestellt hatten. Die Schriftsteller und Wissenschaftler fürchteten um ihren Resonanzraum und bereicherten deswegen nicht nur die Literatur oder Philosophie[643], sondern versuchten auch, der Nation eine neue Basis zu gegeben.[644] Abschließend soll diese herausragende Konfiguration als Beispiel dafür angeführt werden, wie aus Disparatem, Uneindeutigem und scheinbar Beliebigem ein offenes und plurales Muster entstand oder geformt wurde, das die Vorstellung der universalisierten deutschen Nation zum gedanklichen Vorreiter des Weltbürgertums machte.

Die Anfänge waren bescheiden. Wenig koordiniert stilisierten Goethe, Wieland und Herder seit den 1770er Jahren in Weimar einen Musensitz mit dem Anspruch eines kulturellen Zentrums, um ihr Leben in der Provinz als exemplarisch zu profilieren.[645] Der «Teutsche Merkur» verwies als «National-Journal»[646] seine Leser auf Weimar, das seinem Herausgeber Wieland 1776 «wie ehemals Bethlehem-Juda jetzt nicht die kleinste unter den Töchtern Deutschlands» schien.[647] An seinen Dichterkollegen Gleim schrieb er, Weimar sei jetzt die «Arche Noä», wohin sich die Guten vor der Sintflut retten könnten.[648] Goethes Genietreiben brachte Weimar unterdessen an den deutschen Höfen in aller Munde. Dem Publikum wurde ein spektakulärer «Musensitz» mit dem regierenden Herzogspaar und der Herzogwitwe Anna Amalia als Zentralgestirnen offeriert.[649] Erst das

19. Jahrhundert ließ daraus den «Musenhof»[650] werden, obwohl die «Klassiker» ein solches Etikett wohl abgelehnt hätten. Sie wollten sich nicht an eine überkommene Formation binden, sondern das Prestige der Ernestiner nutzen, um auf sich aufmerksam zu machen.

Entscheidend für den Erfolg der ganzen Inszenierung war weniger der Hof als die von Goethe forcierte Komplementarität Weimarer Schriftsteller und Jenaer Wissenschaftler. Er selbst betrachtete die beiden Kommunen als «zwey Enden einer großen Stadt [...], welche im schönsten Sinne geistig vereint, eins ohne das anderen nicht bestehen könnten».[651] Nach seiner Rückkehr aus Italien formte Goethe die Doppelstadt zur Kulturmetropole, in der sich Literatur und Wissenschaften auf höchstem Niveau begegneten. In einem Vortrag stellte er die Weimarer Kultureinrichtungen und die Jenaer Universität vor und formulierte seine Vision: Die deutsche Nation neige mehr zur Wissenschaft als zur Kunst, am stärksten jedoch zur Literatur. Zwar spotte man über Wissenschaftler, dürfe aber nicht vergessen, dass «alles was sie lehren auf das bürgerliche Leben den größten Einfluß hat».[652] Dann zählte Goethe auf, was Weimar und Jena boten. Er sprach von den Sammlungen, dem Neubau des Schlosses und der Gartenkunst, von Musik, Theater und Erziehungsinstituten, von der Literatur und den vielen Zeitschriften, den Bibliotheken, der Chemie und Mechanik und von vielem mehr, nicht aber vom Hof als dem angeblichen Zentrum des Ganzen.

Wie Goethe, der beispielsweise 1796 mehr als ein Drittel des Jahres in Jena verbrachte, zog es die jungen Talente nun stärker an die Saale als an die Ilm. Die Universität, die Schiller als eine ziemlich freie und sichere Republik charakterisierte[653], stieg zur frequenzstärksten in Deutschland auf.[654] Madame de Staël informierte 1813 ganz Europa, dass Deutschland mit Weimar eine «literarisch-gelehrte Hauptstadt» besitze, die «keine erbärmlichen Kleinstädter» aufweise. Im benachbarten Jena sah sie «eine der wichtigsten Stätten der Gelehrsamkeit in Deutschland. So fanden sich, im engsten Raume, bewundernswürdige Geistesstrahlen aller Art, wie in einem Brennpunkte, zusammen.»[655]

«Weimar-Jena» befriedigte um 1800 das Bedürfnis und die Sehnsucht nach einem nationalkulturellen Mittelpunkt. Während die Berliner Aufklärer sich selbst zum Richter über den Fortschritt aufwarfen, erklärte der Wiener Freimaurer Aloys Blumauer die Kaiserstadt 1782 zum Mittelpunkt «um den sich Deutschlands kleinere und größere Planeten drehen».[656] Nicolai wies diese Anmaßung zurück: Der «prächtigste Hof» oder die «zahlreichsten Müßiggänger» rechtfertigten solch einen Anspruch nicht. Tatsächlich seien diejenigen, die glaubten, «die deutsche Litteratur zu beherrschen oder nach ihren Absichten zu führen», des «gelehrten Obstracismus würdig».[657]

Die Berliner Aufklärung war wegen ihrer eindeutigen philosophischpolitischen Parteinahme wichtig. Sie war aber wenig attraktiv für Dichter, die nach kreativen Wegen suchten, das heterogene, vielgestaltige Nebeneinander und die befruchtenden Uneindeutigkeiten mit flexiblen Normierungen vor dem Chaos oder dem Abgleiten in die Beliebigkeit zu schützen. Sie wollten nicht den Geschmack des Publikums bestätigen, sondern dieses nach ihren Vorstellungen erziehen und bilden. Die Freiheit zum Experimentieren bot ihnen das Fürstentum Sachsen-Weimar-Eisenach: Der Herzog ließ sie gewähren und mischte sich nicht in Geschmacks- oder Stilfragen ein. Die in Weimar oder Jena gedruckten Journale hoben alles als herausragend hervor, was in der Doppelstadt und im Fürstentum geschah: das Weimarer Theater, den angeblich nur mit Athen zu vergleichenden Musensitz, den Bergbau in Ilmenau[658], Reformen im Gymnasium[659] oder das euphorisch als Akademie gepriesene Erziehungsinstitut des Jean Joseph Mounier in Belvedere.[660] Anlässlich der Eröffnung des Ilmenauer Bergbaus sprach Goethe am 24. Februar 1784 vom vorbildhaften Tun zum Wohle von Stadt und Region, denn man werde «alle Bewohner der Staaten unsers Fürsten, unsere Nachbarn, ja einen großen Teil von Teutschland zu Beobachtern und Richtern unsrer Handlungen haben.»[661] Der Großverleger Bertuch konnte zwar nicht die neuen «Klassiker» publizieren, doch er verkaufte die Marke «Weimar». Mit seinen Journalen ließ er alle teilhaben, die sich nach einem solchen Musenidyll sehnten; sein Versandhandel offerierte auch die von Martin Gottlieb Klauer gefertigten Gipsbüsten der Dichter. Solche «Weimar-Devotionalien», die das «Ereignis» in jedes Heim brachten, waren begehrt.[662] Während Goethe und Schiller Bertuch bespöttelten, schuf dieser den Resonanzboden, auf dem sie agierten.[663]

Der Kantianer Reinhold erklärte 1788 in seiner Jenaer Antrittsvorlesung Deutschland zum Geburtsland der empirischen Psychologie und der Kritik der Vernunft. Es werde «durch diese letztere um so gewisser die Schule der höheren Aufklärung des übrigen Europas werden, da es bisher allein bescheiden und wißbegierig genug war, von allen übrigen Ländern Europas zu lernen».[664] Reinhold fasste das Wesentliche zusammen: die anthropologische Wende als Kritik der bloßen Verstandeskultur, die höhere Bildung durch vorurteilsfreies Lernen von Anderen und das Anverwandeln des Fremden als Unterpfand einer besonderen Zukunftsfähigkeit. Damit war die Konstruktion gefunden, die Deutschland gedanklich an die Spitze aller Nationen führte. Herder beschwor mit «Wahrheit, Schönheit und Tugend […] die drei Grazien des menschlichen Wissens»[665], die «Bildung» von «Wissen» oder «Erziehung» unterschieden.

Mitte der neunziger Jahre gelang Herder die spektakuläre Umdeutung der Nachahmung in die Vorstellung einer produktiven Anverwandlung. Schon früher hatte er jeder Nation nahegelegt, sich auf ihre eigene Natur zu besinnen, um zur Blüte zu gelangen.[666] Nun forderte er, sich ein Vaterland einzurichten, um «Deutsche zu sein auf eignem wohlbeschützten Grund und Boden».[667] Die «Verspätung» sei ein Vorteil, der Genius inzwischen auf die Deutschen übergegangen: «Wenn wir von allen Völkern ihr Bestes uns eigen machten: so wären wir unter ihnen das, was der Mensch gegen alle die Neben- und Mitgeschöpfe ist, von denen er Künste gelernt hat. Er kam zuletzt, sah Jedem seine Art ab und übertrifft oder regiert sie alle.»[668] Für Herder «vermehrt es den Reichtum unsrer Gedanken und Wendungen, unsrer Vorstellungs- und Sprachweisen, wenn wir, wie keine andere Nation tun kann, die Gestalt fremder Idiome mit überlegendem Verstande und weiser Hand nachbilden. Dazu aber sei die deutsche Sprache vor allen anderen in der Lage.»[669] Auch die föderative Verfassung begünstige die pluralistische Kultursynthese: «Alles ist in ihm [dem deutschen Vaterland, G. S.] zerteilt, und so manches schützet diese Zerteilung; Religion, Sekten, Dialekte, Provinzen, Regierungen, Gebräuche und Rechte.» Konkurrenz fördere das Streben nach Verbesserung, doch «was hindert uns Deutsche, uns allesamt als Mitarbeiter an Einem Bau der Humanität anzuerkennen, zu ehren und einander zu helfen?»[670] Dies schien Herder eine Art Auftrag: «Die geographischen Grenzen allein machen das Ganze einer Nation nicht aus, ein Reichstag der Fürsten, eine gemeinschaftliche Sprache der Völker bewirken es auch nicht allein.» Die Deutschen hatten von anderen Völkern gelernt. Herder glaubte nicht, dass dies die Einheit gefährden könne. Ganz im Gegenteil: Die Mannigfaltigkeit wirkte extrem bereichernd und sicherte seines Erachtens die nationalkulturelle Einheit ohne Stillstand.

Herders geniale Umformung des Nachahmens ins Anverwandeln tauchte ein abgewertetes Verhalten in das aufklärerische Licht der fortschrittlich-pluralen Kultursynthese. Die Amalgamierung des Fremden mit dem Eigenen zu einem höherwertigen Neuen schien ein vorbildhafter Pfad für die Menschheit. «Deutsch sein» hieß damit die Werte der Menschheit zu verkörpern und in dieser Vielfalt an der Spitze des Fortschritts zu stehen.[671] In den Journalen wurde selbstbewusst darüber diskutiert, ob die deutsche Nation die erste auf dem Erdboden sei. Die meisten Autoren reagierten zwar skeptisch, lobten jedoch die großzügig gehandhabte Pressefreiheit. Darüber hinaus führe die «Zerstückelung in viele kleine Herrschaften» zu «mehr Glückseligkeit» als in anderen Ländern. Gerade weil Deutschland ein Zentrum fehle, habe es «eine größere und sehr wohlthätige Gleichheit».[672] Die jede Gesellschaft begleitende Forderung nach Eintracht und Einigkeit wurde in Deutschland nicht mehr nur als fortwährende Angleichung und Vereinheitlichung buchstabiert, sondern meinte auch die Akzeptanz des Anderen, Duldung und Toleranz. Die zahllosen Appelle an die deutsche Nation sollten die kulturellen und politischen Grenzen im Inneren rhetorisch überwölben, ohne die Unterschiede verschwinden zu lassen. Laut Randel erwuchsen den Deutschen große Vorteile daraus, dass sie keinem «einzigen Regierungshaupte unterworfen» seien und «keine einzige Hauptstadt, keine Flotten, und keine Besitzungen in beiden Indien» besäßen.[673] Die schreibende Elite vertraute auf die kulturelle Vielfalt und lehnte jeden Geschmacksdespotismus ab.

Goethe wollte «die Umwälzungen nicht wünschen, die in Deutschland classische Werke vorbereiten könnten».[674] Dennoch lancierten er und die Weimar-Jenaer Protagonisten den Wunsch nach einer Strukturierung und Zentrierung des Mannigfaltigen ohne die Gefahr einer machtpolitischen Vereinnahmung. Altes und neues Wissen, literarische, künstlerische, musikalische und kunsthistorische Kompetenz und Vielfalt sollten mit nationalkulturellem und kosmopolitischem Anspruch im «Ereignisraum Weimar-Jena» vereinigt werden. Wie in einem Laboratorium kamen immer neue Reagenzien hier zusammen und befruchteten sich gegenseitig, ohne dass daraus verbindliche Normierungen abgeleitet worden wären. Das «Ereignis» war keine Schule der Klassik, es wirkte vielmehr durch eine nur schwach an Sinnlichkeit und Vernunft rückgekoppelte Offenheit und Mannigfaltigkeit. Zentralorgane dieses gewaltigen Experiments waren der «Teutsche Merkur», die 1784 in Jena gegründete «Allgemeine Literatur-Zeitung» und das «Journal des Luxus und der Moden». Sie wandten sich an unterschiedliche Adressaten und versprachen Berichte über alles aus dem Inland und über das aus dem Ausland, «was davon einen Teutschen intereßiren kann».[675] Das Weimar-Jenaer Angebot, an einer nationalkulturell aufbereiteten Welt teilzuhaben, war attraktiv, denn es suggerierte, dass die Deutschen ihr Goldenes Zeitalter noch vor sich hätten.

Schiller hatte in seiner Antrittsvorlesung 1789 noch ein optimistisches Bild der Welt skizziert.[676] Nachdem sich die Franzosen mit Königsmord und Terror in die Barbarei zurückentwickelt hatten, verdüsterte sich 1792/93 seine Stimmung. Um nicht erneut Gewalt und Herrschsucht zum Opfer zu fallen, war der Mensch auf die ihm abverlangten Entscheidungen besser vorzubereiten. Deswegen propagierte Schiller die «ästhetische Erziehung» und die Autonomie der Kunst: Nur die durch Schönheit zu erreichende innere Harmonie versetzte den Menschen als Bürger in die Lage, die wahre Freiheit zu leben.[677] Schiller wollte das alte republikanische Ideal zu neuem Leben erwecken: Freiheit war eine Forderung des Bürgers, aber auch «eine Forderung an den Bürger, an seine Eigenschaften, Tugenden und politischen Verhaltensweisen».[678]

Mit der Forderung einer ästhetischen Erziehung schrieb Schiller die anthropologische Wende fort. Er reflektierte die in den avantgardistischen Jenaer Zirkeln diskutierte Entfremdung, denn der Wert des Menschen werde heutzutage durch seinen «Nutzen», nicht durch Schönheit und Genuss bestimmt. 1793 notierte Schiller: «Die Vernunft erzeugt Einheit und darum oft Einförmigkeit; der Sinn bringt Mannigfaltigkeit».[679] Darum ging es: Die Verstandesherrschaft machte die Welt eindeutig und drohte die Zukunft zu verspielen, während die Vielfalt Rivalität und Wettbewerb versprach. Auch deshalb führte Schiller als notwendige Stufe zwischen dem «dynamischen» bzw. dem «ethischen» «Zwangsstaat» und dem visionären Reich der Freiheit den «ästhetischen Staat» ein, dessen Zweck es sei, «Freyheit zu geben durch Freyheit». Während sich der Naturstaat auflöse, sei im Individuum das sittliche Fundament für das Neue noch nicht ausgereift. Der Mensch müsse deshalb im, nicht durch den ästhetischen Staat zur Schönheit gebildet werden. Allein diese stifte Harmonie und Einheit, weil sie nicht zwischen Sinnlichem und Geistigem trenne.[680] Jede andere Staatsverfassung könne hingegen «nur durch Aufhebung der Mannichfaltigkeit Einheit» bewirken.[681] Das Anliegen des ästhetischen Staates war mithin das freie Neben- und Miteinander als gleichrangig akzeptierter Entwürfe und Lebenspraxen, nicht Normierung und Ausrichtung auf vorgegebene Zwecke. Mit der Auflösung der äußeren Form endeten nicht alle Bindungen, doch sie benötigten lediglich einen flexiblen Rahmen. Schiller wollte den Staat überwinden, denn dieser strebe stets nach Eindeutigkeit, die jede Mannigfaltigkeit und damit auch jede Entwicklung vernichte.

Als in Frankreich die Phase der Terreur begann, schien der den Geboten der Vernunft entsprechende republikanisch-demokratische Staat sittlich-moralisch gescheitert. Die gewaltsam herbeigeführte Einheit, die keine anderen Auffassungen mehr duldete, war das Gegenteil dessen, was die Revolution versprochen hatte. Die deutschen Aufklärer gerieten deswegen von einer Verlegenheit in die andere. Der Jenaer Philosoph Reinhold argumentierte, die Menschen hätten mit ihrer Parteibildung und dem fortwährenden «Streit zwischen politischer Herrschsucht und dem Bestreben politischer Zügellosigkeit, wovon die Eine bürgerliche Ordnung, das andere bürgerliche Freyheit als das Losungswort im Munde führt», selbst ihre Misere verursacht.[682] Sie mussten nach Ansicht Fichtes erst «weiser und gerechter» werden: «Aus dem Kerker des Despoten entronnen, werden sie mit den Trümmern ihrer zerbrochenen Fesseln sich untereinander selbst morden.»[683] Ähnlich argumentierte der Ilmenauer Justizamtmann Ernst Christian Wilhelm Ackermann, der fürchtete, die germanische Freiheit könne zum «germanischen Despotismus» degenerieren. Mitbestimmung sei ein zweideutiges Geschenk. Im Kampf zwischen Aristokratismus und Freiheit habe in Frankreich das «Laster das Gewand der Freyheit» gestohlen. Deswegen sehe sich die Staatsmacht in Deutschland veranlasst, «die Freyheit selbst als eine gefährliche Feindin einzuschränken, wo nicht gar als ein Laster zu vertilgen». Doch die «teutsche Thätigkeit und

Industrie» gedeihe nur in Freiheit und müsse daher konstitutionell abgesichert werden.[684] Der «ästhetische Republikanismus» Schillers schrieb dagegen die Debatte um die föderative und republikanische Staatsform eigenständig fort.[685] Das nicht-monarchisch regierte Gemeinwesen wird nur zur Bürgerrepublik, wenn es auf traditionelle Herrschaftsformen verzichtet. Deswegen darf der Staat nicht homogenisieren wollen und selbst der Kunst keinen Zweck setzen. Die «Horen», Schillers kulturpolitisches Journal, sollte die intellektuelle Elite im Geist der ästhetisch-sittlichen Erziehung virtuell zentrieren.[686] Dieser Avantgardeanspruch, das Publikum anhand der eigenen Ideale zu bilden, unterscheidet das Ereignis Weimar-Jena fundamental von der Berliner Aufklärung. Die Richtschnur des Gefallens bedeutete für die Weimar-Jenaer Heroen Stagnation, weil sie das Experimentieren blockierte. Die oft behauptete Distanz der «Horen» zur Politik bezog sich allein auf den Parteienstreit[687], Grundlagenreflexionen waren hingegen erwünscht[688], und die Zeitschrift ist voll davon. Politischer als die Horen kann ein literarisch-philosophischer Entwurf nicht sein. Die Menschheit war auf dem falschen Weg, daher sollten die Grundlagen des Zusammenlebens, das Politische, in den «Horen» neu gedacht werden.

Die Autonomie der Kunst schien Schiller ein gangbarer Weg in die Freiheit. Ist dies der Modus einer defensiven Kulturkritik?[689] Eine offene und plurale Zukunft sollte gestaltet werden. Nicolai konnte dies nicht verstehen. Er verwarf die ästhetische Erziehung als «Traum», weil durch Stimmungen die Menschheit nicht zu verbessern sei.[690] Doch staatliche Disziplinierungsbemühungen richteten wenig aus, wo Werte und Tugenden wirken mussten. In Jena fand Schiller jedenfalls die «wahre u. vernünftige Freiheit» sowie «in einem so kleinen Umfang soviel vorzügliche Menschen»[691], um in der ästhetischen Erziehung eine mögliche Option zu sehen. Der Publizist Rebmann bestätigte ihn: «Jeder Denker trägt die Resultate seiner Spekulation ungehindert seinen Schülern vor.»[692] Die intellektuelle Elite entwarf und lebte in Jena ihre Antworten auf die Herausforderungen der Zeit. In den Überschreitungen des Regelhaften zeichnete sie der Nation den Pfad zur wissenschaftlichen, ästhetischen und sittlichen Erneuerung vor, der in ein Weltbürgertum überleiten sollte.

In seiner «ersten Epistel» setzt sich Goethe in den «Horen» mit Schillers Kosmopolitismus auseinander: «Edler Freund, du wünschest das Wohl des Menschengeschlechts; Unsern Deutschen besonders und noch besondrer des nächsten Bürgers [...]».[693] Von der Menschheit über die Nation zum Bürger: Auch Goethe schien die Welt über die Verbesserung des Einzelnen zu retten. In seinem bekannteren Horenbeitrag «Literarischer Sansculottismus»[694] belehrte Goethe alle Kritiker, dass der klassische Nationalautor, dessen Fehlen sie beklagten, in Deutschland längst

auf dem Weg sei. Doch «kein deutscher Autor [halte G. S.] sich selbst für
klassisch». Entstanden sei eine «unsichtbare Schule» der Selbstbildung,
die weniger auf Regelpoetik und Normierung, als auf die authentische
Entwicklung der Originalgenies achte. Goethe wollte die plurale Tradition der föderativen Nation, den Geist der Konkurrenz, des Experimentierens und des sich gegenseitig «Überbieten-Wollens» retten, um kulturelle Höchstleistungen zu ermöglichen. Diese wurden in «Weimar-Jena»
geboten, wo kein äußerer Zwang die Entfaltung geistiger und künstleri-
scher Kreativität behinderte. Goethes Zeitschrift «Die Propyläen» diente
dem gleichen Ziel. In seiner Einleitung beschwor er die nationale Dimension ästhetischer Bildung. Sein Blick richtete sich auf den zusammenge-
raubten und dennoch vorbildhaften «neuen Kunstkörper» in Paris, der
Heterogenes aus ganz Europa zu einer neuen Einheit formte. Die Propyläen sollten ebenso orientierend wirken, in dem sie die deutsche Literatur
in virtueller Form zusammenführten.[695]

«Deutschland? Aber wo liegt es? Ich weiß das Land nicht zu finden,
Wo das gelehrte beginnt, hört das politische auf.»[696] Schillers Xenion ar-
tikuliert keine Defizite, sondern die Hoffnung auf eine universalisierte
deutsche Nation. In den Ruinen des zerfallenden Reiches hatte sich etwas
wissenschaftlich, ästhetisch und sittlich Fundiertes gebildet und alle Beschränkungen des Reichs-Staates hinter sich gelassen. Dieser Deutung
entspricht ein weiteres Xenion: «Zur Nation euch zu bilden, ihr hoffet es,
Deutsche, vergebens, Bildet, ihr könnt es, dafür freyer zu Menschen euch
aus».[697] Weil zu den alten herrscherzentrierten Staatsnationen kein Weg
zurückführt, müssen sich die Deutschen den Herausforderungen der
Freiheit stellen, denn sie seien – so Humboldt – im Vergleich zu den
Franzosen «auf einem unendlich besseren Wege.»[698] Der kurzfristig zum
Schillerkreis gehörende Karl Ludwig Woltmann behauptete später sogar,
die Weimarer Autoren hätten die deutsche Nation gerettet.[699]

Warum? Sie hatten sich ohne den Zwang *eines* Zentrums und ohne
eine machtpolitisch gestützte normierende Klassik wie in England oder
Frankreich behauptet. Diese Einschätzung teilte auch der Schlegelkreis:
Friedrich Freiherr von Hardenberg, gen. Novalis, Schelling, Hölderlin,
Ludwig Tieck, Sophie Mereau, August Wilhelm, Friedrich und Dorothea
Schlegel, geb. Mendelssohn. Die Frühromantiker lebten Ende der 1790er
Jahre in Jena, um die Einheit mit sich selbst, den anderen und der Natur
neu zu begründen. Sie wollten gemeinsam denken und schreiben, ob-
wohl sie nur in der Wertschätzung des Ästhetischen übereinstimmten.
Ihr Kreis wurde als «neue Sekte» oder «neue Schule» wahrgenommen.[700]
Zentralorgan ihres Symphilosophierens war das «Athenaeum». In dessen
«Vorerinnerung» betonten die Schlegels: «Wir theilen viele Meynungen
miteinander; aber wir gehn nicht darauf aus, jeder die Meynungen des
andern zu der seinigen zu machen.»[701] Wieder ist es das Nebeneinander,

das befruchtend und einheitsfördernd wirkt. Das «Athenaeum» polarisierte jedoch und scheiterte ebenso am Markt wie die «Horen» oder die «Propyläen». Heinrich Steffens, der in den 1790er Jahren auch in Jena lebte, erinnerte sich: «Ein geistiger Babelsturm sollte errichtet werden, den alle Geister aus der Ferne erkennen sollten.»[702]

Der Grat zwischen einer die Werte der Menschheit verkörpernden und ins Weltbürgertum transzendierenden deutschen Nation sowie chauvinistisch anmutenden Vorstellungen blieb schmal. Behauptet wurde etwa, dass das gegenwärtige Germanien die «Freyheit von Europa, das Gleichgewicht in der Politik – kurz, das Wohl des menschlichen Geschlechts [bewahre, G. S]: welch ein Ring in der Kette der Europäischen Reiche! welches Hochgefühl für den Deutschen, einer solchen Nation anzugehören.» Dieses Lob wurde zur Überheblichkeit, wenn der Deutsche als nicht so störrisch, stolz und launig wie der Brite, nicht so leicht und aufbrausend wie der Franzose charakterisiert wurde. «Ernst, kalte Bedachtsamkeit, Treue, gerader Sinn mit dem reizbarsten Gefühl für Ehre verbunden, charakterisiren den Deutschen, bey aller Gewandtheit mit der er sich fremden Sitten anschliesst. Er ist der Mann für die Welt.» Der Deutsche besitze lediglich zu wenig Nationalstolz. So sehr er auch die Sitten und Talente der Italiener und Franzosen kopiere, habe er doch nie «ihre Meuterey, Empörungsgräuel und Meuchelmord, nie ihre ausstudirte Giftmischery und Banditenstreiche, oder Roms Filzigkeit» nachgeahmt. Auch Randel spricht – und hier folgt er fast wörtlich Schillers Antrittsvorlesung – vom «heiteren Himmel», der jetzt über «Germaniens» Wäldern lache und von «Asiens Reben», die sich im «Rhein» spiegeln.[703] Schiller verwendet in seinem Fragment gebliebenen Gedicht «Deutsche Größe» den gleichen Duktus. Seine ästhetische Erziehung ist deutsch-national grundiert. Bei Schiller sind es die deutschen Künstler, die sich selbst, ohne Mäzen und ohne Zentrum, vervollkommnet und über starre Regeln erhoben hatten.[704] Ihre Zirkel experimentierten mit neuen Ideen und Lebenszuschnitten. Schiller dachte an Weimar-Jena und an sein Theaterpublikum.[705] Es ist *der* Deutsche, dem nichts aufgezwungen wurde.[706] Weil er sich alles selbst erschaffen hat, kann er die wahre Freiheit verwirklichen und die Welt regieren, denn er erscheint weder machtstaatlich wie die Franzosen, noch materialistisch korrumpiert wie die Briten. Deswegen können ihm militärische Niederlagen nichts anhaben: Jedes Volk hat seinen Tag in der Geschichte, doch der Tag des Deutschen ist die Ernte der ganzen Zeit.»[707]

Die Frühromantiker argumentierten ähnlich. Friedrich Schlegel erklärte, die «Deutschheit liegt nicht hinter uns, sondern vor uns».[708] Für Novalis war «Deutschheit [...] Kosmopolitismus mit der kräftigsten Individualität gemischt»[709] und für August Wilhelm Schlegel war es das Kunstideal des deutschen Weltbürgers, «die Vorzüge der verschiedensten Nationalitäten zu vereinigen [...] und so einen kosmopolitischen Mittelpunkt für den menschlichen Geist zu stiften. Universalität, Kosmopolitismus ist die wahre Deutsche Eigentümlichkeit».[710] Klassik, Frühromantik und Idealismus strebten nach einer neuen, höheren Form der Ganzheit, die moderne Errungenschaften in ihrer ganzen Vielfalt einschloss: Vernunft und Kritik, Individualität und Freiheit.[711] In Göttingen forderte 1805 der Philosoph Friedrich Bouterwek eine Kultursynthese der vier großen europäischen Nationen England, Frankreich, Russland und Deutschland. Seines Erachtens ging jedoch nur die deutsche Kultur still ihren Gang, «ohne politische Macht, aber mit unverdrossener Kraft immer fortschreitend auf dem Weg der Geistes-Cultur, und unverkennbar bestimmt, künftig die Lehrerin der Welt zu werden».[712]

Der zeitgenössische Stolz auf diese deutsche Nation des Geistes und der Kultur klingt chauvinistisch. Der Weimar Bibliothekar und Kunstfreund Carl Ludwig Fernow unterstreicht diese Einschätzung, wenn er 1806 dem inzwischen in Dresden lebenden Carl August Böttiger schrieb: «Unsere Deutschheit sitzt tiefer als in den baufälligen Formen unserer gotischen und chaotischen Verfassung [...] Deutschland und, was mehr ist, deutscher Geist, deutsche Bildung, deutsche Sprache wird nicht untergehen, was für Kalamitäten uns auch noch betreffen mögen. Behalten wir nur eine Literatur, so bleiben wir auch eine Nation, und wenn unsere Schriftsteller nur nicht aus Feigheit oder niederträchtigem Ehrgeiz sich ihrer Muttersprache zu schämen anfangen, wie unsere Fürsten längst getan haben, wofür sie nun ihren verdienten Lohn erhalten, sondern im Gegenteil all ihre Kraft und ihren Nationalgeist aufbieten, sie zu immer höherer Vollkommenheit auszubilden, so werden wir die Zeit der Trübsal nicht nur glücklich überstehen, sondern [...] siegreich aus dem langen Kampfe hervorgehen.»[713] Schiller durfte sich verstanden fühlen: Aus den «Ruinen einer alten barbarischen Verfassung», dem gotischen Bau[714], sprossen nationalkulturelle Vorstellungen.

Die deutsche Nation war um 1800 als Kritik an der Eindeutigkeit des Zwangsstaates, als Forderung an eine selbst zu gestaltende plurale Zukunft und als kosmopolitisches Ziel gedanklich neu konstituiert und universalisiert worden. Ihre nicht-nationalstaatliche Vielfalt schien eine Vorstufe der weltbürgerlichen Gesellschaft, in der alle individuellen und kollektiven Anlagen, Fähigkeiten und Fertigkeiten in Frieden und Freiheit konkurrieren konnten. Dieser Transformationsdiskurs, der die Freiheit mit dem Bürger, die Vielheit mit der Einheit und die Nation mit dem Kosmopolitismus versöhnen wollte, kulminierte in der Doppelstadt Weimar-Jena. Die pluralisierte Weltbürgerperspektive wurde jedoch nicht zufällig im Verfassungskontext des Reiches gedacht, in dem die Einheit mit der Vielheit korrespondierte.

Als der aufgeklärte Despotismus aus Revolutionsfurcht repressiv wurde, universalisierten Dichter und Denker die Vorstellung einer befruchtenden kulturellen Mannigfaltigkeit. Die deutsche Nation schien ihnen reif für die Freiheit, weil sie nicht zusammengeraubt und nachgeahmt, sondern das Fremde mit dem Eigenen zu vielen neuen Originalen verbunden und sich selbst eine vitale Einheit in der Vielheit geschaffen hatte. Dies schien der Weg, die jede Kulturentwicklung tötende totalitäre Gleichförmigkeit in einer künftigen Weltbürgergesellschaft zu umgehen. Der Vorsprung der Deutschen bestand somit letztlich darin, den Pfad der nationalstaatlichen Eindeutigkeit (noch) nicht betreten zu haben.

Die Dichter und Denker in Weimar und Jena wollten dementsprechend nicht durch neue Normen wirken und zu «Klassikern» werden, sondern das Genialisch-Kreative ihres laborartigen Experimentierens an den Bürger weiterreichen. Sie unterschätzten jedoch die Beharrungskraft des Staates. Weder der Rheinbund noch der Deutsche Bund besaßen die legitimierende und integrierende Kraft, die das Reich ausgezeichnet hatte. Dies steigerte die Sehnsucht nach den attraktiven Homogenisierungsversprechen des Nationalstaates, der um 1800 gedanklich bereits überwunden worden war. Der nationale «Zwangsstaat» kam 1871 verspätet, aber mit einem umso größeren Anspruch zu seiner verhängnisvollen Premiere auf der (klein)deutschen Bühne.

Fazit: Wandel durch Vernunft?

Das Leitmotiv «Wandel durch Vernunft» charakterisiert den Transformationsprozess, der von den Aufklärern im 18. Jahrhundert proklamiert und eingeleitet wurde, um den Menschen und die Menschheit zu vervollkommnen. Sie befreiten den Menschen durch ihre Zweifel und Kritik aus den Verstrickungen der Schöpfungsgeschichte, den bisher als unumstößlich geltenden biblischen Normierungen, und sie lehrten ihn, sein Leben auch unter den Bedingungen der Ständegesellschaft selbst zu gestalten. Dennoch blieb das Neue – der umgeformte Mensch und die friedliche, freiheitliche und humanitäre Gesellschaft – uneindeutig und ungewiss. Es war zwar vorhanden, doch wenige konnten diese Optionen nutzen und noch weniger taten es – aus Angst vor den damit verbundenen Risiken. Die Relativierung der Offenbarung führte zu einer vielgestaltigen und offenen Welt. Das Problem brüchiger Ordnungen aber blieb. Es wurde von den Aufklärern nicht gelöst, sondern potenziert. Sie experimentierten mit der Freiheit als Vielfalt, als Pluralisierung des Denk- und Machbaren sowie als Offenheit einer selbst zu gestaltenden Zukunft. All dies wurde zur Grundlage der westlich geprägten Moderne. Das Ringen um die Einheit in der Vielheit, um die Bewahrung der von Fundamentalismen bedrohten aufklärerischen Werte und Denkhaltungen sowie um stabile Balancen und Rahmenordnungen verbindet das 18. mit dem 21. Jahrhundert. Die mit der wirtschaftlichen Globalisierung verknüpften Chancen und Risiken, Uneindeutigkeiten und Ungewissheiten verweisen zurück auf die Aufklärungsepoche, die im Kontext einer ständisch geprägten Welt vor ganz ähnlichen Problemen stand. Die Diskurs- und Strukturähnlichkeiten zwischen dem 18. und dem 21. Jahrhundert werden umso augenfälliger, je länger die dazwischen liegende Phase der organisierten, vom Nationalstaat gehegten, Eindeutigkeit anstrebenden Moderne zurückliegt.

Das 18. Jahrhundert rationalisierte die Welt, machte sie komplexer und komplizierter. Die Hoffnung auf neue sozio-kulturelle Stabilität durch umfassenden Fortschritt auf allen Gebieten erwies sich als trügerisch. Der augenfällige Widerspruch zwischen den aufklärerischen Freiheitsentwürfen und der ständisch-hierarchischen Herrschaft mündete im späten 18. Jahrhundert nur in Frankreich in eine Revolution. Gerade sie schien jedoch zu bestätigen, dass der Mensch für die möglich gewordene Freiheit noch nicht reif war. Aufgrund dieser Erfahrungen wurde in anderen Ländern die «Umformung» des Menschen forciert und die Trans-

formation von der ständischen zur bürgerlichen Gesellschaft auf evolu-
tionärem Wege angestrebt. In Frankreich zähmte unterdessen Napoleon
die Revolution und ließ Europa seinen Gestaltungswillen spüren. In dieser Phase endeten das Heilige Römische Reich deutscher Nation und das
alte Preußen, die Abdrängung Österreichs aus Deutschland begann.
Doch die Zäsur des Jahres 1806 bildet weder das Ende noch den Anfang
der deutschen Geschichte, sondern lediglich eine Formveränderung, die
manchen zeitgenössischen Denkern als willkommene Möglichkeit erschien, den nationalen Pfad in Richtung Weltbürgerrepublik auszubauen.
Das brüchige Gefüge komplementärer Staatlichkeit hatte ihre Blicke auf
die föderative deutsche Nation gelenkt, in der sie ein offenes und plurales
Vorbild einer kosmopolitischen Zukunft sahen.

Dieser «Sehepunkt» einer besonderen deutschen Zukunftsfähigkeit
verlor sich im 19. und 20. Jahrhundert, als die ältere deutsche Geschichte
in das Prokrustesbett des geschlossenen Nationalstaates gezwängt
wurde. Weil weder der Rheinische noch der Deutsche Bund die notwendige Integrationskraft und Identität entwickelten, waren staatenbündi-
sche Lösungen diskreditiert. Historiker und Politiker machten das Alte
Reich für die deutsche (Staats-)Misere verantwortlich und zum politischen Argument im Kampf um den Nationalstaat: Aus der zusammengesetzten Einheit und der komplementären Staatlichkeit wurde die Zersplitterung und aus der älteren preußischen die deutsche Geschichte. Es
entstand der Mythos vom deutschen Sonderweg der Verspätung, der bis
heute als Erklärungsmuster für das Nazi-Regime und den Holocaust
dient. Die Historisierung des nationalstaatlich geprägten Interims der
organisierten und normierenden Moderne, die in Mitteleuropa den Zeitraum zwischen den 1730er und den 1970er Jahren prägte, ermöglicht es
nun jedoch, die erhoffte Einheitlichkeit und scheinbare Gewissheit als
vorübergehende Ausprägungen brüchiger Ordnungen und einer prinzipiellen Pluralisierung zu deuten.

Die borussische Meistererzählung war das Produkt des Übergangs von
der offenen in die nationalstaatlich gehegte Moderne. Sie bot die damals
zeitgemäßen Lehren aus der deutschen Geschichte und machte den homogenisierenden Nationalstaat nach preußischem Vorbild zu deren Ziel. In
dieser Phase fand auch der alte Adel, dessen Habitus und Tugenden am
Hof, in der Diplomatie und beim Militär benötigt wurden, an die Macht
zurück. Das bürgerliche Projekt von Freiheit, Gleichheit und Offenheit
mündete in den souveränen und geschlossenen Nationalstaat und in die
politische Renaissance eines Adels, der mit hierarchisierten Zuordnungen
umzugehen verstand. Vor dieser Folie war die Geschichtserzählung eines
schwachen Heiligen Römischen Reiches deutscher Nation und einer preußischen Mission zur Gründung des (klein)deutschen Nationalstaates eine
plausible Deutung des vergangenen Geschehens. Sie kann es heute nicht

mehr sein. Die angeblichen oder tatsächlichen Mängel des Reichs-Staates lassen sich im 21. Jahrhundert nicht mehr mit den Attributen des Machtstaates wie Angriffskriegen, Kolonien oder Flotten belegen.

Das Alte Reich hatte seine Staatsgewalt auf viele Akteure verteilt und auch räumlich dezentralisiert: Der Kaiserhof war meistens in Wien, kurzfristig in Frankfurt, der Reichstag in Regensburg und das Reichskammergericht in Wetzlar. Reichskreise und Reichsstände strukturierten das ungleiche Nebeneinander in den Regionen, und in allen Residenzen partizipierte man an einer Souveränität, die heute nicht mehr als unteilbar im Sinne Bodins verstanden wird. Korporationen, Ämter, Regierungen sowie Kaiser und Reich prägten die politischen Erfahrungsmöglichkeiten der Deutschen, deren Identität sich zwischen Heimat, Stand, Beruf, Konfession und Nation entfaltete. Der komplementäre Reichs-Staat kannte Mehrebenenregieren ebenso wie multiple und verschachtelte Rechtsregime oder Konfessionsverhältnisse. Diese politische Vielgestaltigkeit und die strukturierte Uneindeutigkeit haben dort, wo nicht Konkurrenz und Rivalität für Innovationen sorgten, die wirtschaftliche Entwicklung behindert, sie kamen Bürgern und Untertanen aber zugute, wo sie die obrigkeitliche Allgewalt einschränkten. Herrschaft wurde im Reichs-Staat durch Herrschaft kontrolliert. Nicht Abschottung und Autonomie, sondern Teilhabe an übergreifenden Regelungen war daher das Signum politischer Selbständigkeit und Souveränität.[1]

Seit 1720 verbanden deutsche Dynasten den Reichs-Staat in Personalunionen mit allen umliegenden Kronen – abgesehen von Frankreich: Von außen war Deutschland vor 1793 wenig bedroht. Die europäischen Souveränitätsvernetzungen blockierten zudem die dem deutschen Dualismus eingeschriebene Teilung in ein preußisch-protestantisches Nord- und ein habsburgisch-katholisches Süddeutschland. Auf der Ebene des europäischen Staatensystems wurden das Prinzip dynastischer Legitimität und das Streben nach der Universalmonarchie vom pluralen Balancesystem, einem gegliederten Nebeneinander souveräner Staaten unter Führung der Großmächte und der auszuhandelnden Konvenienz überlagert. Das Alte Reich ist nicht an diesen Umständen und schon gar nicht am fehlenden Nationalstaat, sondern am deutschen Dualismus und vor allem daran gescheitert, dass es den mächtigen Reichsständen gleichgültig geworden war. Sie glaubten, ihre machtpolitischen Interessen und die aufgeklärten Reformen besser alleine durchsetzen zu können.

«Wandel durch Vernunft» bedeutete keinen Zwang zu absolutistisch-despotischen Regimen, auch wenn diese Herrschaftsform – aufgeklärt oder nicht – in Deutschland auf der fürstenstaatlichen Ebene dominierte. Die im Westfälischen Frieden festgeschriebene Reichsverfassung und die Integrationskraft der föderativen deutschen Nation bildeten ein Identität verbürgendes Gefüge, in das sich der Einzelne einpassen konnte, auch wenn er wie Sorben oder Hugenotten Muttersprache, ethnische Abstammung und kulturelle Verankerung nicht mit der Mehrheitsgesellschaft teilte. Die intensiven Debatten über religiöse Toleranz und über den Umgang mit dem Anderen und Fremden – insbesondere mit Hugenotten oder Juden – dienten zwar der In- und Exklusion, betonten zumindest am Ende des 18. Jahrhunderts aber auch die Vorteile der Mannigfaltigkeit gegenüber der jede Fortentwicklung bedrohenden Ein- und Gleichförmigkeit. So wurde die Emanzipation und Integration der Juden nicht mehr generell an deren Übertritt zum christlichen Glauben geknüpft. Für manche Aufklärer bildete die politische und kulturelle Vielfalt im Inneren sogar die Voraussetzung dafür, dass die Deutschen das Fremde nicht nur kopieren, sondern es sich anverwandeln konnten, indem sie das Andere mit dem Eigenen zu Neuem und Höherwertigem amalgamierten. Das Fehlen einer alles dominierenden Hauptstadt hatte ihres Erachtens die Stagnation verhindert.

Das Loblied, das zumindest Teile der Avantgarde der Pluralisierung sangen, hielt die Deutschen jedoch nicht davon ab, den Herrscher zu bewundern, der ihre Machtstaatsphantasien beflügelte und ihr Selbstwertgefühl hob. Man nannte Friedrich II. von Preußen «den Großen» und den «König der Philosophen». Voltaire sprach vom Jahrhundert Friedrichs, Kant schloss sich ihm an. Dieser König faszinierte und polarisierte. Seine Macht- und Reformpolitik wurde bewundert, seine kulturelle Orientierung an Frankreich stieß auf Kritik, seine Schelte der deutschen Literatur auf nahezu einhellige Ablehnung. Friedrich II. zog die Normierung der französischen Klassik dem vielgestaltigen Experimentieren der einheimischen Dichter vor. Die Debatten der deutschen Intellektuellen kreisten jedoch längst um die Möglichkeit und Wirklichkeit eines deutschen Patriotismus und dessen Verhältnis zu anderen Loyalitäten. Den Dichtern und Denkern ging es um den einer föderativen Nation angemessenen flexiblen Rahmen, nicht um eindeutige Muster.

Während sich der Reichs-Staat reformunfähig zeigte und die Intellektuellen die Nation forcierten, um das als vorbildhaft betonte «Eigene» auch in kosmopolitischer Perspektive zu bewahren, veränderte der struktureller Wandel fast alle sozio-ökonomischen Beziehungen. Die empirischen Wissenschaften entschlüsselten die Natur, entdeckten die Erde und propagierten die Herrschaft des Verstandes. Sie überwanden bloß tradierte Gewissheiten und Gewohnheiten. Die göttliche Ordnung der Offenbarung bestimmte zwar weiterhin die Vorstellungswelt und das Leben der breiten Bevölkerung, verkörperte jedoch nicht mehr die einzig denkbare Wahrheit. Die normierenden Muster der Herkunft und des Standes, der politischen Verfasstheit und Wirtschaftsweise, des Glaubens und der Erziehung gerieten unter den Druck neuer freiheitlicher Vorstellungen und wurden sukzessive mit Hilfe staatlich-obrigkeitlicher Reformen oder durch die sich an jeden Einzelnen wendende Volksaufklärung überwunden. Die Vernunft schuf neue Ressourcen und das Vertrauen in die menschliche Gestaltungskraft einen Fortschrittsoptimismus, den die Universalgeschichte als immerwährende Vervollkommnung zu bestätigen schien. Diese scheinbare Gewissheit wurde jedoch von Rousseau oder von Herder kulturkritisch hinterfragt. Die Elite reflektierte auch Umweltprobleme, sie propagierte den sparsamen Umgang mit den natürlichen Ressourcen, und sie versuchte, die selbstreflexive Vernunft mit Gefühlen und Empfindungen in Einklang zu bringen.

Das aufklärerische Licht, das die diesseitige Welt rational erklären wollte, leuchtete um 1800 aus verschiedenen Richtungen und erzeugte mehr als eine Wahrheit. Der Mensch musste daher mehr denn je durch Erziehung und Bildung in die Lage versetzt werden, sich «vernünftig» zu entscheiden. Er musste sich die Kenntnisse, Tugenden und sittlichen Maßstäbe aneignen, die es ihm ermöglichten, ein selbstbestimmtes Leben zu führen und dem Gemeinwohl zu dienen. Die Aufklärer waren sich zwar weitgehend einig über den transformativen Charakter ihrer Gegenwart, über das Verständnis des Menschen als gesellschaftliches Wesen mit Autonomieanspruch und über die mit dem Geschichtsprozess zu belegende Gewissheit, dass das Goldene Zeitalter der Freiheit, des Friedens und der Humanität in der Zukunft lag, hüteten sich allerdings vor konkreten Utopien. Offen blieb die inhaltliche Füllung leitender Kategorien wie «Vernunft», «Gefühl» oder «Fortschritt». Trotz erbitterter Konflikte zwischen Empiristen und Idealisten, Klassikern und Romantikern, zwischen den Vertretern einer Verstandes- und denjenigen einer Gefühlskultur suchten sie alle Antworten auf die gleichen Herausforderungen einer Welt, deren Ordnungen brüchig blieben. Auch diejenigen strebten nach dem «Wandel durch Vernunft», die sich gegen die bloße Verstandesherrschaft wehrten. Die Frühromantiker und manche ihrer Wegbereiter wie Hamann, Herder, Jacobi und Möser, Shaftesbury oder Burke waren keine «Gegenaufklärer», bloß weil sie Autonomie, bürgerliche Freiheit oder Vernunft nicht absolut setzten.[2]

Statt des höfischen Adels übernahmen im 18. Jahrhundert Gelehrte, Publizisten und (Staats-)Reformer die sozio-kulturelle Hegemonie. Sie etablierten sich zugleich deutschlandweit als Vormünder des gemeinen Mannes und bildeten das Forum einer räsonierenden und kontrollierenden Vernunft. Die Druckmedien, die dafür sorgten, dass überall die gleichen Fragen debattiert werden konnten, vernetzten diese funktionale Elite. Sie konnte somit nicht nur überall ihre Vorstellungen und Lebensstile verbreiten, sondern auch despotische Regierungsformen kritisieren, weil sie sich in dieser Hinsicht mit den Ordnung verbürgenden, mehr oder weniger aufgeklärten Fürsten einig wusste. Die deutschen Aufklärer hatten sich mit diesen verbündet und dachten ihnen eine Schlüssel-

rolle beim geregelten Übergang zur Herrschaft des Rechts und zur bürgerlichen Gesellschaft zu. Die funktionale Elite, die dem Volk nicht
traute, glaubte, die fürstlichen Alleinherrscher als Agenten des Fortschritts nutzen zu können, weil sie die Gefahr einer politischen oder kulturellen Unterdrückung durch die Dynasten für gering hielt. Aus der
Sicht vieler Publizisten schützte die nun konstitutionell-republikanisch
gedeutete germanisch-deutsche Freiheit vor dem Joch des Despotismus.
Die obrigkeitlich initiierten Reformen führten tatsächlich zu konkreten
Verbesserungen wie einer Steigerung von Handel und Produktivität, der
Alphabetisierung oder dem effizienteren Umgang mit den vorhandenen
Ressourcen. Der «Wandel durch Vernunft» veränderte die Welt, zumal
auch das Volk besser leben wollte und soziale, rechtliche oder politische
Veränderungen einklagte – notfalls auch mit gewalttätigen Unruhen. Die
Französische Revolution war nicht nur für die Intellektuellen ein mäch-
tiges Vorbild.

Warum der «Wandel durch Vernunft» mit der wirtschaftlich-industri-
ellen und politisch-sozialen Doppelrevolution in Europa und Nordamerika seinen Kulminationspunkt erreichte, wird mit den bekannten Schlag-
worten wie «gemäßigtes Klima», «Staatenbildung», «Partizipation und
Kontrolle», «Bürgerkommunitäten», «Freiheit» und «Pluralisierung» begründet. Obwohl die für die westliche Zivilisation entscheidenden Entwürfe – das mündige Individuum, die bürgerliche Freiheit, das Prinzip
von Kritik und Vernunft, die Autonomie der Künste, Eigennutz und Konkurrenz als Motor des Gemeinwohls – nicht national zurechenbar sind,
gab es markante Unterschiede. Die Aufklärer wussten, dass der Mensch,
der seine Zukunft in Frieden und Freiheit selbst gestaltete, sich unter den
konkreten Raum-Zeit-Bedingungen des 18. Jahrhunderts bilden musste.
Selbst Kosmopoliten gehörten zu einem konkreten Gemeinwesen und waren dessen Sitten und Gesetzen unterworfen. Wenn Gerhard Anton von
Halem 1790 feststellte, die Deutschen seien «mehr wie irgend eine Nation
Weltbürger», da sie «in politischem Sinne fast kein deutsches Vaterland»
besäßen[3], beschrieb er aus seiner Sicht vielleicht ein Defizit, verwies aber
auf eine zukunftsträchtige Konstellation. In Frankreich war die Kritik radikaler, in England die Freiheit sicherer, in den Niederlanden die Duldung
toleranter und in Deutschland der Kosmopolitismus weltbürgerlicher als
in den Nachbarländern.

«Verstand» und «Gefühl», «Altes» und «Neues», «Eigenes» und «Fremdes», angeblich «Originales» und «Anverwandeltes» kamen im späten
18. Jahrhundert nebeneinander zur Geltung. Im Unterschied zu den vorhergehenden Jahrhunderten, die Vielfalt in erster Linie als Störung oder
Bedrohung wahrgenommen hatten, erschien die Mannigfaltigkeit nun
auch bereichernd und befruchtend. Die Einheit bzw. die Trennung in der
Vielheit mündete im 18. Jahrhundert nicht in Erstarrung und Einförmig-

keit, sondern führte zu einer produktiven und kreativen Rivalität um Ideen, Innovationen und Höchstleistungen. Homogenisierungen ergaben sich über konfessionelle, territoriale und ständische Grenzen hinweg entweder von selbst, im Rücken der Akteure, oder sie wurden von den Aufklärern mit ihren Netzwerken aus Universitäten, Zeitschriften, Briefwechseln und Sozietäten erreicht. Das Fürstenbündnis und der pragmatische Ansatz der Staatsaufklärer schränkten indes allzu kühne Gedanken ein. Der deutsche Mittelweg wollte das Volk auf den langen Weg in das Reich der Freiheit mitnehmen, die Erziehungsdiktatur der Herrscher und Vormünder es zu seinem Glück zwingen. Der gemeine Mann und seine Frau blieben deshalb auch im Zeichen der Vernunft Objekte der Beglückung.

Aufklärung war Credo und Lebensstil einer adlig-bürgerlichen Elite, die sich selbst zum Denken, Mitleiden und Verstehen ermächtigt hatte. Die literarische Fiktion prägte ihre Vorstellungswelt: Das Herz wies demnach den Lebensweg, Vernunft und Verstand verhinderten irrationale Abwege. Rousseaus Impuls wirkte. In Deutschland sollten die nur auf den ersten Blick zweckfreien Ideale des individuell Schönen und der Selbstbildung die praktischen Reformen ergänzen und den Menschen zur inneren Harmonie führen, damit er sich zur Freiheit bilde und diese nicht für egoistische Ziele missbrauche. Nicht Uniformität, sondern Pluralität und die Anerkennung des Anderen standen am Beginn dieser Freiheit und der angestrebten (republikanischen) Verfassung. Das, was unter Klassik, Idealismus und Romantik verstanden wird, darf daher nicht von der «eigentlichen» Aufklärung getrennt werden. Dies gilt vor allem für das mit der Doppelstadt Weimar-Jena verbundene Musenidyll, in dem die Aufklärung in der befruchtenden Vielheit von Wissenschaft und Literatur sowie verschiedenen Vergesellschaftungs- und Lebensformen kulminierte. Die nationalkulturelle Zentrierung richtete sich auf flexible Muster für Wissen, Kunst und Literatur. Sie sollten, ohne in Beliebigkeit abzugleiten, das Experimentieren mit bisher Tabuisiertem oder Undenkbarem – von der Autonomie der Kunst über die politische Umgestaltung der Welt bis zu einem von der Kirche unabhängigen Weg zu Gott – und den Wettbewerb honorieren. Im dynamischen Gewirr sich gegenseitig bereichernder Diskurse und Strukturen wurden die kulturellen Höchstleistungen stimuliert, die partiell bis heute wirken.

Die großen Ideen der Aufklärung, eine vom Menschen selbst zu gestaltende Welt, ein Weltbürgertum in Frieden, Freiheit und Humanität oder der reflektierte Umgang mit den natürlichen Ressourcen, verbinden das 18. mit dem 21. Jahrhundert. Wie damals ist heute erneut darüber zu befinden, auf welche Weise sich kulturelle Vielfalt, das Nebeneinander aller Formen des Religiösen und Fundamentalistischen, mit Freiheits-, Autonomie- und Identitätsansprüchen friedlich organisieren lässt. Der

komplementäre Reichs-Staat und die föderative Nation boten dafür eine
Plattform. Das nationale Weltbürgertum und die weltbürgerliche Nation, Aufklärer, die kulturelle Vielfalt und sozio-politische Pluralisierung als Bereicherung begriffen, stehen dem 21. Jahrhundert spürbar
näher als der Epoche des geschlossenen Nationalstaates. Dieses geistige
Fundament, das den vernünftigen Umgang mit der möglich gewordenen
Freiheit einklagte, das die Entfremdung mit Hilfe der Erziehung zur
Schönheit überwinden wollte, weil sie die notwendige Harmonie herbei-
führe, gilt es für die aktuellen Transformationsdebatten zurückzugewin-
nen. Über die scheinbar unabwendbaren Sachzwänge und technologi-
schen Möglichkeiten hinaus ist das analogisierend zu denken, was man
Globalisierung nennt. Um 1800 formulierten die Dichter und Denker zi-
vilisatorische Ziele und Fichte in Jena den anthropologischen Imperativ:
«Alles vernunftlose sich zu unterwerfen, frei und nach seinem eigenen
Gesetze es zu beherrschen, ist letzter Endzweck des Menschen.»[4] Die
Fern-Erinnerung an die deutsche Geschichte des 18. Jahrhunderts bietet
Denkhorizonte und Alternativen, die nicht nur den Historiker angehen
– und sei es nur die aufklärerische Gewissheit, die Zukunft selbst gestal-
ten zu können, zu wollen und zu müssen.

Nachwort

Es hat lange gedauert, bis mit diesem Buch über das 18. Jahrhundert die Lücke in der Neuen Deutschen Geschichte geschlossen werden konnte. Die beiden Nachbarbände von Volker Press und Wolfram Siemann erschienen bereits 1991 bzw. 1995. Zu danken habe ich dem Beck-Verlag für die große Geduld, dem Cheflektor Dr. Detlef Felken und dem Lektor Dr. Sebastian Ullrich für die umsichtige Betreuung. Ein Buch, das in einer solchen Reihe erscheint, orientiert sich aus pragmatischen und aus Gründen des einheitlichen Erscheinungsbildes an den vorliegenden Bänden. Entstanden ist ein Lesebuch, das den nationalen Kontext für einen notwendigen Erzählmodus des vergangenen Geschehens hält, aber auch ein Thesenbuch. Zwar wird der Leser nicht mit dem Referat einzelner Forschungskontroversen belastet, doch die Endnoten bieten die weiterführende Literatur und ermöglichen es, die angesprochenen Positionen und Deutungen zu identifizieren.

Ein solches Buch entsteht im und neben dem akademischen Betrieb als «zusammengesetzte» Erzählung. Es greift viele Anregungen auf, entwickelt sie fort, systematisiert, strukturiert und «anverwandelt» Gelesenes, Gehörtes und Diskutiertes. Der Autor hat daher vielen zu danken, und er kann dies nicht in allen Fällen namentlich tun. Entscheidend für seine Faszination vom 18. Jahrhundert und für dieses Buch war die gemeinsame Arbeit im Sonderforschungsbereich 482 «Ereignis Weimar-Jena. Kultur um 1800» sowie im Forschungszentrum «Laboratorium Aufklärung». Aus den vielen und langen Gesprächen habe ich im Einzelnen nicht zu benennende Anregungen der Kollegen Daniel Fulda und Heinz Thoma (beide Halle), Heiner Alwart, Olaf Breidbach, Hans-Werner Hahn, Gottfried Gabriel, Ralf Koerrenz, Klaus Manger, Stefan Matuschek und Hartmut Rosa (alle Jena) erhalten und aufgegriffen. Astrid Ackermann, Andreas Klinger, Alexander Schmidt, zuletzt auch Alexander Drost, Peter Langen und Kevin Seifert (alle Jena) haben wie auch Martin Wrede (damals München) bereitwillig mit mir jede Idee diskutiert und weite Teile des Manuskripts kommentiert und korrigiert. Katharina Aubele (München), Sibylle Röth und Christoph Nonnast (Jena), der auch zusammen mit Anne Fuchs (Jena) das Register anfertigte, halfen bei der Literaturbeschaffung und der technischen Vereinheitlichung. Dies gilt ebenso für Anke Munzert, die zudem dafür sorgte, dass neben dem Buchprojekt nicht alle anderen Termine und Verpflichtungen vergessen wurden.

Dieses Werk wurde gefördert durch einen einjährigen Forschungsaufenthalt am Historischen Kolleg in München. Das Historische Kolleg wird finanziert aus Mitteln des Freistaates Bayern. Die Mittel für das Forschungsstipendium hat die Fritz Thyssen Stiftung zur Verfügung gestellt. Es ist mir ein besonderes Bedürfnis ihnen allen, vor allem aber dem Vorsitzenden des Kuratoriums des Historischen Kollegs, Prof. Dr. Lothar Gall, sowie den Müchner Mitarbeitern ganz herzlich zu danken. Gewidmet ist das Buch postum dem Herausgeber der Neuen Deutschen Geschichte und dem Autor des Bandes über das 17. Jahrhundert, meinem verehrten, viel zu früh verstorbenen Lehrer Prof. Dr. Volker Press.

Jena, im Januar 2009

Anmerkungen

Einleitung: Das 18. Jahrhundert und die deutsche Geschichte

1 Johann Wolfgang von Goethe, Faust. Eine Tragödie, in: Ders., Werke, WA I, Bd. 14, S. 88.
2 Mulsow (2000), Pluralisierung.
3 Bayly (2006), Geburt.
4 Schulze (1987), Kanon.
5 Ders. (1986), Gemeinnutz.
6 Vgl. J. Schmidt (1996), Introduction.
7 Wokler (2000), Multiculturalism.
8 Welskopp (2002), Identität, S. 119.
9 Schnädelbach (2004), Zukunft, S. 67.
10 Horkheimer/Adorno (1975), Dialektik.
11 Lukács (1954), Zerstörung.
12 Beiser (2003), Imperative, S. 44.
13 Winkler (2000), Weg.
14 Langewiesche (2004), Sonderweg, S. 169.
15 Ranke (1971), Epochen, S. 60.
16 Friedrich Schiller, Was heißt und zu welchem Ende studiert man Universalgeschichte, in: Ders., Sämtliche Werke, Bd. 4, S. 749–767, Zitat S. 762.
17 Wagner (1995), Soziologie; Taylor (1995), Unbehagen; Beck (1993), Erfindung; Münch (2002), Moderne.
18 Vgl. etwa Scott/Simms (2007), Culture.
19 Koselleck (1972), Einleitung, S. XV.
20 Nipperdey (1983), Geschichte, S. 11; Wehler (1987), Gesellschaftsgeschichte, S. 35; Winkler (2000), Weg, S. 5.
21 Vgl. Krieger (1972), Idea; Stern (2006), Traum.
22 Gay (1966/1969), Enlightenment, Bd. 1, S. 4.
23 Schneiders (1995), Vernunft.
24 Gaier (1989), Gegenaufklärung, S. 267 und passim.
25 Schulze (1989), Geschichte.
26 Reinhard (2001), Probleme, S. 64 f.
27 Wehler (2006), Geschichte, S. 173.
28 Medick (1989), Missionare.
29 Dahrendorf (1962), Aufklärung.
30 Habermas/Luhmann (1976), Theorie.
31 Piepmeier (1976), Aufklärung I, S. 576 und 592.
32 Gray (1995), Wake. Vgl. auch Baker/Reill (2001), Enlightenment.
33 MacIntyre (1987), Verlust, bes. S. 75–88.
34 J. Schmidt (1989), Einleitung, S. 30 f.

I. Deutschland am Beginn des 18. Jahrhunderts

1 Schulze (1987), Kanon, S. 318.
2 Vgl. Schmidt (1999), Geschichte.
3 Moraw (1985), Verfassung.
4 Aretin (2008), Reich.

1. Alte Strukturen

5 Vgl. die Zusammenstellung bei Dipper (1991), Geschichte, S. 44. – Auch zum Folgenden: Pfister (2007), Bevölkerungsgeschichte.
6 Ebd., S. 29.
7 Schulze (2002), Einführung, S. 106.
8 Schilling (1993), Stadt, S. 5 f.
9 Mols (1979), Bevölkerung, S. 22.
10 Dipper (1991), Geschichte, S. 10.
11 Ebd., S. 37.
12 Henning (1991), Wirtschafts- und Sozialgeschichte, S. 850 ff.
13 Vgl. Pfister (1999), Wetternachhersage; Behringer (2007), Kulturgeschichte.
14 Dipper (1991), Geschichte, S. 11.
15 Mieck (1993), Wirtschaft, S. 36; Behringer (2007), Kulturgeschichte, S. 127 f.
16 Siemann (1995), Staatenbund, S. 129; Jakubowski (1990), Sturmflut.
17 Dipper (1991), Geschichte, S. 11 ff.
18 Johann Heinrich Gottlieb von Justi, Die Grundfeste zu der Macht und Glückseligkeit der Staaten [...], Bd. 1, Königsberg/Leipzig 1760, S. 382 ff. Zit. n. Behringer (2003), Zeichen, S. 655.
19 North (2000), Kommunikation, S. 12.
20 Ebd., S. 9.
21 Behringer (2003), Zeichen, S. 656.
22 Gömmel (1998), Entwicklung, S. 14.
23 Behringer (2003), Zeichen, S. 664 f.
24 North (2000), Kommunikation, S. 53.
25 Behringer (2003), Zeichen, S. 669 f.
26 North (2000), Kommunikation, S. 9.
27 Holzem (2003), Volksfrömmigkeit.
28 Gall (1993), Gesellschaft, S. 5.
29 Johann Joachim Becher, Politische Discours, Frankfurt a. M. 1688, [ND Glashütten im Taunus 1972], S. 8.
30 Gottfried Wilhelm Leibniz, Unvorgreifliche Gedanken betreffend die Ausübung und Verbesserung der deutschen Sprache (1717), in: History of Linguistic. 18th and 19th Century German Linguistics, Bd. 1, London u. a. 1999, S. 255–314, hier S. 269.
31 Pfister (2007), Bevölkerungsgeschichte, S. 50 ff.
32 Brandt (1983), Altar, bes. S. 92 ff.
33 Conze (1972), Adel; Endres (1993), Adel.
34 Peşar (2005), Zeichen.
35 Pangerl (2007), Hof; Huss (2008), Kaiserhof.
36 Peşar (2004), Gesellschaft.
37 Endres (1993), Adel, bes. S. 105 f.
38 Schraut (2005), Haus.

39 Maurer (1999), Kirche, S. 87.
40 Gall (1993), Gesellschaft, S. 8.
41 Jahns (1986), Assessoren, S. 95 f.
42 Engelhardt (1986), Bildungsbürgertum.
43 Troßbach (1981), Leibeigenschaft.
44 Vgl. zum Folgenden auch Dipper (1991), Geschichte, S. 103–140.
45 Wunder (1986), Gemeinde; Troßbach (1993), Bauern, bes. S. 20–31.
46 Friedeburg (2002), Lebenswelt, S. 1–6.
47 Burschel (1997), Krieg.
48 Wilson (2007), Culture, S. 43 f.
49 Vgl. Pröve (1994), Heer; Schwenke (2004), Bellona, S. 184–194.
50 Büsch (1981), Militärsystem.
51 Pröve (1994), Heer, S. 315 ff.; Gräf (1997), Militarisierung.
52 Nowosadtko (1997), Ordnungselement, S. 9 f.
53 Hippel (1995), Armut, S. 5.
54 Ebd., S. 34.
55 Hohmann (1981), Geschichte, S. 26 ff.; Körber (2006), Zeit, S. 212 ff. und 257 ff.
56 Battenberg (2001), Juden, bes. S. 45 ff. und 112 ff.
57 Brenner (2008), Geschichte, S. 172 ff.
58 Eibach (2004), Haus, bes. S. 194–199.
59 Münch (1992), Lebensformen, S. 167 f.
60 Franciscus Philippus Florinus, Oeconomus prudens et legalis continatus oder Grosser Herren Stands und Adeliger Haus-Vatter, Tle. 1–2, 1702–1719, hier Tl. 2, Buch 1, V. Abt., Kap. 1, § 1, S. 596.
61 Münch (1992), Lebensformen, S. 172.
62 Art. Familia, in: Zedler, Universal-Lexicon, Bd. 9, Sp. 205 f., Zitat Sp. 206.
63 Christian Thomasius, Kurtzer Entwurff der politischen Klugheit sich selbst und andern in allen menschlichen Gesellschaften wohl zu rathen [...], Frankfurt/Leipzig 1713, S. 172.
64 Körber (2006), Zeit, S. 212 ff.
65 Press (1991), Kriege, S. 36.
66 Wehler (1987), Gesellschaftsgeschichte, S. 81 ff.; Achilles (1991), Landwirtschaft, S. 51.
67 Wunder (1992), Sonn.
68 Eibach (2007), Kampf.
69 Art. Frau oder Weib, in: Zedler, Universal-Lexicon, Bd. 9, Sp. 1767.
70 Grochowina (2006), Eigentums-Prozesse.
71 Wunder (1992), Sonn, S. 230–234 (verminderte Straffähigkeit); ebd., S. 119–154 (Ämter und Berufe); Eckart (2004), Arbeitspaar.
72 Dülmen (1999), Kultur, Bd. 1, S. 121–132.
73 Mitterauer (1985), Gesindedienste.
74 Medick (1980), Spinnstuben.
75 Dülmen (1999), Kultur, Bd. 1, S. 204 f.
76 Brunner (1968), Haus; Ders. (1949), Landleben.
77 Stollberg-Rilinger (2000), Europa, S. 147.
78 Schmidt-Voges (2008), Oíko-nomía, S. 409.
79 Eibach (2004), Haus, S. 185; Troßbach (1993), Haus; Derks (1996), Faszination.
80 Schulze (2002), Einführung, S. 106.
81 Schlumbohm (1992), Familie, S. 144 f.
82 Pfister (2007), Bevölkerungsgeschichte, S. 28.
83 Troßbach (1993), Bauern, S. 91 f.

84 Vgl. Schmidt-Voges (2008), (Rechts-)Ordnung.
85 Schlumbohm (1992), Familie, S. 148 ff.
86 Schmidt (1975), Hofgröße.
87 Vgl. Rouette (2003), Erbrecht.
88 Troßbach (1993), Bauern, S. 94.
89 Abel (1971), Landwirtschaft, S. 507 ff.
90 Kaufhold (1993), Deutschland, S. 551.
91 Wallerstein (2004), Weltsystem.
92 Gömmel (1998), Entwicklung, S. 15.
93 Zorn (1971), Gewerbe, S. 558.
94 Ebd., S. 531–535.
95 Kaufhold (1993), Deutschland, S. 557.
96 Ebd., S. 559; Abel (1971), Landwirtschaft, S. 509.
97 Achilles (1991), Landwirtschaft, S. 95 f.
98 Ebd., S. 9 f. und 21 f.
99 Henning (1991), Wirtschafts- und Sozialgeschichte, S. 792.
100 Press (1991), Kriege, S. 274.
101 Abel (1971), Landwirtschaft, S. 498.
102 Henning (1969), Dienste, S. 39.
103 North (2000), Handelsexpansion, S. 129.
104 Achilles (1991), Landwirtschaft, S. 49.
105 Henning (1969), Dienste, S. 79 f.
106 Abel (1974), Massenarmut, S. 177.
107 Abel (1971), Landwirtschaft, S. 501.
108 Henning (1991), Wirtschafts- und Sozialgeschichte, S. 804 ff.
109 Art. Wald, in: Zedler, Universal-Lexicon, Bd. 52, Sp. 1161.
110 Schmidt (1987), Frühkapitalismus.
111 Reinighausen (1990), Gewerbe, S. 4 f.
112 Ebd., S. 6.
113 Dipper (1991), Geschichte, S. 147 f.
114 Zorn (1971), Gewerbe, S. 539.
115 Schultz (1997), Handwerker, S. 93.
116 Press (1991), Kriege, S. 275 ff.
117 Zit. n. Bog (1959), Reichsmerkantilismus, S. 144.
118 Ebd., S. 149.

2. Koordinaten des Politischen

119 Schnettger (2002), Impero, S. 74.
120 Stollberg-Rilinger (2002), Inszenierung.
121 Art. Teutsche Staats-Verfassung, in: Zedler, Universal-Lexicon, Bd. 43, Sp. 202–256, hier Sp. 202.
122 Stollberg-Rilinger (2008), Kleider, bes. S. 7–22.
123 Ebd., S. 300.
124 Joh. Silverius Germanus [Christian Heinrich Krebs], Teutscher Reichs-Staat oder [...], Tl. 1, Leipzig und Frankfurt 1709, Kap. 2, S. 18.
125 Wrede (2004), Reich.
126 Johann Jacob Moser, Von denen kayserlichen Regierungs-Rechten und Pflichten [...], Frankfurt a. M. 1772 (= NTStR, Bd. 4), S. 2.
127 Art. Reich, in: Zedler, Universal-Lexicon, Bd. 31, Sp. 7–13, Zitate Sp. 7, 12 und 10.

128 Randel (1792), Annalen, S. 4.
129 Vgl. Langewiesche (2007), Reich.
130 Jellinek (1960), Staatslehre, bes. S. 394–434.
131 Ranke (1963), Mächte, S. 61.
132 Vgl. Winkler (2000), Weg; Ders. (2002), Schatten; Schulze (2002), Sonderweg.
133 Wolf (2003), Deutschland-Bild, bes. S. 259.
134 Neumann (2003), Deutschlandkarten.
135 Klinger (2006), Reich.
136 Dazu Schmidt (2001), Reich, bes. S. 378 ff.; Voigt (1995), Staat.
137 Vgl. Fröhlich (2005), Lesarten, bes. S. 32 und 37.
138 Vgl. Chayes/Chayes (1995), Sovereignty.
139 Slaughter (2004), World, S. 268.
140 Hebeisen (1995), Souveränität, S. 28.
141 Vgl. auch zum Folgenden: Der Friede zu Münster und Osnabrück vom 14./24. Oktober 1648, in: Buschmann (1984), Kaiser, S. 289–402. Vgl. Schmidt (2003), Krieg, S. 77–82; Ders. (2001), Friede.
142 Vgl. Schmidt (2006), Idee, bes. S. 163 f.
143 Vgl. Skizze über die damalige Lage des deutschen Reichs, Mai 1806, in: Walter (1980), Zusammenbruch, S. 132–144, hier S. 132. Vgl. dagegen Schröder (2001), Reich, bes. S. 134 f.
144 Croxton (1999), Peace.
145 Vgl. beispielsweise IPO Art. XVII §§ 10 und 11, zit. n. Buschmann (1984), Kaiser, S. 378.
146 Ehr- und Freyheit-liebende Gedancken/Uber die Frage Mit welchem Theile (der anjetzo streitenden Oesterreich- und Frantzösischen Partheyen) ein vernünfftiger genereuser Teutscher Fürst zu Nutz seines Estats und Landen es halten solle und könne? Zu Liebe des Vatterlands und der augenscheinlichen Wahrheit ausgeführt und zu Papier gebracht, o. O. 1675.
147 Ulbert (2001), Reichstag, hier bes. S. 163.
148 Schmidt (2001), Freiheit.
149 Freist (2001), Glaubensfreiheit, S. 322.
150 Schmidt (2001), Friede.
151 Johann Gottfried von Meiern, Acta Pacis Westphalicae Publica, Westphälische Friedenshandlungen und Geschichte, Tl. 6, Hannover/Tübingen 1736, S. 1019 f.
152 Friedrich Schiller, Geschichte des Dreißigjährigen Kriegs, in: Ders., Sämtliche Werke, Bd. 4, S. 363–745, Zitat S. 745.
153 Vgl. etwa die Berichte der französischen Gesandten: Ulbert (2001), Reichstag, bes. S. 156 ff.
154 Burkhardt (1999), Verfassungsprofil.
155 Vgl. Arndt (2006), Territorien.
156 Vgl. Schmidt (2006), Reichs-Staat.
157 Vgl. Schumann (2003), Sonne, S. 56 und 89.
158 Vollführung Der Sonderlichen und wunderlichen Gedanken/Welche sich die vornehmsten Potentaten und Herrschafften in Europa/wie auch in dem benachbarten Asia/über dem Pohlnischen Kriege Theils getragen/Theils noch tragen/darinnen nicht allein der heutige Zustand der meisten Europeischen Länder kürtzlich zu ersehen/sondern auch allerhand listige und lustige Anschläge/sinnreiche Politische Anmerkungen/ und nachdenkliche Begebenheiten zu finden sind, 1657. ThULB Jena, Jur. XXV (4). Vgl. Hollenbeck (1999), Türkenpublizistik.

159 Harry Bresslau, Severinus von Monzambano (Samuel von Pufendorf), Ueber die Verfassung des Deutschen Reiches, Berlin 1870. – Samuel von Pufendorf, Die Verfassung des Deutschen Reiches, hg. und übersetzt von Horst Denzer, Frankfurt a. M. 1994.

160 Gottfried Wilhelm Leibniz, Bedenken, welcher Gestalt Securitas publica interna und externa im Reich auf festen Fuß zu stellen (1670), in: Hammerstein (1995), Staatslehre, S. 933–983, Zitate S. 940 und 946.

161 Press (1997), Stellung.

162 Press (1991), Kriege, S. 339.

163 Duchhardt (1983), Herrscherweihe.

164 Ladurie (1991), Regime.

165 Opgenoorth (1971/78), Friedrich Wilhelm; Schindling (1990), Kurfürst; Arndt (1996), Kurfürst; Baumgart (1990), Kurfürst, S. 35; Hintze (1915), Hohenzollern, S. 200 ff.

166 Carsten (1981), Gutsherrschaft.

167 Zit. n. Hassinger (1971), Kräfte, S. 615.

168 Heckscher (1932), Merkantilismus.

169 Holborn (1981), Geschichte, S. 407 f.

170 Press (1991), Kriege, S. 369.

171 Veit Ludwig von Seckendorff, Teutscher Fürsten Stat, Frankfurt ³1665.

172 Stolleis (1995), Seckendorff.

173 Flach (1941), Entwicklung, S. 24.

174 Westphal (2002), Rechtsprechung, S. 26.

175 Troßbach (1986), Fürstenabsetzungen.

176 Luttenberger (2001), Miseria.

177 Bauer (2002), Hofökonomie.

178 Bauer (1993), Gesellschaft, S. 55–80; Vgl. dazu die Besprechung von Winterling (1996), Höfe.

179 Vgl. Jacobsen (2004), Blütezeit.

180 Patze (1982), Sachsen-Römhild.

181 Herzog Heinrich von Sachsen-Römhild, Des durchlauchtigsten Fürsten [...] Heinrichens Hertzogens zu Sachsen [...] Fürstliche Baulust: nach dero [...], Römhild 1698. Vgl. Jacob (1896), Heinrich; Schütte (1999), Architekturprogramme, S. 106 f. Vgl. auch Jacobsen/Schütte (1997), Bau-Lust.

182 Vgl. Stein (2001), Inszenierung.

183 Press (1992), Kurmainz; Schindling (1991), Anfänge, S. 132 ff.; Querfurt (1953), Unterwerfung; Brunner (1968), Souveränitätsproblem; Friedrichs (1986), Conflicts.

184 Johann Jacob Moser, Von denen Teutschen Reichs-Ständen [...], Frankfurt a. M./Leipzig 1767 (= NTStR, Bd. 4), S. 1210.

185 Bog (1955), Betrachtungen.

186 Schmidt (1998), Städtehanse.

187 Gotthard (2003), Lebensräume; Ders. (2007), Ferne.

188 Ernst Moritz Arndt, Des Deutschen Vaterland (1813), in: Ernst Moritz Arndts Werke, Bd. 4: Gedichte, 2. Tl., hg. v. Heinrich Meisner, Leipzig 1894, S. 18–21, hier S. 18.

189 Lottes (2005), Erinnerungskulturen.

190 Berger (2002), Geschichten, S. 76. Vgl. ders. (2007), Nation.

191 Langewiesche (2000), Nationalismus.

192 A. Schmidt (2007), Vaterlandsliebe; Hirschi (2005), Wettkampf.

193 Teutsch-Lands Klag- Straf- und Ermahnungs-Rede/An seine untreuen und

verräterischen Kinder/Sambt Beyfügung Einer Aufmunterung der redlichen Teutschen Patrioten zu Ergreiffung der Waffen/ wider des Kaysers/und des Reichs in demselben der Zeit tyrannisirende Feinde, 1673, unpaginiert.

194 Julius Bernhard von Rohr, Einleitung zur Staats-Klugheit, Oder: Vorstellung wie Christliche und weise Regenten zur Beförderung ihrer eigenen und ihres Landes Glückseeligkeit Ihre Untertanen zu beherrschen pflegen, Leipzig 1718, S. 1056.

195 Neuhaus (2006), Supplikationen.

196 Smith (1991), Identity, S. 9–14.

197 Renan (1995), Nation, S. 57.

198 Koselleck u. a. (1992), Volk, S. 149.

199 Art. Nation, in: Zedler, Universal-Lexicon, Bd. 23, Sp. 901–904, Zitate Sp. 901 f.

200 Art. Volck, in: Ebd., Bd. 50, Sp. 362–375, hier Sp. 375.

201 Yerushalmi (1995), Diener.

202 Friedrich Carl von Moser, Vom deutschen Nationalgeist 1766 [ND Selb 1976], S. 5.

203 Koselleck u. a. (1992), Volk, S. 149.

204 Meinecke (1919), Weltbürgertum.

205 Kemiläinen (1956), Auffassungen, S. 20.

206 C[hristoph] F[riedrich] Sangerhausen, Anrede an die deutsche Nation, der Stimmung des Zeitalters angemessen, in: Deutsche Monatsschrift 1794, Bd. 1, S. 288–334, Zitate S. 307.

207 Lottes (2005), Erinnerungskulturen.

208 Vgl. Johann Jacob Moser, Von Teutschland und dessen Staats-Verfassung überhaupt [...], Stuttgart 1766 (= NTStR, Bd. 1), S. 1–20 und 38.

209 Vgl. Langewiesche (2007), Reich, S. 51.

210 Schmidt (2000), Kriege.

211 Friedrich Hortleder, Der römischen Keyser- und königlichen Meiesteten [...] Handlungen und Ausschreiben [...] Von Rechtmäßigkeit/Anfang/Fort- und Ausgang des Teutschen Krieges [...], Gotha ²1645, Buch 4, Kap. 5, S. 954.

212 P. Schmidt (2001), Universalmonarchie.

213 A. Schmidt (2007), Vaterlandsliebe, S. 350 ff.; Ders. (2008), Konfession.

214 Luh (1995), Reich.

215 Ruthmann (1996), Religionsprozesse, S. 573.

216 Zit. n. Bosbach (1992), Erbfeind, S. 132.

217 Zit. n. Zwiedineck-Südenhorst (1888), Meinung, S. 10 f.

218 Veit Ludwig von Seckendorff, Teutscher Fürsten Stat, Frankfurt a. M. ³1665, S. 81.

219 Johann Georg Walch, Art. Despotisches Reich, in: Philosophisches Lexicon, Leipzig ³1775, Bd. 1, Sp. 700.

220 Art. Despotisches Reich, in: Zedler, Universal-Lexicon, Bd. 7, Sp. 659.

221 Gottfried Wilhelm Leibniz, Ermahnung an die Teutsche ihren verstand und sprache beßer zu üben, samt beygefügten vorschlag einer Teutsch-gesinnten gesellschaft (1679/80), in: Hammerstein (1995), Staatslehre, S. 984–1009, Zitat S. 988.

222 Schmale (1997), Archäologie, S. 410.

223 Teutsch-Lands Klag- Straf- und Ermahnungs-Rede, unpaginiert [S. 11].

3. Neues Denken

224 Vierhaus (1996), Bemerkungen, S. 451.
225 Körber (2006), Zeit, S. 203.
226 Duchhardt (2004), Europa.
227 Art. Europa, in: Zedler, Universal-Lexicon, Bd. 8, Sp. 2192–2196, Zitat Sp. 2196.
228 Vgl. Mah (2003), Enlightenment, S. 1 ff.
229 Duchhardt (2007), Barock, S. 127.
230 Whaley (2007), Transformation, S. 166 f.
231 Israel (2006), Enlightenment, S. 525.
232 Müller (2002), Aufklärung, S. 45.
233 Sorkin (2007), History, S. 133.
234 Ein gesprech des Deudschen Landes/und der Hoffnung [...] 1646, in: Flugschriften des späteren 16. Jahrhunderts, Tl. 5, hg. v. Hans-Joachim Köhler, Leiden 1994, Nr. 1469. Vgl. Schmidt (2005), Libertät.
235 Schilling (1988), Konfessionalisierung; Schmidt (1992), Konfessionalisierung.
236 Troeltsch (1897), Aufklärung.
237 Johannes 14, 6.
238 Gottfried Wilhelm Leibniz, Essais de Théodicée sur la Bonté de Dieu, la Liberté de l'Homme et l'Origine du Mal (Amsterdam 1710), Übersetzung: Die Theodizee von der Güte Gottes, der Freiheit des Menschen und dem Ursprung des Übels (= Philosophische Schriften, Bd. 2), hg. und übers. v. Herbert Herring, Frankfurt a. M. 1996. Vgl. Alt (2001), Aufklärung, S. 16 ff.
239 M. Schmidt (1976), Aufklärung II, S. 599.
240 Landwehr (2008), Absolutismus, S. 224.
241 Whaley (2000), Society, S. 182 f.; vgl. Ahnert (2002), Prince.
242 Zit. n. Schreiner (1990), Toleranz, S. 497 f.
243 Kunisch (1986), Absolutismus, S. 123.
244 Gleixner (2005), Pietismus, S. 394 f.
245 Hinrichs (1964), Pietismus, S. 171.
246 Schilling (1994), Höfe, S. 396 f.
247 Hinrichs (1964), Pietismus, S. 173.
248 Gierl (1997), Pietismus, S. 575.
249 Julius Bernhard von Rohr, Einleitung zur Staats Klugheit, oder: Vorstellung wie christliche und weise Regenten zur Beförderung ihrer eigenen und ihres Landes Glückseeligkeit Ihre Unterthanen zu beherrschen pflegen, Leipzig 1718, S. 351.
250 Gaier (1989), Gegenaufklärung, S. 266.
251 Beutel (2006), Aufklärung, S. 214.
252 Ebd., S. 241 f.
253 Gestrich (1993), Deismus, S. 399.
254 Lottes (2007), Laizismus.
255 Frank (1886), Schmidt.
256 Scholder (1976), Grundzüge, S. 295.
257 Möller (1986), Vernunft, S. 81.
258 Alt (2001), Aufklärung, S. 37.
259 Gestrich (1993), Deismus, S. 403.
260 Johann Joachim Spalding, Die Bestimmung des Menschen. Anhang bei der dritten Auflage, Leipzig 1768, S. 72 f. Vgl. Osthövener (2006), Aufklärung, Sp. 138.
261 Scholder (1976), Grundzüge, S. 295.

262 Karl von Eckartshausen, Ueber Religion, Freidenkerey und Aufklärung, München 1786, S. 16.

263 Mulsow (2002), Moderne, S. 441.

264 Whaley (2006), Toleranz, S. 401 f.

265 Julius Bernhard von Rohr, Einleitung zur Staats-Klugheit, Oder: Vorstellung wie Christliche und weise Regenten zur Beförderung ihrer eigenen und ihres Landes Glückseeligkeit Ihre Untertanen zu beherrschen pflegen, Leipzig 1718, S. 262 f.

266 Schreiner (1990), Toleranz, S. 503.

267 Christian Wolff, Vernünftige Gedanken von dem gesellschaftlichen Leben der Menschen, Frankfurt und Leipzig ⁵1740, S. 330.

268 Johann Christoph Gottsched, V. Akademische Rede. Von dem verderblichen Religionseifer, und der heilsamen Duldung aller christl. Religionen. 1725, in: Ders., Ausgewählte Werke, Bd. 9/2, [ND Berlin u. a. 1976], S. 456–464, Zitat S. 461.

269 Art. Tolerantz, in: Zedler, Universal-Lexicon, Bd. 44, Sp. 1115 ff., hier Sp. 1115.

270 Kleinhagenbrock (2007), Ideen.

271 Whaley (2000), Society.

272 Johann Jacob Moser, Von der teutschen Religions-Verfassung [...], Frankfurt a. M./Leipzig 1774 (= NTStR, Bd. 7), S. 36.

273 Vgl. relativierend Niggemann (2008), Konflikte.

274 Europäischer Mercurius oder Götter-Both: Das ist: Jetzt lebend- und Regierender Potentaten Kriegs- und Friedens-Actiones [...] Januar 1690, S. 14.

275 Schmidt (2001), Anfänge.

276 Johann Christoph Gottsched, XII. Akademische Rede. Zum Abschiede aus der vertrauten Rednergesellschaft zu Leipzig im Jahr 1728 den 20. Aug. gehalten, in: Ders., Ausgewählte Werke, Bd. 9.2, Berlin/New York 1976, S. 519–533, Zitat S. 523.

277 Hardtwig (1993), Aufklärung, S. 178 ff.

278 Gottfried Wilhelm Leibniz, Unvorgreifliche Gedanken betreffend die Ausübung und Verbesserung der deutschen Sprache (1717), in: History of Linguistic. 18th and 19th Century German Linguistics, Bd. 1, London u. a. 1999, S. 255–314, hier S. 266 u. 272.

279 Ueding (1989), Universalsprache, S. 303.

280 Fink (1989), Literaturmodell, S. 40 f.

281 Faulstich (2002), Geschichte, S. 29 ff.

282 Kaspar Stieler, Zeitungs Lust und Nutz, [ND Bremen 1969] (zuerst 1695); Barton (1999), Fritsch; Welke (1981), Lektüre, S. 31 ff.

283 Burkhardt (2006), Vollendung, S. 249.

284 Christian Thomasius, Von der Nachahmung der Franzosen nach den Ausgaben von 1687 und 1701, hg. v. August Sauer, Stuttgart 1894.

285 Fink (1989), Literaturmodell, S. 36.

286 Porter (1990), Geschichte, S. 69.

287 Zurbuchen (2001), Tugend, S. 12.

288 Montesquieu, Vom Geist der Gesetze, hg. und übers. v. Ernst Forsthoff, 2 Bde., Tübingen ²1992, Bd. 1, Buch XI, Kap. 6: Von der Verfassung Englands, S. 214–229; Vgl. Schulze (1998), Phönix, S. 20.

289 Maurer (1987), Aufklärung; Buruma (2002), Anglomania.

290 Grunert (2000), Normbegründung, S. 291.

291 Hammerstein (1972), Ius.

292 Vgl. Klippel (1987), Naturrecht.

293 Schmidt (2006), Aushandeln.
294 Schröder (2006), Aspekte, S. 20.
295 Grunert (2000), Normbegründung, bes. S. 251–278.
296 Vgl. Dreitzel (1996), Konstitutionalismus, S. 403 ff.
297 Schneiders (1987), Philosophie, S. 37.
298 Christian Wolff, Vernünftige Gedancken von dem gesellschaftlichen Leben der Menschen und insbesondere dem gemeinen Wesen. «Deutsche Politik» (1721), hg. v. Hasso Hofmann, München 2004, bes. S. 201–358.
299 Link (1993), Absolutismus, S. 192.
300 Christian Wolff, Vernünftige Gedancken von dem gesellschaftlichen Leben der Menschen und insbesondere dem gemeinen Wesen. «Deutsche Politik» (1721), hg. v. Hasso Hofmann, München 2004, S. 359.
301 Vgl. dagegen Riethmüller (2001), Anfänge, S. 244–263.

II. Politisches Handeln und politische Kultur

1 Valera (1986), Statistik, S. 128 ff.; Klueting (1986), Lehre.
2 Gottfried Achenwall, Vorbereitung zur Staatswissenschaft der heutigen fürnehmsten Europäischen Staaten [...], Göttingen 1748, S. 5. Zit. n. Varela (1986), Statistik, S. 132 und 136.
3 Johann Stephan Pütter, Beyträge zum Teutschen Staats- und Fürsten-Rechte, Tl. 1, Göttingen 1777, S. 30 f. Zur multiplen Staatlichkeit des Reichs auch Ludolph Hugo, De statu regionum Germaniae [...], Helmstedt 1661. Vgl. Pfannenschmid (2005), Hugo.
4 Randel (1792), Annalen, S. 50.
5 Vgl. zum Folgenden Schmidt (1999), Geschichte, bes. S. 40–44.
6 Staatsrechtlich-politische Erläuterung des § 34 des neuen Entschädigungsplans nach vorausgegangener historischen Entwicklung des Grundcharacters unserer Constitution und deßen Bestimmung durch das Entschädigungsgeschäft, Regensburg o. J., bes. S. 3–35, Zitat S. 5 f.
7 Maissen (2002), Republik, S. 716.
8 Vgl. Bien/Dierse (1972), Despotie, Sp. 136 f.
9 Immanuel Kant, Der Streit der Fakultäten, in: Ders. (1983), Werke, S. 261–393, hier S. 364 f. Vgl. auch zum Folgenden Schmidt (2005), Geselligkeit.
10 Müller (2002), Aufklärung, S. 55.
11 Grundlegend für dieses Kapitel: Schmidt (1999), Geschichte.
12 Assmann/Assmann (1988), Schrift, S. 27.
13 Rohe (1994), Politik, S. 163 ff.

1. Der Reichs-Staat im europäischen Mächtesystem
(1715–1740)

14 Schmidt (1999), Angst.
15 Neuhaus (2006), Reichstag, S. 51.
16 Burkhardt (1998), Pyramide.
17 Lyons/Mastanduno (1995), Westphalia; Duchhardt (1999), System.
18 Buschmann (1984), Kaiser, S. 289–402, passim.
19 Ebd., S. 378.
20 Press (1991), Kriege, S. 457 f.
21 Roll (2002), Königserhebung.

22 Zernack (1974), Zeitalter, S. 69 ff.
23 H. Schmidt (1990), Karl VI.
24 Gotthard (2003), Reich, S. 126.
25 Polleross (2000), Kaiser, S. 213 f.
26 Vgl. auch Göse (2003), Nachbarn.
27 Press (1991), Kriege, S. 434–437.
28 Press (1997), Kaisertum.
29 Duchhardt (1997), Balance, S. 260.
30 Ebd., S. 16.
31 Zit. n. Zwiedineck-Südenhorst (1894), Geschichte, S. 543.
32 Johann Jacob Moser, Vollständiger Bericht von der so berühmt als falschen Clausula Articuli IV Pacis Ryswicensis [...], Frankfurt a. M. 1732, S. 11.
33 Oestreich (1977), Friedrich Wilhelm I.
34 Aretin (1993–2000), Reich, Bd. 2, S. 249.
35 Duchhardt (1997), Balance, S. 265.
36 Biederbick (1937), Reichstag, S. 9–19.
37 Conrads (1971), Durchführung.
38 Press (1986), Kurhannover, S. 58–63.
39 Burkhardt (2006), Vollendung, S. 324.
40 Aretin (1993–2000), Reich, Bd. 2, S. 257.
41 Mediger (1967), Mecklenburg, S. 411 ff.; Jahns (2000), Wesen.
42 Vgl. Kunisch (1992), Guerre.
43 Vgl. Gotthard (2003), Reich, S. 122 f.
44 Zit. n. Wrede (2004), Reich, S. 490.
45 Johann David Köhler, Entwurf eines Collegii über den gegenwärtigen Zustand von Europa und die jetzigen Welt-Händel, Altdorf 1728, S. 32. Zit. n. Pommerin (1993), Staatensystem, S. 81.
46 Press (1997), Reich, S. 25.
47 Zit. n. Whaley (1996), Habsburgermonarchie, S. 293.
48 Puchalski (2000), Name, S. 15.
49 Sedlmayr (1960), Bedeutung, S. 142.
50 Engelberg (2006), Reichsstil, S. 296.
51 Matsche (1981), Kunst, Bd. 1, S. 3.
52 Karl Eusebius von Liechtenstein, Werk von der Architektur, in: Victor Fleischer (Hg.), Fürst Karl Eusebius von Liechtenstein als Bauherr und Kunstsammler (1611–1684), Wien und Leipzig 1910, S. 89–209, Zitat S. 194 f.
53 Hartmann (1985), Karl Albrecht, S. 70–78.
54 Lorenz (1998), Tradition; Ders. (1998), Baukunst; Benedik (2004), Architektur.
55 Engelberg (2006), Reichsstil, S. 298.
56 Engelberg (2006), Barock, S. 528.
57 Whaley (2000), Society, S. 180 f.
58 Luh (1995), Reich.
59 Whaley (1992), Toleranz.
60 Hans (1973), Religionsdeklaration, S. 263–270.
61 Haug-Moritz (1995), Corpus.
62 Vgl. Vötsch (2003), Kursachsen.
63 Zit. n. Zwiedineck-Südenhorst (1894), Geschichte, S. 613.
64 Vötsch (2003), Kursachsen, S. 134.
65 Zum folgenden Biederbick (1937), Reichstag, S. 35–87; Borgmann (1937), Religionsstreit.

66 Vötsch (2003), Kursachsen, S. 145.
67 Zit. n. ebd., S. 153 f.
68 Aretin (1993–2000), Reich, Bd. 2, S. 282.
69 Des Evangelischen Corporis Vorstellungen Oder pro Memoria Gegen des Chur-Pfälzischen Decret vom 19. December 1720. HHStA Wien, Deduktionen, Vol. 211.
70 Wolff Christoph von Hackelborn, Vom Heiligen Römischen Reich, in: Die Europäische Fama 226, 1719, S. 597–600, Zitat S. 517.
71 Zschunke (1984), Konfessionen, S. 103.
72 Freist (2001), Glaubensfreiheit.
73 Aretin (1993–2000), Reich, Bd. 2, S. 285.
74 Pachner von Eggenstorff, Sammlung, Tl. 4, S. 150.
75 Duchhardt (1997), Balance, S. 278.
76 Grieser (1952), Kanzlei.
77 Walker (1997), Handel.
78 Ammerer (1995), Harrach, S. 265; Emrich (2002), Emigration, S. 21.
79 Horn Melton (2007), Power, S. 154 f.
80 Emrich (2002), Emigration, S. 26.
81 Ortner (1981), Reformation, S. 241.
82 Emrich (2002), Emigration, S. 32.
83 Ammerer (1995), Harrach, S. 270.
84 Haver (2007), Protestanten.
85 Walker (1997), Handel, S. 84 ff.
86 Ortner (1981), Reformation, S. 254.
87 Burkhardt (2006), Vollendung, S. 344 f.
88 Walker (1997), Handel, S. 179.
89 Meyer (1933), Vertreibung.
90 Steiner(2007), Reisen; Beer (2007), Protestanten, S. 818 ff.
91 Zwiedineck-Südenhorst (1894), Geschichte, S. 622.
92 Aretin (1993–2000), Reich, Bd. 2, S. 303.
93 Ebd., S. 317.
94 Externbrink (2006), Friedrich, S. 89 ff.
95 Naumann (1936), Österreich, S. 131 f.
96 H.Schmidt (1990), Karl VI., S. 207.
97 Die Dokumente bei Turba (1913), Sanktion, S. 30–39 und 48–53.
98 Ebd., S. 41–44, S. 94–124 und 164–184.
99 Zit. n. Ranke (1879), Bücher, S. 71.
100 Zit. n. Zwiedineck-Südenhorst (1895), Anerkennung, S. 298.
101 Zit. n. Göse (2003), Nachbarn, S. 56.
102 Zu den Hintergründen: Braubach (1965), Prinz, Bd. 4, S. 340–349.
103 Zwiedineck-Südenhorst (1895), Anerkennung, S. 292 f.
104 Pachner von Eggenstorff (1996), Sammlung, Tl. 4, S. 368 ff., Zitate S. 369.
105 Ebd., S. 357.
106 Kunisch (1992), Fürst.
107 Pachner von Eggenstorff (1996), Sammlung, Tl. 4, S. 428 ff.; Müller (1973), Reichskriegserklärung, S. 257.
108 Erlach (1834), Volkslieder, S. 244 ff.
109 Vgl. Duchhardt (1997), Balance, S. 290.
110 Pachner von Eggenstorff (1996), Sammlung, Tl. 4, S. 500 f.
111 Aretin (1993–2000), Reich, Bd. 2, S. 342–345.
112 H.Schmidt (1990), Karl VI., S. 208.

113 Beide Zitate: Wien, 1736, Juli 11. HHStA Wien, Reichskanzlei, Geschriebene Zeitungen, Fasz. 2.
114 Schmidt (1999), Geschichte, S. 246.

2. Deutsche Kriege (1740–1763)

115 Duchhardt (1997), Balance, S. 303; Schulze (1998), Phönix, S. 94.
116 Vgl. Baumgart (1987), Kronprinzenopposition, S. 9.
117 Friedrich der Große, Der Antimachiavell (1740), in: Gustav Berthold Volz (Hg.), Die Werke Friedrichs des Großen, Bd. 7, Berlin 1912, S. 3–114.
118 Zit. n. Schröder (2002), Siècle, S. 9 und 30.
119 Aretin (1985), Friedrich, S. 12 f.; Neugebauer (2003), Hohenzollern, Bd. 2, S. 22.
120 Dietrich (1986), Testamente, S. 367.
121 Beide Zitate ebd., S. 651.
122 Vgl. Walder (1974), Absolutismus, S. 128.
123 Dietrich (1986), Testamente, S. 329.
124 Friedrich der Große, Regierungsformen und Herrscherpflichten (1777), in: Gustav Berthold Volz (Hg.), Die Werke Friedrichs des Großen, Bd. 7, Berlin 1912, S. 229.
125 Max Hein (Hg.), Briefe Friedrichs des Großen, Bd. 1, Berlin 1914, S. 177.
126 Birtsch (1987), Friedrich.
127 Gooch (1964), Friedrich, S. 24.
128 Duchhardt (1997), Balance, S. 305.
129 Hanke (2006), Brühl, S. 20 f. und passim.
130 Gustav Berthold Volz (Hg.), Politische Correspondenz Friedrichs des Großen, Bd. 1, Berlin 1879, S. 90.
131 Gooch (1964), Friedrich, S. 21; Kunisch hält diese Erklärung für nicht völlig abwegig: Kunisch (1979), Staatsverfassung, S. 71 f.
132 Schieder (1996), Friedrich, S. 119.
133 Denkwürdigkeiten aus dem Leben des Herrn de Voltaire aufgezeichnet von ihm selbst, übersetzt v. Hans Balzer, Berlin 1958, S. 23.
134 Gotthardt (1986), Kaiserwahl, S. 132–136.
135 Kroll (2001), Soldaten, S. 37.
136 Hartmann (1985), Karl Albrecht, S. 167 f.
137 Aretin (1993–2000), Reich, Bd. 2, S. 431.
138 Ebd., S. 417–422.
139 Hartmann (1985), Karl Albrecht, S. 47.
140 Schmid (1990), Karl VII., S. 218.
141 Ebd., S. 220.
142 Press (1997), Kaisertum, S. 229.
143 Meisenburg (1931), Reichstag, S. 27.
144 Aretin (1993–2000), Reich, Bd. 2, S. 435–439.
145 Kubin (1991), Reichskleinodien, bes. S. 47–71; Becker (1997), Reichskleinodien. Vgl. Pleticha (1989), Glanz, bes. S. 184–190.
146 Zit. n. Hartmann (1985), Karl Albrecht, S. 13 ff.
147 Ditfurth (1877), Volkslieder, S. 327 f.
148 Hammerstein (1986), Karl VII., S. 49 ff.
149 Press (1997), Kaisertum, S. 240 ff.
150 Schlösser (1997), Interregnum.
151 Hein (1953), Reichstag, S. 97.
152 Vgl. Hartmann (1994), Reichstag, S. 166 f.

153 Press (1997), Kaisertum, S. 247.
154 Vgl. Aretin (1991), Reichspatriotismus; Wandruszka (1993), Vaterland.
155 Stolleis (1991), Reichspublizistik, S. 18.
156 J. Schwerdfeger, Eine Denkschrift des Großherzogs (nachmaligen Kaisers) Franz Stephan von Lothringen-Toscana aus dem Jahre 1742, [ND Wien 1898], S. 16.
157 Kulenkampff (2005), Österreich, S. 5.
158 Zit. n. Schilling (1994), Kaunitz, S. 346.
159 Hartmann (1985), Karl Albrecht, S. 254 ff.; Schmid (1990), Karl VII., S. 228 f.
160 Hartmann (1985), Karl Albrecht, S. 271 ff.
161 Burkhardt (2006), Vollendung, S. 387 f.
162 Simms (2007), Pitt, S. 34.
163 Baumgart (1984), Säkularisationsprojekte, S. 62 ff.
164 Burkhardt (2006), Vollendung, S. 389.
165 Anzeige der Ursachen, welche Se. kön. Preußische Majestät bewogen haben des Röm. Kaysers Majestät Hülffs-Völcker zuzusenden, 1744. HHStA Wien, Deduktionen, Vol. 228 b.
166 Hartmann (1985), Karl Albrecht, S. 298 ff.
167 Burkhardt (2006), Vollendung, S. 390.
168 Aretin (1993–2000), Reich, Bd. 3, S. 21; Schmid (1987), Max III. Joseph.
169 Hanke (2006), Brühl, S. 56.
170 Aretin (1993–2000), Reich, Bd. 2, S. 457 f.
171 Gründliche Anmerkungen über das zu Berlin 1745 durch den Druck bekannt gemachte […] Manifest […], S. 16 und 27. HAB Wolfenbüttel, Gl 30.
172 Maria Theresia an den schwäbischen Kreiskonvent in Ulm, 1744, Okt. 16, fol. 3 f. HHStA Wien, Deduktionen, Vol. 86.
173 Hanke (2006), Brühl, S. 60–69.
174 Becker (1902), Friede.
175 Schmid (1990), Franz I.
176 Das Gutachten bei Rürup (1965), Moser, S. 218.
177 Hamacher (1915), Beurteilung, S. 43–48.
178 Friedrich Christian Leßer, Das Jauchzen Nordhausens über die glückliche Kayser-Wahl […], Nordhausen 1745, S. 7. Flugschriftensammlung Gustav Freytag, Frankfurt a. M. 1925, Nr. 6208.
179 Aretin (1993–2000), Reich, Bd. 3, S. 28–34.
180 Schmid (1990), Franz I., S. 246 f.
181 Aretin (1997), Problem, S. 8 f.
182 Schmid (1990), Franz I., S. 238.
183 Burkhardt (2006), Vollendung, S. 394 f.; Hanke (2006), Brühl, S. 174.
184 Denkschrift des Grafen Wenzel Anton Kaunitz über das «auswärtige System» (1749), in: Neuhaus (1997), Geschichte, S. 298–312, Zitat S. 306.
185 Link (1983), Erblande, S. 519–526.
186 Press (1997), Friedrich, S. 267.
187 Wilson (2008), Relations.
188 Schmid (1990), Franz I., S. 239 f.
189 Zit. n. Aretin (1993–2000), Reich, Bd. 3, S. 53.
190 Vötsch (1993), Religionsstreitigkeiten; Luh (1995), Reich, S. 62 f.; Haug-Moritz (1995), Corpus, S. 204.
191 Aretin (1993–2000), Reich, Bd. 3, S. 76 ff.
192 Burkhardt (1985), Abschied, S. 68 f.; Haug-Moritz (1992), Ständekonflikt, S. 156.
193 Burkhardt (1985), Abschied, S. 75–100.
194 Bericht des österreichischen Gesandten Baron Prettlack an Kaunitz, Frank-

furt, 1756, März 19. HHStA Wien, Berichte aus dem Reich, Fasz. 59. – Demandt (1980), Geschichte, S. 277 f.

195 Aretin (1993–2000), Reich, Bd. 3, S. 58.

196 Dietrich (1986), Testamente, S. 385.

197 Vgl. Schlenke (1978), England, S. 34; Thompson (2006), Britain.

198 Schmidt (1999), Geschichte, S. 271 f.; Schilling (1994), Kaunitz, bes. S. 189–202.

199 Simms (2007), Pitt, S. 37.

200 Neuhaus (1997), Geschichte, S. 312 ff.

201 Malettke (2008), Bourbonen, S. 100.

202 Schilling (1996), Revolution.

203 Klueting (1986), Lehre; Externbrink (2001), Kommunikation.

204 Buddruss (1995), Deutschlandpolitik, S. 70–89; Schilling (1994), Kaunitz, S. 216 ff.; Schultz (2004), Madame.

205 Burkhardt (1995), Geschichte.

206 Externbrink (2006), Friedrich, S. 94.

207 Vgl. Schulze (1998), Phoenix, S. 90.

208 Ebd., S. 96.

209 Pro Memoria, Hannover, 1756, Juni 16. HHStA Wien, Deduktionen, Vol. 278.

210 Otto Krauske (Bearb.), Preußische Staatsschriften aus der Regierungszeit König Friedrichs II., Bd. 3: Der Beginn des siebenjährigen Krieges, Berlin 1892, S. 91 und 106 f.

211 Buddruss (1995), Deutschlandpolitik, S. 289 f.

212 Burkhardt (2006), Vollendung, S. 401.

213 Zit. n. Vogler/Vetter (1984), Preußen, S. 102.

214 Schort (2006), Politik, S. 42 f.

215 König Friedrich II. an die Reichsstände. HHStA Wien, Deduktionen, Vol. 278 a.

216 Schreiben eines Brandenburgers an einen Ausländer, betreffend das Verhältniß des itzigen Reichszustandes und Krieges gegen die Kirchen- und Gewissens-Freyheit der Protestanten, 1757. Flugschriftensammlung Gustav Freytag, Frankfurt a. M. 1925, Nr. 6231.

217 Hanke (2006), Brühl, S. 338 ff.

218 Schort (2006), Politik, S. 58.

219 Beantwortung der Sächsischen Schrift, welche unter dem Titul die gerechte Sache Chur-Sachsens neulich in Druck erschienen, Berlin 1757, S. 5 f. und 27.

220 Zit. n. Schort (2006), Politik, S. 104.

221 Zit. n. ebd., S. 111.

222 Externbrink (2006), Friedrich, S. 68.

223 Schort (2006), Politik, S. 113–117; Press (1997), Friedrich, S. 275.

224 Schort (2006), Politik, S. 121.

225 Vorstellung derjenigen Gründe, welche auf das gewisseste erweißlich machen, daß der Gefahr eines Religions-Krieges in dem Teutschen Reiche voritzo keineswegs vorhanden, Frankfurth 1757, S. 3.

226 Burkhardt (1985), Abschied, passim.

227 Denkschrift Maria Theresias, 1759, Juli 24, gedruckt in: Kunisch (1978), Mirakel, S. 95–100, Zitat S. 98.

228 Schlenke (1978), England, S. 27 ff.

229 Baumgart (1984), Säkularisierungsprojekte, S. 64 f.

230 Zit. n. Schort (2006), Politik, S. 72.

231 Brabant (1904), Reich, S. 44.

232 Kaiserliches Hofdekret, 1756, Sept. 14. HHStA Wien, Deduktionen, Vol. 278a.

233 Abhandlung von Abrufung der in auswärtigen Diensten stehenden Reichs-Gliedern und Vasallen [...]. Ebd., Vol. 278b.

234 Vertheidigung derjenigen Grundsätze, Welche in der Abhandlung von Avocatorien sind aufgestellt und behauptet worden, Halle 1757, S. 7 f. und 37.

235 Volz (1920), Plan, S. 268 f.

236 Schmidt (2000), Kriege.

237 HHStA Wien, Deduktionen, Vol. 278a.

238 Unpartheyische Gedanken über diejenigen harten Vorwürfe [...], S. 8. Ebd.

239 Gottlieb Schumann, Die gerechte Sache Kursachsens, Erfurt 1756.

240 Bericht von dem dermaligen zerrütteten Zustand der Teutschen Reichs-Verfassung, 1756, S. 4. HHStA Wien, Deduktionen, Vol. 279 b.

241 Circulare, 1756. Ebd., Vol. 278a.

242 Zit. n. Schort (2006), Politik, S. 95.

243 HHStA Wien, Deduktionen, Vol. 278 b.

244 Reichsgutachten. Ebd. Vol. 278 a.

245 Johann Georg Zimmermann, Von dem Nationalstolze, in: Brüggemann (1935), Krieg, S. 9–46, Zitat S. 32.

246 Johann Wolfgang von Goethe, Aus meinem Leben. Dichtung und Wahrheit, in: WA, I, Bd. 26, S. 71.

247 Dietrich (1986), Testamente, S. 369.

248 Volz (1920), Plan, S. 274 und 273.

249 Wilson (2007), Culture, S. 51.

250 Kunisch (2004), Friedrich, S. 353.

251 Zu den Schlachten vgl. zusammenfassend: Burkhardt (2006), Vollendung, S. 417–425.

252 Carl (1993), Okkupation.

253 Wilson (2007), Culture, S. 52 ff.

254 Neuhaus (1989), Reich, S. 218 ff.

255 Zit. n. Kunisch (2004), Friedrich, S. 377.

256 Ditfurth (1871/72), Volkslieder, Bd. 1, S. 41.

257 Ewald von Kleist, Ode an die preußische Armee, in: Brüggemann (1935), Krieg, S. 95 f.

258 Brüggemann (1935), Krieg, S. 114 ff.

259 Carl (1993), Okkupation, S. 366 f.

260 Brüggemann (1935), Krieg, S. 117.

261 Die Einschätzung der Reichsarmee nach der Schlacht bei Roßbach (1757), in: Neuhaus (1997), Geschichte, S. 113–121, hier S. 115.

262 Schort (2006), Politik, S. 117 f.

263 Externbrink (2006), Friedrich, S. 130–135.

264 Ebd., S. 67.

265 Kunisch (1986), Absolutismus, S. 154 und 160.

266 Wahrhaftige und glaubwürdige Relation von dem [...] Sieges-Feste [...] und einem erbaulichen Liede [...] abgesungen von Franz Ludwig Stelzfuß, Hamburg 1759, hier S. 13. HAB Wolfenbüttel, 1286 QuN (1–4).

267 Friedrich an Prinz Heinrich, 1759, Sept. 1. Friedrich der Große. Politische Correspondenz, Bd. 18, redigiert von Albert Naudé, Berlin 1891, S. 510.

268 Volz (1920), Plan, S. 275 f.

269 Koch (1950), Reichstag, S. 122–145; Schmid (1984), Friedenskongreß.

270 Aktenstücke [...] wegen den bevorstehenden Friedensgeschäften, 1761, S. 81 und 83. HHStA Wien, Deduktionen, Vol. 279a.

271 Staats-Betrachtungen über den gegenwärtigen Preußischen Krieg in Teutsch-

land [...], Wien 1761. Gedruckt in: Kunisch (1978), Mirakel, S. 101–141, Zitate
S. 113, 114, 111, 127, 130 f. und 132.

272 Scharf (1996), Katharina II.; Ders. (2001), Katharina II.
273 Koch (1950), Reichstag, S. 171.
274 Neuhaus (1997), Geschichte, S. 317–326, Zitate S. 319, S. 322 und 324 f.
275 Riotte (2007), George III.

3. Deutschland zwischen Dualismus und Reformen (1763–1785)

276 Burkhardt (2006), Vollendung, S. 439.
277 Simms (2007), Pitt, S. 31 und 55.
278 Schroeder (1994), Transformation, S. 5 ff.; Althoff (1995), Untersuchungen,
    S. 267 f.
279 Kunisch (1986), Absolutismus, S. 168.
280 Zit. n. Kunisch (1978), Mirakel, S. 35.
281 Giersberg (1986), Friedrich II.
282 Christian Günther Rautenberg, Dankpredigt, an dem Friedensfeste [...],
    Braunschweig 1763, S. 20 f.
283 Dipper (1991), Geschichte, S. 310.
284 Kunisch (2004), Friedrich, S. 350.
285 Dietrich (1986), Testamente, S. 681 ff.
286 Kunisch (1996), Aufklärung.
287 Vgl. Schmidt (2005), Visionen.
288 Zit. n. Schilling (1994), Höfe, S. 472.
289 Clark (2007), Preußen, S. 251.
290 Kunisch (1992), Bellona.
291 Henning (1991), Sozialgeschichte, S. 906 ff.
292 Kunisch (2004), Friedrich, S. 467.
293 Johann Wilhelm von Archenholz, Geschichte des Siebenjährigen Krieges in
    Deutschland, Zweiter Theil, Leipzig o. J., S. 221.
294 Schlechte (1958), Staatsreform.
295 Schmitt-Sasse (1987), Patriot, S. 248.
296 Zit. n. Demandt (1980), Geschichte, S. 281.
297 Ingrao (1987), State, S. 145 ff.
298 Zit. n. Paulsen (1976), Aufklärung, S. 281.
299 Klippel (1976), Freiheit.
300 Volckart (1999), Zersplitterung; Ders. (1997), Zersplitterung.
301 Vgl. Blanning (2006), Europa, S. 219–248.
302 Samuel Pufendorf, Die Verfassung des Deutschen Reiches, hg. u. übersetzt v.
    Horst Denzer, Frankfurt a. M./Leipzig 1994, Kap. VI. Par. 3, S. 183.
303 Stollberg-Rilinger (1999), Vormünder, S. 121.
304 Vierhaus (1980), Patriotismus, S. 21.
305 Stolleis (1990), Untertan, S. 311.
306 Johann Georg Zimmermann, Von dem Nationalstolze, in: Brüggemann (1935),
    Krieg, S. 9–46, S. 32.
307 Thomas Abbt, Vom Tode fürs Vaterland, in: Brüggemann (1935), Krieg,
    S. 47–94, Zitate S. 50. Vgl. Piirimäe (2005), Tode; Voigt (2007), Leviathan,
    S. 269.
308 Martens (1976), Bürgerlichkeit.
309 Der Patriot, Nr. 1, 1724 [ND Berlin 1969], S. 4–6, Zitat S. 5.
310 Christian Gottlob Biener, Bedenklichkeiten bei Verbannung der ursprüng-

lichen fremden Rechte aus Deutschland und Einführung eines allgemeinen deutschen National-Gesetzbuches [...], Halle 1781, S. 23.

311 Stolleis (1990), Untertan, S. 335 f.

312 Blanning (2006), Europa, S. 230.

313 North (2007), Konsumgeschichte, S. 491.

314 Die deutsche Schaubühne, Bd. 1, [ND Stuttgart 1972] (zuerst 1742), Vorrede, S. 20.

315 Fink (1989), Literaturmodell, S. 52.

316 Wagner (1996), Germania, S. 247 f. und 257.

317 Zimmermann (1988), Replik, S. 121 f.

318 Wagner (1996), Germania, S. 246 und 256.

319 Vgl. auch zum Folgenden Wiedemann (1991), Nationalgeist, S. 91 ff.

320 Menhennet (1989), Teutschland, S. 155 f.

321 Justus Möser, Über die deutsche Sprache und Literatur, in: Ders., Patriotische Phantasien. Ausgewählte Werke, Leipzig 1986, S. 296–313, Zitate S. 300.

322 Johann Joachim Winckelmann, Gedancken über die Nachahmung der Griechischen Wercke in der Mahlerey und Bildhauer-Kunst, Dresden 1755 [ND Heilbronn 1885], S. 2.

323 Fink (1989), Literaturmodell, S. 57.

324 Friedrich Maximilian Klinger, «Vorrede zum Theater» (1785), zit. n. Shahar (2006), Verkleidungen, S. 133.

325 Fink (1989), Literaturmodell, S. 58.

326 Vgl. etwa Herder, Werke, Bd. 2, S. 160 ff.

327 Zammito (2003), Rezeption, S. 114.

328 Oz-Salzberger (1995), Enlightenment, S. 32 f. und 71 ff.

329 Johann Gottfried Herder, Auszug aus einem Briefwechsel über Ossian und die Lieder alter Völker, in: Ders., Werke, Bd. 5, S. 159–207.

330 Zammito (2003), Rezeption, S. 122, S. 126 und passim.

331 Johann Gottfried Herder, Fragmente einer Abhandlung über die Ode, in: Ders., Werke, Bd. 32, S. 61–85, Zitat S. 69.

332 Wiedemann (1993), Klassik, S. 553.

333 Maurer (1987), Aufklärung, S. 412 und 428.

334 Montesquieu, Vom Geist der Gesetze, Bde. 1–2, eingeleitet und hg. v. Ernst Forsthoff, Tübingen ²1992.

335 Scharf (2004), Strukturbedingungen, S. 127; Vierhaus (2005), Montesquieu.

336 Johann Gottfried Herder, Von Ähnlichkeit der mittleren englischen und deutschen Dichtkunst, nebst Verschiednem, das daraus folget, in: Ders., Werke, Bd. 9, S. 522–535, Zitat S. 529.

337 Friedrich Carl von Moser, Vom deutschen Nationalgeist (1766), [ND Selb 1976], S. 5, S. 41 und 56.

338 Becher (1987), Argumentationsstrategien, S. 185.

339 Friedrich Carl von Moser, Vom deutschen Nationalgeist (1766), [ND Selb 1976], S. 21 ff.

340 Ebd., S. 24 f.

341 Ebd., S. 53.

342 Versuch einer pragmatischen Geschichte von der merkwürdigen Zusammenkunft des teutschen Nationalgeistes und der politischen Kleinigkeiten auf dem Römer in Frankfurt, nebst angehängten Anmerkungen, Gegenanmerkungen und Replicken, sämtlich den berühmten Nationalgeist betreffend. Frankfurt a. M. 1766, S. 3 f.

343 Christes (2006), Populus.

344 Versuch einer pragmatischen Geschichte von der merkwürdigen Zusammenkunft des teutschen Nationalgeistes [...], Frankfurt a. M. 1766, S. 8 und 10.

345 Justus Möser, Von dem deutschen Nationalgeiste von Friedrich Carl von Moser, in: Ders., Sämtliche Werke, 1. Abt., Tl. 2 (= Bd. 3), Osnabrück 1986, S. 247–249. Vgl. Stauf (1991), Konzept, S. 95 ff.

346 Waibel (2008), Publizistik.

347 Kaufmann (1931), Moser, S. 119 ff.

348 Renner (1919), Einigungsbestrebungen, S. 24.

349 Eybl (2004), Patriotismusdebatte, S. 157.

350 Stollberg-Rilinger (2008), Kleider, S. 230.

351 Johann Wolfgang von Goethe, Aus meinem Leben. Dichtung und Wahrheit, WA I, Bd. 26, S. 290 f.

352 Ebd., S. 320.

353 Baumgart (1990), Joseph II., S. 256.

354 Verfassung und politische Lage des Heiligen Römischen Reiches aus der Sicht Kaiser Josephs II. (1767/68), in: Neuhaus (1997), Geschichte, S. 130–140, hier S. 135.

355 Conrad (1964), Recht, S. 431.

356 Aretin (1993–2000), Reich, Bd. 3, S. 119 f.

357 Zit. n. Schilling (1994), Kaunitz, S. 302.

358 Ebd., S. 353 f., S. 356 f. und 365 ff.

359 Volteni (1938), Denkschrift, S. 164.

360 Wiedemann (1993), Klassik, S. 553.

361 Johann Jacob Moser, Anti-Mirabeau oder unpartheyische Anmerkungen über des Herrn Marquis von Mirabeau natürliche Regierungsform besonders in Absicht und Anwendung auf Teutsche Lande, Frankfurt a. M./Leipzig 1771, Zitat S. 47.

362 Haug-Moritz (1992), Ständekonflikte.

363 Vgl. Aretin (1993–2000), Reich, Bd. 3, S. 135–159; Westphal (2002), Rechtsprechung, S. 307 ff.; Demel (2005), Reich, S. 285 ff.

364 Althoff (1995), Untersuchungen, S. 33–39 und 55–65.

365 Kunisch (2004), Friedrich, S. 485 f.

366 Cegielski (1988), Reich, S. 73–80; Müller (1984), Teilungen, S. 37 ff.

367 Christian Friedrich Daniel Schubart, Deutsche Chronik auf das Jahr 1774, (= Ders., Deutsche Chronik, Bd. 1) [ND Heidelberg 1975], S. 5 f.

368 Schmidt (1991), Hungerrevolten.

369 Rohr (1968), Reichstag, S. 192 ff.

370 Magen (1992), Reichsexekutive, S. 48, S. 82 und 84.

371 Ebd., S. 163–167.

372 Gedruckt in: Anton Faber (Hg.), Neue Europäische Staatscanzley, Tl. 1, Ulm u. a. 1772, S. 203–208.

373 Rohr (1968), Reichstag, S. 199 ff.

374 Uhlhorn (1970), Westen, S. 596.

375 Press (1997), Bayern, S. 298.

376 Ebd., S. 294 ff.

377 Althoff (1995), Untersuchungen, S. 157 ff., Zitat S. 157.

378 Petschel (2000), Außenpolitik, S. 49 ff.

379 Politische Correspondenz Friedrichs des Großen, Bd. 40, Leipzig 1928, Nr. 26252, bes. S. 394 und Nr. 26266, bes. S. 407.

380 Press (1997), Bayern, S. 316 f.

381 Vgl. Politische Correspondenz Friedrichs des Großen, Bd. 42, Leipzig 1931, Nr. 27197, bes. S. 420.

382 Ihrer Kaiserl. Königl. Apostolischen Majestät Vorstellungen und Ersuchen an Ihre hohe Mitstände des deutschen Reichs gegen die widerrechtlichen und friedbrüchigen Handlungen Seiner Königl. Preußischen Majestät bei Gelegenheit der Bayerischen Erbfolge, Wien 1778. HHStA Wien, Deduktionen, Vol. 277.

383 Buddruss (1995), Deutschlandpolitik, S. 246 f.

384 Wiener Dokumente dazu: Aretin (1967), Reich, hier Tl. 2, S. 1–24.

385 Buddruss (1995), Deutschlandpolitik, S. 251; Petschel (2000), Außenpolitik, S. 52.

386 Unzer (1903), Friede.

387 Vgl. Aretin (1986), Europa, S. 327.

388 Zum Hintergrund: Kulenkampff (2005), Österreich, S. 58–64.

389 Johann Jacob Moser, Privat-Gutachten in der Fränkischen und Westphälischen Grafensache, September 1783, S. 22. HHStA Wien, Deduktionen, Vol. 225a.

390 Über die Kritische Lage des Reichstags zu Regensburg, 1784, S. 16. Ebd.

391 Aretin (1967), Reich, Tl. 2, S. 61.

392 Ebd., S. 58.

393 Josephs II. Betrachtungen über den bayerisch-niederländischen Tausch, 1784, Mai. Ebd., S. 106.

394 Ebd., S. 94.

395 Baumgart (1990), Joseph II., S. 264; Vgl. auch Kulenkampff (2005), Österreich, S. 65.

396 Borgstedt (2004), Zeitalter, S. 43; Maurer (1999), Kirche, 45 f.

397 Möller (1989), Fürstenstaat, S. 271.

398 Whaley (2000), Society, S. 185.

399 Müller (2002), Aufklärung, S. 84.

400 Betrachtungen über das Schreiben des Pabstes Pii VI. an den Herrn Fürst Bischof von Freisingen vom 18ten October 1786. Mit deutscher Freimüthigkeit entworfen von Joseph Hermann, Damiat 1787, S. 31. HHStA Wien. Deduktionen, Vol. 285 b.

401 Möller (1986), Vernunft, S. 88 und 92.

402 Vgl. Stollberg-Rilinger (2006), Volk, S. 114 ff.

403 Dies. (1999), Vormünder, S. 185 ff.

404 Schmidt (2004), Kommentar.

405 Roscher (1874), Geschichte, S. 380; Vgl. Graber (2002–2005), Absolutismus; Duchhardt (2007), Barock, S. 169–176.

406 Zum Despotismusbegriff nach wie vor: Hartung (1974), Absolutismus; Lefebvre (1974), Despotismus.

407 Hartung (1974), Absolutismus, S. 67.

408 Johann Gottlieb Fichte, Zurückforderung der Denkfreiheit von den Fürsten Europas, die sie bisher unterdrückten. Eine Rede (1793), in: Batscha (1977), Aufklärung, S. 305–334, Zitat S. 327.

409 Hartung (1932), Epochen, S. 48.

410 Kunisch (1986), Absolutismus, S. 20.

411 Vgl. Schmidt (2008), Mäzene.

412 Sellin (1976), Friedrich der Große, S. 99.

413 Schlobach (2004), Herrscher, S. 37.

414 Schilling (2008), Nutzen, S. 25.

415 Landwehr (2008), Absolutismus, S. 217.

416 Henshall (1992), Myth; Asch/Duchhardt (1996), Absolutismus.

417 Bien/Dierse (1972), Despotie, Sp. 136 f.

418 Montesquieu, Geist, Buch II.5 (Bd. 1, S. 31 f.), III.9/10 (1, S. 44–46), IV.3 (1,

S. 51), V.13–18, (1, S. 85–98); VIII.10 (1, S. 165 f.) und passim. Vgl. Morkel (2005), Montesquieu.

419 Möser (1986), Nation, S. 263.

420 Friedrich Carl von Moser, Politische Wahrheiten, Bd. 1, Zürich 1796, S. 189.

421 Johann Jacob Moser, Von der Landeshoheit derer Teutschen Reichsstände überhaupt [...] (= NTStR, Bd. 14), Frankfurt a. M./Leipzig 1773, S. 250–253.

422 Johann Heinrich Gottlob von Justi, Vergleichungen der Europäischen mit den Asiatischen und andern vermeintlich Barbarischen Regierungen, in drey Büchern verfasset, Berlin u. a. 1762, S. 27.

423 Johann Stephan Pütter, Historische Entwickelung der heutigen Staatsverfassung des Teutschen Reichs, Tl. 2, Göttingen 1788, S. 167 f. und 183.

424 Ebd., Tl. 3, S. 236.

425 Randel (1792), Annalen, S. 51.

426 Aretin (1986), Aufklärung.

427 Anmerkungen über eine Portiuncula-Predigt gehalten zu Würzburg im Jahre 1789, in: Journal von und für Deutschland 6, 1789, Heft 2, S. 406.

428 Vgl. Wangermann (2007), Denken.

429 Aretin (1986), Aufklärung, S. 413.

430 Valjavec (1944), Josephinismus; Kovács (1993), Aufklärung; Maurer (1999) Kirche, S. 40–45 und 82–85.

431 Johann Heinrich Tieftrunk, Über den Einfluß der Aufklärung auf Revolutionen, in: Batscha (1977), Aufklärung, S. 195–205, Zitat S. 201.

432 Klueting (1993), Genius.

433 Mathy (1997), Ansprüche, S. 141 ff.

434 Toleranz in KurTrier, in: Stats-Anzeigen 4, 1783, S. 394–396.

435 Schreiner (1990), Toleranz, S. 541 und S. 544 ff.

436 Hersche (1989), Rückständigkeit.

437 Müller (2002), Aufklärung, S. 50.

438 Mix (2008), Nicolai.

439 Fichte (1846), Nicolai's Leben, Zitat S. 42. Vgl. Carl (2001), Aufklärung.

440 Goethe, WA IV, Bd. 6, S. 397.

441 Ventzke (2004), Herzogtum, S. 486.

442 Ders. (2001), Tabak.

443 Ueber die vermeinte Gleichgültigkeit der orientalischen Völker gegen Freiheit und Despotismus, in: Deutsches gemeinnütziges Magazin 2, 1789, S. 22–33, Zitat S. 29 f.

444 Joachim Heinrich Campe, Briefe aus Paris, während der Revolution geschrieben, in: Braunschweigisches Journal 2, 1789, hier S. 385–461, Zitat S. 433. Zit. n. Albrecht (1995), Menschenwohl, S. 213.

4. Agonie und ein rasches Ende (1785–1806)

445 Johann Wolfgang von Goethe, Aus meinem Leben. Dichtung und Wahrheit, in: WA I, Bd. 27, S. 107.

446 Ebd., S. 104.

447 Menhennet (1989), Teutschland, S. 149.

448 Johann Wolfgang von Goethe, Von deutscher Baukunst, in: WA I, Bd. 37, S. 137–151, Zitat S. 147.

449 Christian Heinrich Schmid, Rezension Johann Wolfgang Goethe, Götz von Berlichingen [...], in: Teutscher Merkur 1773, Bd. 3, S. 267–287, Zitat S. 270.

450 Zit. n. Boyle (1999), Goethe, S. 222.

451 Friedrich II., Über die deutsche Literatur, in: Die Werke Friedrichs des Gro-ßen in deutscher Übersetzung, hg. v. Gustav Berthold Volz, Berlin 1913, Bd. 8, S. 74–100. Zum Kontext vgl. Schröder, Siècle, bes. S. 63–76.

452 Carl Ignaz Geiger, Friedrich II. als Schriftsteller im Elisium. Ein drammati-sches Gemälde, Contantinopel 1789, S. 29. Zit. n. Kästner (1972), Friedrich, S. 94.

453 Gotthold Ephraim Lessing, Zur Geschichte und Literatur: Ueber die soge-nannten Fabeln aus den Zeiten der Minnesinger. Zweyte Entdeckung, in: Sämtliche Werke, hg. v. Karl Lachmann, Bd. 14, Leipzig ³1898, S. 3–33, Zitat S. 26.

454 Zit. n. Kästner (1972), Friedrich, S. 87 f.

455 Justus Möser, Über die deutsche Sprache und Literatur, in: Ders., Patriotische Phantasien. Ausgewählte Werke, Leipzig 1986, S. 296–313, Zitate S. 296 f. S. 298 f., S. 303, S. 312 und 313.

456 Friedrich Gottlieb Klopstock, Sie, und nicht Wir, in: Ders., Ausgewählte Werke, hg. v. Karl August Schleiden, Bd. 1, München ⁴1981, S. 142 f.

457 Ders., Fragment aus einem Geschichtsschreiber des 19. Jahrhunderts. Zit. n. Hermann Stauffer, Lyrischer Wettstreit der Europäer. Antike und Moderne in Klopstocks Odendichtung, in: Duchhardt/Scharf (2004), Interdisziplinarität, hier S. 188.

458 Johann Gottfried Herder, An den Kaiser, in: Ders., Werke, Bd. 29, S. 551.

459 Ders., Briefe zur Beförderung der Humanität, Anhang, in: Ebd., Bd. 18, S. 303–356, Zitat S. 308.

460 Ders., Briefe zu Beförderung der Humanität, in: Ebd., Bd. 17, S. 319.

461 Schultz (1996), Mythos.

462 Christoph Martin Wieland, Patriotischer Beitrag zu Deutschlands höchstem Flor (1780), in: Ders., Sämmtliche Werke, Bd. 15: Vermischte Prosaische Auf-sätze, hg. v. Georg Joachim Göschen, Leipzig 1795, S. 335–362, Zitate S. 358–361.

463 Heinrich Christian Boie/Christian Wilhelm von Dohm, Vorerinnerung, in: Deutsches Museum 1777, 1. Stück, S. 1–6, Zitat S. 4.

464 Johann Adolph Friedrich Randel, Summarische Uebersicht von Deutschland, in: Deutsche Monatsschrift 1792. Bd. 1, S. 282–295, Zitate S. 282 f., 288 f. und 292.

465 Einige Ideen über ein deutsches Nazional-Pantheon, geschrieben im Januar 1794, in: Deutsches Magazin, 1795, Bd. 10, S. 225–241.

466 Ebd., S. 241.

467 National-Zeitung der Teutschen 1796, Sp. 14 ff. Zit. n. Böning (2005), Gotha, S. 326 f.

468 Vgl. Schmidt (2006), Idee.

469 Vgl. Wrede (2004), Reich; Schmidt (2004), Reich.

470 Christoph Martin Wieland: Patriotischer Beitrag zu Deutschlands höchstem Flor, in: Ders., Sämtliche Werke in 39 Bänden, hg. v. Hans Radspieler, Ham-burg 1984, Bd. 5, S. 335–362, Zitat S. 358.

471 Meine Gedanken über die vor kurzem erschienene Schrift: Deutschlands Erwartungen vom Fürstenbunde, 1788, Zitate S. 27 und 29. HHStA Wien, Deduktionen, Vol. 300.

472 [Otto Heinrich Freiherr von Gemmingen-Hornberg], Rede [...] bey der Eröff-nung des Ordens-Capitels des Reichs-Ritterschaftlichen Cantons Ottenwald, In: Journal von und für Deutschland 7, 1790, S. 97–107, Zitat S. 106.

473 Goethe, WA IV, Bd. 3, S. 215.

474 Goethe an Carl August, 1779, Febr. 9, in: Tümmler (1954), Briefwechsel, Bd. 1, S. 60 ff.
475 Reil (1845) Leopold Friedrich Franz, S. 91 f.
476 Edelsheim an Carl August, 1782, Okt. 24, in: Tümmler (1954), Briefwechsel, Bd. 1, S. 77. Vgl. Umbach (2000), Reich, S. 193 f.
477 Zum Folgenden: Schmidt (2005), Visionen.
478 Text bei A. Schmidt (1851), Unionsbestrebungen, S. 17–21.
479 D. Johann August Reuß, Teutsche Staatskanzley, 14. Teil, Ulm 1787, S. 131.
480 Ernst an Carl August, 1783, Dez. 13, in: Tümmler (1954), Briefwechsel, Bd. 1, S. 79.
481 Aretin (1986), Mission, S. 337–352.
482 Aretin (1967), Reich, Tl. 2, S. 105.
483 Aretin (1986), Mission, S. 340.
484 Ranke (1875) Mächte, S. 148; Sautter (1938), Wilhelm von Edelsheim, S. 60 ff.
485 Aretin (1993–2000), Reich, Bd. 3, S. 309.
486 Zit. n. Aretin (1986), Mission, S. 342.
487 Ernst II. an Carl August, 1785, Feb. 24, in: Tümmler (1954), Briefwechsel, Bd. 1, S. 131 f.
488 Johann Wolfgang von Goethe, Pantomimisches Ballett, untermischt mit Gesang und Gespräch, in: Goethe, Werke, MA, Bd. 2.1, S. 500–509, Zitat S. 500. Vgl. Schmidt (2002), Inszenierungen.
489 ThStA Gotha, Geheimes Archiv, A. III. (Mond) 10: Acta den Fürstenbund betreffend 1785/86, fol. 10 ff.
490 HHStA Wien, Vorträge der Staatskanzlei, Kart. 141.
491 Petschel (2000), Außenpolitik, S. 65 ff.
492 A. Schmidt (1851), Unionsbestrebungen, S. 297–311, bes. S. 305 ff.
493 Althoff (1995), Untersuchungen, S. 256 ff.
494 Tümmler (1954), Briefwechsel, Bd. 1, S. 223 f.
495 Dohm an Friedrich II., 1785, Juli 27, in: Ebd., Bd. 1, S. 156 ff.
496 Christian Wilhelm Dohm, Ueber den deutschen Fürstenbund, Berlin 1785.
497 Carl August an Dalberg, 1785, Apr. 16. in: Tümmler (1954), Briefwechsel, Bd. 1, S. 143 ff.
498 Umbach (2000), Federalism, S. 184.
499 Vgl. Hoffmann (1987), Überlegungen, hier S. 145.
500 Aretin (1967), Reich, Tl. 2, S. 144.
501 Zit. n. Ranke (1963), Mächte, S. 497.
502 Ebd., S. 212 ff.
503 Aretin (1967), Höhepunkt.
504 Aretin (1964), Karl Theodor von Dalberg, S. 368.
505 Beaulieu-Maconnay (1879), Karl von Dalberg, S. 129.
506 Aretin (1964), Karl Theodor von Dalberg, S. 376 f.
507 Carl August an Frau von Coudenhove, 1787, Feb. 6, in: Tümmler (1954), Briefwechsel, Bd. 1, S. 292.
508 Carl August an Stein, 1788, Apr. 2, in: Ebd., S. 471.
509 Carl August an Loeben, 1788, März 30, in: Ebd., S. 465–471.
510 Christoph Martin Wieland, Ueber die Rechte und Pflichten der Schriftsteller in Absicht ihrer Nachrichten [...], in: Der Teutsche Merkur, 1785, Bd. 3, S. 193–207, Zitat S. 206.
511 ThStA Gotha, Geheimes Archiv, A. III. 10: Acta den Austausch Bayern gegen die Niederlande betr., fol. 137. Zum Reichstag als Bühne für die Verbreitung von Nachrichten und Gerüchten: Gestrich (1994), Absolutismus, bes. S. 96 ff.

512 Otto von Gemmingen, Ueber die königlich Preußische Association zu Erhaltung des Reichssystems, in: Sammlung der merkwürdigsten Staatsschriften über Ländertausch und Fürstenverein, 1. Stück, Kempten 1786, Zitat S. 190. HHStA Wien, Deduktionen, Vol. 300.

513 D. Johann August Reuß, Teutsche Staatskanzley, 14. Teil, Ulm 1798, S. 131 und 156.

514 Johannes von Müller, Teutschlands Erwartungen vom Fürstenbund, o. O. 1788.

515 Johann Gottfried Herder, Idee zu einem patriotischen Institut für den Allgemeingeist Deutschlands, in: Ders., Werke, Bd. 16, S. 600–616.

516 Carl August an Carl Friedrich von Baden, 1788, Aug. 8, in: Tümmler (1954), Briefwechsel, Bd. 1, S. 494.

517 Loeben an Carl August, 1788, Apr. 12, in: Ebd., S. 480–483, Zitat S. 481.

518 Bossche, Freiheit (2006); Koll (2003), Niederlande.

519 Huber, (1975), Verfassungsgeschichte, S. 13.

520 J[ohann] M[elchior] Hoscher, Beyträge zur neuesten Geschichte der Empörung deutscher Unterthanen wider ihre Landesherrschaft. Aus gerichtlichen Acten, Gießen 1790. – Vgl. Reichardt (1988), Volksbewegungen, hier S. 10 f.

521 Freymüthige Gedanken über die allerwichtigsten Angelegenheiten Deutschlands […] vorgelegt von einem Freunde seines Vaterlandes, Germanien 1794, S. 12.

522 Ebd., S. 54.

523 Klippel (1987), Naturrecht, S. 273–277.

524 Brief an Anna Amalia: Thüringisches HStA Weimar, HA A XVIII, 67.

525 Gottfried August Bürger, Sämtliche Werke, hg. v. Günter und Hiltrud Häntzschel, München/Wien 1987, S. 462.

526 Christoph Meiners, Historische Vergleichung der Sitten und Verfassungen, der Gesetze und Gewerbe, des Handels und der Religionen, der Wirtschaft und der Lehranstalten des Mittelalters mit denen unseres Jahrhunderts in Rücksicht auf die Vortheile und Nachtheile der Aufklärung, Bd. 3, Hannover 1794, S. 528.

527 Carl Friedrich Häberlin, Über die Güte der Staatsverfassung, in: Deutsche Monatsschrift, 1793, Bd. 1, S. 3–33.

528 Karl Friedrich Häberlin, Handbuch des Teutschen Staatsrechts […], Bd. 1–3, Berlin 1794–97, hier Bd. 1, Vorrede.

529 Christoph Martin Wieland, Betrachtungen über die gegenwärtige Lage des Vaterlandes, in: Der Neue Teutsche Merkur, Januar 1793, Bd. 1, S. 3–55, Zitate passim.

530 Ders., Etwas zur Beruhigung der Patriotischen Bürger in ***, in: Der Neue Teutsche Merkur, März 1794, Bd. 1, S. 274–296, hier S. 278 f.

531 Note über die Lütticher Angelegenheit, Dezember 1789. HHStA Wien, Deduktionen, Vol. 189a.

532 Clark (2007), Preußen, S. 335.

533 Aktenmäßige Darstellung der Ursachen, warum die von dem kaiserlichen und Reichskammergericht […] unterm 27. August aufgetragene Executions-Kommission bisher unvollstreckt geblieben ist, 1790, S. 90 f. HHStA Wien, Deduktionen, Vol. 189a.

534 Bittschrift des Anwalts Dr. Zwierlein namens des Fürstbischofs von Lüttich […] an das Reichskammergericht (1790, Dez. 16). Ebd.

535 August Friedrich Danz, Staatsrechtliche Betrachtungen über die Lüttische Unruhen vom Jahr 1789, Stuttgart 1790, S. 4. Ebd.

536 Carl Leonhard Reinhold, Briefe über die kantische Philosophie, Leipzig 1790, S. 16.

537 Bödeker (2002), Concept 2002.
538 Härter (1992), Reichstag, S. 305–329.
539 Georg Forster an Christian Friedrich Voß, 1792, Dez. 21, in: Georg Forster, Werke, hg. v. d. Akademie der Wissenschaften Bd. 17, bearb. v. Klaus-Georg Popp, Berlin 1989, S. 279.
540 Dumont (1982), Mainzer Republik, S. 378–392.
541 Scheel (1989), Mainzer Republik, S. 210.
542 Zit. n. Echternkamp (1998), Aufstieg, S. 153.
543 Aufruf an alle meine Freunde, die Biedermänner in Deutschland, Holland und in der Schweitz. HHStA Wien, Mainzer Erzkanzler Archiv, Reichstagsakte, Fasz. 670.
544 Diarium des Mainzer Gesandten, 1793, März 25. Ebd., fol. 127.
545 Ueber die sogenannten Orden auf Universitäten, in: Journal von und für Deutschland 8, 1791, 2. Stück, S. 686–693.
546 HHStA Wien, Mainzer Erzkanzler Archiv, Reichstagsakte, Fasz. 671. Härter (1992), Reichstag, S. 370 ff.
547 Wilson(1999), Goethe-Tabu, S. 188 f.
548 Bernard (1989), Aufklärung.
549 Friedrich Carl von Moser, Politische Wahrheiten, Bd. 1, Zürich 1796, S. 74.
550 Betrachtungen eines Deutschen über Aufklärung und Gärungen, in: Stats-Anzeigen 16, 1791, S. 89–91, Zitat S. 89.
551 J[ohann] M[elchior] Hoscher, Beyträge zur neuesten Geschichte der Empörung deutscher Unterthanen wider ihre Landesherrschaft. Aus gerichtlichen Acten, Gießen 1790, S. 46 f.
552 Johann Nikolaus Becker, Fragmente aus dem Tagebuch eines reisenden Neu-Franken, [ND Bremen 1985], S. 26.
553 August Ludwig Schlözer, StatsAnzeigen 16, 1791, S. 96.
554 Ders., Aufklärung ist in Deutschland nicht durch Gewalt zu hemmen, in: Ebd. 16, 1791, S. 456–463, Zitate S. 457.
555 Zit. n. Vierhaus (1991), Revolution, S. 253.
556 Christian Ernst Weiße, Ueber die Berichterstattung auf Klagen teutscher Unterthanen gegen ihre Landesherrn an den höchsten Reichsgerichten (wg. Erläuterung Art. 19 Wahlkap.), Wetzlar 1791, S. 206.
557 Kann zur Zeit eines deutschen Zwischenreiches von den Reichsständen an der Staatsverfassung Deutschlands etwas abgeändert, oder welches eben so viel ist, etwas Neues hinzugethan werden? 1790 im Mai, S. 10. HHStA Wien, Deduktionen, Vol. 189a.
558 Johann Friedrich Schmidlin, Betrachtungen über die Gesetzgebende Gewalt in Deutschland während eines Zwischenreichs [...], Stuttgart 1790, S. 48 und 56.
559 Freymüthige Gedanken über die allerwichtigsten Angelegenheiten Deutschlands [...] vorgelegt von einem Freunde seines Vaterlandes, Germanien 1794, S. 62 f.
560 Georg Friedrich Rebmann, Laterne bey Tag für die mittlere Klasse des deutschen Volks, Nr. 1, Paris 1797, S. 17, S. 19 und 27.
561 Neugebauer-Wölk (1992), Verfassungsideen, S. 65 f.
562 Zit. n. Dippel (1989), Französische Revolution, Zitat S. 674.
563 Dippel (1991), Anfänge, S. 184.
564 [Wilhelm Traugott Krug], Grundlinien zu einer allgemeinen deutschen Republik, in: Dippel (1991), Anfänge, S. 117.
565 Ebd., S. 126.

566 Teutschlands neue Konstituzion. Ein Bruchstück. Entworfen von einem teutschen Staatsbürger, in: Ebd., S. 147–176, Zitate S. 154, S. 163, S. 169, S. 166 und
175.

567 Huber (1975), Verfassungsgeschichte, S. 23 ff.

568 Johann Wolfgang von Goethe, Kampagne in Frankreich, in: Ders., Werke,
WA I, Bd. 33, S. 1–271, Zitat S. 75.

569 HHStA Wien, Mainzer Erzkanzlerarchiv, Reichstagsakten, Fasz. 671.

570 Vertrauliches Votum als Beilage: Goethe an Voigt, in: Goethes amtliche
Schriften, Bd. 2.1, bearb. v. Helma Dahl, Weimar 1968, S. 302.

571 Zit. n. Härter (1992), Reichstag, S. 345.

572 Planert (2007), Mythos, S. 392–408.

573 Johann Friedrich Hugo von Dalberg, Kriegslied der vorländischen Bürger als
sie wider die Neufranken an den Rhein zogen, in: Journal des Luxus und der
Moden, März 1794, S. 114 f. Zit. n. Embach/Godwin (1998), Dalberg, S. 72.

574 Memoire Trauttmansdorff vom Febr. 1795, in: Aretin (1967), Reich, Tl. 2,
S. 287.

575 Simon (1995), Baseler Frieden.

576 Huber (1975), Verfassungsgeschichte, S. 30.

577 Achter Artikel des westphälischen Friedens-Tractats, in: Historisch-politisches Magazin nebst litterarischen Nachrichten 18, 1795, S. 3–5. Vgl. dagegen
Braun (2008), Reich, S. 20.

578 A. Schmidt (2008), Überleben, S. 351.

579 Riotte (2008), Geschichtsbilder, S. 102 f.

580 Ders. (2007), George III, S. 72 ff.

581 Georg Wilhelm Friedrich Hegel, Fragmente einer Kritik der Verfassung
Deutschlands, in: Ders., Schriften und Entwürfe, hg. von Manfred Baum/
Rainer Meist, Düsseldorf 1998, S. 1–202, passim.

582 Duchhardt (1977), Kaisertum, S. 313.

583 Ernstberger(1932), Österreich-Preußen.

584 Zit. n. Braun (2008), Reich, S. 24.

585 Neri (1997), Frankreichs Reichspolitik.

586 Inländische Korrespondenz – von der Lahn, d. 23. März 1798, in: Der Neue
Teutsche Merkur, 1798, Bd. 1, S. 455–460, Zitate S. 455 und 458 f.

587 Joseph Görres, Rede auf den Untergang des Heiligen Römischen Reiches
(7. 1. 1798), in: Ders., Ein Leben für Freiheit und Recht, hg. v. Heribert Raab,
Paderborn u. a. 1978, S. 89–99, Zitate S. 91 und 98 f.

588 Syrach der Enkel oder: Ein Wort der Wahrheit […], Deutschland 1799, S. 66 f.

589 Reichsgutachten über den bevorstehenden Deputationshauptschluss, Regensburg, 1803, März 26, in: Buschmann (1984), Kaiser, S. 643.

590 Lill (1979), Säkularisation; Walther (2004), Ende; Härter (2006), Zweihundert
Jahre.

591 Bitterauf (2005), Gründung, S. 110.

592 Schmidt (2008), Deutschland 1806, hier S. 104 f.

593 Karl Solomo Zachariä, Geist der neuesten deutschen Reichsverfassung, in: Geschichte und Politik 1, 1804, S. 34–66, Zitat S. 46.

594 Bitterauf (1905), Gründung, S. 301 f.; Burg (1989), Deutsche Trias.

595 Adam Christian Gaspari, Der Deputations-Receß, hg. v. Hans-Jürgen Becker,
2 Tle., Hildesheim u. a. 2003 [ND der Ausgabe Hamburg 1803], hier Tl. 1,
S. 67 ff.

596 Kell (1991), Frankfurter Union.

597 Schroeder (1994), Transformation, S. 258 ff.

598 Bitterauf (1905), Gründung, S. 120 ff.
599 Vgl. Pape (2000), Revolution, S. 60.
600 Schnettger (2008), Abschied, hier S. 48 f.
601 Gary, C. A., Das neue Königreich Italien an sich und in seiner Beziehung auf Europa betrachtet, in: Minerva 33, 1805, Bd. 3, S. 377–411., bes. S. 89–106. Vgl. zusammenfassend Ellis (2003), Empire.
602 Johann Wilhelm von Archenholz (Bearb.), Politische Bemerkungen über ein neuerliches wichtiges Ereigniß, in: Minerva 33, 1805, Bd. 3, S. 315–343, Zitat S. 342 f.
603 Bernstein (2006), Balance, S. 54–58.
604 Vgl. Text des Friedens: Oer (1965), Friede, S. 271–279.
605 Gemälde von Europa, zu Anfang des Jahres 1806, in: Minerva 34, 1806, Bd. 1, S. 235–249, Zitat S. 236.
606 Riotte (2007), George III, S. 79.
607 Vgl. Bernstein (2006), Balance, S. 72.
608 Aretin (1967), Reich, Tl. 2, S. 334–344.
609 Vgl. Le Rider (2006), Napoleons Konzepte.
610 Zwierlein (2008), Imperium, S. 87–92.
611 Vgl. Rheinbunds-Akte in: Huber (1978), Dokumente, S. 28–33.
612 Hölzle (1967), Staatensystem, S. 267.
613 Zit. n. Fehrenbach (1981), Ancien Régime, S. 82.
614 Erklärung der Rheinbundstaaten, Regensburg, 1806, Aug. 1, in: Buschmann (1984), Kaiser, S. 650 ff.
615 Gedruckt in: Zwierlein (2008), Imperium, S. 95 ff. Antwort Wiens vom 6. Aug. 1806: Ebd., S. 97 f.
616 Erklärung des Kaisers Franz II., Wien, 1806, Aug. 6, in: Buschmann (1984), Kaiser, S. 654 f.
617 Ebd., S. 655.
618 Goethe, WA III, Bd. 3, S. 154 f.
619 Burgdorf (2006), Wendepunkt; Ders. (2006), Weltbild.
620 Goethe an Humboldt 1806, Aug. 22, in: Ders., Werke, WA IV, Bd. 51, S. 197–201, Zitat S. 201.
621 Johann Wilhelm von Archenholz, Wo waren wir? wo sind wir? und wohin werden wir kommen?, in: Minerva 34, 1806, Bd. 3, S. 462–481, Zitat S. 474.
622 Bernstein (2006), Balance, S. 96 und 102; Riotte (2008), Großbritannien.
623 Treitschke (1928), Deutsche Geschichte, S. 231.
624 Ebd., S. 313.
625 Petschel (2000), Außenpolitik, S. 276.
626 Ebd., S. 140.
627 Ebd., S. 181.
628 Zit. n. Treitschke (1928), Geschichte, S. 238.
629 Vgl. Briefe Napoleons, hg. v. Friedrich Max Kircheisen, Bd. 2, Stuttgart ²1910, S. 162.
630 Karl Freiherr vom und zum Stein, Denkschrift, 1808, September 8, in: Ders., Briefe und amtliche Schriften, bearb. v. Erich Botzenhart, neu hg. v. Walter Hubatsch, Bd. 2.2, neu bearb. v. Peter Gerrit Thielen, Stuttgart u. a. 1960, S. 850–852, hier S. 850.
631 Vgl. Schroeder (1994), Transformation, S. 293 und 377.
632 Einzelnachweise bei Schmidt (1995), Rheinbund, S. 232; Ders. (2008), Souveränität, S. 48 ff.
633 So zusammenfassend Duchhardt (1990), Reich, S. 98.

634 Schroeder (1994), Transformation, S. 394.
635 Whaley (2007), Transformation, S. 178 f.

III. Von der Aufklärung des Verstandes zur gesellschaftlichen Pluralisierung

1 Schneiders (1995), Aufklärung.
2 Vierhaus (1996), Bemerkungen, S. 451.
3 E., Ueber Toleranz, Bevölkerung, Hurerei, Kindsmord und Quacksalber: aus der Brieftasche eines Dänen, in: Stats-Anzeigen 11, 1787, S. 455–489, Zitat S. 460.
4 Israel (2006), Enlightenment, S. 531.
5 Randel (1792), Annalen S. 55.
6 Beiser (2003), Imperative, S. 45 und 56 ff.
7 Mederer (1987), Romantik.
8 Karl Heinrich Ludwig Pölitz, Dass durch eine unvorbereitete Aufklärung und durch die Verbreitung neuer und ungewöhnlicher Meinungen unter den verschiedenen Volksklassen mehr geschadet als genützt werde, Dresden 1797, S. 8. Zit. n. Albrecht (1995), Menschenwohl, S. 319 f.
9 Thompson (1979), Ökonomie.

1. Struktureller Wandel

10 Pfister (2007), Bevölkerungsgeschichte, S. 79.
11 Gehrmann (2000), Bevölkerungsgeschichte, S. 113 ff.
12 Hartmann (1995), Bevölkerungszahlen.
13 Randel (1792), Annalen, S. 5.
14 Gehrmann (2000), Bevölkerungsgeschichte, S. 97.
15 Johann Daniel Albrecht Höck, Statistische Übersicht der Deutschen Staaten, Basel [1800], kaiserlich-königliche Erbstaaten, 2. Tabelle.
16 Hartmann (1995), Bevölkerungszahlen, S. 369.
17 Pfister (2007), Bevölkerungsgeschichte, S. 16–24.
18 Ebd., S. 55.
19 Bade/Oltmer (2007), Deutschland, S. 146 f.
20 Henning (1991), Wirtschafts- und Sozialgeschichte, S. 948 f.
21 Nowosadtko (2000), Fauna, hier S. 321 f.
22 Justus Möser, Also sollte man die Einimpfung der Blattern ganz verbieten, Schreiben einer jungen Matrone, in: Ders., Patriotische Phantasien, hg. v. J. W. J. von Voigt, Tl. 4, Berlin 1786, S. 64–68, Zitat S. 64 f.
23 Zit. n. Pfister (2007), Bevölkerungsgeschichte, S. 37.
24 Thomas Robert Malthus, Das Bevölkerungsgesetz (1798), hg. v. Chr. M. Barth, München 1977, S. 155 f.
25 Gehrmann (2000), Bevölkerungsgeschichte, S. 38–41.
26 Dreitzel (1986), Beitrag, hier S. 34 und 69.
27 Ebd., S. 103.
28 Gehrmann (2000), Bevölkerungsgeschichte, S. 16.
29 Dreitzel (1986), Beitrag, S. 57 und 72.
30 Pfister (2007), Bevölkerungsgeschichte, S. 29 ff.
31 Pöhnert (2004), Problem, S. 86.
32 Meumann (1995), Findelkinder, S. 141.
33 Ulbricht (1990), Kindsmord; Kronauer (2007), Verzweiflung.

34 E., Ueber Toleranz, Bevölkerung, Hurerei, Kindsmord und Quacksalber: aus der Brieftasche eines Dänen, in: Stats-Anzeigen 11, 1787, S. 455–489, Zitat S. 463.

35 Ebd., S. 469 f.

36 Ebd., S. 471 ff.

37 Vgl. zum Folgenden Pöhnert (2004), Problem, bes. S. 83.

38 Fragmente über Jena und die dortige Universität, in: Journal von und für Deutschland 8, 1791, 8. Stück, S. 712–727.

39 Imhof (1975), Illegitimität.

40 Gehrmann (2000), Bevölkerungsgeschichte, S. 157.

41 Hull (2000), Sexuelle.

42 Hull (1996), Sexuality.

43 Pfister (2007), Bevölkerungsgeschichte, S. 33 f.

44 Pfister (1985), Anfänge.

45 Herrmann (2005), Denken, hier S. 97 f.

46 Link (1983), Absolutismus, S. 193.

47 Dülmen (1999), Kultur, Bd. 1, S. 109.

48 Hettwer (1965), Herkunft, S. 82 ff.

49 Neugebauer (2005), Niedere Schulen.

50 Friedrich Eberhard von Rochow, Der Kinderfreund, ein Lesebuch zum Gebrauch in Landschulen, 2 Theile, Halle 1776/79.

51 Neugebauer (2004), Lokalismus, S. 401 ff.

52 Dülmen (1999), Kultur, Bd. 3, S. 170.

53 Zit. n. Möller (1989), Fürstenstaat, S. 338.

54 Ebd., S. 354.

55 Neugebauer (2007), Preußen, S. 165 f.

56 Neugebauer (1985), Staat, S. 265.

57 Herrmann (1989), Kinderzucht, S. 237 f.

58 August Hermann Francke, Kurtzer und Einfältiger Unterricht. Wie die Kinder zur wahren Gottseligkeit und christlicher Klugheit anzuführen sind, Halle 1702.

59 Schindling (1994), Bildung, S. 40 und 83.

60 Friedrich der Große, Kabinets-Schreiben an den Stats-Minister von Zedlitz, Berlin 5. Sept. 1779, in: Jürgen Bona Meyer (Hg.), Friedrich's des Großen Pädagogische Schriften und Äußerungen [...], Langensalza 1885, S. 167–171, Zitat S. 170.

61 Eckhardt (1971), Humankapital, S. 70 ff.

62 Neugebauer (2005), Niedere Schulen, S. 237 ff.

63 Engelbrecht (1984), Geschichte, S. 102 ff.; Horn Melton (1988), Absolutism.

64 Leschinsky (1981), Konzept.

65 Vgl. Freitag (2004), Fürstbistum, hier bes. 36 f.; Neugebauer (2004), Lokalismus, S. 406 ff.

66 Neugebauer (2005), niedere Schulen, S. 241 ff.

67 Schmitt (2005), Philanthropine, S. 263–266.

68 Ebd., S. 272.

69 Christian Gotthilf Salzmann, Der Himmel auf Erden, Schnepfenthal 1797.

70 Herrmann (2005), Denken, S. 101.

71 Fontius (2004), Rousseau, bes. S. 160.

72 Georg Friedrich Seiler, Allgemeines Lesebuch für den Bürger und Landmann, vornehmlich zum Gebrauch in Stadt- und Landschulen, Erlangen 1790.

73 Krumbholz (1908), Fortbildungsschulen, S. 22.

74 Straubel (1998), Beamte; Vgl. demnächst die Dissertation von Andreas Krause
zu den Verwaltungsnetzwerken in Sachsen-Weimar-Eisenach.

75 Hammerstein (2005), Universitäten, S. 370.

76 Randel (1792), Annalen, S. 14.

77 Eulenburg (1904), Frequenz, S. 132.

78 Vgl. Henning (1991), Wirtschafts- und Sozialgeschichte, S. 939–944.

79 Hammerstein (2005), Universitäten, S. 388.

80 Randel (1792), Annalen, S. 14.

81 Rasche (2001), Umbrüche, bes. S. 109 ff.

82 Johann Gottfried Herder, Vom Begrif der schönen Wissenschaften, insondernheit für die Jugend, in: Ders., Werke, Bd. 30, S. 72–83, Zitat S. 77.

83 Beiser (2003), Imperative, S. 29.

84 Maurer (2005), Bildung, S. 230.

85 Christian Wilhelm von Dohm, Ueber Volkskalender und Volksschriften überhaupt, in: Deutsche Monatsschrift 1796, Bd. 1, S. 181–205, hier S. 187.

86 Reichardt (1988), Volksbewegungen, S. 21.

87 François (1982), Koblenz, S. 69.

88 Friedeburg (2002), Lebenswelt, S. 90.

89 Schort (2006), Politik, S. 31.

90 Schmidt (2004), Reich; Stieler (1969), Zeitungs Lust; Barton (1999), Fritsch.

91 Siegert (2005), Volksbildung, S. 447.

92 Faulstich (2002), Mediengesellschaft, S. 215.

93 Schön (1997), Publikum, hier S. 301.

94 North (2003), Genuss, S. 11.

95 Wittmann (2006), Büchermarckt, S. 38.

96 North (2003), Genuss, S. 21–26.

97 Heinrich Gottlieb Zerrenner, Volksaufklärung. Uebersicht und freimüthige
Darstellung ihrer Hindernisse [...], Dessau/Leipzig 1785 [ND Stuttgart 2001],
S. 152.

98 Siegert (2005), Volksbildung, S. 443 f.

99 Isaak Iselin, Entwurf der Ephemeriden der Menschheit, in: Ephemeriden der
Menschheit, 1776, S. 5–15, Zitate S. 7 f.

100 Johann Ludwig Ewald, Über Volksaufklärung, ihre Gränzen und Vortheile [...], Berlin 1790, S. 27.

101 Friedrich Bahrdt, Handbuch der Moral für den Bürgerstand, Halle 1789 [ND
Vaduz 1979].

102 Voss (1992), Mann, S. 190 f.

103 Friedrich Gabriel von Resewitz, Vorschläge und Wünsche zur Verbesserung
der öffentlichen Erziehung, B. 2, 1778, S. 34. Zit. n. ebd., S. 193.

104 Das räsonnierende Dorfkonvent, ND der Tle. 1–3 (= Volksaufklärung. Ausgewählte Schriften, 11), Stuttgart-Bad Cannstatt 2001, hier Jg. 1786, Bd. 1,
Vorwort, S. 7*.

105 Faulstich (2002), Mediengesellschaft, S. 35; Greiling (1995), Intelligenzblätter,
S. 32.

106 Rudolf Zacharias Becker, Versuch über die Aufklärung des Landmannes, in:
Der Teutsche Merkur, 1785, Bd. 3, S. 108–131.

107 Vgl. Randig (2007), Aufklärung, S. 263 f.

108 Voss (1992), Mann, S. 207.

109 Medick (1996), Weben, S. 526.

110 So Prass (2007), Alphabetisierung, S. 33.

111 Rudolf Zacharias Becker, Noth- und Hülfsbüchlein für Bauersleuth oder lehr-

reiche Freuden- und Trauer-Geschichte des Dorfes Mildheim, Tl. 1, Gotha 1788, S. 6.
112 Ebd., S. 398.
113 Rudolf Zacharias Becker, Schreiben an Bertuch, 1793, Jan. 15, in: Journal des Luxus und der Moden, März 1793, S. 175–183, Zitat S. 181.
114 Immanuel Kant, Der Streit der Fakultäten, in: Ders. (1983), Werke, Bd. 6, S. 261–393, Zitat S. 362.
115 Johann Ludwig Ewald, Über Volksaufklärung, ihre Gränzen und Vortheile [...], Berlin 1790, S. 53.
116 Ebd., S. 88.
117 Beck (1986), Ökonomie.
118 Dipper (1991), Geschichte, S. 111.
119 Abel (1971), Massenarmut, S. 177.
120 Ebd., S. 181.
121 Bairoch (1979), Landwirtschaft, S. 302.
122 Abel (1971), Massenarmut, S. 291.
123 Radkau (2000), Natur, S. 90 f.
124 Troßbach (1993), Bauern, S. 26.
125 Abel (1971), Landwirtschaft, hier S. 514 ff.
126 Abel (1974), Massenarmut, S. 260.
127 Ebd., S. 195.
128 Randel (1792), Annalen, S. 9.
129 Achilles (1991), Landwirtschaft, S. 33, S. 49 f. und 59.
130 Troßbach (1993), Bauern, S. 43.
131 Henning (1991), Wirtschafts- und Sozialgeschichte, S. 845 und 820.
132 Reinighausen (1990), Gewerbe, S. 6.
133 Henning (1991), Wirtschafts- und Sozialgeschichte, S. 856 und 831.
134 Ebd., S. 902.
135 Vogler (1996), Herrschaft, S. 165.
136 Zorn (1971), Gewerbe, hier S. 536 f.
137 «Kayserliche Allergnädigste Verordnung, Die Abstellung deren im Heil. Römischen Reich Bey denen Handwercks-Zünfften Vielfältig Eingeschlichenen Missbräuchen Betreffend, 1731», gedruckt in: Stürmer (1979), Herbst, S. 54–71.
138 Dipper (1991), Geschichte, S. 156.
139 Lilley (1979), Fortschritt, hier S. 122 ff.
140 Henning (1991), Wirtschafts- und Sozialgeschichte, S. 846 ff.
141 Vogler (1996), Herrschaft, S. 168.
142 Gömmel (1998), Entwicklung, S. 34.
143 Gerteis (1986), Städte, S. 153 f.
144 North (2000), Handelsexpansion, S. 149.
145 Kriedte (1978), Industrialisierung, S. 87.
146 Mieck (1993), Wirtschaft, hier S. 152.
147 Henning (1991), Wirtschafts- und Sozialgeschichte, S. 869.
148 Randel (1792), Annalen, S. 10 ff.
149 North (2000), Kommunikation, S. 13 und 58 f.
150 Henning (1991), Wirtschafts- und Sozialgeschichte, S. 872 und 881.
151 Klinger (2008), Particularism.
152 North (2000), Kommunikation, S. 10.
153 Randel (1792), Annalen, S. 10–13, Zitate S. 12 f.
154 Henning (1991), Wirtschafts- und Sozialgeschichte, S. 865 ff.
155 Randel (1792), Annalen, S. 10.

156 Schultz (1997), Handwerker, S. 174.
157 North (2000), Kommunikation, S. 84.
158 Born (1995), Bank, S. 36.
159 Schultz (1997), Handwerker, S. 181 ff.
160 North (2000), Kommunikation, S. 31 f.
161 Battenberg (2001), Juden, S. 43 ff.
162 Brenner (2008), Geschichte, S. 168 ff.
163 North (2000), Kommunikation, S. 40 f.; Brenner (2008), Geschichte, S. 170.
164 Schultz (1997), Handwerker, S. 190.
165 North (2000), Kommunikation, S. 42.
166 Dipper (1991), Geschichte, S. 29–42.
167 Hennig (1991), Wirtschafts- und Sozialgeschichte, S. 806.
168 Randel (1792), Annalen, S. 9.
169 Radkau (2000), Natur, S. 169 f.
170 Siemann (1995), Staatenbund, S. 133.
171 Radkau (2000), Natur, S. 170.
172 Schmidt (2002), Wald.
173 Mieck (1993), Wirtschaft, S. 117.
174 Troßbach (1992), Bemerkungen, S. 137 f.
175 Geschichtserzehlung von der so merkwürdigen und ungerechten Regie-rungs- und Vermögenssetzung des Herrn Fürsten von Neuwied. Zit. n. ebd., S. 139.
176 Siemann (1995), Staatenbund, S. 132.
177 [Friedrich Justin] Bertuch, Ueber Holz-Luxus, Holz-Mangel und bessere Forstwirthschaft, in: Journal des Luxus und der Moden 7, 1792, S. 130–137, hier S. 131.
178 U. Schmidt (2002), Wald, S. 303 ff. und S. 311 ff.
179 Zit. n. ebd., S. 345.
180 Jean Paul, Friedens-Predigt an Deutschland, Heidelberg 1808 [ND Heidelberg 2008], S. 34 f.
181 Meyer (1999), Natur, S. 179.
182 Radkau (2000), Natur, S. 172.
183 Mieck (1993), Wirtschaft, S. 116.
184 Ebd., S. 115.
185 Radkau (2000), Natur, S. 173.
186 Münch (1992), Lebensformen, S. 395–401.
187 Randel (1792), Annalen, S. 19.

2. Transformationskonflikte

188 Saalfeld (1980), Gliederung, S. 459.
189 Saalfeld (1974), Lebensstandard, hier S. 421 ff.
190 Ebd., S. 428.
191 Achilles (1974), Auswirkungen, S. 128.
192 Christoph Martin Wieland, Die drey Stände, in: Der neue Teutsche Merkur, 3. Stück (März 1792), S. 226 und passim.
193 Gottfried Wilhelm Leibniz, Ermahnung an die Teutsche ihren verstand und sprache beßer zu üben, samt beygefügten vorschlag einer Teutsch-gesinnten gesellschaft (1679/80), in: Notker Hammerstein (Hg.), Staatslehre der Frühen Neuzeit, Frankfurt a. M. 1995, S. 984–1009, Zitat, S. 993.
194 Vgl. Schmale (1996), Liberty, S. 187.

195 Schulze (1982), Untertanenrevolten.
196 Schmale (1997), Archäologie, S. 410.
197 Weitzel (1993), Reichskammergericht, S. 178.
198 Schwab (1975), Eigentum.
199 Justus Mösers sämtliche Werke. Zweite Abteilung. Patriotische Phantasien und Zugehöriges, hg. v. d. Akademie der Wissenschaften zu Göttingen, Bd. 9, Osnabrück 1958, S. 373.
200 Charles de Montesquieu, Vom Geist der Gesetze, Buch XI, Kap. 6, übers. u. hg. v. Ernst Forsthoff, Bd. 1, Tübingen ²1992, S. 228.
201 Johann Jacob Moser, Ders., Von den Teutschen Untertanen Rechten und Pflichten [= NTStR, Bd. 17], Frankfurt/Leipzig 1774, S. 80.
202 Ders., Von der Teutschen, Reichs-Stände Landen [= NTStR, Bd. 13], S. 937 ff. – Dreitzel (1987), Grundrechtskonzeptionen.
203 Joseph Hansen (Hg.), Quellen zur Geschichte des Rheinlandes im Zeitalter der Französischen Revolution 1780–1801, Bd. 2, Bonn 1933, S. 537 f., Anm. 4.
204 Welcker (1837), Landes-Staatsrecht.
205 Georg Beseler am 27. Feb. 1849, in: Reden für die deutsche Nation 1848/49. Stenographischer Bericht über die Verhandlungen der deutschen constituirenden Nationalversammlung zu Frankfurt am Main, Bd. 7, [ND München 1988], S. 5497.
206 Friedrich Carl von Moser, Patriotische Briefe und Reliquien, Frankfurt a. M. 1767, S. 98 f.
207 Johann Heinrich Gottlob von Justi, Vergleichungen der Europäischen mit den Asiatischen und andern vermeintlich Barbarischen Regierungen, in drey Büchern verfasset, Berlin u. a. 1762, S. 27.
208 Saalfeld (1980), Gliederung, S. 465 ff.
209 Schmidt (2006), Adel; Press (1998), Adel; Endres (1993), Adel; Asch (2001), Adel.
210 Die «Politischen Träumereien» Erzherzog Josephs II. von Österreich (1763), in: Neuhaus (1997), Geschichte, S. 213–222, Zitat S. 216.
211 C. J. Majer, Beyträge zur Geschichte der Menschheit, aus den Annalen der Teutschen, in: Teutscher Merkur 6, 1774, S. 227–284, hier S. 244.
212 Christoph Meiners, Kurze Geschichte des Teutschen Adels, In: Göttingisches historisches Magazin, 1787, Bd. 1, S. 577–646, Zitat S. 645.
213 Karl Leonhard Reinhold, Die drei Stände. Ein Dialog, in: Der Neue Teutsche Merkur 1792, 1. Bd., S. 217–241, Zitat S. 235.
214 Heuvel (2008), Verlust, bes. S. 383 f.
215 Fragment eines Briefes über den Adel, an einen Freund, in: Historisch-politisches Magazin, nebst litterarischen Nachrichten 1790, 8. Bd., S. 150–162, Zitat S. 161.
216 W. F. Chassot de Florencourt, Ist die deutsche Verfassung dem inländischen Handel und der Aufnahme der Manufacturen schädlich oder nützlich, in: Deutsches Magazin 1793, 5. Bd., S. 717–753, Zitat S. 721.
217 Endres (1993), Adel, S. 53.
218 Unglaubliche Behauptung des Adels in Lippe-Detmold [...], In: Stats-Anzeigen 18, 1793, S. 166–173, Zitate S. 170 f.
219 Edles Betragen des Lippe-Detmoldschen Adels, in: Ebd., S. 558 f.
220 Fo., Rez.: Was sollte der Adel jetzt thun? Den privilegierten deutschen Landständen gewidmet von Johann Ludwig Ewald, in: Neue allgemeine deutsche Bibliothek 11, 1794, S. 494–502.

221 Ueber den Werth und die Grenzen des Adels, in: Deutsche Monatsschrift 1791, 3. Bd., S. 273–291, Zitat S. 277.
222 Heuvel (2008), Verlust, bes. S. 393.
223 Henning (1991), Wirtschafts- und Sozialgeschichte, S. 919.
224 Endres (1993), Adel, S. 29.
225 Ebd., S. 37.
226 Stollberg-Rilinger (1988), Handelsgeist.
227 Reif (2000), Einleitung, S. 17 f.
228 Hecht (2008), Saline, S. 250.
229 Endres (1993), Adel, S. 41.
230 Joseph II., Orden des Rittercantons Ottenwald. In: Journal von und für Deutschland 6, 1789, S. 443–448. – Vgl. Press (1991), Kaiser, S. 99–102.
231 Fragment eines Briefes über den Adel, an einen Freund, in: Historisch-politisches Magazin, nebst litterarischen Nachrichten 1790, 8. Bd., S. 150–162, Zitat S. 159.
232 Weckenbrock (2008), Universität, hier bes. S. 331 ff.
233 Bauer (1993), Gesellschaft, S. 55–80; Vgl. dazu die Besprechung von Winterling (1996), Höfe.
234 Dollinger (1985), Leitbild.
235 Frie (2005), Adel, hier S. 413 f.
236 Büschel (2006), Untertanenliebe, S. 348.
237 [Johann Georg] Schlosser: Von dem Adel, in: Neues Deutsches Museum 1789, Bd. 1, S. 369–405, ebd., 1791, Bd. 4, S. 27–70 und ebd., S. 97–115, hier S. 52 f.
238 Maurer (1999), Kirche, S. 87.
239 Hersche (1984), Domkapitel.
240 Wehler (1987), Gesellschaftsgeschichte, S. 146.
241 Johann Wolfgang von Goethe, Wilhelm Meisters Lehrjahre, in: Ders., Werke MA, Bd. 5, S. 290.
242 Hein (2005), Arbeit, bes. S. 239.
243 Joachim Heinrich Campe, Der Bürger, in: Wörterbuch der Deutschen Sprache, Tl. 1, Braunschweig 1807, S. 651.
244 Vgl. Riedel (1972), Bürger, hier bes. S. 687–709.
245 Jean Paul, Der Komet oder Nikolaus Marggraf, in: Ders., Werke, Bd. 6, hg. v. Nobert Miller, München ⁴1987, S. 567–1036, hier S. 841.
246 Wunder (1980), Bürger, S. 187.
247 Kocka (1990), Stand, S. 101.
248 Ebd., S. 103 und S. 116–123.
249 Maurer (2006), Kultur, S. 43.
250 Hasselhorn (1958), Pfarrstand, S. 30.
251 Schorn-Schütte (1996), Geistlichkeit, bes. S. 151.
252 Vgl. Gall (1993), Gesellschaft, S. 31–35.
253 Frie (2005), Adel, S. 397–401.
254 Hahn (2005), Werte, S. 22.
255 Schulz (2003), Kultur, bes. S. 80 ff.
256 Adolph Freiherr von Knigge, Über den Umgang mit Menschen, hg. v. Karl-Heinz Göttert, Stuttgart 1991, S. 15 f.
257 Johann Gottfried Herder, Ideen zur Philosophie der Menschheit, in: Ders., Werke, Bd. 14, S. 486.
258 François (1985), Eliten, S. 74.
259 Hildebrandt (1974), Rat, S. 237.
260 Press (1987), Reichsstadt.

261 Hahn (2001), Bürgertum, S. 9.
262 Dipper (1991), Geschichte, S. 104 f.
263 Wunder (1997), Herrschaft, S. 51.
264 Troßbach (1993), Bauern, S. 28.
265 Zit. n. Dülmen (1999), Kultur, Bd. 2, S. 17.
266 Troßbach (1993), Bauern, S. 37.
267 Hanke (1969), Sozialstruktur, S. 244.
268 Schlumbohm (1992), Familie.
269 Günther Franz (Hg.), Quellen zur Geschichte des deutschen Bauernstandes in der Neuzeit, München/Wien 1963, S. 306.
270 Ebd., S. 202 und 256 f.
271 Ebd., S. 213 f.
272 Zit. n. Dipper (1991), Geschichte, S. 122.
273 Dietrich (1986), Testamente, S. 313.
274 Troßbach (1993), Bauern, S. 7.
275 Ders. (2003), Gutsherrschaft.
276 Franz (1963), Quellen, S. 261.
277 Adolph Freiherr von Knigge, Über den Umgang mit Menschen, hg. v. Karl-Heinz Göttert, Stuttgart 1991, S. 389 f.
278 Blickle (2000), Kommunalismus.
279 Franz (1975), Bauernkrieg, S. 299.
280 Blickle (1988), Unruhen; Troßbach (1987), Bewegung.
281 Schmidt (1989), Agrarkonflikte.
282 Schulze (1990), Entwicklung, S. 150 ff.
283 Troßbach (1993), Bauern, S. 44.
284 Wagner (1988), Bauernaufstand.
285 Reichardt (1988), Volksbewegungen, S. 21 f.
286 Heuvel (1988), Politisierung, S. 121.
287 Wagner (1988), Bauernaufstand, S. 157.
288 Zit. n. Böning (1992), Zeitungen, S. 498.
289 Zuverlässige Nachricht von den großen und ausserordentlichen Drangsalen, welche im Jahre 1793 in der Samtgrafschaft Leiningen Westerburg von französischen Kommissarien und Völkern und treulosen Unterthanen den Regenten und Herrschaften, der geist- und weltlichen Dienerschaft, und sämtlichen treuen Unterthanen in Stadt und Lande zugefügt worden sind, 1793, S. 3 f., S. 7 und 14. HHStA Wien, Mainzer Erzkanzler Archiv, Reichstagsakten, Fasz. 672.
290 Hippel (1995), Armut, S. 18 ff.
291 Pohl (1983), Entwicklung, S. 263.
292 Henning (1991), Wirtschafts- und Sozialgeschichte, S. 925.
293 Möller (1989), Fürstenstaat, S. 174.
294 Meumann (1998), Soldatenfamilien, hier S. 236.
295 Hippel (1995), Armut, S. 30.
296 Kocka (1990), Stand, S. 104.
297 Grießinger (1984), Handwerkerstreiks; Tenfelde (1984), Streik.
298 Reith, Streikbewegungen, S. 24.
299 Stürmer (1986), Herbst, S. 184–196.
300 Grießinger (1981), Kapital.
301 Reith (1992), Streikbewegungen, S. 6 ff.
302 Ebd., S. 37 f. sowie ebd., S. 57–423 ein chronologisches Verzeichnis dieser Streiks mit kurzen Angaben zu Ursachen und Verlauf.

303 Ebd., S. 45, S. 48 f. und 52 f.
304 Kocka (1990), Stand, S. 182 f.
305 Tenfelde (1984), Streik, S. 195 und 198.
306 Reith (1992), Streikbewegungen, S. 15; Kocka (1990), Stand, S. 182 ff.
307 Mittenzwei (1983), Vorbereitung.
308 Vgl. Herzig (1988), Unterschichtenprotest; Schmidt (1991), Hungerrevolten.
309 Thompson (1979), Ökonomie.
310 Langer (1963), Hungerjahre 1963, S. 367. Vgl. auch Schirmer (1996), Bevölke-
    rungsgang.
311 Herzig (1988), Unterschichtenprotest, S. 22–46.
312 Zit. n. ebd., S. 102.
313 Maurer (1991), Gesangbücher.
314 H. Schmidt (1982), Gesangbuch-Reform, S. 91.
315 Zit. n. Möller (1989), Fürstenstaat, S. 109 f.
316 Henning (1991), Wirtschafts- und Sozialgeschichte, S. 927 ff.
317 Hippel (1995), Armut, S. 51.
318 Roeck (1993), Außenseiter, S. 126 f.
319 Herzig (1997), Jüdische Geschichte, S. 136.
320 Rheinheimer (2000), Arme, S. 188 f.
321 Ebd., S. 193.
322 Opfermann (2007), Ziegeuner, S. 325.
323 Ebd., S. 274 ff. und 262.
324 Hohmann (1981), Geschichte, S. 42 ff.
325 Heinrich Moritz Gottlieb Grellmann, Die Zigeuner. Ein historischer Versuch
    über die Lebensart und Verfassung, Sitten und Schicksale dieses Volkes in
    Europa [...], Dessau/Leipzig 1783, S. 140.

3. Vernunft und Gefühl

326 Overhoff (2006), Benjamin Franklin, S. 163 ff.
327 Hoffmann (1985), Böttger.
328 Leismann (1978), Motiv, S. 141 f.
329 Stoffregen-Buller (1993), Himmelfahrten.
330 Kleinert (1985), Mathematik, S. 239.
331 Schott (1985), Mesmer.
332 Toellern (1985), Medizin, S. 201 f.; Wittern (1993), Medizin, S. 246 ff.
333 Schulz (2004), Sterben.
334 Piller (2007), Körper, bes. S. 48–72.
335 Outram (2006), Aufbruch, S. 267–277.
336 Berger (2003), Anna Amalia.
337 Armengaud (1979), Bevölkerung, S. 22 ff.
338 Schlumbohm (2007), Mütter, S. 342; Regensburger (2005), Frau.
339 Frevert (1984), Krankheit.
340 Wiesenfeld (2002), Raum, S. 307–323.
341 Demel (2005), Reich, S. 172 f.
342 Müller (2001), Universität.
343 Voss (1980), Akademie, S. 52 f.; Hammermeyer (1977), Akademiebewegung.
344 Knoche (1999), Bestandsentwicklung, S. 230.
345 Scholder (1976), Grundzüge, S. 312.
346 Christian Gotthilf Salzmann, Beyträge zu Aufklärung des menschlichen Ver-
    standes in Predigten, Leipzig 1779, S. 6.

347 Christoph Martin Wieland, Ein paar Goldkörner aus Maculatur oder Sechs Antworten auf Sechs Fragen (April 1789), in: Der Teutsche Merkur 1789, 2. Bd., S. 94–105, Zitat S. 98 f.

348 Ders., Was ist Wahrheit, in: Sämmtliche Werke, Bd. 24, hg. v. Georg Joachim Göschen, [ND Hamburg 1984], S. 39–54, Zitat S. 44.

349 Daniel Jenisch, Skizze einer Geschichte der Aufklärung in Teutschland, von der Reformation all bis auf Kant […], in: Berlinisches Journal für Aufklärung, 1788, Bd. 1, S. 71–95, Zitat S. 71.

350 Christoph Martin Wieland, Ein paar Goldkörner aus Maculatur oder Sechs Antworten auf Sechs Fragen (April 1789), in: Der Teutsche Merkur 1789, 2. Bd., S. 94–105, Zitat S. 98.

351 Immanuel Kant, Beantwortung der Frage: Was ist Aufklärung?, in: Ders. (1983), Werke, S. 53–61, Zitate S. 59.

352 Moses Mendelssohn, Über die Frage: was heißt aufklären? In: Berlinische Monatsschrift 4, 1784, S. 193–200.

353 Georg Wedekind, Ueber Aufklärung. Eine Anrede an seine lieben Mainzer […], Mainz 1792, S. 77. Zit. n. Albrecht (1995), Menschenwohl, S. 225.

354 Riem (1847), Aufklärung, S. 321.

355 Carl Leonhard Reinhold, Gedanken über Aufklärung, in: Der Teutsche Merkur 1784, Bd. 3, S. 3–22, S. 122–133 und 232–245, Zitat S. 123.

356 Joachim Heinrich Campe, Ueber einige verkannte, wenigstens ungenützte Mittel zur Beförderung der Industrie, der Bevölkerung und des öffentlichen Wohlstandes, Wolfenbüttel 1786, S. 68 f.

357 Hirsch (1938), Umformung.

358 Schütz (1974), Kanzel.

359 Johann August Eberhard, Über die wahre und falsche Aufklärung, wie auch über die Rechte der Kirche und des Staates in Anlehnung derselben, in: Philosophisches Magazin 1, 1789, S. 30–77, Zitat S. 42.

360 Johann Adam Bergk, Bewirkt die Aufklärung Revolutionen?, in: Deutsche Monatsschrift 1795, Bd. 3, S. 268–279, Zitate S. 268.

361 Johann Christoph Greiling, Ideen zu einer künftigen Theorie der allgemeinen practischen Aufklärung, Leipzig 1795, S. 126.

362 Scholder (1976), Grundzüge, S. 305 f.

363 Borgstedt (2004), Zeitalter, S. 40.

364 Daniel Jenisch, Skizze einer Geschichte der Aufklärung in Teutschland, von der Reformation bis auf Kant […], in: Berlinisches Journal für Aufklärung, 1788, Bd. 1, S. 160–182, Zitat S. 163 f.

365 Israel (2006), Enlightenment, S. 537.

366 Friedrich Nicolai, Das Leben und die Meinung des Herrn Magisters Sebaldus Nothanker, Berlin/Stettin 1776, S. 146 f.

367 Piepmeier (1976), Aufklärung I, S. 582.

368 Carl Friedrich von Moser, Wahre und falsche politische Aufklärung (1792), in: Batscha (1977), Aufklärung, S. 109–113, Zitat S. 112.

369 Voltaire: Epître à l'auteur du livre des Trois imposteurs (1769), in: Ders., Œuvres complètes de Voltaire, Bd. 10, hg. v. Louis Moland [ND Nendeln 1967], S. 402–405, Zitat S. 403.

370 Christoph Martin Wieland, Beschluß der Gedanken von der Freyheit in Glaubenssachen zu philosophiren, in: Der Teutsche Merkur, 1788, Bd. 3, S. 3–28, Zitat S. 28.

371 Zit. n. Dreitzel (1987), Beitrag, S. 171.

372 Vgl. Stroup (1986), Church History, bes. S. 190 ff.

373 Johann Christoph Adelung, Geschichte der menschlichen Narrheit oder Lebensbeschreibungen berühmter Schwarzkünstler, Goldmacher, Teufelsbanner, Zeichen- und Liniendeuter, Schwärmer, Wahrsager, und anderer philosophischer Unholden, 1. Theil, Leipzig 1785, S. 50.

374 Mulsow (1999), Metempsychosis, S. 214.

375 August Wilhelm Schlegel, Dritte Vorlesung, in: Europa 2.1, 1803, S. 39–75, Zitat S. 41.

376 Haller (1968), Alpen, S. 7.

377 Vgl. August Wilhelm Schlegel, Dritte Vorlesung, in: Europa 2.1, 1803, S. 39–75, hier S. 39 f.

378 Friedrich Schleiermacher, Dritte Rede über die Bildung zur Religion, in: Ders., Über die Religion. Reden an die Gebildeten und ihre Verächter, Berlin 1799, S. 134–173, Zitat S. 155.

379 August Wilhelm Schlegel, Dritte Vorlesung, in: Europa 2.1, 1803, S. 39–75, Zitat S. 69.

380 Stuke (1972), Aufklärung, S. 303.

381 Porter (2000), Enlightenment, S. XVII.

382 Whaley (2007), Transformation, S. 171.

383 Johann Heinrich Tieftrunk, Über den Einfluß der Aufklärung auf Revolutionen, in: Batscha (1977), Aufklärung, S. 195–205.

384 Johann Adam Bergk, Bewirkt die Aufklärung Revolutionen?, in: Deutsche Monatsschrift 1795, Bd. 3, S. 268–279, S. 278, S. 276 und 273 f.

385 Vgl. Albrecht (1995), Menschenwohl, S. 100 ff.; Kritischer Versuch über das Wort Aufklärung zur endlichen Beilegung der darüber geführten Streitigkeiten (1790), in: Batscha (1977), Aufklärung, S. 45–94.

386 Friedrich Justin Bertuch, Vorschlag das Mode-Wort ‹Aufklärung› abzuschaffen, in: Journal des Luxus und der Moden, Oktober 1792, S. 493–497.

387 Vgl. ebd., März 1793, S. 175–188; Ackermann (2005), Paris, S. 100.

388 Friedrich Justin Bertuch, Schreiben an Rudolf Zacharias Becker, 1793, März 4, in: Journal des Luxus und der Moden, März 1793, S. 183–188, Zitat S. 186.

389 Schnädelbach (2004), Zukunft, S. 72.

390 J. Schmidt (1989), Einleitung, S. 24.

391 Beiser (2003), Imperative, S. 51 ff.

392 Johann Baptist Gleich, Ueber den Einfluss der Aufklärung auf Revolutionen, in: Joseph Hansen (Hg.), Quellen zur Geschichte des Rheinlandes im Zeitalter der Französischen Revolution 1780–1801, Bd. 3, Bonn 1955, S. 20–31, Zitat S. 20.

393 Johann Georg Hamann an Christian Jacob Kraus, 1784, Dez. 18, in: Johann Georg Hamann, Briefwechsel, hg. v. Arthur Henkel und Walther Ziesemer, Bd. 5, Frankfurt a. M. 1965, S. 289–292, Zitat S. 291.

394 Fontius (2004), Rousseau, S. 153.

395 Müller (2002), Aufklärung, S. 66.

396 Gaier (1989), Gegenaufklärung, S. 276.

397 Berlinische Monatsschrift, Bd. 4, 1784, S. 480.

398 Immanuel Kant, Der Streit der Fakultäten, in: Ders. (1983), Werke, Bd. 6, S. 261–393, Zitat S. 329, Anm.

399 Schreiner (1990), Toleranz, S. 507 ff.

400 Johann Bernhard Basedow, Betrachtungen über die wahre Rechtgläubigkeit und die im Staate und in der Kirche notwendige Toleranz, Altona 1766, S. 147 und 155.

401 Schmidt (2001), Luthertum.

402 Hermann (1917), Reformation, S. 68.

403 Zit. n. Eberhardt (1970), Herder, S. 160.
404 Vgl. Nohl (1970), Bewegung, S. 136.
405 Düntzer (1856/57), Nachlaß, S. 76.
406 Herder, Werke, Bd. 31, S. 534.
407 August Wilhelm Schlegel, Dritte Vorlesung, in: Europa 2.1, 1803, S. 39–75, Zitat S. 73.
408 Zweifel gegen den gewönlichen Gebrauch des Wortes Toleranz oder Dultung in Religionssachen, in: Stats-Anzeigen 16, 1791, S. 406–416, Zitat S. 414.
409 Bödeker (1986), Aufklärung.
410 Johann Martin Chladenius, Allgemeine Geschichtswissenschaft, Leipzig 1752, [ND Wien u. a. 1985], S. 10 f.
411 Sawilla (2004), Geschichte.
412 Bödeker (1987), Prozesse, S. 13 f.
413 Julius Bernhard von Rohr, Einleitung zur Staats-Klugheit, Oder: Vorstellung wie Christliche und weise Regenten zur Beförderung ihrer eigenen und ihres Landes Glückseeligkeit Ihre Untertanen zu beherrschen pflegen, Leipzig 1718, S. 31 und 413.
414 Koselleck (1975), Geschichte, S. 649.
415 Christian Thomasius, Einleitung zu der Vernunftlehre, [ND Hildesheim 1968], S. 247.
416 Art. Volck, in: Zedler, Universal-Lexicon, Bd. 50, Sp. 362–375, Zitate Sp. 362, Sp. 363 und 375.
417 Karl Leonhard Reinhold, Die Wissenschaften vor und nach ihrer Säkularisation. Ein historisches Gemälde, in: Teutscher Merkur 1784, Bd. 3, S. 35–43, Zitat S. 42.
418 Koselleck (1975), Geschichte, S. 683.
419 Johann Christoph Gatterer, Abriß der Universalhistorie nach ihrem gesamten Umfange von der Erschaffung der Welt bis auf unsere Zeiten, Bd. 1, Göttingen 1765, S. 19.
420 Johann Martin Chladenius, Allgemeine Geschichtswissenschaft, Leipzig 1752, [ND Wien u. a. 1985], bes. S. 91–115.
421 Friedrich Schiller, Was heißt und zu welchem Ende studiert man Universalgeschichte?, in: Ders., Sämtliche Werke, Bd. 4, S. 749–767, Zitat S. 763.
422 Immanuel Kant, Idee zu einer allgemeinen Geschichte in weltbürgerlicher Absicht, in: Ders. (1983), Werke, Bd. 6, S. 33–50, Zitat S. 48.
423 August Ludwig Schlözer, WeltGeschichte nach ihren HauptTheilen im Auszug und Zusammenhange, Bd. 1, Göttingen 1785, S. 71.
424 Vgl. Fulda (1996), Wissenschaft, S. 235 ff.
425 August Ludwig Schlözer, Vorstellung seiner Universal-Historie, hg. v. Horst Walter Blanke, Waltrop 1997, S. 314.
426 Borgstedt (2004), Aufklärung, S. 81.
427 Ebd., S. 87 ff.
428 Koselleck (1975), Geschichte, S. 658–665. Vgl. Daniel (1996), Gemälde, S. 7.
429 Seeba (1986), Winckelmann, S. 323.
430 Isaak Iselin, Über die Geschichte der Menschheit, Bd. 1, Basel ⁵1786, Einleitung, S. XXXV.
431 Vgl. Schröder (2002), Siècle, S. 102 f.
432 Justus Möser, Vorschlag zu einem neuen Plan der deutschen Reichsgeschichte, in: Ders., Patriotische Phantasien, Berlin 1786, S. 153–157, Zitat S. 157.
433 Friedrich Schiller, Was heißt und zu welchem Ende studiert man Universalgeschichte?, in: Ders., Sämtliche Werke, Bd. 4, S. 749–767, hier S. 756.

434 Ders., Universalhistorische Übersicht der vornehmsten an den Kreuzzügen teilnehmenden Nationen, in: Ebd., S. 843–863, Zitat S. 845.

435 Schmidt (2005), Schiller; Ders. (2007), Analogien.

436 Michael Ignaz Schmidt, Geschichte der Deutschen, Tle. 1–5, Ulm 1778–1783.

437 Christoph Meiners, Historische Vergleichung der Sitten und Verfassungen, der Gesetze und Gewerbe, des Handels und der Religion, der Wissenschaften und Lehranstalten des Mittelalters in Rücksicht auf die Vortheile und Nachtheile der Aufklärung, Hannover 1793.

438 Staatsrechtlich-politische Erläuterung des § 34 des neuen Entschädigungsplans nach vorausgegangener historischen Entwicklung des Grundcharacters unserer Constitution und deßen Bestimmung durch das Entschädigungsgeschäft, Regensburg o. J., bes. S. 3–35, Zitate S. 3 und 4.

439 Ebd., S. 8, S. 16, S. 17, S. 26 und 34 f.

440 Koselleck (1975), Geschichte, S. 674.

441 Johann Wolfgang von Goethe, Materialien zur Geschichte der Farbenlehre, in: Ders., Werke HA, Bd. 14, S. 93.

442 Schlegel, Dritte Vorlesung, in: Europa 2.1, 1803, Zitate S. 45, S. 45, Anm. und 72. Vgl. Vierhaus (1986), Interesse.

443 Leopold Krug, Betrachtungen über den Nationalreichtum des preußischen Staats und über den Wohlstand seiner Bewohner, Tle. 1–2, Berlin 1805, Tl. 2, S. 661 f.

444 Heckscher (1932), Merkantilismus.

445 Gömmel/Klump (1994), Merkantilisten, S. 54 f. und 81 ff.

446 Bog (1959), Reichsmerkantilismus, S. 15.

447 Zit. n. ebd., S. 7.

448 Stapelfeldt (2001), Merkantilismus, bes. S. 365–382.

449 Reinhard (1987), Humanismus, S. 362.

450 Sandl (1999), Ökonomie, S. 461.

451 Möller (1989), Fürstenstaat, S. 211.

452 Sandl (1999), Ökonomie, S. 458 f.

453 Ebd., S. 465.

454 Vgl. Tribe (1988), Economy, S. 69.

455 Dreitzel (1987), Justis Beitrag, S. 163.

456 Dreitzel (1996), Konstitutionalismus, S. 417.

457 Zit. n. Eckhardt (1971), Humankapital, S. 91 f.

458 Heckscher (1932), Merkantilismus, S. 98 ff.

459 Reinhard (1987), Humanismus, S. 359.

460 Winch (1979), Aufkommen, S. 339 ff.

461 Stapelfeldt (2001), Merkantilismus, S. 487.

462 Ebd., S. 519 ff., Zitat S. 521.

463 Tribe (1988), Economy, S. 125.

464 Klippel (1981), Libertas commerciorum, S. 326.

465 Memorandum Kageneck, Hauptstaatsarchiv Stuttgart, B 17, Büschel 218.

466 Schmidt (1994), Libertas commerciorum, S. 264.

467 Blaschke (1967), Bevölkerungsgeschichte, S. 125–129.

468 Schmidt (1991), Hungerrevolten, S. 270.

469 Ebd., S. 271.

470 Göttmann (1991); Ders. (1988); Kreuzschiffe.

471 Johann Ludwig Friedrich Scharnweber, Freye Urtheile und Betrachtungen über die Anlegung beträchtlicher Kornmagazine, Göttingen 1773, S. 8 f.

472 Joachim Diedrich Lichtenstein, Zweifel und Bedenken bey der wichtigen

Frage von der freyen Aus- und Einfuhr des Getreides, Braunschweig 1772, S. 14.

473 Sandl (1999), Ökonomie, S. 407.

474 Tribe (1988), Economy, S. 133; Waszek (1993), Adam Smith.

475 Stapelfeldt (2001), Merkantilismus, S. 555.

476 Tribe (1988), Economy, S. 145 ff.

477 Zit. n. Dreitzel (1987), Justis Beitrag, S. 169.

478 Klippel (1981), Libertas commerciorum, S. 318 f.

479 Vgl. Meyer (1999), Natur, S. 25–59.

480 Vgl. Tribe (1988), Economy, S. 155–182.

481 Immanuel Kant, Idee zu einer allgemeinen Geschichte in weltbürgerlicher Absicht, in: Ders. (1986), Werke, Bd. 6, S. 33–50, hier S. 37. Vgl. Schmidt (2005), Geselligkeit.

482 Joseph von Sonnenfels, Grundsätze der Policey, Handlung und Finanz, Bd. 1, Wien ³1770, S. 147. Zit. n. Würgler (1996), Kultur, S. 82.

483 Ebd., S. 96.

484 Faulstich (2002), Mediengesellschaft, S. 21.

485 Schultz (1996), Mythos.

486 G. N. Fischer, Ueber politische Aufklärung, in: Berlinisches Journal für Aufklärung 1789, 2. Bd., S. 1–10, Zitat S. 2.

487 Welke (1981), Legende.

488 D'Aprile/Siebers (2008), 18. Jahrhundert, S. 27.

489 North (2003), Genuss, S. 9.

490 Hardtwig (1993), deutsche Aufklärung, S. 173.

491 Bödeker (2005), Literatur- und Mediengesellschaft, S. 506.

492 North (2003), Genuss, S. 16.

493 Faulstich (2002), Mediengesellschaft, S. 185.

494 Wittmann (2006), Büchermarckt, S. 40.

495 Breuer (1982), Geschichte; Eisenhardt (1970), Aufsicht.

496 Christoph Martin Wieland, über die Rechte und Pflichten der Schriftsteller, in Absicht ihrer Nachrichten, Bemerkungen, und Urtheile über Nationen, Regierungen, und andere politische Gegenstände, in: Teutscher Merkur 1785, 3. Heft, S. 193–207, Zitat S. 194 f.

497 Rudolph Zacharias Becker, Deutsche Zeitung 1784, S. 46. Zit. n. Siegert (1997), Journalismus, S. 172.

498 Ist es gut, daß die engländischen nordamerikanischen Kolonien unabhängig werden? beantwortet von einem Europäer, in: Deutsches Museum 1782, Heft 2, S. 440–469, Zitat S. 446.

499 August Ludwig Schlözer, in: StatsAnzeigen 6, 1784, S. 385 Anm.

500 Ders., Holland, in: StatsAnzeigen 7, 1785, S. 61–82, Zitat S. 77 f.

501 Schmidt (2005), Geselligkeit, S. 83.

502 Zit. n. Gerhardt (2002), Kant, S. 115.

503 Kunisch (1997), Absolutismus, S. 33–49.

504 Bernhard Mauritz Snethlage, Frankreichs Revolution ist warnend und Lehrreich für alle Nationen. Eine politisch-pädagogische Abhandlung, Hamm 1794, S. 17 f. Zit. n. Albrecht (1995), Menschenwohl, S. 228.

505 Vindano [d. i. Paulin Erdt], Auch ich will ein Aufklärer seyn, Augsburg 1790, S. 121. Zit. n. Albrecht (1995), Menschenwohl, S. 244.

506 Friedrich Nicolai, Nicolai, Gedike und Biester in gefälligen Portionen dem Publikum vorgesetzt, Marburg 1789, S. 184. Zit. n. Albrecht (1995), Menschenwohl, S. 216.

507 Christoph Meiners, Historische Vergleichung der Sitten und Verfassungen, der Gesetze und Gewerbe, des Handels und der Religion, der Wissenschaften und Lehranstalten des Mittelalters in Rücksicht auf die Vortheile und Nachtheile der Aufklärung, Hannover 1793, S. 565 und 583.

508 Zit. n. Wilke (2007), Pressezensur, S. 42.

509 Vgl. Wüst (1998), Censur, S. 16 und passim.

510 Friedrich Nicolai, Vorbericht, in: Allgemeine Deutsche Bibliothek, 1, 1765, S. I–IV, Zitat S. II.

511 Habermas (1974), Strukturwandel.

512 Carl (2008), Erinnerungsbruch.

513 Gestrich (1994), Absolutismus, bes. S. 13.

514 Friedrich Justin Bertuch, Einführung, in: Journal des Luxus und der Moden, Heft 1, Jan. 1786, S. 4 f.

515 Grieger (1997), Kunst.

516 Engelhardt (1986), Bildungsbürgertum, S. 66.

517 Savoy (2006), Öffentlichkeitscharakter.

518 North (2007), Konsumgeschichte, S. 485 f.

519 Ackermann (2005), Paris, S. 116 f. – Vgl. auch demnächst Ackermann (2009), Geschmack.

520 Vgl. Ackermann (2005), Paris, bes. S. 320–339.

521 Lehnert (2007), Mode, hier S. 339.

522 Gaus (1998), Geselligkeit.

523 Hardtwig (1997), Genossenschaft, S. 305.

524 Göpfert (1976), Lesegesellschaften, S. 411.

525 Plan zu einer zu errichtenden Lesegesellschaft zu Mannheim, in: Journal von und für Deutschland 6, 1789, 10. Stück, S. 348–351, Zitat S. 348.

526 Bödeker (1986), Reisen, S. 92.

527 Vierhaus (1980), Patriotismus, S. 16.

528 Zaunstöck (1999), Sozietätslandschaft, S. 274 f.

529 Mühlfordt (1992), Deutsche Union.

530 Hardtwig (1997), Genossenschaft, S. 311.

531 Möhsen (1996), Enlightenment, S. 51.

532 Rudolph Zacharias Becker, Beantwortung der Frage: «Kann irgend eine Art von Täuschung dem Volke zuträglich seyn [...]», Leipzig 1781, S. 141. Zit. n. Albrecht (1995), Menschenwohl, S. 24.

533 Hellmuth (1982), Aufklärung, S. 322.

534 Zurbuchen (2007), Aufklärung, S. 160.

535 Johann Ludwig Ewald, Über Volksaufklärung, ihre Gränzen und Vortheile [...], Berlin 1790, S. 1.

536 Möhsen (1996), Enlightenment, S. 50.

537 [Ernst Chirstian Trapp], Von der Nothwendigkeit öffentlicher Schulen und von ihrem Verhältnis zu Staat und Kirche, in: Joachim Heinrich Campe (Hg.), Allgemeine Revision des gesamten Schul- und Erziehungswesens, 16. Theil, Wien u. a. 1792, S. 1–43, hier S. 39. Zit. n. Herrmann (1987), Erziehung, S. 53.

538 Vgl. Möller (1989), Fürstenstaat, S. 377–383.

539 Lessing an Nicolai, 1769, Aug. 25, in: Gotthold Ephraim Lessing, Sämtliche Schriften, Bd. 17, hg. v. Karl Lachmann und Franz Muncker, Leipzig 1904, S. 297 f., Zitat S. 298.

540 Whaley (2007), Transformation, S. 167.

541 Kemper (1997), Obskurantismus.

542 Vgl. mit umgekehrter Deutung D'Aprile (2006), Republik, S. 8.

543 Zit. n. Hardtwig (1997), Genossenschaft, S. 330.

544 Ebd., S. 305.

545 Vgl. Gotthold Ephraim Lessing, Ernst und Falk. Gespräche über Freymäurer (1778), in: Ders., Werke, Bd. 8, Frankfurt a. M. 1989, S. 451–488, beide Zitate S. 465.

546 Adam Weishaupt, Anrede an die neu aufzunehmenden Illuminatos dirigentes, in: Richard van Dülmen, Der Geheimbund der Illuminaten. Darstellung, Analyse, Dokumentation, Stuttgart 1975, S. 166–194, Zitate S. 171, S. 173, S. 179 und 183.

547 Reinalter (1987), Einleitung, S. 16.

548 Dazu Wilson (1999), Gänge, S. 151.

549 Ernst August Anton von Göchhausen, Enthüllungen des Systems der Weltbürgerrepublik. In Briefen aus der Verlassenschaft eines Freymaurers, Rom (= Leipzig) 1786.

550 Leopold Aloys Hoffmann, Achtzehen Paragraphen über Katholizismus, Protestantismus, Jesuitismus, geheime Orden und moderne Aufklärung in Deutschland. Eine Denkschrift an deutsche Regenten und das deutsche Publikum. Deutschland [Wien] 1787, S. 63; Vgl. Reinalter (1997), Tollwuth.

551 Johann August Starck, Der Triumph der Philosophie im Achtzehnten Jahrhunderte, Th. 2, Germantown [Frankfurt a. M.] 1803, S. 576 f. Zit. n. Albrecht (1995), Menschenwohl, S. 369.

552 Vgl. auch zum Folgenden Schmidt (2002), Jahr 1783.

553 Johann Wolfgang Goethes sämtliche Werke. II. Abt.: Briefe, Tagebücher und Gespräche, Bd. 2 (29), hg. v. Karl Eibl, Frankfurt a. M. 1997, S. 472 f.

554 Johann Gottfried Herder, Glauton und Ricias, in: Werke, Bd. 15, S. 165–178, hier S. 169.

555 Ders., Idee zum ersten patriotischen Institut für den Allgemeingeist Deutschlands, Bd. 16, S. 600–616.

556 Christoph Martin Wieland, Das Geheimnis des Kosmopolitenordens, in: Der Teutsche Merkur, August 1788, S. 97–115, Zitat S. 101.

557 Ders., Ein paar Goldkörner aus Maculatur oder Sechs Antworten auf Sechs Fragen (April 1789), in: Der Teutsche Merkur 1789, 2. Bd., S. 94–105, hier S. 103 f.

558 Vgl. auch zum Folgenden Schmidt (2005), Geselligkeit.

559 [Leopold Aloys Hoffmann], Definitiv-Urtheil der gesunden Vernunft über Aufklärung und Aufklärerei, in: Wiener Zeitschrift 2, 1793, Heft 6, S. 241–333, Zitate S. 309 f.

560 Vgl. E[rnst Christian] W[ilhelm] Ackermann, Ueber germanische Freyheit. Ein Versuch, in: Der Neue Teutsche Merkur, 1795, Heft 3, S. 70–84, hier S. 74.

561 Daniel Jenisch, Geist und Charakter des achtzehnten Jahrhunderts, politisch, moralisch, ästhetisch und wissenschaftlich betrachtet, Tl. 3, Berlin 1801, S. 231.

562 Berlin (1969), Concepts.

563 Johann Gottfried Herder, Haben wir noch jetzt das Publikum und Vaterland der Alten?, in: Ders., Werke, Bd. 1, S. 13–28, hier S. 23 f.

564 Constant (1981), Freiheit, S. 49.

565 So Reinhardt (2007), Weimarer Klassik, S. 211 f.

566 Ueber Erhaltung oeffentlicher Ruhe in Deutschland und andern Staaten, Erfurt 1794, S. 15.

567 K[arl]. G[ottfried] Neuendorf, Kurze Belehrung für Nachdenkende über bürgerliche Freiheit und Gleichheit, in: Deutsche Monatsschrift 1793, Bd. 1, S. 132–144, Zitat S. 137.

568 Heinrich Gottfried Scheidemantel, Das Staatsrecht nach der Vernunft und den Sitten der vornehmsten Völker, Tl. 3, Jena 1773, S. 204.

569 Saint Victor (2007), Racines.

570 Immanuel Kant, Der Streit der Fakultäten, in: Ders. (1983), Werke, Bd. 6, S. 261–393, Zitat S. 364 f.

571 August Ludwig Schlözer, Briefwechsel meist historischen und politischen Inhalts, Göttingen ²1778, Teil 2, Heft 10, S. 203 Anm.

572 Johann August Eberhard, Ueber Staatsverfassungen und ihre Verbesserung, Bd. 2, Berlin 1794, S. 80–87. Zit. n. Batscha (1989), Despotismus, S. 356–359.

573 Gedanken über Könige, Nazionen und Freiheit, in: Neues Deutsches Museum 3, 1790, S. 1140–1149, Zitate S. 1144.

574 Immanuel Kant, Idee zu einer allgemeinen Geschichte in weltbürgerlicher Absicht, in: Ders. (1983), Werke, Bd. 6, S. 33–50, Zitat S. 40.

575 Immanuel Kant, Der Streit der Fakultäten, in: Ebd., S. 261–393, hier S. 204 und 207 f.

576 Forster (1970), Revolutionen, S. 434.

577 Ders. (1970), Verhältnis, S. 602.

578 Betrachtungen über die Freiheit und Wolfarth des deutschen Reichs und über die Mittel zu deren Erhaltung, von einem Patrioten, 1789, S. 5. HHStA Wien, Deduktionen, Vol. 295b.

579 Teutschland muß einen Kaiser haben, 1788. Ebd.

580 Christoph Ludwig Pfeiffer, Was ist teutsche Volksfreiheit, teutsche Reichsfreiheit und teutscher Fürstenbund? Eine teutschpatriotisch-staatsrechtliche Betrachtung, (Heilbronn) 1786, S. 25 und 43. Ebd., Vol. 291a. Vgl. Zorn (1959), Rechts- und Freiheitsgedanken, S. 57 f.

581 August Ludwig Schlözer, in: StatsAnzeigen 16, 1791, S. 96.

582 Johann Jacob Moser, Von der Landeshoheit der Teutschen Reichsstände, überhaupt, Frankfurt/Leipzig 1773, S. 253.

583 [Johann Georg] Schlosser, Von dem Adel, in: Neues Deutsches Museum 1789, Bd. 1, 369–405, Zitat S. 370.

584 Freymüthige Gedanken über die allerwichtigsten Angelegenheiten Deutschlands [...] vorgelegt von einem Freunde seines Vaterlandes, Germanien 1794, S. 12 und 54.

585 Langewiesche (1988), Spätaufklärung.

586 Klippel (1987), Naturrecht.

587 Wilhelm von Humboldt, Ideen zu einem Versuch, die Grenzen der Wirksamkeit des Staats zu bestimmen, [ND Stuttgart 1967], S. 118.

588 Johann Heinrich Tieftrunk, Über den Einfluß der Aufklärung auf Revolutionen, in: Batscha (1977), Aufklärung, S. 195–205, hier S. 200 und 204 f.

589 Georg Wilhelm Friedrich Hegel, Das älteste Systemprogramm des deutschen Idealismus (1796 oder 1797), in: Hegels Werke in zwanzig Bänden, Bd. 1: Frühe Schriften, hg. v. Eva Moldenhauer/Karl Markus Michel, Frankfurt a. M., 1971, S. 324 f.

590 Ders., Fragmente einer Kritik der Verfassung Deutschlands, in: Manfred Baum/Kurt Rainer Meist (Hg.), Hegels Schriften und Entwürfe, Düsseldorf 1998, S. 1–202, Zitat S. 175.

591 Ders., Grundlinien der Philosophie des Rechts oder Naturrecht und Staatswissenschaft im Grundrisse. (= Ders., Theorie-Werkausgabe, Bd. 7), Frankfurt a. M. 1976, S. 398.

592 Vgl. Beiser (2003), Imperative, S. 35–39, Zitat S. 38.

593 Johann Gottfried Herder, Auch eine Philosophie der Geschichte zur Bildung der Menschheit. Beytrag zu vielen Beyträgen des Jahrhunderts (1774), in: Ders., Werke, Bd. 5, S. 475–586, Zitate S. 510.

594 Ders., Ideen zur Philosophie der Geschichte der Menschheit (= Werke in zehn Bänden, 6), hg. v. Martin Bollacher, Frankfurt a. M. 1989, S. 333.

595 Gotthold Ephraim Lessing, Ernst und Falk. Gespräche über Freymäurer (1778), in: Ders., Werke, Bd. 8, Frankfurt a. M. 1989, S. 451–488, Zitat S. 464.

596 Jean Paul, Friedens-Predigt an Deutschland, Heidelberg 1808 [ND Heidelberg 2008], S. 20.

597 Christoph Martin Wieland, Patriotischer Beitrag zu Deutschlands höchstem Flor, in: Sämmtliche Werke, Bd. 30, Leipzig 1857, S. 351–368; vgl. auch [Christoph Martin Wieland], Betrachtungen über die gegenwärtige Lage des Vaterlandes, in: Der Neue Teutsche Merkur, 1793, Heft 1, S. 3–55.

598 Albrecht (2005), Kosmopolitismus, S. 393 f.

599 Gerhard Anton von Halem, Deutsches Cahier für den Vorkäuer zu Rastatt (Manuskript). Zit. n. Randig (2007), Aufklärung, S. 135.

600 Klinger (2008), Weltbürgertum.

601 Christoph Martin Wieland, Gespräch unter vier Augen, in: Der Neue Teutsche Merkur 1798, 1. Bd., S. 105–129, hier bes. S. 107 ff. Vgl. Friedrich (2006), Weltbürger, S. 163 ff.

602 Albrecht (2005), Kosmopolitismus, S. 35.

603 Vgl. Sahmland (1990), Wieland.

604 Der Weltbürger, Vorbericht, 1741, Febr. 2. Zit. n. ebd., S. 222.

605 Christoph Martin Wieland, Das Versprechen der Sicherheit, Freiheit und Gleichheit, in: Sämmtliche Werke, Bd. 31, Leipzig 1857. S. 170–183, Zitate S. 174.

606 Herzig (1997), Jüdische Geschichte, S. 146 ff.; Volkov (1994), Juden, S. 18 f.

607 Yerushalmi (1995), Diener.

608 Katz (1986), Ghetto, S. 24 und 27.

609 Brenner (2008), Geschichte, S. 178–183; Battenberg (2001), Juden, S. 55 ff.; Nagel (2005), Bildung, S. 174; Baumgart (2002), Minorität, hier S. 346 f.

610 Schulte (2002), Aufklärung, S. 17 ff.

611 Feiner (2006), Gedanken, bes. S. 12 ff.; Battenberg (2001), Juden, S. 129.

612 D'Aprile/Siebers (2008), Das 18. Jahrhundert, S. 62 f.

613 Christian Wilhelm Dohm, Über die bürgerliche Verbesserung der Juden, Tle. 1–2, Berlin/Stettin 1783, Zitate Tl. 1, S. 14 und 35 sowie S. 118–137.

614 Apologie für die unterdrückte Judenschaft in Deutschland. An den Congreß in Rastatt gerichtet, 1798, S. 40 und 45.

615 David Friedländer, Akten-Stücke, die Reform der jüdischen Kolonien in den preußischen Staaten betreffend, Berlin 1793, S. 108–111, Zitat S. 110.

616 Was ich noch thun würde, wenn ich Kaiser wäre, 1787, S. 30. HHStA Wien, Deduktionen, Vol. 229.

617 Zit. n. Yerushalmi (1995), Diener, S. 39.

618 Zit. n. Herzig (1997), Jüdische Geschichte, S. 148.

619 Baumgart (2002), Minorität, S. 351.

620 Becker-Cantarino (1987), Weg.

621 Jenisch (1998), Materie.

622 Westphal (2006), Freiheit.

623 Friedeburg (2002), Lebenswelt, S. 18.

624 Werkstetter (2001), Frauen, S. 496.

625 Körber (2006), Zeit, S. 130.

626 Bartolo (2008), Leben.

627 Theodor von Hippel, Ueber die bürgerliche Verbesserung der Weiber, Berlin

1792, S. 28 ff. Vgl. Wunder (1992), Sonn, S. 257 f. Zu den zeitgenössischen, eher kritischen Rezensionen: Weckel (2000), Gleichheit, bes. S. 213–224.

628 Stollberg-Rilinger (1996), Väter, S. 57 f.

629 Art. Mann (Ehe-), in: Zedler, Universal-Lexicon, Bd. 19, Sp. 985 f.

630 Holthöfer (1997), Geschlechtsvormundschaft, S. 425.

631 Westphal (2008), Eigentum.

632 Troßbach (1993), Bauern, S. 74.

633 Theodor Gottlieb von Hippel, Über die Ehe, Berlin/New York 1978, S. 90.

634 Deinhardt/Frindte (2005), Ehe, bes. S. 260 ff.

635 Stollberg-Rilinger (2000), Europa, S. 146.

636 Amaliens Erholungsstunden 1, 1790, Bd. 3, H. 7, S. 81 f. Zit. n. Planert (2000), Partizipation, S. 393 f.

637 Johann Wilhelm Tevenar, Versuch über die Rechtsgelahrheit, Magdeburg/Leipzig 1777, S. 50.

638 Frindte/Westphal (2005), Handlungsspielräume.

639 Christoph Martin Wieland, Etwas zur Beruhigung der Patriotischen Bürger in ***, in: Der Neue Teutsche Merkur, März 1794, Bd. 1, S. 274–296, Zitat S. 279.

640 Ders., Vorrede zu: Historischer Calender für Damen für das Jahr 1792 von Friedrich Schiller, in: Friedrich Schiller, Werke und Briefe, Bd. 7, hg. v. Otto Dann, Frankfurt a. M. S. 820–833, Zitat S. 832.

641 Vgl. auch zum Folgenden: Schmidt (2008), Deutschland; Ders. (2007), Meineckes Kulturnation; Ders. (2008), Ereignis.

642 Tümmler (1947), Friede.

643 Manger (2005), Ereignis.

644 Vgl. Burgdorf (1998), Reichskonstitution; Schultz (1996), Mythos; Blitz (2000), Liebe.

645 Schmidt (2002), Inszenierungen.

646 Nowitzki (2003), Cosmopolit, S. 93 f.

647 Wieland an Gebler, 1776, Okt. 5. Zit. n. Borchmeyer (1994), Klassik, S. 45.

648 Zit. n. Manger (2007), Deutschland, S. 33.

649 Berger (2003), Anna-Amalia.

650 Wachsmuth (1844), Musenhof. Vgl. Ulbricht (2007), Musenhof.

651 Goethe an den Senat der Universität Jena, 1825, Dez. 7, in: Ders., Werke, WA IV, Bd. 40, S. 153 f., Zitat S. 154.

652 Johann Wolfgang von Goethe, Über die verschiedenen Zweige der hiesigen Tätigkeit, in: Ders., Werke, FA I, Bd. 18, S. 386–397, Zitat S. 394.

653 Schiller an Körner, 1787, Aug. 29, in: Ders., Werke, NA 24, S. 142–157, hier S. 148.

654 Rasche (2001), Umbrüche.

655 Anne Germaine de Staël, Über Deutschland, Frankfurt a. M. 1985, Zitate S. 97 ff. Vgl. Müller (2008), Madame de Staël.

656 Aloys Blumauer, Beobachtungen über Oesterreichs Aufklärung und Litteratur, Wien 1782, S. 52.

657 Friedrich Nicolai, Von der Litteratur und deren Verbesserung überhaupt, in: Ders., Beschreibung einer Reise durch Deutschland und die Schweiz, im Jahre 1781, Bd. 4, Berlin und Stettin 1784, S. 876–930, Zitate S. 923 und 928.

658 Goethe und Christian Gottlob Voigt, Erste Nachricht vom Fortgang des neuen BergBaues zu Ilmenau, in: StatsAnzeigen 8, 1785, S. 116–124.

659 Vgl. Auszug eines Briefes aus Weimar vom 27. Nov. 1788, der auch noch von Reformen an der Soldaten- und der Mädchenschule berichtet. In: Journal von und für Deutschland 5, 1788, S. 521–523.

660 A. D. G. v. Groß, Akademie in Belvedere, in: Der neue Teutsche Merkur 1803, Bd. 1, S. 144–152.

661 Johann Wolfgang von Goethe, Rede bei Eröffnung des neuen Bergbaus zu Ilmenau. Den 24sten Februar 1784, in: Ders., Werke, MA, Bd. 2.2, S. 751–755, Zitat S. 754.

662 Ventzke (2002), Musenhof.

663 Schmidt-Funke (2005), Weg.

664 K[arl] L[eopold] Reinhold, Ueber den Einfluß des Geschmackes auf die Kultur der Wissenschaften und der Sitten. Aus einer akademischen Antrittsrede, in: Der Teutsche Merkur 1788, 1. Heft, S. 167–183, Zitat S. 173.

665 Johann Gottfried Herder, Vom Begrif der schönen Wissenschaften, insondernheit für die Jugend, in: Ders., Werke, Bd. 30, S. 72–83, Zitat S. 82.

666 Johann Gottfried Herder, Winckelmann über die griechische und ägyptische Kunst, in: Ders., Werke, Bd. 2, S. 109–162.

667 Johann Gottfried Herder, Werke in zehn Bänden, Bd. 7: Briefe zur Beförderung der Humanität, hg. v. Hans Dietrich Irmscher, Frankfurt a. M. 1991, S. 335 (= 57. Brief).

668 Ebd. S. 551 (= 101. Brief).

669 Ebd., S. 551 und 552 (= 101. Brief).

670 Ebd., S. 33 f. (= 6. Brief). Vgl. auch Birgit Nübel, Zum Verhältnis von ‹Kultur› und ‹Nation› bei Rousseau und Herder, in: Goethezeitportal. URL: http://www.goethezeitportal.de/db/wiss/herder/nuebel_rousseau.pdf (17. 11. 2006).

671 Vgl. Springer (1994), Sprache, Geschichte; Echternkamp (1998), S. 103; Nisbet (1999), Conception; Vgl. auch Fischer (1995), Eigene, S. 183–229.

672 H[einrich] M[atthias] Marcard, Ist die Deutsche Nation die erste Nation des Erdbodens?, in: Neues Deutsches Museum 3, 1790, S. 1015–1047, Zitate S. 1043.

673 Johann Adolph Friedrich Randel, Summarische Uebersicht von Deutschland, in: Deutsche Monatsschrift 1792, Bd. 1, S. 282–295, Zitate S. 282 f. und 288 f.

674 Johann Wolfgang von Goethe, Literarischer Sansculottismus, in: Ders., Werke, WA I, Bd. 40, S. 196–203, Zitat S. 199.

675 Napierala (2007), Archive, S. 12.

676 Friedrich Schiller, Was heißt und zu welchem Ende studiert man Universalgeschichte, in: Ders., Sämtliche Werke, Bd. 4, S. 749–767.

677 Schiller an den Herzog von Augustenburg, 1793, Juli 13, in: Schiller (2000), Erziehung, S. 127–192, hier S. 140 f.

678 Nolte (1992), Bürgerideal, S. 626.

679 Wilhelm von Humboldt, Werke in fünf Bänden, hg. v. Andreas Flitner und Klaus Giel, Darmstadt ³1980/81, hier Bd. 5, S. 380.

680 Schiller (2000), Erziehung, S. 120 f. (= 27. Brief). Vgl. Nohl, Bewegung, S. 83.

681 Schiller (2000), Erziehung, S. 16 (= 4. Brief). Vgl. D'Aprile (2006), Republik, S. 1.

682 Reinhold, Ueber die Teutschen Beurtheilungen der französischen Revolution, in: Der Neue Teutsche Merkur, 1793, Bd. 1, S. 387–424, Zitat S. 389.

683 Johann Gottlieb Fichte, Beitrag zur Berichtigung der Urtheile des Publikums über die französische Revolution, in: Ders., Gesamtausgabe, Bd. 1.1, S. 203–404, Zitat S. 203.

684 E[rnst Christian] W[ilhelm] Ackermann, Ueber germanische Freyheit. Ein Versuch, in: Der Neue Teutsche Merkur, 1795, Heft 3, S. 70–84, Zitate S. 71, S. 76 und 81.

685 A. Schmidt (2006), Athen, S. 104 und passim.

686 Vgl. Schulz (1960), Horen; Reed (1984), Ecclesia Militans; Kall (2004), Zeiten.

687 Zit. n. Ziolkowski (1998), Wunderjahr, S. 304.

688 Anderer Ansicht: D'Aprile (2006), Republik, S. 4 f.

689 Bollenbeck (2007), Geschichte.

690 Friedrich Nicolai, Ueber das Journal Die Horen, in: Ders., Beschreibung einer Reise durch Deutschland und die Schweiz, im Jahre 1781, Bd. 11, Berlin und Stettin 1796, S. 278.

691 Schiller an Voigt, 1795, Apr. 6, in: Ders., Werke, NA, Bd. 27, S. 172 f., Zitat S. 173.

692 Andreas Georg Friedrich Rebmann, Jena fängt an, mir zu gefallen. Stadt und Universität in Schriften und Briefen, hg. v. Werner Greiling, Leipzig 1994, S. 66.

693 Johann Wolfgang von Goethe, Erste Epistel, in: Horen 1, 1795, 1. Stück, S. 1–6, Zitat S. 1.

694 Ders., Literarischer Sansculottismus, in: Ders., Werke, WA I, Bd. 40, S. 196–203. Vgl. Pornschlegel (2008), Nationalliteratur.

695 Johann Wolfgang von Goethe, Einleitung (in die ‹Propyläen›), in: Ders., Werke, WA I., Bd. 18, S. 457–475, bes. S. 475; Oesterle (2001), Kunstkörper; Savoy (2001), Gallier. Vgl. auch Hoock (2007), British State.

696 Friedrich Schiller, Xenien, in: Schillers Werke, Bd. 1: Gedichte in der Reihenfolge ihres Erscheinens: 1776–1799, hg. v. Julius Petersen/Friedrich Beißner, Weimar 1943, S. 320.

697 Ebd., S. 321.

698 Humboldt an Schiller, 1798, Jan. 20, in: Schillers Werke, Bd. 37: Briefwechsel. Briefe an Schiller 1. 4. 1797–31. 10. 1798, Teil 1, hg. v. Norbert Oellers/Frithjof Stock, Weimar 1981, S. 224–228, Zitat S. 225.

699 Karl Ludwig von Woltmann, Rettung der deutschen Nation durch ihre Autoren, in: Geschichte und Politik 1804, Bd. 1, S. 191–198.

700 Beiser (2003), Imperative, S. 25, S. 31 f. und 46.

701 Athenaeum, Bd. 1.1, Berlin 1798, Vorerinnerung.

702 Heinrich Steffens, Was ich erlebte (1956), zit. n. Dülmen (2002), Poesie, S. 179.

703 Randel (1792), Annalen, S. 53. Vgl. Friedrich Schiller, Was heißt und zu welchem Ende studiert man Universalgeschichte, in: Ders., Sämtliche Werke, Bd. 4, S. 749–767, Zitat S. 756.

704 Vgl. Ders., Die deutsche Muse, in: Ders., Werke, NA 2.1, S. 408.

705 Schneider (2003), Familiendramaturgie, S. 63.

706 Friedrich Schiller, Die deutsche Muse, in: Ders., NA 2.1, S. 408.

707 Ders., [Deutsche Größe], in: Ders., Werke, NA 2, 431–436.

708 Friedrich Schlegel: Kritische Fragmente [1797], in: Ders., Kritische Schriften und Fragmente [1794–1797], hg. v. Ernst Behler und Hans Eichner, Paderborn 1988, S. 242.

709 Novalis an August Wilhelm Schlegel, 30. Nov. 1797, in: Werke, Tagebücher und Briefe Friedrich von Hardenbergs, hg. v. Richard Samuel, Bd. 1: Das dichterische Werk, Tagebücher und Briefe. München/Wien 1978, S. 648 f.

710 August Wilhelm Schlegels Vorlesungen über schöne Litteratur und Kunst, 3. Tl. (1803–1804). Geschichte der romantischen Litteratur, Stuttgart 1884, S. 33.

711 Beiser (2003), Imperative, S. 33.

712 Friedrich Bouterwek, Die vier großen Nationen des neunzehnten Jahrhunderts. Ein Fragment zur Philosophie der Weltgeschichte, in: Neues Museum der Philosophie und Litteratur, Leipzig 1805, Bd. 3, Heft 1, S. 49–86, hier S. 74.

713 Zit. n. Schmidt (1999), Geschichte, S. 354.
714 P. Schmidt (1989), Ruine.

Fazit: Wandel durch Vernunft?

1 Vgl. Chayes/Chayes (1995), Sovereignty.
2 Berlin (1982), Gegenaufklärung, S. 63–92, bes. S. 73.
3 Zit. n. Randig (2007), Aufklärung, S. 135.
4 Johann Gottlieb Fichte, Einige Vorlesungen über die Bestimmung des Gelehrten, in: Ders., Gesamtausgabe, Bd. 1.3, S. 25–68, Zitat S. 32.

Literaturverzeichnis

Abel, Wilhelm, Massenarmut und Hungerkrisen im vorindustriellen Europa. Versuch einer Synopsis, Hamburg/Berlin 1974.

–, Landwirtschaft 1648–1800, in: Aubin/Zorn (1971), Handbuch, S. 495–530.

Achilles, Walter, Landwirtschaft in der Frühen Neuzeit, München 1991

–, Die Auswirkungen der Getreidepreissteigerung gegen Ende des 18. Jh. auf das Realeinkommen von Erzeugern und Verbrauchern. Dargestellt an Beispielen aus dem Raum Hildesheim, in: Ingomar Bog u. a. (Hg.), Wirtschaftliche und soziale Strukturen im säkularen Wandel, Festschrift für Wilhelm Abel, Bd. 2, Hannover 1974, S. 112–130.

Ackermann, Astrid, Paris, London und die europäische Provinz. Die frühen Modejournale 1770–1830, Frankfurt a. M. u. a. 2005.

–, Warum ist Geschmack wichtig?, in: Johannes W. H. Konst/Bettina Noak (Hg.), Niederländisch-deutsche Literaturbeziehungen 1600–1830, Göttingen 2009, im Druck.

Ahnert, Thomas, The Prince and the Church in the Thought of Christian Thomasius, in: Ian Hunter/David Saunders (Hg.), Natural Law and Civil Sovereignty: Moral Right and State Authority in Early Modern Political Thought, Basingstoke 2002, S. 91–105.

Albrecht, Andrea, Kosmopolitismus. Weltbürgerdiskurse in Literatur, Philosophie und Publizistik um 1800, Berlin/New York 2005.

Albrecht, Wolfgang (Hg.), Um Menschenwohl und Staatsentwicklung. Textdokumente zur deutschen Aufklärungsdebatte zwischen 1770 und 1850, mit drei zeitgenössischen Kupfern, Stuttgart 1995.

Alt, Peter-André, Aufklärung. Lehrbuch Germanistik, Stuttgart/Weimar ²2001.

Althoff, Frank, Untersuchungen zum Gleichgewicht der Mächte in der Außenpolitik Friedrichs des Großen nach dem Siebenjährigen Krieg (1763–1786), Berlin 1995.

Ammerer, Gerhard, Von Franz Anton von Harrach bis Siegmund Christoph von Schrattenbach – Eine Zeit des Niedergangs, in: Heinz Dopsch/Hans Spatzenegger (Hg.), Geschichte Salzburgs, Bd. 2, Salzburg 1995, S. 245–323.

Aretin, Karl Otmar von, Heiliges Römisches Reich 1776–1806. Reichsverfassung und Staatssouveränität, 2 Tle., Wiesbaden 1967.

– (Hg.), Der Aufgeklärte Absolutismus, Köln 1974.

–, Friedrich der Große, Stuttgart/München 1985.

–, Das Alte Reich 1648–1806, 4 Bde., Stuttgart 1993–2000.

–, Karl Theodor von Dalberg zwischen Kaiser und Fürstenbund. Aktenstücke zur Coadjutorwahl in Mainz 1787, in: Archiv für mittelrheinische Kirchengeschichte 16, 1964, S. 328–377.

–, Europa und der Friede von Teschen, in: Ders., Das Reich. Friedensgarantie und europäisches Gleichgewicht 1648–1806, Stuttgart 1986, S. 327–336.

–, Katholische Aufklärung im Heiligen Römischen Reich, in: ebd., S. 403–433.

–, Die Mission des Grafen Romanzoff im Reich 1782–1797, in: ebd., S. 337–360.

–, Höhepunkt und Krise des deutschen Fürstenbundes. Die Wahl Dalbergs zum Coadjutor von Mainz (1787), in: ebd., S. 353–400.

–, Reichspatriotismus, in: Günther Birtsch (Hg.), Patriotismus (= Aufklärung 4), Hamburg 1991, S. 25–36.

–, Das deutsche Problem im Alten Reich, in: Ders. u. a. (Hg.), Das deutsche Problem in der neueren Geschichte, München 1997, S. 3–14.

–, Das Alte Reich, eine Föderation?, in: Wolfgang E. J. Weber/Regina Dauser (Hg.), Faszinierende Frühneuzeit. Reich, Frieden, Kultur und Kommunikation 1500–1800, Berlin 2008, S. 15–26.

Armengaud, André, Die Bevölkerung Europas von 1700–1914, in: Cipolla (1979), Wirtschaftsgeschichte, Bd. 3, S. 11–46.

Arndt, Johannes, Der Große Kurfürst, ein Herrscher des Absolutismus, in: Asch/Duchhardt (1996), Absolutismus, S. 249–273.

–, Deutsche Territorien im europäischen Mächtesystem, in: Schilling (2006), Reich, S. 135–143.

Asch, Ronald G./Duchhardt, Heinz (Hg.), Der Absolutismus – ein Mythos? Strukturwandel monarchischer Herrschaft, Köln u. a. 1996.

– u. a. (Hg.), Frieden und Krieg in der Frühen Neuzeit. Die außereuropäische Staatenordnung und die europäische Welt, München 2001.

–, Der europäische Adel im Ancien Régime, Köln u. a. 2001.

Assmann, Aleida/Assmann, Jan, Schrift, Tradition und Kultur, in: Wolfgang Raible (Hg.), Zwischen Festtag und Alltag. Zehn Beiträge zum Thema «Mündlichkeit» und «Schriftlichkeit», Tübingen 1988, S. 25–49.

Aubin, Hermann/Zorn, Wolfgang (Hg.), Handbuch der Deutschen Wirtschafts- und Sozialgeschichte, Bd. 1, Stuttgart 1971.

Bade, Klaus J. (Hg.), Enzyklopädie. Migration in Europa. Vom 17. Jahrhundert bis zur Gegenwart, Paderborn/München 2007.

–/Oltmer, Jochen, Deutschland, in: Bade (2007), Enzyklopädie, S. 141–170.

Bairoch, Paul, Die Landwirtschaft und die Industrielle Revolution 1700–1914, in: Cipolla (1979), Wirtschaftsgeschichte, Bd. 3, S. 297–332.

Baker, Keith Michael/Reill, Peter Hanns, What's Left of Enlightenment? A Postmodern Question, Stanford 2001.

Barner, Wilfried (Hg.), Tradition, Norm, Innovation. Soziales und literarisches Traditionsverhalten in der Frühzeit der deutschen Aufklärung, München 1989.

Bartolo (= Frindte), Julia di, Selbstbestimmtes Leben um 1800. Sophie Mereau, Johanna Schopenhauer und Henriette von Egloffstein in Weimar-Jena, Heidelberg 2008.

Barton, Walter (Hg.), Ahasver Fritsch und seine Streitschrift gegen die Zeitungs-Sucht seiner Zeit. Die lateinische Originalausgabe (Jena 1676) mit Übersetzung, Kommentaren und Erläuterungen von Walter Barton, Jena 1999.

Batscha, Zwi (Hg.), Aufklärung und Gedankenfreiheit. Fünfzehn Anregungen aus der Geschichte zu lernen, Frankfurt a. M. 1977.

–, «Despotismus von jeder Art reizt zur Widersetzlichkeit». Die Französische Revolution in der deutschen Popularphilosophie, Frankfurt a. M. 1989, S. 334–359.

Battenberg, J. Friedrich, Die Juden in Deutschland vom 16. bis zum Ende des 18. Jahrhunderts, München 2001.

Bauer, Volker, Die höfische Gesellschaft in Deutschland von der Mitte des 17. bis zum Ausgang des 18. Jahrhunderts. Versuch einer Typologie, Tübingen 1993.

–, Hofökonomie und Landesökonomie. Das Problem des Hofes im Kameralismus des 17. und 18. Jahrhunderts, in: Ventzke (2002), Hofkultur, S. 170–196.

Baumgart, Peter, Säkularisationsprojekte König Friedrichs II. von Preußen, in: Joachim Köhler (Hg.), Säkularisationen in Ostmitteleuropa, Köln/Wien 1984, S. 59–64.

–, Kronprinzenopposition: Friedrich und Friedrich Wilhelm I., in: Hauser (1987), Friedrich, S. 1–16.

–, Der Große Kurfürst, in: Heinrich (1990), Licht, S. 33–37.

–, Joseph II. und Maria Theresia 1765–1790, in: Schindling/Ziegler (1990), Kaiser, S. 249–275.

–, Jüdische Minorität und von der Aufklärung erfasste Reformstaaten im Reich am Vorabend der Emanzipation, in: Helmut Neuhaus/Barbara Stollberg-Rilinger (Hg.), Menschen und Strukturen in der Geschichte Alteuropas. Festschrift für Johannes Kunisch, Berlin 2002, S. 341–358.

Bayly, Christopher, Die Geburt der modernen Welt. Eine Globalgeschichte 1780–1914, Frankfurt a. M. 2006.

Beaulieu-Maconnay, Karl von, Karl von Dalberg und seine Zeit, Bd. 1, Weimar 1879.

Becher, Ursula A. J., Moralische, juristische und politische Argumentationsstrategien bei Friedrich Carl von Moser, in: Bödeker/Herrmann (1987), Aufklärung, S. 178–195.

Beck, Rainer, Naturale Ökonomie. Unterfinning: Bäuerliche Wirtschaft in einem oberbayerischen Dorf des frühen 18. Jahrhunderts, München 1986.

Beck, Ulrich, Die Erfindung des Politischen. Zu einer Theorie reflexiver Modernisierung, Frankfurt a. M. 1993.

Becker, Hans-Jürgen u. a., Die Reichskleinodien. Herrschaftszeichen des Heiligen Römischen Reiches, Göppingen 1997.

Becker, Reinhold, Der Dresdner Frieden und die Politik Brühls, Leipzig 1902.

Becker-Cantarino, Barbara, Der lange Weg zur Mündigkeit. Frau und Literatur (1500–1800), Stuttgart 1987.

Beer, Matthias, Österreichische Protestanten (‹Landler›) in Siebenbürgen seit dem 18. Jahrhundert, in: Bade (2007), Enzyklopädie, S. 818–820.

Behringer, Wolfgang, Im Zeichen des Merkur. Reichspost und Kommunikationsrevolution in der Frühen Neuzeit, Göttingen 2003.

–, Kulturgeschichte des Klimas. Von der Eiszeit bis zur globalen Erwärmung, München ²2007.

Beiser, Fredrick C., The Romantic Imperative. The Concept of Early German Romanticism, Cambridge/Mass. und London 2003.

Benedik, Christian, Die Architektur als Sinnbild der reichsstaatlichen Stellung, in: Klueting/Schmale (2004), Reich, S. 97–112.

Berding, Helmut (Hg.), Soziale Unruhen in Deutschland während der Französischen Revolution, Göttingen 1988.

Berger, Joachim, Anna Amalia von Sachsen-Weimar-Eisenach (1739–1807). Denk- und Handlungsräume einer ‹aufgeklärten› Herzogin, Heidelberg 2003.

Berger, Stefan, Writing the Nation. A Gobal Perspective, Houndmills 2007.

–, Geschichten von der Nation. Einige vergleichende Thesen zur deutschen, englischen, französischen und italienischen Nationalgeschichtsschreibung seit 1800, in: Christoph Conrad/Sebastian Conrad (Hg.), Die Nation schreiben. Geschichtswissenschaft im Vergleich, Göttingen 2002, S. 49–77.

Berlin, Isaiah, Two Concepts of Liberty, in: Ders., Four Essays on Liberty, Oxford 1969, S. 118–172.

–, Die Gegenaufklärung, in: Ders., Wider das Geläufige. Aufsätze zur Ideengeschichte, Frankfurt a. M. 1982, S. 63–92.

Bernard, Paul P., Von der Aufklärung zum Polizeistaat. Der Weg des Grafen Johann Anton Pergen, in: Schmidt (1989), Stände, S. 187–197.

Bernstein, Amir D., Von der Balance of Power zur Hegemonie. Ein Beitrag zur europäischen Diplomatiegeschichte zwischen Austerlitz und Jena/Auerstedt 1805–1806, Berlin 2006.

Beutel, Albrecht, Aufklärung in Deutschland (= Die Kirche in ihrer Geschichte, Bd. 4), Göttingen 2006.

Biederbick, Andreas, Der deutsche Reichstag zu Regensburg im Jahrzehnt nach dem Spanischen Erbfolgekrieg 1714–1724, Düsseldorf 1937.

Bien, Günther/Dierse, Ulrich, Art. Despotie, Despotismus I, in: Historisches Wörterbuch der Philosophie, Bd. 2, Basel/Stuttgart 1972, Sp. 132–144.

Birtsch, Günter, Friedrich der Große und die Aufklärung, in: Hauser (1987), Friedrich, S. 31–46.

Bitterauf, Theodor, Die Gründung des Reinbundes und der Untergang des alten Reiches, München 1905.

Blanning, T. C. W., Das Alte Europa 1660–1789. Kultur der Macht und Macht der Kultur, Darmstadt 2006.

Blaschke, Karlheinz, Bevölkerungsgeschichte von Sachsen bis zur Industriellen Revolution, Weimar 1967.

Blickle, Peter, Unruhen in der ständischen Gesellschaft 1300–1800, München 1988.

–, Kommunalismus. Skizzen einer gesellschaftlichen Organisationsform, 2 Bde., München 2000.

Blitz, Hans-Martin, Aus Liebe zum Vaterland. Die deutsche Nation im 18. Jahrhundert, Hamburg 2000.

Bödeker, Hans Erich u. a. (Hg.), Aufklärung und Geschichte. Studien zur deutschen Geschichtswissenschaft im 18. Jahrhundert, Göttingen 1986.

–/Herrmann, Ulrich (Hg.), Aufklärung als Politisierung – Politisierung der Aufklärung, Hamburg 1987.

–/François, Etienne (Hg.), Aufklärung/Lumières und Politik. Zur politischen Kultur der deutschen und französischen Aufklärung, Leipzig 1996.

–/Gierl, Martin (Hg.), Jenseits der Diskurse. Aufklärungspraxis und Institutionenwelt in europäisch komparativer Perspektive, Göttingen 2007

–, Reisen – Bedeutung und Funktion für die deutsche Aufklärungsgesellschaft, in: Wolfgang Griep/Hans Wolf Jäger (Hg.), Reisen im 18. Jahrhundert. Neue Untersuchungen, Heidelberg 1986, S. 91–110.

–, Prozesse und Strukturen politischer Bewußtseinsbildung der deutschen Aufklärung, in: Bödeker/Herrmann (1987), Aufklärung, S. 10–31.

–, The Concept of the Republic in Eighteenth-Century German Thought, in: Jürgen Heideking/James A. Henretta (Hg.), Republicanism and Liberalism in America and the German States 1750–1850, Cambridge 2002, S. 35–52.

–, Die bürgerliche Literatur- und Mediengesellschaft, in: Hammerstein/Herrmann (2005), Handbuch, S. 499–520.

Bog, Ingomar, Der Reichsmerkantilismus. Studien zur Wirtschaftspolitik des Heiligen Römischen Reiches im 17. und 18. Jahrhundert, Stuttgart 1959.

–, Betrachtungen zur kooperativen Politik der Reichsstädte, in: Ulm und Oberschwaben 34, 1955, S. 87–101.

Bollenbeck, Georg, Eine Geschichte der Kulturkritik. Von Rousseau bis Günther Anders, München 2007.

Böning, Holger, Zeitungen für das «Volk», in: Ders. (Hg.), Französische Revolution und deutsche Öffentlichkeit, New York u. a. 1992, S. 467–526.

–, Gotha als Hauptort volksaufklärerischer Literatur und Publizistik, in: Greiling (2005), Ernst II., S. 325–344.

Borchmeyer, Dieter, Weimarer Klassik, Weinheim 1994.

Borgmann, Karl, Der deutsche Religionsstreit der Jahre 1719/20, Berlin 1937.

Borgstedt, Angela, Das Zeitalter der Aufklärung, Darmstadt 2004.

Born, Karl Erich, Art. Bank, in: Michael North (Hg.), Von der Aktie bis zum Zoll. Ein historisches Lexikon des Geldes, München 1995, S. 35–38.

Bosbach, Franz, Der französische Erbfeind. Zu einem deutschen Feindbild im Zeitalter Ludwig XIV., in: Ders. (Hg.), Feindbilder. Die Darstellung des Gegners in der politischen Publizistik des Mittelalters und der Neuzeit, Köln u. a. 1992, S. 117–139.

Bossche, Geert van den, Freiheit in den belgischen Staats- und Nationsbildungsprozessen des ausgehenden 18. Jahrhunderts, in: Schmidt (2006), Freiheitsvorstellungen, S. 431–446.

Boyle, Nicolas, Goethe. Der Dichter und seine Zeit, Bd. 1, München 1999.

Brabant, Artur, Das Heilige Römische Reich teutscher Nation im Kampf mit Friedrich dem Großen, Bd. 1, Berlin 1904.

Brandt, Armin M., Bau deinen Altar auf fremder Erde. Die Deutschen in Amerika – 300 Jahre Germantown, Stuttgart-Degerloch 1983.

Braubach, Max, Prinz Eugen von Savoyen, Bd. 4, München/Wien 1965.

Braun, Bettina, Das Reich blieb nicht stumm und kalt. Der Untergang des Alten Reiches in der Sicht der Zeitgenossen, in: Roll/Schnettger (2008), Epochenjahr, S. 7–29.

Brenner, Michael, Kleine jüdische Geschichte, München 2008.

Breuer, Dieter, Geschichte der literarischen Zensur in Deutschland, Heidelberg 1982.

Brüggemann, Fritz (Hg.), Der Siebenjährige Krieg im Spiegel der zeitgenössischen Literatur, Leipzig 1935.

Brunner, Otto, Adeliges Landleben und europäischer Geist. Leben und Werk Wolf Helmhards von Hohberg 1612–1688, Salzburg 1949.

–, Das «ganze Haus» und die alteuropäische Ökonomik, in: Ders., Neue Wege der Verfassungs- und Sozialgeschichte, Göttingen ²1968, S. 103–127.

–, Souveränitätsproblem und Sozialstruktur in den deutschen Reichsstädten der frühen Neuzeit, in: ebd., S. 294–321.

Buddruss, Eckhard, Die französische Deutschlandpolitik 1756–1789, Mainz 1995.

Burg, Peter, Die Deutsche Trias in Idee und Wirklichkeit. Vom Alten Reich zum Deutschen Zollverein, Stuttgart 1989.

Burgdorf, Wolfgang, Reichskonstitution und Nation, Mainz 1998.

–, Ein Weltbild verliert seine Welt. Der Untergang des Alten Reichs und die Generation 1806, München 2006.

–, Wendepunkt deutscher Geschichte. Das Reichsende 1806 und seine Wahrnehmung durch Zeitgenossen, in: Schilling (2006), Reich, S. 17–29.

Burkhardt, Johannes, Abschied vom Religionskrieg. Der Siebenjährige Krieg und die päpstliche Diplomatie, Tübingen 1985.

–, Vollendung und Neuorientierung des frühmodernen Reiches. 1648–1763 (= Gebhardt, Handbuch der deutschen Geschichte, Bd. 11), Stuttgart ¹⁰2006.

–, Geschichte als Argument in der habsburgisch-französischen Diplomatie, in: Rainer Babel (Hg.), Frankreich im Staatssystem der Frühen Neuzeit, Sigmaringen 1995, S. 191–217.

–, Verfassungsprofil und Leistungsbilanz des Immerwährenden Reichstags. Zur Evaluierung einer frühmodernen Institution, in: Duchhardt/Schnettger (1999), Libertät, S. 151–183.

Burschel, Peter, Krieg, Staat, Disziplin. Die Entstehung eines neuen Söldnertyps im 17. Jahrhundert, in: Geschichte in Wissenschaft und Unterricht 48, 1997, S. 640–652.

Buruma, Ian, Anglomania. Europas englischer Traum, München/Wien 2002.

Büsch, Otto, Militärsystem und Sozialleben im alten Preußen 1713–1807, Berlin u. a. 1981.

Büschel, Hubertus, Untertanenliebe. Der Kult deutscher Monarchen 1770–1830, Göttingen 2006.

Buschmann, Arno (Hg.), Kaiser und Reich. Klassische Texte zur Verfassungsgeschichte des Heiligen Römischen Reichs deutscher Nation vom Beginn des 12. Jahrhunderts bis zum Jahre 1806, München 1984.

Carl, Horst, Okkupation und Regionalismus. Die preußischen Westprovinzen im Siebenjährigen Krieg, Mainz 1993.

–, «Die Aufklärung unsers Jahrhunderts ist ein bloßes Nordlicht …». Konfession und deutsche Nation im Zeitalter der Aufklärung, in: Heinz Gerhard Haupt/ Dieter Langewiesche (Hg.), Nation und Religion in der deutschen Geschichte, Frankfurt a. M. 2001, S. 105–141.

–, Erinnerungsbruch als Bedingung der Moderne? Tradition und bewusste Neuorientierung bei Hof und Zeremoniell nach 1800, in: Klinger (2008), 1806, S. 169–184.

Carsten, Francis L., Gutsherrschaft und Adelsmacht, in: Manfred Schlenke (Hg.), Preußen. Beiträge zu einer politischen Kultur (= Ausstellungskatalog, Bd. 2), Reinbek 1981, S. 28–44.

Cegielski, Tadeusz, Das Alte Reich und die erste Teilung Polens 1768–1774, Stuttgart 1988.

Chayes, Abram/Chayes, Antonia H., The New Sovereignty: Compliance with International Regulatory Agreements, Cambridge (Mass.) 1995.

Christes, Johannes, Populus und res publica in Ciceros Schrift über den Staat, in: Emanuel Richter u. a. (Hg.), Res Publica und Demokratie. Die Bedeutung von Cicero für das heutige Staatsverständnis, Baden-Baden 2006, S. 85–103.

Cipolla, Carlo M. (Hg.), Europäische Wirtschaftsgeschichte, Bde. 2 und 3, Stuttgart/New York 1976.

Clark, Christopher, Preußen, Aufstieg und Niedergang 1600–1947, München 2007.

Conrad, Hermann (Hg.), Recht und Verfassung des Reiches in der Zeit Maria Theresias. Die Vorträge zum Unterricht des Erzherzogs Joseph im Natur- und Völkerrecht sowie im Deutschen Staats- und Lehenrecht, Köln/Opladen 1964.

Conrads, Norbert, Die Durchführung der Altranstädter Konvention in Schlesien 1707–1709, Köln u. a. 1971.

Constant, Benjamin, Über die Freiheit der Alten im Vergleich zu der Heutigen, in: Lothar Gall/Rainer Koch (Hg.), Der europäische Liberalismus im 19. Jahrhundert. Texte zu seiner Entwicklung, 4 Bde., Frankfurt a. M. u. a. 1981, Bd. 1, Tl. 1: Die Freiheit der Individuen und Gruppen im Staat, S. 40–64.

Conze, Werner, Adel, Aristokratie, in: Geschichtliche Grundbegriffe, Bd. 1, Stuttgart 1972, S. 1–48.

Croxton, Derek, The Peace of Westphalia of 1648 and the Origins of Sovereignty, in: The International History Review 31, 1999, S. 569–591.

Dahrendorf, Ralf, Die angewandte Aufklärung. Gesellschaft und Soziologie in Amerika, München 1962.

Daniel, Ute, «Ein einziges großes Gemälde». Die Erfindung des historischen Genres um 1800, in: Geschichte in Wissenschaft und Unterricht 47, 1996, S. 3–20.

D'Aprile, Iwan-Michelangelo, Die schöne Republik. Ästhetische Moderne in Berlin im ausgehenden 18. Jahrhundert, Tübingen 2006.

–/Siebers, Winfried, Das 18. Jahrhundert. Zeitalter der Aufklärung, Berlin 2008.

Deinhardt, Katja/Frindte, Julia, Ehe, Familie und Geschlecht, in: Hahn/Hein (2005), Werte, S. 253–272.

Demandt, Karl Ernst, Geschichte des Landes Hessen, Kassel 1980.

Demel, Walter, Reich, Reformen und sozialer Wandel 1763–1806, Stuttgart 2005.

Derks, Hans, Über die Faszination des «Ganzen Hauses», in: Geschichte und Gesellschaft 22, 1996, S. 221–242.

Dietrich, Richard (Bearb.), Die politischen Testamente der Hohenzollern, Köln/Wien 1986.

Dippel, Horst (Hg.), Die Anfänge des Konstitutionalismus in Deutschland. Texte deutscher Verfassungsentwürfe am Ende des 18. Jahrhunderts, Frankfurt a. M. 1991.

–, Die Französische Revolution und die ersten deutschen Verfassungsprojekte, in: Arno Herzig u. a. (Hg.), «Sie und nicht Wir». Die Französische Revolution und ihre Wirkung auf das Reich, Bd. 2, Hamburg 1989, S. 671–690.

Dipper, Christof, Deutsche Geschichte 1648–1789, Frankfurt a. M. 1991.

Ditfurth, Franz Wilhelm von (Hg.), Die historischen Volkslieder vom Ende des dreißigjährigen Krieges 1648 bis zum Beginn des Siebenjährigen 1756, Heilbronn 1877.

–, Historische Volkslieder der Zeit von 1756–1871, Berlin 1871–1872.

Dollinger, Heinz, Das Leitbild des «Bürgerkönigtums» in der europäischen Monarchie des 19. Jahrhunderts, in: Karl Ferdinand Werner (Hg.), Hof, Kultur und Politik im 19. Jahrhundert, Bonn 1985, S. 352–362.

Dreitzel, Horst, J. P. Süßmilchs Beitrag zur politischen Diskussion der deutschen Aufklärung, in: Herwig Birg (Hg.), Ursprünge der Demographie in Deutschland. Leben und Werk Johann Peter Süßmilchs (1707–1767), Frankfurt a. M./New York 1986, S. 29–141.

–, Grundrechtskonzeptionen in der protestantischen Rechts- und Staatslehre im Zeitalter der Glaubenskämpfe, in: Günter Birtsch (Hg.), Grund- und Freiheitsrechte von der ständischen zur spätbürgerlichen Gesellschaft, Göttingen 1987, S. 180–214.

–, Justis Beitrag zur Politisierung der deutschen Aufklärung, in: Bödeker/Herrmann (1987), Aufklärung, S. 158–177.

–, Vom reichspatriotischen Konstitutionalismus zum nationalen Liberalismus. Zur Diskussion der landständischen Verfassung in der deutschen Aufklärung, in: Bödeker/François (1996), Aufklärung/Lumières, S. 399–431.

Duchhardt, Heinz, Protestantisches Kaisertum und Altes Reich, Wiesbaden 1977.

– (Hg.), Herrscherweihe und Königskrönung im frühneuzeitlichen Europa, Wiesbaden 1983.

–, Altes Reich und europäische Staatenwelt 1648–1806, München 1990.

–, Balance of Power und Pentarchie. Internationale Beziehungen 1700–1785, Paderborn 1997.

–, «Westphalian System». Zur Problematik einer Denkfigur, in: Historische Zeitschrift 269, 1999, S. 305–315.

–/Schnettger, Matthias (Hg.), Reichsständische Libertät und habsburgisches Kaisertum, Mainz 1999.

–/Scharf, Claus (Hg.), Interdisziplinarität und Internationalität. Wege und Formen der Rezeption der französischen und britischen Aufklärung in Deutschland und Russland im 18. Jahrhundert, Mainz 2004.

–, Barock und Aufklärung, München 2007.

–, «Europa» und «Aufklärung», in: Duchardt/Scharf (2004), Interdisziplinarität, S. 17–23.

Dülmen, Richard van, Kultur und Alltag in der Frühen Neuzeit, 3 Bde., München 1999.

–, Poesie des Lebens. Eine Kulturgeschichte der deutschen Romantik, Bd. 1, Köln u. a. 2002.

Dumont,Franz, Die Mainzer Republik von 1792/93, Alzey 1982.

Düntzer, Heinrich (Hg.), Aus Herders Nachlaß. Ungedruckte Briefe von Herder und dessen Gattin, Goethe, Schiller u. a., Frankfurt a. M. 1856/57.

Düselder, Heike u. a. (Hg.), Adel und Umwelt. Horizonte adeliger Existenz in der Frühen Neuzeit, Köln u. a. 2008.

Eberhardt, Hans, Johann Gottfried Herder in Weimar, in: Herbert von Hintzenstern (Hg.), Mosaiksteine. Zweiundzwanzig Beiträge zur thüringischen Kirchengeschichte, Berlin 1981, S. 155–168.

Echternkamp, Jörg, Der Aufstieg des deutschen Nationalismus (1770–1840), Frankfurt a. M./New York 1998.

Eckart, Christel, Vom Arbeitspaar zum Gender Mainstreaming, in: Jens Fleming u. a. (Hg.), Lesarten der Geschichte. Ländliche Ordnungen und Geschlechterverhältnisse, Kassel 2004, S. 120–132.

Eckhardt, Wolfgang, Das Humankapital als Faktor der wirtschaftlichen Entwicklung im Zeitalter des deutschen Merkantilismus – Ein Beitrag zur Geschichte der Bildungsökonomie, Diss. Mainz 1971.

Eibach, Joachim, Das Haus: zwischen öffentlicher Zugänglichkeit und geschützter Privatheit (16.–18. Jahrhundert), in: Susanne Rau/Gerd Schwerhoff (Hg.), Zwischen Gotteshaus und Taverne. Öffentliche Räume in Spätmittelalter und Früher Neuzeit, Köln 2004, S. 183–205.

–, Der Kampf um die Hosen und die Justiz – Ehekonflikte in Frankfurt im 18. Jahrhundert, in: Sylvia Kesper-Biermann/Diethelm Klippel (Hg.), Kriminalität in Mittelalter und Früher Neuzeit. Soziale, rechtliche, philosophische und literarische Aspekte, Wolfenbüttel 2007, S. 167–188.

Eisenhardt, Ulrich, Die kaiserliche Aufsicht über Buchdruck, Buchhandel und Presse im Heiligen Römischen Reich deutscher Nation (1496–1806). Ein Beitrag zur Geschichte der Bücher- und Pressezensur, Karlsruhe 1970.

Ellis, Geoffrey, The Napoleonic Empire, Houndmills ²2003.

Embach, Michael/Godwin, Joscelyn, Johann Friedrich Hugo von Dalberg. Schriftsteller – Musiker – Domherr, Mainz 1998.

Emrich, Gabriele, Die Emigration der Salzburger Protestanten 1731–1732. Reichsrechtliche und konfessionspolitische Aspekte, Münster u. a. 2002.

Endres, Rudolf, Adel in der Frühen Neuzeit, München 1993.

Engelberg, Meinrad von, Reichsstil, Kaiserstil, «Teutscher Gusto»? Zur «politischen Bedeutung des deutschen Barock», in: Schilling (2006), Reich, S. 289–299.

–, Wie deutsch ist der deutsche Barock? Vorüberlegungen zu einer neuen «Geschichte der bildenden Kunst in Deutschland», in: Zeitschrift für Kunstgeschichte 69, 2006, S. 508–530.

Engelbrecht, Helmut, Geschichte des österreichischen Bildungswesens, Bd. 3: Von der frühen Aufklärung bis zum Vormärz, Wien 1984.

Engelhardt, Ulrich, Bildungsbürgertum. Begriffs- und Dogmengeschichte eines Etiketts, Stuttgart 1986.

Erlach, Friedrich Karl von (Hg.), Die Volkslieder der Deutschen, Mannheim 1834.

Ernstberger, Anton, Österreich-Preußen von Basel bis Campioformio 1795–1797, Prag 1932.

Eulenburg, Franz, Die Frequenz der deutschen Universitäten von ihrer Gründung bis zur Gegenwart, Leipzig 1904.

Externbrink, Sven, Friedrich der Große, Maria Theresia und das Alte Reich. Deutschlandbild und Diplomatie Frankreichs im Siebenjährigen Krieg, Berlin 2006.

–, Kommunikation – Information – Außenpolitik: Frankreich und Brandenburg-

Preußen zur Zeit des Siebenjährigen Krieges, in: Ralf Pröve u. a. (Hg.), Wissen ist Macht. Herrschaft und Kommunikation in Brandenburg-Preußen, Berlin 2001, S. 157–176.

Eybl, Franz M., Patriotismusdebatte und Gelehrtenrepublik: Kulturwissenschaftliche Forschungsfelder im Problembereich nationaler Identitätsbildung, in: Klueting/Schmale (2004), Reich, S. 149–162.

Faulstich, Werner, Die bürgerliche Mediengesellschaft (1700–1830), Göttingen 2002.

–, Die Geschichte der Medien, Bd. 4: Die bürgerliche Mediengesellschaft (1700–1830), Göttingen 2002.

Fehrenbach, Elisabeth, Vom Ancien Régime zum Wiener Kongreß, München/Wien 1981.

Feiner, Shmuel, «Wohl euch, die ihr eurer Gedanken wegen verfolgt seid!». Die gegenwärtige Erforschung der Haskala: Kultur der jüdischen Aufklärung in historischer Perspektive, in: Trumah. Zeitschrift der Hochschule für jüdische Studien Heidelberg 16, 2006, S. 1–15.

Fichte, Johann Gottlieb, Gesamtausgabe der Bayerischen Akademie der Wissenschaften, hg. v. Reinhard Lauth u. a., Stuttgart/Bad Canstatt 1964–2008.

–, Friedrich Nicolai's Leben und sonderbare Meinung, in: Ders., Fichtes Werke, Bd. 8, Berlin 1846, S. 3–93.

Fink, Gonthier-Louis, Vom universalen zum nationalen Literaturmodell im deutsch-französischen Konkurrenzkampf (1680–1770), in: Barner (1989), Tradition, S. 33–67.

Fischer, Bernd, Das Eigene und das Eigentliche: Klopstock, Herder, Fichte, Kleist. Episoden aus der Konstruktionsgeschichte nationaler Intentionalitäten, Berlin 1995.

Flach, Willy, Die staatliche Entwicklung Thüringens in der Neuzeit, in: Zeitschrift des Vereins für Thüringische Geschichte und Altertumskunde 43, 1941, S. 6–48.

Fontius, Martin, Rousseau in Deutschland im 18. Jahrhundert, in: Duchhardt/ Scharf (2004), Interdisziplinarität, S. 153–164.

Forster, Georg, Revolutionen und Gegenrevolutionen aus dem Jahr 1790, in: Ders., Werke in 4 Bänden, hg. v. Gerhard Steiner, Frankfurt a. M. 1970, Bd. 3, S. 408–436.

–, Über das Verhältnis der Mainzer gegen die Franken, in: Ebd., Bd. 3, S. 589–607.

François, Etienne, Koblenz im 18. Jahrhundert, Göttingen 1982.

–, Städtische Eliten in Deutschland zwischen 1650 und 1800, in: Heinz Schilling/Herman Diederiks (Hg.), Bürgerliche Eliten in den Niederlanden und in Nordwestdeutschland, Köln u. a. 1985, S. 65–83.

Frank G., Art. Schmidt, Johann Lorenz, in: Allgemeine Deutsche Biographie, Bd. 31, Leipzig 1886, S. 739–741.

Franz, Günther (Hg.), Quellen zur Geschichte des deutschen Bauernstandes in der Neuzeit, München/Wien 1963.

–, Der deutsche Bauernkrieg, Darmstadt [10]1975.

Freist, Dagmar, Zwischen Glaubensfreiheit und Gewissenszwang: Das Reichsrecht und der Umgang mit Mischehen nach 1648, in: Asch (2001), Frieden, S. 293–322.

Freitag, Werner, Das Fürstbistum Münster in der zweiten Hälfte des 18. Jahrhunderts: Handlungsfelder Katholischer Aufklärung, in: Blätter für deutsche Landesgeschichte 139/140, 2003/04, S. 27–44.

Frevert, Ute, Krankheit als politisches Problem 1770–1880, Göttingen 1984.

Frie, Ewald, Adel und bürgerliche Werte, in: Hahn/Hein (2005), Werte, S. 393–414.

Friedeburg, Robert von, Lebenswelt und Kultur der unterständischen Schichten in der Frühen Neuzeit, München 2002.

Friedrich, Hans-Edwin, «Nur der wahre Weltbürger kann ein guter Staatsbürger sein». Zur Reflexion des Bürgerbegriffs im Werk Christoph Martin Wielands, in: Ders. u.a. (Hg.), Bürgerlichkeit, Tübingen 2006, S. 149–168.

Friedrichs, Christopher R., Urban Conflicts and the Imperial Constitution in Seventeeth-Century Germany, in: Journal of Modern History 58 (Supplement), 1986, S. 98–123.

Frindte, Julia/Westphal, Siegrid (Hg.), Handlungsspielräume von Frauen um 1800, Heidelberg 2005.

Fröhlich, Manuel, Lesarten der Souveränität, in: Neue Politische Literatur 50, 2005, S. 19–42.

Fulda, Daniel, Wissenschaft aus Kunst. Die Entstehung der modernen deutschen Geschichtsschreibung 1760–1860, Berlin 1996.

Gaier, Ulrich, Gegenaufklärung im Namen des Logos: Hamann und Herder, in: J. Schmidt (1989), Aufklärung, S. 261–276.

Gall, Lothar, Von der ständischen zu bürgerlichen Gesellschaft, München 1993.

Gaus, Detlef, Geselligkeit und Gesellige. Bildung, Bürgertum und bildungsbürgerliche Kultur um 1800, Stuttgart 1998.

Gay, Peter, The Enlightenment: An Interpretation, 2 Bde., New York 1966 und 1969.

Gehrmann, Rolf, Bevölkerungsgeschichte Norddeutschlands zwischen Aufklärung und Vormärz, Berlin 2000.

Gerhardt, Volker, Immanuel Kant. Vernunft und Leben, Stuttgart 2002.

Gerteis, Klaus, Die deutschen Städte in der Frühen Neuzeit. Zur Vorgeschichte der ‹bürgerlichen Welt›, Darmstadt 1986.

Gestrich, Andreas, Absolutismus und Öffentlichkeit. Politische Kommunikation in Deutschland zu Beginn des 18. Jahrhunderts, Göttingen 1994.

Gestrich, Christof, Art. Deismus, in: Theologische Realenzyklopädie 8, Berlin u. a. 1993, S. 392–406.

Gierl, Martin, Pietismus und Aufklärung. Theologische Polemik und die Kommunikationsreform der Wissenschaft am Ende des 17. Jahrhunderts, Göttingen 1997.

Giersberg, Hans-Joachim (Hg.), Friedrich II. und die Kunst (= Ausstellungskatalog), Tl. 1, Potsdam 1986, Nr. II.56.

Gleixner, Ulrike, Pietismus und Bürgertum. Eine historische Anthropologie der Frömmigkeit, Göttingen 2005.

Goethe, Johann Wolfgang von, Werke. Hamburger Ausgabe in 14 Bänden (HA) durchgesehen und kommentiert v. Erich Trunz, Hamburg 1948–1972, seit 1973 München.

–, Sämtliche Werke nach Epochen seines Schaffens. Münchner Ausgabe (MA), hg. v. Karl Richter, München 1985.

–, Goethes Werke. Weimarer Ausgabe (WA), hg. im Auftrag der Großherzogin Sophie von Sachsen, [ND München 1987].

Gömmel, Rainer/Klump, Rainer, Merkantilisten und Physiokraten in Frankreich, Darmstadt 1994.

–, Die Entwicklung der Wirtschaft im Zeitalter des Merkantilismus, München 1998.

Gooch, George P., Friedrich der Große. Preußens legendärer König, Frankfurt a. M. 1964.

Göpfert, Herbert G., Lesegesellschaften im 18. Jahrhundert, in: Kopitzsch (1976), Aufklärung, S. 403–410.

Göse, Frank, Nachbarn, Partner und Rivalen: die kursächsische Sicht auf Preußen im ausgehenden 17. und 18. Jahrhundert, in: Jürgen Luh u. a. (Hg.), Preußen, Deutschland und Europa 1701–2001, Groningen 2003, S. 45–78.

Gotthard, Axel, Das Alte Reich 1495–1806, Darmstadt 2003.

–, In der Ferne. Die Wahrnehmung des Raums in der Vormoderne, Frankfurt a. M./New York 2007.

–, Vormoderne Lebensräume. Annäherungsversuche an die Heimaten des frühneuzeitlichen Mitteleuropäers, in: Historische Zeitschrift 276, 2003, S. 37–73.

Gotthardt, Elmar, Die Kaiserwahl Karls VII. Ein Beitrag zu Reichsgeschichte während des Interregnums 1740–1742, Frankfurt a. M. u. a. 1986.

Göttmann, Frank, Getreidemarkt am Bodensee, St. Katherina 1991.

–, Kreuzschiffe auf dem Bodensee: Die grenzpolizeiliche Überwachung des Getreidehandels im 18. Jahrhundert, in: Schriften des Vereins für Geschichte des Bodensees und seiner Umgebung 106, 1988, S. 145–182.

Graber, Rolf, «Aufgeklärter Absolutismus». Historiographische Aspekte und forschungspolitische Konsequenzen eines umstrittenen Epochenbegriffs, in: Helmut Reinalter (Hg.), Aufklärung – Vormärz – Revolution, Bd. 22–25, 2006, S. 15–25.

Gräf, Holger Th., Militarisierung der Stadt oder Urbanisierung des Militärs? Ein Beitrag zur Militärgeschichte der frühen Neuzeit aus stadtgeschichtlicher Perspektive, in: Ralf Pröve (Hg.), Klio in Uniform? Probleme und Perspektiven einer modernen Militärgeschichte der Frühen Neuzeit, Köln u. a. 1997, S. 89–108.

Gray, John, Enligthenment's wake. Politics and culture in the close of the modern age, London 1995.

Greiling, Werner, «Intelligenzblätter» und gesellschaftlicher Wandel in Thüringen. Anzeigewesen, Nachrichtenvermittlung, Räsonement und Sozialdisziplinierung, München 1995.

– u. a. (Hg.), Ernst II. von Sachsen-Gotha. Ein Herrscher im Zeitalter der Aufklärung, Köln u. a. 2005.

Grieger, Astrid, Kunst und Öffentlichkeit in der zweiten Hälfte des 18. Jahrhunderts, in: Jäger (1997), Öffentlichkeit, S. 117–135.

Grieser, Rudolf, Die deutsche Kanzlei in London, in: Blätter für deutsche Landesgeschichte 89, 1952, S. 153–168.

Grießinger, Andreas, Das symbolische Kapital der Ehre. Streikbewegungen und kollektives Bewußtsein deutscher Handwerkergesellen im 18. Jahrhundert, Frankfurt a. M. u. a. 1981.

–, Handwerkerstreiks in Deutschland während des 18. Jahrhunderts, in: Ulrich Engelhardt (Hg.), Handwerker in der Industrialisierung, Stuttgart 1984, S. 407–434.

Grochowina, Nicole, Eigentums-Prozesse. Eigentumskonflikte vor dem Jenaer Schöppenstuhl im 18. Jahrhundert, phil. Habilitationsschrift Jena 2006.

Grunert, Frank, Normbegründung und politische Legitimität. Zur Rechts- und Staatsphilosophie der deutschen Frühaufklärung, Tübingen 2000.

Habermas, Jürgen, Strukturwandel der Öffentlichkeit. Untersuchungen zu einer Kategorie der bürgerlichen Gesellschaft, Neuwied und Berlin ⁶1974.

–, Luhmann, Niklas, Theorie der Gesellschaft oder Sozialtechnologie, Frankfurt a. M. 1976.

Haefs, Wilhelm/Mix, York-Gothart (Hg.), Zensur im Jahrhundert der Aufklärung. Geschichte – Theorie – Praxis, Göttingen 2007.

Hahn, Hans-Werner, Bürgertum in Thüringen im 19. Jahrhundert: Forschungsdesiderate und Forschungskonzepte, in: Ders. u. a. (Hg.), Bürgertum in Thüringen, Rudolstadt/Jena 2001, S. 7–25.

–/Hein, Dieter (Hg.), Bürgerliche Werte um 1800. Entwurf – Vermittlung – Rezeption, Köln u. a. 2005.

–/–, Bürgerliche Werte um 1800. Zur Einführung, in: Hahn/Hein (2005) Werte, S. 9–27.

Haller, Albrecht von, Die Alpen und andere Gedichte, Stuttgart 1968.

Hamacher, Clemens, Die Beurteilung der Franzosen in den deutschen Zeitungen und in der deutschen Publizistik während der drei schlesischen Kriege, phil. Diss. Bonn 1915.

Hammermeyer, Ludwig, Akademiebewegung und Wissenschaftsorganisation, in: Erik Amburger u. a. (Hg.), Wissenschaftspolitik in Mittel- und Osteuropa, Berlin 1976, S. 1–84.

Hammerstein, Notker, Ius und Historie. Ein Beitrag zur Geschichte des historischen Denkens an deutschen Universitäten des späten 17. und 18. Jahrhunderts, Göttingen 1972.

–, Staatslehre in der Frühen Neuzeit, Frankfurt a. M. 1995.

–/Herrmann, Ulrich (Hg.), Handbuch der deutschen Bildungsgeschichte, Bd. 2: 18. Jahrhundert, München 2005.

–, Karl VII. und Frankfurt a. M., in: Rainer Koch/Patricia Stahl (Hg.), Wahl und Krönung in Frankfurt/Main. Kaiser Karl VII. 1742–1745, Bd. 1: Der Forschungsstand, Frankfurt a. M. 1986, S. 49–65.

–, Universitäten, in: Hammerstein/Herrmann (2005), Handbuch, S. 369–400.

Hanke, Gerhard, Sozialstruktur der ländlichen Siedlungen Altbayerns im 17. und 18. Jahrhundert, in: Richard van Dülmen (Hg.), Gesellschaft und Herrschaft: Forschungen zu sozial- und landesgeschichtlichen Problemen vornehmlich in Bayern, München 1969, S. 219–270.

Hanke, René, Brühl und das Renversement des alliances. Die antipreußische Außenpolitik des Dresdener Hofes 1744–1756, Münster 2006.

Hans, Alfred, Die kurpfälzische Religionsdeklaration von 1705. Ihre Entstehung und Bedeutung für das Zusammenleben der im Reich tolerierten Konfessionen, Mainz 1973.

Hardtwig, Wolfgang, Genossenschaft, Sekte, Verein in Deutschland, München 1997.

–, Wie deutsch war die deutsche Aufklärung?, in: Neuhaus (1993), Aufbruch, S. 157–184.

Härter, Karl, Reichstag und Revolution 1789–1806, Göttingen 1992.

–, Zweihundert Jahre nach dem europäischen Umbruch von 1803. Neuerscheinungen zu Reichsdeputationshauptschluß, Säkularisation und Endphase des Alten Reiches, in: Zeitschrift für Historische Forschung 33, 2006, S. 89–115.

Hartmann, Peter Claus, Karl Albrecht – Karl VII. Glücklicher Kurfürst – unglücklicher Kaiser, Regensburg 1985.

–, Der Reichstag in Frankfurt im Jahr 1742, in: Josef Schröder (Hg.), Beiträge zu Kirche, Staat und Geistesleben. Festschrift für Günter Christ, Stuttgart 1994, S. 157–168.

–, Bevölkerungszahlen und Konfessionsverhältnisse des Heiligen Römischen Reiches deutscher Nation und der Reichskreise am Ende des 18. Jahrhunderts, in: Zeitschrift für Historische Forschung 22, 1995, S. 345–369.

Hartung, Fritz, Die Epochen der absoluten Monarchie in der neueren Geschichte, in: Historische Zeitschrift 145, 1932, S. 46–52.

–, Der aufgeklärte Absolutismus, in: Aretin (1974), Absolutismus, S. 54–76.

Hasselhorn, Martin, Der altwürttembergische Pfarrstand, Stuttgart 1958.

Hassinger, Herbert, Politische Kräfte und Wirtschaft 1350–1800, in: Aubin/Zorn (1971), Handbuch, S. 608–657.

Haug-Moritz, Gabriele, Württembergischer Ständekonflikt und deutscher Dualismus, Stuttgart 1992.

–, Corpus Evangelicorum und deutscher Dualismus, in: Press (1995), Alternativen, S. 189–207.

Hauser, Oswald (Hg.), Friedrich der Große in seiner Zeit, Köln 1987.

Haver, Charlotte E., Salzburger Protestanten in Ostpreußen seit dem 18. Jahrhundert, in: Bade (2007), Enzyklopädie, S. 938–941.

Hebeisen, Michael W., Souveränität in Frage gestellt. Die Souveränitätslehren von Hans Kelsen, Carl Schmitt und Hermann Heller im Vergleich, Baden-Baden 1995.

Hecht, Michael, Zwischen Saline und Rittergut. Adlige Sälzer und Pfänner in der Frühen Neuzeit, in: Düselder (2008), Adel, S. 239–259.

Heckscher, Eli F., Der Merkantilismus, 2 Bde., Jena 1932.

Hein, Dieter, Arbeit, Fleiß und Ordnung, in: Hahn/Hein (2005), Werte, S. 239–251.

Hein, Max, Der Regensburger Reichstag von 1740 bis 1745, phil. Diss. Wien 1953.

Heinrich, Gerd (Hg.), Ein sonderbares Licht in Teutschland, Berlin 1990.

Hellmuth, Eckhart, Aufklärung und Pressefreiheit, in: Zeitschrift für Historische Forschung 9, 1982, S. 315–345.

Henning, Friedrich-Wilhelm, Dienste und Abgaben der Bauern im 18. Jahrhundert, Stuttgart 1969.

–, Deutsche Wirtschafts- und Sozialgeschichte im Mittelalter und in der frühen Neuzeit, Paderborn u. a. 1991.

Henshall, Nicholas, The Myth of Absolutism: Change and Continuity in Early Modern Monarchy, London 1992.

Herder, Johann Gottfried, Sämtliche Werke, hg. v. Bernhard Suphan [ND Hildesheim u. a. 1994].

Hermann, Rudolf, Die Reformation in Kirche und Schule des Großherzogtums Sachsen-Weimar-Eisenach, Leipzig 1917.

Herrmann, Ulrich, Erziehung und Unterricht als Politicum. Kontroversen über erhoffte und befürchtete Wechselwirkungen von Politik und Pädagogik im ausgehenden 18. Jahrhundert in Deutschland, in: Bödeker/Herrmann (1987), Aufklärung, S. 53–71.

–, «Kinderzucht» oder «Pädagogik»? Traditionelle Normierungen der Erziehung und Unterweisung und die innovative pädagogische Lebensalter-Konzeption in der Pädagogischen Anthropologie des 18. Jahrhunderts, in: Barner (1989), Tradition, S. 233–246.

–, Pädagogisches Denken, in: Hammerstein/Herrmann (2005), Handbuch, S. 97–133.

Hersche, Peter, Die deutschen Domkapitel im 17. und 18. Jahrhundert, 3 Bde., Bern 1984.

–, Intendierte Rückständigkeit: Zur Charakteristik des Geistlichen Staates im Alten Reich, in: Schmidt (1989), Stände, S. 133–149.

Herzig, Arno, Unterschichtenprotest in Deutschland 1790–1870, Göttingen 1988.

–, Jüdische Geschichte in Deutschland. Von den Anfängen bis zur Gegenwart, München 1997.

Hettwer, Hubert, Herkunft und Zusammenhang der Schulordnungen, Mainz 1965.

Heuvel, Christine van den/Heuvel, Gerd van den, Begrenzte Politisierung während der Französischen Revolution. Der «Gesmolder Bauerntumult» von 1794 im Hochstift Osnabrück, in: Berding (1988), Unruhen, S. 111–129.

–, Der Verlust sozialer Sicherheit. Umbrucherfahrungen des niedersächsischen Adels im Zeitalter der Französischen Revolution, in: Düselder (2008), Adel, S. 383–402.

Hildebrandt, Reinhard, Rat contra Bürgerschaft, in: Zeitschrift für Stadtgeschichte, Stadtsoziologie und Denkmalpflege 1, 1974, S. 221–241.

Hinrichs, Carl, Der Hallische Pietismus als politisch soziale Reformbewegung des 18. Jahrhunderts, in: Ders., Preußen als historisches Problem, hg. von Gerhard Oestreich, Berlin 1964, S. 171–184.

Hintze, Otto, Die Hohenzollern und ihr Werk. 500 Jahre vaterländische Geschichte, Berlin 1915.

Hippel, Wolfgang von, Armut, Unterschichten, Randgruppen in der frühen Neuzeit, München 1995.

Hirsch, Emanuel, Die Umformung des christlichen Denkens in der Neuzeit. Ein Lesebuch, Tübingen 1938.

Hirschi, Caspar, Wettkampf der Nationen. Konstruktionen einer deutschen Ehrgemeinschaft an der Wende vom Mittelalter zur Neuzeit, Göttingen 2005.

Hoffmann, Detlef, Überlegungen zum Problem einer politischen Ikonographie der deutschen Aufklärung, in: Bödeker/Herrmann (1987), Aufklärung, S. 118–149.

Hoffmann, Klaus, Johann Friedrich Böttger. Vom Alchemistengold zum weißen Porzellan, Berlin 1985.

Hohmann, Joachim S., Geschichte der Zigeunerverfolgung in Deutschland, Frankfurt a. M./New York 1981.

Holborn, Hajo, Deutsche Geschichte in der Neuzeit, Frankfurt a. M. 1981.

Hollenbeck, Meike, Die Türkenpublizistik im 17. Jahrhundert – Spiegel der Verhältnisse im Reich?, in: Mitteilungen des Instituts für österreichische Geschichtsforschung 107, 1999, S. 111–130.

Holthöfer, Ernst, Die Geschlechtsvormundschaft. Ein Überblick von der Antike bis ins 19. Jahrhundert, in: Ute Gerhard, Frauen in der Geschichte des Rechts. Von der Frühen Neuzeit bis zur Gegenwart, München 1997, S. 390–451.

Holzem, Andreas, Art. Volksfrömmigkeit VI/1, in: Theologische Realenzyklopädie 35, Berlin u. a. 2003, S. 234–240.

Hölzle, Erwin, Das napoleonische Staatensystem in Deutschland, in: Hanns Hubert Hofmann (Hg.) Die Entstehung des modernen souveränen Staates, Köln u. a. 1967.

Hoock, Holger, The British State and the Anglo-French Wars over Antiquities, 1798–1858, in: The Historical Journal 50, 2007, S. 49–72.

Horkheimer, Max/Adorno, Theodor W., Dialektik der Aufklärung. Frankfurt a. M. 1975.

Horn Melton James van, Absolutism and the Eighteenth-Century Origins of Compulsory Schooling in Prussia and Austria, Cambridge/New York 1988.

–, Confessional power and the power of confession: concealing and revailing the faith in Alpine Salzburg, 1730–1734, in: Scott/Simms (2007), Culture, S. 133–157.

Huber, Ernst Rudolf, Deutsche Verfassungsgeschichte seit 1789, Bd. 1: Reform und Restauration 1789 bis 1830, Stuttgart ²1975.

–, u. a. (Hg.), Dokumente zur deutschen Verfassungsgeschichte, Bd. 1, Stuttgart u. a. ³1978.

Hull, Isabel V., Sexuality, State, and Civil Society in Germany, 1700–1815, Cornell 1996.

–, Das Sexuelle wird privat. Zum Verhältnis von bürgerlicher Gesellschaft und Staat in Feuerbachs Sexualstrafrechtsreform, in: Claudia Opitz u. a. (Hg.), Tugend, Vernunft und Gefühl. Geschlechterdiskurs der Aufklärung und weibliche Lebenswelten, Münster u. a. 2000, S. 45–61.

Huss, Frank, Der Wiener Kaiserhof. Eine Kulturgeschichte von Leopold I. bis Leopold II., Gernsbach 2008.

Imhof, Arthur E., unter Mitarbeit v. Georg Schmidt, Die Illegitimität in Gießen und Umgebung, in: Arthur E. Imhof (Hg.), Historische Demographie als Sozialgeschichte. Gießen und Umgebung vom 17. zum 19. Jahrhundert, Tl. 1, Darmstadt u. Marburg 1975, S. 517–558.

Ingrao, Charles W., The Hessian mercenary state. Ideas, institutions, and reform under Frederick II, 1760–1785, Cambridge u. a. 1987.

Israel, Jonathan, Englightenment! Which Enlightenment?, in: Journal of the History of Ideas 67, 2006, S. 523–545.

Jacob, G., Heinrich, Herzog von Römhild 1676–1710. Lebens-, Charakter- und Zeitbild, Hildburghausen 1896.

Jacobsen, Roswitha/Schütte, Ulrich, «Fürstliche Bau-Lust» und die Feste am Hof von Sachsen-Römhild (1680–1710). Künstlichkeit und Dauerhaftigkeit der Sinnproduktion an einer ernestinischen Residenz, in: Kunst als ästhetisches Ereignis, hg. v. Ulrich Schütte, Marburg 1997, S. 231–247.

–, Die Blütezeit der Residenzkultur im 17. und 18. Jahrhundert, in: Konrad Scheurmann und Jördis Franke (Hg.), Neu entdeckt. Thüringen – Land der Residenzen (= Ausstellungskatalog), Bd. 3: Essays, Mainz 2004, S. 52–64.

Jäger, Hans-Wolf (Hg.), «Öffentlichkeit im 18. Jahrhundert», Göttingen 1997.

Jahns, Sigrid, Die Assessoren des Reichskammergerichts in Wetzlar, Wetzlar 1986.

–, «Mecklenburgisches Wesen» oder absolutistisches Regiment? Mecklenburgische Ständekonflikte und neue kaiserliche Reichspolitik (1658–1755), in: Paul-Joachim Heinig u. a. (Hg.), Reich, Regionen und Europa in Mittelalter und Neuzeit, Berlin 2000, S. 323–351.

Jakubowski-Tiessen, Manfred, Sturmflut 1717. Die Bewältigung einer Naturkatastrophe in der Frühen Neuzeit, Köln 1990.

Jellinek, Georg, Allgemeine Staatslehre, 3. Aufl., ND Darmstadt 1960.

Jenisch, Susanne, «Die berüchtigte Materie von der weiblichen Geschlechts-Curatel». Die Abschaffung der ‹Geschlechtsvormundschaft› in der aufklärerischen Diskussion, in: Ulrike Weckel u. a. (Hg.), Ordnung, Politik und Geselligkeit der Geschlechter, Göttingen 1998, S. 285–301.

Kall, Sylvia, «Wir leben jetzt recht in Zeiten der Fehde». Zeitschriften am Ende des 18. Jahrhunderts als Medien und Kristallisationspunkte literarischer Auseinandersetzung, Frankfurt a. M. u. a. 2004.

Kant, Immanuel, Werke in sechs Bänden, hg. v. Wilhelm Weischedel, Bd. 6: Schriften zur Anthropologie, Geschichtsphilosophie, Politik und Pädagogik, Darmstadt 1983.

Kästner, Erich, Friedrich der Große und die deutsche Literatur. Die Erwiderungen auf seine Schrift «De la littérature allemande», Stuttgart u. a. 1972.

Katz, Jacob, Aus dem Ghetto in die bürgerliche Gesellschaft. Jüdische Emanzipation 1770–1870, Frankfurt a. M. 1986.

Kaufhold, Karl Heinrich, Deutschland 1650–1850, in: Wolfram Fischer u. a. (Hg.), Handbuch der europäischen Wirtschafts- und Sozialgeschichte, Bd. 4, Stuttgart 1993, S. 523–588.

Kaufmann, Hans-Heinrich, Friedrich Carl von Moser als Politiker und Publizist, Darmstadt 1931.

Kell, Eva, Die Frankfurter Union (1803–1806). Eine Fürstenassoziation zur «verfassungsmäßigen Selbsterhaltung» der kleineren weltlichen Adelsherrschaften, in: Zeitschrift für Historische Forschung 18, 1991, S. 71–97.

Kemiläinen, Aira, Auffassungen über die Sendung des deutschen Volkes um die Wende des 18. und 19. Jahrhunderts, Helsinki 1956.

Kemper, Dirk, Obskurantismus als Mittel der Politik. Johann Christoph von Wöllners Politik der Gegenaufklärung am Vorabend der Französischen Revolution, in: Christoph Weiß/Wolfgang Albrecht (Hg.), Von ‹Obscuranten› und ‹Eudämonisten». Gegenaufklärerische, konservative und antirevolutionäre Publizisten im späten 18. Jahrhundert, St. Ingbert 1997, S. 193–220.

Kleinehagenbrock, Frank, Ideen von 1648? Reichsverfassungsrecht als Quelle politischer Ideengeschichte, in: Hans-Christof Kraus/Thomas Nicklas (Hg.), Geschichte der Politik. Alte und neue Wege, München 2007, S. 399–418.

Kleinert, Andreas, Mathematik und anorganische Naturwissenschaften, in: Rudolf Vierhaus (Hg.), Wissenschaften im Zeitalter der Aufklärung, Göttingen 1985, S. 218–248.

Klinger, Andreas u.a. (Hg.), Das Jahr 1806 im europäischen Kontext. Balance, Hegemonie und politische Kulturen, Köln u.a. 2008.

–, Das Reich und seine Hauptstädte, in: Stephan Wendehorst/Siegrid Westphal (Hg.), Lesebuch Altes Reich, München 2006, S. 73–79.

–, Deutsches Weltbürgertum und französische Universalmonarchie. Napoleon und die Krise des deutschen Kosmopolitismus, in: Klinger (2008), 1806, S. 205–232.

–, Particularism, Canals and Watercourses in the Old Reich (Germany 16th–18th century), in: Peter Borschberg/Martin Krieger (Hg.), State and Water in Europe and Asia, New Dehli 2008, S. 257–275.

Klippel, Diethelm, Politische Freiheit und Freiheitsrechte im deutschen Naturrecht des 18. Jahrhunderts, München/Paderborn 1976.

–, «Libertas commerciorum» und «Vermögens-Gesellschaft». Zur Geschichte ökonomischer Freiheitsrechte in Deutschland im 18. Jahrhundert, in: Günther Birtsch (Hg.), Grund- und Freiheitsrechte im Wandel von Gesellschaft und Geschichte, Göttingen 1981, S. 313–335.

–, Naturrecht als politische Theorie. Zur politischen Bedeutung des deutschen Naturrechts im 18. und 19. Jahrhundert, in: Bödeker/Herrmann (1987), Aufklärung, S. 267–293.

Klueting, Harm, Die Lehre von der Macht der Staaten. Das außenpolitische Machtproblem in der politischen Wissenschaft und in der praktischen Politik im 18. Jahrhundert, Berlin 1986.

–/Wolfgang Schmale (Hg.), Das Reich und seine Territorialstaaten im 17. und 18. Jahrhundert. Aspekte des Mit-, Neben- und Gegeneinander, Münster 2004.

–, «Der Genius der Zeit hat sie unbrauchbar gemacht». Zum Thema Katholische Aufklärung – Oder: Aufklärung Katholizismus im Deutschland des 18. Jahrhunderts. Eine Einleitung, in: Ders. (Hg.), Katholische Aufklärung – Aufklärung im katholischen Deutschland, Hamburg 1993, S. 1–35.

Knoche, Michael (Hg.), Herzogin Anna Amalia Bibliothek – Kulturgeschichte einer Sammlung, München u.a. 1999.

Koch, Max, Der deutsche Reichstag während des Siebenjährigen Krieges 1756–1763, phil. Diss. Bonn 1950.

Kocka, Jürgen, Weder Stand noch Klasse. Unterschichten um 1800, Bonn 1990.

Koll, Johannes, Habsburgische Niederlande und belgische Nation – konkurrierende Formen von Patriotismus, in: Otto Dann u.a. (Hg.), Patriotismus und Nationsbildung am Ende des Heiligen Römischen Reiches, Köln 2003, S. 287–316.

Kopitzsch, Franklin (Hg.), Aufklärung, Absolutismus und Bürgertum in Deutschland, München 1976.

Körber, Ester-Beate, Die Zeit der Aufklärung. Eine Geschichte des 18. Jahrhunderts, Darmstadt 2006.

Koselleck, Reinhart, Einleitung, in: Geschichtliche Grundbegriffe, Bd. 1, Stuttgart 1972, S. XIII–XXVII.

–, Art. Geschichte V–VII, in: Geschichtliche Grundbegriffe, Bd. 2, Stuttgart 1975, S. 647–717.

– u. a., Art. Volk, Nation, in: Geschichtliche Grundbegriffe, Bd. 7, Stuttgart 1992, S. 141–431.

Kovács, Elisabeth, Katholische Aufklärung und Josephinismus, in: Harm Klueting (Hg.), Katholische Aufklärung – Aufklärung im katholischen Deutschland, Hamburg 1993, S. 246–259.

Kriedte, Peter u. a., Industrialisierung vor der Industrialisierung. Gewerbliche Warenproduktion auf dem Land in der Formationsphase des Kapitalismus, Göttingen 1978.

Krieger, Leonard, The german idea of freedom. History of a political tradition, Chicago 1972.

Kroll, Stefan, Kursächsische Soldaten in den drei schlesischen Kriegen, in: Sachsen und Dresden im Siebenjährigen Krieg, hg. v. Hans-Peter Lühr, Dresden 2001, S. 35–41.

Kronauer, Ulrich, Verzweifelung und Kindermord im 18. Jahrhundert, in: Sylvia Kesper-Biermann/Diethelm Klippel (Hg.), Kriminalität in Mittelalter und Früher Neuzeit. Soziale, rechtliche, philosophische und literarische Aspekte, Wiesbaden 2007, S. 141–153.

Krumbholz, Paul, Die ersten Fortbildungsschulen in den Weimarer Landen (1790–1799), Weimar 1908.

Kubin, Ernst, Die Reichskleinodien. Ihr tausendjähriger Weg, Wien/München 1991.

Kulenkampff, Angela, Österreich und das Alte Reich. Die Reichspolitik des Staatskanzler Kaunitz unter Maria Theresia und Joseph II., Köln u. a. 2005.

Kunisch, Johannes Das Mirakel des Hauses Brandenburg, München/Wien 1978.

–, Staatsverfassung und Mächtepolitik, Berlin 1979.

–, Absolutismus. Europäische Geschichte vom Westfälischen Frieden bis zur Krise des Ancien Régime, Göttingen 1986.

–, Fürst – Gesellschaft – Krieg. Studien zur bellezistischen Disposition des absoluten Fürstenstaates, Köln u. a. 1992.

–, Friedrich der Große, München 2004.

–, Von der gezähmten zur entfesselten Bellona. Die Umwertung des Krieges im Zeitalter der Revolutions- und Freiheitskriege, in: Ders. (1992), Fürst, S. 203–226.

–, La guerre – c'est moi! Zum Problem der Staatenkonflikte im Zeitalter des Absolutismus, in: ebd., S. 1–41.

–, Aufklärung und Kriegserfahrung, in: Ders. (Hg.), Aufklärung und Kriegserfahrung. Klassische Zeitzeugen zum Siebenjährigen Krieg, Frankfurt a. M. 1996, S. 737–751.

–, Absolutismus und Öffentlichkeit, in: Jäger (1997), Öffentlichkeit, S. 33–49.

Ladurie, Emanuel Le Roy, L'Ancien Regime, Bd. 1: L'Absolutisme en vrai grandeur (1610–1715), Paris 1991.

Landwehr, Achim, Absolutismus oder «gute Policey»? Anmerkungen zu einem Epochenkonzept, in: Lothar Schilling (Hg.), Absolutismus, ein unersetzliches Forschungskonzept, München 2008, S. 205–228.

Langer, Curt, Die Hungerjahre 1771 und 1772 nach zeitgenössischen Quellen, in: Sächsische Heimatblätter 9, 1963, S. 360–367.

Langewiesche, Dieter, Nationalismus und Nationalstaat in Deutschland und Europa, München 2000.

–/Schmidt, Georg (Hg.), Föderative Nation. Deutschlandkonzepte von der Reformation bis zum Ersten Weltkrieg, München 2000.

–, Spätaufklärung und Frühliberalismus in Deutschland, in: Eberhard Müller

(Hg.), «... aus der anmuthigen Gelehrsamkeit». Tübinger Studien zum 18. Jahrhundert. Dietrich Geyer zum 60. Geburtstag, Tübingen 1988, S. 67–80.

–, Das Alte Reich nach seinem Ende. Die Reichsidee in der deutschen Politik des 19. und frühen 20. Jahrhunderts. Versuch einer nationalgeschichtlichen Neubewertung in welthistorischer Perspektive, in: Anton Schindling/Gerhard Taddey (Hg.), 1806 – Souveränität für Baden und Württemberg. Beginn der Modernisierung?, Stuttgart 2007, S. 27–51.

–, Der ‹deutsche Sonderweg›, Defizitgeschichte als geschichtspolitische Zukunftskonstruktion nach dem Ersten und Zweiten Weltkrieg (2004), in: Ders., Zeitwende. Geschichtsdenken heute, hg. v. Nikolaus Buschmann und Ute Planert, Göttingen 2008, S. 164–171.

Le Rider, Jaques, Napoleons Konzepte für die Neugestaltung des Alten Reiches bis 1806, in: Das Heilige Römische Reich und sein Ende 1806. Zäsur in der deutschen und europäischen Geschichte, hg. v. Peter Claus Hartmann/Florian Schuller, Regensburg 2006, S. 66–77.

Lefebvre, Georges, Der aufgeklärte Despotismus, in: Aretin (1974), Absolutismus, S. 77–88.

Lehnert, Gertrud, Mode als Medium des Kulturtransfers im 18. Jahrhundert, in: Gesa Stedmann und Margarete Zimmermann (Hg.), Höfe – Salons – Akademien. Kulturtransfer und Gender im Europa der Frühen Neuzeit, Hildesheim u. a. 2007, S. 309–340.

Leismann, Burkhard, Zum Motiv des Ballons in der Karikatur, in: Leichter als Luft. Zur Geschichte der Ballonfahrt, hg. v. Westfälischen Landesmuseum für Kunst- und Kulturgeschichte, Münster 1978, S. 136–154.

Leschinsky, Achim, Das Konzept einer rationalen Elementarbildung – Die Pädagogik Rochows, in: Ulrich Herrmann (Hg.), Das pädagogische Jahrhundert. Volksaufklärung und Erziehung zur Armut im 18. Jahrhundert in Deutschland, Weinheim 1981, S. 169–193.

Lill, Rudolf, Die Säkularisation und die Auswirkungen des napoleonischen Konkordats in Deutschland, in: Armgard von Reden-Dohna (Hg.), Deutschland und Italien im Zeitalter Napoleons, Wiesbaden 1979, S. 91–103.

Lilley, Samuel, Technischer Fortschritt und die Industrielle Revolution 1700–1914, in: Cipolla (1979), Wirtschaftsgeschichte, Bd. 3, S. 119–163.

Link, Christoph, Die habsburgischen Erblande, die böhmischen Länder und Salzburg, in: Kurt G. A. Jeserich u. a. (Hg.), Deutsche Verwaltungsgeschichte, Bd. 1, Stuttgart 1983, S. 468–551.

–, Zwischen Absolutismus und Revolution. Aufgeklärtes Denken über Recht und Staat in der Mitte des 18. Jahrhunderts, in: Neuhaus (1993), Aufbruch, S. 185–209.

Lorenz, Hellmut (Hg.), Berliner Baukunst der Barockzeit, Berlin 1998.

–, Tradition oder «Moderne»? Überlegungen zur barocken Residenzlandschaft Berlin-Brandenburg, in: Forschungen zur brandenburgischen und preußischen Geschichte 8, 1998, S. 1–23.

Lottes, Günter, Erinnerungskulturen zwischen Psychologie und Kulturwissenschaft, in: Günter Oesterle (Hg.), Erinnerung, Gedächtnis, Wissen. Studien zur kulturwissenschaftlichen Gedächtnisforschung, Göttingen 2005, S. 163–184.

–, Laizismus und Fundamentalismus als Erbe der Aufklärung, in: Brigitte Bader-Zaar u. a. (Hg.), Auf dem Weg in die Moderne. Radikales Denken, Aufklärung und Konservatismus, Innsbruck 2007, S. 23–33.

Lyons, Gene M./Mastanduno, Michael (Hg.), Beyond Westphalia?, Baltimore 1995.

Luh, Jürgen, Unheiliges römisches Reich. Der konfessionelle Gegensatz 1648 bis 1806, Potsdam 1995.

Lukács, Georg, Die Zerstörung der Vernunft, Berlin 1954.

Luttenberger, Albrecht P., Miseria vitae aulicae. Zur Funktion hofkritischer Reflexion im Reich während der Frühen Neuzeit, in: Klaus Malettke/Chantal Grell (Hg.), Hofgesellschaft und Höflinge an europäischen Fürstenhöfen in der Frühen Neuzeit (15.–18. Jh.), Münster u. a. 2001, S. 459–490.

MacIntyre, Alasdair, Der Verlust der Tugend. Zur moralischen Krise der Gegenwart, Frankfurt a. M. u. a. 1987.

Magen, Ferdinand, Reichsexekutive und regionale Selbstverwaltung im späten 18. Jahrhundert, Berlin 1992.

Mah, Harold, Enlightenment Phantasies. Cultural Identity in France and Germany, 1750–1914, Ithaca/London 2003.

Maissen, Thomas, Art. Republik, in: Der neue Pauly, Bd. 15/2, Stuttgart/Weimar 2002, S. 714–741.

Malettke, Klaus, Die Bourbonen, Bd. 2: Von Ludwig XV. bis Ludwig XVI. 1715–1789/92, Stuttgart 2008.

Manger, Klaus, Das Ereignis Weimar-Jena um 1800 aus literaturwissenschaftlicher Sicht, Leipzig 2005.

–, «‹Deutschland fragt nach Gedichten nicht viel›!». Zur kulturellen Zentrierung von Weimar und Jena in der deutschen République des lettres, in: Michael Knoche/Lea Ritter-Santini (Hg.), Die europäische République des lettres in der Zeit der Weimarer Klassik, Göttingen 2007, S. 31–46.

Martens, Wolfgang, Bürgerlichkeit in der frühen Aufklärung, in: Kopitzsch (1976), Aufklärung, S. 347–363.

Mathy, Helmut, Die universitären und wissenschaftspolitischen Ansprüche des Reichserzkanzlers im 18. Jahrhundert, in: Peter Claus Hartmann (Hg.), Der Mainzer Kurfürst als Reichserzkanzler. Funktionen, Aktivitäten, Ansprüche und Bedeutung des zweiten Mannes im Alten Reich, Stuttgart 1997, S. 131–155.

Matsche, Franz, Die Kunst im Dienst der Staatsidee Kaiser Karls VI. Ikonographie, Ikonologie und Programmatik des «Kaiserstils», 2 Bde., Berlin/New York 1981.

Maurer, Catharine, Aufgeklärte Gesangbücher und ‹gemeine Leute›. Äußerungen und Inhalte der Gesangbuchstreite des ausgehenden 18. Jahrhunderts im protestantischen Deutschland, in: Hans Erich Bödecker u. a. (Hg.), Der Umgang mit dem religiösen Buch, Göttingen 1991, S. 269–288.

Maurer, Michael, Aufklärung und Anglophilie in Deutschland, Göttingen/Zürich 1987.

–, Kirche, Staat und Gesellschaft im 17. und 18. Jahrhundert, München 1999.

–, Bildung, in: Hahn/Hein (2005), Werte, S. 227–237.

–, Kultur und bürgerliche Vergesellschaftung, in: Hans-Edwin Friedrich u. a. (Hg.), Bürgerlichkeit im 18. Jahrhundert, Tübingen 2006, S. 31–44.

Mederer, Wolfgang, Romantik als Aufklärung der Aufklärung, Frankfurt a. M. 1987.

Medick, Hans, Weben und Überleben in Laichingen 1650–1900. Lokalgeschichte als Allgemeine Geschichte, Göttingen 1996.

–, Spinnstuben auf dem Dorf. Jugendliche Sexualkultur und Feierabendbrauch in der ländlichen Gesellschaft der frühen Neuzeit, in: Gerhard Huck (Hg.), Sozialgeschichte der Freizeit, Wuppertal 1980, S. 19–49.

–, «Missionare im Ruderboot»? Ethnologische Erkenntnisweisen als Herausforderung an die Sozialgeschichte, in: Alf Luedtke (Hg.), Alltagsgeschichte. Zur Rekonstruktion historischer Erfahrungen und Lebensweisen, Frankfurt a. M. 1989, S. 48–84.

Mediger, Walther, Mecklenburg, Russland und England-Hannover 1706–1721. Ein Beitrag zur Geschichte des Nordischen Krieges, Hildesheim 1967.

Meinecke, Friedrich, Weltbürgertum und Nationalstaat, München/Berlin ⁵1919.

Meisenburg, Friedrich, Der deutsche Reichstag während des Österreichischen Erbfolgekrieges (1740–1748), Dillingen 1931.

Menhennet, Alan, Vom «Friedewünschenden Teutschland» zum «Bedrängten Deutschland»: Die Schicksale der «deutschen Tradition in der deutschen Literatur vom Barock bis zur Aufklärung, in: Barner (1989), Tradition, S. 149–161.

Meumann, Markus, Findelkinder, Waisenhäuser, Kindsmord. Unversorgte Kinder in der frühneuzeitlichen Gesellschaft, München 1995.

–, Soldatenfamilien und uneheliche Kinder. Ein soziales Problem im Gefolge der stehenden Heere, in: Bernhard R. Kroener/Ralf Pröve (Hg.), Krieg und Frieden, Paderborn 1998, S. 219–236.

Meyer, Heinz, Vertreibung Salzburger und Berchtesgadener Protestanten und ihre Aufnahme in Kurhannover 1733, Uslar 1933.

Meyer, Torsten, Natur, Technik und Wirtschaftswachstum im 18. Jahrhundert. Risikoperzeptionen und Sicherheitsversprechen, Münster u. a. 1999.

Mieck, Ilja, Wirtschaft und Gesellschaft Europas von 1650 bis 1850, in: Wolfram Fischer u. a. (Hg.), Handbuch der europäischen Wirtschafts- und Sozialgeschichte, Stuttgart 1993, Bd. 4, S. 8–233.

Mittenzwei, Ingrid, Die Vorbereitung der bürgerlichen Umwälzung (1763 bis 1789), in: Deutsche Geschichte, Bd. 3, Berlin (Ost) 1983, S. 460–519.

Mitterauer, Michael, Gesindedienste und Jugendphase im europäischen Vergleich, in: Geschichte und Gesellschaft 11, 1985, S. 177–204.

Mix, York-Gothart, Lucri bonus odor oder Wie aufgeklärt war Friedrich Nicolai? Konstituenten kultureller Selbst- und Fremdwahrnehmung in den Reiseberichten über Franken von Nicolai, Wackenroder und Tieck, in: Rainer Falk/Alexander Košenina (Hg.), Friedrich Nicolai & die Berliner Aufklärung, Hannover 2008, S. 339–358.

Möhsen, Johann Karl Wilhelm, What Is to Be Done Towards the Enlightenment of the Citizenry?, in: J. Schmidt (1996), Enlightenment, S. 59–52.

Möller, Horst, Vernunft und Kritik. Deutsche Aufklärung im 17. und 18. Jahrhundert, Frankfurt a. M. 1986.

–, Fürstenstaat oder Bürgernation 1763–1815, Berlin 1989.

Mols, Roger, Die Bevölkerung Europas 1500–1700, in: Cipolla (1979), Wirtschaftsgeschichte, Bd. 2, S. 5–49.

Moraw, Peter, Von offener Verfassung zu gestalteter Verdichtung. Das Reich im späten Mittelalter 1250 bis 1490, Berlin 1985.

Morkel, Arnd, Montesquieu und die Despotie, in: Edgar Mass/Paul Ludwig Weinacht (Hg.), Montesquieu-Traditionen in Deutschland, Berlin 2005, S. 195–204.

Mühlfordt, Günter, Deutsche Union, Einheit Europas, Glück der Menschheit. Ideale und Illusionen des Aufklärers Karl Friedrich Bahrdt (1740–1792), in: Zeitschrift für Geschichtswissenschaft 40, 1992, S. 1138–1149.

Müller, Gerhard, Die Extraordinäre Universität – Jenas Modernisierungsweg, in: Ders. u. a. (Hg.), Die Universität Jena. Tradition und Innovation um 1800, Stuttgart 2001, S. 191–195.

Müller, Klaus, Zur Reichskriegserklärung im 17. und 18. Jahrhundert, in: Zeitschrift der Savigny-Stiftung für Rechtsgeschichte, Germ. Abt. 90, 1973, S. 246–259.

Müller, Michael G., Die Teilungen Polens: 1772, 1793, 1795, München 1984.

Müller, Olaf, Madame de Staël und Weimar. Europäische Dimensionen einer Begegnung, in: Hellmuth Th. Seemann (Hg.), Europa in Weimar. Visionen eines Kontinents, Göttingen 2008, S. 279–297.

Müller, Winfried, Die Aufklärung, München 2002.

Mulsow, Martin, Moderne aus dem Untergrund. Radikale Frühaufklärung in Deutschland 1680–1720, Hamburg 2002.

–, Vernünftige Metempsychosis. Über Monadenlehre, Esoterik und geheime Aufklärungsgesellschaften im 18. Jahrhundert, in: Monika Neugebauer-Wölk (Hg.), Aufklärung und Esoterik, Hamburg 1999, S. 211–272.

–, Pluralisierung, in: Anette Völker-Rasor (Hg.), Frühe Neuzeit, München 2000, S. 303–307.

Münch, Paul, Lebensformen in der frühen Neuzeit, Frankfurt a. M. u. a. 1992.

Münch, Richard, Die «zweite Moderne»: Realität oder Fiktion? Kritische Fragen an die Theorie der «reflexiven» Modernisierung, in: Kölner Zeitschrift für Soziologie und Sozialpsychologie 54, 2002, S. 417–443.

Nagel, Michael, Deutsch-jüdische Bildung vom Ausgang des 17. bis zum Beginn des 19. Jahrhunderts, in: Hammerstein/Herrmann (2005), Handbuch, S. 169–187.

Napierala, Mark, Archive der Kritik. Die Allgemeine Literatur-Zeitung und das Athenaeum, Heidelberg 2007.

Naumann, Martin, Österreich, England und das Reich 1719–1732, Berlin 1936.

Neri, Daniela, Frankreichs Reichspolitik auf dem Rastatter Kongress (1797–1799), in: Francia 24/2, 1997, S. 137–157.

Neugebauer, Wolfgang, Absolutistischer Staat und Schulwirklichkeit in Brandenburg-Preußen, Berlin u. a. 1985.

–, Die Hohenzollern, Bd. 2, Stuttgart 2003.

–, Kultureller Lokalismus und schulische Praxis. Katholisches und protestantisches Elementarschulwesen besonders im 17. und 18. Jahrhundert in Mitteleuropa, in: Peter Claus Hartmann (Hg.), Religion und Kultur im Europa des 17. und 18. Jahrhunderts, Frankfurt a. M. u. a. 2004, S. 385–408.

–, Niedere Schulen und Realschulen, in: Hammerstein/Herrmann (2005), Handbuch, S. 213–261.

–, Preußen als Kulturstaat, in: Forschungen zur brandenburgischen und preußischen Geschichte, N. F. 17, 2007, S. 161–179.

Neugebauer-Wölk, Monika, Verfassungsideen in praktischer Absicht? Entwürfe für eine deutsche Republik, in: Comparativ, Heft 4, 1992, S. 62–84.

Neuhaus, Helmut (Hg.), Aufbruch aus dem Ancien régime. Beiträge zur Geschichte des 18. Jahrhunderts, Köln 1993.

– (Hg.), Deutsche Geschichte in Quellen und Darstellungen, Bd. 5: Zeitalter des Absolutismus 1648–1789, Stuttgart 1997.

–, Das Reich im Kampf gegen Friedrich den Großen, in: Bernhard R. Kroener (Hg.), Europa im Zeitalter Friedrichs des Großen, München 1989, S. 214–243.

–, Der Reichstag als Zentrum eines «handelnden» Reiches, in: Schilling (2006), Reich, S. 43–52.

–, Supplikationen auf Reichstagen des 16. Jahrhunderts. Zahl, Inhalt, Funktion, in: Maximilian Lanzinner/Arno Strohmeyer (Hg.), Der Reichstag 1486–1613: Kommunikation – Wahrnehmung – Öffentlichkeit, Göttingen 2006, S. 149–161.

Neumann, Joachim, Deutschlandkarten bis zum Ende des Heiligen Römischen Reiches Deutscher Nation – Geschichtsdeutung aus Karten und humanistischen Landesbeschreibungen sowie aus reichsnahen Synthesen früher Landesaufnahmen, in: Dagmar Unverhau (Hg.), Geschichtsdeutung auf alten Karten. Archäologie und Geschichte, Wiesbaden 2003, S. 397–410.

Niggemann, Ulrich, Konflikte um Immigration als «antietatistische» Proteste? Eine Revision der Auseiandersetzungen bei der Hugenotteneinwanderung, in: Historische Zeitschrift 286, 2008, S. 37–61.

Nipperdey, Thomas, Deutsche Geschichte 1800–1866. Bürgerwelt und starker Staat, München 1983.

Nisbet, Barry, Herder's Conception of Nationhood and its Influence in Eastern Europe, in: Roger Barlett/Karen Schönwälder (Hg.), The German Lands and Eastern Europe, Houndmills 1999, S. 115–135.

Nohl, Hermann, Die Deutsche Bewegung. Vorlesungen und Aufsätze zur Geistesgeschichte von 1770–1830, Göttingen 1970.

Nolte, Paul, Bürgerideal, Gemeinde und Republik. «Klassischer Republikanismus im frühen deutschen Liberalismus, in: Historische Zeitschrift 254, 1992, S. 609–656.

North, Michael, Kommunikation, Handel, Geld und Banken in der Frühen Neuzeit, München 2000.

–, Genuss und Glück des Lebens. Kulturkonsum im Zeitalter der Aufklärung, Köln 2003.

–, Von der atlantischen Handelsexpansion bis zu den Agrarreformen, in: Ders. (Hg.), Deutsche Wirtschaftsgeschichte, München 2000, S. 107–191.

–, Konsumgeschichte und Kulturkonsum im 18. Jahrhundert, in: Geschichte in Wissenschaft und Unterricht 58, 2007, S. 484–501.

Nowitzki, Hans-Peter, Der «menschenfreundliche Cosmopolit» und sein «National-Journal». Wielands Merkur-Konzeption, in: Andrea Heinz (Hg.), «Der Teutsche Merkur» – die erste deutsche Kulturzeitschrift?, Heidelberg 2003, S. 68–107.

Nowosadtko, Jutta, Ordnungselement oder Störfaktor? Zur Rolle der stehenden Heere innerhalb der frühneuzeitlichen Gesellschaft, in: Ralf Pröve (Hg.), Klio in Uniform? Probleme und Perspektiven einer modernen Militärgeschichte der Frühen Neuzeit, Köln u. a. 1997, S. 5–34.

–, Die policierte Fauna in Theorie und Praxis. Frühneuzeitliche Tierhaltung, Seuchen und Schädlingsbekämpfung im Spiegel der Policeyvorschriften, in: Karl Härter (Hg.), Policey und frühneuzeitliche Gesellschaft, Frankfurt a. M. 2000, S. 297–340.

Oer, Rudolfine von, Der Friede von Pressburg. Ein Beitrag zur Diplomatiegeschichte des napoleonischen Zeitalters, Münster 1965.

Oesterle, Ingrid, Der «neue Kunstkörper» in Paris und der «Untergang Italiens». Goethe und seine deutschen Zeitgenossen bedenken die «große Veränderung» für die Kunst um 1800 durch den «Kunstraub», in: Dagmar Ottmann/Markus Symmank (Hg.), Poesie als Auftrag. Festschrift für Alexander von Bormann, Würzburg 2001, S. 55–70.

Oestreich, Gerhard, Friedrich Wilhelm I. Preußischer Absolutismus, Merkantilismus, Militarismus, Göttingen 1977.

Opfermann, Ulrich Friedrich. «Seye kein Ziegeuner, sondern kayserlicher Cornet». Sinti im 17. und 18. Jahrhundert. Eine Untersuchung anhand archivalischer Quellen, Berlin 2007.

Opgenoorth, Ernst, Friedrich Wilhelm der Große Kurfürst von Brandenburg. Eine politische Biographie, 2 Bde., Frankfurt a. M./Zürich 1971/1978.

Ortner, Franz, Reformation, katholische Reform und Gegenreformation im Erzstift Salzburg, Salzburg 1981.

Osthövener, Claus-Dieter, Art. Aufklärung, in: Evangelisches Kirchenlexikon, Stuttgart 2006, Sp. 135–140.

Outram, Dorinda, Aufbruch in die Moderne. Die Epoche der Aufklärung, Stuttgart 2006.

Overhoff, Jürgen, Benjamin Franklin. Erfinder, Freigeist, Staatenlenker, Stuttgart 2006.

Oz-Salzberger, Fania, Translating the Enlightenment: Scottish Civil Discourse in Eighteenth-Century Germany, Oxford 1995.

Pachner von Eggenstorff, Johann Joseph, Vollständige Sammlung aller von Anfang des noch fürwährenden Teutschen Reichs-Tags de Anno 1663 biß anhero abgefassten Reichs-Schlüsse, Tl. 4: 1719 bis 1740, [ND Hildesheim u. a. 1996] (zuerst 1777).

Pangerl, Irmgard u. a. (Hg.), Der Wiener Hof im Spiegel der Zeremonialprotokolle. Eine Annäherung, Innsbruck 2007.

Pape, Matthias, Revolution und Reichsverfassung – Die Verfassungsdiskussion zwischen Fürstenbund und Rheinbund, in: Elisabeth Weißer-Lohmann/Dietmar Köhler (Hg.), Verfassung und Revolution. Hegels Verfassungskonzeption und die Revolutionen der Neuzeit, Hamburg 2000, S. 40–84

Patze, Hans, Sachsen-Römhild 1680–1710, in: Ders./Walter Schlesinger (Hg.), Geschichte Thüringens, Bd. 5: Politische Geschichte der Neuzeit, Tl. 1.1, Köln 1982, S. 494–499.

Paulsen, Friedrich, Aufklärung und Aufklärungspädagogik (1903), in: Kopitzsch (1976), Aufklärung, S. 275–293.

Peşar, Andreas, Gab es eine höfische Gesellschaft des Reiches? Rang- und Statuskonkurrenz innerhalb des Reichsadels in der ersten Hälfte des 18. Jahrhunderts, in: Klueting/Schmale (2004), Reich, S. 183–205.

–, Zeichen aristokratischer Vortrefflichkeit. Hofzeremoniell und Selbstdarstellung des höfischen Adels am Kaiserhof (1648–1740), in: Marian Füssel/Thomas Weller (Hg.), Ordnung und Distinktion. Praktiken sozialer Repräsentation in der ständischen Gesellschaft, Münster 2005, S. 181–197.

Petschel, Dorit, Sächsische Außenpolitik unter Friedrich August I. Zwischen Rétablissement, Rheinbund und Restauration, Köln u. a. 2000.

Pfannenschmid, Yvonne, Ludolf Hugo (1632–1704). Früher Bundesstaatstheoretiker und kurhannoverscher Staatsmann, Baden-Baden 2005.

Pfister, Christian, Wetternachhersage. 500 Jahre Klimavariationen und Naturkatastrophen, Bern u. a. 1999.

–, Bevölkerungsgeschichte und Historische Demographie 1500–1800, München ²2007.

Pfister, Ulrich, Die Anfänge der Geburtenbeschränkung. Eine Fallstudie – ausgewählte Zürcher Familien im 17. und 18. Jahrhundert, Bern 1985.

Piepmeier, Rainer, Aufklärung I, in: Theologische Realenzyklopädie 4, Berlin 1976, S. 575–594.

Piirimäe, Eva, Thomas Abbt's Vom Tode für das Vaterland (1761) and the French debates on monarchical patriotism, in: Trames. Journal of the humanities and the social sciences 9, 2005, S. 326–347.

Piller, Gudrun, Private Körper. Spuren des Leibes in Selbstzeugnissen des 18. Jahrhunderts, Köln u. a. 2007.

Planert, Ute, Der Mythos vom Befreiungskrieg. Frankreichs Kriege und der deutsche Süden: Alltag – Wahrnehmung – Deutung 1792–1841, Paderborn 2007.

–, Zwischen Partizipation und Restriktion. Frauenemanzipation und nationales Paradigma von der Aufklärung bis zum Ersten Weltkrieg, in: Langewiesche/Schmidt (2000), Nation, S. 387–428.

Pleticha, Heinrich, Des Reiches Glanz, Freiburg i. Br. 1989.

Pohl, Hans, Die wirtschaftliche und soziale Entwicklung vom Spätmittelalter bis zum ausgehenden 18. Jahrhundert, in: Kurt G. A. Jeserich u. a. (Hg.), Deutsche Verwaltungsgeschichte, Bd. 1, Stuttgart 1983, S. 215–267.

Pöhnert, Katrin, Zum Problem der Illegitimität in Jena in der Zeit von 1770 bis 1820, in: Klaus Ries (Hg.), Zwischen Universität und Stadt. Aspekte demographischer Entwicklung in Jena um 1800, Weimar 2004, S. 77–94.

Polleross, Friedrich, Kaiser, König, Landesfürst: Habsburgische «Dreifaltigkeit» im Porträt, in: Andreas Beyer (Hg.), Bildnis, Fürst und Territorium, München/Berlin 2000, S. 189–218.

Pommerin, Reiner, Das europäische Staatensystem zwischen Kooperation und Konfrontation 1739–1856, in: Neuhaus (1993), Aufbruch, S. 79–99.

Pornschlegel, Clemens, Unsichtbare Nationalliteratur. Zu Goethes Polemik ‹Literarischer Sansculottismus› (12.01.2004), in: Goethezeitportal. URL: ‹http://www. goethezeitportal.de/db/wiss/goethe/pornschlegel_nationalliteratur.pdf› (10.01.2008).

Porter, Roy, Kleine Geschichte der Aufklärung, Berlin 1990.

–, Enlightenment: Britain and the Creation of the Modern World, Harmondsworth 2000.

Prass, Rainer, Alphabetisierung in Frankreich und Deutschland. Überlegungen zu differierenden Grundlagen scheinbar gleicher Entwicklungen, in: Bödeker/Gierl (2007), Diskurse, S. 25–48.

Press, Volker, Kriege und Krisen. Deutschland 1600–1715, München 1991.

– (Hg.), Alternativen zur Reichsverfassung in der Frühen Neuzeit, München 1995.

–, Das Alte Reich. Ausgewählte Aufsätze, hg. v. Johannes Kunisch, Berlin 1997.

–, Adel im Alten Reich. Gesammelte Vorträge und Aufsätze, hg. v. Franz Brendle und Anton Schindling, Tübingen 1998.

–, Kurhannover im System des Alten Reiches 1692–1803, in: Adolf M. Birke/Kurt Kluxen (Hg.), England und Hannover, München u. a. 1986, S. 53–79.

–, Reichsstadt und Revolution, in: Bernhard Kirchgässner/Eberhard Naujoks (Hg.), Stadt und wirtschaftliche Selbstverwaltung, Sigmaringen 1987, S. 9–59.

–, Kaiser und Reichsritterschaft, in: Rudolf Endres (Hg.), Adel in der Frühneuzeit. Ein regionaler Vergleich, Köln/Wien 1991, S. 163–194.

–, Zwischen Kurmainz, Kursachsen und dem Kaiser. Von städtischer Autonomie zur «Erfurter Reduktion» 1664, in: Ulman Weiß (Hg.), Erfurt 742–1992. Stadtgeschichte, Universitätsgeschichte, Weimar 1992, S. 385–402.

–, Das römisch-deutsche Reich – ein politisches System in verfassungs- und sozialgeschichtlicher Fragestellung, in: Ders. (1997), Das Alte Reich, S. 18–41.

–, Die kaiserliche Stellung im Reich zwischen 1648 und 1740. Versuch einer Neubewertung, in: ebd., S. 189–222.

–, Das Wittelsbachische Kaisertum Karls VII. Voraussetzungen von Entstehung und Scheitern, in: ebd., S. 223–259.

–, Friedrich der Große als Reichspolitiker, in: ebd., S. 260–288.

–, Bayern am Scheideweg. Die Reichspolitik Kaiser Josephs II. und der Bayerische Erbfolgekrieg 1777–1779, in: ebd., S. 289–325.

Pröve, Ralf, Stehendes Heer und städtische Gesellschaft im 18. Jahrhundert. Göttingen und seine Militärbevölkerung, München 1994.

Puchalski, Lucjan, Imaginärer Name Österreich. Der literarische Österreich-Begriff an der Wende vom 18. zum 19. Jahrhundert. Wien u. a. 2000.

Querfurt, Hans Jürgen, Die Unterwerfung der Stadt Braunschweig im Jahre 1671, Braunschweig 1953.

Radkau, Joachim, Natur und Macht. Eine Weltgeschichte der Umwelt, München 2000.

Randel, Johann Adolph Friedrich, Annalen der Staatskräfte von Europa [...], Tl. 1: Das Deutsche Reich, Berlin 1792.

Randig, Christina, Aufklärung und Region. Gerhard Anton von Halem (1752–1819), Göttingen 2007.

Ranke, Leopold von, Die deutschen Mächte und der Fürstenbund. Deutsche Geschichte von 1780–1790, Leipzig 1875.

–, Zwölf Bücher Preußische Geschichte, Bde. 3–4, Leipzig ²1879.

–, Die großen Mächte. Politische Gespräche, hg. v. Theodor Schieder, Göttingen 1963.

–, Über die Epochen der neueren Geschichte, historisch-kritische Ausgabe, hg. v. Theodor Schieder und Helmut Berding, München 1971.

Rasche, Ulrich, Umbrüche – Zur Frequenz der Universität Jena im ausgehenden 18. und frühen 19. Jahrhundert, in: Gerhard Müller u. a. (Hg.), Die Universität Jena. Tradition und Innovation um 1800, Stuttgart 2001, S. 79–134.

Reed, T. J., Ecclesia Militans: Weimarer Klassik als Opposition, in: Winfried Barner (Hg.), Unser Commercium. Goethes und Schillers Literaturpolitik, Stuttgart 1984, S. 37–55.

Regensburger, Katja, Die Frau als Gegenstand der Geburtshilfe: Accouchirhauspolitik und weibliches Selbstverständnis um 1800, in: Julia Frindte/Siegrid Westphal (Hg.), Handlungsspielräume von Frauen um 1800, Heidelberg 2005, S. 77–90.

Reichardt, Rolf, Deutsche Volksbewegungen im Zeichen des Pariser Bastillesturms, in: Berding (1988), Unruhen, S. 10–27.

Reif, Heinz, Einleitung, in: Ders., (Hg.): Adel und Bürgertum in Deutschland, Bd. 1., Berlin 2000, S. 7–27.

Reil, Friedrich, Leopold Friedrich Franz. Herzog und Fürst von Anhalt-Dessau, Dessau 1845.

Reinalter, Helmut, Einleitung, in: Ders. (Hg.), Joseph II. und die Freimaurer im Licht zeitgenössischer Broschüren, Wien u. a. 1987, S. 9–26.

–, Gegen die «Tollwuth und Aufklärungsbarbarei». Leopold Alois Hoffmann und der frühe Konservativismus in Österreich, in: Christoph Weiß/Wolfgang Albrecht (Hg.), Von ‹Obscuranten› und ‹Eudämonisten›. Gegenaufklärerische, konservative und antirevolutionäre Publizisten im späten 18. Jahrhundert, St. Ingbert 1997, S. 221–244.

Reinhard, Wolfgang, Vom italienischen Humanismus bis zum Vorabend der Französischen Revolution, in: Ders., u. a. Geschichte der politischen Ideen. Von der Antike bis zur Gegenwart, Frankfurt a. M. 1987, S. 241–376.

–, Probleme deutscher Geschichte 1495–1806, in: Ders., Gebhardt. Handbuch der deutschen Geschichte, Bd. 9, Stuttgart ¹⁰2001, S. 1–107.

Reinhardt, Hartmut, «… man weiß nicht, was man schreiben darf …» Die Weimarer Klassik und die Zensur: Zwei Fallstudien zu Schiller und Herder, in: Haefs/Mix (2007), Zensur, S. 203–223.

Reinighausen, Wilfried, Gewerbe in der Frühen Neuzeit, München 1990.

Reith, Reinhold u. a., Streikbewegungen deutscher Handwerksgesellen im 18. Jahrhundert. Materialien zur Sozial- und Wirtschaftsgeschichte des städtischen Handwerks 1700–1806, Göttingen 1992.

Renan, Ernest, Was ist eine Nation? Vortrag an der Sorbonne, gehalten am 11. März 1882, in: Ders., Was ist eine Nation? Und andere politische Schriften, Wien/Bozen 1995, S. 41–58.

Renner, Bruno, Die nationalen Einigungsbestrebungen Friedrich Carl von Mosers, phil. Diss. Königsberg 1919.

Rheinheimer, Martin, Arme, Bettler und Vaganten. Überleben in der Not 1450–1850, Frankfurt a. M. 2000.

Riedel, Manfred, Art. Bürger, Staatsbürger, Bürgertum, in: Geschichtliche Grundbegriffe, Bd. 1, Stuttgart 1972, S. 672–725.

Riem, Andreas, Über Aufklärung und Gewissensfreiheit, in: Bibliothek der deutschen Aufklärer des 18. Jahrhunderts, H. 5, Leipzig 1847, S. 313–344.

Riethmüller, Jürgen, Die Anfänge des demokratischen Denkens in Deutschland. Demokratische Staatsphilosophie, Grundlegung einer demokratischen Verfassungstradition und Ausstrahlung auf die Unterschichten im ausgehenden 18. Jahrhundert, Neuwied 2001.

Riotte, Torsten, George III and Hanover, in: Brendan Simms/Torsten Riotte (Hg.), The Hanoverian Dimension in British History, Cambridge 2007, S. 58–85.

–, Britische Geschichtsbilder und das Ende des Alten Reiches 1806, in: Roll/Schnettger (2008), Epochenjahr, S. 99–121.

–, Großbritannien und das Ende des Alten Reiches 1806, in: Michael North/Robert Riemer (Hg.), Das Ende des Alten Reiches im Ostseeraum. Wahrnehmungen und Transformationen, Köln u. a. 2008, S. 33–54.

Roeck, Bernd, Außenseiter, Randgruppen, Minderheiten, Göttingen 1993.

Rohe, Karl, Politik. Begriffe und Wirklichkeiten, Stuttgart u. a. 1994.

Rohr, Theo, Der Deutsche Reichstag vom Hubertusburger Frieden bis zum Bayrischen Erbfolgekrieg, Bonn 1968.

Roll, Christine/Schnettger, Matthias (Hg.), Epochenjahr 1806? Das Ende des Alten Reichs in zeitgenössischen Perspektiven und Deutungen, Mainz 2008.

–, Die preußische Königserhebung im politischen Kalkül der Wiener Hofburg, in: Johannes Kunisch (Hg.), Dreihundert Jahre preußische Königskrönung. Eine Tagungsdokumentation, Berlin 2002, S. 189–227.

Roscher, Wilhelm, Geschichte der National-Ökonomik in Deutschland, München 1874.

Rouette, Susanne, Erbrecht und Besitzweitergabe: Praktiken in der ländlichen Gesellschaft Deutschlands, Diskurse in Politik und Wissenschaft, in: Rainer Prass u. a. (Hg.), Ländliche Gesellschaften in Deutschland und Frankreich, 18.–19. Jahrhundert, Göttingen 2003, S. 145–166.

Rürup, Reinhard, Johann Jacob Moser, Pietismus und Reform, Wiesbaden 1965.

Ruthmann, Bernhard, Die Religionsprozesse am Reichskammergericht (1555–1648). Eine Analyse anhand ausgewählter Prozesse, Köln u. a. 1996.

Saalfeld, Diedrich, Lebensstandard in Deutschland 1750–1860, in: Ingomar Bog u. a. (Hg.), Wirtschaftliche und soziale Strukturen im säkularen Wandel, Festschrift für Wilhelm Abel, Bd. 2, Hannover 1974, S. 417–443.

–, Die ständische Gliederung der Gesellschaft Deutschlands im Zeitalter des Absolutismus. Ein Quantifizierungsversuch, in: Vierteljahrschrift für Sozial- und Wirtschaftsgeschichte 67, 1980, S. 457–483.

Sahmland, Irmtraut, Christoph Martin Wieland und die deutsche Nation. Zwischen Patriotismus, Kosmopolitismus und Griechentum, Tübingen 1990.

Saint-Victor, Jacques de, Les Racines de la liberté. Le débat français oublié 1689–1789, o. O. 2007.

Sandl, Marcus, Ökonomie des Raumes. Der kameralwissenschaftliche Entwurf der Staatswirtschaft im 18. Jahrhundert, Köln u. a. 1999.

Sautter, Dorothea, Wilhelm von Edelsheim und die badische Fürstenbundpolitik, Heidelberg 1938.

Savoy, Bénédicte, «Die Gallier in Rom». Deutsche Stellungnahmen zum französischen Kunstraub in Italien, 1796–1801, in: Thomas Höpel (Hg.), Deutschlandbilder – Frankreichbilder 1750–1850. Rezeption und Abgrenzung zweier Kulturen, Leipzig 2001, S. 153–171.

–, Zum Öffentlichkeitscharakter deutscher Museen im 18. Jahrhundert, in: Dies. (Hg.), Tempel der Kunst. Die Entstehung des öffentlichen Museums in Deutschland 1701–1815, Mainz 2006, S. 9–26.

Sawilla, Jan Marco, «Geschichte»: ein Produkt der deutschen Aufklärung? Eine

Kritik an Reinhart Kosellecks Begriff des «Kollektivsingulars Geschichte», in: Zeitschrift für Historische Forschung 31, 2004, S. 381–428.

Scharf, Claus (Hg.), Katharina II., Russland und Europa. Beiträge zur internationalen Forschung, Mainz 2001.

–, Katharina II., Deutschland und die Deutschen, Mainz 1996.

–, Strukturbedingungen politischer Freiheit. Ein Forschungsbericht zum ‹Geist der Gesetze› in Deutschland im 18. Jahrhundert, in: Duchhardt/Scharf (2004), Interdisziplinarität, S. 105–142.

Scheel, Heinrich (Hg.), Mainzer Republik, Bd. 2, Berlin 1989.

Schieder, Theodor, Friedrich der Große. Ein Königtum der Widersprüche, ND Berlin 1996.

Schiller, Friedrich, Schillers Werke. Nationalausgabe (NA), begründet von Julius Petersen, Weimar seit 1943.

–, Sämtliche Werke, hg. v. Gerhard Fricke u. a., München 1958.

–, Über die ästhetische Erziehung des Menschen, Stuttgart 2000.

Schilling, Heinz, Die Stadt in der Neuzeit, München 1993.

– Höfe und Allianzen. Deutschland 1648–1763, Berlin ²1994.

– u. a. (Hg.), Heiliges Römisches Reich deutscher Nation 962–1806: Altes Reich und neue Staaten 1495–1806 (= Ausstellungskatalog), Bd. 2: Essays, Dresden 2006.

–, Die Konfessionalisierung im Reich. Religiöser und gesellschaftlicher Wandel in Deutschland zwischen 1555 und 1620, in: Historische Zeitschrift 246, 1988, S. 1–45.

Schilling, Lothar, Kaunitz und das Renversement des alliances. Studien zur außenpolitischen Konzeption Wenzel Antons von Kaunitz, Berlin 1994.

–, Wie revolutionär war die diplomatische Revolution? Überlegungen zum Zäsurcharakter des Bündniswechsels von 1756, in: Forschungen zur Brandenburgischen und Preußischen Geschichte N. F. 6, 1996, S. 163–202.

–, Vom Nutzen und Nachteil eines Mythos, in: Ders. (Hg.), Absolutismus, ein unersetzliches Forschungskonzept?, München 2008, S. 13–31.

Schindling, Anton, Die Anfänge des Immerwährenden Reichstags zu Regensburg, Mainz 1991.

–, Bildung und Wissenschaft in der Frühen Neuzeit 1650–1800, München 1994.

–/Ziegler, Walter (Hg.), Die Kaiser der Neuzeit 1519–1918, München 1990.

–, Der Große Kurfürst und das Reich, in: Heinrich (1990), Licht, S. 59–74.

Schirmer, Uwe, Der Bevölkerungsgang in Sachsen zwischen 1743 und 1815, in: Vierteljahrschrift für Sozial- und Wirtschaftsgeschichte 83, 1996, S. 25–58.

Schlechte, Horst (Hg.), Die Staatsreform in Kursachsen, 1762–1763. Quellen zum kursächsischen Rétablissement nach dem Siebenjährigen Kriege, Berlin 1958.

Schlenke, Manfred, England blickt nach Europa: Das konfessionelle Argument in der englischen Politik um die Mitte des 18. Jahrhunderts, in: Paul Kluke/Peter Alter (Hg.), Aspekte der deutsch-britischen Beziehungen im Laufe der Jahrhunderte, Stuttgart 1978, S. 24–45.

Schlobach, Jochen, Vom guten zum aufgeklärten Herrscher, in: Duchhardt/Scharf (2004), Interdisziplinarität, S. 35–42.

Schlösser, Susanne, Interregnum, Kaiserwahl und -krönung im 18. Jahrhundert: die Politik des Mainzer Erzkanzlers 1740–1742, in: Peter Claus Hartmann (Hg.), Der Mainzer Kurfürst als Reichserzkanzler. Funktionen, Aktivitäten, Ansprüche und Bedeutung des zweiten Mannes im Alten Reich, Stuttgart 1997, S. 111–129.

Schlumbohm, Jürgen, Familie, Verwandtschaft und soziale Ungleichhheit: Der

Wandel einer ländlichen Gesellschaft vom 17. zum 19. Jahrhundert, in: Rudolf
Vierhaus (Hg.), Frühe Neuzeit – Frühe Moderne? Forschungen zur Vielschich-
tigkeit von Übergangsprozessen, Göttingen 1992, S. 133–156.
–, Mütter und Kinder retten. Geburtshilfe und Entbindungshospitäler im 18. und
frühen 19. Jahrhundert – europäische Netze und lokale Vielfalt, in: Bödeker/
Gierl (2007), Diskurse, S. 323–343.
Schmale, Wolfgang, Archäologie der Grund und Menschenrechte in der frühen
Neuzeit: ein deutsch-französisches Paradigma, München 1997.
–, ‹Liberty is an Inestimable Thing›: Some Unexpected ‹Laboratories› of Human
Rights in France and Germany, in: Janet Coleman (Hg.), The Individual in Poli-
tical Theory and Practice, Oxford 1996, S. 171–189.
Schmid, Alois, Max III. Joseph und die europäischen Mächte. Die Außenpolitik
des Kurfürstentums Bayern von 1745–1765, München 1987.
–, Der geplante Friedenskongreß in Augsburg, in: Andreas Kraus (Hg.), Land und
Reich, Stamm und Nation. Festschrift für Max Spindler, Bd. 2, München 1984,
S. 235–258.
–, Franz I. und Maria Theresia, in: Schindling/Ziegler (1990), Kaiser, S. 232–248.
–, Karl VII., in: Ebd., S. 215–231.
Schmidt, Adolf, Geschichte der preußisch-deutschen Unionsbestrebungen seit der
Zeit Friedrich’s des Großen, Berlin 1851.
Schmidt, Alexander, Vaterlandsliebe und Religionskonflikt. Politische Diskurse im
Alten Reich (1555–1648), Leiden/Boston 2007.
–, Athen oder Sparta? Friedrich Schiller und der Republikanismus, in: Der ganze
Schiller – Programm ästhetischer Erziehung, hg. v. Klaus Manger, Heidelberg
2006, S. 103–130.
–, Das Überleben der «Kleinen». Die Zäsur 1806 und die Politik Sachsen-Weimar-
Eisenachs (1796–1813), in: Klinger (2008), 1806, S. 349–380.
–, Konfession und nationales Vaterland. Katholische Reaktionen auf den protestan-
tischen Patriotismus im Alten Reich (1520–1620), in: Kaspar von Greyerz u. a.
(Hg.) Frühneuzeitliche Konfessionskulturen, Gütersloh 2008, S. 14–41.
Schmidt, Georg (Hg.), Stände und Gesellschaft im Alten Reich, Stuttgart 1989.
–, Geschichte des Alten Reiches. Staat und Nation in der Frühen Neuzeit 1495–
1806, München 1999.
–, Der Dreißigjährige Krieg, München ⁶2003.
–/Martin van Gelderen/Christopher Snigula (Hg.), Kollektive Freiheitsvorstellun-
gen im frühneuzeitlichen Europa (1400–1850), Frankfurt a. M. u. a. 2006.
–, Hofgröße – Familiengröße – Vererbungsgewohnheiten. Eine Fallstudie über fünf
Familien auf Grund des Heuchelheimer Geschoßbuches aus dem 18. Jahrhun-
dert, in: Arthur E. Imhof (Hg.), Historische Demographie als Sozialgeschichte.
Gießen und Umgebung vom 17. zum 19. Jahrhundert, Darmstadt/Marburg 1975,
S. 687–707.
–, «Frühkapitalismus» und Zunftwesen. Monopolbestrebungen und Selbstverwal-
tung in der frühneuzeitlichen Wirtschaft, in: Bernhard Kirchgässner/Eberhard
Naujoks (Hg.), Stadt und wirtschaftliche Selbstverwaltung, Sigmaringen 1987,
S. 77–114.
–, Agrarkonflikte und Territorialisierung. Beobachtungen zum bäuerlichen Wider-
stand in einer «hessischen» Region, in: Jahrbuch für Regionalgeschichte 16, 1989,
S. 39–56.
–, Die frühneuzeitlichen Hungerrevolten, in: Zeitschrift für Historische Forschung
18, 1991, S. 257–280.
–, «Libertas commerciorum» or «Moral Economy»? The Austrian Vorlande in the

Famine of the 1770s, in: Charles Ingrao (Hg.), State and Society in Early Modern Austria, West Lafayette 1994, S. 252–272.

–, Der napoleonische Rheinbund – ein erneuertes Altes Reich, in: Press (1995), Alternativen, S. 227–246.

–, Städtehanse und Reich im 16. und 17. Jahrhundert, in: Antjekathrin Grassmann (Hg.), Niedergang oder Übergang? Zur Spätzeit der Hanse im 16. Und 17. Jahrhundert, Köln u. a. 1998, S. 25–46.

–, Angst vor dem Kaiser? Die Habsburger, die Erblande und die deutsche Libertät im 17. Jahrhundert, in: Duchhardt/Schnettger (1999), Libertät, S. 329–348.

–, Teutsche Kriege: Nationale Deutungsmuster und integrative Wertvorstellungen im frühneuzeitlichen Reich, in: Langewiesche/Schmidt (2000), Nation, S. 33–61.

–, Die Anfänge der Fruchtbringenden Gesellschaft als politisch motivierte Sammlungsbewegung und höfische Akademie, in: Klaus Manger (Hg.), Die Fruchtbringer – eine Teutschhertzige Gesellschaft, Heidelberg 2001, S. 5–37.

–, Die «deutsche Freiheit» und der Westfälische Friede, in: Asch (2001), Frieden, S. 323–347.

–, Das frühneuzeitliche Reich – komplementärer Staat und föderative Nation, in: Historische Zeitschrift 273, 2001, S. 371–399.

–, Der Westfälische Friede und die komplementäre Staatlichkeit, in: Jahrbuch des italienisch-deutschen historischen Instituts in Trient 27, 2001, S. 205–223.

–, Luthertum, Aufklärung und religiöse Gleichgültigkeit am Weimarer Hof im späten 18. Jahrhundert, in: Klaus Malettke/Chantal Grell (Hg.), Hofgesellschaft und Höflinge an europäischen Fürstenhöfen in der Frühen Neuzeit (15.–18. Jh.), Münster 2001, S. 491–506.

–, Das Jahr 1783: Goethe, Herder und die Zukunft Weimars, in: Ventzke (2002), Hofkultur, S. 138–168.

–, Inszenierungen und Folgen eines Musensitzes. Goethes Maskenzüge 1781–1784 und Carl Augusts politische Ambitionen, in: Ständige Konferenz Mitteldeutscher Barockmusik, Jahrbuch 2002, S. 101–118.

–, Kommentar: Carl Theodor von Dalberg, Von Erhaltung der Staatsverfassungen, in: Ausgewählte Schriften aus 250 Jahren Akademiegeschichte, nachgedruckt und kommentiert, hg. v. Horst Meyer, Erfurt 2004, S. 139–161, Kommentar S. 155–161.

–, Das Reich und Europa in deutschsprachigen Flugschriften. Überlegungen zur räsonierenden Öffentlichkeit und politischen Kultur im 17. Jahrhundert, in: Klaus Bußmann/Elke Anna Werner (Hg.), Europa im 17. Jahrhundert, Stuttgart 2004, S. 119–148.

–, Reichspatriotische Visionen: Ernst II. von Sachsen-Gotha, Carl August von Sachsen-Weimar und der Fürstenbund (1785–1788), in: Greiling (2005), Ernst II., S. 57–84.

–, «Teutsche Libertät» oder «Hispanische Servitut». Deutungsstrategien im Kampf um den evangelischen Glauben und die Reichsverfassung (1546–1552), in: Luise Schorn-Schütte (Hg.), Das Interim 1548/50. Herrschaftskrise und Glaubenskonflikt, Gütersloh 2005, S. 166–191.

–, Durch «ungesellige Geselligkeit» und unbedingten Gehorsam zur größtmöglichen Freiheit im «ewigen Frieden», in: Ungesellige Geselligkeit. Festschrift für Klaus Manger, hg. von Andrea Heinz u. a., Heidelberg 2005, S. 73–91.

–, Friedrich Schiller und seine Geschichte des Dreißigjährigen Kriegs, in: Klaus Manger/Gottfried Willems (Hg.), Schiller im Gespräch der Wissenschaften, Heidelberg 2005, S. 79–105.

–, Die Idee «deutsche Freiheit». Eine Leitvorstellung der politischen Kultur des Alten Reiches, in: Schmidt (2006), Freiheitsvorstellungen, S. 159–189.

–, «Aushandeln» oder «Anordnen». Der komplementäre Reichs-Staat und seine Gesetze im 16. Jahrhundert, in: Maximilian Lanzinner/Arno Strohmeyer (Hg.), Der Reichstag 1486–1613: Kommunikation – Wahrnehmung – Öffentlichkeit, Göttingen 2006, S. 95–116.

–, Adel und Reich. Publizistische Kritik und Perspektiven, in: Mark Hengerer u. a. (Hg.), Adel im Wandel. Oberschwaben von der Frühen Neuzeit bis zur Gegenwart, Ostfildern 2006, S. 85–98.

–, Analogien bilden. Schillers Konzept der Universalgeschichte und seine «Geschichte des Abfalls der vereinigten Niederlande», in: Luise Schorn-Schütte u. a. (Hg.), Wege der Neuzeit. Festschrift für Heinz Schilling zum 65. Geburtstag, Berlin 2007, S. 533–551.

–, Friedrich Meineckes Kulturnation. Zum historischen Kontext nationaler Ideen in Weimar-Jena um 1800, in: Historische Zeitschrift 284, 2007, S. 597–621.

–, Mäzene, Patrioten und Despoten. Drei mitteldeutsche Fürsten im späten Alten Reich, in: Holger Zaunstöck (Hg.), Das Leben des Fürsten. Studien zur Biografie von Leopold III. Friedrich Franz von Anhalt-Dessau (1740–1817), o. O. 2008, S. 30–45.

–, Das Ereignis Weimar-Jena und das Alte Reich, in: Lothar Ehrlich/Georg Schmidt (Hg.), Ereignis Weimar-Jena, Köln u. a. 2008, S. 11–32.

–, Deutschland 1806 – staatliche Zäsur und nationale Kontinuität, in: Klinger (2008), 1806, S. 101–122.

–, Von der «Westfälischen Souveränität» zu den Rheinbundsouveränen. Deutsche Staatlichkeit, Mächtebalance und napoleonische Hegemonie, in: Guntram Martin u. a. (Hg.), 200 Jahre Königreich Sachsen. Beiträge zur sächsischen Geschichte im napoleonischen Zeitalter, Beucha 2008, S. 37–53.

–, Deutschland um 1800. Das Umfeld der «Klassiker» und ihre Nationsentwürfe, in: Michael North/Robert Riemer (Hg.), Das Ende des Alten Reiches im Ostseeraum. Wahrnehmungen und Transformationen, Köln u. a. 2008, S. 156–171.

Schmidt, Hans, Karl VI., in: Schindling/Ziegler (1990), Kaiser, S. 200–214.

Schmidt, Heinrich, «Aufgeklärte» Gesangbuch-Reform und ländliche Gemeinde, in: Ernst Hinrichs/Günter Wiegelmann (Hg.), Sozialer und kultureller Wandel in der ländlichen Welt des 18. Jahrhunderts, Wolfenbüttel 1982, S. 85–115.

Schmidt, Heinrich Richard, Konfessionalisierung im 16. Jahrhundert, München 1992.

Schmidt, James, (Hg.), What is Enlightenment? Eighteenth-Century Answers and Twentieth-Century Questions, Berkeley u. a. 1996.

–, Introduction. What is Enlightenment? A Question, its Context, and some Consequences, in: ebd., S. 1–44.

Schmidt, Jochen, (Hg.), Aufklärung und Gegenaufklärung in der europäischen Literatur, Philosophie und Politik von der Antike bis zur Gegenwart, Darmstadt 1989.

–, Einleitung in Aufklärung, Gegenaufklärung, Dialektik der Aufklärung, in: ebd., S. 1–31.

Schmidt, Martin, Aufklärung II., in: Theologische Realenzyklopädie 4, Berlin 1976, S. 594–608.

Schmidt, Peer, Spanische Universalmonarchie oder «teutsche Libertet». Das spanische Imperium in der Propaganda des Dreißigjährigen Krieges, Stuttgart 2001.

Schmidt, Peter, Die gotische Ruine der Reichsverfassung, in: Weimarer Beiträge 35, 1989, S. 745–758.

Schmidt, Uwe E., Wald in Deutschland im 18. und 19. Jahrhundert. Das Problem der Ressourcenknappheit dargestellt am Beispiel der Waldresourcenknappheit in Deutschland im 18. und 19. Jahrhundert – eine historisch-politische Analyse, Saarbrücken 2002.

Schmidt-Funke, Julia A., Auf dem Weg in die Bürgergesellschaft. Die politische Publizistik des Weimarer Verlegers Friedrich Justin Bertuch, Köln u. a. 2005.

Schmidt-Voges, Inken, Mehr als eine (Rechts-)Ordnung: Hausfrieden im 18. Jahrhundert. Probleme und Perspektiven der Erforschung des Hausfriedens in der Frühen Neuzeit, in: Frühneuzeit-Info 19, 2008, S. 71–77.

–, Oíko-nomía. Wahrnehmung und Beherrschung der Umwelt im Spiegel adeliger Haushaltungslehren im 17. und 18. Jahrhundert, in: Düselder (2008), Adel, S. 403–427.

Schmitt, Hanno, Die Philanthropine – Musterschulen der pädagogischen Aufklärung, in: Hammerstein/Herrmann (2005), Handbuch, S. 262–277.

Schmitt-Sasse, Joachim, Der Patriot und sein Vaterland. Aufklärer und Reformer im sächsischen Rétablissement, in: Bödeker/Herrmann (1987), Aufklärung, S. 237–252.

Schnädelbach, Herbert, Die Zukunft der Aufklärung, in: Ders., Analytische und postanalytische Philosophie, Frankfurt a. M. 2004, S. 66–89.

Schneider, Helmut J., Familiendramaturgie und Nationaltheateridee. Zur Publikumskonzeption in der deutschen und französischen Dramaturgie des 18. Jahrhunderts, in: Barbara Schmidt-Haberkamp u. a. (Hg.), Europäischer Kulturtransfer im 18. Jahrhundert, Berlin 2003, S. 59–77.

Schneiders, Werner, Die Philosophie des aufgeklärten Absolutismus. Zum Verhältnis von Philosophie und Politik, nicht nur im 18. Jahrhundert, in: Bödeker/Herrmann (1987), Aufklärung, S. 33–52.

–, Art. Aufklärung, in: Ders. (Hg.), Lexikon der Aufklärung, München 1995, S. 47 f.

–, Art. Vernunft/Verstand, in: Ebd., 429 f.

Schnettger, Matthias, Impero romano – Impero germanico. Italienische Perspektiven auf das Reich in der Frühen Neuzeit, in: Ders. (Hg.), Imperium Romanum – Irregulare Corpus – Teutscher Reichs-Staat. Das Alte Reich im Verständnis der Zeitgenossen und der Historiographie, Mainz 2002, S. 53–75.

–, «Abschied von Germania». Italienische Perspektiven auf das Ende des Alten Reiches, in: Roll/Schnettger (2008), Epochenjahr, S. 41–59.

Scholder, Klaus, Grundzüge der theologischen Aufklärung in Deutschland, in: Kopitzsch (1976), Aufklärung, S. 294–318.

Schön, Erich, Publikum und Roman im 18. Jahrhundert, in: Jäger (1997), Öffentlichkeit, S. 295–326.

Schorn-Schütte, Luise, Evangelische Geistlichkeit in der Frühneuzeit. Deren Anteil an der Entfaltung frühmoderner Staatlichkeit und Gesellschaft, Heidelberg 1996.

Schort, Manfred, Politik und Propaganda. Der Siebenjährige Krieg in den zeitgenössischen Flugschriften, Frankfurt a. M. 2006.

Schott, Heinz, Franz Anton Mesmer und die Geschichte des Mesmerismus, Stuttgart 1985.

Schraut, Sylvia, Das Haus Schönborn. Eine Familienbiographie. Katholischer Reichsadel 1640–1840, Paderborn 2005.

Schreiner, Klaus, Art. Toleranz, in: Geschichtliche Grundbegriffe, Bd. 6, Stuttgart 1990, S. 445–605.

Schröder, Claudia, «Siècle de Frédéric II» und «Zeitalter der Aufklärung». Epochenbegriffe im geschichtlichen Selbstverständnis der Aufklärung, Berlin 2002.

Schröder, Jan, Politische Aspekte des Naturrechts in der zweiten Hälfte des 17. Jahrhunderts: Die Begründung des staatlichen Rechtserzeugungsmonopols, in: Diethelm Klippel (Hg.), Naturrecht und Staat. Politische Funktionen des europäischen Naturrechts (17.–19. Jahrhundert), München 2006, S. 19–34.

Schröder, Peter, Reich versus Territorien? Zum Problem der Souveränität im Heiligen Römischen Reich nach dem Westfälischen Frieden, in: Olaf Asbach (Hg.), Altes Reich, Frankreich und Europa, Berlin 2001, S. 123–141.

Schroeder, Paul W., The Transformation of European Politics 1763–1848, Oxford u. a. 1994.

Schulte, Christoph, Die jüdische Aufklärung. Philosophie, Religion, Geschichte, München 2002.

Schultz, Helga, Handwerker, Kaufleute, Bankiers. Wirtschaftsgeschichte Europas 1500–1800, Frankfurt a. M. 1997.

–, Mythos und Aufklärung. Frühformen des Nationalismus in Deutschland, in: Historische Zeitschrift 263, 1996, S. 31–67.

Schultz, Uwe, Madame de Pompadour oder die Liebe an der Macht, München 2004.

Schulz, Günter, Schillers Horen. Politik und Erziehung. Analyse einer deutschen Zeitschrift, Heidelberg 1960.

Schulz, Andreas, Kultur und Lebenswelt des Bürgertums im 18. und 19. Jahrhundert – Bilanz und Perspektiven, in: Blätter für deutsche Landesgeschichte 139/140, 2003/04, S. 73–88.

Schulz, Sandra, Sterben in Unehren. Die Anatomie der Universität Jena zwischen Wissenschaft und Bestrafung (1770–1820), in: Klaus Ries (Hg.), Zwischen Universität und Stadt. Aspekte demographischer Entwicklung in Jena um 1800, Weimar 2004, S. 95–133.

Schulze, Hagen, Gibt es überhaupt eine deutsche Geschichte?, Berlin 1989.

–, Phönix Europa. Die Moderne. Von 1740 bis heute, Berlin 1998.

Schulze, Winfried, Einführung in die Neuere Geschichte, Stuttgart ⁴2002.

–, Oberdeutsche Untertanenrevolten zwischen 1580 und 1620. Reichssteuern und bäuerlicher Widerstand, in: Peter Blickle (Hg.), Bauer, Reich und Reformation. Festschrift für Günther Franz, Stuttgart 1982, S. 120–147.

–, Vom Gemeinnutz zum Eigennutz. Über den Normenwandel in der ständischen Gesellschaft in der Frühen Neuzeit, in: Historische Zeitschrift 243, 1986, S. 591–627.

–, Kanon und Pluralisierung in der Frühen Neuzeit, in: Aleida und Jan Assmann (Hg.), Kanon und Zensur. Archäologie der literarischen Kommunikation II, München 1987, S. 317–325.

–, Die Entwicklung des «teutschen Bauernrechts» in der Frühen Neuzeit, in: Zeitschrift für Neuere Rechtsgeschichte 12, 1990, S. 127–163.

–, Vom «Sonderweg» bis zur «Ankunft im Westen», in: Geschichte in Wissenschaft und Unterricht 53, 2002, S. 226–240.

Schumann, Jutta, Die andere Sonne. Kaiserbild und Medienstrategien im Zeitalter Leopolds I., Berlin 2003.

Schütte, Ulrich, Architekturprogramme und Baukonjunkturen zwischen 1650 und 1700 in thüringisch-sächsischen Residenzen, in: Residenzkultur in Thüringen vom 16. bis zum 19. Jahrhundert, hg. v. Roswitha Jacobsen, Bucha 1999, S. 102–113.

Schütz, Werner, Die Kanzel als Katheder der Aufklärung, in: Günter Schulz (Hg.), Zur Sozialgeschichte der Literatur im Zeitalter der Aufklärung, Heidelberg 1974, S. 137–171.

Schwab, Dieter, Art. Eigentum, in: Geschichtliche Grundbegriffe, Bd. 2, Stuttgart 1975, S. 65–115.

Schwenke, Stephan, Die gezähmte Bellona? Bürger und Soldaten in den hessischen Festungs- und Garnisonsstädten Marburg und Ziegenhain im 17. und 18. Jahrhundert, Marburg 2004.

Scott, Hamish/Simms, Brendan (Hg.), Culture of Power in Europe during the Long Eighteenth Century, Cambridge 2007.

Sedlmayr, Hans, Die politische Bedeutung des Deutschen Barock. Der Reichsstil, in: Ders., Epochen und Werke. Gesammelte Schriften zur Kunstgeschichte, Bd. 2, Wien/München ²1960, S. 140–156.

Seeba, Hinrich C., Winckelmann: Zwischen Reichshistorik und Kunstgeschichte. Zur Geschichte eines Paradigmenwechsels in der Geschichtsschreibung, in: Bödeker (1986), Aufklärung, S. 299–323.

Seidensticker, Peter, Pflanzennamen: Überlieferung, Forschungsprobleme, Studien, Stuttgart 1999.

Sellin, Volker, Friedrich der Große und der aufgeklärte Absolutismus. Ein Beitrag zur Klärung eines umstrittenen Begriffs, in: Ulrich Engelhardt u. a.(Hg.), Soziale Bewegung und politische Verfassung. Beiträge zur Geschichte der modernen Welt. Werner Conze zum 65. Geburtstag, Stuttgart 1976, S. 83–112.

Shahar, Galili, Verkleidungen der Aufklärung. Narrenspiele und Weltanschauung in der Goethezeit, Göttingen 2006.

Siegert, Reinhart, Positiver Journalismus. Aufklärerische Öffentlichkeit im Zusammenspiel des Publizisten Rudolph Zacharias Becker mit seinen Korrespondenten, in: Jäger (1997), Öffentlichkeit, S. 165–185.

–, Volksbildung im 18. Jahrhundert, in: Hammerstein/Herrmann (2005), Handbuch, S. 443–483.

Siemann, Wolfram, Vom Staatenbund zum Nationalstaat. Deutschland 1806–1871, München 1995.

Simms, Brendan, Pitt and Hanover, in: Ders./Torsten Riotte (Hg.), The Hanoverian Dimension in British History, Cambridge 2007, S. 28–57.

Simon, Christian (Hg.), Baseler Frieden 1795: Revolution und Krieg in Europa, Basel 1995.

Slaughter, Anne Marie, A New World Order, Princeton 2004.

Smith, Anthony D., National Identity, London 1991.

Sorkin, David, History in the Serve of Belief. The Biblical Exegesis of the Religious Enlightenment, in: Bödeker/Gierl (2007), Diskurse, S. 133–147.

Springer, Bernd, Sprache, Geschichte, Nation und Deutschlandbilder bei Herder, in: Wilhelm Gössmann/Klaus-Hinrich Roth (Hg.), Poetisierung – Politisierung. Deutschlandbilder in der Literatur bis 1848, Paderborn 1994, S. 33–62.

Stapelfeldt, Gerhard, Der Merkantilismus. Die Genese der Weltgesellschaft vom 16. bis zum 18. Jahrhundert, Freiburg 2001.

Stauf, Renate, Justus Mösers Konzept einer deutschen Nationalidentität. Mit einem Ausblick auf Goethe, Tübingen 1991.

Stein, Elke, Die Inszenierung des Todes. Rudolstädter Funeralschriften als Spiegel fürstlichen Standesbewußtseins, in: Zeitschrift des Vereins für Thüringische Geschichte und Landeskunde 55, 2001, S. 173–191.

Steiner, Stephan, Reisen ohne Wiederkehr. Die Deportation von Protestanten aus Kärnten 1734–1736, München u. a. 2007.

Stern, Fritz, Der Traum vom Frieden und die Versuchung der Macht. Deutsche Geschichte im 20. Jahrhundert, München 2006.

Stetten, Wolfgang von, Die Rechtsstellung der unmittelbaren freien Reichsritterschaft, ihre Mediatisierung und ihre Stellung in den neuen Landen. Dargestellt am fränkischen Kanton Odenwald, Neuenstein 1973.

Stoffregen-Buller, Michael, Himmelfahrten. Die Anfänge der Aeronautik, Weinheim 1993.

Stollberg-Rilinger, Barbara, Vormünder des Volkes? Konzepte landständischer Repräsentation in der der Spätphase des Alten Reiches, Berlin 1999.

–, Europa im Jahrhundert der Aufklärung, Stuttgart 2000.

–, Des Kaisers alte Kleider. Verfassungsgeschichte und Symbolsprache des Alten Reiches, München 2008.

–, Handelsgeist und Adelsethos. Zur Diskussion um das Handelsverbot für den deutschen Adel vom 16. bis zum 18. Jahrhundert, in: Zeitschrift für Historische Forschung 15, 1988, S. 273–309.

–, Väter der Frauengeschichte? Das Geschlecht als historiographische Kategorie im 18. und 19. Jahrhundert, in: Historische Zeitschrift 262, 1996, S. 39–71.

–, Die zeremonielle Inszenierung des Reiches, oder: Was leistet der kulturalistische Ansatz für die Reichsverfassungsgeschichte?, in: Matthias Schnettger (Hg.), Imperium Romanum – Irregulare Corpus – Teutscher Reichs-Staat. Das Alte Reich im Verständnis der Zeitgenossen und der Historiographie, Mainz 2002, S. 233–246.

–, Vom Volk übertragene Rechte? Zur naturrechtlichen Umdeutung ständischer Verfassungsstrukturen im 18. Jahrhundert, in: Diethelm Klippel (Hg.), Naturrecht und Staat. Politische Funktionen des europäischen Naturrechts, München 2006, S. 103–117.

Stolleis, Michael, Untertan – Bürger – Staatsbürger, in: Ders., Staat und Staatsräson in der Frühen Neuzeit, Frankfurt a. M. 1990, S. 298–339.

–, Reichspublizistik und Reichspatriotismus vom 16. zum 18. Jahrhundert, in: Günther Birtsch (Hg.), Patriotismus (= Aufklärung 4), Hamburg 1991, S. 8–23.

–, Veit Ludwig von Seckendorff, in: Ders., Staatsdenker der frühen Neuzeit, München 1995, S. 148–173.

Straubel, Rolf, Beamte und Personalpolitik im altpreußischen Staat. Soziale Rekrutierung, Karriereverläufe, Entscheidungsprozesse (1763/86–1806), Potsdam 1998.

Stroup, John, Protestant Church History in the German Enlightenment, in: Bödeker (1986), Aufklärung, S. 169–192.

Stuke, Horst, Art. Aufklärung, in: Geschichtliche Grundbegriffe, Bd. 1, Stuttgart 1972, S. 243–342.

Stürmer, Michael (Hg), Herbst des Alten Handwerks. Meister, Gesellen und Obrigkeit im 18. Jahrhundert, München u. a. 1986.

Taylor, Charles, Das Unbehagen an der Moderne, Frankfurt a. M. 1995.

Tenfelde, Klaus, Streik als Fest, in: Richard van Dülmen/Norbert Schindler (Hg.), Volkskultur, Frankfurt a. M. 1984, S. 177–202.

Thompson, Andrew C., Britain, Hanover and the Protestant Interest. 1688–1756, Cambridge 2006.

Thompson, Edward P., Die «sittliche Ökonomie» der englischen Unterschichten im 18. Jahrhundert, in: Detlev Puls u. a. (Hg.), Wahrnehmungsformen und Protestverhalten. Studien zur Lage der Unterschichten im 18. und 19. Jahrhundert, Frankfurt a. M. 1979, S. 13–80.

Toellern, Richard, Medizin in der Mitte des 18. Jahrhunderts, in: Rudolf Vierhaus (Hg.), Wissenschaften im Zeitalter der Aufklärung, Göttingen 1985, S. 194–217.

Treitschke, Heinrich von, Deutsche Geschichte im Neunzehnten Jahrhundert, Tl. 1: Bis zum zweiten Pariser Frieden, Leipzig 1928.

Tribe, Keith, Governing Economy, The Reformation of German Economic Discourse 1750–1840, Cambridge 1988.

Troeltsch, Ernst, Aufklärung, in: Realencyclopädie für protestantische Theologie und Kirche, Bd. 2, Hamburg 1897, S. 225–241.

Troßbach, Werner, Soziale Bewegung und politische Erfahrung. Bäuerlicher Protest in hessischen Territorien 1648–1806, Weingarten 1987.

–, Bauern 1648–1806, München 1993.

–, Südwestdeutsche Leibeigenschaft in der Frühen Neuzeit – eine Bagatelle?, in: Geschichte und Gesellschaft 7, 1981, S. 69–90

–, Fürstenabsetzungen im 18. Jahrhundert, in: Zeitschrift für Historische Forschung 13, 1986, S. 425–454.

–, Einige Bemerkungen zur Bedeutung von Wäldern für die Sozialgeschichte deutscher Territorien im 18. Jahrhundert, in: Studia Germano-Polonica (= Zeszyty Naukowe Uniwersytetu Jagiellonskiego. MXXV, 1992), S. 133–146.

–, Das «ganze Haus» – Basiskategorie für das Verständnis der ländlichen Gesellschaft deutscher Territorien in der Frühen Neuzeit? in: Blätter für deutsche Landesgeschichte 129, 1993, S. 277–314.

–, Gutsherrschaft und Gutswirtschaft zwischen Elbe und Oder: Asymmetrische Agrarsysteme in wechselnder Perspektive, in: Rainer Prass u. a. (Hg.), Ländliche Gesellschaften in Deutschland und Frankreich, 18.–19. Jahrhundert, Göttingen 2003, S. 31–51.

Tümmler, Hans, Politischer Briefwechsel des Herzogs und Großherzogs Carl August von Weimar, Bd. 1, Stuttgart 1954.

–, Der Friede des Klassischen Weimar. Wege und Erfolge weimarischen Friedensbemühens am Beginn der Hohen Klassik (1795/96), in: Goethe. N. F. des Jahrbuchs der Goethe-Gesellschaft 10, 1947, S. 191–218.

Turba, Gustav (Hg.), Die Pragmatische Sanktion. Authentische Texte samt Erläuterungen und Übersetzungen, Wien 1913.

Ueding, Gert, Von der Universalsprache zur Sprache als politischer Handlung, in: Schmidt (1989), Aufklärung, S. 294–315.

Uhlhorn, Friedrich, Der Westen, in: Gebhardt. Handbuch der deutschen Geschichte, Bd. 9, Stuttgart 1970, S. 559–666.

Ulbert, Jörg, Der Reichstag im Spiegel französischer Gesandtschaftsberichte (1715–1723), in: Olaf Asbach (Hg.), Altes Reich, Frankreich und Europa, Berlin 2001, S. 145–169.

Ulbricht, Justus H., Der «Weimarer Musenhof» – vom Fürstenideal zur Finalchiffre. Eine erinnerungskulturelle Spurensuche, in: Hellmut Th. Seemann (Hg.), Anna Amalia, Carl August und das Ereignis Weimar, Göttingen 2007, S. 191–230.

Ulbricht, Otto, Kindsmord und Aufklärung in Deutschland, München 1990.

Umbach, Maiken, Federalism and Enlightenment in Germany, 1740–1806, London 2000.

–, Reich, Region und Föderalismus als Denkfiguren im politischen Diskurs der Frühen und der Späten Neuzeit, in: Langewiesche/Schmidt (2000), Nation, S. 191–214.

Unzer, Adolf, Der Friede von Teschen. Ein Beitrag zur Geschichte des bayrischen Erbfolgestreits, Kiel 1903.

Valera, Gabriella, Statistik, Staatengeschichte, Geschichte im 18. Jahrhundert, in: Bödeker (1986), Aufklärung, S. 119–143.

Valjavec, Fritz, Der Josephinismus. Zur geistigen Entwicklung Österreichs im 18. und 19. Jahrhundert, Brünn u. a. 1944.

Ventzke, Marcus, Hofkultur und aufklärerische Reformen in Thüringen. Die Bedeutung des Hofes im späten 18. Jahrhundert, Köln 2002.

–, Das Herzogtum Sachsen-Weimar-Eisenach 1775–1783. Ein Modellfall aufgeklärter Herrschaft?, Köln u. a. 2004.

–, Tabak ist «immer als baar Geld anzusehen». – Zum Verhältnis von Untertan und Staat am Beispiel der kameralistischen Wirtschaftspolitik Sachsen-Weimar-Eisenachs am Ende des 18. Jahrhunderts, in: Archive und Kulturgeschichte (= Der Archivar, Beiband 5) 2001, S. 315–338.

–, Der Weimarer Musenhof und seine ungeratenen Kinder – zur Entwicklung eines kulturellen Exportmodells, in: Goethe-Jahrbuch 119, 2002, S. 132–147.

Vierhaus, Rudolf, «Patriotismus» – Begriff und Realität einer moralisch-politischen Haltung, in: Ders. (Hg.), Deutsche patriotische und gemeinnützige Gesellschaften, München 1980, S. 9–29.

–, Historisches Interesse im 18. Jahrhundert, in: Bödeker (1986), Aufklärung, S. 264–275.

–, Die Revolution als Gegenstand der geistigen Auseinandersetzung in Deutschland 1789–1830, in: Roger Dufraisse (Hg.), Revolution und Gegenrevolution, München 1991, S. 251–261.

–, Bemerkungen zur politischen Kultur in Deutschland im 18. Jahrhundert, in: Bödeker/François (1996), Aufklärung/Lumières, S. 447–453.

–, Montesquieu in Deutschland – zur Geschichte seiner Wirkung als politischer Schriftsteller im 18. Jahrhundert (1965), in: Edgar Mass und Paul Ludwig Weinacht (Hg.), Montesquieu-Traditionen in Deutschland, Berlin 2005, S. 169–194.

Vogler, Günter, Absolutistische Herrschaft und ständische Gesellschaft. Reich und Territorien 1648 bis 1790, Stuttgart 1996.

–/Vetter, Klaus, Preußen. Von den Anfängen bis zur Reichsgründung, Berlin 1984.

Voigt Rüdiger (Hg.), Der kooperative Staat, Baden-Baden 1995.

–, Zwischen Leviathan und Res Publica. Der Staat des 21. Jahrhunderts, in: Zeitschrift für Politik 54, 2007, S. 259–271.

Volckart, Oliver, Politische Zersplitterung und Wirtschaftswachstum im Alten Reich, ca. 1650–1800. Diskussionbeitrag 04–97 des Max-Planck-Instituts zur Erforschung von Wirtschaftssystemen, Jena 1997.

–, Politische Zersplitterung und Wirtschaftswachstum im Alten Reich, in: Vierteljahrsschrift für Sozial- und Wirtschaftsgeschichte 86, 1999, S. 1–38.

Volkov, Shulamit, Die Juden in Deutschland 1780–1918, München 1994.

Volteni, Hans, Eine Denkschrift des Grafen Johann Anton Pergen über die Bedeutung der römischen Kaiserkrone für das Haus Österreich, in: Gesamtdeutsche Vergangenheit. Festgabe für Heinrich Ritter von Srbik, München 1938, S. 152–168.

Volz, Gustav Berthold, Friedrichs des Großen Plan einer Losreißung Preußens von Deutschland, in: Historische Zeitschrift 122, 1920, S. 267–277.

Voss, Jürgen, Die Akademie als Organisationsträger der Wissenschaften im 18. Jahrhundert, in: Historische Zeitschrift 231, 1980, S. 43–74.

–, Der Gemeine Mann und die Volksaufklärung im späten 18. Jahrhundert, in: Ders., Deutsch-französische Beziehungen im Spannungsfeld von Absolutismus, Aufklärung und Revolution, Bonn/Berlin 1992, S. 187–214.

Vötsch, Jochen, Kursachsen, das Reich und der mitteldeutsche Raum zu Beginn des 18. Jahrhunderts, Frankfurt a. M. u. a. 2003.

–, Die Hohenloher Religionsstreitigkeiten in der Mitte des 18. Jahrhunderts, in: Württembergisch Franken 77, 1993, S. 361–400.

Wachsmuth, Wilhelm, Weimars Musenhof in den Jahren 1772–1807. Historische Skizze, Berlin 1844.

Wagner, Michael, Der sächsische Bauernaufstand und die Französische Revolution in der Perzeption der Zeitgenossen, in: Berding (1988), Unruhen, S. 149–165.

Wagner, Monika, Germania und ihre Freier. Zur Herausbildung einer deutschen nationalen Ikonographie um 1800, in: Ulrich Herrmann (Hg.), Volk – Nation – Vaterland, Hamburg 1996, S. 244–268.

Wagner, Peter, Soziologie der Moderne. Freiheit und Disziplin, Frankfurt a. M./New York 1995.

Waibel, Nicole, Nationale und patriotische Publizistik in der Freien Reichsstadt Augsburg. Studien zur periodischen Presse im Zeitalter der Aufklärung (1748–1770), Bremen 2008.

Walder, Ernst, Aufgeklärter Absolutismus und Staat. Zum Staatsbegriff der aufgeklärten Despoten, in: Aretin (1974), Absolutismus, S. 123–136.

Walker, Mack, Der Salzburger Handel. Vertreibung und Errettung der Salzburger Protestanten im 18. Jahrhundert, Göttingen 1997.

Wallerstein, Immanuel Maurice, Das moderne Weltsystem, 3 Bde., Wien 2004.

Walter, Gero, Der Zusammenbruch des Heiligen Römischen Reichs deutscher Nation und die Problematik seiner Restauration in den Jahren 1814/15, Heidelberg u. a. 1980.

Walther, Gerrit, Das Ende: Die Säkularisation von 1802/03, in: Kurt Andermann (Hg.), Die geistlichen Staaten am Ende des Alten Reiches. Versuch einer Bilanz, Epfendorf 2004, S. 161–179.

Wandruszka, Adam, «Was ist des Deutschen Vaterland?» Reichspatriotismus und Nationalgefühl vom Dreißigjährigen Krieg bis zum Wiener Kongreß, in: Wilhelm Brauneder (Hg.), Heiliges Römisches Reich und moderne Staatlichkeit, Frankfurt a. M. 1993, S. 161–168.

Wangermann, Ernst, Radikales Denken in der österreichischen Aufklärung, in: Brigitte Bader-Zaar u. a. (Hg.), Auf dem Weg in die Moderne. Radikales Denken, Aufklärung und Konservatismus, Innsbruck 2007, S. 13–21.

Waszek, Norbert, Adam Smith in Germany, 1776–1832, in: Hiroshi Mizuta/Chuhei Sugiyama (Hg.), Adam Smith: International Perspectives, Houndmills 1993, S. 163–180.

Weckel, Ulrike, Gleichheit auf dem Prüfstand. Zur zeitgenössichen Rezeption der Streitschriften von Theodor Gottlieb von Hippel und Mary Wollstonecraft in Deutschland, in: Claudia Opitz u. a. (Hg.), Tugend, Vernunft und Gefühl. Geschlechterdiskurs der Aufklärung und weibliche Lebenswelten, Münster u. a. 2000, S. 209–247.

Weckenbrock, Olga, «... der Universität wegen und nicht des Hofes». Die Wahrnehmung der sozialen Umwelt von Vater und Sohn von Vincke in der zweiten Hälfte des 18. Jahrhunderts, in: Düselder (2008), Adel, S. 313–338.

Wehler, Hans-Ulrich, Deutsche Gesellschaftsgeschichte, Bd. 1: Vom Feudalismus des Alten Reiches bis zur Defensiven Modernisierung der Reformära 1700–1815, München 1987.

–, Transnationale Geschichte – der neue Königsweg historischer Forschung?, in: Gunilla Budde u. a. (Hg.), Transnationale Geschichte. Themen, Tendenzen und Theorien, Göttingen 2006, S. 161–174.

Weitzel, Jürgen, Das Reichskammergericht und der Schutz von Freiheitsrechten seit der Mitte des 18. Jahrhunderts, in: Bernhard Diestelkamp (Hg.), Die politische Funktion des Reichskammergerichts, Köln u. a. 1993, S. 157–180.

Welcker, Carl Theodor, Art. Deutsches Landes-Staatsrecht, in: Carl von Rotteck/Carl Theodor Welcker, Staatslexikon oder Encyklopädie der Staatswissenschaften, Bd. 4, Altona 1837, S. 343.

Welke, Martin, Die Legende vom ‹unpolitischen Deutschen›. Zeitungslesen im 18. Jahrhundert als Spiegel des politischen Interesses, in: Jahrbuch der Wittheit zu Bremen 25, 1981, S. 161–188.

–, Gemeinsame Lektüre und frühe Formen von Gruppenbildungen im 17. und 18. Jahrhundert. Zeitungslesen in Deutschland, in: Otto Dann (Hg.), Lesegesellschaften und bürgerliche Emanzipation. Ein europäischer Vergleich, München 1981, S. 29–53.

Welskopp, Thomas, Identität ex negativo. Der »deutsche Sonderweg« als Metaerzählung in der bundesdeutschen Geschichtswissenschaft der siebziger und achtziger Jahre, in: Konrad H. Jarausch und Martin Sabrow (Hg.), Die historische Meistererzählung. Deutungslinien der deutschen Nationalgeschichte nach 1945, Göttingen 2002, S. 109–139.

Werkstetter, Christine, Frauen im Augsburger Zunfthandwerk. Arbeit, Arbeitsbeziehungen und Geschlechterverhältnisse im 18. Jahrhundert, Berlin 2001.

Westphal, Siegrid, Kaiserliche Rechtsprechung und herrschaftliche Stabilisierung. Reichsgerichtsbarkeit in den thüringischen Territorialstaaten 1648–1806, Köln u. a. 2002.

–, Freiheit, Eigentumskultur und Geschlechterordnung, in: Schmidt (2006), Freiheitsvorstellungen, S. 473–492.

–, Eigentum, Geschlecht und die Rechtskodifikation um 1800, in: Klinger (2008), 1806, S. 233–248.

Whaley, Joachim, Religiöse Toleranz und sozialer Wandel in Hamburg 1529–1819, Hamburg 1992.

–, Die Habsburgermonarchie und das Heilige Römische Reich im 18. Jahrhundert, in: Wilhelm Brauneder/Lothar Höbelt (Hg.), Sacrum Imperium. Das Reich und Österreich 996–1806, Wien u. a. 1996, S. 288–318.

–, A Tolerant Society? Religious Toleration in the Holy Roman Empire, 1648–1806, in: Ole Peter Grell/Roy Porter (Hg.), Toleration in Enlightenment Europe, Cambridge 2000, S. 175–195.

–, Religiöse Toleranz als allgemeines Menschenrecht in der Frühen Neuzeit?, in: Schmidt (2006), Freiheitsvorstellungen, S. 397–416.

–, The transformation of the ‹Aufklärung›: from the idea of power to the power of ideas, in: Scott/Simms (2007), Culture, S. 158–179.

Wiedemann, Conrad, Zwischen Nationalgeist und Kosmopolitismus. Über die Schwierigkeiten der deutschen Klassiker einen Nationalhelden zu finden, in: Patriotismus, hg. v. Günter Birtsch (= Aufklärung 4), Hamburg 1991, S. 75–101.

–, Deutsche Klassik und nationale Identität. Eine Revision der Sonderwegs-Frage, in: Wilhelm Voßkamp (Hg.), Klassik im Vergleich. Normativität und Historizität europäischer Klassiken, Stuttgart 1993, S. 541–569.

Wiesenfeld, Gerhard, Leerer Raum in Minervas Haus. Experimentelle Naturlehre an der Universität Leiden 1675–1715, Diepholz 2002.

Wilke, Jürgen, Pressezensur im Alten Reich, in: Haefs/Mix (2007), Zensur, S. 27–44.

Wilson, Peter H., Military culture in the Reich, c. 1680–1806, in: Scott/Simms (2007), Culture, S. 36–57.

–, Prussia's Relations with the Holy Roman Empire, 1740–1786, in: The Historical Journal 51.2, 2008, S. 337–371.

Wilson, W. Daniel, Das Goethe-Tabu. Protest und Menschenrechte im klassischen Weimar, München 1999.

–, Unterirdische Gänge. Goethe, Freimaurerei und Politik, Göttingen 1999.

Winch, Donald, Das Aufkommen der Volkswirtschaftslehre als Wissenschaft 1750–1870, in: Cipolla (1979), Wirtschaftsgeschichte, Bd.3, S. 333–377.

Winkler, Heinrich August, Der lange Weg nach Westen, Bd. 1: Deutsche Geschichte vom Ende des Alten Reiches bis zum Untergang der Weimarer Republik, München 2000.

–, Der lange Schatten des Reiches. Eine Bilanz deutscher Geschichte, in: Merkur 56, 2002, S. 221–223.

Winterling, Aloys, Die frühneuzeitlichen Höfe in Deutschland, in: Internationales Archiv für Sozialgeschichte der deutschen Literatur 21, 1996, S. 181–189.

Wittern, Renate, Medizin und Aufklärung, in: Neuhaus (1993), Aufbruch, S. 245–266.

Wittmann, Reinhard, «Büchermarckt», in: Stephan Wendehorst/Siegrid Westphal (Hg.), Lesebuch Altes Reich, München 2006, S. 34–41.

Wokler, Robert, Multiculturalism and Ethnic Cleansing in the Enlightenment, in: Ole Peter Grell/Roy Porter (Hg.), Toleration in Enlightenment Europa, Cambridge 2000, S. 69–85.

Wolf, Armin, Zum Deutschland-Bild in Geschichtsatlanten des 19. Jahrhunderts, in: Dagmar Unverhau (Hg.), Geschichtsdeutung auf alten Karten. Archäologie und Geschichte, Wiesbaden 2003, S. 255–286.

Wrede, Martin, Das Reich und seine Feinde. Politische Feindbilder in der reichspatriotischen Publizistik zwischen Westfälischem Frieden und Siebenjährigem Krieg, Mainz 2004.

Wunder, Gerd, Die Bürger von Hall, Sigmaringen 1980.

Wunder, Heide, Die bäuerliche Gemeinde in Deutschland, Göttingen 1986.

–, «Er ist die Sonn', sie ist der Mond». Frauen in der Frühen Neuzeit, München 1992.

–, Herrschaft und öffentliches Handeln von Frauen in der Gesellschaft der Frühen Neuzeit, in: Ute Gerhard (Hg.), Frauen in der Geschichte des Rechts. Von der Frühen Neuzeit bis zur Gegenwart, München 1997, S. 27–54.

Würgler, Andreas, Politische Kultur in der Provinz zur Zeit der Aufklärung: Unruhen und Öffentlichkeit in Süddeutschland, in: Bödeker/François (1996), Aufklärung/Lumières, S. 79–104.

Wüst, Wolfgang, Censur als Stütze von Staat und Kirche in der Frühmoderne, München 1998.

Yerushalmi, Yosef Hayim, «Diener von Königen und nicht Diener von Dienern». Einige Aspekte der politischen Geschichte der Juden, München 1995.

Zammito, John H., Die Rezeption der schottischen Aufklärung in Deutschland. Herders entscheidende Einsicht, in: Barbara Schmidt-Haberkamp u. a. (Hg.), Europäischer Kulturtransfer im 18. Jahrhundert, Berlin 2003, S. 113–138.

Zaunstöck, Holger, Sozietätslandschaft und Mitgliedsstrukturen. Die mitteldeutschen Aufklärungsgesellschaften im 18. Jahrhundert, Tübingen 1999.

Zedler, Johann (Hg.), Grosses vollständiges Universal-Lexicon Aller Wissenschaften und Künste […], Bde. 1–64, Leipzig/Halle 1732–1754.

Zernack, Klaus, Das Zeitalter der Nordischen Kriege von 1558 bis 1809 als frühneuzeitliche Geschichtsepoche, in: Zeitschrift für Historische Forschung 1, 1974, S. 55–79.

Zimmermann, Rolf Christian, Die kritische Replik der deutschen Spätaufklärung und Klassik auf Arminius-Enthusiasmus und Germanen-Utopie der Epoche, in: Werner Wittkowski (Hg.), Verantwortung und Utopie, Tübingen 1988, S. 109–131.

Ziolkowski, Theodore. Das Wunderjahr in Jena. Geist und Gesellschaft 1794/95, Stuttgart 1998.

Zorn, Wolfgang, Rechts- und Freiheitsgedanken in der Publizistik des ausgehenden 18. Jahrhunderts (1763–1792), in: Paul Wentzcke (Hg.), Darstellungen und Quellen zur Geschichte der deutschen Einheitsbewegung im neunzehnten und zwanzigsten Jahrhundert, Bd. 2, Heidelberg 1959, S. 11–66.

–, Gewerbe und Handel 1648–1800, in: Aubin/Zorn (1971), Handbuch, S. 530–573.

Zschunke, Peter, Konfessionen und Alltag in Oppenheim, Wiesbaden 1984.

Zurbuchen, Simone, Politische Tugend zwischen Vernunft und Fanatismus. Zur moralphilosophischen Begründung des Republikanismus im 18. Jahrhundert, in: Aufklärung – Vormärz – Revolution 21 (2001), S. 11–25.

–, Aufklärung «von oben herunter» oder «von unten herauf»? Die Berliner Preisfrage über den Volksbetrug (1780), in: Haefs/Mix (2007), Zensur, S. 157–185.

Zwiedineck-Südenhorst, Hans von, Die öffentliche Meinung in Deutschland im Zeitalter Ludwig XIV 1650–1700. Ein Beitrag zur Kenntnis der deutschen Flugschriften-Litteratur, Stuttgart 1888.

–, Deutsche Geschichte im Zeitraum der Gründung des preußischen Königtums, Bd. 2, Stuttgart 1894.

–, Die Anerkennung der pragmatischen Sanktion Karls VI. durch das deutsche Reich, in: Mitteilungen des Instituts für Österreichische Geschichtsforschung 16, 1895, S. 276–341.

Zwierlein, Cornel, Das Imperium im blinden Fleck des Empire: Die Zerstörung des Alten Reiches durch Napoleon 1806, in: Roll/Schnettger (2008), Epochenjahr, S. 61–98.

Orts- und Personenregister

Das Heilige Römische Reich 1789

KGR. DÄNEMARK

Schleswig
Schleswig
Kiel
Holstein
Lübeck
Helgoland
Nordsee
Cuxhaven
Stade
Hamburg
Lauenburg
Fsm. Ostfries-land
Jever
Hzm. Oldenburg

KGR. GROSS-BRITANNIEN

Norwich

Groningen
Oldenburg
Bremen

REP. DER VEREINIGTEN NIEDERLANDE

Kurfsm. Hannover

Ipswich
Amsterdam
Bentheim
Hannover
Den Haag
Utrecht Arnheim
Osnabrück
Minden
Braunschweig
Münster
Detmold
Halberstadt
Breda
Kleve Hst. Münster
Paderborn
Quedlinburg
Dover
Ostende
Hzm. Kleve
Dortmund
Göttingen
Calais
Brügge
Gent Antwerpen
Düsseldorf
Gft. Hzm. West-falen
Kassel
Ypern
Hst. Lüttich
Hzm. Mark
Landgft. Hessen-Kassel
Erfurt
Lille
Brüssel
Hzm. Berg
Jülich Köln
Eisenach
Österreichische Niederlande
Lüttich Aachen Bonn
Fsm. Nassau
Marburg
Arras
Mons
Namur
Altenkirchen
Fulda
Sächs. Herzogtüme
Abbeville
Kurfsm. Trier
Frankfurt
Hst. Coburg
Amiens
Österreichische Niederlande
Mainz
Kurfsm. Mainz
Würzburg
Hst. Bamber
Compiègne
Laon
Sedan
Luxemburg Trier
Darmstadt
Würzburg
Bamber
Soissons
Reims
Worms
Kurpfalz
Nürnberg
Paris
Verdun
Speyer
Mgfm. Ansbach
Versailles
Châlons
Metz
Eich-stätt
Karlsruhe
Ellwangen
Fontainebleau
Toul Nancy
Rastatt
Hzm. Stuttgart
Nördlingen
Orléans
Straßburg
Württemberg
Troyes
Reutlingen
Ulm
Augsbur
Epinal
Colmar
Rottweil
Langres
Mülhausen
Freiburg
Memmingen

KGR. FRANKREICH

Bodensee
Bourges
Dijon
Basel
Zürich
Nevers
Besançon
Autun
Bern
Gft. Tiro
Clermont
SCHWEIZ
Chur
Lyon
Lausanne
Genfer See
Mâcon
Genf
Martigny
Hst. Trient
Vienne
Lago Maggiore
Como see
Trient

KGR. SARDINIEN

Hzm. Mailand
Mailand
Bergamo
Gardasee